Korean Pungsu *from the Humanities Perspective*
by Choi, Won Suk

Published by Hangilsa Publishing Co., Ltd., Korea, 2018

사람의 지리
우리 풍수의 인문학

최원석 지음

한길사

일러두기

1. 소장처나 저작권의 출처를 밝히지 않은 사진의 저작권은 저자에게 있다.

2. 본문의 이해를 돕기 위해 추가로 필요한 자료는 「참고자료」로 구성하고, 601~649쪽에
   수록했다.

3. 이 책에 언급되는 수많은 문헌은 위계가 다양하고 복잡해 아래와 같이 통일했다.

   · 지도류의 경우, 한 장으로 된 전도나 문헌에 부록으로 속한 지도는 「」로 표기했다. 책
     의 형태로 묶여 출간된 분첩·절첩식 지도나 화첩식 지도는 『』로 표기했다.

   · 문헌의 경우 책의 형태를 갖춘 저작은 『』, 책의 하위 개념인 글은 「」로 표기했다. 단 본
     문에서 그 자체가 독자적인 문헌으로 언급되는 경우, 문집에 수록된 하위 개념이라 하
     더라도 『』로 표기했다.

4. 책 속에 등장하는 외국어의 표기는 외래어표기법을 따랐다.

우리 풍수의 제자리

· 프롤로그

사람과 자연 그 만남의 미학

한국사회와 학계에서 풍수는 묻고 밝혀내야 할 사실이 많다. 풍수 하면 떠오르는 미신과 실용, 신비와 경험, 사실과 허구가 섞여 있는 모호한 이미지는 학술적으로 조명해 옥석을 가리고 의미를 밝혀야 마땅하다. 이 책은 가장 기본적인 물음에서 출발한다. 한국인에게 풍수는 무엇인가, 한국풍수의 정체와 특징은 무엇인가.

한국풍수는 전통적인 경관이 남아 있는 현장에 가서 직접 봐야 그 실체를 알 수 있다. 우리 풍수는 이론이나 저술이 아니라 실천과 활용에 그 요체가 있기 때문이다. 책 속에 있는 좌청룡·우백호가 중요한 것이 아니라, 여느 마을에서나 전승되는 풍수설화나 실제 눈에 보이는 풍수경관이 소중한 것이다. 한국풍수에 무슨 거창한 이론이 있어 대단한 것이 아니라 오랫동안 많은 사람이 지역의 실정과 여건에 맞추어 풍수를 창의적으로 실천했기 때문에 대단한 것이다. 한국인은 풍수를 참 잘 썼다. 풍수논리에 삶을 끼워 맞추기보다 살아가는 방도로 풍수를 유연하게 활용했다. 부족하다 싶으면 보완해서 살 만한 터전으로 만드는 지혜를 발휘했다.

그래서 한국풍수의 정수는 생활에서 활용했던 풍수에 있다. 특히 서민들이 썼던 풍수는 참 쉬웠다. 방위가 어떻고, 물의 득파가 어떻고, 용맥이 어떻고는 크게 따지지 않았다. 조선시대 관료와 지식인은 끊임없이 풍수 논리를 따지며 논쟁을 벌였지만, 정작 백성들에게 삶터는 산과 물이 적당히 둘러 있고 양지바르면 됐다. 마을 동구에 빈 구석이 있다면 산에서 나무를 옮겨다 심으면 됐다. 그렇게 살 만한 터전으로 가꾸었다. 그것이 우리 삶터풍수의 참모습이다.

그러면서도 말할 수 없이 심오하다면 심오한 것이 한국풍수다. 불교와 1,000년 동안 섞이면서 산천의 현장에 스며들었기 때문이다. 풍수의 자연과 불교의 마음은 한자리에서 무르녹아 새로운 아름다움을 빚었다. 그래서 우리에게 풍수와 불교는 '자연과 마음의 만남의 미학'이다. 한국인에게서 자연과 마음은 간격 없이 넘나들어 하나가 된다. 풍수의 자연은 다름 아닌 마음이고, 불교의 마음은 다름 아닌 자연이다. 비보裨補도 마음비보인 동시에 자연비보다. 그래서 우리는 마음이 편하면 어디라도 명당이라고 하고, 마음을 깨치면 어디든 극락정토라고 한다. 이처럼 우리 풍수에는 인문적 전통이 면면히 흐른다. 사람과 자연은 한자리에 있다.

말이 나온 김에 명당에 관해 이야기해보자. 세상의 명당에는 천연명당, 비보명당, 마음명당이 있다고 생각한다. 천연명당은 자연이 만든 완벽한 땅이다. 풍수서에 나오는 명당이다. 그런데 아쉽게도 실제 현장에서는 찾기 어렵다. 모든 존재는 부분의 총합으로 완전하기에 모든 실재는 과하거나 부족하기 마련이다. 여기에 비보명당의 존재론적 근거가 있다. 비보명당은 자연에 사람의 노력을 보태어 꾸민 살 만한 땅이다. 어디에나 있을 수 있고, 이룰 수 있는 현실적인 명당관이다. 한국인의, 한국풍수의 명당론이다. 마음명당은 맘먹으면 누구나 가질 수 있는, 내 속에 틀고 앉아 있는 명당이다. 한국불교가 드리운 명당관이다. 마음명당의 차원은 땅이라는 공간적 제약을 자유롭게 벗어난다. 얽매임과 콤플렉스에서 해탈한 것이다. 이처럼 한국풍수는 사람이 살 만한 명당을 가꾸고, 또 내 마음을 명당으로 여기기에 인문학이다.

융Carl Jung의 분석심리학으로 해석해보아도 그렇다. 그 논리에 따르면, 명당이란 땅에 있는 것이 아니다. 자기와 집단무의식의 원형상이 자연에 투사된 상징과 다름없다. 마음에 있는 이상적인 상태가 그 생김새대로 자연에서 구상화된 것이다. 그것은 마음과 자연이 합치된 표상이다. 풍수의 좌청룡·우백호는 내 마음의 좌청룡·우백호다. 그래서 한국풍수는 마음의 풍수요, 사람의 풍수다. 인문학의 영역이다. 분석심리학자는 이렇게 설명한다. "명당은 우리 마음속의 최고 가치인 조화와 균형, 완전성 그리고 전일성인 자기의 상이 땅에 투사된 것이다. 우리는 그것을 찾는 과정에서 우리 정신의 전체성을 추구하는 과정과 유사한 모습을 엿볼 수 있다."[2]

풍수이론의 본산은 중국이지만, 우리에게도 나름의 사상과 논리가 있다. 한국풍수의 특징은 비보풍수다. 비보는 자연의 풍수적 조건을 사람이 보완하는 것이다. 비보풍수에는 인문전통의 속성이 있다. 그래서 비보풍수의 요소는 명당풍수의 산, 수, 방위에 '사람'과 '문화'가 더해진다. 비보는 사람의 일이기 때문이다. 풍수가 자연학이라면 비보는 인문학이다. 그것이 한국풍수의 인문적 정체성이자 특성이다. 한국만큼 비보풍수가 널리 일반화된 지역은 동아시아에서 찾기 어렵다. 그래서 한국의 풍수는 사람의 풍수고 인문학의 범주다. '사람과 자연의 만남의 미학'이다.

비보풍수는 일반적인 명당풍수와 함께 한국풍수체계를 이루는 기둥이다. 비보는 단순히 명당의 조건을 보완하는 방법이나 수단 정도가 아니다. 땅의 영향력에 치중하는 풍수사상과 땅을 중심으로 한 관계를 180도 바꾸어, 사람의 역할을 중시하고 사람을 중심으로 관계를 맺는 풍수사상의 혁신이자 새로운 패러다임이다.

비보풍수는 비보명당의 이념을 제시한다. 그것은 민중이 오랫동안 실천했고 현실화했던 실제적 명당이자 가꾸고 만들어나갈 환경이자 공간이다. 비보명당은 기존 명당의 한정적이고 협애한 개념에 대한 현실적 가능성을 확장한 것이다. 그 전기터닝 포인트, turning point를 주도한 인물은 한국풍수의 시조라고 일컬어지는 도선道詵이다. 도선은 우리 풍수를 인문적으로 전환시킨 장본인이다. 이 책에서 역사와 사회, 지역문화 속에 투영된 도선의 모습과 그의 비보풍수를 밝히는 데 많은 지면을 할애한 이유는 바로 우리 풍수에서 차지하는 그의 비중과 위상 때문이다.

한국풍수는 풍수 자체만 따로 떼어내서는 성립되지 않을뿐더러 실체를 볼 수 없다. 역사, 사회, 문화, 지역, 사람, 환경 속에 녹아 있기 때문이다. 따라서 한국풍수는 풍수역사, 사회풍수, 풍수문화, 지역풍수, 인물풍수, 환경풍수다. 이러한 특징은 풍수를 문화현상으로 간주하면 또렷이 드러난다. 도선도 그렇다. 한국의 역사와 현장에 그만큼 많이 등장하는 인물도 드물다. 도선이 지었다는 사찰은 100개가 넘고 도선이 썼다는 책도 수십 종이 넘는다. 역사의 기록과 서민의 의식에, 골짜기마다 도선이라는 존재가 녹아 있다. 사람들은 자기식대로 도선을 활용했다. 그게 역사와 지역 속에 녹아 있는 도선의 현상적 실체다.

역사에서 풍수를 보면 또 다른 이면이 보인다. 조선왕릉의 풍수만 해도 그렇다. 최고 지관이 자리를 정했으니 누구나 왕릉은 명당 중의 명당일 거라고 생각한다. 그런데 정말 명당만 골라 썼을까. 조선왕릉의 정치사회사에서 많은 경우 풍수는 정치세력의 정략적인 수단과 논리로써 이용되었을 뿐이다. 왕릉지를 선택하는 데 작용했던 실제적 요인은 정치사회적 권력관계의 역학이었고, 풍수는 그것을 치장하는 외피였던 것이다.

한국풍수는 변치 않는 무엇이 아니다. 시대마다 풍수문화가 달랐다. 대개 풍수 하면 묘지가 떠오르지만, 고려시대에는 묘지풍수가 그리 중요하지 않았다. 국가적으로 도읍풍수를 중요하게 생각했다. 묘지풍수는 조선시대의 풍수문화다. 사회계층마다 풍수담론이 달랐다. 풍수가 서민에게

까지 일반화된 것은 조선 후기에 와서였다. 고려시대는 물론이고 조선 초기만 하더라도 풍수는 왕족과 귀족의 전유물이었다. 지역마다 풍수 여건이 달랐고 대상마다 명당 조건이 달랐으며 인물마다 풍수활용이 달랐다. 한국풍수의 시대적·계층적·지역적 다양성은 또 하나의 특징이다.

오늘날의 한국풍수는 '환경'이라는 새로운 시대적 화두에 직면해 있다. 주지하다시피 '환경'은 'environment'의 현대적 번역어다. 환경의 사전적 의미는 생물에게 직간접적으로 영향을 미치는 자연적·사회적 조건이나 상황을 말한다. 그러면 전통시대에 오늘날 '환경'이라는 말과 같은 뜻으로 사용된 말은 무엇일까? 산수 또는 산천 등의 용어가 일반적이었지만, '풍수지리'도 환경과 같은 의미체계로 흔히 쓰였다.

풍수는 바람과 물이라는 자연에너지와 환경자원을 실생활에서 이용하려는 경험적 지혜가 축적된 것이었다. 또한 동아시아 주민들의 생활사에서 필수적으로 요청되는 주거환경 시스템의 평가지표임과 동시에 자연재해[風水害]에 대한 방어체계이기도 했다. 전근대에 풍수는 자연, 생태, 지리, 지형, 하천, 천문, 기후, 기상 등이 매우 복합적으로 뭉뚱그려진 환경인문학이었다.

특히 마을 주민들은 일반적으로 풍수라는 말을 마을의 자연환경적 조건을 총칭하는 의미체계로 사용했다. 옛 어른들이 어떤 마을을 보고 '풍수가 좋다'고 하는 말의 뜻은 어떤 마을의 '환경이 좋다'는 말로 이해해도 무리가 없다. 풍수에서 '명당'이라는 말은 최적의 환경생태적 조건을 갖춘 곳이라고 번역할 수 있다. '마을의 풍수를 본다'는 말은 '마을의 환경평가를 한다'는 말과 같은 의미다. 조선시대 풍수지식인승려, 유학자, 지관 등이 어떤 마을을 지나가면서 "이 마을은 풍수가 안 좋으니 동구에 숲을 조성하라"라고 한 말은 '마을의 미기후적이고 경관생태적인 환경관리를 위해 숲을 조성하라'는 당시 환경전문가의 조언이기도 했다. 대부분 마을에는 풍수형국이 있었을 터인데, '이 마을은 (어떤) 형국'이라고 한 말은 마을 모양새를 단순히 비유하기도 하지만, 정작 그것은 해당 마을의 구체적 국지환경 또는 미시환경의 표상으로 마을환경에 대한 인식과 태도를 규정하는 문화생태적 틀이라는 것이다.

이렇듯 전통시대에 풍수는 마을의 자연환경을 인식·평가·관리하는 사회공동체적 담론체계이자 이론체계로 기능함으로써 오늘날 '환경'이라는 용어의 쓰임새와 다를 바 없었다. 그렇게 보면 동아시아에서 '풍수지리'는 '산수' 등과 함께 '환경'이라는 말 이전에 쓰인 원형적인 용어의 하나였음을 알 수 있다.

이러한 문화생태적 관점으로 풍수를 새롭게 정의할 수 있다. 전근대사회의 동아시아에서 형성·발전된 풍수사상과 풍수학은 온대 계절풍지대 자연환경에 적응해 농경을 위주로 한 생산관계와 농업생산력 그리고 정착적인 주거문화의 생활양식이라는 배경에 기초해 정립된 환경사상과 환경학이고, 지속가능성에 기초한 전통적 문화생태학^{또는 경관생태학}이며, 자연과 인간관계의 공간적 방식이다. 풍수적 최적입지처로서 '명당'은 최적의 자연환경과 생태 조건을 갖춘 공간모형이고, '풍수적 비보'는 경관생태 모듈을 보완하는 환경관리 방법이다. 한국의 자연환경에 적응해 공진화^{共進化, coevolution}된 산물인 풍수의 상징과 지식체계는, 한국인의 자연에 대한 태도와 문화경관의 입지, 장소성 형성에 영향을 주었고 자연경관을 문화경관으로 바꾸는 인자로 작용했다.

풍수는 우리의 공간적 전통문화 중에서 역사적으로 가장 뿌리가 깊고 공간적으로 폭넓게 자리하고 있다. 또한 한국인의 전근대 공간인식을 질서 짓는 원형적·무의식적 체계^{에피스테메}로서[1] 사회 여러 계층의 공간담론과 이데올로기를 지배했다. 전국의 수많은 취락, 사찰, 서원, 토착신앙소 등의 가시적 문화경관과 지명, 설화, 도참비기와 십승지 관념에는 풍수담론의 영향이 깊숙하고도 다채롭게 투영되어 있다.

그렇기에 한국에서 풍수는 정치, 경제, 문화, 사회를 막론하고 거의 모든 분야에 문명사적인 영향을 줬다고 해도 지나친 말이 아니다. 불교문명과 유교문명의 영향력에 대해서는 아무도 이견이 없을 것이다. 이에 못지않게 풍수는 오랫동안, 전 계층적으로, 온 지역에서 물질적·기술적·정신적으로 실천된 문화전통이었다. 그래서 불교와 유교에 더해 풍수문명을 한국의 3대문명으로 일컬어도 손색이 없다고 생각한다. 동아시아에서도 풍수의 꽃을 가장 활짝 피웠던 우리는 곳곳의 문화경관과 지식전통으로 전승되는 수많은 풍수유산을 가지고 있다.

그럼에도 아직 한국의 풍수문화와 풍수사상에 대한 사회적 이해와 학술적 지평은 매우 좁은 것이 현실이다. 이 책에서는 우리의 풍수를 역사, 사회, 지역, 인물이라는 축의 인문학적 시선으로 고찰하고, 학계의 풍수 연구 동향도 개괄해 살펴본다. 이로써 오늘날 풍수에 대한 사회적 인식과 이해, 학계의 풍수연구 풍토를 비판적으로 성찰하고, 한국풍수의 올바른 방향과 정체성을 정립하는 초석으로 삼고자 한다.

오늘날 동아시아의 풍수는 전통적인 지리환경지식이자 환경인문학으로 재정립되는 추세에 있다. 유네스코의 인류무형유산으로 등재하려는 움직임도 이미 시작되었다. 21세기의 지속가능한 토지이용과 환경관리에 풍수는 영감과 시사점을 제공할 전통지식으로 충분한 잠재적 가능성을 세계적으로 평가받고 있다.

한국풍수는 지금 이 자리에 서 있다.

2018년 봄날
덕유산 삼연재三然齋 거이실居易室에서
최원석

사람의 지리
우리 풍수의 인문학

동아시아 풍수론의 보편성에 비추어
한국풍수론의 전개 과정과 특수성이 어떠했을까.
한국풍수론의 역사적 특색은 동아시아에 비추어
실제적 운용성. 전반적 영향력과 시대적 다양성.
사회정치적 담론화, 형세론의 우세,
비보론으로 요약할 수 있다.

1

역사 속으로

우리 풍수문화의 정체성

한국풍수문화의 정체성과 특징은 역사 전개과정에서 드러난다.
고려시대와 조선시대에는 각각 풍수를 운용하는
사회적 주체와 공간적 대상이 달랐다.
역사적 과정에서 풍수론은 사회사상과 이를 주도하는 사회계층과
맞물려 사회적 담론으로 전개되었다. 불교·도참과 결합된 고려시대의
비보풍수론, 유교와 결합된 조선 전·중기의 주자학적 풍수론과
조선 후기의 실학적 풍수론은 당시의 역사적 배경과 사회사상이 반영된
대표적인 예이다.
고려시대의 불교사상과 조선시대의 유교사상은 각기 풍수와 결합하여
독특한 풍수문화를 만들었다. 특히 고려시대에 선종과 풍수가
교섭하는 과정에서 도선道詵, 827~898을 필두로 해서 사회담론으로
형성된 비보사탑설은 조선시대를 거치면서 비보풍수론으로 전개되어
한국풍수의 특징을 이루게 된다.

이러한 맥락으로 제1부는 다음과 같이 구성한다.

제1장에서는 한국에서 전개된 풍수문화사를 시대별로 서술하고,
한국풍수론의 정체성과 특징이 무엇인지를 밝힌다.

제2장에서는 한국풍수의 뚜렷한 특징인 풍수와 불교의 교섭 양상을
고려시대 정치지배층에 초점을 맞추어 살펴본다.

제3장에서는 비보풍수론을 한국풍수의 역사적 정체성과 특징을 드러내는
전통으로 제시하고, 비보사상의 현대적 의미를 철학사상, 사회사상,
환경생태사상의 측면에서 해석한다.

제4장에서는 조선시대의 민간 부문에서 도선이라는 역사적 인물을
표상으로 하여 풍수와 불교, 풍수와 도참이 어떻게 만나는지를 조명한다.

한국 사람에게 풍수는 무엇이었는지 역사 속으로 들어가서 살펴보자.

1 한국풍수론은 어떻게 전개되었나

한국에서 전개된 풍수론의 역사적·공간적 모습을 개관하고, 이를 통해 한국풍수론의 정체성과 특징을 고찰해보자. 동아시아 풍수론의 보편성[1]에 비추어 한국풍수론의 전개 과정과 특수성이 어떠했는지에 대한 관심은 풍수사에서 밝혀야 할 중요한 주제임이 틀림없다. 이것은 또한 풍수로 전통시대 한국인의 자연에 대한 인식과 태도, 사회문화 속에 반영된 자연과 인간의 상호관계와 그 역사적 의미를 조명하는 일이기도 하다.

풍수사는 풍수이론체계의 형성과 발전 과정을 다루는 풍수이론사와 풍수문화요소의 사회문화적 전개 과정을 다루는 풍수문화사로 구분해볼 수 있다. 풍수이론사는 전문지식인이 정교한 지식의 인식과 논리체계로 생산·전개한 측면이 있고, 풍수문화사는 사회집단과 지역 주민이 생활사의 과정에서 실천 방식으로 소비·활용한 측면이 있다.

풍수이론체계의 생산과 형성 그리고 이론적 발전은 중국이 주도했으며, 한국과 주변 국가들은 중국이 만든 풍수이론체계를 지역 환경과 역사적·문화적 특색에 맞추어 적용하거나 변용했다. 동아시아의 풍수문화사에서 한국적 특색은 현재까지도 지역적으로 광범위하게 전승되는 마을 단위의 풍수경관, 풍수설화, 풍수지명, 비보풍수 등에서 잘 드러난다.

한국의 풍수론 전개에서 선행 연구 성과 가운데 주요한 것을 먼저 비평해보자. 무라야마 지준村山智順, 1891~1968은 『조선의 풍수』朝鮮の風水, 1931

에서 묘지풍수와 주거풍수 신앙을 한국사회와 문화의 특질을 이루는 근본적 현상의 하나로 보고 역사민속학적으로 고찰했다.[2] 그렇지만 이 책은 한국풍수론 전개의 전체 흐름과 그에 따른 시대적 특징을 통사적으로 논의하지는 않았다.

이러한 한계는 이병도가 어느 정도 극복했다. 그는 『고려시대의 연구』 1947에서 고려시대와 조선 초기 풍수도참의 역사적 전개 과정을 정치사적 관점에서 논구했다.[3] 그의 연구는 고려시대 풍수론 전개의 역사적 특색을 시대를 구분해 깊이 있게 천착한 선구적 성과물로 꼽을 수 있다. 다만 시기적으로 고려-조선 초에 국한된 정치사적 논의라는 한계가 있었다.

한국풍수론에 대한 통론적 논의는 최창조가 쓴 『한국의 풍수사상』 1984에서 이루어졌다. 이 책에서는 풍수이론을 체계적으로 분류하고 현대적으로 해석했을 뿐만 아니라 지리학적 관점에서 도읍과 취락풍수 분야를 집중적으로 검토했다.[4] 그러나 이 책은 동아시아적 보편성에 기초하여 한국풍수론을 조명하지는 못했다.

이러한 문제점은 윤홍기의 『한국의 풍수문화: 동아시아 풍수의 한 탐구』 *The Culture of Fengshui in Korea: An Exploration of East Asian Geomancy*, 2006에서 일정 정도 극복되었다. 이 책에서는 풍수지리설의 기원, 한국풍수론의 도입과 전개, 취락풍수 등에 관한 논의를 동아시아적 범주에서 한국적 특색이라는 견지로 고찰했다.[5] 다만 한국의 풍수이론사와 풍수론의 역사적 전개 과정을 통시적으로 논의하지는 못했다.

이상과 같은 연구 성과를 바탕으로 한국풍수론의 전개 과정을 통시적으로 탐구하고 아울러 역사적·공간적 전개 과정을 사회문화적으로 조명해본다.

한국풍수론은 전통시대의 정치사회적 조건과 결부되어 특색을 띠면서 역사적·지역적으로 전개되어나갔다.

　풍수론은 일찍이 중국에서 한반도로 유입되었는데, 신라시대에는 왕조세력에 독점되어 왕릉 조성에 활용되었다. 고려왕조에서 불교와 풍수가 결합된 비보풍수론은 국토경영의 이데올로기로 활용되었으며 도읍풍수론으로 운용되었다.[6] 조선 전·중기에 와서는 주자학적 이데올로기의 확산과 맞물리면서 묘지풍수론이 성행했다. 조선 후기에는 실학자를 중심으로 주거풍수론을 활발하게 전개했다.

　공간적으로도, 왕도에서 시작되어 점차 중앙권력의 통제를 받는 지방 고을, 고을 주위에 분포되어 있는 마을 단위까지 풍수입지와 풍수경관이 확산되어나갔다. 장소적으로는 왕실 단위에서 궁궐과 능묘는 물론이고, 태실에 이르기까지 전반적으로 풍수가 적용되었다. 특히 고려시대부터 조선시대에 이르기까지 풍수론이 사회문화와 국토공간에 미친 대중적 영향은 지대했으며, 그 산물로서 유산록遊山錄, 풍수도참기, 산도山圖 등의 문헌기록뿐만 아니라 풍수지명, 풍수형국, 풍수설화 등 민간전승이 풍부하게 남아 있다. 수많은 전통취락에서 드러나는 풍수경관은 장기지속적인 문화생태의 토대와 조건을 이룬 경관유산이기도 하다.

　그럼에도 한국은 중국에 비해 풍수이론 면에서는 독창적인 견해와 발전된 논리를 찾기 어렵다. 중국은 형세론과 방위론을 비롯하여 역사적 과정에서 풍수이론에 대한 비판적 논의와 해석이 다양하게 전개되었고, 그것이 저술과 문헌으로 축적되었다. 한국은 중국의 풍수론을 도입하여 사회적·공간적 담론으로 운용하고, 한국의 풍토와 실정에 맞게 적용하는 데에 치중했다.

　그래서 한국의 풍수론 탐구는 풍수서를 바탕으로 이론 자체의 발전 과정을 분석하기보다는 풍수이론이 어떻게 사회문화적 동력에 따라 해석되고, 그 과정에서 어떤 부분이 강조되거나 제외되었으며, 어떤 사회적 주체와 구조사회제도, 정치권력, 사회계층의 이데올로기 등에서 해석하고 활용했는 지에 대한 사회문화사적 접근이 필요하다.

한국은 시대별로 풍수론의 역사적·공간적 특성이 달리 나타났고 변천했다. 한국풍수론의 전개 과정을 역사적으로 개관해볼 때 주요한 사회사상적 담론으로 형성된 것은 고려시대의 비보도참적 풍수론, 조선 전·중기의 주자학적 풍수론, 조선 후기의 실학적 풍수론으로 요약된다. 이와 관련해 전개된 시대별 공간적 특색은 고려시대의 도읍풍수론, 조선 전·중기의 묘지풍수론, 조선 후기의 주거풍수론마을풍수론·주택풍수론으로 크게 나뉜다. 같은 조선시대라도 조선 전·중기 성리학적 풍수론의 윤리성은 조선 후기 실학적 풍수론의 실용성과 대비된다.

따라서 한국풍수론의 역사적 정체성을 이루는 고려조의 비보도참적 풍수론, 조선조의 주자학·실학적 풍수론은 그 배경과 함께 중점적으로 탐구해야 할 대상이다. 그리고 한국풍수론이 전개되는 과정에서 이론적으로 형세론이 우세하게 활용되었다는 점도 특색으로 고찰해야 할 주제다. 고려시대에는 도읍풍수론이 활발했는데 왜 조선 전·중기에는 묘지풍수론이 성행했고 조선 후기에는 주거풍수론이 활발했는지 시대별 풍수론의 특색과 정체성을 규명하는 일은 흥미로운 연구과제이기도 하다.

한국풍수론이 전개되는 과정에서 보이는 도참과 관계도 관심거리가 될 수 있다. 도참이란 그림이나 징표 등으로 미래의 길흉을 예언하는 것이다. 고려시대에는 풍수와 도참이 결합된 풍수도참이 정치사회적으로 큰 영향을 미쳤는데, 이는 고려시대 풍수론의 특색이기도 하다. 그러나 유교적 사회이념과 합리주의에 근거를 둔 조선왕조에서 도참은 유학자들에게서 강하게 비판받고 엄격하게 배제되었다. 다만 조선 중·후기에 민간에서는『정감록』류의 풍수도참서가 널리 유행하기도 했다.

풍수론을 사회문화적으로 전개하려고 할 때는 마땅히 시대별로 어떤 사회계층이 풍수문화를 주도했는가 하는 문제와 연관해서 논의해야 한다. 한국풍수론의 형성과 전개 과정에는 사회적으로 정치지배 권력층과 지식인 계층이 영향을 많이 미쳤다. 권력층은 풍수론을 정치적 수단과 담론으로 활용했고, 지식인은 풍수론의 사회적 비중이 커지자 풍수담론을 창도唱導했다. 고려시대에는 승려지식인들이 비보적 풍수론을 주도했고, 조선시대에는 유교지식인들이 유학적 풍수담론을 이끌었다.

풍수론의 도입과 운용

신라·고려시대의 형세론과 풍수도참설

한국풍수론은 중국의 풍수론을 도입하여 정치사회적으로 운용하고 국토공간에 적용하면서 변천해나간 궤적이라고 할 수 있다. 따라서 중국의 풍수론이 한국에 어떤 영향을 미쳤고, 한국은 중국의 풍수론을 어떻게 수용·운용했는지 역사적 과정을 이해해야 한다.

중국의 풍수이론에는 크게 형세론形勢論과 이기론理氣論이 있다. 형세론이 이기론보다 먼저 발전했다. 형세론은 입지한 지형산수의 모양새와 짜임새로 장소의 길흉을 따지고, 이기론은 배치된 장소의 놓임새방위로 장소의 길흉을 판정하는데 이때는 흔히 나경羅經, 풍수나침반이라는 도구를 활용한다. 중국의 경우 산과 하천이 많은 양자강 남쪽 지역에서는 형세론이 발달한 것처럼, 한국에서도 형세론은 산이나 구릉지가 많은 지역에 주로 많이 적용된 반면, 이기론방위론은 평야지대에 활용되는 경향이 있었다. 송대 이후에는 정자·주자의 이학理學이 전개한 정치한 논리의 영향을 받아 이기론이 발전할 수 있는 이론적 배경이 마련되었다.

물론 풍수에서 터를 정할 때는 일반적으로 형세론과 이기론을 같이 활용했다. 이러한 현상은 중국과 한국이 마찬가지였다. 먼저 형세론적 방법으로 입지할 지형의 대체적인 짜임새와 모양새를 판단하고, 다음에 나경을 이용해 놓임새를 보아 배치 관계의 이기론적 길흉을 따졌다.

형세론은 주로 산줄기, 하천이 흐르는 방향과 모습 등과 같이 가시적·실제적 자연환경과 관련되어 있다. 형세론의 특징은 당나라의 풍수사 양균송楊筠松의 이론에서 확실하게 드러난다. 그가 지은 『감룡경』 『의룡경』 등은 산의 형세를 해석하는 논의로 구성되어 있다. 한국에서도 두 책은 조선시대에 관상감觀象監에서 실시한 풍수과거 시험의 과목이기도 했다. 형세론이 다루는 산의 형세는 실제로 눈에 보이는 것이라 광범위하게 확산되었으며, 조선시대의 서민층에도 큰 영향을 주었다.

이기론은 산천의 기를 고찰할 때 나경을 중요하게 활용하고, 주역의 원리에 따라 8괘八卦, 12지十二支, 천성天星, 오행五行을 4대 요강으로 삼는다.[7] 이기론은 송대 이후 이학적 논리가 정교해지고 나경이 광범위하게 응용됨에 따라 세력이 커졌다. 이기파의 풍수는 수數와 이理의 상관성을 강조하므로 그 이론도 복잡하고 어렵다.

한국에서는 중국의 형세론과 이기론을 모두 수용하여 국토공간에 널리 적용했다. 시기별로 보면 형세론이 먼저 들어왔고, 이기론이 나중에 도입되었다. 형세론은 나말여초부터 사회에 본격적으로 영향을 미쳤다. 형세론적 사고방식의 실마리는 이미 신라시대에 초기 모습이 등장한다.[8]

(탈해가) 토함산에 올라 돌무지를 만들고 7일 동안 머무르면서 성城 중에 살 만한 곳이 있는지 바라보니, 마치 초승달같이 둥근 언덕이 있어 지세가 오래 살 만한 곳이었다.

탈해脫解, 재위 57~80가 정한 곳은 이후 신라 왕궁이 들어선 현재 경주의 반월성 자리다. 주목되는 내용은 '언덕이 초승달같이 둥글어서 오래 살

반월성. 초승달 모양의 지형 모습을 하고 있다.

만한 지세'라는 탈해의 입지관이다. 왕궁이 입지할 지형지세를 초승달과 같이 사물에 빗대어 파악했다. 초승달을 보름달이 될 가능태를 지닌 길吉한 형상으로 인식하는 초기적 풍수형세론형국론 또는 갈형론9)의 사고방식이다.

중국의 풍수론이 한국에 들어온 시기를 알 수 있는 최초의 역사 기록은 최치원崔致遠, 857~?이 지은 「대숭복사비문」大崇福寺碑文이다. 때는 798년의 일로, 여기에 청오자靑烏子라는 중국 한나라의 풍수사가 등장한다. 청오자는 『청오경』이라는 풍수서의 저자로 알려져 있다. 주로 형세론이 반영된 『청오경』은 『금낭경』과 함께 조선왕조의 중요한 풍수 교과서였다.

중국풍수론이 신라에 들어온 경로는 두세 갈래로 나눠볼 수 있다. 하나는 왕실을 거쳐 수입된 경로다. 당시 당나라에서는 풍수론이 널리 유행했는데, 당나라와 문물 교류가 많았던 신라왕실에 중국풍수론이 도입된 것은 당연해 보인다. 또 한 갈래는 중국에 유학 갔다가 돌아온 승려들과 지식인들이 들여온 것이다. 통일신라 말에는 여러 승려와 지식인들이 중국에서 유학하고 돌아왔는데, 그 과정에서 자연스럽게 중국풍수를 접하고 배웠을 개연성이 있다.10) 그 밖에 중국의 상인들이 배를 타고 들어와 물물교역을 하면서 항구를 중심으로 풍수서가 민간지식인들에게 전해졌을 수도 있다. 왕실로 들어온 풍수는 주로 궁궐이나 왕릉의 터를 잡는 데 쓰였고, 승려들이 들여온 풍수는 절터나 주거지를 선택하는 데 활용되었다.

나말여초에는 '산천의 순역順逆'을 주로 살피는 형세론이 지배적인 풍수이론으로 영향을 미친 것으로 보이며, 고려시대에 이기론이 강하게 적용되었다는 흔적은 찾아보기 어렵다. 고려 태조 26년943의 「훈요십조」에 "모든 절은 다 도선이 산수의 순역을 보고 개창한 것이다"11)라고 한 표현은 당시 성행한 풍수형세론의 지배적 정황을 잘 반영하고 있다.

이 시기에 형세론이 널리 퍼진 까닭은 무엇일까? 앞서 언급했듯이 중

국의 풍수이론 자체가 형세론이 먼저 구축되었고, 이기론은 송대 이후에
야 성행했기 때문에 한국에서도 이기론은 조선시대에 와서야 힘 있는 논
리로 영향을 미쳤다. 직접적으로는 신라 말에 당나라로 유학을 간 승려지
식인들이 주로 형세론이 성행하던 강서 지방의 선종을 배우면서 풍수형
세론도 같이 습득했기 때문으로 보인다. 이후에도 형세론은 시대와 지역
을 막론하고 널리 퍼졌는데, 산이 많은 한국의 지형풍토에 적용하는 데
이론적으로 적합하고, 이기론에 비해 이해하기도 쉬워 널리 수용되었기
때문이다.

　고려시대에는 왕실의 풍수적 관심과 필요에 따라 중국의 풍수서가 꾸
준하게 도입되었다. 『고려사』에 따르면, 고려 현종 13년[1022]에 한조韓祚
가 송나라에서 돌아왔는데, 송 황제가 하사한 책에 『음양이택서』陰陽二宅
書, 곧 음택서묘지풍수서와 양택서주택풍수서도 포함되어 있는 것을 알 수 있
다.[12] 이 책이 형세론과 이기론 중 어떤 부류에 속하는지는 확인할 수 없
으나, 시대적 배경으로 보아 이기론이 강한 풍수서일 여지도 있다. 따라
서 이미 고려조에 이기론 서적이 유입되면서 풍수현장에서 구사되어 나
갔음을 추정하는 것은 어렵지 않다. 고려는 중국의 이기론을 비보론을 매
개로 도참과 결합함으로써 더욱 정교하고 강력한 사상체계를 갖추었다.
한국에서 유행한 이기론은 다른 사상들과 유기적 결합을 통해 발전되는
특징을 보여준다.[13] 조선 초기에 이기론 저술인 『호순신』胡舜申이 한양을
국도로 결정하는 과정에서 주요 논리로 영향을 미쳤으며, 이후 관상감의
풍수과거시험 과목으로도 채택되었다. 이기론은 조선왕조와 민간에 걸
쳐서 패철나경의 활용을 통해 터잡기에 널리 적용되었다.

　고려왕조의 서운관書雲觀[14]에서는 지리업地理業이라는 분야로 과거를
실시해 풍수전문인을 뽑았다. '지리업'이라는 표현으로 볼 때, 당시에는
풍수라 하지 않고 '지리'라는 일반 명칭으로 쓰였음을 알 수 있다. 과거에

서 지리업에 급제한 사람에게는 일정한 칭호와 위계가 주어졌다. 고려 문종 30년의 기록에 따르면, 지리업 별사전別賜田의 수급대상자에게는 지리생地理生, 지리정地理正, 지리박사地理博士, 지리사地理師 등의 호칭과 위계가 나왔다. 이들은 궁궐터나 절터, 태 매장 장소 등을 선정하는 일을 보았다.[15] 그중 지리생은 과거에 갓 급제한 사람을 일컫는 말이고, 경력이 높아감에 따라 지리정, 지리박사로 진급하며 지리사는 풍수전문인으로는 가장 높은 직급이었다.[16] 관련하여 고려시대의 풍수지식인으로 지리승地理僧도 빼놓을 수 없다. 연묵延嘿 등의 지리승은 국가 혹은 왕실의 사찰터 선정, 국사와 왕사 등 고승의 장례, 국왕의 순주처 지정을 담당했다. 고려시대와 같은 정치적이고 관료화된 지리승은 동아시아 차원에서도 독특한 현상이었다.[17]

고려시대의 풍수과거 시험과목으로는 『신집지리경』新集地理經, 『유씨서』劉氏書, 『지리결경』地理決經, 『경위령』經緯令, 『지경경』地鏡經, 『구시결』口示決, 『태장경』胎藏經, 『가결』訶決, 『소씨서』蕭氏書 등이 있었다. 그런데 고려시대 풍수지리 분야의 과거시험 과목에 드는 책들은 전해지지 않고 중국의 풍수서에서도 찾기 어려워, 그 이유가 무엇인지는 학계의 숙제로 남아 있다.

그중 『경위령』은 고려 숙종 7년1102 중서문하성中書門下省에서 남경한양에 이궁異宮을 조성하는데 이 책에 근거하도록 왕에게 말한 적이 있다. 또한 조선 문종 1년에 정안종鄭安宗이 상소에서 '당나라 일행一行, 673~727이 지은 경위령'을 근거로 주장을 펼치는 것으로 보아 조선 초기까지는 주요 풍수서로 활용된 듯하다.[18] 『유씨서』는 한나라 회남왕淮南王의 아들인 유안劉安이 빈객賓客과 방사方士를 모아 지은 『회남내외서』淮南內外書로 추정하며, 『지경경』은 마국한馬國翰이 모은 『옥함산방일서』玉函山房逸書 중 지경도地經圖 같은 것인데, 생물지리학의 내용으로 6세기 양梁에서 지어진 것이라고 한다.[19] 그런데 위의 추정은 책 내용이 풍수와는 거리가 있어서 비판적 검토가 더 필요하다. 그리고 『태장경』은 같은 책이름으로 『문종실록』에 내용이 일부 소개되어 있는데,[20] 고려시대의 『태장경』과 동일한지는 확인할 수 없다. 다만 책이름으로 보아 태를 길지에 봉안하는 방법과 발복을 주요 내용으로 하는 풍수서임은 확실하다.

태실胎室은 왕실에서 태아를 출산한 뒤 태반을 안장하려고 조성하는데, 고려왕실에서 풍수적인 이유와 목적으로 명당지를 선정했다는 것을 알 수 있다. 태실풍수는 조선에도 계승되어 왕실에서 엄격히 시행했다. 태어나면 태를 태실에 묻고 궁궐에서 살다가 왕릉에 묻히는, 왕실의 모든 공간적 생활사의 행로가 풍수와 연관되어 있다. 이는 동아시아 특히 한국의 왕실풍수문화사에서 뚜렷이 나타나는 흥미로운 현상이다. 조선왕실의 풍수에서도 묘지왕릉풍수, 도읍궁궐풍수와 함께 태실풍수는 중요한 부분을 차지한다. 『조선왕조실록』에서도 드러나지만, 조선왕실의 논의에서 태실은 사람의 성격과 인지, 건강, 출세 등과 관련되는 것으로 주장되고 있으며[21] 좋은 땅에 태를 안장함으로써 당사자가 풍수적 소응을 얻어 일신의 건강뿐만 아니라 사회적 성공도 함께 얻을 수 있다는 것이다.

이러한 태실지의 발복은 풍수적 논리에서 빚어진다. 묘지풍수가 조상의 뼈를 매개로 땅의 생기生氣와 감응함으로써 후손이 발복한다는 논리를 가지는 데 비하여, 태실풍수는 당사자의 태가 길지의 생기에 감응함으로써 '본인'이 발복한다는 논리에 기초한다. 당사자 발복이라는 풍수논리구조는 주택풍수의 발복 논리와도 유사하다. 주택풍수는 본인이 풍수적으로 좋은 환경에 거주하면서 그 길한 기운을 받는다는 논리이기 때문이다. 이러한 배경논리에 따라 고려와 조선시대 왕실의 태실지는 풍수전문가가 선정했고, 기존에 안장된 태실을 더 좋은 곳으로 옮기기도 했다.[22]

▲ 명종(조선) 태봉산.

▼ 명종대왕 태실. 태봉산 봉우리 꼭대기에 태실이 있다(충남 서산시 운산면 태봉리 산1).

참고로 조선시대 태실의 풍수적 입지조건과 지형적 패턴에서는 공통점이 발견되는데, 태실지의 위치가 동산의 봉우리 정상부에 자리 잡고 있다는 점이다. 이러한 입지양상은 마치 한의학에서 인체의 머리 정수리인 백회혈百會穴의 경혈 자리와 대비될 수 있는 위치이기도 하다. 태실지의 일반적 지형지세 조건을 보면; 묘지의 명당형국과는 입지 양상이 달라 북현무·남주작·좌청룡·우백호 등 명당의 필수 요건이 수반되지 않는다. 이러한 입지특성과 유형을 보이는 까닭은 태실의 입지선정 준칙이 있었기 때문이다. 태실의 풍수적 조건에 관하여, 『태봉등록』胎封謄錄에 이르기를, "태봉은 산꼭대기에 쓰며 원래 내맥이나 좌청룡·우백호나 안산·조산 등이 없다"[23]라고 입지지형의 특성을 요약했다. 이러한 태실풍수는 조선 후기로 갈수록 비중이 축소되고 약화되는 양상을 보인다.

다른 한편으로 고려시대의 풍수과거 과목과 조선시대의 그것은 전혀 다르고 계승되는 면이 없다는 것도 흥미로운 현상이다. 조선시대의 풍수과거 과목과 비교해볼 때 고려시대는 전문적인 풍수이론서의 색채가 약하고 풍수도참서로 보이는 책들이 여럿 포함되어 있는 것도 고려시대에 전개된 사회적 풍수담론의 경향에 비추어 유의할 만하다.

일반적으로 도참은 국가조업國家祚業의 흥망성쇠와 인간만사의 길흉화복을 징험徵驗하는 예언·비기류의 총칭이다.[24] 참기讖記를 한국에서는 흔히 비기·밀기 또는 비결이라고 하는데, '참'은 은밀하고 비밀스러운 언어나 문자로 장래의 일을 예언·암시하는 것이라고 할 수 있다.[25] 장래 운명을 지시하는 점에서는 점복占卜과 거의 같지만, 도참은 대부분 나라의 흥망추이興亡推移와 같은 사회적 운명관인 점에서 다르다.[26] 도참의 사회사상적 성격에서 주목할 점으로, 사회변혁기의 도참은 사회변혁을 추동하는 사상적 역할을 한다는 점이다. 따라서 역사적 전환기의 도참에는 사회변혁의 열망과 의도가 반영되어 있다.

한국의 도참은 삼국시대부터 뚜렷이 드러나는데, 흔히 풍수지리와 결합하여 '풍수도참'으로 실행·전개되었다. 도선이 활동한 나말여초에는 민중의 기복적 욕구와 사회변혁의 갈망이 반영된 풍수도참이 새롭게 대두했다.[27] 도참과 풍수의 결합은 형세론의 이론적 경향과 함께 고려시대 풍수론의 또 다른 중요한 특징이다. 조선시대에도 풍수도참은 『정감록』[28]과 같이 민간계층에서 널리 유행했지만, 고려시대는 정치지배권력층의 담론에서 풍수도참의 결합이 두드러지게 나타났다.

고려시대에는 풍수도참설이 유행하여 사회사상으로 큰 영향을 미쳤다. 풍수도참서류는 비보풍수론으로 고려시대를 풍미한 도선을 끌어대어 이름을 붙인 것이 많았다. 고려 중기인 12세기 초에는 풍수도참 서적이 범람하여 혼란스러운 지경에 이르렀다. 그래서 예종 1년[1106]에는 "음양지리에 관한 여러 책을 왕실에서 새로 정리하여 『해동비록』^{海東秘錄}이라는 책 1권으로 편찬하기도 했다."[29] 여기서 음양지리는 풍수도참으로 보이며, 『해동비록』이라는 책 이름만 보아도 다분히 도참서 성격이 짙다는 것을 알 수 있다. 고려시대 풍수론의 특징인 비보풍수론도 후대에 가서 도참과 긴밀하게 결부되었다. 이로써 고려 중·후기의 사회적 폐해가 생겼기에 조선 초기의 관료와 유학자들에게 집중적으로 공격과 비판을 받았다.

조선시대의 풍수지리론

조선시대의 풍수론은 고려시대와 이론적 원리는 같았지만, 사회문화적 전개는 달랐다. 또한 중국풍수서의 풍수이론을 그대로 썼지만, 구체적으로 적용하고 특정하게 운용한 면에서는 중국과 달랐다.

'풍수'라는 용어는 조선시대에 와서 일반화되었으며 지리^學와 같은 뜻으로 쓰였다. 고려시대에는 지리라는 용어를 일반적으로 썼을 뿐 풍수라는 말을 흔히 썼다는 흔적은 찾기 어렵다. 조선시대에는 풍수학을 지리학이라는 말 외에 음양학陰陽學, 음양풍수학[30] 등으로도 지칭했다. 세조 12년[1466]에는 풍수학을 지리학이라는 이름으로 고쳤고,[31] 그해 서운관을 개칭한 관상감에서 지리학 관련 업무를 전문적으로 담당했다. 관상감은 조선시대 천문天文·지리地理·명과命課 등의 일을 담당한 관서로, 지리학풍수 분야로는 관원官員에 지리학교수地理學敎授, 종6품 1명과 지리학훈도地理學訓導, 정9품 1명을 두었고, 지리학생도地理學生徒를 10명 두었다.[32]

조선왕조에서는 고려왕조와 달리 유교적 이데올로기와 유학적 합리주의에 근거했기에 불교사상이 포함된 도선의 비보풍수론과 예언적·미신적 도참사상은 유학자들에게 비판받고 배제되었다. 1417년에 태종은 도참술서圖讖術書가 세상을 어지럽히고 사람들을 속인다며 도참을 금禁하는 왕명을 내렸고, 개인이 소장한 전국의 모든 도참술서를 모아서 불태우게 했다.[33] 고려왕조에서는 풍수도참이 지배층과 지식인 계층에 널리 영향을 미쳤고, 풍수과거 과목도 도참서의 색채를 띠었지만, 조선왕조에서는 도참을 떼어낸 풍수론만 운용된 것이다. 다만 백성들 사이에는 『정감록』류의 풍수도참서가 조선 후기에 유행했다.

따라서 조선시대에는 고려시대의 풍수도참이 이어졌지만, 예언적인 내용에서 벗어나 이론적으로 정비된 순수 풍수지리학의 모습으로 바뀌었다는 데서 다른 점을 찾을 수 있다. 여기서 항상 논리적 바탕 위에서 이론적 근거를 찾아나가는 성리학의 영향이 크게 주효했을 개연성을 생각해볼 수 있다.[34] 더구나 조선왕조에는 중국의 형세론과 이기론을 포함한 전문적 풍수서가 대거 수용·연구되어 풍수이론을 이해하는 수준이 높아졌다. 따라서 태실·왕릉이나 도읍지 선정 등 풍수적 논의에서 고려시대보다 훨씬 정교하게 해석해 적용했을 것이다.

조선왕조의 풍수론 이해 수준을 반영하듯이, 중국의 풍수이론서 중 형세론 외에 이기론을 다룬 책들도 많이 수입되어 형세론과 이기론 모두 사회적으로 큰 영향을 미쳤다.

조선시대의 풍수과거 과목에는 『청오경』青烏經, 『금낭경』錦囊經, 『명산론』明山論, 『호순신』胡舜申, 『지리문정』地理門庭, 『감룡경』撼龍經, 『착맥부』捉脈賦, 『의룡경』疑龍經, 『동림조담』洞林照膽 등이 있었다. 이들 책은 대부분 중국의 형세론과 이기론의 주요 풍수서로 현존한다. 그중 『지리문정』의 저자는 알 수 없지만 『착맥부』는 도간陶侃이, 『동림조담』은 범월봉范越鳳이 썼다. 『감룡경』과 『의룡경』은 형세파인 당나라 양균송의 저술로 유명하다. 명나라 때 서선계·서선술이 쓴 『인자수지』人子須知, 1564도 형세론의 저술로 조선후기의 지식인들 사이에 널리 필사되어 읽혔다. 현존하는 책으로 주요한 것을 살펴보면 다음과 같다.

『청오경』은 한나라 때 청오자가 썼다고 알려지나 송나라 이후의 위작일 개연성이 높은 책이다.[35] 한국에 언제 도입되었는지 분명치 않지만 조선왕조에서 『금낭경』과 함께 풍수 필수 도서로 지정된 바 있다.

『금낭경』은 곽박郭璞, 267~324의 저술로 알려졌으나 실제로는 당나라 때나 그 이후에 쓰였을 개연성이 크다. 생기生氣나 형세形勢를 주로 논의했다.[36] 책은 「기감」편氣感編, 「인세」편因勢編, 「평지」편平支編, 「산세」편山勢編, 「사세」편四勢編, 「귀혈」편貴穴編, 「형세」편形勢編, 「취류」편取類編 등 8개 편으로 이루어졌다. 『금낭경』은 조선왕조에서 풍수교과서로 취급한 중요한 책이다.

『명산론』은 『청오경』·『금낭경』·『호순신』과 함께 조선조 풍수학의 4대 과거시험 과목이었다. 명나라 때 채성우蔡成禹가 썼다고 알려졌으나 그는 내용을 재구성했을 뿐 이론적 특징은 철저하게 형세론의 견지에서 쓰였다.[37]

『감룡경』과 『의룡경』은 당나라 때 양균송의 저술로, 역시 형세론에 기

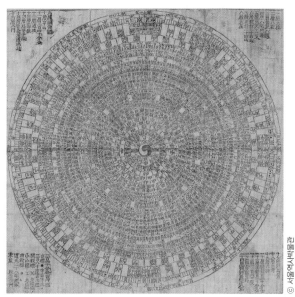

풍수나침반인 윤도.
조선 중기까지 쓰였다.

초하여 산의 풍수적 이치를 논했다. 『감룡경』은 산의 모양새를 아홉 가지로 유형화하여 각각의 형태에 따른 길흉을 따졌고, 『의룡경』은 어떤 산의 형세를 갖추는 것이 구체적인 혈을 맺을 조건이 되는지를 주로 논의했다.

이기론이 주요 논리가 된 책으로는 『호순신』이 있다. 『지리신법』地理新法이라고도 하는 이 책은 호순신이 저자다. 이 책은 이기론의 견지에서 쓰였으며, 묘지뿐만 아니라 국도[京都], 고을[州縣], 사관寺館 등과 같이 주택과 삶터풍수까지 공간적 범위를 아울렀다.[38]

조선시대에는 이기론에 기초한 풍수 판단에 필수 용구인 나경을 제작해 활용했다. 나경은 윤도輪圖, 나반羅盤, 지남철指南鐵, 쇠[鐵]라고도 일컫는 풍수나침반이다. 한국에서는 조선 중기까지 윤도라는 나침반이 방위 측정 도구로 쓰이다가 이후 중국에서 도입된 전문적 풍수 용구인 나경으로 점차 대체되고, 후대에 더욱 정교한 나경을 관상감에서 제작·활용한 것으로 보인다.[39] 나경은 어떤 풍수 향법向法을 적용하느냐에 따라 달리 구성된다.[40] 서울역사박물관 등에 현존하는 19세기 중반의 나경은 24층

구조로 되어 있으며, 관상감에서 제작한 것으로 보아 조선 후기에 공식적인 풍수 도구로 활용되었음을 알 수 있다.[41]

그런데 풍수과거 과목에 드는 책들을 자세히 보면 조선시대 풍수론의 중요한 특징인 묘지풍수론이 드러난다. 조선시대의 풍수과거 과목이 묘지풍수서 위주로 되었다는 사실은 조선왕조가 풍수를 유교적 효 이데올로기와 연관하여 수용했던 사회적 상황을 잘 말해준다. 조선왕조에서 왕릉을 둘러싸고 수많은 풍수적 논의와 담론이 일어났던 것도 이러한 배경에서 이해할 수 있다. 흥미로운 것은 고려왕조만 해도 풍수론의 사회적 주류는 묘지풍수론이 아니라 도읍풍수론이었다는 것이다. 시대적으로 풍수론 운용을 주도하는 사회 주체세력들의 정치사회적 성격과 그에 따른 공간적 대상이 달랐기 때문에, 고려와 조선의 풍수과거 과목도 전연 다를 수밖에 없었고, 공간적으로 계승될 수도 없었다.

한편으로 민간 부문에서 나타나는 조선시대 풍수론의 또 하나의 특징은 주거풍수론^{마을풍수론과 주택풍수론}이라는 것이다. 조선 후기에 들어 유교 지식인들이 향촌 곳곳에 종족촌을 이루면서 마을풍수의 사회적 담론이 성행했으며, 풍수입지와 풍수경관을 갖춘 마을이 크게 늘어났다. 무엇보다 17세기 전후로 왜란과 호란, 사화^{士禍} 등 정치군사적으로 내우외환이 일어나는 사회분위기에서 유학자들이 산림에 은거하는 바람이 불었는데, 이때 주거생활의 실제적 필요성에서 주택풍수론이 활발하게 논의되고 실학자들의 저술로 남겨졌다. 이러한 주거풍수론의 추세와 사회분위기는 서민들에게도 전파되어 많은 자연마을^[民村]에서 풍수형국론적으로 마을경관이 재해석되기도 했고, 마을숲·돌탑 등의 비보물이 설치되기도 했다.

이렇게 조선시대에 활발했던 묘지풍수론과 주거풍수론의 사회적 담론은 고려시대 도읍풍수론의 그것과 비교해볼 때, 이론적으로는 같은 풍수적 원리를 적용했지만 시대 배경에 따른 사회적 성격과 적용 대상은 전연 달랐다. 고려시대의 도읍풍수론은 지기쇠왕설·지리연기설·비보도참설과 결합하여 왕조 지배세력들 사이에 권력투쟁 성격을 띤 정치사회적 담론으로 성행했지만, 조선시대의 묘지풍수론과 주거풍수론은 도참을 철저히 배제하고 풍수논리 자체에 치중했을 뿐만 아니라 사회적 운용에서도 유교지식인 계층이 주도한 풍수담론이었다.

조선 후기 지식인들 사이에서는 중국의 주택풍수서도 많이 읽혔다. 실학자들의 저술에는 그들이 참고한 중국의 주택풍수서와 일반풍수서들이 여럿 인용되어 있다. 예컨대 서유구徐有榘, 1764~1845는 중국의 풍수서인『상택경』相宅經,『양택길흉론』陽宅吉凶論,『음양서』陰陽書,『지리신서』地理新書 등을 참고하여 주거풍수를 논의했다.[42] 민간에서는 18세기 후반에 중국 청대의 조정동趙廷棟, 1736~95이 저술한『양택삼요』陽宅三要가 영향을 미쳤다. 이 책의 논리는『양택요결』陽宅要訣이나『민택삼요』民宅三要 등의 이름으로 재편집되어 19세기 이후 한국의 주택풍수론을 주도했다. 그중 『민택삼요』는 일제강점기1928에 밀양의 손유헌孫瑜憲이 중국의『양택삼요』를 한국의 주택 조건에 맞추어 발전시킨 책으로 의의가 있다.

한국풍수사상의 정수는 택지술擇地術의 원리를 담은 풍수서보다는 풍수설화·풍수가사·풍수도참서·풍수무가에 더 잘 반영되어 있다. 이러한 민간전통요소들을 분석하면 한국풍수지리설의 특성을 찾아볼 수 있다.[43] 조선 후기의 풍수도참서로 유명했던『정감록』과 지역 주민들의 형국론적 마을경관 인식 그리고 전국 어디에나 퍼져 있는 풍수설화 등은 그 대표적인 요소가 된다.

조선 후기에는 정치사회적 혼란을 겪으면서『정감록』이라는 풍수도참서가 민간과 일부 지식인들 사이에서 널리 유행했다. 특히 그중에 포함된 피난·보신避難保身의 땅으로서 십승지十勝地 담론은 조선 후기 백성들에

십승지 산도(풍수도).
풍기 금계촌의 한 비결파 후손이
소장한 그림이다.
십승지는 정치사회적으로 혼란스러웠던
조선 후기에 피난·보신의 땅으로 각광받았다.

게 큰 영향을 주어 십승지로 지목된 곳으로 인구가 이동하는 사회적 원
인이 되기도 했다.[44] 경상북도 풍기 금계촌 등 유명 십승지에는 지금도
비결파 후손들이 살고 있다.

『정감록』류의 책에는 고려와 조선의 유명한 풍수승, 풍수지식인의 이
름을 끌어댄 문헌들이 편집되어 있고, 심지어 여기에는 중국 당 현종
712~756 대의 승려이자 유명한 풍수가인 일행一行, 683~727까지 저자로 등
장한다. 『정감록』 중에서 「일행결」一行訣.「일행사설」一行師說 등이 그 사
례다. 일행은 한국의 풍수설화에서 도선의 스승이라는 내용이 나올 정도
로 한국 사람들에게 유명한 중국의 풍수사다.

조선 후기에 들어 풍수문화가 점차 지방의 마을로 파급되면서 민간인
들에게는 형세론의 부류인 형국론적 풍수 이해방식이 널리 유행했다. 형
국론이 서민들 사이에 널리 퍼진 것은 풍수경관을 의인화·의물화하여
이해하기 어려운 이론풍수에 비해 쉽게 이해하고 적용할 수 있었기 때문

이다. 지리산권역의 남원시, 구례군, 하동군, 산청군, 함양군 관내의 자연 마을에서만 500여 개가 넘는 풍수형국이 나타난 사실만 보아도, 지역 주민들의 형국적 풍수인식이 얼마나 보편적이었는지 짐작할 수 있다(286쪽 표 25 참조할 것).

이러한 마을 주민들의 형국적 풍수 이해는 마을의 지형환경조건과 문화생태적 코드로 관계를 맺으면서 문화경관에 영향을 주는 결과를 낳았다. 전통시대의 마을 주민들이 마을입지환경을 풍수형국이라는 상징체계로 해석하여 관계를 맺고 대응하는 과정에서 형국적인 해석에 따라 새로운 풍수지명이 지어지거나 기존 지명이 풍수적으로 풀이되어 의미가 바뀌는 과정도 거쳤다. 주민들이 자연환경과 관계 맺은 풍수적 요소는 풍수지명 외에도 풍수설화, 풍수의례, 풍수비보 등이 있었다. 이러한 문화생태적 풍수요소들은 마을의 입지형국과 관련해 의미가 구성되었으며, 주민들이 인식하는 마을의 풍수적 환경에 영향을 주었다.

한국풍수론의 역사적 · 공간적 전개

고려시대의 비보도참적 도읍풍수론

고대부터 한국이 중국과 문화교류가 빈번했기에 중국의 풍수가 삼국시대 전후로 들어왔겠지만, 한국에서 풍수론이 사회담론으로 형성되어 정치적 조건과 결부되면서 지배적 공간논리로 기능한 것은 고려시대부터라고 볼 수 있다.

고려시대 풍수론의 특징은 비보도참적 도읍풍수론으로 요약할 수 있다. 도읍은 국가나 왕실 권력의 정당성을 상징적으로 구현하고 실천하는 장소로서, 도읍풍수는 그러한 권위를 표상하여 통치체계를 구축하게 한 원리였다. 특히 고려시기의 국도풍수는 태조 왕건이라는 상징과 결합하여 매우 중요한 정치적 상징이자 이념으로 기능하며, 국가 체계를 구축하는 데 활발하게 활용되었다.[45] 고려시대 도읍풍수의 주요 원리가 된 풍수도참설은 일찍부터 중국에 있었고 한국에도 존재했지만 고려시대처럼 한 시대를 풍미하는 정치사회담론으로 성행한 적은 없다. 고려시대 비보도참설의 논리는 크게 산천비보설 또는 비보사탑설裨補寺塔說과 지기쇠왕설地氣衰旺說로 이루어졌다. 당시 수도를 옮기는 문제나 여러 궁궐의 축조나 경영 문제는 지기쇠왕설, 산천비보설과 맞물려 있었다.[46]

나말려초의 승려 도선은 '산천 순역順逆의 형세'로 지형지세를 보고, 절과 탑 등으로 풍수적 결함을 보완하는 비보사탑설을 창도했다. 이로써 비보사탑설은 풍수의 형세론과 불교密教의 사리탑사상의 영향을 직접 받았음을 알 수 있다. 비보사탑설은 산천비보설 또는 비보풍수론이라고도 한다. 그 핵심이론은 산과 하천이 대상지를 중심으로 구심성求心性을 지니면서 잘 에워싸고 있는지, 원심성遠心性을 보이면서 등지거나 거스르지는 않는지 먼저 따지고, 등지거나 거스른 곳에는 풍수적 보완물비보을 설치하는 것이다. 풍수적 대상지는 주로 도읍이나 사찰 등 삶터였다.

도선의 비보풍수론은 나말여초의 전환기에 사회변혁을 이끄는 공간적 논리를 제공했을 뿐만 아니라 고려조 500여 년에 걸쳐 국토공간의 계획과 운용의 원리이자 사회사상적 이데올로기로 큰 영향을 미쳤다. 『고려사』에서 도선은 신라왕조가 몰락하고 고려가 건국되는 태동기에 불교와 풍수라는 두 사상적 요소를 결합·응용하여 사탑비보설이라는 새로운 사회적 담론을 만들고 실천한 전환기 지식인으로 묘사되었다.

지기쇠왕설은 땅 기운이 때와 장소에 따라 쇠약하기도 하고 흥성하기도 한다는 시간과 공간의 결합 논리다. 개인이나 왕조가 아무리 명당을 차지했어도 시간이 지나면 그 땅의 기운이 변하므로 발복이 끊기고 망할 수 있다는 것이다.[47] 지기쇠왕설은 그 땅의 기운이 왕성할 때인지 쇠퇴할 때인지를 점치는 도참 예언으로 변질되었다. 또 지기쇠왕설은 풍수명당지의 공간적 이동을 전제하기도 한다. 고려시대에는 이러한 지기쇠왕설의 영향을 받아 수도를 개경에서 서경平壤으로 천도하는 문제가 정치적쟁점이 되었으며, 결국 묘청?~1135의 난으로 이어지기도 했다.[48] 지기쇠왕설의 논리에 근거하여 수도 개경 외에 이궁異宮과 가궐假闕을 지방의 여러 곳에 짓기도 했다.

비보사탑설과 지기쇠왕설은 서로 결합되면서 비보도참의 속성을 강하게 나타냈으며, 지배권력자들의 정치적 담론과 결부함에 따라 왕경의 연기延基나 천도와 같은 도읍풍수론으로 전개되었다. 이러한 조류를 주도한 사회계층은 왕족과 귀족세력이었다. 도선이 역사상 한국풍수론과 비보도참설의 시조로 인정된다는 사실은, 한국풍수론의 특색과 정체성을 규정하는 데에 중요한 의미를 지닌다.

특히 비보풍수론이 고려시대의 풍수담론으로 세력을 떨친 것은 정치사회적 배경과 맞물렸기 때문이다. 고려왕조는 불교의 불력신앙佛力信仰과 풍수의 지력사상地力思想을 결합한 이념을 국가의 안녕과 정책운영의기조로 삼았다. 고려 태조는 후삼국을 통일하고 고려를 건국한 뒤 비보사탑설에 기초하여 지방호족들의 기반이 되는 전국의 사찰들을 정비·재편했다. 비보풍수론이 국토운영의 상위원리가 되어 왕도인 개경을 보위하는 도성계획안의 이념적 기초를 제공하는 한편, 국도와 지방을 공간적으로 통합하고 왕권의 중앙집중과 지방호족의 효율적 통어체계를 구축하는 이념적 장치로 적극 활용된 것이다.

고려시대 비보풍수론의 주류는 사찰과 탑을 수단으로 활용하는 불교적 풍수경관의 보완 방식이었다. 이것은 조선시대의 취락경관에 일반적으로 적용된 숲이나 조산造山 등의 풍수적 비보 방식과는 차이가 있다. 조선이 개국한 후 한양의 환경계획과 구성에는 풍수적 비보가 주요하게 적용되었으니 이 역시 고려왕조의 불교적 비보 위주 정책과는 차별되는 점이었다. 조선조에 들어와 불교적 비보는 쇠퇴일로를 걸었으나 풍수적 비보는 중요한 환경계획과 구성원리로 중앙과 지방을 막론하고 널리 수용된 것이다.[49]

조선 전·중기의 주자학적 묘지풍수론

조선 전기에 왕조의 숭유억불정책 기조로 고려의 비보사탑설과 풍수도참설은 급격히 쇠퇴한 대신 주자의 풍수관과 주자학 사상에 기초한 풍수론이 조선사회의 풍수담론을 지배하게 되었다. 주자학적 풍수론은 형세론이 위주가 된 묘지풍수론이었다. 묘지풍수론은 고려시대의 도읍풍수론과 대비되면서 조선 전·중기 풍수론의 공간적 특징을 이루었다.

조선 전·중기의 묘지풍수를 이끈 사회계층은 지도층으로서 사회담론을 주도했던 유교지식인들이었다. 관상감이 풍수학을 전문적으로 다루는 제도적 기관이기는 했으나, 관상감에 소속된 풍수 관원들은 신분과 직위가 낮은 중인계층이었기에 사회지배계층으로 활약한 유학자들의 권위와 지식수준에 미치지 못했다. 그래서 관료와 유교지식인들이 주도하여 왕실과 사대부 위주의 풍수담론을 이끌고 나가게 되었다. 향촌사회에 풍수론이 확산되면서 마을과 종족묘지의 풍수입지나 비보경관이 조성된 데에도 향촌에 세력 근거지를 둔 유학자들의 역할이 컸다.

조선 초기까지만 해도 풍수서들을 민가에서 소지하거나 개인이 소장하는 것이 금지되어[50] 일반인이 풍수지식에 접근하기가 매우 어려웠다. 그러나 조선 중·후기에 이르자 지리지식에 대한 사회적 수요가 증가함에 따라 풍수론도 지식인 계층으로 널리 확산되었다. 특히 지방 사족층土族層의 사회적 성장이 두드러지고 향촌에 세력 근거지를 확보해나가는 과정에서 풍수는 주자학적 세계관의 틀 안에서 유교지식인들에게 수용

한강 정구 선생 묘(1633년 조성). 성주의 인현산 자락에 남향(임좌병향)으로 자리 잡았다.

되는 과정을 겪게 되었다.

조선 전·중기의 유교지식인 사회에서 풍수론은 『주자가례』朱子家禮를 준거로 수용되었다.[51] 주자의 풍수관을 정론으로 삼는 조선 전·중기 유학자들의 견해는 정구鄭逑, 1543~1620의 말에서도 여실히 드러난다.

대체로 선유先儒들은 지리설에 대해 분명한 정론을 내렸습니다. 주희는 『가례』家禮에, 정이程頤가 말한 "토질이 좋으면 신령이 편안하고 자손이 번창하며, 토질이 나쁘면 이와 반대로 된다. 토질이 좋다는 것은 흙빛깔이 윤기가 있고 초목이 무성한 것이 그 징험이다. 그런데 여러 가지를 따지는 자들은, 자리의 방위를 가리고 날짜의 길흉에 따라 장례하는 때를 정하니 잘못이 아니겠는가"라는 말을 기록했습니다. 그러므로 주희의 논리는 오로지 산이 돌고 물이 감싸는 것을 주로 할 뿐, 무슨

산 무슨 물을 따져보아야 한다는 설은 취하지 않은 것입니다.[52]

· 「청물개복산릉소」

위 인용문에서도 알 수 있듯이, 조선시대 유학자들의 지리설^{풍수}에 대한 태도와 생각은 주자의 풍수관이 지침이 되었음을 확인할 수 있다. 『가례』에 나타난 주자의 표현을 보면, "토질이 좋으면 신령이 편안하고 자손이 번창한다"라고 했으니 묘지풍수의 역할을 인정했다. 다만 묘지를 쓰려고 가리는 것은 토질이 좋으냐는 정도이지 풍수적으로 묏자리의 좌향을 따지거나 장례에 길일을 택하는 따위의 술법적 행태는 잘못이라고 분명히 했다. 정구는 이러한 주자의 표현을 다시 나름대로 해석했다. 묘지풍수의 기준이 되는 주요 관점은 '산이 돌고 물이 감싸는' 지형지세를 갖추는 데에 있을 뿐 구체적으로 산과 물이 풍수적으로 어떤지 따져보는 데까지는 이르지 않는다는 것이었다.

주자가 풍수를 쓰는 목적과 풍수에 대한 방법론적 인식은 「산릉의장」^{山陵議狀}에 잘 드러난다. 「산릉의장」은 주자가 65세 때[1194] 송나라 황제 영종^{寧宗}에게 효종의 능 선정과 관련하여 풍수적 견해를 올린 글이다.[53]

풍수는 그 방도로서 비록 술가의 설이라도 이치가 없다고는 하지 못한다. 땅을 고르려면 먼저 그 주세^{主勢}의 강하고 약함, 풍기^{風氣}의 모이고 흩어짐, 수토^{水土}의 옅고 깊음, 혈^穴의 치우침과 바름, 역량의 온전함과 그렇지 않음을 논하고 나서 그 땅의 아름답고 추함을 비교할 수 있다.[54]

· 「산릉의장」

인용문에서 알 수 있듯이, 주자는 풍수설의 이치를 부분적으로 인정했다. 이 글에서 주자는 조상을 공경하는 마음으로 풍수를 활용하여 터를 정하라고 했다. 자손으로서 조상의 유체遺體를 잘 갈무리하려면 삼가 신중하고 정성껏 공경하는 마음을 다해 안정되게 오래 계획을 세워야 한다는 것이다. 풍수는 효를 실천하는 한 방도로서 의미가 있고, 술법이지만 이치가 있어서 아름다운 땅을 고르는 데 합리적이고 신중하게 살피라는 것이다.

중앙 또는 지방에 근거지를 둔 조선시대 유교지식인들은 풍수적 견해를 일반적으로 공유했다. 실제로 그들의 견해는 풍수적 조영과 관리에 반영되기도 했다. 조선시대 유학자 중에서 정구, 장현광張顯光, 1554~1637, 이식李植, 1584~1647, 윤선도尹善道, 1587~1671, 권섭權燮, 1671~1759, 이중환李重煥, 1690~1752, 이익李瀷, 1681~1763 등은 풍수론에 식견이 깊었고, 풍수론을 활발히 논의했던 대표적 유교지식인이다.

유교지식인들은 당시 사회적으로 성행했던 묘지풍수론에 어떠한 견해와 기준을 가지고 있었을까? 조선 전·중기를 대표하는 두 인물인 정구, 장현광을 사례로 들어 그들의 묘지풍수론을 들여다보자.

조선 전·중기 유학자들의 묘지풍수론에 대한 견해를 알 수 있는 단면은 정구의 글에 나온다. 정구는 58세 때1600 의인왕후가 죽어 능자리를 선정하던 중 지관들이 이장을 주장하자, 산릉자리를 고쳐 잡지 말라고 청하는 상소를 올린 적이 있다. 이 상소문에는 당시 지리가들의 설풍수설에 대한 정구의 견해가 잘 나타나 있다.[55]

신은 일찍이 지리가들이 내세우는 설에는 두 가지가 있다는 말을 들었습니다. 손님과 주인[賓主]이 서로 마주 보고 절하는[拱揖] 형세를 보고, 현무·주작과 청룡·백호의 형세를 보며, 이합離合과 취산聚散의 사정을 살피고, 원만하게 모여 물샐틈없이 치밀하게 막혔는지 보는 것 등은 산가山家에서 매우 중요하게 여기는 것입니다. 팔괘와 간지의 수리數理를 써서 이리저리 참작하는 묘리를 붙이고, 방위와 향배向背의 이름을 설정하여 순역과 길흉의 상象을 붙이는 것 또한 산가에서 참고로 삼는 것입니다. 이 밖에 산이 높고 낮은 것으로 화복을 논하고, 물이 가고 오는 것으로 이롭고 해로움을 말하여, 상생·상극과 쇠하는 운[衰運]·왕성할 운[旺運]에 대한 설이 시대가 내려올수록 만연되고, 갈래와 주석이 이루 헤아릴 수 없을 정도로 많아져서 사람들로 하여금 갈피를 못 잡게 합니다. 이것은 모두 올바르지 않은 책에서 나온 것으로 세상을 속이는 것에 지나지 않으니, 실로 산가에서 취하는 바가 아닙니다.[56)]

· 「청물개복산릉소」

여기서 정구는 풍수설의 두 가지 유파 가운데 형세론은 중요한 것으로, 이기론방위론은 참고할 만한 것으로 보았다. 그 밖에 화복설을 주장하는 후대의 번쇄한 풍수논의들은 올바르지 않은 데서 나와 세상을 속이므로 받아들이지 않아야 할 것으로 평가했다.[57)] 조선 초 하륜河崙, 1347~1416에 의해 『지리신법』의 이기론이 국도 입지 과정에서 주요한 논리로 작용한 적도 있지만, 조선 중기에 이르면 유학자들 사이에는 형세론이 우세했다는 것을 확인할 수 있다. 이러한 정구의 풍수관은 제자인 장현광에게 계승·발전되었다.

장현광은 조선 중기를 대표하는 유학자이면서 성리학적 우주론과 자연학을 가장 체계적으로 저술한 사람이다. 그는 주역의 포괄적인 사상체계 범주에서 풍수도 수용했다. 장현광은 풍수지식을 활용하여 주거지 입지를 정하기도 했고, 고향 연고지의 여러 곳을 풍수적 견지에서 언급하기도 했다. 그의 묘지풍수관을 보면 형세론적 이치는 수긍하지만 장례기일을 미루는 발복 목적의 행위는 비판했다. 그리고 고을풍수에서 숲을 조성해 경관을 보완^{비보}할 필요성을 인정했다.

이상에서 살펴본 바와 같이, 조선 전·중기에 주자학이 사회사상을 지배하면서 유학자들의 풍수론 역시 주자의 풍수 견해와 주자학의 범위에서 벗어날 수 없었다. 조선사회의 종법적^{宗法的} 지배질서에 기초한 주자학의 효사상과 결부되어 묘지풍수론이 새로 중요하게 대두되었다. 풍수이론에서는 주자의 견해에 따라 형세론의 풍수가 유학자들 간에 중요하게 취급되었다. 조선왕조 초기에 이기론은 잠시 부각되었으나, 조선 중기에 이르러서는 참고할 논리 정도로 인정되었으며, 화복설을 주장하는 여타 풍수논의는 잘못된 것으로 경계되었다. 유학자들의 풍수실천 동기이자 목적은 돌아가신 부모를 잘 모시려는 효심에 있었다.

조선 후기의 실학적 주거풍수론

조선사회에서는 묘지풍수가 널리 유행했다. 주자학에 준거한 유학지식인의 풍수기조와는 달리, 현실에서는 이기적·미신적인 발복의 속신^{俗信}이 횡행하고 종족집단 사이에 산송^{山訟}을 불러일으키는 등 사회적 폐해와 부작용이 심각하게 초래되었다. "사람들이 풍수설을 지나치게 믿어 지금 세상의 고질적인 병폐가 된다"[58]라는 표현으로 보아도 조선 중기 묘지풍수는 전반적으로 대중화되었고 지나치게 맹신되면서 사회적 병폐가 만연했음도 확인할 수 있다. 조선 후기 실학자들은 이러한 묘지풍수의 사회적 부작용과 역기능을 격렬하게 성토하고 비판했다.

묘지풍수론의 핵심이라고 할 발복 논리에 대한 정동유^{鄭東愈, 1744~1808}, 홍대용^{洪大容, 1731~83}, 이익, 정약용^{丁若鏞, 1762~1836} 등 실학자들의 이론적 비판도 신랄했다. 예컨대, 이익은 조선시대 풍수 교과서인 『금낭경』의 핵심논리로 "돌아가신 이의 뼈가 기를 얻으면 후손은 음덕을 받는다"라는 묘지풍수론의 감응론을 정면으로 반박하면서, "지금 마른 뼈가 썩어서 아픔도 가려움도 모르고 오랜 세월을 겪어 흙먼지로 변했는데 어찌 생존한 자와 서로 느낌을 통해 화복을 이룰 수 있겠는가"[59]라고 합리적인 논지로 날카롭게 비판했다.

그럼에도 실학자들은 한편으로 주거풍수론의 합리적 측면은 활용하고자 했다. 이런 배경에는 사화上禍와 전란이라는 혹독한 사건을 겪으면서 유학자들 가운데 가거지可居地를 찾아 산림에 은거하고자 하는 분위기가 팽배했고, 이에 필요한 주거지 선정과 주택 건축에 실제로 풍수지식이 필요했기 때문이다. 조선 전·중기 사변적 성리학에 대한 실학자들의 반성과 비판 역시 풍수론을 생활에 합리적으로 실용화할 지식으로 이끄는 데 일조했다. 이러한 사회환경이 조선 후기에 마을풍수론과 주택풍수론의 발달을 이끈 배경이 되었으며, 이 조류를 주도한 사회계층은 실학자들이었다.

그들은 묘지풍수론을 배격하고 상대적으로 마을의 입지선택과 주택건축에서 합리적인 풍수논의는 수용하여, 실용적 풍수론을 조선 후기 사회에 저술로 제시했다. 이러한 지식인 사회의 분위기는 자연마을에 거주하는 주민들에게도 영향을 미쳐 풍수를 마을의 거주환경을 관리하는 실용적 원리이자 지침으로 운용케 하는 데 이바지했다.

조선 후기에 실학자들은 이상적인 주거지를 선택해서 생활하려는 실용적 수단으로 풍수논의를 수용하고 전개했다. 홍만선洪萬選, 1643~1715, 유중림柳重臨, 1705~71, 이중환, 서유구 등을 대표로 하는 조선 후기 지식인들은, 이용후생利用厚生의 실학적 시대정신으로 중국의 풍수지식 가운데 생활에 유용한 면을 수용하여, 마을과 주택의 입지를 선정하고 집을 짓는 데 합리적으로 활용하고자 했다. 이처럼 조선 후기의 실학적 풍수론은 조선 전·중기에 묏자리 위주의 의례적·윤리적 풍수론과 달리 실생활에 유용한 주거풍수론이라는 특징이 있다. 실학자들은 거주지와 주거환경의 자연적·인문적 제반요소에 대한 상세하고 객관적인 풍수논의를 중국의 주택풍수서에서 비판적으로 끌어냈다.

18세기 초 홍만선의 『산림경제』山林經濟 「복거」, 18세기 중반 이중환의 『택리지』擇里志 「팔도총론」·「복거총론」·「지리」와 유중림의 『증보산림경제』增補 山林經濟 「복거」, 19세기 초 서유구의 『임원경제지』林園經濟志 「상택지」로 이어 지는 일련의 저술들은, 조선 후기의 사회경제적 배경에서 이상적인 주거 지와 거주환경의 공간적·장소적 조건을 서술한 실학적 풍수론의 대표적 성과다. 위의 저술에는 조선 후기 유교지식인들의 주거관이 잘 드러나 있 을 뿐만 아니라, 거주환경의 지리적·풍수적 입지에 대한 논의 그리고 이 상적인 거주지에 대한 지역정보가 수록되어 있다. 그들의 풍수적 견해를 차례대로 살펴보면 다음과 같다.

홍만선이 저술한 『산림경제』는 저자가 산림에서 살 생각으로 산지생 활사와 관련된 내용을 편집한 책이다.[60] 이 책에는 산림에서 자급자족적 인 생활을 영위하는 데 필요한 주거, 생업, 양생, 보건 등의 내용을 망라해 수록했다. 『산림경제』는 당시 지식인사회에 영향을 주어 유중림의 『증보 산림경제』1768와 서유구의 『임원경제지』19세기 초의 저술로 이어졌다. 홍 만선은 『산림경제』 첫 부분에 「복거」卜居편을 두고 거주환경과 주거지의 선택에 자세한 논의를 제시했다. 여기에는 저자의 주거관이 간접적으로 반영되어 있으며, 거주환경의 요소인 주거지의 지리·지형적 조건, 도로 조건, 대지 형태, 주위 산수와 건조물의 환경, 조경요소, 주거지 주위의 지 형지세, 토질과 수질 등의 다양한 조건을 주거지 선택에서 고려해야 할 기준으로 제시했다.

이중환은 『택리지』에서 사대부가 살 만한 마을이 갖추어야 할 제반 지 리적[地理]·경제적[生利]·사회적[人心]·문화적[山水] 입지조건을 상세히 논의했다. 그중에서 지리적 조건이 되는 풍수적 지형환경[地理]은 가장 중요한 입지 요인으로 다루어졌다. 그는 조선 후기 지식인 사회에 널리 퍼져 있던 풍수논의와 경험적 주거지식을 검토하여 전국의 거주환경을 논의했고, 마을입지론을 체계적으로 구축했다고 평가할 수 있다.[61]

『증보산림경제』는 유중림이 1766년 홍만선의 『산림경제』를 증보하여 엮은 책이다. 거주환경 논의와 관련하여 「복거」편에는 술법적인 내용도 대폭 추가되었다. 『증보산림경제』는 『산림경제』의 편제와 달리 끝부분에 「동국산수록」東國山水錄, 「남사고십승보신지」南師古十勝保身地, 「동국승구록」東國勝區錄을 싣고 당시 이상적인 거주환경을 갖춘 지역으로 알려진 장소들의 정보를 수록했다. 이로써 당시 『정감록』의 십승지 담론이 피난보신처를 찾으려는 민중들의 주거관뿐만 아니라 산림에 은거하고자 하는 유교지식인들의 가거지 선정에도 상당한 영향을 준 것으로 짐작할 수 있다. 그가 거주환경과 집터잡기에 관해 추가한 내용은 대부분 중국의 주택풍수서에 서술된 것으로, 중국의 자연환경과 사회문화적 지식에 기초했기 때문에 조선의 조건에 그대로 적용하기에 어려운 점도 있다. 이 점은 서유구의 『임원경제지』에 와서 비판적으로 검토되어 풍수적 주거관에 대한 합리적 기준이 마련되었다.

조선 후기의 실학적 풍수론을 대표하는 유교지식인에 서유구가 있다. 그가 저술한 『임원경제지』 「상택지」相宅志편에는 『산림경제』·『증보산림경제』의 복거론과 『택리지』의 복거론·팔도론을 채록했을 뿐만 아니라 기타 문헌을 대폭 참고해서 자신의 논의를 펼쳤다. 서유구의 주거관과 거주환경 논의의 가치는 조선의 현실에 적용할 주체적 관점을 견지한 점, 거주환경조건과 지리적 입지환경 유형에 대한 논의에 충실한 점, 전국의 이상적 주거지 정보를 종합적으로 요약정리한 점, 술법적인 풍수를 배격하고 실용적·합리적인 태도를 견지한 주거관 등으로 요약할 수 있다. 서유구의 주거관을 살펴보면, 거주환경을 논의할 때 유교지식인이자 생활인으로서 합리적·실용적인 태도로 접근했으며, 당시 사회 전반에 퍼져 있던 술수적 견해를 경계해서 버리라고 권고했다. 생활에 긴요한 집터를 선택할 때도 실사구시적 학문자세와 이용후생의 주거관을 견지했으나 풍수의 화복설은 경계하고 비판했다.

이상에서 살펴본 바와 같이, 조선 후기 실학자들의 저술에는 마을이나 집터 선택 또는 주택건축과 관련한 주거풍수론의 합리적·실제적 수용 태도와 내용이 잘 드러나 있다. 실학자들은 주거관이나 거주환경과 관련된 주요 저술에서 중국풍수론을 비판적으로 수용했으며, 특히 이중환과 서유구의 관련 저술은 실용적 관점에서 조선 후기의 마을입지와 거주환경, 주택 건축을 체계적으로 논의하여 정립하는 성과를 거두었다.

한국풍수론의 특색은 무엇인가

이상과 같은 논의를 토대로 한국풍수론의 특색은 동아시아에 비추어 실제적 운용성, 전반적 영향력과 시대적 다양성, 사회정치적 담론화, 형세론의 우세, 비보론 다섯 가지로 요약할 수 있다.

첫째, 한국은 중국의 풍수론을 도입하여 자연적 풍토와 문화적 배경에 맞게 실제적으로 운용하고, 사회적·공간적 담론으로 활용하는 데에 치중했다. 반면 이론적인 면에서는 중국처럼 독창적인 견해를 제시하고 풍수논리를 발전시키지는 못했다. 따라서 한국에서는 풍수론이 운용된 산물로 현지의 명당에 대한 지리정보를 수록한 유산록, 풍수도참기, 왕릉과 문중 묘지의 산도山圖, 실학자들의 주거풍수론 저술 등의 문헌기록뿐만 아니라 전국의 수많은 자연마을에서 형성된 풍수지명, 풍수형국, 풍수설화 등의 민간전승이 내려온다. 전통취락들에서 잘 드러나는 풍수경관 역시 풍수론 운용을 증명하는 가시적 문화유산이 된다.

둘째, 풍수론이 한국문화에 미친 전반적인 영향력과 다양한 시대별 전개 모습도 특색이 될 수 있다. 한국은 동아시아에서 풍수문화를 가장 꽃피운 나라였다. 유형적인 경관으로서 국도, 왕릉, 지방 고을, 마을, 묘지 등과 무형적인 기록·전승으로서 문헌, 지명, 설화 등 제반 분야에 풍수가 깊숙이 파고들어 영향을 미쳤다. 공간적으로는 국도에서 시작해 지방 고을, 마을 단위까지 풍수입지와 풍수경관이 파급되었다. 계층적으로도 모든 사회계층의 지리적 인식과 태도에 반영되었다. 고려시대의 비보도참적 도읍풍수론, 조선 전·중기의 주자학적 묘지풍수론, 조선 후기의 실학적 주거풍수론과 같이 역사 전개 과정에서 풍수론의 특성은 시기별로 다양하게 나타났다.

셋째, 한국풍수론은 사회사상과 이를 주도하는 사회계층과 맞물려 사회정치적 담론으로 영향력 있게 전개되었다. 시대사상으로서 불교·도참과 결합된 고려시대의 비보풍수론, 유교와 결합된 조선 전·중기의 주자학적 풍수론과 조선 후기의 실학적 풍수론은 사회사상과 사회담론이 반영된 한국풍수론의 대표적인 모습이다. 사회사상을 창도한 계층집단으로서 고려시대에 비보풍수론을 주도한 승려와 왕조세력, 조선시대에 주자학적 풍수론과 실학적 풍수론을 이끈 유학자 계층은 사회담론을 주도한 대표적 사회계층이라고 하겠다. 고려시대에 비보사탑설은 불력신앙과 지력사상이 결합되어 고려왕조 세력의 통치이념으로 사회사상적 역할을 했다. 조선시대에 풍수지리설은 주자학적 이념과 결합해 유학자들에게 수용되어 종족 사회집단의 세력화 과정과 맞물리면서 유교적 풍수담론의 특색을 나타냈다.

넷째, 한국풍수론의 이론적 경향은 중국의 형세론과 이기론 가운데 형세론이 우세하게 운용되었다. 삼국시대에 이미 형국에 대한 초기적 사유가 등장하고, 나말여초에는 산천의 순역을 따지는 형세론적 논의가 지배했다. 조선 초에 잠시 이기론이 천도 과정에 중요한 논리로 대두된 적이 있으나 곧이어 주자학적 풍수담론이 득세하게 되자 다시 형세론이 풍수론의 중요한 논리로 취급되었다. 이러한 이유로 한국은 지형적으로 산이 많아서 형세론의 적용이 유용했다는 점, 신라 말에 유학 간 승려지식인들이 중국 강서 지방의 형세론을 습득해 들어왔다는 점, 조선시대에 주자학이 지배이념이 되면서 주자의 형세론적 풍수논의가 지침이 되었다는 점을 들 수 있다.

다섯째, 비보론은 형세론과 이기론으로 대표되는 동아시아와 중국풍수론의 보편성에 비추어 한국풍수론의 특징이 될 수 있다. 중국에서 도입된 풍수론이 한국에서 공간논리로 지배적 지위를 확보해나가면서, 비보론은 나말여초부터 고려시대에 걸쳐 큰 영향력을 행사했다. 조선시대에는 정교하게 이론화된 형세론과 이기론의 중국풍수이론이 적용되고 운용되었지만, 비보론 역시 면면이 유지되어 취락경관의 일반적 구성요소로 정착된 바 있다. 동아시아에서 전개된 비보론과 대비하면, 류큐琉球, 오키나와를 제외한 일본 본토에서 비보론은 드물고, 중국에서는 비보론을 민간계층과 지방사회까지 널리 실천했지만 한국의 고려시대에서 보는 것처럼 사회사상적으로 지배집단의 통치이념이자 국토운영의 원리로 기능하지는 못했다. 그럼에도 한국의 비보론은 정교한 이론적 논리체계는 갖추지 못한 풍수의 사회적·공간적 응용과 실천형태라는 한계도 있었다.

2 풍수와 불교의 만남과 영향

한국 역사에서도 풍수와 불교는 유난히 깊은 관계를 맺고 오늘에 이르렀다. 한국풍수설의 시조가 승려 도선이라는 역사적 인식도 그러하고, 대다수 옛 불교사찰은 풍수적 입지경관을 보여준다. 고려시대사에 풍수와 불교는 서로 결합되어 사회적·정치적으로 큰 영향을 미쳤다. 조선시대에 민간에는 풍수와 불교적 요소가 결합된 설화도 많았다.

풍수와 불교의 교섭은 한국풍수의 정체성을 특징짓는 요소이기에 중요하다. 한국에서 풍수와 불교의 만남은 언제 어떻게 형성되고, 서로 어떤 영향을 주고받았을까?

중국에서도 풍수와 불교는 관계가 밀접해서 선종사찰의 입지, 풍수의 확산과 전파, 불교건축과 공간배치 등에 서로 영향을 미쳤다.[1] 이렇듯 한국과 중국에서 풍수와 불교는 긴밀히 교섭하여 역사상 독특한 사상과 문화, 경관을 형성했다. 서로 결합한 풍수사상과 불교사상은 '자연과 마음의 만남의 미학'을 창출했다.

한국 역사에서 풍수와 불교가 교섭하면서 형성한 정치·사회문화적 영향이 컸는데도, 풍수와 불교의 교섭에 관한 학계 연구는 상대적으로 적다고 할 수 있다. 선행연구는 주로 역사학, 지리학, 불교학 등의 학문 분야에서 진행되었다. 주요한 것을 들면, 나말여초 풍수설의 전래와 유포에 미친 불교적 영향[1975], 선종사찰터의 입지에 미친 풍수의 영향[2000], 고려시대 비보사찰의 성립과 운용과정에 관한 고찰[2006], 풍수와 불교의 교섭에 관한 해석틀을 전문가[풍수승·경관풍수 관련 사찰]·세계관·윤리적 가치[자비]로 설정하여 연구한 논문[2006] 등이 있었다.

한국에서 전개된 풍수와 불교의 교섭사는 다음과 같이 세 시기로 구분할 수 있다.

첫째, 나말려초의 성립기로, 선종이 들어오면서 풍수와 불교가 본격적으로 교섭하는 시기다. 풍수와 불교는 상호교섭하는 과정에서 경합하기도 했으나 대체로 협조적·상보적인 교섭 양상을 보였다. 불교는 풍수의 확산에 이바지했고, 풍수는 사찰의 입지와 사찰터 택지 방법에 영향을 주었으며, 풍수와 불교가 결합하여 비보사탑설이 형성되었다. 비보사상은 나말려초의 전환기에 새로운 사회를 이끄는 사상적 추진력으로 기능했다.

둘째, 고려시대에 걸친 흥성기로, 고려사회의 지배층에 강력한 공간적·사상적 이데올로기로 자리 잡은 풍수와 불교를 국가의 정치주도 세력이 정책적으로 적극 활용한 시기다. 풍수와 불교는 제도권 안에서 지배문화적인 지위를 획득하고 서로 공고하게 결합하는 양상을 보였다. 고려 조정은 비보설을 국토공간의 통합적 운용원리로 삼아 수도와 지방에 비보사찰을 설치·관리했고, 풍수와 불교를 결합한 국가적 의례로서 지리연기비보[地理延基裨補, 풍수비보로 왕업을 연장하는 비보법]를 실행했다.

셋째, 조선시대의 쇠퇴기로, 조선왕조의 억불정책에 따라 불교는 억압되었고 풍수 역시 유교적 합리주의에 견제되었다. 조선조 사회를 유교이념이 지배하면서 풍수와 불교의 교섭은 급격히 쇠퇴하고, 민간 부문에서만 음성적으로 전개되었다. 그 과정에서 유명 승려의 이름을 빌린 풍수도참서와 비결서, 민간설화 등이 만들어졌다. 이 시기의 풍수와 불교의 교섭은 비공식적이고 은폐적인 양상을 보였다.

풍수와 불교 만남의 기원과 전개

한중일의 역사적 기원과 전개

풍수와 불교의 교섭은 중국에서 사찰의 입지와 관련해 처음 시작되었다.[2] 시기적으로는 불교와 풍수가 흥했던 당나라 시대[618~907]에 가장 활발했다. 한국에서는 8세기 신라 하대에 선불교가 중국에서 전래되자 이에 부수해 풍수도 지방으로 확산되었다. 8세기 말 중앙지배층에서는 사찰지의 왕릉지 이용을 둘러싸고 풍수와 불교가 경합하는 양상도 벌어졌다. 9세기가 되자 풍수와 불교는 협조적·상보적 양상을 띠면서 본격적으로 교섭했다. 일본에서는 훨씬 나중인 13세기에 들어와서야 중국의 선종이 전파되면서 풍수와 불교가 교섭했을 것으로 추정하며, 14세기 문헌에서 사·탑의 풍수적 입지 사실을 확인할 수 있다.

중국의 당대에는 유명한 풍수전문승들이 배출되었고, 선종이 흥성하면서 풍수 역시 활발하게 전개되었다. 특히 선종사찰지 선택에 풍수가 깊이 간여했는데, 이것이 한국에서 온 유학승들에게 그대로 전수됨으로써 그들이 한국의 선종사찰 입지에 반영하는 결과를 낳게 했다.

중국의 경우, 풍수는 한대에 틀을 이루고 당대에 성숙하다가 송대에 이르러 절정기에 도달했지만,[3] 풍수와 불교의 교섭은 당대에 가장 성했다. 당대의 유명한 승려 겸 풍수전문가로는 일행, 부도홍浮屠泓, 홍사泓師 등이 있었다. 특히 당대의 고승인 일행의 산하양계설山河兩戒說은 후세 풍수가들의 계수이론界水理論[4] 형성에 중대한 영향을 주었다. 일행은 또한 당 현종玄宗의 칙명으로 풍수경전의 교과서라고 할 곽박의 『금낭경』을 승려 홍사 등과 주석했다. 송대를 거쳐 명대에는 목강승目講僧과 비환화상非幻和尙이 풍수승으로 유명했는데, 비환화상은 왕의 부름을 받아 창평 천수산天壽山의 왕릉지를 선택한 당사자다.[5] 이렇듯 중국에서는 사찰 입지에 풍

표 1 한국풍수·불교 교섭사의 시기구분과 특징

시기구분	시대	부문	특징
성립기	신라 하대~ 고려 초	선종과 풍수	선종이 유입되어 풍수와 교섭
		사회사상	비보풍수설의 사회·공간적 이데올로기 형성
		사찰 입지와 택지법	사찰의 풍수적 택지와 입지
흥성기	고려	국토계획	비보사찰의 배치나 국토비보
		사·탑 양식	비보사찰·비보탑 생성
		신앙사상	지력사상(地力思想)과 불력신앙(佛力信仰)의 결합
		의례	지리연기비보의 실행
		전문가	풍수전문 승려 집단의 형성과 관직 부여
쇠퇴기	조선	민간 문학	풍수승 관련 설화와 비기류 형성

수를 활용했을 뿐만 아니라 승려가 왕릉지 선정에 참여하는 등 국가에서 공식적으로 활동했으며, 풍수경전을 주석하여 풍수지식의 이론적 발전에 이바지하기도 했다.

한국에서는 삼국시대에 불교가 전래된 다음 왕족이나 귀족층을 중심으로 풍수지리설이 이해되기 시작했다. 삼국시대 말기에는 왕실이나 국도 중심의 지배세력에 국한되기는 했으나 불교 흥성에 비례하여 풍수지리설도 상당히 유포되었다. 신라에서 불교가 주로 지배세력과 밀착되어 경주 중심으로 발전한 것과 마찬가지로, 불교에 부수되어 전래된 풍수지리설도 왕궁이나 왕릉, 지배세력과 연결된 사찰터 선정 등 경주 국도를 중심으로 받아들여졌다.[6]

문헌에서 살펴보면, 백제 무왕 3년[602]에 관륵이 역서[曆書]와 천문지리서를 일본에 가지고 가서 승정[僧正]이 된 적이 있다. 그렇지만 그 천문지리서가 풍수지리서인지는 분명하지 않고, 설령 그렇다 하더라도 백제와 일본의 문화교류를 증언할 뿐 풍수와 불교의 교섭으로 보기는 어렵다. 그런데 『삼국유사』의 「황룡사구층탑」조에는 7세기경 신라인들의 풍수와 불교 교섭의 초기 인식이라고 할 만한 분명한 대목이 있다. 산천의 흉한 형세로 빚어지는 문제점을 해결하려고 황룡사구층탑을 건립한다는 내용이 그것이다.[7] 이렇게 산천형세의 길흉을 풍수적 견지에서 파악하고 그에 대처하는 방법으로 불탑佛塔을 활용한다는 사유의 실마리는 이후 나말여초에 비보사탑설의 공간적 정립과 정치주도세력의 사회적 활용으로 귀결되었다.

한편 최치원의 「대숭복사비명」에는 8세기 말 신라왕실에서 왕릉지 선정을 둘러싸고 풍수와 불교가 문화적으로 경합하는 양상이 벌어지는 내용이 있어 주목된다. 이 비문에는 곡사鵠寺터가 풍수명당이라 원성왕785~798의 왕릉지로 쓰자는 의견이 조정에 대두되어 불교의 사찰 기능과 왕릉의 풍수적 효용성을 두고 군신 간에 논란이 일었는데, 마침내 왕릉지로 결정함으로써 풍수적 이용으로 실행한다는 역사적 기록을 해놓았다.[8] 이러한 사실은 8세기 말에 사회적 영향력이 커진 풍수가 기존의 지배적 문화요소인 불교와 경합하다가 채택·수용되는 초기적 교섭 과정의 단면을 보여준다.

위의 비문에 따르면 8세기 말 이전에는 이미 곡사가 풍수적 길지에 입지했음을 알 수 있는데, 다만 최초에 곡사터가 풍수적 견지로 택지되었는지 아니면 우연히 풍수적 입지와 합치되었는지는 확인할 길이 없다. 그러나 이미 600년에 백제 법왕이 짓기 시작한 왕흥사王興寺의 입지지형이 배산임수附山臨水[9]의 풍수경관을 보이는 사실에서나, 원효元曉, 617~686와 의상義湘, 625~702이 창건한 사찰들 그리고 교종계 사찰 다수가 풍수적 입지와 부합한다는 점에서 7세기 초인 삼국시대 말에 사찰 입지를 둘러싸고 풍수와 불교가 교섭한 사실을 추정해볼 수 있겠다.

더 소급하면, 풍수와 불교가 처음 교섭한 때를 중국에서 불교가 전래된

4세기 무렵으로 볼 수도 있다. 중국에서는 이미 오래전부터 풍수는 불교와 교섭했기에, 불교 전파에 부수되어 풍수가 한국에 도입되었을 개연성이 충분하기 때문이다. 다만 풍수지식과 관념이 도입된 시기와 풍수가 본격적으로 사찰 입지에 적용된 시기는 차이가 있을 수 있다. 이러한 관점에 따른다면, 한국에서 풍수와 불교가 교섭하면서 널리 확산되고 실천된 것은 신라 하대로, 선불교가 전래됨과 동시에 지방호족 세력을 배경으로 이루어졌다고 본다.

한편, 일본에는 가마쿠라鎌倉, 1192~1333시대부터 도쿠가와德川, 1603~1867 초기에 걸쳐, 중국에 유학한 일본 승려들과 중국에서 일본에 들어온 승려들이 중국의 선종을 도입했는데,[10] 이때 풍수도 도입되어 가마쿠라에 들어선 선종사찰의 입지와 경관구성에 적용되었다.

선종은 중국 강서 지역에서 발달한 형세론 풍수의 영향을 받았기에 이를 받아들인 가마쿠라 선종사찰에 그대로 반영되었다. 절이 산에 둘러싸여 입지했고 용맥에 따라 건물을 배치함으로써 전체적인 축선이 굴곡하는 특징이 있다. 예컨대 가마쿠라의 겐초지建長寺는 송나라에서 온 승려 란케이 도류蘭渓道隆, 1213~78가 세웠는데, 풍수적 입지가 뚜렷하고 용맥을 고려해 자연스럽게 배치되었다. 이것은 일본의 기존 불교사원에서 남북축의 일직선상에 좌우대칭 구조를 취하는 형식과 매우 다른 것이었다.[11]

14세기에는 불교 사탑의 설치에 풍수가 간여하는 내용이 문헌에 나오는 것으로 보아 풍수와 불교가 교섭한 시기는 중국이나 한국에 비해 훨씬 늦었다고 볼 수 있다. 「원각사문서」1354에 따르면, 불탑 건립과 관련하여 풍수에 어긋남이 없는지를 살펴본다는 대목이 있는데, 이것이 '풍수'라는 용어가 나오는 최초의 문헌이다.[12] 그 이후에도 일본에서 풍수와 불교의 교섭 정도는 중국과 한국의 경우와 비교해볼 때 매우 미약했다.

산에 에워싸인 겐초지의 풍수적 입지. 용맥에 따라 가람배치의 축선이 C자 형으로 굽었다.

선불교와 풍수의 만남

6세기 초 달마가 중국에 처음 전래한 선불교는 7, 8세기에 이르자 이미 중국사회에 성행하던 풍수와 우호적인 형태의 교섭을 본격화하여 선종 사찰에 풍수적 입지가 널리 퍼졌다. 한국에서는 중국에서 유학하고 돌아온 선승들에 의해 9세기경부터 선종사찰의 풍수적 입지가 생겨나고, 이에 부수되어 지식인과 지방호족세력들에게 풍수가 확산되기 시작했다.

중국 역사에서 선불교와 풍수의 만남은 문헌에 드러나 있을 뿐만 아니라 현지에 있는 선불교 사찰의 입지경관으로도 확인할 수 있다. 이능화의 『조선불교통사』에 따르면, 육조 혜능^{慧能, 638~713}이 조계산에서 남종 선문을 개창할 때 진아선^{陳亞仙}이라는 사람의 풍수설을 좇아서 보림사^{寶林寺} 터를 선정했다고 하고, 『강서통지』^{江西通志}를 보면 사마두타^{司馬頭陀}가 일찍이 풍수를 학습하여 홍도^{洪都, 지금의 南昌}의 여러 산을 답사했으며 백장

마조가 불경을 가르친 우민사(佑民寺). 강서성 남창시에 있다.

선사百丈禪師와 사찰터를 논의했다고 한다.[13]

특히 마조馬祖, 709~788 법맥의 선찰입지에 풍수가 개입한 것은 중국 현지 사찰을 답사해보면 확인할 수 있다. 마조 법맥의 사찰이 집중해 있는 강서 지방은 당시 풍수 양대 이론의 일파인 형세론이 매우 성행한 지역이고, 그 영향으로 많은 선종사찰이 풍수적으로 입지했다.[14] 이렇듯 선불교와 풍수의 활발한 교섭은 선종사찰의 풍수적 입지경관으로 구현되었고, 강서 지역을 선불교와 풍수 교섭의 확산과 전파에서 문화핵심지로 하는 문화지역 형성을 촉진했다.

중국의 사정이 이러하니 중국에서 선불교를 받아들인 신라 하대의 정황 역시 마찬가지였다. 구산선문으로 대표되는 한국의 초기 선종사찰은 대부분 풍수적 입지를 했는데, 이는 구산선문을 개창한 승려들이 대부분 중국에 유학하여 당시 풍수가 유행하던 강서 지방의 마조 법맥을 받아왔다는 분명한 증거가 된다. 문헌과 탑비문으로 증빙해보더라도, 도선의 풍수에 관한 행적이나[15] 선승들이 선문을 개창할 때 풍수에 따라 사찰 자리를 선정하고, 부도지 선정에 풍수를 활용한 정황이 여럿 있다.[16] 이렇듯 한국에서 전개된 풍수와 선불교의 기원적 교섭은 문화전파의 속성을 보이며, 신라 하대에 선종사찰들의 공간적 확산에 수반하여 지방으로 퍼지는 형태를 나타낸다.

그러면 과연 신라 하대에 지방을 중심으로 풍수와 선불교가 서로 교섭할 수 있었던 배경은 무엇이었을까? 당시 선종은 지방호족세력의 정치적 지원을 업고 교종의 지배적 권위에 대항하는 새로운 사상으로 출발했다. 따라서 왕족과 귀족의 정치적 지배력이 미치는 공간범위인 왕도 경주나 대도회보다는 지방의 외곽과 주변 산간에 처음 사찰지를 선정할 수밖에 없었다. 이에 기존의 불령지佛靈地나 간자簡子를 활용해 택지하는 방식에 비해 산천의 형세를 파악하는 정교한 논리체계를 갖춘 풍수입지론은 선종사찰지 선택에 영향력 있는 지식정보로 활용될 수 있었다.

한편 신라 하대에는 풍수지리설이, 기존에 경주가 중심이 된 영지관靈地觀과 불국토지리관과 달리 지방도 풍수이론에 합당한 지역은 중심지로 될 수 있다는 사회변혁적 공간사상을 내포했기 때문에 신라 말의 정치적 혼란기에 선종사상과 함께 지방호족집단에 강력한 매력을 느끼게 할 수 있었다. 그리고 선종 자체에 자연산천의 실재와 질서를 있는 그대로 파악하고 긍정하는 사상성이 있으니, 산간에서 참선을 위주로 하는 수도修道방식에서 요구하는 이상적 자연 입지조건을 갖춘 장소 선택의 필요성도 풍수와 교섭하게 된 실제 배경이 되었다.

도선은 신라 왕조가 몰락하고 고려가 건국되는 태동기에 불교와 풍수라는 두 사상을 결합하여 사탑비보설이라는 새로운 사회사상을 창안하고 사회적으로 실천한 전환기의 지식인이다. 그는 한국에서 풍수와 불교가 만나는 데 정점에 서 있는 인물이기도 하다. 도선의 국토사상과 공간 이론은 비보설로 요약되는데, 그는 사寺·탑塔이라는 불교적 수단으로 풍수적 비보를 꾀하는 이른바 비보사탑설을 실현한 인물로 알려져 있다. 이 비보설은 고려조 500여 년에 걸쳐 사찰의 입지와 배치 원리로 크게 영향을 미쳤다.

한국의 인물사에서 풍수와 불교의 교섭 과정은 신라 하대 구산선문의 선승들에서 비롯하여 도선이라는 역사적 인물에서 정점을 이루었다. 이는 한국의 문화사와 사상사에 독특한 흐름으로 이어져 고려 말의 태고 보우普愚, 1301~82에 이어 조선 초기의 무학 자초自超, 1327~1405에게 계승된다.

사회변혁적 공간 이데올로기의 형성

신라 하대에 풍수는 선불교와 결합하여 새로운 사회적 공간이념을 창출하는 결과를 낳았다. 두 신진 문화요소가 사회변혁을 추동하는 사상으로 교섭하는 과정에서 일종의 문화변동이 유발된 것이다. 그 역사적 형태인 비보사상과 비보사탑설은 전래의 사탑 진호신앙과 선불교의 공간관 그리고 풍수지리설이 융합되어 형성되었다. 그것은 기존에 왕족과 중앙귀족, 교종세력에서 견지해온 경주 왕도 중심의 낡고 편협한 공간관념의 틀을 깨는 지역균형발전론의 정치지리적 인식틀이라는 데에 중요성이 있다. 또 기존에 지배했던 교종에 대한 선종의 혁명적인 불교적 실천이자 사고방식과도 비견할 만했다.

사실 신라의 불교적 이상향으로서 불국토 또는 극락정토는 공간적으로 왕도인 경주에 한정되었고, 이상사회인 불국의 주인공은 왕족과 중앙귀족 계층에 국한될 뿐이었다. 신라 경주의 지배층은 불국토의 세계상을 공간적으로 구현하기 위하여 불교의 우주공간을 경주에 상징적으로 대응해 일체화하고자 했다.[17] 경주 왕도 곳곳에 불국토를 이루기 위해 사찰을 설치했을 뿐만 아니라 화엄 교종의 주요 사찰을 왕도를 중심으로 외곽의 지정학적 요충지에 배치해 왕도를 수호하는 임무를 담당케 했다. 토함산 불국사, 계룡산 갑사, 지리산 화엄사, 태백산 부석사, 팔공산 미리사 등 국가의 주요 화엄사찰이 자리 잡은 곳은 각각 동·서·남·북과 중앙의 오악으로, 이들은 신라 영토의 요충지이자 국가적 산악신앙이 시행된 중요 명산들이었다. 이렇듯 신라 지배층의 공간이념은 경주 중심의 왕도 발전론이었다.

그러나 신라 말기인 9세기 무렵 사회는 왕조의 말기적 현상으로 심각한 혼란에 빠져들었다. 정권 쟁탈로 지배층은 서로 반목·이반했고, 백성은 기근과 도탄에 빠져 전국 각지에서 민란이 일어났다. 이에 지방의 호족세력은 중앙귀족의 간섭과 통제에서 벗어나 독자적인 기반을 마련할 변혁사상을 요청하게 되었다. 따라서 변혁의 주체세력을 지원하여 왕족과 귀족들의 경주에 한정된 왕도 중심주의를 극복할 공간사상이 시대적으로 필요했다. 이러한 와중에 불교와 풍수의 교섭으로 창출된 비보사상은 지방호족세력의 정치사회적 요구에 부합하는 변혁적 공간이념이 될 수 있었다.

신라 하대에 지방호족세력이 정치사회적으로 성장하면서 사회변혁 주체들은 선불교와 풍수사상을 전환기 사회를 이끄는 사상적 동력으로 재해석했다. 선종의 인간관은 기존 교종의 권위적·허식적 의례를 지양하고 마음만 깨치면 누구나 부처가 될 수 있다는 혁명적 존재론을 지녔다. 풍수의 인간관 역시 신령의 위력에 부림을 받거나 하늘이 정한 운명에 규정된 사상성에서 벗어나 '신의 공력을 빼앗고 천명을 바꿀 수 있다'는 변혁적 사상성을 지닌 것으로서 적극적으로 해석되었다.

특히 풍수적 공간관은 기존의 왕도 경주를 중심으로 한 불국토지리관

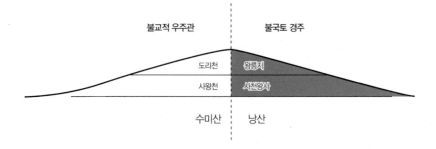

불교적 우주관 | 불국토 경주

도리천 | 왕릉지
사왕천 | 사천왕사
수미산 | 낭산

경주 낭산과 수미산의 대응(對應). 신라시대에 경주 사람들은
불국토를 현지에 구현하고자 했으며 특히 낭산을 수미산에 대응시켰다.

과 영지적 지리인식의 국지성과 관념성을 지양하여 국토의 지형지세를
전체적·구조적으로 개관할 수 있게 함으로써 왕도 경주의 지리적 편재
성을 일깨웠다. 그래서 지방도 풍수지리적 중심지가 될 수 있다는 혁명적
공간론을 품었다. 이에 각 선문에서는 가지산장흥, 동리산태안, 희양산문경,
봉림산창원, 성주산보령, 사굴산강릉, 사자산영월, 수미산해주, 지리산운봉 등
종래에 별로 중요시하지 않던 지방의 산들을 선문의 터로 선정하여 새로
주석한 곳을 삼한 제일의 승지로 자처하면서 각기 그곳을 중심으로 새로
운 교단세력을 확장했다. 이리하여 각 선문은 그 지방에서 지방문화의 중
심지 구실을 하게 되었다.[18]

　더욱이 도선은 비보사탑설이라는 공간적 이데올로기를 주창하여, 주
변부 지방이 중심지 왕도와 긴밀히 연관되어 있기에 균형적으로 발전해
야 한다는 국토 지역균형발전의 사회사상과 논리를 제시했다. 도선은 신
라 말에 사회적 혼란과 분열이 일어나고, 자연재해가 발생해 백성이 기근
에 시달린 것은 국토가 병들어 있기 때문이라는 논리를 펴면서, 국토 전
체를 조화와 균형의 상태로 만들려면 지방의 요소요소에 뜸과 침을 놓듯

이 사탑을 설치해야 한다고 했다.

이러한 비보사탑설의 논리는 교종의 지리관념에 대한 선종계의 사상적 도전으로, 지역의 균형발전과 실용성을 고취한 것으로 해석할 수 있다. 영지를 찾아 원찰을 짓던 당시 관념에서 지세를 살펴 흠결이 있고 배역하는 곳[欠背處]을 사탑으로 비보하자는 논리는 경주의 왕실이나 귀족을 중심으로 삼산·오악으로 개편한 종래의 편벽한 지리 관념을 부정한 것이다.[19] 이런 배경을 지닌 도선의 비보설은 지방호족세력에 수용되어 전환기 사회변혁사상으로 기능할 수 있었다.[20]

결국 도선의 비보사상과 그 실천적 방책으로서 비보사탑설은 개성 송악의 호족인 왕건에게 전격적으로 수용되어 고려라는 새로운 국가와 시대를 창출하는 공간적 정치이념이 되었다. 고려 태조 왕건은 이를 중심개성과 주변지방을 통할·통합하는 국토계획의 이데올로기로 해석하여, 전국의 지역체계를 재편하고 운영하는 통치원리로 삼았다.

정치권력과 결탁한 풍수와 불교

고려시대에는 풍수와 불교가 지배세력의 주도하에 폭넓고 다양하게 교섭했으며 정치권력은 풍수와 불교를 수단으로 정치지배력을 더욱 공고히 할 수 있었다. 이 시기에 풍수와 불교는 지배세력과 정치적으로 밀접하게 결합하여 지배문화의 지위를 획득하는 한편 상호융합하는 양상을 보였다.

고려 태조 왕건은 도선의 비보설에 준거하여 국토의 지역체계를 재편하는 과정에서 수도와 지방도시에 여러 비보사찰을 배치했다. 후대중기 이후의 고려 조정에서는 풍수와 불교를 결합한 의례로서 지리연기비보地理延基裨補, 왕조의 터전을 연장하는 비보법도 실행했다. 국가에서는 풍수[地理業]를 전문적으로 하는 관직을 승려에게 배정하여 담당하게 했고, 몇몇 승려지리승는 국가의 중요한 풍수적 입지결정에 참여하고 왕실이나 귀족들의 풍수도참 자문도 했다. 이렇게 전개된 고려시대의 풍수와 불교의 교섭 양상은 시기적으로 전기의 비보사탑설 이행기와 후기의 지리연기비보 실행기로 나누어 살펴볼 수 있다.

고려왕조는 불교의 불력신앙과 풍수의 지력사상을 결합한 이데올로기를 정책운영의 기조로 삼았다. 고려 태조는 후삼국을 통일하고 고려를 건국한 뒤 비보사탑설에 기초하여 전국의 사찰들을 정비·재편했다. 그 과정에서 비보설은 국토운영의 상위원리가 되었을 뿐 아니라 왕도인 개경을 보위하는 도성계획안이 되었고, 다른 한편으로는 수도와 지방을 공간적으로 통합하고 지방호족의 효율적인 통어체계를 구축하는 이념적 장치로 적극 활용되었다.[21]

이에 태조 대에는 도성계획안으로 5대사, 10대사 등의 국가비보소가 수도 개성에 설치되었다. 또 풍수상 비보가 필요한 지점에 사찰을 배치하여 취약한 지리적 조건을 보완하고자 했으니 개성의 개국사, 연복사, 성등암, 관음굴 등은 대표적 풍수사찰이었다. 지방에서도 비보사찰은 지방제도의 정비와 관련하여 확산되었다. 태조 대의 산천순역론을 참고하여 각 행정단위의 고을에서 중심 사찰이 정비되어 늘어났고, 국왕과 각 종파에서 공인 사찰로 등재하여 나중에는 모든 사찰이 나라와 주현의 비보소라는 의미로 확대되었다.[22]

고려 조정은 또한 정치권력의 주도하에 풍수와 불교의 의례를 결합한 지리연기비보를 실행했다. 이러한 사례는 고려 중기의 39년[1232~70]에 걸친 강화도읍지[江都] 시대에 잘 나타난다. 지리연기비보는 풍수지리설에 따라 선정된 특정 장소에 이궁[移宮] 또는 가궐[假闕]을 축조하여 왕이 직접 일정기간 머물거나 의대[衣帶]를 두어서 국운이나 왕업[基業]의 연장을 꾀하는 비보책이다. 지리연기비보는 불교, 특히 밀교와 풍수지리설이 결합한

▲ 고려 강도의 이궁지. 강화도 흥왕리 마니산 자락 아래에 있다.
▼ 고려 강도의 가궐지. 강화도 길상면 온수리 635번지에 있다.

18세기 후반 이후의 강화지도(마니산 부분도).
마니산에 대궐을 지으면 국운이 길어진다고 해 왕이 이 말을 좇았다.

방식이 드러난다.[23] 『고려사』의 관련 내용을 살펴보자.

고종 46년 2월 갑오일에 마니산 남쪽에 별궁을 지었다. 교서랑 경유
景瑜가 "이 산에 대궐을 지으면 국운이 길어진다"라고 제의하여 왕이
이 말을 좇았던 것이다.[24]

· 『고려사』

백승현이 왕에게 말했다. "만약 마니산 산성 주위에 못을 파서 왕이
친히 제사하고, 또 삼랑성과 신니동에 궁궐을 가설한 후 친히 대불정오
성도량[大佛頂五星道場]을 차리면, 8월이 되기 전에 반드시 징험이 있어
서 친조 문제는 없어지고 삼한이 변하여 진단으로 되어서 대국이 조공
을 바치러 올 것이다." 왕이 그 말을 믿고 백승현, 조문주, 김구, 송송례

등으로 궁궐을 가설하니……[25]

·『고려사』

왕이 강화에 있으면서 왕업[基業]을 연장할 땅을 물은 일이 있다. 이
때 백승현이 말했다. "혈구사穴口寺로 가서 법화경을 강론하고, 또 삼랑
성에 궁궐을 지어서 그 영험을 시험해보십시오." 왕이 삼랑성과 신니
동에 궁궐의 가설을 명령했다.[26]

·『고려사』

이렇듯 이궁과 가궐을 지정하여 특정 장소에 짓는 행위는 풍수지리설
이 개입한 것이지만, 대불정오성도량 또는 대일왕도량을 차리거나 법화
경을 강론하는 등의 행태는 불교사상에 기초한 의례에 해당하는 것이다.
특히 불정도량과 대일왕도량은 밀교적 의례 작법에 속하는데, 고려에서
는 제불보살의 가호력과 위신력으로 외적의 침략에서 나라를 지키고 국
민을 보호하려는 신앙적·정치적·군사적 의도에서 각종 밀교 의식이 성
행했다.[27]

풍수와 불교 교섭의 역사적 쇠퇴

고려시대에 강고했던 풍수와 불교의 결합 양상은 고려 말에 이르러 약
해지기 시작했다. 조선 초기를 지나면서 제도권에서 급격히 와해되어 결
국 각각 분리되기에 이르렀고, 민간에서만 미약하게 유지되었다. 이 시기
에 풍수와 불교는 사회적 추진력이 약화되어 지배문화로서 지위를 상실
한 채 비공식적·은폐적 교섭 양상을 나타냈다.

고려 말기에 이르러 당면한 대내외적 모순을 극복하는 사회적 기능을
상실한 불교와 풍수는 교섭도 쇠퇴기를 맞았다. 특히 조선조의 유교이념

과 억불정책은 풍수와 불교의 교섭을 약화하는 가장 큰 요인으로 작용했다. 조선왕조가 수도를 한양으로 천도한 것도 개성을 중심으로 설치된 기존의 비보사탑들이 혁파되는 실제적 이유가 되었다.

고려의 비보사탑은 이미 11세기 중반부터 사찰을 너무 많이 창건하면서 재정 악화를 불러왔다. 12세기 말부터 조선의 성종 대$^{1469~94}$인 15세기를 지나면서 사탑비보설은 급속히 쇠퇴했다. 조선 유신들의 비보설 비판도 거세져 도선의 비보설은 강력히 부정되었다. 이윽고 비보설은 이후 배불정책 기조와 유교 이데올로기의 사회적 지배로 불교신앙적 기능은 없어지고 풍수적 기능과 양식에 한정되는 비보로 대체되었다. 조선 초기까지 제도권에서 비보설을 근거로 하여 미약하게 명맥을 이어오던 풍수와 불교의 교섭은 15세기 말에 이르러 막을 내렸다.[28]

그렇지만 불교가 민간으로 들어가 유지·존속하기 위해 풍수를 방편으로 활용하는 과정에서 풍수와 불교의 교섭은 음성적으로 진행되었다. 그 결과 민간에 풍수가 널리 확산·전파되었으며, 명승에 가탁한 수많은 도참서와 비결서 그리고 승려가 등장하는 풍수설화 등 문학서류들이 만들어졌다.[29]

풍수와 불교의 만남에 따른 상호영향

불교가 풍수의 도입과 확산에 미친 영향

전근대 동아시아에 풍수가 도입되어 확산되는 과정은 종교신앙과 밀접한 관계가 있다. 중국에서 불교·도교와 풍수의 긴밀한 관계는 풍수의 도입·파급과 발전에 좋은 터전을 제공한 바 있다. 풍수는 불교와 도교의 침투에 부수되어 소수민족이 거주하는 지역에 도입되기도 했다.[30]

한국에서도 풍수가 확산된 과정에는 다양한 역사적·사회적 요인이 있

표 2 풍수와 불교의 교섭 결과

문화요소	풍수와 불교가 교섭한 결과
신앙사상	지력사상과 불력신앙의 결합
미학	자연과 마음의 만남의 미학
이론(설)	불가지리설, 비보사탑설
사찰터 택지법	풍수적 사찰터 택지법
사찰 입지	명당입지·비보입지
사·탑 양식	풍수사(비보사)·풍수탑(비보탑)
국토계획	국토비보와 비보사찰의 배치
의례	지리연기비보
담당자(전문가)	풍수승
문학	풍수승 관련 설화와 비기류

겠지만 그중 불교적 요소도 큰 비중을 차지한다. 역사적으로 보면, 신라 하대에서 고려시대와 조선시대에 걸쳐 불교가 풍수를 공간적으로 확산하는 데 크게 이바지했고, 당시 불교지식인인 승려는 풍수지식인으로서 풍수의 확산자 역할을 했다. 특히 신라 하대에 선종 유포를 주도한 사회적 주체인 선승들은 풍수가 호족세력과 지방사회에 확산되는 과정에서 크게 공헌했다.

풍수는 한국에 다양한 계통과 경로를 거쳐 도입되었지만, 삼국시대에 불교가 전래될 때 사찰지 택지라는 실용적 도구로 불교에 부수해서 들어왔을 개연성이 크다. 또 삼국시대 말기에는 왕실이나 국도 중심의 지배세력에 국한되었지만 불교 흥성에 비례하여 풍수지리설도 상당히 유포된 것으로 추정한다.[31] 그런데 중앙왕족이나 귀족들이 왕도에 한정해서 이용하던 풍수가 호족집단의 지방사회에까지 널리 확산된 계기는 나말여초 선승들의 활동에 수반한다.

특히 고려왕조에서는 풍수와 불교가 결합한 도선의 비보설 및 전국적으로 산재한 비보사찰이 국토계획과 사원 운영에 막대한 영향력을 행사함으로써 풍수가 전반적으로 확산되는 결과를 낳았다. 고려 조정이 승려에게 풍수 관직을 주고 풍수와 관련된 일을 담당케 했으며, 주요한 풍수적 자문을 했다는 사실도 풍수 확산에 불교가 미친 영향을 방증한다.[32]

조선시대에 들어와서는 불교 억압으로 야기된 사회적 분위기로 승려들은 백성 속으로 파고 들어갔고, 풍수는 승려들에 의해 불교 전파의 한 방편으로 활용됨으로써 민간계층에까지 널리 확산되는 계기가 마련되었다.

풍수가 사찰 입지와 기능에 미친 영향

풍수는 불교사찰의 입지와 사찰터 선정 방법, 사찰의 사회적 기능에도 영향을 크게 미쳤다. 사찰 택지 방법을 역사적으로 개관하면, 부처의 자취[佛跡]가 출현하거나 불보살의 인연[佛緣]에 따른 장소의 선택불령지 택지, 간자를 던져 길흉을 판단한 후 택지하는 점서적 택지간자 택지, 풍수지리적 입지론에 따른 택지풍수택지라는 세 유형으로 요약할 수 있다.

한국에서 전개된 사찰 입지선정의 역사적 과정을 유형별로 살펴보면 다음과 같다.

불교 전래 이전부터 한국에는 산천이 수려한 땅에 신령한 기운이 깃들어 있다고 여겼다영지 관념. 그런데 불교가 전래되면서 이 땅은 과거 부처들과 인연이 있었던 곳이라는 사상이 퍼졌다.불국토연기설 다시 화엄사상이 중국에서 들어오면서 불보살이 우리 산천에 깃들어 있다고 여기면서 [眞身常住說] 전통적인 교종계 사찰은 주로 이러한 불령지에 건립하는 것이 원칙이었다.[33] 이와 관련하여 『삼국유사』에는 불령지의 사찰지 선택 사례가 다수 기록되어 있다.

사찰지를 선택하는 또 하나의 역사적 유형은 간자로 점을 쳐서 택지하는 것이다. 『삼국유사』에 따르면, 832년에 진표의 문도이자 팔공산 동화사의 중창조인 심지心地는 간자를 던져서 절터를 택지했다. 이러한 택지 법은 사굴산 선문의 개산조인 범일梵日, 810~889에게도 나타나는데, 범일 은 간자를 이용해서 858년에 낙산사를 점정했다.[34] 『삼국유사』 「심지계 조」의 해당 내용을 인용하면 다음과 같다.

이제 땅을 택하여 신성한 간자를 봉안하려 한다. "우리가 지정할 수 없으니, 세 군君과 함께 높은 데 올라 간자를 던져 점치자" 하고 신들과 더불어 산꼭대기에 올랐다. 서쪽으로 향해 던지니 간자가 바람에 날려 갔다. ……그곳에다 당을 짓고 안치했으니, 지금 동화사 첨당 북쪽에 있는 소정小井이 바로 이곳이다.

· 『삼국유사』 「심지계조」

이와 같이 볼 때 진표가 간자를 받았다는 740년을 시작으로 심지와 범 일이 간자로 택지하는 9세기 중반에 걸쳐서 간자를 이용해 절터를 택지 했다는 것을 확인할 수 있다. 그런데 풍수적인 사찰 택지 방법이 본격적 으로 전개된 시기도 이와 동시대이거나 직후다. 구산선문의 선승도 간자 를 활용했다는 사실에서 방증되듯이, 신라 하대에는 간자와 풍수가 사찰 의 입지선정 방법으로 혼용되었다고 볼 수 있다. 실제로는 사찰 택지 방 법이 간자에서 차츰 풍수로 전환하는 시기로 추정된다.

풍수가 불교와 함께 도입되어 사찰의 입지선정에 일찍이 이용되었더라 도, 풍수적 사찰 택지 방법이 지방사회에까지 널리 적용되고 실천된 시기 는 신라 하대에 선종이 수용된 무렵으로 추정한다. 풍수는 기왕의 불령지 입지나 간자를 이용한 점서적 택지법과 같은 신비적·우연적 택지 선정 과정과 달리, 자연의 지형지세를 종합적·구체적으로 파악하여 거주지의 최적 입지선택이 가능하게 도움을 주었다. 그래서 중국에서 풍수지식을 습득하고 귀국한 유학승들이 사찰지 입지선정의 논리로 널리 채택했다.

풍수적 입지는 다시 크게 명당입지와 비보입지로 나뉘는데, 특히 비보입지를 한 사찰은 비보적 동기와 목적으로 터가 선택되어 입지했기에 불교사찰 고유의 종교적 기능과 비보사찰의 풍수적 기능을 복합적으로 지녔다.

풍수적으로 입지한 사찰의 유형에는 두 가지가 있다. 풍수적으로 명당지에 위치한 명당사찰과 풍수적으로 결함이 있는 터에 행정중심지를 보완할 목적으로 배치한 비보사찰이다. 명당사찰은 풍수적 최적입지처에 터가 결정된 사찰로, 주로 본래의 수행 기능에 충실할 목적으로 선택된 사찰이다. 반면에 비보사찰은 주로 도읍의 풍수적 입지보완을 목적으로 풍수적 흠결처欠缺處에 배치된 사찰로, 성격상 불교적 기능보다는 주로 풍수비보적인 사회적 기능을 수행하는 사찰이다.

요컨대 풍수의 영향으로 불교사찰의 입지경관과 사찰터 택지법에 변화가 생겼고, 사찰의 사회적 기능 역시 불교에 풍수비보적 기능을 겸하게 된 것이다.

3 비보풍수론의 역사적 개념과 실제

한국풍수의 역사적 정체성과 특징을 이루는 문화전통으로 비보풍수론이 있다. 비보경관은 한국의 전통취락에서 일반적으로 발견되며, 비보풍수는 지리적 생활사에서 큰 비중을 차지했다.

한국풍수사에서 비보론은 명당론^{택지론}과 더불어 큰 줄기를 이루기 때문에 한국풍수론의 구성체계에 포함되어야 한다. 이 주장을 뒷받침하기 위해 비보풍수의 개념과 구성, 이론적 배경을 제시했다. 아울러 한국 비보풍수의 역사적 변천과정을 개관하고, 한국의 취락경관에서 널리 드러나는 풍수비보의 형태와 기능은 어떠한지 지역성을 중시하면서 정리해보았다.

비보풍수와 비슷한 내용은 중국, 타이완, 류큐^{오키나와} 등지에 보편적으로 나타난다. 특히 류큐에서는 포호^{抱護}라고 했다. 풍수비보는 원리나 방법, 형태, 기능 등에서 유사하나 각국의 문화적 배경에 따라 특수성이 있다. 이웃 나라의 비보풍수의 모습을 살펴봄으로써 한국 비보풍수의 특성을 생각해보는 계기로 삼고자 한다.

비보란 무엇인가

비보의 문헌적 용례는 『고려사』와 『조선왕조실록』 등 고려·조선시대 관련 문헌에 다수 나타난다. '비보'는 '산천비보'와 동의어로 사용되었으며, 『조선왕조실록』에는 풍수적 조건을 보완하는 개념의 일반명사로 쓰였다. 비보에 대한 언설을 '비보설'이라고 했으며, 조선조에는 비하되어 '비보술'이라고도 칭했다. 고려조에서는 비보처사찰寺刹를 일반적으로 지칭하여 '비보소' 또는 '비보사사'裨補寺社라 했고, 이를 등재한 기록문서를 '비보기'나 '비보'라고 썼다. 또 비보 대상에 지역계층적 차등과 격을 두어 '국가비보소' '국도비보' '군비보소' 등으로 구분하기도 했다.

비보 방식[法式]은 협의의 비보법과 압승법또는 양진법禳鎭法으로 구성된다. (협의의) 비보는 보補 또는 보허補虛, 배보培補라고도 하며,[1] 압승은 염승厭勝 또는 진양鎭禳, 현대용어로 진압鎭壓이라고도 한다. 여기서 비보는 (풍수)지리적 환경의 부족한 조건을 더하고 북돋는 원리이고, 압승은 (풍수)지리적 환경의 과한 여건을 빼고 누르는 원리다. '진양'에 관해 『조선왕조실록』에 나오는 용례로 "비보란 양진禳鎭·비보하여 화기和氣를 순합順合하는 것" "부족하면 비보하고 과하면 양진한다" "도선의 비보법은 경축진양법經祝鎭禳法" 등의 표현이 있다.

일반적으로 비보는 지리풍수적 조건을 보완하는 인문적 행태를 일컫는 범주로, 자연과 문화의 상보적 논리에서 출발한다. 비보는 풍수상 흉지일지라도 적정한 비보적 수단과 방책을 써서 길지의 조건으로 바꿀 수 있으며, 여기에서 사람은 자연[地氣]의 영향을 조절하는 조정자로서 위상을 지닌다. 곧 풍수는 자연의 상서로운 영향 아래 있을 수 있는 장소와 방법을 가르치나,[2] 비보는 사람이 환경과 조화롭게 살 수 있는 적지適地로 가꾸는 방법을 가르친다.

주민들은 자연환경에 대한 비보적 장치와 경로로 주거환경조건을 개선할 수 있고, 환경인지에서 유발된 불안요소를 해결할 장치가 마련된다. 특히 집단심리적으로 한 집단의 인지환경에 심리적 불안요소가 있을 경

표 3 비보풍수의 성립과정도

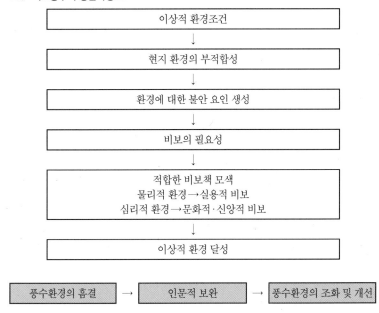

우에 비보는 이를 적절히 해소하여 그 집단의 환경심리적 안정과 조화를 이끄는 문화적 안전판이 된다.

비보의 사상적 범주

비보 개념을 협의로 해석하면, 풍수적 최적입지^{명당}조건을 보완하는 방법과 수단으로 정의할 수 있다. 이렇게 볼 때 비보는 풍수론을 구성하는 하위 범주와 수단으로 부속된다. 협의의 풍수비보론은 중국풍수서에서도 단편적으로 개진한 바 있으나 이론적 체계로 정립하지는 못했다. 주로 중국과 한국, 류큐에서 취락경관의 풍수적 보완 등의 '실천적'인 부문으로 현장에서 널리 활용되었다.

비보 개념을 광의로 해석하면, 풍수·도참·도교·불교·음양오행설 등이 복합된 사상으로, 전통시대 동아시아의 자연과 인간 간의 상보적 공간관계를 추구하는 인문지리사상과 환경관리사상으로 정의할 수 있다. 따라서 이것은 풍수적 범주와 겹치나 부속되지는 않으며, 협의의 비보 개념과는 질적으로 다른 속성과 범주를 지닌다.[3]

역사에서 도선의 비보사상은 협의의 풍수론 측면으로 실천되기도 했고, 광의의 환경관리사상으로 운용되기도 했다.

비보의 기원, 범주와 관련한 선행연구에 따르면, "비보적 관념은 풍수설에 따라 시작된 것이 아니라 원시의 차력신앙借力信仰과 주부신앙呪符信仰에까지 거슬러 올라갈 수 있으며, 지리 또는 지력비보는 이러한 신앙이 토지의 힘을 증가시키는 일에 응용된 것"이라는 견해가 있었다.[4] 비보설의 연원이 불교의 밀교에서 왔다는 주장이 제기된 적도 있다.[5]

그렇지만 풍수사상 자체도 형성과정에서 사상적 내용이 매우 복합적으로 구성된 과정이 있고, 원시적 신앙관념이든 불교의 밀교사상이든 비보사상을 말할 때 풍수설을 전제하지 않고는 성립되기 어려운 점도 분명한 사실이다. 따라서 역사적으로, 도선의 비보사상은 풍수설과 불교를 주요한 논리적 근거로 삼고 도교, 음양오행술, 비결 등 나말여초의 여러 사상과 내용을 포괄적으로 흡수·결합하여 사회사상으로 실천한 응용풍수사상이라고 볼 수 있다.[6]

도선의 비보사상은 풍수와 불교를 주요 요소로 하고, 여러 사상이 복합되어 구성되었기 때문에 풍수의 범주만으로 한정할 수 없다. 이러한 사실을 말해주듯이 「옥룡사도선비문」에서도 불승이었던 도선이 지리산 이인異人에게서 풍수법을 전수받은 뒤 음양오행술, 도교와 비결 등의 법술을 탐구했다고 기록했다.[7] 또 도선 사상의 정체성이 역사상에서 '풍수설'로 표현되기보다는 '비보설' 또는 '사탑비보설'이라는 역사적 용어로 대변되었다는 점도 도선 비보사상의 독자적이고 개성적인 특성을 나타낸다고 하겠다.

비보풍수의 정의와 구성

비보풍수는 자연가치를 중시하는 풍수적 전통과 자연보합적自然補合的 인문가치를 강조하는 비보적 전통이 상보적으로 결합하여 재구성된 일종의 문화융합이다. 그것은 완결적으로 자연과 인간이 조화된 공간환경의 구성을 지향한다.

일반적으로 비보풍수는 자연환경의 구성 여건에 부족함이 있을 때 인위적으로 환경을 구축·보완하여 자연환경과 조화를 이루는 것이다. 풍수원리에서는 풍수적 조화geomantic harmony를 이루려고 자연을 변형하는 게 허용된다.[8] 구체적으로는 지형을 보수하고 풍수를 개량하는 형태로 나타난다.

비보풍수는 또한 현실적인 풍수적 방책이기도 했다. 특히 압승은 도읍 풍수에서 필수적이었다. 도읍을 비롯한 집단적 주거지[集團陽基]의 풍수적 조건이 흉하더라도 이전하기 어려워 인위적으로 압승하는 방법을 강구한 것이다.[9] 요컨대 풍수비보는 풍수적 환경이 부족할 때 인문적 요소를 보충함으로써 풍수적 조화를 이루고 개선하는 것을 목적으로 한다.

풍수사에서 볼 때 초기적 풍수의 개념범주는 비보를 내포했다. 풍수 교과서로 취급된 『금낭경』에서 "옛사람[古人]은 그것[氣]을 모아서 흩어지지 않게 하고 돌아다니는 것을 머물게 했으니 이를 일러 풍수라고 한다"[10]라고 정의한 풍수행위의 주체성에서도 잠재적으로 보이지만, 같은 책에서 "눈의 교묘함과 사람의 노력을 갖추어서 완전함을 좇고 결함을 피하되, 높일 곳은 높이고 낮출 곳은 낮춰라"[11]라는 구절에서는 원래 풍수가 비보를 포함한 적극적·능동적 개념이었음을 알아차릴 수 있다. 역시 조선시대 풍수 교과서였던 『청오경』에도 "빈 곳은 막고 모자란 곳은 돕는다"[障空補缺][12]라는 구절이 있다.

그러나 후대에 와서 풍수이론은 자연가치에 치중하고 자연가치가 집

표 4 풍수의 구성요소 비교

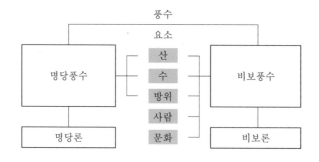

중된기가 모인 장소가 어딘지를 찾는 명당론택지론이 주류가 되었으며, 상
대적으로 어떻게 명당으로 가꿀지를 모색하는 비보론은 그 역할과 비중,
의미가 축소되었다. 하지만 실제 취락에서는 비보법이 매우 광범위하게
활용되었다. 한국적 현실에서 비보가 널리 확산된 것은 전통사상인 무교
와 불교, 유교라는 인본적 자연관의 영향에 힘입은 바 크다. 즉 중국에서
수용된 풍수론의 자연편향을 땅과 사람 간의 중도적 균형 상태로 맞추는
사상적 잣대가 작동했기 때문이다.

비보풍수론은 풍수의 산·수·방위에 사람, 문화요소를 더하여 다섯 가
지의 상호조합으로 구성된다. 기존 (중국)풍수의 산·수·방위로 대별되
는 자연적 요소뿐만 아니라 비보하는 주체로서 사람 그리고 신앙, 상징,
조경, 놀이 등의 문화적 요소가 복합되어 재구성된 것이다.

한국풍수의 전통적 구성체계로는 크게 명당론과 비보론을 들 수 있다.
이병도李丙燾, 1896~1989도 지적했듯이, 한국풍수의 종마루[宗]를 이루는
도선의 풍수에 따르면 지리산수에는 곳에 따라 쇠함과 왕성함이 있고 순
역이 있으므로 왕성한 곳[旺處]·화순한 곳[順處]을 택하여 거주할 것과 쇠
하는 곳[衰處]·거스르는 곳[逆處]을 인공적으로 또는 불력[寺塔]으로 비보·
진압할 것을 주장한 것이다.[13] 한편으로 윤홍기는 풍수적인 인간과 자연

표 5 한국풍수의 구성체계

풍수론	
명당론	비보론
간룡법 ·························· 용맥비보	
장풍법 ·························· 장풍비보	
득수법 ·························· 득수비보	
형국론 ·························· 형국비보	
정혈법	흉상차폐
좌향론	화기방어

의 관계에 대해, 일차적으로 자연이 결정한 길지를 찾아 적응하고 이차적으로 자연의 결점을 인간이 보강해가며 사는 방식이라고 정리했다.[14)]

위에서 말한 명당론이란 명당길지가 어딘지를 감별하고 찾는 논리체계로, 최창조의 분류에 따르면 간룡법看龍法, 장풍법藏風法, 득수법得水法, 정혈법定穴法, 좌향론坐向論, 형국론形局論의 체계로 구성된다.[15)] 비보론은 지리적 조건의 흠결을 보완하고 적지로 조성하는 논리체계로 용맥비보, 장풍비보, 수구비보, 득수비보, 형국비보, 흉상차폐, 화기방어 등이 가능하다.

이러한 비보의 전통은 한국풍수론에서 중요한 요소인데도 기존의 한국풍수 이론체계에는 속하지 않았다. 곧 무라야마 지준은 풍수의 구성을 산·수·방위 3요소로, 풍수의 법술을 간룡법·장풍법·득수법·점혈법으로 나누고, 비보는 다만 기존 풍수법술에서 인위적으로 길국吉局을 만드는 데까지 발전한 것이라는 정도의 의미를 부여했다. 최창조의 한국풍수 이론 체계 구성에도 비보법은 포함되지 않았다. 그러나 비보론은 한국풍수의 이론체계에 간룡법, 장풍법 등과 함께 마땅히 포함되어 구성요소가 되어야 한다. 이에 기존의 한국풍수론 체계를 새로이 보완하여 다음과 같이 재구성했다.

표 6 한국풍수론 체계의 재구성

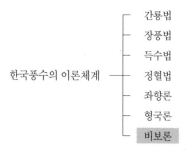

한국풍수의 이론체계 ─┬─ 간룡법
　　　　　　　　　　├─ 장풍법
　　　　　　　　　　├─ 득수법
　　　　　　　　　　├─ 정혈법
　　　　　　　　　　├─ 좌향론
　　　　　　　　　　├─ 형국론
　　　　　　　　　　└─ 비보론

풍수서의 비보 논의

동양지리학은 지금부터 4,000여 년 전 『낙서』^{洛書}에 근거하여 발달한 구성설^{九星說}을 포함하며, 『역경』의 팔괘설, 『서경』의 오행설, 『좌전』과 『국어』의 음양설 등의 여러 설을 받아들여 서서히 체계화된다. 그러다가 3세기에 이르러 산수판단을 중시하는 '형세학파'의 기초가 생겨났다.[16] 시간이 흘러 그것은 '이기학파'와 더불어 풍수의 양대 이론체계를 구성하는 학파가 된다.

그런데 중국풍수 이론서에서 주요 관심은 명당이 어디인지를 찾는 택지론에 집중되어 있고 비보는 지엽적으로만 취급되어 이론적으로 체계화되지 못했다. 이러한 경향은 초기 경전일수록 더 심한데, 『청오경』·『금낭경』과 당대의 『설심부』 등의 경전에 단지 한두 구절 언급하는 정도에 그쳤다.

비보는 송대의 『발미론』^{發微論}에 와서야 하나의 편명^[裁成篇]을 두어 비교적 비중 있게 다뤄지기 시작했다. 『발미론』은 성리학의 영향을 받은 유가적 풍수서로서, 유가의 인본주의적 경향과 결부되어 비보 논의의 사상적 배경이 되었다. 명대에는 수구론이 성행했고, 청대의 『지리대전』^{地理大}

全,『지리오결』地理五訣,『입지안도설』入地眼圖說,『음양택』陰陽宅 등의 풍수
서에서는 수구 개념과 작용의 의미를 제기했다.[17] 따라서 이 시기에 수
구비보 역시 관심이 높았을 것으로 추정할 수 있다. 청대에 비보 논의가
많았다는 사실은 청대의 풍수경전 주석문에 비보에 대한 해설이 다수 등
장하는 것을 보아도 알 수 있다.[18] 이러한 정황으로 보아 풍수상 비보 논
의는 송대 이후 명·청대에 본격화된 후발 풍수이론임을 알 수 있다. 비보
가 송대 이후 본격화될 수 있었던 사상적 배경의 하나는 성리학이 풍수
를 포함하여 사회 여러 사상에 인본주의적 영향을 미친 것에도 있다.

초·중기 풍수경전에서 풍수적으로 흉하다고 판정한 곳을 후대의 주석
에서는 비보를 하면 길지로 바꿀 수 있다고 했다. 이러한 변화의 의미맥
락은 어떻게 해석할 수 있을까? 송대 이후로 사람의 영향력과 비중이 전
기에 비해 높아진 데서 연유를 찾을 수 있다. 초기풍수에서 자연결정적인
길흉판정의 상수적 방정식이, 비보적 요소가 개입함으로써 변수적 방정
식으로 바뀐, 풍수사적 명당 개념의 획기적 변전變轉이었다. 곧 당대에는
흉한 풍수적 조건이 청대에 와서는 비보를 통해 흉을 길로 바꾸는 풍수
적 명당 개념의 확충이요 풍수관의 전환이다.

수구비보론

취락을 연구대상으로 하는 풍수비보에서 수구비보론은 핵심요소이자
논리가 된다. 수구비보는 한국전통취락의 경관상에서도 보편적·전형적
인 경관요소를 이룬다.

수구란 터 좌우의 명당수가 모여 밖으로 흘러나가는 곳이다. 지형조건
상 수구가 비어 있는[空缺] 경우 이곳을 숲이나 조산 등의 수단을 써서 비
보하는 것을 수구비보 또는 민간에서는 수구막이수구매기라고 한다.

수구비보는 취락특히 마을의 풍수적 비보에 주로 활용되며, 그중에서도 입지조건상 주위가 산으로 에워싸인 장풍국면의 분지입지에 주로 적용된다. 산간이나 산곡의 촌락입지상 마을 뒤나 옆은 산으로 둘러싸여 있으나 마을 전방으로 경사지기 때문에 계류가 흘러나가는 방향은 열려 있거나 틈이 벌어져 있는 지형이 흔하다. 비유컨대 호리병 같은 지세에서 목 부분이 수구가 된다. 그 수구로 마을 안의 지기가 빠져나간다고 생각하여 여기를 조산이나 숲 등의 수단으로 비보한 것이다.

수구비보가 주로 촌락의 풍수비보에 활용되었다는 사실은 수구비보 논의의 형성과 발전이 마을 형성기와 같은 시기에 이루어졌으리라는 사실을 추정케 한다. 한국에서도 수구비보라는 경관요소는 조선 중기 이후 재지사족在地士族의 촌락형성 시기와 때를 맞추어 마을의 주요 경관으로 자리 잡는다.

중국의 풍수사에서 수구이론은 초기 경전인『청오경』『금낭경』등에는 주시되지 않고, 당대 저술인『설심부』『의룡경』과 명대의『인자수지』등에서 강조되었다. 또 수구론이 취락입지론이라는 성격상 마을 형성기와 시기를 같이하기에 후대에 발전된 풍수이론임을 알 수 있다. 한국에서도『조선왕조실록』에서 드러나듯이, 한양의 도성계획에 주요한 풍수적 공간 구성요소로 적용되었다.[19]

조선 후기에 와서 수구론은 취락입지에서 가장 중요한 풍수논리로 채택되었다. 이러한 사실은『택리지』의 살 만한 곳[可居地] 선택 요건에서 수구조건을 최우선으로 고려하는 것을 보아도 알 수 있다. 자세히 살펴보자.

한국에서 수구론은 국도의 도성계획뿐만 아니라 각 고을의 풍수국면 형성에서 중시되었으며, 특히 취락입지에서 필수요소로 가장 중요하게 취급되었다. 이러한 사실은 조선조 사대부의 마을 택지에 큰 영향을 미친 이중환의『택리지』에서 가장 뚜렷하게 드러난다. 이중환이 말한 마을 선

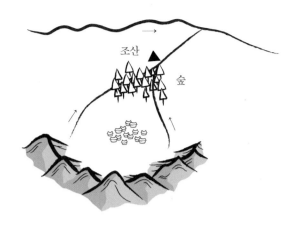

수구비보 개념도. 마을에서 두 갈래 명당수가 만나는 곳이 수구인데,
그곳이 허결한 경우에 숲이나 조산으로 비보했다.

택[擇里]의 제1요건은 '수구잠김'[水口關鎖]이라는 한마디로 요약된다. 그
는 마을을 선택할 때 지리가 첫째이며, 지리에서도 "가장 먼저 수구를 보
라"고 강조하면서 "수구의 형세는 빗장 잠겨야 한다"라고 단언했다.[20]
이른 시기의 실학자 홍만선도 『산림경제』에서 터잡기[卜居]의 요건상 "지
리는 (안이) 널찍하면서 (수구는) 잘록하여야 한다. 대체로 (마을 안이) 널
찍하면 재물과 이익[財利]이 생산될 수 있고, (마을 동구가) 잘록하면 재리
가 모일 수 있다"[21]라는 글을 인용했다. 이와 같은 지형은 동구는 닫힌
듯 좁고 안으로 들이 넓게 펼쳐진 분지형 지세로 요약된다.

조선 후기 실학자의 수구에 대한 몇 가지 표현을 살폈지만, 그러한 논
의가 모두 삶터 택지에서 요건이 되는 수구의 자연적 조건에 주안점을
두었지, 수구의 문제점을 어떻게 비보하는지에 대한 언명은 없다. 그러나
한국의 전통취락에서는 고을과 마을을 막론하고 수구비보가 취락의 보
편적 경관요소로 확인된다. 수구비보는 대부분 숲이나 조산이라는 수단
을 활용했고 민간에서는 '수구막이'라고 일반명사화되어 마을의 주요 경

관요소로 굳어지게 되었다. 이상과 같이 볼 때 비보풍수론에서 수구비보론은 중요한 구성논리를 이루고, 아울러 수구비보경관은 전통취락의 경관요소로 주목되었다.

비보의 응용논리

풍수적 비보에 응용된 논리에는 음양오행론과 유사법칙의 유형이 있다. 이들 논리는 주로 민속과 결합되어 현지 환경의 비보에서 적용되었다.

음양오행론은 풍수적 비보의 배경 논리로 실제적 비보에 흔히 응용되었다. 특히 음양론의 조화원리와 오행론의 상생·상극 원리가 주로 활용되었다. 중국과 마찬가지로 한국에서도 오행의 상극원리는 비보에 동일하게 응용되었지만, 한국의 비보 행태는 민속신앙물과 상징조형물을 다양하게 응용하거나, 비보적 지명을 부가하는 등의 상징 조작으로 심리적 상극효과를 강화한 것이 특징이다.

예컨대 상징조형물을 활용하는 사례로, 화기를 제압하려고 수신의 상징물인 거북이나 자라 조형물을 화산과 마주 보게 배치한다든지, 솟대의 물오리를 화산과 마주 보게 하거나 소금단지 또는 간물을 화산 봉우리에 묻는 등의 사례가 있다. 비보지명으로는 수와 관련한 이름을 붙이는 사례 등을 들 수 있다.

일본에도 방재주술로서 방화주술, 홍수에 대한 주술[對洪水呪術], 바람에 대한 주술[對風呪術] 등의 오행상극론을 응용한 다양한 민속신앙적 비보 형태(광의적 범주)가 있다. 예컨대 치바현千葉縣의 진흙 축제[泥祭]는 홍수를 제압하는 치수적 주술인데, 오행의 토극수土剋水 원리로 흙으로써 수를 누르는 구조를 내포하고 있다.[22]

이상과 같은 음양오행론 외에도 풍수적 비보의 유형에서 발견되는 응용원리 가운데 하나로 '유사의 법칙'law of similarity이 있다. 유사의 법칙은 풍수형국론에 있는 배경원리로, 프레이저James Frazer, 1854~1941가 『황금가지』The Golden Bough, A Study in Magic and Religion에서 분석한 주술의 기초가 되는 사고원리 중 하나다.

여기서 유사의 법칙이란 '닮은 것은 닮은 것을 낳는다'는 사유방식이다. 이 유사법칙은 '유사요법의 주술'Homoeopathic Magic 또는 '모방주술' Imitative Magic을 유발하며 이 주술의 효력은 공감법칙에 기초한 공명주술 Sympathetic magic로 이해된다. 그것은 사물이 어떤 신비스러운 공감, 즉 보이지 않지만 일종의 에테르ether와 같은 것을 매개로 해서 서로 작용한다고 가정한다.[23] 현지에서 적용된 풍수적 비보의 실천 형태에는 유사적 감응논리에 기초한 사례가 무수히 많으며, 그것은 형국보완과 압승의 작용과 기능을 한다.

프레이저는 『황금가지』에서 유사법칙의 한 사례로서 중국의 풍수적 비보에 관해 다음과 같이 들었다.

옛날에 잉어를 닮은 형국의 고을[泉州府]은 고기그물을 닮은 이웃도시[永春]의 잠식으로 빈번이 피해를 당했다. 그래서 잉어형국의 마을 사람들은 지혜를 짜냈다. 그것은 고을의 가운데에 높은 탑을 두 개 세움으로써 희생을 방지하는 것이었다. 오늘날에도 그 고을에 높이 솟은 탑은 가상의 잉어를 잡으려는 가상의 그물을 미리 차단함으로써 고을의 운세에 매우 길한 영향을 미치고 있다.[24]

위 인용문에서 보는 것처럼 중국 현지에서 실행된 풍수적 비보의 실례는 유사법칙에 근거한 문제의 해결법을 보여주고 있다. 그물형국의 도시에 잉어형국의 고을이 늘 피해를 당한다는 유사적 사고로 발생된 문제는,

그물이 덮이지 못하게 막는 탑을 상징한 비보책에 의해서 해결되는 풍수적 과정을 보인다. 곧 탑이라는 비보수단은 그물을 치는 것을 막아내는 유사적 기능을 발휘한 것이다.

이러한 사실에 비추어보면 비보론은 초기풍수에서 선언된 유물적^{類物}^的 인지환경의 단정적·부정적 한계를 극복하고, 길지의 여지를 확충한 대응논리이자 방식으로도 해석된다. 다시 말하면 기존 명당풍수의 형국으로는 결정론적으로 흉한 땅에 불과했으나, 비보를 해서 길한 땅으로 바꾸는 전환적 국면을 마련할 수 있었다는 데 비보의 의미와 가치가 있다. 이렇게 보면 풍수사적으로 비보론은 입지조건상의 풍수적 문제와 그 불안요소를 해결하는 인위적 해법론으로, 역사적으로 한 단계 발전된 풍수지리적 태도이자 땅과 사람의 관계에서 사람 중심의 설정방식이다.

한국비보설의 연원과 계통

한국 비보지리설의 기원을 이루는 사상적 사조에는 세 줄기의 흐름이 있었다. 그 하나는 고대적 무교에서 비롯해 산천숭배 관념, 선도로 이어지는 고유의 전래사상의 줄기다. 또 한 흐름은 중국에서 유입된 도교·음양오행설·풍수설·참위설이다. 나머지 한 줄기는 인도로부터 중국을 거쳐 들어온 불교의 밀교신앙_{사리탑신앙·약사신앙}과 선이다. 그런데 첫 번째와 두 번째는 사상적 계통상 선^仙 사상으로 묶을 수 있다. 그렇다면 한국비보설의 기원적 사상은 크게 선과 불로 나뉜다. 이 두 사상은 신라 말 도선에 의해 일차적으로 합쳐져 '비보사탑설'로 정립되었던바, 이로써 한국비보설의 시원은 선불융합의 계통으로 규정된다.

한국의 전통사상과 문화의 뿌리가 그러하듯이 비보적 관념 역시 근저에는 무교가 원초를 이루고 있다. 샤머니즘은 자연과 인간의 운명을 지배

표 7 한국비보사상의 구성과 계통

소속 분야	비보사상의 구성	비보사상의 계통	
한국사상	무교·산천숭배·선도	선(도)	선불융합
중국사상	도교·음양오행설·풍수설·참위설		
인도사상	밀교(사리탑신앙·약사신앙)·선불교	불	

한다고 믿는 초자연적인 신령과 교섭을 통해 자연과 인생의 화복운명을 조절하려는 주술적 종교현상이다. 무교는 한국문화의 지핵地核으로서, 풍수사상은 재래의 무교적 바탕 위에 수용되었으니 그 바닥을 이루는 것은 양재초복禳災招福, 재앙은 쫓고 복은 불러들임의 무교적 사상이었다. 한국의 도선에 의해 크게 선양되기 시작한 풍수설은 음양, 지리, 참위의 혼합사상이자, 도교의 산천신에 대한 신앙과 불교의 여러 신[諸神] 신앙과 무교적 산천신앙을 혼합한 종교적 사상이었던 것이다.[25]

고대의 무교적인 비보 관념은 신화나 신앙의 영역에서 표출되었고 이후 산천비보의 양상으로 발전했다. 특히 삼국시대에 와서는 제의 대상으로서 산천의 위치와 위계가 지리적으로 체계화되었으니 이는 지리적인 지식의 증대와 병행된 것이었다.

최초 무교의 대자연적 비보 관념이 드러난, 환인이 환웅에게 홍익인간 하라고 준 '천부인' 세 개는 자연계를 다스릴 수 있는 기능을 포함한 비보적 신물로 해석된다. 역시 "환웅이 풍백, 우사, 운사를 거느리고 곡식, 수명, 질병, 형벌, 선악 등 무릇 인간의 360여 가지 일을 맡아서 다스리고 교화했다"[26]라고 했으니, 이러한 풍백, 우사, 운사는 자연계를 통어하는 신적 기능을 상징하는 것이다. 그리고 신라 신문왕대(681~692)의 만파식적도 이것을 불면 "가물 때에는 비가 오고 비가 올 때는 맑아지고 바람은 가라앉고 물결은 평온했다"라고 한 것으로 보아 자연을 다스리는 비보적 신물이었음을 알 수 있다.[27] 그뿐만 아니라 삼국시대에 지낸 산천제 등의 자연신앙은 자연재해를 방비하기 위한 비보적인 성격과 기능의 제의였다. 그중 압구제壓丘祭, 벽기제辟氣祭는 수재·가뭄을 방지하기 위한 제사의식이었다. 신라에서 "삼산·오악 이하 명산대천을 나누어 대·중·소사를 지냈다"[28]라는 것에 이르러서는 자연신앙적 비보관념에서 구체화해 산천의 지리적 인식에 기초한 산천비보로 발전하는 것을 예상케 하는 것으로서 지리적 인지력의 확대를 반증한다.

무교와 자연신앙의 비보적 관념은 선도의 비보적 관념으로 발전되는데, 그 과정에서 중국에서 들여온 도교의 산천진압법의 영향을 받은 것으로 추정된다. 『삼국유사』에는 7세기 중엽에 고구려의 요청으로 당 태종이 파견한 도사 여덟 명이 국내의 산천을 진압했다는 다음과 같은 사실이 기록되어 있다.

도사들이 국내의 유명한 산천을 돌아다니며 진압했다. 옛 평양성의 형세는 초승달 모양의 성이라 해 도사들이 주문으로 남하南河의 용을 시켜 성을 증축해 보름달 모양의 성으로 만들었다. 따라서 이름을 용언성龍堰城이라 하고, 참讖을 지어 용언도龍堰堵 혹은 천년보장도千年寶藏堵라 했다. 때로는 신령한 바위[靈石]를 뚫어 깨뜨렸다 한다.[29]

위 인용문에서 보듯이 중국의 도사들은 산천진압술을 썼는데, 이는 자연에 대한 술법적 제어, 특히 압승법을 기조로 하는 중국 도교의 비보행태를 표현한 것이다. '평양성의 형세를 초승달 모양으로 보았다'는 내용에서는 땅의 형세로 길흉을 보는 지리관념이 보인다. '성을 증축해 보름달 모양으로 고쳤다'는 내용은 건축물의 조성을 통한 비보법술의 활용을 뜻한다. '신령한 바위를 뚫어 깨뜨렸다'는 표현에서는 진압술법의 사용이 암시되어 있다. 또한 중국의 도사들이 '참讖을 지었다'는 기록에서는 진압술과 참의 결합을 확인할 수 있다. 이것은 고려시대에 성행했던 비보 도참 사상과도 맥이 닿는다.

도교는 원래부터 풍수와 특별한 관계를 맺고 있으니, 둘은 자연의 '생기'에 대해 강렬한 지향성을 지닌다.[30] 도교와 풍수는 모두 자연을 살아 있는 유기체로 보며 자연의 숨[氣]이 모든 것에 충만해 천지의 다양한 조건을 만든다고 인식한다.[31] 풍수경전의 하나인 『택경』宅經은 도교경전을 집대성한 『도장』道藏에 수록되어 있으며, 풍수의 사신사로 표현되는 청룡·백호·주작·현무는 도교의 보호신이기도 하다.[32]

이상을 근거로 볼 때 한국의 비보사는 7세기 중엽에 당시 중국에서 들여온 도교의 산천진압법과 도참의 영향을 받았음을 알 수 있다. 이것은 나중에 한국적 지리비보와 도참이 결합된 비보도참으로 진전하는 데 문화적 영향을 주었음을 추정할 수 있다. 이러한 사실은 한국비보설의 시조로서 역사적으로 평가받았던 도선의 비문에서, "(도선은) 음양오행의 술법을 연구해 비록 금단金壇과 옥급玉笈의 심오한 비결일지라도 모두 가슴 속에 각인해두었다"[33]라는 음양오행설과 도교적 비기의 습득 내용과 관련해서도 방증된다.

한국비보설의 선도적 연원을 탐색할 때 또 하나 주목할 만한 사실이 있다. 도선에게 산천순역의 지리법을 전수해준 지리산 이인의 사상적 계통이 전래의 선도로 판단된다는 것이다.[34] 예부터 우리나라 사람들은 도술이 있고 비결을 말하는 사람을 이인이라고 일컫고, 방술을 하는 사람을 선도하는 사람이라고 했다.[35] 도선의 비문에는 이인의 언행에 관해, "세상을 멀리하고 지리산의 깊은 곳에 산 지가 수백 년이 되었다"거나, 도선을 만나고 헤어지는 과정에서 신비스러운 행태가 기록되어 있다. 이로써 이인이 선도 계통임을 알 수 있고, 이는 비문 「음기」의 '신인'이라는 표현에서도 짐작이 가능하다. 도선의 「선각국사교서급관고」에서는 다음과 같이 적고 있다. "(도선은) 그윽하고 미묘함이 이미 부처의 경지에 다다랐고 나머지로 더욱 음양에 정통했다. 비밀스러운 술법을 장차 전수받으려 하자, 홀연히 어떤 이인이 찾아와 뵙자 육통六通이 장애되지 않으니, 대지를 묘하게 보아서 빠짐이 없었다"라는 것이다.[36] 도선이 이인을 만난 지리산은 예부터 선도의 중심이 되는 산으로서 도교의 이상향인 삼신산 중 방장산으로 일컬었고 지지에는 태을진인太乙眞人이 살고 여러 신선이 모이는 곳이라 했다.[37] 그 밖에도 한국 선도의 맥을 기록한 『청학집』[1627]에도 도선이 물계자[38]라는 선인의 여운을 띠고 있다는 기록이 있다.[39] 조선 문종 1년에 정안종이 도선류의 비보설에 대해, "산천이 험하면 땅의 정기가 악하므로 도선이 말하기를 지맥에 안정된 힘[靜力]이 없어서 동함이 많으니 정하면 비보하고 동하면 양진禳鎭한다 했습니다. 양진·비보해 화기和氣를 순조로이 합하는 것은 옛 신선이 남긴 자취입니다"[40]라고 말한 사실도 비보설의 선도사상적 계통을 위치 짓는 데 참고가 되는 말이다.

선도와 함께 한국 비보사상의 기원을 이루는 양대 요소는 불교적인 비보신앙이다. 불교적 비보사상에는 사리탑신앙과 약사신앙 그리고 밀교와 선사상 등이 포함되어 있었다.[41]

요컨대, 한국 비보사상의 시원은 무교의 양재초복 관념에서 비롯해 산천숭배로 표현된 비보적인 자연신앙을 거치고, 도교의 산천진압법과 상지술相地術 및 참을 흡수했다. 이러한 선도적 비보관념에다가 불교사상으로서 사리탑신앙으로 대표되는 밀교의 비보사상과 약사신앙·불국토사상·선사상 등의 물줄기가 합쳐졌다. 이로써 한국 비보사상의 계보는 선불융합의 계통으로 규정할 수 있는 것이다.

비보풍수의 역사적 변천과정

앞서 살펴보았지만 한국 비보설의 사상적 시원은 무교로 거슬러 올라간다. 역사상 불교적 비보로 본격 출발했으며, 한반도에서는 가야불교 초기에 첫 모습이 보인다. 『삼국유사』에 따르면 이미 1세기에 허황후에 의해서 남방불교가 전래되었고, 같은 시기에 파사석탑이라는 최초의 비보탑이 등장했다. 김해의 수로왕 대에 자연재해를 막기 위해 세운 밀양의 만어사를 비롯한 사찰들이 창건되었으며, 이어서 5세기경인 452년에 왕후사를 비롯한 몇몇 호국국찰이 창건되어 나라의 복을 빌고 왜국을 진압했다. 이러한 사실은 527년에 비로소 불교를 국가적으로 공인한 신라보다 그 시기가 훨씬 앞서는 것이다.

비보설의 체계가 잡히기 시작한 시기는 신라시대7세기경부터다. 신라에서는 7세기에 들어서야 자장^{慈藏}의 주장으로 건립된 황룡사구층탑을 비롯한 호국비보탑이 등장한다. 『삼국유사』에 나오는 신라의 진호사탑으로는 황룡사구층탑 외에도 용장사삼층석탑·사천왕사·감은사 등이 있다. 진호사탑은 그 기능상 자연재해의 방지, 왕경수호황룡사구층탑, 사천왕사, 용장사석탑 등, 외침으로 인한 국토방어감은사, 원원사 등을 목적으로 조성한 호국사탑이다. 진호사탑은 왕경 중심부의 도성 곁에 배치되거나황룡사구층탑, 사천왕사, 지리적 또는 전략적 요충지에 입지했는데 감은사는 해안 진입로에, 원원사는 육로의 관문에 배치되었다.

이상과 같은 유형의 진호사탑과는 다른 개념의 풍수적 비보사탑이 생겨나는 분기점은, 신라에서 풍수가 입지론으로써 경주의 왕족 또는 귀족 지배층에 본격적으로 자리를 굳히는 시기인 하대780~935부터다. 이 시기부터는 기존의 진호탑과는 건립 동기 및 성격, 사탑의 입지 그리고 기능면에서 차이가 나타난다. 풍수적 환경 해석에 따라 입지가 이루어지고 풍수적 기능이 부가되면서 풍수탑이 생겨나는 것이다.

신라 하대 이후 풍수는 강력한 공간적 이데올로기로 자리 잡으면서 불교와 교섭했다.[42] 이에 따라 풍수사탑 또는 비보사탑이 출현했다. 풍수 역시 풍수적 조화를 증강하거나 결점을 보완하려고 탑이나 사찰을 짓는 등 불가적 영향을 수용했다.[43]

이윽고 풍수설이 성행하면서 기존의 불교적 비보는 풍수적 비보와 양립하거나 풍수적 비보로 대체되며, 급기야 풍수적 비보가 불교적 비보를 흡수하게 된다.[44] 한국 비보문화사의 시기를 사상적으로 구분하면, 통일신라시대까지의 불교적 비보기, 나말 이후 고려시대의 불교와 풍수비보의 결합·양립기, 조선시대의 풍수적 비보기로 나눌 수 있다.

통일신라시대에는 불교적 진호신앙에 따른 사·탑이 왕도인 경주를 중심으로 세워졌다. 나말여초에는 풍수사상의 성행과 지방호족의 득세로 풍수적 동기에 따른 비보사탑이 지방 요처에 설치되었다. 이때부터 풍수가 전국적으로 확산되고 비보설이 선불교와 함께 호족세력에 수용되면서 기존의 왕도에 설치되었던 불교적 진호사탑 이외에 전국의 각 지방에 풍수적 비보사탑이 창건되기에 이르렀다.

고려는 불력佛力과 풍수의 지역 이데올로기를 국가의 안녕을 기원하고 정책을 운영하는 기조로 삼은 왕조다. 태조 왕건이 후삼국을 통일한 후 도선의 비보사탑설은 지방에서는 호족과 사원을 통제하는 이념적 장치가 되었고, 중앙에서는 왕권의 집중과 왕도개경를 보위하는 도성계획안으로 활용되었다.

이후 풍수론이 도성의 지리적 운용과 관리론으로 점차 자리를 굳힘에 따라 풍수적 비보가 시행되었다.『고려사』에 따르면, 송악산의 소나무를 보전하려 소나무를 심거나 송충이를 잡기도 했고, 도성의 허결한 부위에 제방을 쌓기도 했다. 이러한 풍수적 비보는 불력 비보에서 지리적으로 한

걸음 진전된 형태로 의의가 있다.

이윽고 신종 원년1197에는 '산천비보도감'이라는 비보 관청이 설치되어 12년 동안 운영되면서 곳곳을 조산·축돈築墩하는 등 국토를 관리했다.[45] 이는 기존의 사탑비보를 주관하던 비보소보다 풍수지리적으로 기능의 범위가 확대된 것이었다. 『고려사』에 따르면, "재추宰樞와 중방重房의 관원들과 최충헌이 술사 등을 모아서 국내의 산천을 비보하여 나라의 기업基業을 연장하는 문제를 토의하게 했고, 드디어 도감을 설치했다"라고 했다.[46]

고려의 비보사탑은 11세기 중반부터 과다하게 창건되어 재정 악화를 불러왔고, 12세기 말에는 마침내 최충헌이 재상들의 원당을 철폐하라고 건의하게 된다. 조정에서도 『도선밀기』道詵密記에 기록된 사찰 이외에는 사사전寺社田과 시지柴地를 지급하지 않았다.[47] 마침내 공민왕 대에 이르면 비보사찰들이 허물어지고 빈터로 남아 있는 것이 많았다.[48]

조선조에 와서는 억불정책으로 남아 있던 비보사탑마저 축소되거나 혁파되었다. 태종 2년에는 비보사찰이라도 상주 100명 이하로 『도선밀기』에 있지 않은 사찰은 혁파하라고 상언하게 된다. 태종 6년1406에 이르면, 『도선밀기』에 소속된 사찰이라도 전지田地와 노비를 새 도읍[新都]의 각 절로 옮기도록 조처했다. 비보사찰은 고려조에 창건되어 개성을 비보하는 것이지 한양을 비보하는 것은 아니라는 논리였다. 이어 태종 8년에는 비보사찰의 노비수를 30명으로 대폭 축소했고, 성종 대를 지나면서 도선의 사탑비보설은 급속히 쇠퇴했다. 조선 유신들의 비보설 비판도 거세어졌으며, 사탑비보설은 조정에서 강력히 부정되었다. 성종 16년1486에 "지금 도선이 비보했던 시설이 허물어지고 철거되었다"[49]라는 말에서나, 당시 도선의 비보술을 장려하자고 상소한 최호원이 유신들의 강력한 반발로 유배되고 마는 조정 분위기가 그것을 말해준다.

이러한 비보사탑의 쇠퇴는 불교적 신앙비보의 관념에서 풍수적 지력비보의 관념으로 사상적·실제적 무게중심이 옮겨오는 과정으로 해석된다. 기존에 불교의 신력으로 행복을 얻겠다는 관념에서, 풍수의 생기를 받아 번영을 이루겠다는 이론적·인위적 사고방식으로 신력신앙에서 지력신앙으로 변천한 것이다.[50]

따라서 조선이 개국한 뒤 한양의 환경계획과 구성원리에는 풍수적 비보가 주요하게 적용되었다. 이는 고려의 불교적 비보 위주 정책과는 차별되는 점이었다. 조선조에 불교적 비보는 쇠퇴일로를 걸었으나 풍수적 비보는 중요한 환경구성 원리로 수용되었다.

『조선왕조실록』에 따르면 왕조의 풍수적 비보는 세종, 문종, 성종 대에 활발히 행해졌음을 알 수 있다. 조선조는 궁궐에 이르는 주산의 산줄기 맥과 도성의 장풍적藏風的 조건을 비보하려고 많은 노력을 기울였다.

주맥主脈비보의 경우, 고려 개경에서 주산인 송악에 한정하여 소나무를 심고 송충이를 잡는 등 집중적으로 노력한 주산비보에 비해, 조선 한양의 비보는 풍수론적으로 심화·발전되었고 공간적 범위도 대폭 확대되었다. 이러한 주맥비보는 세종 조에 본격적으로 거론되었는데, 그 형태도 주맥에 대한 보토, 식송, 벌채와 벌석伐石 금지 등으로 다양해졌다.

장풍비보를 보더라도, 고려의 개경에서는 문종 7년[1053]에 도읍의 허결한 지세를 보허하려고 언덕의 제방을 축조했지만, 한양의 경우는 왕경의 청룡·백호 산세 보허에 치중했다. 그 밖에도 도성 주위로 일정 범위의 산을 보전하여 도성의 산기山氣를 배양코자 했으니 이 역시 비보 공간의 폭이 확대된 것이다.

득수得水비보의 경우, 고려조 개경의 불교적 사탑비보 양식과 달리 한양에서는 풍수지리적 수단과 방법을 동원했다. 주요한 비보적 논의로는 경복궁 터의 수량 부족, 명당수 정화, 수구비보 등이 있었다. 왕도의 수구를 보허하려고 가산假山도 조성했다. 이렇듯 조선의 국도인 한양에서 행해진 풍수적 비보는 고려의 개성과 비교해볼 때 지리적으로 훨씬 다양해지고 정교한 체계를 갖추었으며, 공간적 범위가 확장되었다.

그런데 조선 초기까지 왕조에서 기능하던 풍수비보적 이데올로기마저 유학적 사회사상으로 대체되면서 성종 무렵15세기부터 쇠락의 길을 걷게 되었다. 유신들의 비보설 비판도 거세어졌다. 문종 때 정안종의 상언 중 "지금에는 풍수라는 것이 오직 무덤을 앉히고 집을 세우는 것만 일삼을 뿐이고, 산천의 국맥國脈을 양진·비보하는 술법으로 쓰임을 듣지 못한다"라고 했으니, 당시에는 묘지나 주택풍수가 일반화되어 있고 국도와 산천의 비보풍수는 활용되지 못하고 있음을 알 수 있다.

그러나 국도의 하위 행정체계인 지방군현에서는 숲 등의 수단을 이용한 읍치의 비보적 환경관리가 널리 행해졌으며, 특히 민간에서는 조선 중기 이후 재지사족의 취락 개척·형성 과정과 맞물리면서 비보적 경관이 다양한 형태로 발달하게 되었다.

동아시아의 다양한 풍수비보 양상

동아시아는 풍수문화권을 이루고 있고 비보적 사유 역시 보편적이다. 다만 비보의 형태, 기능, 규모 등의 측면에서는 각국의 문화적 배경에 따라 다소 차이가 난다. 동양 3국의 비보 양상을 살피는 것은 지역 비보의 문화적 개성을 밝히는 일이다. 비보의 원류, 전파와 변모, 특성과 배경 등을 다각적으로 살펴야 하지만, 여기에서는 비보의 형태와 기능에 초점을 두고 대비하고자 한다.

비보가 중국에서 전파되었는지 한국에서 자생적으로 진화되었는지는 풍수의 기원만큼이나 논란의 여지가 있을 수 있다. 무라야마 지준이 한국

비보법의 원류인 도선의 비보를 중국풍수사상의 전승으로 본 점이나,[51] 허시아오신何曉昕·루오쥐앤羅雋이 평양의 사례를 들어 한국 도읍풍수의 압승법은 중국이 모체라고 지적한 것은[52] 중국의 비보가 한국으로 전파되었다는 견해로서 문화전파의 측면을 지적한 것이다. 이러한 관점에서 비보의 파급경로를 살피면, 중국에서 한국을 거쳐 일본으로 전파된 경로와 중국복건성에서 류큐로 전파된 경로로 추정할 수 있다. 그러나 한국의 경우 문화전파 측면에서만 생각할 수 없다. 전래의 무교에 비보적 문화요소가 존재하고, 도선의 비보설이 선도仙道의 맥을 이었으며, 조산은 고대의 샤머니즘과 자연신앙에서 발전한 측면이 있는 등 문화진화적 측면도 간과할 수 없기 때문이다.

한중일의 비보양상에서 드러나는 유사성은 비보수단과 방법·기능에서 나타나고, 비보에 민간신앙과 풍수가 복합되어 있는 양태도 닮은 점이다. 다만 한국과 중국에 비해 일본 본토에서는 류큐를 제외하고는 풍수적 비보가 상대적으로 발전되지 못했다. 중국과 류큐의 비보수단과 방법, 사례를 한국과 대비해보면 다음과 같다.

중국은 역사적으로 풍수적 비보를 위해 비용과 노력을 많이 들였다. 특히 숲을 조성하여 마을, 묘지, 사묘寺廟 등의 풍수경관을 보완했는데 이것을 풍수림風水林이라고 한다.[53] 또한 중국의 풍수가들은 음양오행론을 비보에 응용하여 땅의 자연적 형상을 개량하는 데 오행의 작용을 조절하는 술법을 창안했다.[54] 이러한 비보적 사실은 각 부·현·성府縣城의 지방지地方志에 기록되었다.[55]

중국의 풍수적 비보는 인수법引水法, 곧 물을 끌어들이는 방법을 제1의 주안점으로 둔다. 이 점에서 한국의 보편적 비보법인 조산법造山法과 비교된다. 이러한 차이는 한국과 달리 물이 귀한 중국의 풍토에서 연유한다. 중국의 풍수서에서 물은 재원과 길사吉事의 상징이므로 물을 끌어들여 기초를 보補하는 것이 가장 요점이 된다. 그들은 물이라는 요소도 인위적으로 제어할 수 있다고 보았다.

인수引水에는 두 가지 방법이 있다. 먼저 도랑[溝]과 용수로를 끌어들이는 방법이다. 실지에서 가장 많이 사용되었고 대표적인 사례가 안휘성安徽省 남부의 산간 구역인 굉촌宏村에 있다. 또 다른 방법은 못을 파서 물을 저장하는 것이다. 『양택회심집』陽宅會心集에 "못을 파서 물을 저장하면 지맥을 움트게 하고 진기眞氣를 배양한다"라는 이론적 전거가 있다. 못비보에는 지형적 조건에 따라 다양한 방법이 있을 수 있다. 널찍한 국면에는 못을 파서 물을 모으고, 가파른 곳에는 못을 파서 물이 고요하게 흐르게 한다. 압박하는 높은 산이 있어 살기가 쏘아 들어올 경우 못을 파서 순화한다. 자연수가 빠른 속도로 터를 통과하여 흐를 경우 물줄기의 기세를 완화하려고 앞에 수조를 만들기도 한다.[56] 한국에서도 물길을 바꾸거나 끌어들여 취락 앞쪽을 두르도록 수로를 변경·수축한다거나 못을 파서 물을 끌어들였다. 특히 화산으로부터 빚어진 화기를 방어하려고 인수법을 시행하는 경우가 많다.

중국은 보산補山이라 하여 주로 나무를 심어서 용의 배후에 있는 산줄기[砂山]를 보했다. 이 경우는 마을의 아래 산줄기[下砂]와 수구 또는 마을의 배후와 용산 등지에 시행했다. 중국에서는 풍수상 필요하다면 산을 만들며 기존의 산이 있다면 그것을 이용했다.[57] 산을 보하는 방법은 넓게 수목을 심는 것 외에도 건물을 짓거나, 흙을 쌓아 산의 고도를 높이거나, 산의 형상을 바꾸기도 했다. 복건성 용암현龍岩縣 은수銀樹에서는 마을 뒤에 나무를 심었고, 광동현廣東縣·고요현高要縣에서는 산줄기 맥의 언덕을 정비하여 삼봉三峰을 만들었다. 복건성 건구建甌에서는 수구에 수목을 심어 광대한 수구숲을 형성했다.[58] 이러한 비보유형을 한국에서는 조산이라 통칭하며, 그 기능과 방식은 유사하지만 조산 배치가 한국에서는 마을

뒤가 아니라 마주하는 수구부에 있는 점이 중국과 다르다.

오키나와의 포호

한편, 류큐에서는 마을의 기가 누설되는 것을 막으려고 마을^{또는 집} 주위를 둘러 숲을 조성했는데 이것이 오키나와 각지의 마을 주위에 남아 있던 '포호림'^{抱護林}으로, 명치기^{1868~1911}에 작성된 고지도에도 묘사되어 있다. 특히 류큐왕국은 직할지에 '어풍수소'^{御風水所}와 '어풍수산'^{御風水山}을 정하여 수목과 토석을 관리하고 훼손하지 못하게 했다.[59] 류큐의 사례는 한국의 경우와 비교되는데, 특히 '어풍수소'는 우리의 경우 '비보소'에 해당한다. '어풍수산'은 조선조에 도성 주위의 산을 체계적으로 관리한 바 있다는 '금산'^{禁山}과 유사하다.

류큐의 포호는 채온^{蔡溫, 1682~1762}의 기록에서 볼 수 있다. 그는 저서 『산림진비』^{山林眞秘}와 『산산법식장』^{杣山法式帳}에서 '영지^{嶺地}의 사방에 여러 산이 둘러싸 호위하는 것'^[嶺地四面 有諸山相圍 而爲護衛者 之謂抱護]을 포호라고 했다. 류큐왕조에서는 채온의 주도하에 마을에서 포호의 조건이 갖추어지지 않은 경우 숲을 조성하는 정책을 시행했는데 그것을 마을포호^[村抱護]라 하고 그 숲을 포호림 또는 포호라 했다.[60]

비보와 포호 개념은 한국과 류큐에서 각각 독특한 자연환경과 역사적 배경을 바탕으로 형성된 사회문화적 구성체라고 할 수 있다. 용어의 의미로 볼 때, 비보는 돕고 보탠다는 뜻으로 부분적으로 보완한다는 의미가 강하고, 포호는 안아서 감싼다는 뜻으로 적극적으로 보호한다는 느낌이 있다.

이러한 용어의 함의가 다른 것은 각국의 지형적 배경과도 상관성이 있다. 한국의 경우 중소 규모의 유역으로 이루어진 분지형 산지 지형이 많아 수구 등지에 비보물을 조성하는 부분적 경관 보충으로 가능하다. 이에 비해 류큐는 태풍의 피해가 있는 해안형 평지와 구릉지로 이루어져 마을을 풍수적으로 에워싸는 여건을 만들려면 숲을 조성하는 전면적·적극적 포호가 필요하다.

비보와 포호를 비교해보자. 시기적으로 비보는 한국에서 나말여초[10]세기부터 비보사탑 등으로 널리 활용되었고, 17~19세기조선 후기에는 읍 취락과 마을에 비보숲이 일반화되었다. 류큐에서도 포호는 숲의 형태로 17~19세기 취락에 다수 설치되었다.

지역적으로 한국의 비보는 산간, 평야, 해안 등지에서 지형과 기후 조건과 결합하여 다종다양한 형태로 특수성이 드러나는 반면, 류큐의 포호는 부분적으로는 주택옥부屋府포호집 주위로 나무를 심어 울타리 침라는 특수한 형태가 있으나 대체로 숲을 조성하는 형태의 마을포호라는 일반성이 강하다.

사상적으로 비보는 풍수, 불교, 민간신앙 등과 밀접하게 결합된 측면이 있으나 포호는 풍수에 한정된다.

풍수적 기능으로 보면, 한국의 비보는 용맥, 장풍, 득수, 형국 등의 구체적 조건과 맞물려 기능적으로 분화된 반면, 류큐의 포호는 장풍 조건의 보완에 치중하였다.

형태적으로도 비보는 비보사탑, 숲, 민간신앙물돌탑, 장승, 솟대, 입석 등, 기타 상징물자라, 돌거북, 돌개 등이 다양하게 나타난다. 그런데 포호는 자연물인 산과 인공적으로 조성한 숲으로 이루어져 있으며, 주민들에게 포호림과 동일시되었다. 류큐에서도 석감당石敢當, 이시간토, 석사자 등이 풍수적 상징물로 널리 활용되었지만, 이들은 포호 개념에는 포함되지 않는다. 그렇기에 풍수적 경관보완에서 한국의 비보는 류큐의 포호와 비교해 의미와 범위가 큰 개념이다.

◀ 비세(備瀨)마을의 주택포호. 후쿠기(福木) 나무가 집을 울타리 쳤다.
▶ 타라마마을의 포호림 근경(오키나와현沖繩縣 미야코군宮古郡 타라마촌多良間村).
▼ 타라마마을 뒤 구릉지에서 포호림을 바라본 풍경.

표 8 비보와 포호의 비교 개관

항목	비보(조선)	포호(류큐)
공간단위	국도, 읍취락, 마을, 주택	국도, 취락, 주택
범주	넓다	좁다
시대	신라 말, 고려, 조선	17~19세기
지형적 배경	산지, 분지, 비산비야	평지, 구릉지, 산지
사상적 범주 (문화복합양상)	풍수+토착신앙+불교	풍수
형태	숲, 상징물, 자연물, 지명	숲, 자연물(산)
신앙상징물	사탑, 솟대, 장승, 돌탑 등	
기능	수구막이, 방풍, 방조, 토양유실 방지, 흉상 가림막	방풍, 방조, 모래(해안)비산 방지, 흉상 가림막
조성과 관리 주체	관·민	관(민)
조성 형식	관 또는 민의 다발적인 문화생태적 보완	관 주도의 일시적인 하향 (Top down 방식)
현존 여부	다수	숲(타라마), 옥부포호(비세)

한국과 류큐에서 민간신앙과 결합 여부에 차이가 크게 드러나는 것은 비보의 조성·관리 주체 문제와 관계가 깊다. 한국에서는 17~19세기에 마을공동체^{민간}가 주체가 되어 포호 조건을 조성·관리했지만, 류큐에서는 관이 주체가 되어 비보물을 조성·관리했기 때문에 민간에까지 깊숙이 미치지 못했다. 따라서 류큐의 포호는 조성·관리 주체의 성격상 한국의 읍취락 비보와 유사하다고 할 수 있다.

비보와 포호의 현존 실태를 살펴보면, 한국의 비보는 일제강점기와 현대를 거치면서 많이 없어지기는 했지만, 아직도 남아 취락의 경관요소로 기능하는 경우가 많다. 하지만 류큐의 포호는 일본의 태평양 전쟁과정에서 대다수가 없어졌고, 타라마섬, 비세마을 등에서만 온전한 모습으로 남아 있다.

풍수비보와 민간신앙의 복합

중국은 풍수탑을 두어 용맥을 진정시키고 수구를 진압하며 문풍文風, 학문을 숭상하는 풍습을 진작했다. 이러한 압승탑과 문봉탑文峰塔은 중국 대륙의 각 부·현·성에서 성행했다.[61] 중국 동남부의 여러 마을에서는 주위의 산봉우리, 정상, 산복에 풍수탑을 조성했다. 예컨대, 절강성 용유龍游의 횡산보탑橫山寶塔은 장사면산張祠面山의 봉우리를 누르고 있는데, 산의 형상이 머리가 안쪽으로 향하지 않은 것을 꺼려 탑을 세워 산을 누른 것이다. 강소성 상숙현常熟縣 성리城里에 있는 우산虞山은 산의 형상이 늙은 물소 한 마리가 엎드려 있는 형국이라 우산牛山이라고도 하는데, 풍수에 근거하여 건조한 방탑方塔이 있어 물소의 뿔로 설명된다. 그 밖에도 이러한 풍수탑은 절강성 등 많은 곳에 있다.[62]

한국에서도 풍수탑은 도읍의 대표적 비보수단으로 활용되었으나, 불교와 결합한 사탑형식이라 차이가 난다. 중국처럼 문풍文風을 진흥하는 기능도 없다. 일본 본토와 류큐에서는 풍수탑을 보기 어렵다.

중국, 일본, 타이완에서는 풍수 비보와 민간신앙의 복합적 양상도 주택비보에서 발견된다. 이러한 유형을 『중국풍수』中國風水의 저자 가오유치엔高友謙은 '풍수무술'風水巫術로 분류했다. 집터를 안정시키는 부적으로 『도장』道藏의 신부류神符類에 태상비법진택영부太上秘法鎮宅靈符가 있으며, 특히 중국과 류큐, 타이완에는 한국에서는 찾아볼 수 없는 '석감당'이라는 돌을 T자로에 설치하는 주택비보법이 있다.

석감당은 연원이 매우 오래되었는데, 당대 대력大曆 5년770으로 거슬러 올라간다.[63] 중국 농촌의 '석감당'은 직사각형 돌비석과 '진산해'鎮山海라는 신석神石으로 재액을 쫓고 온갖 귀신[百鬼]을 진압鎮壓하는 기능이 있다. 그것은 일종의 '신령한 돌로 진압하는 방법'[靈石鎮壓法]으로 인지환경을 개선하는 효과가 있다. 석감당은 주로 도로가 직선으로 마주칠[沖射] 경우 이를 진압하려고 활용되며 마을 입구, 하천이나 못 연안, 문 앞으로 길에 면한 곳, 항구를 마주한 대문, 교량, 가옥 등에 설치된다.[64] 석감당은 지금도 오키나와에서 흔히 볼 수 있다. 석감당과 아울러 석사자는 오키나와의 대표적 비보물이다. 그 밖에도 한옥의 내외담과 유사한 병풍屛風, 한푼을 대문 위치에 설치하여 좋지 않은 기운을 막는 풍수적 역할을 하게 했다.

한편, 중국 광동성 매현梅縣에는 객가客家 위룡옥圍龍屋이라는 비보원리를 활용한 집단적 풍수 주거형태가 현재까지도 널리 분포해서 흥미를 끈다. 집 앞으로는 인공적으로 못[池塘]을 조성하여 득수를 꾀했고, 담장[圍龍]도 겹으로 집을 에워싸는 형태로 둥글게 만들어 장풍 효과를 확보했다. 가운데는 도도록한 둔덕 화태化胎을 두어 혈증穴證의 이미지를 주었으며, 거주하는 방은 그것을 중심으로 해서 주위에 배치했다. 둔덕 아래에는 오행을 상징하는 석조 상징물도 배치함으로써 풍수와 민간신앙의 결합양상을 잘 보여준다.

이상의 사실을 기초로 하여 동아시아의 비보 실태를 요약·비교해보자. 중국은 물을 끌어들이는 인수비보에 치중한 반면 한국에서는 조산비보나 형국비보가 성행했다. 수구비보의 동기와 기능은 공통적이나 한국은 중국에 비해 규모가 작고, 류큐에서는 사례를 찾기 어렵다. 조산비보에서 숲 조성에 중국은 흔히 취락 뒤편에 했지만 한국은 주로 앞쪽의 수구에 많이 했다. 중국은 못을 파서 지맥을 움트게 하거나 흉한 기운을 순화했으나, 한국은 못으로 화재를 방어하거나 지기 누설을 방지하는 예가 많다. 풍수탑으로 문풍文風을 진작하는 형태는 한국이나 류큐에서는 찾기 어려우며, 중국의 문화적 배경에서 생겨난 비보적 특성이다. 한국은 중국처럼 흉상을 개조하거나 조작하기보다는 가리는 경우가 많다. 풍수

오키나와에 있는 다양한 형태의 석감당과 그 민속적·현대적 변용.

▲ 이미도마리(今泊)마을의 선돌형태의 석감당. 자연물을 석감당으로 쓴 모습이다.

▼ 테이마(汀間)마을의 태산석감당(泰山石敢當).
태산신앙과 석감당 신앙이 결합된 모습이다.

▲ 도모리(富盛)마을의 석사자.

　1689년 마을 앞으로 보이는 야에세다키(八重嶽)의 화기를 막기 위해 설치했다.

▼ 하에바루(南風院)마을의 석사자.

　1726년 왕조의 풍수계획으로 취락이 이동했을 때 마을의 사방에 하나씩 만들었다.

　현재는 서쪽과 북쪽의 석사자만 남아 있다.

◀▶ 마에카와(前川)마을과
아사토(安里)마을의 석사자.
▼ 슈리왕성의 석사자.

오키나와 민가에 보이는 다양한 형태의 병풍.

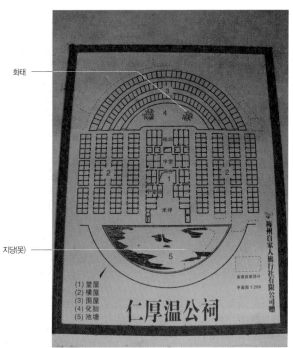

화태

지당(못)

(1) 堂屋
(2) 橫屋
(3) 圍屋
(4) 化胎
(5) 池塘

仁厚溫公祠

梅州自家人旅行社有限公司贈

평면도 1:200

위룡옥 전개도와 전경(중국 광둥성 매현). 앞의 못이 지당이다(덕형당德馨堂의 원본사진을 가공함).

▲ 위룡옥 화태(化胎). 잉태한 어미의 배처럼 불룩한 모양은 가득 품은 생명의 기운을 나타낸다.
◀▶ 화태에서 방으로 향하는 초입에는 오행(목, 화, 토, 금, 수)을 상징하는 석물을 놓았다.

와 민간신앙의 복합적 산물로 중국에 있는 '석감당'은 현재 오키나와에까지 파급되었으나 한국에서는 행해지지 않았다. 그 대신 한국에서는 돌탑이나 장승류 형태가 흔히 활용됐다. 류큐왕국이 직할지에 설치한 '어풍수소'·'어풍수산'은 조선조의 '비보소'·'금산'과 비교될 수 있다.

한국의 풍수비보, 그 형태와 기능

비보는 공시적으로 장소나 조성 주체에 따라 적절히 채택되어 지역마다 명칭, 형태 등에서 특성을 나타낸다. 통시적으로는 민속화 과정을 거치면서 양식이 변모하며, 신앙적 비보에서 합리적 비보로 발전하는 문화적 진화 과정을 보인다.

비보형태는 시대, 지역^{장소}, 조성주체^{집단}에 따라 특성이 있지만, 역사적으로 "사찰이나 탑, 못과 숲"[65]이 일반적이었다. 고을에서는 조산이나 나무심기가 대표적인 비보수단이었다.[66] 조성 주체에 따른 특징으로, 사찰이나 탑은 주로 왕실이나 대읍^{大邑}의 비보형태였는데, 이는 비보사찰의 조성과 운영에 많은 경제적 비용이 소요되기 때문이다. 반면에 적은 비용으로 실질적인 비보효과를 거둘 수 있는 숲비보는 중소읍이나 마을에서 많이 나타난다. 특히 손쉽게 조성하여 신속하고 상징적인 부수효과를 얻을 수 있는 조산은 서민마을의 대표적 비보형태였다.

비보 양식 중에서 불교적 비보수단의 발생과 변천 과정을 개관해보자. 통일신라기의 진호사탑은 초기적인 비보형태로 고려시대에 걸쳐 널리 활용되었다. 진호사탑은 신라 말 이후 고려조에 들어와서 풍수와 복합되면서 풍수사탑으로 그 성격과 형태가 바뀌었다. 조선조에 이르러서는 억불정책으로 불교가 쇠미하면서 사탑비보는 쇠퇴하고 그 대신 조산·숲[林藪]비보가 점차 행해졌다.[67] 한편 민간에서는 민속신앙과 결합하여 조산,

표 9 비보형태와 기능

비보 유형	비보의 구성요소와 형태	풍수비보의 기능
사·탑	절, 불상(철불, 약사여래상, 미륵상 등), 탑(주로 이형석탑), 당간(행주형 국의 비보물) 등	산세진정, 보허, 득수비보, 형국보완, 흉상차폐, 방위비보, 음기진압, 수구 막이
조형물	장생표, 신돌, 솟대(행주형국의 돛대), 장승, 남근석, 돌거북, 돌자라 등	마을수호, 형국보완, 방위비보, 수구 막이, 흉상진압, 화기방어, 산세비보, 음풍방어(남근석)
조산	흙무지형, 돌무지형, 임수형, 혼합형, 고분과 유적 전용형, 천연산 호칭형	보허, 수구막이
숲	조산숲, 비보숲	보허, 장풍, 수구막이, 지기배양, 용맥 비보, 수해방지, 흉상차폐
못		지기머묾[地氣停留], 화기방어, 흉상 씻김[凶相消泄], 형국보완(거북형국 의 물, 와우형국의 구유), 상충되는 지 세의 격절
지명과 놀이	쇠머리대기, 줄다리기 등	산살풀이, 지기진압, 용맥견인, 화기 진압, 형국보완

장승, 솟대, 성석性石, 당목堂木 등 민간신앙물이 비보기능을 새로이 담당
했다. 기존에 왕실이나 대읍에 주로 설치되었던 풍수탑은 간략한 양식의
돌탑으로 변용되어 민속화되었다. 이처럼 불교적 양식에서 출발한 비보
수단은 점차 불교의 사회적 퇴조와 함께 신앙성은 탈각되고 비보 기능만
유지된 채 간략화되거나 민속신앙물로 대체되었음을 알 수 있다. 그러면
한국의 대표적 비보형태로 비보사탑, 비보조형물, 조산, 숲, 못, 놀이, 지
명을 들어 각각의 형태와 기능, 기원, 명칭 등을 일반화하여 살펴보자.

비보사탑: 절, 불상, 탑, 당간 등

비보사탑은 한국 비보사에서 초기적 비보형태로 도선의 비보사탑설
에 이론적 근거를 두고 있다. 비보사탑의 구성요소에는 절 이외에도 불

상, 탑, 당간 등이 있다. 불상은 철불과 약사여래상, 미륵상이 비보에 주로 활용됐고, 그중 비보 철불은 신라 말 구산문 관련 선찰에 일부 나타난다. 호남지방에서는 고려 말기 이후에는 미륵불이 읍치풍수 차원에서 수구막이로 세워졌고, 조선 후기에는 미륵신앙물이 마을비보에도 활용되었다.[68] 비보 기능의 탑은 형태상 자연석을 기단으로 삼은 이형석탑異型石塔이 많고, 경우에 따라서는 비보 문양으로 사천왕상이나 십이지신상이 표식되기도 했다. 특히 당간은 행주형국行舟形局의 보완물로 쓰이곤 했는데, 주로 행주형국에서 갖춰야 할 돛대로 상징·인식되었다.

비보사탑의 기능은 수세비보, 지세비보로 나눌 수 있다. 수세비보는 사탑을 설치함으로써 물로 인한 자연재해를 막고자 의도한 것으로, 강수江水비보, 해파海波비보, 역수逆水비보, 수구水口비보 등의 기능을 한 사례가 있다. 지세비보는 사탑을 설치함으로써 지덕地德을 비보하자는 것으로 형국비보, 흉상비보, 산세비보 등의 실례가 있다.

비보조형물: 선돌, 솟대, 장승 등

비보적 상징조형물에는 장생표, 선돌, 솟대진대·짐대, 장승, 남근석, 돌거북, 돌자라 등의 형태가 있다. 이것들은 주로 취락비보에 활용되었다. 상징적 의례의 한 형태로는 화기를 방어하기 위한 민속신앙적 간물[海水]비보가 있다.

일반적으로 장승류의 기능은 마을 수호, 방위 수호, 산천비보, 읍락비보, 불법 수호, 경계표, 노표路標, 성문 수호, 자식기원[祈子] 등으로 다양하게 분류할 수 있는데, 그중에서 비보 기능을 하는 장승은 마을 수호, 방위 수호, 산천비보, 고을비보 역할을 했다.

비보 장승의 기원은 고려 초 사찰의 사방 산천을 비보하려고 세운 장생표로 추정한다. 이러한 산천비보 장생표가 차츰 민간화하면서 벽사의 귀

◀▶ 남원 광한루 앞 호석(虎石)과 자라돌(鼈石).

▲ 진안 종평마을 돌거북.

▼ 진주 중촌마을 코끼리석상.

면鬼面을 조각한 읍락비보 장승이 나타난다.[69]

솟대는 그 기원이 고대적 신앙물이나 지역에 따라 풍수적 비보수단으로 전용되기도 했다. 주로 행주형국의 지세에 돛대로 활용된 경우가 많으며, 곳에 따라서는 솟대 위에 얹은 오리가 화기를 막는 역할을 하기도 했다. 제주도에는 보허·방사防邪 기능을 하는 솟대거욱대가 있다.[70]

조산: 흙무지, 돌탑 등

비보조산은 흙, 돌, 숲나무을 산 모양으로 조성하여 공결空缺,비거나 빠짐한 데를 메움으로써 보허 효과를 얻는 유형이다. 흙무지, 돌무지돌탑, 숲이 대표적 형태다. 비보조산은 마을신앙과 풍수비보의 구조물로서 일반적으로 갖춰진 전통마을의 경관요소였다.

비보조산은 지역에 따라 탑·보허산·(석)가산·조산수造山藪·거오기 등으로도 불렸다.『한국지명총람』을 보면, 순우리말로 지은뫼 또는 즈므라고 했다. 형상을 본떠 알처럼 생겼다고 알미·알메 또는 알봉이라고도 했고, 형국을 본떠 여의주배미라고도 했다.

비보조산의 역사적 시원은 상세하지 않으나 고려조 신종 원년1197에 설치된 산천비보도감에서 조성했다는 기록이 있고,[71] 조선 초 한양의 수구에 가산假山을 설치한 사실도 확인된다.[72]

조산은 지역에 따라 형태와 기능, 입지, 호칭에 특성이 나타나는데 전남의 우실,[73] 평안·황해도의 수살, 경기북부의 축동, 제주도의 거오기 등이 있다. 평안·황해도에서 일컬어지는 '수살'도 조산 기능을 했다.[74] 경기지방에서 다수 나타나는 축동도 조산의 지역적 형태로 특기할 만하다.

축동비보는 둑을 쌓아 자연지세를 보완하는 것으로, 경기북부 지역 마을의 경관에서 보이는 축동비보의 일반적 형태는 대부분 둑 위에 수목을 줄지어 심는 것이다. 축동을 수살·우살과 비교해보면, 형태상 '둑'을 조성해 그 위에 나무를 줄지어 심는다는 점이 다르다. 지형적으로도 축동비 보는 야산이나 구릉지의 낮고 평평한 들판이 펼쳐진 지형에 주로 나타나 차이가 있다.

제주도에서는 방사防邪, 나쁜 기운을 막음기능을 하는 돌탑이 지배적인 형태로 나타나며, 돌탑에 까마귀 모양의 돌을 얹는 것도 특징이다. 호남지방의 경우, 좌도지방의 조탑이나 우도지방의 입석들은 수구막이 기능으로 마을 입구에 세워지는 게 통상적이다.[75]

조산의 조형 형태를 분류하면 흙무지형[土築·土塊], 돌무지형[石積], 숲형, 혼합형, 고분과 유적 전용형, 천연산 호칭형 등으로 나뉜다. 흙무지형은 흙을 쌓아 가산을 만든 경우로, 보통은 흙더미 위에 식수하여 흙의 유실을 방지하고 규모가 크게 보이는 효과를 얻는다. 돌무지형은 돌탑 또는 탑이라도 하는데 꼭지돌이 있는 것과 없는 것이 있으며, 제주도의 돌탑은 까마귀 모양의 돌을 얹는다. 숲형은 숲을 조성하여 산으로 삼는데, 옛 문헌에는 조산수造山藪[76]라는 명칭으로 나온다. 복합형은 흙, 돌, 숲 등의 여러 형태가 섞여 있는 것이다. 옛 고분을 조산으로 삼은 사례도 여러 지역에서 발견된다.[77] 조산은 새로 조성하기도 하지만 기존의 사탑이나 민간신앙물 또는 옛 유적을 비보수단으로 전용하는 사례도 다수 있으며 천연의 산을 조산으로 삼아 호칭하기도 한다.

조산의 수는 하나나 둘[雙]이 가장 많고 경우에 따라 셋, 넷, 다섯, 일곱 등이 있는데, 선산에 있던 다섯 개 조산은 봉황의 다섯 알을 상징하고 일곱은 북두칠성을 상징한다.

조산은 주민들이 인지하고 있는 풍수지리상의 공결한 곳을 막는 비보 기능을 한다. 풍수적으로 허한 지세를 도와 지기가 빠져나가는 것을 막는 동시에 지기를 저장한다. 16세기의 관찬지리지에서는 "흙을 쌓아 산을 만드니 지기를 저장하기 위함"이라고 했다.[78] 특히 마을조산에서는 허

◀▶ 산청 모례마을 조산과 운봉 삼산마을 할아버지 당산.
▼ 제주 용수마을 거욱대.

▲ 봉분 모양으로 변형된 당산의 모습. 남원 월산마을.
▼ 변형된 당산의 모습. 산청 궁소마을.

결·공허·공원空遠한 수구를 막고 터를 진호하는 기능을 하는 경우가 많다. 곳에 따라서는 형국을 보완하는 기능을 하는데, 이 경우 조산은 용형국에 여의주, 봉황형국에 알, 행주형국에 돛대의 상징성을 지닌다. 마을에서 마주 보이는 자연경관의 특정 부위가 음부 형상으로 보이거나 여근 모양의 바위가 있을 경우에도 조산을 해서 음풍을 막고자 했다. 이 경우 돌탑의 꼭지돌은 남근석으로 인식되기도 했다. 마을조산은 '돌탑제'라는 마을공동체적 의례가 수반되어 신앙화되기도 했다.

비보숲

비보숲의 문헌적 명칭은 비보수裨補藪이며 양식상 광의의 조산 범주에 걸쳐 있으나 조산에서 실용적으로 발전된 형태다. 비보숲의 조성은 고려조 국도의 주산松岳을 위주로 주위의 산에 한정되다가, 조선조 한양에서 숲 영역[藪域]의 공간적 범위가 대폭 확대되었다. 한양의 산림은 금산정책에 따라 체계적으로 보전·관리되었다. 국도의 숲비보는 곧이어 지방의 대읍으로 확산되었고, 조선 중기 이후 마을의 향촌 개척과 함께 읍 주변 마을로 퍼졌다. 비보숲은 임진왜란 도중 또는 이후의 사회질서 혼란기에 마을공동체가 와해되면서 훼손되거나 규모가 축소되었다.

비보숲의 수종은 마을特히 民村의 경우 토착림으로서 혼합 교목이 많다. 이는 특히 수구 위치에서 수구막이 기능과 결부되어 있다. 도읍과 반촌의 비보림은 많은 경우 소나무를 대표종으로 했다. 풍수형국과 결부된 수종으로는 봉황형국에 오동나무와 대나무 그리고 지네형국에 밤나무를 들 수 있다.

비보숲은 조산의 일반적 기능인 보허 장풍과 수구막이 외에 특수하게는 지기배양과 용맥비보, 수해방지, 흉상차폐 등의 기능도 했다. 보허기능의 숲 중에서 특히 산곡분지의 보허기능은 수구막이숲으로 일반화되

▲ 악양 외둔마을 취간림.
▼ 산청 점남마을 왕버드나무숲.

었다.

숲을 활용한 비보는 기능상 경제적·실용적이고 비보효과가 좋아서 취락의 비보수단으로 널리 활용되었다. 숲을 조성하면 물리적인 방풍 등의 비보 효과를 얻을 수 있고, 휴양림 등의 부수적 효과를 거둘 수 있으며, 토축한 흙이 허물어지는 것을 방지하는 제방 보조 역할과 지형의 시각적 효과를 얻는 등의 이점도 있다. 다만 나무의 성장 시간이 비교적 길어 비보돌탑과 같이 비보 효과가 조성 즉시 또는 단시일에 나타나지 않는 결점이 있다.

그러나 숲은 조산이 지니는 상징성·신앙성과 달리 바람막이, 가림막 기능 등 합리적이고 효율적인 비보가 가능한 점도 있다. 따라서 비보숲은 방풍, 보온, 홍수방지, 휴양소 역할을 겸하는 다기능적이고 효율적인 비보수단이다.

비보못

비보못의 일반적 기능은 지기를 머물게 하는 것이다. 풍수이론상의 전거로, 『금낭경』에 "기는 물에 임하면 머문다"라는 원리가 있다. 따라서 취락이 경사진 곳에 입지하여 지기가 빠져나가는 형국일 때 못을 조성하여 막았다. 그리고 못으로 장풍적 조건을 보완하기도 했다. 조선 초 숭례문 밖에 못을 판 것은 경복궁의 오른팔에 해당하는 산세가 낮고 미약하여 품에 안는 판국이 없었기 때문이다.[79] 못을 조성함으로써 터에서부터 곧장 빠져나가버리는 물의 유속을 늦추기도 한다.

마을과 고을에서 비보못은 흔히 화기를 방어하는 기능을 한다. 이는 오행론으로 수는 화를 극하기에[水克火] 화기가 성한 지세에 못을 파서 비보하는 원리다. 고을에서는 못에 흉상이 비치게 하여, 그 흉한 기운을 녹여 사라지게 하는 경우도 있다. 그 밖에 형국을 보완하는 못도 있는데, 이 경우 거북형국에는 물, 와우臥牛형국에는 구유 등의 상징성이 있다. 특수한 경우로 가운데에 못을 파서 양쪽으로 기의 상충을 끊어 막기도 했다.

비보놀이와 비보지명

비보놀이와 비보지명은 행위 의식을 통해 풍수비보를 하는 것이다.

비보놀이는 대동놀이라는 집단문화적 경로로 비보 효과를 꾀하는 것으로, 주로 줄다리기 형태가 많이 나타난다. 경상도에서는 영산·울산·언양읍과 청송의 구산리·천전리, 함안의 구성리 등지에서 행해졌다. 이러한 유형은 풍수비보적 동기에서 유래한 민속놀이로 주목된다. 기능별로 살펴보면, 영산의 쇠머리대기와 줄다리기는 각각 산살풀이[80]와 지기진압의 기능을 했고, 울산과 언양의 줄다리기는 용맥견인,[81] 청송 구산리와 천전리의 횃싸움은 화기진압, 함안 구성리의 줄다리기는 형국보완을 했다. 특이한 형태로 남원시 보절면 괴양마을의 삼동굿놀이가 있다. 마을에서 보이는 불안한 형국의 지네산을 밟아 누르는 행위를 함으로써 진압하는 비보놀이다.

지명비보는 호명하여 비보효과를 얻고자 하는 심리적·상징적인 비보 형태다. 대개 실제적인 형태의 비보를 시행한 뒤 그 효과를 증대하려고 부가하는 경우가 많다. 독자적인 기능을 할 때는 지세진압이나 형국보완을 하는 예가 많다. 특히 고을의 비보지명의 경우, 유사한 구조가 나타나기도 하는데 예컨대 봉황형국과 관련된 비보지명이 영천, 선산, 진주 등지에 반복되어 드러났다.

비보사상의 현대적 의미와 전망: 대립을 상보로

비보의 철학사상적 의미: 자연과 인간의 상보

비보사상에는 자연과 사람의 상보적 존재성의 원리가 들어 있다.[82] 동아시아적 사유에서 자연이란 유기적으로 생성하는 과정적 실재로 완성된 실체가 아니다. 따라서 생성과정 중 관계적 우주^{자연}라는 인식은 곧 존재의 상보성을 담보하는 전제가 된다. 그 일원으로서 사람은 고립적으로 완결된 실체가 될 수 없으며, 자연과 인간은 상즉^{相卽}한 하나이자^[一者][83] 상보관계로 맺어진 존재다. 인간이 자연에 상보적 가치를 부여하는 태도는 생성하는 자연에 대한 인간의 능동적이고 적극적인 참여를 이끈다. '자연과 사람이 서로 돕는다'는 비보철학의 존립 근거는 여기에서 도출된다.

이러한 맥락에서 비보는 자연과 인간이 공간적으로 분립하고, 이에서 연유한 대립구조를 서로 화해^{諧和}시키고 상보관계로 구성하는 조정원리이자 실천방책이 된다. 그리하여 동양사상과 문화의 궁극적 지향점인 자연과 인간의 통합과 합일을 공간·장소·경관상에서 구현하는 데 비보의 지리철학적 의의가 있다. 그래서 비보적 구성에서 인간^{또는 문화}과 자연은 모순적 대립관계가 아니라 상생적 상보관계로 맺어진다.

비보라는 논제로 인간-자연 간의 상보적 관계를 견지하고자 하는 데는 시대적 배경이 있다. 오늘날 전 지구적으로 자연파괴와 인간성 상실이라는 문제가 심각하다. 이는 인간과 자연이 상보적 관계에서 일탈하면서 비롯된 동근원적^{同根源的} 증후로 진단할 수 있다. 양자의 상보력이 어그러지고 깨져 생기는 현상이라는 점이다. 따라서 인간과 자연의 관계가 본래의 상보관계로 반본^{返本}하여 서로 유기적으로 상합^{相合}하고, 상보적 평형을 유지하는 환경과 공간을 구현하는 일은 당면한 범인류적 과제다.

표 10 비보의 철학적 원리와 자연-인간 관계의 조정

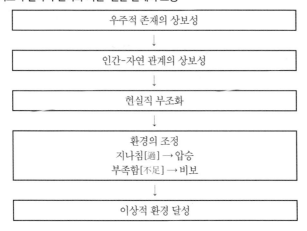

따라서 비보라는 전통적 환경 구성원리는 자연과 사람의 편향과 불균형을 조정하여 지인조화^{地人調和}를 구현하려는 실천원리다. 비보론의 기능적 구성요소에는 비보·압승이라는 두 가지 역학적^{力學的} 상보방식이 있다. (자연적 조건의) 모자람은 비보원리로 더하거나 보완하고, (자연적 조건의) 지나침은 압승원리로 덜거나 억제함으로써 균형을 유지한다. 이를 생극^{生剋} 논리로 표현하면, 비보적 방식은 상생적 작용기제이며 압승적 방식은 상극적 작용기제로, 두 원리를 적절히 운용해 자연과 사람 간의 환경적 상보력을 증진하고 조율하는 것이다. 이렇듯 비보·압승이라는 두 원리는 기능상 상보적 평형력을 유지하는 조정자 역할을 하고 상보관계를 유지하는 중간적 매개의 위상을 지닌다.

자연과 인간의 상보적 상호관계^[地人相補]에서 사람은 자연과 더불어 상호부조^{相互扶助}하는 능동적 존재로 자리매김한다. 동아시아의 고대인은 자연이 신의 창조물이 아니라 조화^{造化}에 따른 조물^{造物}이라고 생각했다. 완전무결한 절대적 신이 자연을 완성품으로 창조하지 않은 이상 (유학에서) 자연은 실상 미완성품으로 존립·생성한다.⁸⁴⁾ 이에 사람이 자신의 존

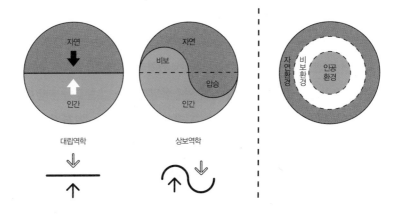

재성을 발양하려면, 자연이 사람에게 공여하는 조건 중 부족분을 인위적으로 보완할 필요가 있다. 『주역』에서도 일렀지만, 인간은 '천지의 도를 마름질하여 이루고 천지의 마땅함을 돕는 존재'라는 위상을 지닌다.[85]

앞의 논지는 비보사상에도 그대로 적용할 수 있다. 유학적 표현을 빌리면, 자연[天地]을 도와서 더불어 참여하려는 지리적 태도를 비보라고 할 수 있다. 여기에서 '천지의 도를 마름질하여 이룸'은 '지나침을 억제'하는 원리로서 압승이고, '천지의 마땅함을 도움'은 '모자람을 보충'하는 원리로서 비보가 된다.[86] 이처럼 비보사상에서 인간은 천지와 더불어 간격 없이 상보하는 능동적·적극적인 존재로서 위상을 지니고 있다.

상보관계는 역사적·문화적 모형으로서 상합모형의 창출을 요청하고 이끈다. 근대 자본주의에서 그 극단을 보인 자연과 인간 사이의 모순대립구도와 그에 따른 대립적 공간구조는 결국 자연의 파괴와 파괴된 값만큼 인간성 상실도 동시에 유발했다. 그러나 그 대안으로 상보적 관계는 자연과 인간 간의 상생구도를 전제하고 자연과 인간이 융합할 수 있는 요소를 배치하여 삼극三極·삼간적三間的 환경구조를 설정한다.

다시 말해 기존 대립구도의 이극구조二極構造는 향후 상보구도의 삼극

구조三極構造로 지향하는 것이 필요하다. 삼극구조는 음·양 또는 천·지의 이극구조에 중中이나 사람[人]을 포함한 음·중·양 또는 천·인·지의 삼재적三才的 관계로 구성된다. 따라서 상보환경은 중과 인의 위상을 지니는 제3의 환경개념이다. 자연환경과 인공환경이라는 기존에 양분된 대립적 환경구성이 그 가운데에 중간적·완충적 환경요소인 비보환경이 개입됨으로써 자연환경·상보비보환경·인공환경의 체계를 이룬다.

비보의 풍수사상적 의미: 인간이 주체가 된 자연·인간관계의 설정방식

비보사상은 단순히 풍수적 명당조건을 인위적으로 보완하는 방법이나 수단 정도의 좁고 소극적인 의미에 그치지 않는다. 그것은 기존에 풍수적 가치와 태도가 지향하는 자연의존적 무게중심을 인간주체적으로 조정하는 넓고 적극적인 의미가 있다.

비보사상의 풍수사상적 의미를 광의로 해석해보자. 이는 풍수설의 형세·형국적 해석에서 기인한 지리적 문제와 그 불안요소를 해결함으로써 이상적인 공간상을 추구·달성하는 인위적 해법론이다. 또 인간주체의 풍수적 자연-인간관계의 설정방식이라고 할 수 있다.

비보라는 사상과 지식체계는 기존 풍수의 공간사상이 지녔던 기능적 한계를 극복하고, 자연에 대한 인간의 상대적 자율성에 기초한 공간관계를 제시해줌으로써 기술과 문명의 역사적 발전과정에 부합할 수 있는 진보된 지리사상이자 실천형태로서 가능성을 담지하고 있었다.

비보의 환경생태사상적 의미: 동아시아의 전통적 환경관리

비보풍수가 지닌 본래적 속성이자 현대적 의미로서 환경생태사상의 의미와 전망에 주목할 필요가 있다. 비보풍수는 환경적인 지속가능성에 기초한 동아시아의 전통적 문화생태학이자 경관생태학이며, 전통적 자연-인간관계의 공간적 방식이라고 할 수 있다.

이러한 환경학으로서 비보풍수의 정체성은 현대적 의의와 전망으로 강조될 시의성도 있지만, 발생적으로 이미 한국에서 풍수가 수용되어 고려시대에 본격적으로 운용될 때부터 수해와 풍해 방지 등에 실용적으로 활용되었다.[87] 역사 속에서 고려시대의 비보풍수와 그 요소는 자연재해 [風水害]를 조절하기 위한 실용적·실질적 기능과 상징경관 역할을 겸비했다. 풍수의 최적입지론은 비보라는 사상과 지식체계에서 인간의 상대적 자율성이 신장된 자연-인간의 공간관계를 설정하는 방식으로 발전했고, 고려시대에는 지역균형발전의 사회적 담론으로서 사회발전을 추동하는 역할을 할 수 있었다.

고려시대의 풍수는 국토공간과 주거지의 환경관리계획에 대한 실질적·상징적인 면이 겸비되어 있었다. 그러나 조선시대에 들어 풍수는 본래의 환경관리 내용에서 벗어나 묘지잡기 술법으로 추락했다. 풍수사상이 발생적으로 지닌 환경관리적 정체성의 회복이라는 과제는 풍수사상에 대한 시각을 사회적 순기능으로 전환하도록 요청하고 있다. 이것이 오늘날 풍수사상의 의의를 새롭게 조명하는 이유이기도 하다.

4 도선의 사찰과 저술, 그 사실과 허구

앞서 풍수와 불교의 교섭 사실을 고려시대의 정치권력층과 문화 주도세력에 초점을 맞추어 전개했다. 이 장에서는 조선시대를 거치면서 민간 부문에서 풍수와 불교, 풍수와 도참이 어떻게 만나고 활용되었는지 도선이라는 인물을 중심으로 살펴본다. 이를 통해 역사화된 도선의 자취로 표상될 수 있는 그의 사찰과 저술에 대해 진위 여부를 함께 검토하고자 한다.

나말여초 역사에서 표현된 도선은 전환시대의 지식인이자 정치사회적 공간담론의 이데올로그였다. 『고려사』에서 그는 신라왕조가 몰락하고 고려가 건국하는 태동기에 불교와 풍수라는 두 사상적 요소를 결합·응용하여 새로운 이상사회를 추동하는 비보설이라는 담론을 실천한 전환기 지식인상으로 묘사되었다. 고려시대를 거쳐 조선시대에 이르기까지 도선의 풍수담론은 사회 전반에 강력한 영향을 미쳤다.

고려시대 전후의 전통사찰치고 창건이나 중창 과정에서 도선의 이름이나 비보사찰의 명칭이 들어가지 않은 것이 거의 없었다. 또 그의 비보설은 고려시대에 국토공간의 주요 운영원리이자 이데올로기로 풍미된 정치사회담론이었다. 문학류에서도 도선이라는 이름을 빌린 수많은 도참비결서가 생겨나서 영향을 미쳤고, 지방 마을마다 도선과 관련된 헤아릴 수 없이 많은 설화가 백성들 사이에서 전승되었다.

학계에서 도선 연구는 다방면에서 이루어졌다. 선행 연구동향은 실증적·문헌적 접근방법으로 도선에 대한 역사적 사실을 검토하고 참모습을 밝히는 데 주력했다. 그 과정에서 역사 속에서 헝클어져 있던 도선의 실상을 바르게 보고 근접할 수 있는 학술적 성과를 얻었다. 불교학과 사상 분야에서는 도선의 선·밀교·풍수·도참 등에 대해, 문학 분야에서는 도선 설화에 대해 여러 연구와 해석이 있었다. 도선의 핵심사상이자 원리인 비보설도 고찰되었다. 근래에는 도선의 역사화된 모습과 그 의미를 살피는 데에도 시선을 돌리고 있다. 후대에 도선의 이름을 빌리거나 도선 이름으로 꾸며지거나 포장된 것도 사회문화적 의미가 있는 것으로 평가되는 추세다.[1]

도선에 대한 지리학 분야의 조명과 연구는 상대적으로 드문 형편이다. 도선이 한국전통지리학에서 차지하는 위상이나 공간적 사상과 면모가 중요한 연구대상인데도 본격적으로 학술 조명의 대상이 되지 못한 것은 그의 풍수 정체성을 터부시하는 학계 분위기 때문이었다. 도선은 한국사에서 전통지리를 대표하는 시원적 인물임이 분명하지만,[2] 아직까지 지리학계에서 본격적으로 학술 심포지엄을 열어 논의의 장에 올린 적도 없다. 이런 배경에서 역사 속에 투영된 도선의 공간적 면모와 그에 가탁한 풍수지리적 저술을 비평적으로 검토하는 연구에 이르지 못했다.

이 글에서는 도선과 관련된 사찰과 저술을 문헌적 사실에 근거하여 정리하고, 그 시기적 층위의 전개 양상을 살피고자 한다. 이를 토대로 후대에 역사화된 도선을 비평적으로 검토하고 의미를 해석할 것이다.

이런 시선에서 볼 때 도선에 대한 신빙성 있는 문헌사료뿐만 아니라, 후대에 조작되고 이름을 빌린 문헌, 심지어 구전하는 민간설화까지도 당시 지역사회에서 전개된 도선의 모습을 드러내는 해석 자료가 된다. 현존하는 문헌사료 중에서 도선의 참모습은 「백계산옥룡사증시선각국사비명병서」白鷄山玉龍寺贈諡先覺國師碑銘並書,[3] 이하 「옥룡사도선비문」가 가장 실상에 가깝다고 평가된다. 그런데 후대로 갈수록 도선을 끌어대어 기록한 문헌과 구전이 많아져 나중에는 도선의 공간적 자취가 전국으로 확산된다. 도선의 영향력이 역사적 정황에 따라 지역사회에 폭넓게 투영된 것이다. 이런 자료를 활용해 역사화된 도선의 모습을 검토하려면 문헌들의 시기별 층위를 드러낸 후 전체적·개괄적으로 개관하고 그 의미를 해석해야 한다.

도선 관련 사찰의 진위

도선이 창건 또는 중창했다거나 도선과 관련된 사찰을 집계해보면 전국적으로 100곳이 훨씬 넘는다. 왜 이렇게 도선과 관련된 사찰이 많을까? 수많은 사찰을 실제로 도선이 직접 창건하거나 중창했을까? 이는 조선시대 민간에서 도선이라는 역사적 인물이 표상되어 드러난 풍수와 불교의 교섭에 관한 의문이기도 하다.

역사적 사실로만 보면, 「옥룡사도선비문」에서 드러난 이외에 사찰은 대부분 도선이 직접 관련되었다기보다는 간접적 영향력이 드리워진 공간적 자취일 개연성이 크다. 「옥룡사도선비문」음기陰記에 의거할 때, 도선이 창건한 사찰은 광양과 구례의 다섯 개 사찰에 지나지 않는다. 도선은 30세에 미점사지리산 구령를 창건했고, 32세에 도선사구례와 삼국사구례를 창건했으며, 38세에는 옥룡사광양의 옛 사찰을 중창해 주석했고, 39세에는 옥룡사 근처에 운암사광양를 창건했다고 기록된 정도다.

그런데 도선이 죽은 뒤898 50여 년이 지나자 정치권력자의 입에서 놀라운 표현이 나온다. "모든 절은 다 도선이 산수의 순역을 보고 개창한 것"[4]이라는 고려 태조 왕건의 유훈「훈요십조」, 943이 그것이다. 이는 당시 고려왕조와 정치권력 사이에 도선은 물론 그의 비보설의 사회적 영향력이 매우 커졌음을 드러내는 언표言表다. 도선이 실제로 모든 절을 창건했다기보다는 비보설에 대한 그의 정치사회적 담론과 존재적 상징성이 사찰 입지에 광범위하게 영향을 미쳤다는 표현으로 해석할 수 있다.

그런데 수많은 사찰이 도선과 관계가 있다거나 비보사찰로 해석된 까닭은 무엇일까?

그 이유 가운데 하나는 고려 초에 지방세력의 근거지가 되어온 기존의 지방 사원들을 고려왕조의 정치지배 권력태조이 국가의 통제권 안으로 흡수했다는 정치적 의미로 이해할 수 있다.[5] 당시 정치지배계층이 도선의 사탑비보설을 지방의 사원들과 그 세력 기반인 호족들을 통제하는 이념으로 활용한 것이다.[6]

또 다른 이유는 조선시대에 벌어진 사회적 현상으로, 불교 탄압에 대응하려 했던 각 지역 사찰들의 자구책이자 생존 전략이었을 수 있다. 고려시대에 도선과 아무런 관련이 없었던 사찰일지라도 도선과 관련지어 국가나 고을의 비보사찰로 인정되면 외부의 정치적 압력에 따라 폐찰되는 위기를 모면할 수 있었기 때문이다. 실제 정사에 기록된 여말선초의 정황을 보더라도, 『고려사』에서 최충헌이 『도선밀기』道詵密記에 기록된 사찰 이외에는 사사전寺社田과 시지柴地를 지급하지 않았다고 했으며,[7] 『태종실록』에서 태종 2년1402에 비보사찰이라도 상주 승려 100명 이하로 『도선밀기』에 있지 않은 사찰은 혁파할 것을 상언上言했다고 되어 있다. 이렇게 도선이라는 존재의 상징성과 비보사찰 등재 여부는 사원의 사활과 직결되어 있었다.

그런데 현존하는 도선 관련 사찰이 대부분 도선이라는 이름을 끌어댔다고 해도 그 사실만으로 사회문화적 의미가 크다. 해당 지방과 사찰, 지역사회의 주민들에게 도선이란 인물의 존재와 사회적 영향력을 잘 드러내주고 있기 때문이다. 역사적 사실의 진실성 여부와는 별개로 꾸며지

▲ 옥룡사지(전남 광양시 옥룡면 추산리).
▼ 새로 조성한 도선승탑.

고 가탁된 허구적 사실이라도 어떻게 보고 해석하느냐에 따라서 의미 있는 연구 자료가 될 수 있다. 이런 관점으로 도선과 관련된 사찰이 나타나는 주요 문헌의 시기별 층위를 개괄적으로 살펴보고, 비평적으로 검토해보자.

「옥룡사도선비문」에 나타난 창건 사찰

우선 「옥룡사도선비문」을 근거로 도선의 생애 전반에서 드러나는 공간적 행적을 연대기별로 정리하면 다음 표와 같다.

표 11 「옥룡사도선비문」에 나타난 도선의 생애와 공간 행적

연도(나이)	공간 행적
827	전남 영암 구림에서 탄생
841(15세)	월유산 화엄사에 출가
846(20세)	동리산 태안사에 혜철의 제자로 들어감
849(23세)~ 856(30세)	천도사에서 구족계를 받은 후 운봉산, 태백산 등으로 운수 행각 지리산에서 異人을 만나 사도촌에서 풍수법을 전수받음.
856(30세)	지리산 구령에 미점사 창건
858(32세)	구례현에 도선사, 삼국사 개창
864(38세)	백계산 옥룡사에 주석함
865(39세)	운암사 창건
875(49세)	송악에서 왕건 아버지를 만나 태조의 탄생을 도움
875~886	한강왕을 만나고 돌아옴
898(72세)	옥룡사에서 입적. 절 북쪽 언덕 위에 탑을 세움

도선의 사찰 창건 사실과 관련하여 「옥룡사도선비문」음기에는 다음과 같은 기록이 나온다.

병자년856에 조사祖師가 신인神人과 만난 구령甌嶺에 암자를 짓고 미점사米岾寺를 지었다. 무인년858에는 구례현에 도선사道詵寺를 짓고, 신인

이 모래를 모아 삼국도三國圖를 그리던 곳에는 삼국사三國寺를 지었다.

· 「옥룡사중시선각국사비명」음기

위 비문에 따르면 23세[849]에 천도사에서 구족계를 받은 후 7년간 운수행각을 마치고 30세가 된 도선은 지리산권역에서 지역적·사회적 기반을 마련한 것으로 보인다. 그는 2년여에 걸쳐 세 곳에 사찰을 짓는데 신인과 만났던 지리산의 구령에는 미점사, 풍수법을 전수받은 사도리에는 삼국사, 구례에는 도선사를 개창한 것이다.

「옥룡사도선비문」에서도 드러나지만, 미점사와 삼국사는 지리산의 신인을 만나 풍수법을 전수받은 곳이었기에 의미 있는 장소로 여겨진 듯하다. 구례현에 개창한 도선사는 행정중심지라는 정치사회적 도회성을 감안했을 테고, 구례에 근거를 둔 지방호족의 경제적 지원을 받았을 개연성도 크다. 역사지리적 측면에서 주요 사찰을 살펴보면 다음과 같다.

도선이 처음 창건했다는 지리산 구령의 미점사가 현재 어디인지는 확인되지 않았으나, 도선이 천하의 지리를 그린 현장으로 후대에 전해진 구례 사성암四聖庵, 죽마리일 가능성이 있다.[8] 다른 한편으로 구례 월평마을 월전리 위로 미절골과 미점이라는 동굴이 있다는 사실이 참고가 된다.[9] 남북으로 접한 죽마리와 월전리는 서로 가까이 있다. 미점동굴에 대해 인근 구례 지역에는 다음과 같은 설화가 전해온다.

옥룡자도선께서 그 노인한테 지리풍수설을 배왔어. ……사성암에서 3킬로미터쯤 가면 미점, 쌀 미米자 점 점店자 하는 동굴이 있어요. 그 동굴이 묘해요. 거기서 옥룡자가 도력으로 해가지고 그랬던가 우쨋든가 새암샘이 있고, 말씀이죠. 거 쌀이 나와서 밥해 묵고 말씀이죠. 그래 그 동굴에서 옥룡자께서 자체 복습을 한 기라요.[10]

858년에 창건했다는 도선사와 삼국사 역시 구체적인 장소가 어딘지는 알 수 없다. 다만 삼국사와 관련해서는 통일신라시대부터 상곡사象谷寺라는 절이 구례군 사도리에 있었다는 사실이 위치 비정에 참고가 된다. 하안에 입지한 사도리는 도선이 신인에게서 모래를 모아 풍수를 전수한 현장이기도 하다. 거기에는 신라시대 사탑으로 알려진 삼층석탑지방유형문화재 제12호과 석불좌상지방문화재 제133호도 남아 있어 심증이 간다. 삼국사라는 이름이 음전音傳하여 상곡사로 변했을 개연성도 배제할 수 없다.

도선의 삼국사 창건 의도와 관련하여, "신인이…… 삼국의 지도를 그린 곳에 삼국사를 개창했다"라는 점이 주목된다. 설령 이 대목을 후대에 꾸몄다고 할지라도 후삼국이 분립하던 시대상황에서 삼국사라는 상징성을 지닌 이름으로 사찰을 조성했다는 사실은 의미심장하다. 고려 왕건이 후삼국을 통일하는 데 초석이 된 도선의 사회적 실천성을 드러내는 언표이기 때문이다.

운암사는 도선이 864년에 옥룡사에 주석하고 1년 후인 865년에 창건된 사찰이다.[11] 운암사 터가 어딘지에는 두 가지 견해가 있다. 하나는 운암골에 있었다는 설이다. 그곳은 옥룡면 추산리 외산마을의 옥룡사 터에서 고개를 넘어 2킬로미터쯤 떨어진 북쪽 산록에 있다. 운암골 북쪽으로 올라가면 1~1.5미터 높이의 축대가 있으며, 건물터는 가로 12미터·세로 6미터로 약 66제곱미터20여 평가 평지를 이루고 있다. 건물터의 가운데 후방에 민묘가 있으며 앞에는 비 받침돌이 있다. 도선의 어머니 비라고 구전되고 있다.[12]

운암사 터에 관한 또 다른 의견은 옥룡사 터 건너편의 비석거리도선과 경보의 승탑과 탑비가 있었던 곳 아래라는 설이다.[13] 사찰 이름을 운암이라고 한 이유는 운암사를 품고 있는 백계산 상면부의 바위경관에 연유한 것으로 추정한다. 운암사 외에도 후대에 도선의 비보 삼암사三嵒寺로 알려진 용

▲ 상곡사 삼층석탑. 고려시대 석탑으로 알려져 있다.
▼ 전각 안의 석불좌상. 역시 고려시대에 조성된 것으로 추정된다.

암사龍巖寺, 진주, 선암사仙巖寺, 승주 역시 터 주위의 바위에서 연유한 이름을 붙인 공통점이 있다.[14)

조선 후기 문헌에 나타난 도선 관련 사찰

고려시대에 걸쳐 도선의 비보사탑설은 정치사회적 이데올로기로 활용되면서 전국적으로 많은 사찰이 도선과 관계되었다. 태조 왕건이 지은 「훈요십조」에서 "모든 사찰은 도선이 개창했다"라는 언술로 그 사회적 정황이 여실히 드러나지만, 고려와 조선시대의 문헌에서는 도선이 수많은 사찰을 창건했거나 비보한 것으로 기록하고 있다. 이것이 현재까지 곳곳의 사찰에서 도선이 창건 또는 중건했다는 기록이 남아 있거나 구전되는 직접적 이유가 된다. 도선의 사찰 중·창건을 기록한 주요 문헌기록의 시기별 층위는 다음 표와 같이 정리할 수 있다.

표 12 **도선 사찰 주요 문헌기록의 시기별 층위**(연도순)

문헌명	사찰 관련 기록
훈요십조(943)	모든 절은 다 도선이 산수의 순역을 보고 개창한 것이다.
백계산옥룡사증시선각국사비명 음기(1150)	856년, 지리산 구령에 미점사 창건 858년, 구례현에 도선사, 삼국사 창건 864년, 백계산 옥룡사에 주석 865년, 운암사 창건
고려국사도선전(여말선초)	비보사찰 500개소 창건
월출산도갑사도선국사수미대선사비명병서(1653)	도갑사 창건과 주석 사실만 소개
도선국사실록(1743)	백계산 옥룡사, 흥덕 연기사, 순창 강천사, 능주 개천사, 남평 불회사·운흥사, 구례 화엄사·연곡사, 강진 정수사, 남원 만복사·선원사 등
도선국사전(1894)	500여 선종사찰 건립
기타 사적기, 지리지류(조선 후기)	개별 지방 사찰의 중·창건

월출산도갑사도선국사수미대선사비.
도갑사 창건에 관한 내용을 소개한다.

특히 조선 후기에 문헌이 크게 증가했다. 수많은 사적기 등에서 도선 관련 사실을 기록한 것이다. 도선 관련 사찰 현황을 각각 현 소재지와 창건·중건 관련 사실, 문헌 출처와 편찬연대 그리고 관련 참고사항으로 정리했다(631~637쪽 표 36 참조할 것). 이를 간단히 분석하면 다음과 같다.

지역적으로 도선이 창건하거나 중창한 사찰은 전남 44곳, 전북 13곳, 경남 10곳, 경북 13곳, 충청 9곳, 서울·경기 17곳, 강원 9곳, 북한 12곳, 기타 1곳으로 총 128곳에 이른다. 전남에서 도선의 유적이 3분의 1 이상을 차지하여 가장 많은 분포를 보이는 이유는 도선이 주석광양 옥룡사하면서 활동했던 주 무대였기 때문이다.

관련 사찰의 연혁 사항을 분석해보면, 도선이 창건한 사찰은 71곳, 중창한 사찰은 14곳, 수도하거나 주석한 절은 11곳으로 나타난다. 도선의 비보 관련 사찰로는 비보 삼암사, 도선의 비보 33사 등이 대표적이다. 기타 도선이 천하의 지리를 그린 곳, 택지한 곳, 출가한 사찰 등으로 문헌기록에 나타나 있다.

　문헌 사료를 시기별로 보면 1150년에 찬술된 「옥룡사도선비문」에서 구전 자료를 제외하고는 1923년까지 걸쳐 있다. 편찬 시기는 대다수가 조선 후기이며, 18세기 이후에 집중되어 있다. 문헌 종류는 사지寺誌나 사적기, 지리지류관찬지리지와 읍지로 나타났다. 창건 연내를 밝힌 기록들을 보면 805년강진 천태산 정수사에서 1036년강진 월출산 무위사까지 걸쳐 있으며, 대체로 도선의 생애 연대827~898에 포함되어 있다. 이들 사찰의 창건 시기는 860년대와 870년대에 집중되어 도선이 광양 백계산 옥룡사에 주석한 이후864임을 알 수 있다. 강진 천태산 정수사805, 완주 만덕산 정수사889, 영암 월출산 무위사1036, 공주 계룡산 신원사940 등의 창건 연대는 출생 전후의 일이기에 문헌기록상 부정확한 허구임도 확인된다.

도선 관련 저술의 진위

도선 저술 문헌기록의 시기별 층위

　도선의 저술 관련 기록으로 가장 오래된 문헌자료인 「옥룡사도선비문」에, "도선이 전한 음양설 몇 편이 세상에 허다하게 있어 후세 사람들로 지리를 말하는 자는 모두 도선을 근본으로 하고 있다"라는 내용이 있다. 따라서 12세기 당시에 도선이 썼다는 '음양설 몇 편'이 널리 필사되어 고려사회에 퍼져 있었음을 알 수 있고, 고려시대에 풍수도참에 대한 사회적 분위기가 팽배해 있었음을 드러내준다.

　물론 「옥룡사도선비문」 내용도 도선이 죽은 지 250년이나 지난 즈음을 반영하는 사회적 현상이기에, 도선 이름으로 전하는 '음양설 몇 편'은 위작일 개연성이 다분하다. 후술하겠지만, 직전 시기인 숙종1095~1105 때 술사 김위제金謂磾도 도선의 저술을 『고려사』에 인용했는데, 그 내용도 모두 천도를 주장하는 풍수도참비기다. 조선시대에 와서 특히 조선 후기에 풍수가 사회적으로 성행하면서 새로 저술된 풍수도참비기 관련 문헌 중에서 도선이 지었다고 가탁되어 전해지는 것은 수없이 많다.

그렇다면 왜 도선에 가탁된 위작들이 고려시대, 특히 조선 후기에 민간계층에서 많이 만들어졌을까? 고려 후기 이후 조선시대에 걸쳐 도선이 풍수도참을 대표하는 인물이 되면서 편찬자들이 여기저기서 도선이라는 이름을 빌려 책과 글을 써냈기 때문이다. 『정감록』에 포함된 여러 편을 보더라도, 도선이라는 이름을 붙이면 권위가 높아질 것은 뻔한 일이었다.[15] 특히 조선 후기에는 민간계층에까지 묘지풍수가 유행하면서 도선 이름으로 된 명당 찾는 가사류나 답산가가 다수 만들어지기도 했다.

조선 후기의 수많은 풍수비결서에서 도선의 이름을 끌어댔다는 사실은 당시 백성에게 풍수지리나 도참비기가 얼마만큼 중요하게 취급되었는지는 물론 그것을 대표하는 상징적 존재로서 도선의 위상을 반증해준다. 수많은 위작을 낳았다는 문화적 현상 자체를 사회문화적 의미로 해석할 수 있는 것이다. 이런 관점으로 도선 저술 문헌의 시기별 층위를 개괄적으로 살펴보면 다음 표와 같다.

표 13 도선 저술 주요 문헌기록의 시기별 층위(연도순)

문헌명	저술 관련 기록
옥룡사도선비문(1150)	음양설 몇 편
삼국유사(1281)	「옥룡집」
고려사(1451)	「송악명당기」 「도선기」 『도선답산가』 「삼각산명당기」 『도선밀기』 「옥룡기」
필원잡기(1487)	「고려국사부」
도선국사실록(1743)	「옥룡자비결」
지리전도(1825년 이후) 등	「국사옥룡자발」 「도선점혈법」 등 풍수비결서류

주요 역사서와 문헌에 등장하는 도선의 저술 관련 기록은 당시에 도선의 이름을 빌려 만들어진 자료로 추정한다.「옥룡사도선비문」의 '음양설 몇 편' 외에도『삼국유사』에서 도선의「옥룡집」玉龍集을 인용했다. 그리고『고려사』에는 도선의 저술로「송악명당기」松岳明堂記,「도선기」道詵記,『도선답산가』道詵踏山歌,「삼각산명당기」三角山明堂記,『도선밀기』道詵密記,「옥룡기」玉龍記 등의 명칭이 나오고 일부 내용도 소개되었다. 이 자료는 국도國都의 풍수도참과 지기쇠왕에 관련된 내용이 주를 이룬다. 고려 숙종1095~1105 때의 술사 김위제가 도선의 저술로 주장해 인용한「도선기」『도선답산가』「삼각산명당기」의 내용을 정리하면 다음 표와 같다.[16]

고려 중기12세기 초가 되면 풍수도참서류가 범람하여 사회적으로 혼란스러운 지경에 이른다. 그리하여 예종 1년1106에는 음양지리에 관한 제가諸家의 서적을 산정刪定하여『해동비록』海東秘錄이라는 책 한 권으로 편찬하기도 했다.[17] 이 책에 도선과 관련된 내용이 다수 포함되어 있을 것이라는 추정을 하기는 어렵지 않다. 또 다른 도선의 비기를 집성한 책으로 추정되는『옥룡집』은 일연의『삼국유사』에도 인용된 바 있다. 일연은 "신라 월성에 가섭불 연좌석이 있는데, 이곳이 부처 이전 시대의 절터"라는 사실을『옥룡집』등에 준거했다.[18] 특히 고려시기에 공식적으로 편찬된『도선밀기』는 조선 초까지도 전해져 비보사찰 등재의 근거가 된 중요한 문헌이었다.[19] 이 책은 여말선초 전국적인 사원경제와 사찰존립에 결정적인 영향을 미쳤으나 현존하지 않아 내용을 확인할 수 없다.

한편, 조선 초기에 서거정徐居正, 1420~88이 쓴『필원잡기』筆苑雜記, 1487에「고려국사부」高麗國師賦라는 글을 도선의 저술로 추정하면서 진위를 따지는 내용이 나온다. 당대唐代의『성요』星曜에 그 글이 있는데 의론이 매우 정밀하여 도선이 아니고는 능히 알지 못할 것들이라는 것이다.[20] 당시 유교지식인들이 도선을 어떤 존재로 여겼는지 잘 드러난 편술片述이라고

표 14 「고려사」 소재 도선 저술 문헌과 기록 내용

문헌명	기록 내용
도선기	"고려의 땅에 서울이 세 곳 있다. 송악을 중경(中京)으로, 목멱양(木覓壤)을 남경(南京)으로, 평양을 서경(西京)으로 하는데 11~2월을 중경에서 지내고 3~6월을 남경에서 지내며 7~10월을 서경에서 지내면 36개국이 와서 조공할 것이다." "건국한 후 160여 년에 목멱벌에 도읍한다."
도선답산가	"송도 운수가 다 되면 어느 곳으로 가려는가? 삼동(三冬)에 해 돋는 그곳에 벌판이 있네! 후대의 어진 사람이 이곳에 도읍하면 한강의 어룡(魚龍)이 사해로 통할 것이다." "송악산 진한(辰韓)과 마한(馬韓)의 주인이 되었으니 아아! 어느 시기에 가서 그 운맥이 약해질 것인가? 뿌리가 가늘고 약하며 지엽(枝葉)도 역시 그러하니, 겨우 100년 기간 지나면 어찌 시들지 않으랴? 만약 새로운 꽃 다시 한번 피려거든 서울을 떠나 양강(陽江)을 건너 국왕이 왔다 갔다고 하라. 그러면 사해(四海)의 어룡이 모두 한강으로 모여들 것이요, 나라와 백성이 편안하여 태평 세상 이룩되리라"라고 했다. 또 답산가에는 "후대에 현명한 사람이 인간의 운기(運氣)를 알아낸다면 한강을 건너가지 말아야 그 운수 오래 간다. 만약 그 강을 건너가서 도읍을 정한다면 나라는 두 조각 나서 한강으로 국경을 삼으리라!"
삼각산명당기	"눈을 뜨고 머리를 돌려 산세를 두루 살펴보니 북을 등지고 남을 향한 곳 이곳이 바로 명당 대지로다. 음과 양이 서로 맞아 겹겹이 꽃이 피니 자손이 번창하고 국가를 수호하리라. 앞에 놓인 산들은 첩첩이 들어서서 조공 바치듯 하고 뒤로 옆으로 늘어선 산들은 부모 삼촌과 같이 보호해주며 문 지키는 산 또 대궐문이나 성문 밖에는 개가 세 마리씩 있어 주인을 위하여 충실히 문을 지키네! 좌측의 청룡과 우측의 백호가 드높다고 시비 말라. 사방의 장사꾼은 저마다 보배를 바치러 올 것이요, 명예를 탐낸 이웃 손님들 자식이 부모 따르듯이 와서 모두 다 한마음으로 나라와 임금을 도우리라. 임자년에 첫 삽, 괭이를 대면 정사년에 성군이 될 왕자가 탄생할 것이다. 삼각산을 의지하여 도읍을 정하면 9년 후에는 사방에서 조공을 바칠 것이다."

하겠다. 조선 전·중기의 지식인들이 도선의 저술에 관심이 대단히 많았으므로 이 밖에 관련한 언급이 다수 있었을 것으로 추정하지만 공식 문헌에 드러난 것은 매우 적다.

조선 후기에 와서는 민간계층에서 수많은 풍수도참비결서가 도선의 이름을 빌려 나왔다. 대내외적으로 혼란한 정치와 피폐한 경제 상황을 틈타 풍수지리와 도참비결이 성행하고 서민계층까지 확산되면서, 관련 저술의 편찬자들은 당연하지만 도선의 권위를 끌어대고 싶었을 것이다. 조선 후기 사회 전반의 담론형성에 강력한 영향을 미쳤던 『정감록』류에 해당하는 것만 보더라도, 「도선비결」道詵秘訣, 「도선여사정씨오백년」道詵餘詞鄭氏五百年, 「옥룡자십승지비결」玉龍子十勝地秘訣, 「옥룡비결」玉龍秘訣, 「옥룡결」玉龍訣, 「도선비결」道宣秘訣, 「옥룡자기」玉龍子記, 「낭선결」浪仙訣 가운데 「옥룡자시」玉龍子詩, 「옥룡자청학동결」玉龍子靑鶴洞訣, 「도선왈」道詵曰 등 역사적 인물로는 가장 많은 편명이 도선과 관련하여 수록되었다.[21]

그중 「옥룡자청학동결」은 조선 후기 지리산지의 유민들이 청학동에 전입하여 마을을 구성하는 한 계기로도 작용한 것 같다. 이규경李圭景, 1788~?의 「청학동변증설」에도 옥룡자 「결」訣이 기재되어 있으며, "도선이 「현묘내외경」玄妙內外經과 「서」序를 작성하여 「서」를 지리산 청학동에 비장했는데, 500년 후에 무학이 그것을 얻어서 전했다"[22]라고 하면서, 지리산 청학동을 풍수도참과 직접 관련시키고 아울러 청학동의 장소적 권위를 더욱 신비롭게 강화했다. 이렇게 고려시대부터 조선시대에 이르기까지 도선의 이름을 한 도참비결서가 유행한 일은 조선의 유신儒臣들과 유교지식인들에게 비판의 주요 표적이 되기도 했다.

도선의 이름에 가탁해 편찬된 책과 글을 가사류, 풍수도참비결서, 기타 도선 관련 문헌 순으로 정리하여 제시하면 표 37(636-637쪽)과 같다. 문헌들의 서지적 사실을 개략적으로 검토해볼 때, 저술의 간행연도는 거의 미상이고, 연도가 확실한 것은 18세기를 넘어서지 않는다. 서술 형식은 가사, 답사기, 도참비결류로 분류할 수 있다. 판형은 필사본이면서 국한문혼용체가 많다. 저술 내용은 명당 찾는 방법과 실지 적용에 대한 풍수이론, 명혈名穴에 대한 풍수적 감평鑑評, 예언적 도참 등으로 나뉜다.

민간의 도선 관련 풍수도참비결서

조선 후기 이후 민간에서 필사되거나 편찬된 저술로 도선옥룡자이라는 제목이나 저자명으로 기재한 문헌은 총 33종 48편에 달한다(638~639쪽 표 37 참조할 것). 조선 후기에 풍수비기가 백성 사이에 널리 퍼지고, 십승지 담론 등과 같은 공간적·사회적 영향력과 구체적인 명당정보·터잡기 지식의 수요가 커지면서 관련 문헌들이 앞 다투어 필사되었을 것이다.

터잡기 방법론 관련 저술로는『옥룡자유산가』玉龍子遊山歌,『옥룡자해산리작목동가』玉龍子解山理作牧童歌,「옥룡자이기론」玉龍子理氣論 등이 있다. 모두 도선의 풍수이론을 주장하면서 명당과 혈을 찾는 방법과 지형지세의 조건을 가사체 노래로 풀어 설명한 것이다. 그중『옥룡자유산가』는 "산수근본山水根本 전연기지全然棄之하고 이십사위二十四位 산수형용山水形容 살펴보니"[산수의 근본을 모두 버리고 24위의 산수 모습을 살펴보니]로 시작해 풍수의 명당 찾는 방법과 실지에서의 적용 이론을 가사체로 서술했다.『옥룡자해산리작목동가』는 민간에서 주로 활용했던 명당 찾는 풍수법을 도선의 권위를 빌려 구성했다.[23] 도선의 풍수론을 총 526행의 가사로 표현한 「옥룡자이기론」은『산가유결』山家遺訣에 수록되어 있다. 명당 찾는 방법과 이론을 지형지세적 조건을 들어 가사체로 서술했다.[24]

도선의 이름을 빌린 현지 답사기이자 명당 지리정보서로는『옥룡자유산록』玉龍子遊山錄,『국사옥룡자답산가』國師玉龍子踏山歌,『국사옥룡자유세비록』國師玉龍子遊世秘錄,『도선답산가』道詵踏山歌,『전라도명당답사지리지』全羅道明堂踏査地理誌 등이 있다. 필사본이라서 표제명은 다르지만 본문 내용은 대동소이하다. 책의 대체적인 내용은 도선이 호남 고을의 명혈을 감평하여 기록했다는 것이다.

그중『옥룡자유산록』은 도선이 당의 일행에게 풍수법을 배운 뒤 호남 51개 고을의 명혈을 감평해 기록했다는 내용을 담았다.[25] 도선과 일행을

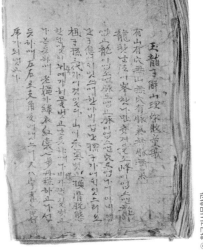

▲『옥룡자답산가』.

◀『도선답산가』.

▶『옥룡자해산리작목동가』.

사승 관계로 꾸며 저술의 힘을 키우려고 의도한 것이다. 『국사옥룡자답산가』에서는 저자를 최도선崔道詵이라고 성까지 명기했다.[26] 본문은 "닉 나히 십오세十五歲의 지리地理를 관현關賢ᄒ니 이치理致도 알수업고 산山의 도 눈이설어"[내 나이 15세에 지리를 살펴보니 이치도 알 수 없고 산의 뜻도 눈이 설어]로 시작한다.[27] 한국학중앙연구원 장서각 소장본인 『옥룡자유산록』과 본문 내용은 동일하지만 이 책은 "……수간암數間菴자 지여닉니 일홈을 옥룡사玉龍寺라"[몇 칸 암자 지어내니 이름을 옥룡사라]로 끝나며, 해남·강진·흥양·영암의 답사기는 빠져 있다.

도선이 저술했다는 풍수도참비결서 가운데 『무감편』無憾篇, 『정감록』 중 편명, 『해동보결』海東寶訣 등이 남아 있다. 『무감편』은 경종 1년1721에 정두만鄭斗晩이 펴낸 풍수이론서다. 발문에서 "우연히 이 책을 공암空庵 판상板上의 지통紙筒에서 얻었는데 도선이 남긴 책"이라고 주장했다.[28] 『정감록』에도 도선의 이름을 빌린 편술이 여럿 있다. 그중 국도풍수도참과 관련된 「도선비결」道詵秘訣에는 "도선이 일행에게 삼한의 산천에 대해서 묻고, 일행이 국토의 병통으로 삼한이 겪는 여러 곤란을 말하면서 계룡산으로 천도하라"라고 했다는 계룡산천도론이 있다. 『해동보결』은 "도선이 편찬했고, 무학이 주석했다"라고 도선-무학의 직접적인 사승 관계를 기록하여 신빙성을 높이고자 했다.[29]

기타 도선 관련 문헌으로 『산수집』山水集은 최도선 저술로 기재되었고, 책 본문에는 사진과 산도山圖도 포함되어 있다. 『지학정선』地學精選의 간행연도와 저자에 대해서는 "소평이년무오추도선서우금난정실昭平二年戊午秋道詵書于金蘭淨室[소평 2년 무오898 가을에 도선이 금난정실에서 쓰다]라는 허구적 사실도 적혀 있다.[30] 모두 도선의 권위를 빌려 이름 붙인 위작 풍수도참비기 서류들이다.

조선시대의 풍수적 장소는 왕족-양반-민간이라는
사회적 신분의 위계에 따라 서열화되었을 뿐만 아니라
사회적 계급의 서열에 따라 차별적으로 점유되었다.
풍수적 길지를 둘러싼 장소의 정치는
정치세력과 사회집단들 간에 장소의 지위에서
우위를 차지하기 위한 힘겨루기로 드러났다.

2

사회 속으로

우리 풍수담론의 정치성

풍수의 사회문화사를 연구할 때 역사적 사실에 대한 사료비판적 접근도
중요하지만, 당시 정치지배층이 풍수를 활용하여 어떻게
사회적 공간담론의 이데올로기로 구성했고,
그것으로 그들이 의도했던 바와 내용상 의미체계는 무엇인지에 대한
정치사회적 해석도 중요한 연구관점이 된다.
사회권력의 주체는 그들의 통치가 자연스럽게 받아들여질 수 있도록
전략을 구사하며, 그 형태와 방식은 가시적 경관이나 심리적 상징 조작,
사상적 담론 등으로 다양하게 나타난다.
이렇듯 공간과 사회 또는 공간과 권력 간의 변증법적 담론은 정치사회적
풍수담론을 해석하는 데 중요한 관점이다.
한국풍수가 정치권력과 결부되어 사회담론으로 전개된 면모는 어떠할까?

제5장에서는 고려왕조에서 도선을 전환시대의 지식인이자
정치사회적 공간담론의 이데올로그로 구성한 사실과 배경을 살핀다.
제6장에서는 조선시대를 거치면서 지역사회에서 도선의 풍수담론이
어떻게 투영되었는지를 지리산권역을 사례로 고찰한다.
제7장에서는 조선 후기의 사족들이 향촌사회에서 정치경제적 세력이
되는 과정에서 풍수를 향촌을 지배하는 공간적 이념과
수단의 하나로 이용했음을 밝힌다.
제8장에서는 조선왕조에서 풍수는 조선왕릉의 조영을 결정짓는
주요인이자 목적이었는지, 아니면 정치적 담론 과정에서 부수적 수단과
논리로 활용되었는지 논구한다.
한국 사람에게 풍수는 무엇이었는지 사회 속에 들어가서 살펴보자.

5 고려왕조의 도선, 그 정치적 재구성

한국 역사에서 도선만큼 공간적·지리적으로 큰 자취를 남기고, 수많은 사람에게 회자되었으며, 정치·사회·문화·사상적으로 큰 영향을 준 인물은 드물다. 전국에 있는 수많은 전통사찰의 연혁에는 창건 또는 중창과 관련한 부분에서 주로 도선이란 이름이 등장한다. 그의 비보설은 고려시대의 정치적 이데올로기였으며 조선 전기까지도 풍미한 사회담론이었다. 한국풍수지리설의 시조라는 민간의 인식에 걸맞게 풍수서, 도참비결서 중에는 도선이 지었다는 수많은 책이 현존한다. 도선이 등장하는 민간 설화도 마을마다 헤아릴 수 없을 정도로 많이 전승된다. 서울 성동구에는 도선동이라는 법정동까지 있고, 도선이 주석했던 광양 옥룡사 근처에는 지자체의 장소 마케팅 전략으로 '도선국사 마을'이라는 테마마을까지 생겨났다. 사후 1,100년이 지난 오늘날에도 도선의 자취와 숨결은 전국 곳곳에서 숨 쉬고 있다.

그런데 흥미로운 사실은 역사상 인물 평가가 도선만큼 다양하고 상반되는 사례도 흔치 않다는 것이다. 도선의 정체성을 표현하는 호칭마저도 국사國師, 성승聖僧, 선승禪僧, 도승道僧, 신승神僧, 풍수도참승風水圖讖僧, 술승術僧, 권승權僧, 간승奸僧 등 보는 시각과 처지에 따라 하늘과 땅만큼 차이 난다. 심지어 실존 인물이 아니라 지배 권력이 가공한 인물이라는 설까지 있을 정도다.[1]

도갑사 도선국사 진영.
한국 역사에서 도선만큼
큰 자취를 남긴 인물은 드물다.

그 이유는 도선이라는 인물의 역사적 정체성이라고 할 풍수의 위상과 비보설의 가치에 대한 시대적·사회적 평가가 달랐기 때문이다. 시대적 단면을 보더라도 도선은 사후 200년이 지난 후인 고려시대에 원효·의상과 어깨를 나란히 하는 국사로 추존되었고,[2] 개국조사로서 고려 태조 왕건의 정치적 이데올로기에 기반을 제공한 인물로 추앙받았다. 그러나 조선시대에 들어와 유교를 이념으로 삼는 사회적 분위기에서는 터무니없는 예언도참을 일삼는 술승으로, "비기로써 인심을 요혹妖惑하는 자"[3]라는 비난 대상으로 추락했다. 현재까지도 도선에 대한 역사적·사회적 평가는 상반된다.

도선에게 접근하는 시선은 역사의 한 시점에서 '실재했던 인물로서 도선'과 역사의 과정에서 '역사화된 인물로서 도선'을 아우르는 통시적 관점이 필요하다. 전자가 역사적 사실성의 실증적 규명에 역점을 두었다면,

후자는 역사 속에 반영된 전개 양상과 그 의미 해석에 중점을 둔다. 아울러 도선과 관련된 모든 현장은 역사 공간에 드리운 그의 사회문화적 면모임도 분명하다.

그렇기에 도선을 연구할 때는, 그의 역사적 실체와 공간적 행적에 대해 사료비판적으로 접근하는 것도 중요하지만, 도선이라는 인물이 역사화되면서 어떻게 사회담론화되었고 그 의미체계는 무엇인지에 대해 정치사회적으로 해석하는 것도 요청된다. 공간과 역사, 공간과 사회의 변증법은 역사화된 도선의 자취와 사회적 담론을 해석하는 데 중요한 관점을 제공한다.

사회담론의 속성이 그러하듯이, 도선의 풍수담론도 의미체계를 공유하는 사회적 공동체를 형성하며, 도선과 그의 사상에 대한 각 사회계층이나 집단의 풍수담론에는 각각의 이데올로기가 내포되어 재구성되어 있다. 역사적으로 개관해볼 때, 도선의 풍수담론은 고려시대 정치사회 지배집단의 권력 재편과 구축 과정에서 재구성되어 정치사회적으로 세력화하기 위한 전략적 이데올로기로 활용되었다. 조선시대 지방의 정치사회적 지배집단은 도선의 풍수담론을 통치질서의 유지나 취락공동체의 번영과 인재의 번성이라는 유교적 담론으로 재구성했다. 현대에 와서 도선의 비보풍수사상은 생태환경적 사회담론과 부합하는 문화전통으로 다시 평가·해석되는 과정에 있다.

고려시대 도선의 정치적 재구성

도선의 역사적 실체에 근접한 초기 문헌으로 사료적 가치가 높은 것에 「백계산옥룡사증시선각국사비명」白鷄山玉龍寺贈諡先覺國師碑銘, 1150과 「옥룡사왕사도선가봉선각국사교서급관고」玉龍寺王師道詵加封先覺國師敎書及官

誥가 있다. 이 두 글은 고려 중기에 왕명[仁宗]에 따라 찬술되어, 왕조의 이데올로기적 의도로 도선의 지식인상을 재구성한 것이다. 여기서 도선은 지리산권역에서 불교와 풍수를 배우고 음양오행설, 도참설 등 당시 여러 사상을 수용·통합하여 사회사상을 정립하고, 신라 말의 시대상에 적용해 실천한 지식인으로 묘사되었다.

당시 고려왕조[인종, 1123~46]에서는 불도, 예언, 술수 등에서 최고 수준에 이른 국사로서 사회적 권위를 도선에게 부여했다. 전통불교인 화엄학이나 밀교뿐만 아니라 중국에서 형성된 새로운 사상적 조류인 선종의 이치를 깨쳤고, 국토를 편력하는 과정에서 풍수법을 전수해 지리적 안목과 지역 정보를 넓혔으며, 음양오행의 술법, 도참비결 등 응용적인 사회담론의 원리와 방법을 습득·종합한 지식인으로 평가한 것이다.

존사[尊師]의 도가 지극함에 이른 것은 부처와 일치하고, 자취를 눈여겨보면 장자방[張子房]이 신에게 책을 받은 것과 같다. 보지[寶誌]스님이 조짐 없이도 예언함과 같으며, 일행[一行]이 술수에 정통함과 짝할 만하지 않은가.

· 「백계산옥룡사증시선각국사비명」

하늘이 돌보는 것이 새로워 장차 집을 주려 하는 것이니 왕기가 있는 곳에는 반드시 먼저 조짐이 있다. 미리 올 것을 알았으니 어찌 이인[異人]이 아니리오. 옥룡사의 왕사[王師] 도선은 때에 응하여 세상에 나왔고, 순리를 도우니 하늘이 덕을 내려주었다. 부처의 가르침을 발휘하여 종교를 주장했고, 제왕의 업을 도와 세우니 미리 안 것과 올바르게 들어맞았다. 성스런 때[聖期]가 바야흐로 흥하려 하자 계발시키고 세상을 열어 왕업을 창조했다. 높고도 큰 공덕을 입었으니 영원히 잊지 못하리라.

현묘顯廟께서는 선사禪師로써 (도선) 사후에 존호를 올렸고, 숙조肅祖는 왕사王師를 더하여 호를 높였다. ……선각국사先覺國師로 삼노니 일을 맡은 사람은 시행하라.

· 「옥룡사왕사도선가봉선각국사교서급관고」

고려왕조가 도선이라는 인물을 이렇게 사회적으로 재구성한 의도는 무엇일까? 당시에 사상적·사회적으로 영향력이 컸던 도선과 그의 풍수담론을 끌어대 권력 정통성의 토대를 강화하고, 정치사회적 통치를 합리화하는 수단으로 활용하려는 것이었다.

「백계산옥룡사증시선각국사비명」에서 드러나듯 고려왕조에서 도선의 지식인상을 구성한 핵심적 요소 두 가지는 선종과 풍수였다. 선종은 철학적 존재의 담론인 데 비하여 풍수는 공간적 사회담론으로 기능했다. 나말여초의 사회담론으로 본격화되는 두 신진 사상은 신라의 사회체제를 지탱하던 낡은 사상체계를 혁신하고, 국토의 정치적 구조와 질서를 공간적으로 재편하며, 개혁적 정치사회세력의 이상사회를 지향하는 전략으로서 고려 건국의 사상적 기초를 형성했다.

구산선문으로 통칭하는 신라 하대의 선종 집단은 마음의 계발과 각성에 고도로 집중하는 참선 수행을 해서 곧장 이상적 인간 존재부처의 경지에 도달하고자 했다. 그들은 이러한 새로운 인문적 패러다임과 방법론을 중국에서 도입하여 사회에 세력을 확산하고 있었다.

특히 지리산권역에는 일찍이 북종선을 도입하여 단속사경남 산청군 단성면에 주석한 신행神行, 704~779, 흥덕왕 대826~836에 실상사實相寺, 전북 남원시 산내면를 세운 홍척洪陟, 흥덕왕 5년830에 귀국하여 옥천사玉泉寺, 지금의 쌍계사, 경남 하동군 화개면를 세운 혜소慧昭, 774~850, 신무왕 1년839에 태안사泰安寺, 전남 곡성군 죽곡면를 창건한 혜철慧徹, 785~861 등의 선사들이 포진하여 선

혜철 승탑인 곡성 태안사 적인선사탑.
해철은 신우왕 1년인 839년에
태안사를 창건했다.

종의 거점을 마련하고 있었다. 도선은 혜철의 동리산문에서 수학하여 선
종의 묘한 뜻을 통달한 지식인으로,[4] 「옥룡사도선비문」과 선각국사 관
고에서는 당시 정황을 이렇게 설명했다.

　(도선은) 스무 살이 되었다. 문득 스스로 생각하기를 "대장부가 마땅
히 법마저도 떠나서 자정[自靜]해야 하거늘 어찌 문자 사이만을 지키고
있겠는가!" 했다. 때마침 혜철대사가 서당 지장선사로부터 비밀스러운
인가[密印]를 전해 받고 동리산에서 법당을 여니, 제방에서 행각하면서
법을 구하는 자들이 많이 몰려들었다. 도선도 옷을 걷어붙이고 선문으
로 들어가서 제자가 되기를 청했다. 혜철대사는 도선이 총명하고 민첩
함을 가상히 여겨 지극한 정성으로 접하면서 이른바 '말 없는 말과 법
없는 법'[無說之說 無法之法]을 마음으로 주고받으니 (도선은) 확연히 깨
우쳤다.

왕사 도선은 나면서부터 큰마음이 있어서 세상에서 법기法器라고 일컬었다. 현묘한 근원을 자성自性의 바다에서 찾아 불문佛門에 막힘이 없었고, 선림禪林에서 참된 인가[眞印]를 얻어 스스로 묘한 뜻을 통달했다.

· 「옥룡사왕사도선가봉선각국사교서급관고」

도선의 풍수담론과 정치권력

도선의 지식인상이 구성된 두 번째 요소는 풍수였다. 동리산 선문에서 불성을 깨우친 도선은 운수 행각을 하다가 지리산에 머무르던 중 사도촌에서 선도仙道 계통으로 추정되는 이인에게서 풍수법을 전수받고 나서 음양오행설과 도참비결을 습득했다고 묘사되었다. 「백계산옥룡사증시선각국사비명」과 「옥룡사왕사도선가봉선각국사교서급관고」에는 그 정황을 다음과 같이 기록했다.

도선이 아직 옥룡사에 주석하지 않았을 적에 지리산 구령에서 암자를 짓고 머물러 있었다. 어떤 이인이 와서 자리 아래에서 참배하고 도선에게 아뢰기를, "저는 세상을 멀리하고 깊은 곳에 산 지 수백 년 가까이 됩니다. 인연이 닿아서 조그마한 재주를 바치려 하오니 존사께서 혹시라도 저급한 술법이라 비천하게 보지 않으신다면 다음 날에 남해의 강변에서 마땅히 전해드리겠습니다. 이 역시 대보살이 세상을 구제하고 사람을 제도하는 법입니다"라고 하고는 홀연히 보이지 않았다. 도선은 기이하게 여겨 약속된 장소로 찾아갔는데, 과연 그 사람을 만났다. (그 사람은) 모래를 모아서 산천의 순하고 거역하는 형세를 보여줬는데, 돌아보니 이미 없었다. 그곳이 지금도 구례현의 경계에 있고 마을사람들은 사도촌^{沙圖村}이라고 부른다. 도선은 이로써 활연히 깨닫고 더욱 음양오행의 술법을 연구하여 금단^{金壇}과 옥급^{玉笈}의 심오한 비결 일지라도 모두 가슴속에 각인해두었다.

· 「백계산옥룡사증시선각국사비명」

그윽하고 미묘함이 이미 부처의 경지에 다다랐고, 나머지로 음양에 정통했다. 비밀스러운 술법을 장차 전수받으려 하자 홀연히 어떤 이인이 찾아와 뵈오니 육통^{六通}이 장애되지 않고 대지를 묘하게 보아서 빠짐이 없었다.[5]

· 「옥룡사왕사도선가봉선각국사교서급관고」

도선이 지리산에서 이인을 만나 풍수법을 전수받은 시기는 옥룡사에 주석^{38세, 864}하기 전 어느 때였다. 그는 15세에 월유산 화엄사에 출가하여 화엄학을 공부하고, 20대 초반에 동리산 선문을 연 혜철 문하에서 선 수행을 하여 선지^{禪旨}를 깨치며, 이후 운봉산^{雲峯山} · 태백산^{太伯山} 등지로 운수 행각을 했다. 바로 이 무렵에 지리산의 한 이인에게서 풍수법을 전 수받은 것이다. 「옥룡사도선비문」에서 도선이 풍수법을 전수받았다는 사도촌은 현재의 구례군 마산면 사도리로 추정된다. 『1872년 지방지도』의 「구례현지도」에는 상사도리^{上沙圖里}와 하사도리^{下沙圖里} 사이의 위치를 표시하면서, "옛 승려인 도선이 이인을 만나 모래를 모아 산천을 그렸다고 한다"라고 기록했다.

도선에게 풍수법을 전해준 지리산 이인은 선도^{仙道}의 맥을 이은 사람으로 추정되며,[6] 이로써 도선의 사상에 불교와 선도, 풍수가 결합할 수 있는 역사적 계기가 마련되었다. 일찍이 지리산은 삼국시대 이전부터 산

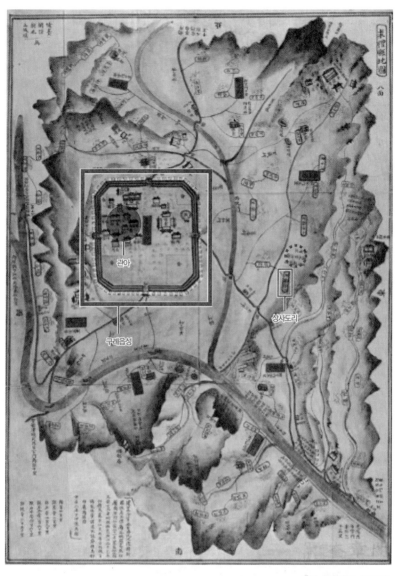

「구례현지도」(1872).
점선으로 표시된 곳이 도선의 풍수법 전수지다.

▲ 사성암 도선굴(전남 구례군 문척면 죽마리).
▼ 사성암에서 바라본 섬진강과 사도리.

악·산신 신앙이 발아된 곳이었고, 깊은 골짜기는 청학동 이상향의 현장으로도 일컬어질 만큼 선경의 자연경관을 갖추고 있어 삼국시대 이후로 선맥仙脈이 전개된 본향이었다.[7] 지리산의 산악신앙은 전래적 문화전통으로서 사회적으로도 영향력이 컸다. 그 사상의 계통이 도선에게 수용되었다는 사회적 함의는 도선의 풍수사상이 지리산 문화전통을 계승했다는 사회적 영향력을 확보하도록 의도한 것으로 보인다.

더욱이 글에서 나타나듯이, 이인이 전수해준 풍수를 '비밀스러운 술법'이라고 표현하고, '지리산의 깊은 곳에 산 지가 수백 년'이라는 이인의 신비스러운 존재와 도선을 만나고 헤어지는 과정에서 보이는 기이한 행태 그리고 신인神人이라는 정체성 표현[8] 등 그에게서 풍수법을 전수받은 도선의 권위를 높이는 이미지 효과를 배가했다.

이윽고 도선은 당시 여러 사상과 지식을 익히고 나서 '부처의 경지에 이르렀고, 땅의 지리적 이치를 묘하게 볼 수 있는' 신화적 존재로 우상화되었다. 도선이 선맥仙脈을 전수했다는 논리는 조선의 지식인 사회에도 이어져서 서거정은 "하늘의 신선[天仙]이 하강하여 천문·지리·음양의 술법을 전수해주었다"라고 했으며,[9] 조여적이 편찬한 『청학집』青鶴集, 16~17세기에서도 도선은 물계자勿稽子라는 선인仙人의 여운餘韻을 띤 것으로 기록되었다.[10]

「옥룡사도선비문」에 나타난 도선의 풍수법 전수 사실을 그대로 인정한다면, 9세기 중엽 당시 지리산권역에 이미 풍수가 유입·수용되어 있었음을 알 수 있다. 지리산권역에 풍수가 도입된 사실은 어떤 의미가 있으며, 도입 경로는 어떻게 이해할 수 있을까?

중국에서 도입된 선진적 지리인식과 지식체계로서 풍수는 사회권력의 정치 역학과 맞물려 있는 공간적 이데올로기였다. 풍수의 지식정보와 운용은 사회의 권력지배층에게 배타적 전유물이었다. 당연하게도 신라

시대에 풍수는 왕도인 경주를 위주로 한 정치행정의 중심지를 주 무대로 해서 이루어져왔다.

그런데 신라 하대에 중국에서 풍수를 습득하고 돌아온 지식인들인 최치원 등과 당나라에 건너간 구법승求法僧들로서 신행神行, 홍척洪陟, 혜소慧昭, 혜철慧徹과 그 문도가 지리산권역에 주석하여 선문禪門을 개선하자 풍수는 지방 중심지 형성과 확산 거점의 마련이라는 새로운 전기를 맞았다. 전남 영암은 대당對唐 교역항으로 인물과 물산, 선진 문화정보가 드나들었기 때문에 풍수문화를 확산하기에 더욱 쉬울 수 있었다. 영암과 멀지 않은 지리산권역에서 풍수사상이 발아·확산되기 시작한 시점도 이 무렵으로 추정된다. 지리산 실상사를 연 홍척이 도선에게 절터를 자문했다는 구전설화는 지리산지 선문에 풍수가 영향을 미친 사실과 연관성을 암시한다.

당시는 왜구가 남해안과 전라도 일대에 나타나 노략질을 일삼던 때다. 홍척은 도선에게 부탁하여 절터를 알아보고 있었는데, 현재의 실상사 약사전 자리에 절을 세우지 않으면 나라의 정기가 일본으로 건너간다는 말을 듣고 절을 건립했다고 한다.

· 남원의 문화재자료실(http://www.namwonculture.org)

도선의 풍수담론이 고려 중기의 정치사회 권력에 따라 어떤 모습으로 재구성되었으며, 당시 도선풍수담론의 정체성은 무엇이었는지를 짐작할 수 있는 몇 가지 단서가 「옥룡사도선비문」에 있다.

첫째, 고려 중기에 도선의 풍수사상에 대한 사회적 가치평가로 "세상을 구제하고 사람을 제도하는 법입니다"라고 말한 대목이다. 당시 풍수는 구세救世 도인度人의 법술이라는 사회담론으로 이해되고 소통되었음을 알 수 있다.

둘째, 도선 풍수법을 일러주는 말로 도선은 이인에게 '산천의 순종하고 거역하는 세'에 관한 풍수법을 배웠다는 대목이다. 이 사실은 도선의 풍수가 당시 중국의 선진적 풍수이론인 형세법의 영향을 받았음을 드러낸다.[11]

도선의 산천순역설은 고려 태조 왕건이 이데올로기적 지역 통제 전략의 논리로 수용·재구성했다. 왕건은 「훈요십조」에서 "뭇 사찰은 모두 도선이 산수의 순역을 따져 보아서 개창했으니 더는 사찰을 창건하지 마라" "(호남은) 지세가 배역으로 달리니 인심도 그렇다"[12]라고 하며 산천순역설의 풍수담론을 공간정치적으로 이용했다. 그것은 당시에 사회적 영향력이 컸던 도선의 풍수담론을 상징적 이데올로기로 바꾸어 정치적 통제를 당연하게 받아들이고 고착화하고자 의도한 것이다.

셋째, 도선 풍수사상의 사회적 속성을 드러내는 말로 「옥룡사도선비문」음기에 도선이 "신인이 모래를 모아 삼국도를 그린 곳에 삼국사를 세웠다"라는 대목이 있다. 왜 신인이 도선에게 삼국도를 그려 보였고, 도선이 왜 그 장소에 삼국사를 세웠다고 했을까? 이 대목은 신인에서 도선으로 이어지는 풍수법이 후삼국을 통일하기 위한 정치적 지형도로 응용되었다는 점을 표현한 것으로 해석된다. '신인과 삼국사'라는 의미 기호는 고려후기에 '성모천왕과 삼암사'로 대응·변환되어 재구성된다.

지리산권역에 전승된 문헌설화에서 도선의 지식인상은 지리산을 공간적 중심으로 이상사회의 담론을 이끄는 주역으로 서술되었다. 도선은 지리산의 이인에게서 풍수를 전수하고 나서 음양에 정통하고 땅을 묘하게 볼 수 있는 인물로 신비화되었고,[13] 오산鰲山 오산사鰲山寺, 지금의 구례 사성암에 머물면서 천하의 지리에 통달한[14] 전설적 인물로 묘사되었다.[15]

지리산과 도선의 상징적 관계는 후대에 와서 지리산 성모천왕과 연

계되면서 더욱더 강화되었다. 고려 후기에 도선은 지리산 성모천왕에게서 부촉받은 고려 개국의 이데올로그로 이해된 것이다. 박전지^{朴全之,} 1250~1352가 쓴 「영봉산용암사중창기」의 내용은 그러한 사실을 설화적으로 대변한다.

> 옛적에 개국조사인 도선이 지리산 주^主인 성모천왕으로부터 비밀스러운 부탁을 받고 말했다. "만일 삼암사를 창립하면 삼한이 합하여 한 나라가 되고 전쟁이 저절로 종식될 것이다." 이에 세 암자를 창건했으니 지금의 선암사仙巖寺, 운암사雲巖寺, 용암사龍巖寺이다. 이 절이 국가에 큰 비보사찰이라는 것은 사람들이 모두 안다.[16)]
>
> ·「영봉산용암사중창기」

정작 도선으로 하여금 고려왕조의 공간정치적 이데올로그로서 지식인상을 대내외적으로 확정한 것은 도선의 왕조에 대한 풍수적 공헌과 사회적 실천을 재구성한 사실에 있었다. 도선이 신라의 정치상황이 쇠망의 길로 접어드는 것을 알고 49세⁸⁷⁶에 이르자 새로운 정치사회 세력으로 부상한 송악의 호족세력을 만나 풍수지리의 지식정보를 제공했다는 것이다.

> 신라의 정치와 교화가 쇠해져 급속히 망할 조짐이 있었다. 도선은 장차 성스러운 사람이 천명을 받고 많은 사람 위에 설 것임을 예견하고 이따금 송악군에 주유住遊했다. 그때 세조가 바야흐로 머물 집을 짓고 있었다. 도선이 그 문 앞을 지나다가 말하기를, "이 땅에는 마땅히 왕이 될 사람이 나올 것인데, 다만 집 짓는 자가 알지 못할 따름이구나"라고 했다. 마침 하인이 그 말을 듣고 들어가서 세조에게 아뢰니, (세조가) 급히 나가서 맞아들이라고 명하고 (도선에게) 그 방도를 물어 집을 개축

용암사지(경남 진주시 이반성면 용암리).
도선이 지은 비보사찰로 알려져 있다.

했다. 도선이 당부하며 말했다. "(집을) 고친 뒤 2년 후에는 반드시 귀한 아들을 낳으리라." 이어 책을 한 권 써서 꼭꼭 봉한 뒤 세조에게 주며 말했다. "이 책은 아직 태어나지 않은 그대 아들에게 올리는 것입니다. 반드시 나이가 장년이 되어 성숙한 연후에 주어야 합니다." 이 해는 신라 헌강왕이 옹립하게 되었으니 876년이었다. 878년에는 과연 태조 왕건이 그 집에서 탄생했다. 장년이 되자 (도선이) 봉해서 준 책을 받아보고 하늘의 명이 부촉되어 있음을 알게 되어 도둑들과 포악한 무리를 베어 없애고 나라를 개국했다.

· 「백계산옥룡사증시선각국사비명」

성인이 마침내 일어나서 천자의 자리에 오를 운명과 도참을 받았다.

· 「백계산옥룡사증시선각국사비명」

때는 정권혁명의 시기라 반드시 천명을 받은 사람이 일어설 것임을 알았다. 드디어 선조의 집터를 가리키며 이르기를, "마땅히 성인이 날 것이다"라고 했다. 책을 한 권 내용을 봉하여 아직 출생치 않은 군자에게 미리 올렸으니, 흥기하는 날을 기약하며 원대한 기틀을 보여준 것이다. 하늘로부터 손을 빌려 세상에 없는 공적을 드리웠다.

· 「옥룡사왕사도선가봉선각국사관고」

이렇게 도선의 명성과 풍수도참을 이용하여 고려왕조의 설립을 천명으로 합리화했으니 권력에 정통성을 부여하고자 의도한 것이었다.

6 지역사회의 도선풍수담론

도선의 풍수담론은 국도의 왕조는 물론 지역사회의 사찰과 행정중심지 고을읍치과 마을에도 골고루 투영되어 오늘날에 이르렀다. 민간에서 도선의 설화가 전국적으로 분포하는 사실도 그러한 예증이 될 것이다.

공간적으로 볼 때, 도선은 지리산권역의 문화적 지층에서 빼놓으면 안될 지식인이자 풍수담론의 생산자였다. 그는 지리산에서 풍수법을 전수하여 풍수사상을 체계화하고 정립했으며, 지리산권역인 광양 백계산 옥룡사에서 평생을 주석하다가 열반했다.

지역사회에서 도선의 풍수사상은 지리산을 중심축으로 주변 권역으로 파급되었다. 이러한 양상은 훗날 태조 왕건이 도선의 비보설을 고려시대의 공간적 이데올로기로 채택하면서 전 국토적인 범위에서 비보담론이 시대를 풍미한 것과는 또 다른 측면이라고 하겠다.

지리산권역 사찰의 도선풍수

도선의 풍수담론은 고려시대와 조선시대의 사회문화사적 과정을 거치면서 지리산권역에 거주하는 사람들의 생활사와 문화경관의 형성·변화에 큰 영향을 미쳤다. 지리산권역에 산재하는 사찰만 하더라도 도선의 풍수담론이 입지와 분포, 조영과 관리의 실제적 측면에 영향을 주었을 뿐만 아니라, 사찰 창건의 연기나 사회적 기능과 관련된 다양한 설화문학을 낳음으로써 공간적 담론을 형성케 한 원동력이 되었다.

일찍부터 지리산은 정치권력의 주목을 받은 적이 있다. 그 계기는 일차적으로 지리산이 지니는 지정학적·신앙적 가치 때문이었다. 지리산은 신라 때부터 오악의 하나로 중사中祀의 격을 지녔고, 화엄사는 신라의 화엄십찰 중 하나로 지정된 바 있다. 성모천왕으로 대표되는 지리산의 산악 숭배 신앙은 지리산의 상징적 가치를 높이는 데 이바지했으며, 고려왕실의 정치세력이 지리산의 성모천왕을 고려 건국과 후삼국 통일을 정당화하는 데 이용한[1] 사실로 보아도 지리산이라는 공간이 정치권력에서 차지하는 비중과 의미를 짐작할 수 있다.

지리산권역에서 도선과 관련된 사찰을 살펴보자. 「옥룡사도선비문」에 전하는 도선 창건 사찰인 구례의 도선사道詵寺, 장소 미상, 미암사米岩寺, 장소 미상, 옥룡사玉龍寺, 광양 옥룡사지, 운암사雲岩寺, 장소 미상와[2] 기타 도선계 법손의 사찰로 추정하는 송림사松林寺, 장소 미상, 현갑사玄岬寺, 장소 미상 외에도 도선과 관련된 사찰로 지리산 인접권역에서 후대의 문헌이나 사전寺傳 또는 구전으로 전하는 유적지만 하더라도 모두 40여 개에 이른다. 이들 사찰은 「옥룡사도선비문」에 근거한 것을 제외하고는 대부분 후대에 도선을 끌어대거나 비보사찰로 추인한 결과로 추정되지만, 지리산권역의 사찰에 미친 도선풍수담론의 사회적 영향력을 반증하는 자료로 의미가 있다.

「옥룡사도선비문」에 도선이 주석하거나 창건했다고 기재된 사찰 외에 지리산권역의 수많은 사찰이 도선과 관계되거나 비보사찰로 해석된 까닭은 무엇일까? 앞서 서술한 것을 요약하면, 국가적으로는 지배권력이 지방세력의 근거지가 된 사찰들을 효율적으로 통제할 방편이 필요했음을 의미한다.[3] 개별 사찰에서는 조선조의 불교탄압에 대응하려는 생존

전략으로 이해된다. 도선과 관련지어 국가나 고을의 비보사찰로 인정될 경우는 외부적 요인에 따른 폐찰 위기를 모면할 수 있었기 때문이다.

지리산권역 비보사찰들의 구성형식과 속성에는 두 가지가 있는데, 하나는 국가비보소이고 또 하나는 고을비보소다. 국가비보소는 국가중앙권력를 비보하는 역할을 하는 사찰로서 중앙의 왕권에 편제된 사찰이고, 고을비보소는 고을을 비보하는 역할을 하는 사찰로서 지방의 관료 통치세력이나 정치사회 집단과 맞물려 기능적 가치가 부여된 사찰이다.

국가비보소로는 비보 삼암사승주 선암사·광양 운암사·진주 용암사 외에도 화엄사, 선암사 등이 거론되었다. 이들 사찰은 고려가 건국된 뒤 태조 왕건의 국토 경영 이데올로기로 채택된 도선의 비보사탑설에 준거하여 후대에 사찰의 위상과 사회적 의미가 재구성되는 과정을 겪었다.

고을비보소로는 순천의 도선암과 향림사, 남원의 선원사와 용담사 등이 있다. 이들은 지방관료의 풍수, 불교 인식과 그와 관련된 통치행위와 맞물리면서 사찰의 기능과 가치가 사회적으로 재구성되었을 것으로 추정된다. 해당 사찰의 비보적 사실과 관련한 내용의 문헌적 근거는 대부분 조선 후기에 윤색되어 작성된 사적기류와 읍지류에 인용된 사료로 신빙성에 한계가 있다. 그러나 시대적으로 지리산권역 사찰들에 영향을 미친 도선의 풍수담론과 그 영향력을 드러내는 것으로 가치를 매길 수 있다.

그러면 지리산권역 비보사찰들의 도선 관련 사실과 그 의미를 국가비보소와 고을비보소로 나눠 차례로 살펴보자.

「화엄사 사적」1696에 따르면 "화엄사 역시 우리나라 산수도의 3,800군데 비보소 지점에 들어간다"라고 기록되었다.[4] 화엄사는 일찍이 신라왕조에서 화엄 10찰 중 하나로 지점된 지리산지의 중요한 사찰이었다. 선암사 역시 도선이 세웠으며 국가비보소로 지정된 사찰로 후대에 해석되었다.[5] 선암사는 비보 삼암사 중 하나로 거론될 만큼 국가비보소로 편제

될 사격^{寺格}과 배경을 가지고 있었다. 「조계산선암사사적」¹⁷⁰⁴에는 도선과 관련된 사찰 연기를 다음과 같이 설화적으로 표현했다.[6]

　도선선사가 뒤에 중국으로 들어가 일행에게서 배웠다. 도선은 이내 동방의 산수도를 바쳤다. 일행이 일람하더니, "산천이 이처럼 등지고 달아나니 당연하게도 전쟁터가 되었구나"라고 했다. 이윽고 붓을 뽑더니 지도를 보고 3,500개 장소를 택해 장소마다 점을 찍고 말했다. "사람이 병이 들면 그 혈맥을 찾아 침과 뜸을 하는 것처럼, 지금 내가 점을 찍은 곳에 절과 탑을 건립하거나 부도를 세우면 반드시 삼국을 통일하고 백성을 구하는 주인을 얻을 것이다." 도선이 본국으로 돌아와서 일일이 가르침대로 했으니, 이 선암사는 하나의 큰 비보소다. 우리나라의 남쪽에는 삼암이 있는데 영암군 월출산의 용암, 광양현 백계산의 운암, 승평부 조계산의 선암이다. 삼암에 모두 사탑을 건립하고 부도를 세웠다. 그래서 이 선암사 구역 안에는 철불 한 개와 보탑^{寶塔} 두 개, 부도 세 개가 있는데, 지금까지도 남아 있다. 이렇게 (비보법으로) 뜸을 뜬 것은 도선국사가 이 절을 세울 때에 그 (지세가) 등지고 달아나는 것을 진정케 한 것이었으니, 원래 머뭇거려 모이는 땅이 보배가 아니던가?[7]

　·「조계산선암사사적」

지리산권역의 고을비보소로 사적기 등의 문헌에 기록된 것으로는 순천의 도선암과 향림사, 남원의 만복사·선원사·파근사, 용담사 등을 대표적으로 꼽을 수 있다. 모두 도선의 풍수비보설에 따라 고을 비보사찰로 창건되었다고 전하는 사찰이다. 순천의 비보소에 대해서는 「운동산도선암중창기」^{雲動山道詵庵重創記, 1849}, 「향림사중수기」^{香林寺重修記, 1853} 등의 사

만복사에 세워진 석인상.

적기에 기록되었는데, 고을의 입지경관에서 보이는 풍수적 해로움[危害]
과 재변을 막는 기능을 하는 사찰이었다.

순천부 남쪽 20리에 있는 운동산 도선암은 도선국사가 도를 이루고
창건한 곳이다. 산은 마치 굶주린 호랑이가 먹을 것을 구하는 형세요,
읍의 맥은 달리는 사슴이 보금자리를 찾는 형국이다. 호랑이 기세가 사
슴을 굴복시키니, 고을터를 위해 진압할 필요가 있다.[8]

· 「운동산도선암중창기」

선암사에서 동남쪽으로 20여 리 가면 운동산에 호랑이아가리혈[虎口
穴]이 있다. 그곳에 절과 탑을 짓고 불상을 건립하여 (호랑이혈의) 아가
리를 막았다. 그 암자를 도선암이라고 불렀다. 만약 그 아가리를 막지
않으면 한 고을에 재변이 많을 뿐만 아니라 국가도 그 해를 받는다고

이미 도선기^{道詵記}에 기록되어 있다.⁹⁾

· 「조계산선암사사적」

순천부 북쪽으로 7리쯤 떨어진 근처에 총림 한 구역이 있으니 우리 동방의 옥룡선사가 거룩히 주석하신 옛 터다. 산의 맥은 조산^{祖山}인 마이산에서 시작하여 구불거리며 와서 오성산에 이르고, 산의 남쪽으로 한 맥을 뽑으니 본 고을터가 되었다. 그런데 이 산은 유독 그 곁에 떨어지는 맥[落脈]이 용맥을 좇아 뛰어오르는 모양으로, 머리 부분에 이르러서는 칼과 창처럼 되었다. 풍수설에 따르면, 읍으로 (기운이) 내리쏘는 꺼림칙함이 없지 않다고 했다. 이러한 까닭에 (도선은) 탑을 건립하고 절을 지어 그 기운을 진압했으니, 현명하신 스승의 훗날에 대한 염려가 깊었기 때문이다.¹⁰⁾

· 「전라남도순천군향림사중수기」

남원의 사찬읍지인 『용성지』^{龍城誌, 1699}에 "전하기를, 도선이 남원부의 지리를 진압하기 위하여 사찰과 탑을 설치했다"라고 했고,¹¹⁾ 구체적으로 "만복사^{萬福寺}, 선원사^{禪院寺}, 파근사^{波根寺} 등은 도선이 창건했다고 전하는 고을비보소"라고 적었다.¹²⁾

이들 남원부에 있는 비보사찰들의 유래나 기능은 사원과 민간에 전승되다가 후대의 문헌과 설화에 다음과 같이 윤색되어 내려오고 있다.

이 절^{용담사} 근처의 깊은 물속에 이무기가 살았다. 그것이 농작물을 해치고 사람을 잡아먹고 처녀들을 놀라게 하는 등 갖은 행패가 심했으므로 도선이 이곳에 절을 지었다 한다. 또 일설에는 용담^{龍潭} 때문에 부사가 죽으므로 도선이 용을 승천하게 하고 하룻밤 새 못을 메워 그곳에

석불을 세웠다고 한다.[13]

· 『전라북도지』

남원의 지세는 백공산이 주산이고 교룡산이 객산이다. 주산은 약하고 객산인 교룡산은 산세가 강대하여 주산이 객산에 압도당한 형국이다. 『삼한산림비기』三韓山林秘記에도 말하기를, "남원은 주산이 낮고 객산이 건장하여 서자가 요망함을 부리고 관직에 있는 이에게 해독을 끼친다"라고 했다. 그렇기에 약한 주산은 북돋우고 강한 객산은 눌러야 한다는 것이다. 대복사, 만복사, 선원사를 시내에 짓되, 그중에서도 선원사를 백공산 날줄기의 끝에 세운 뜻은 백공산의 약세를 북돋기 위해서이다. 약사여래불을 안치하여 불력으로 비보했다. 그리고 선원사의 정문 현판을 만행산선원사萬行山禪院寺라 쓴 것도, 알고 보면 백공산의 모체가 천황봉 아래의 만행산 줄기이므로, 만행산의 큰 힘을 불러오려는 뜻이 담겨 있다. 그리고 '축방향으로 물이 들어와서 미방향으로 빠진다'[丑入首未破]고 했는데, 주산의 맥이 축방북북동에서 들어와, 요천蓼川에 의하여 미방남남서으로 빠진다는 뜻이다. 미방으로 빠지는 힘을 막아주는 의미에서 인위적으로 산을 만들어 조산리造山里라 이름하고, 또한 왕정리에서 조산리 아래 요천변까지 토성을 쌓았다고 한다.[14]

· 『남원지』

위 인용문에서 알 수 있는 것처럼 고을 입지경관의 풍수적 문제 탓에 "서자가 요망함을 부리고 관직에 있는 이에게 해독을 끼친다"라고 인식했다. 또 용담 때문에 부사가 죽으므로 도선이 풍수적 해결책으로 비보했다고도 했다. 따라서 도선의 비보사찰은 고을의 번영, 고을을 통치하는 관리의 신변 안위와 사회적 신분질서 유지·통제를 주목적으로 존재가치

만복산 선원사. 남원고을의 풍수비보 사찰이다.
남원의 주산인 백공산의 지세가 상대적으로 약해
이를 북돋고자 백공산의 날줄기 끝에 세웠다고 한다.

가 부여되었음을 알 수 있다. 정치지배집단의 의도는 도선과 불력의 권위를 상징적으로 활용하여 지배권력의 안존과 사회질서를 통제하는 효과였다.

요컨대, 도선의 풍수담론과 관련된 비보사찰은 중앙편제의 국가비보소와 지방편제의 고을비보소로 구성 형식이 나타나며, 그와 관련된 풍수담론은 해당 사찰뿐만 아니라 국가와 고을 권력집단의 정치사회적 의도가 반영되어 있음을 확인할 수 있다.

지리산권역 고을의 도선풍수: 남원과 진주

유교를 국시로 삼은 조선 조정에서 고려의 비보도참설을 위주로 한 도선의 풍수담론은 15세기 말에 이르러 쇠락했지만, 고을의 향촌사회에서는 취락공동체의 번영과 지배사회집단의 통치질서 유지라는 의미체계로 수용되면서 여전히 영향을 미쳤다.

조선시대에 지리산권역의 고을 취락에서 전개된 도선풍수담론의 구성 양상, 내용, 특징을 살펴보자. 도선의 풍수담론은 외면적으로 고을경관에 대한 풍수적 해석과 관련하여 전개되었다. 이러한 사실의 문헌적 근거는 진주의 『진양지』晉陽誌, 1622~32, 남원의 『용성지』, 순천의 『승평지』昇平誌, 1618 등의 읍지에서 확인할 수 있다.[15]

조선시대 향촌사회에서 전개된 도선의 풍수담론을 내용상으로 보면, 유교이념적이고 문화생태적인 성격으로 읍 취락과 관련지어 재구성되었다는 것에 주목할 필요가 있다. 취락의 문화생태적 입지나 경관구성을 통한 지역공동체 번성이라는 틀 안에서 재구성되어 지방사회에서 수용·기능한 것이다.

지리산권역 고을의 정치사회적 지배집단은 도선의 풍수담론을 고을

번영과 인재 번성을 위한 유교적 담론으로 재구성했다. 그들은 도선의 풍수담론에서 고을의 재해[災變] 방지, 지배층의 신변 안위, 사회적 통제와 신분적 질서의 유지, 사회집단의 정치적 세력 확장 등을 꾀하고자 했다.

사회담론에는 주도하는 주체집단정치권력의 속성이 반영되어 있다. 조선 중기에 들어서면서 도선의 풍수담론은 관권官權과 사족권士族權의 대립·갈등이라는 사회집단 간의 공간정치적 대립국면과도 연계된다. 예컨대, 남원은 중앙관료세력수령권의 통치질서 유지 의도가 보이고, 관의 주도력이 강조되어 있다.[16] 상대적으로 진주는 관권세력에 대한 향촌 사족세력의 영향력 확대 의도가 나타난다.

또한 조선시대에 전개된 도선의 풍수비보담론은 홍수와 같은 자연재해를 관리하는 기능을 수행하면서 취락경관 구성에서 운용되기도 했다. 이처럼 고려시대의 정황과 달리 사찰비보의 비중과 역할은 유교의 지배이념 탓에 축소되었고, 숲비보 같은 취락의 문화생태적 비보 기능이 확대되었다는 점도 특징이다.

그러면 지리산권역의 고을 취락 중에서 남원과 진주를 사례로 하여 도선과 관련된 풍수담론의 전개 양상을 검토해보자.

남원의 다양한 풍수비보

지리산지 서편에 접해 있는 남원부에서는 고을의 입지경관과 관련하여 도선의 풍수담론을 서사적으로 재구성했다. 이에 사찰이나 탑, 조산, 숲, 조형물 등 다양한 풍수비보경관이 도선과 관계 지어 문헌이나 설화로 전승된다.

도선이…… 남원부의 지리를 진압하기 위하여 여러 비보사탑과 함

께 축천丑川에는 철우鐵牛를 만들고, 골회봉鷗回峯에는 용담龍潭을, 호산
虎山에는 철환鐵環의 탑을 만들었다고 한다.[17]

· 『용성지』

철우는 남원 향교동 축천 근방에 있던 비보조형물이다. 쇠붙이로 된 황
소[鐵牛] 한 마리가 세워져 있었다. 남원의 주산인 백공산의 형세가 남원
읍에 대드는 것과 같이 억세서 남원성의 주민들이 재난을 많이 겪는다고
여겨 이 억센 기운을 누르려 철우를 세웠다고 전한다.[18] 이 철우는 16세
기의 관찬지리인 『신증동국여지승람』에도 "부의 동북방에 시냇물이
들이치므로 남원부를 설치할 때에 술자의 말을 따라서 쇠로 소를 만들어
기세를 누르도록 했다. 이 때문에 축천이라 부르게 되었는데 그 소는 지
금도 남아 있다"라고 했다.[19] 따라서 철우는 남원부 하천의 풍수적 비보
를 목적으로 하는 조형물로 설치되어 당시에 존재했음을 알 수 있다.

더구나 남원 고을의 수구 부근에는 조산을 만들어 풍수 국면을 보완하
고자 했다. 『1872년 지방지도』의 「남원부지도」에 조산造山이라는 명칭이
표기된 것으로 보아 당시까지 조산이 읍치경관에서 주요한 경관요소로
존재했음을 알 수 있다. 이 풍수비보적 성격의 지명은 지금도 조산동이라
는 법정동명으로 남아 있다.

언제인지는 불분명하지만 남원 고을의 풍수적 지세는 동쪽의 요천과
서쪽의 율천에 둘러싸여 물 위에 떠 있는 배의 형세[行舟形]로 이해되었
다. 이러한 고을의 형국을 비보하여 배가 떠내려가지 않도록 토성을 쌓고
배를 매어두는 산[造山]을 만들었다는 해석도 생겼다.[20] 『용성지』에 언급
된 골회봉고리봉의 철환탑도 행주형 풍수형국과 관련되어 배를 묶어두는
장치물로 해석이 가능하다.

그 밖에 남원부의 풍수비보물로 객사[龍城館] 뒤를 보허하려 조산한 것

▲「남원부지도」(1872). '조산'(造山)이 쓰여 있다.

▼ 남원의 석돈.

으로 추정하는 석돈石墩, 남원시 하정동 189, 전라북도 민속자료 제28호 등의 풍수
비보물이 있다. 석돈의 기능적 가치 역시 『용성지』에 따르면 고을의 번영
과 인재의 번성이라는 의미체계로 이해되었음을 알 수 있다. "객사 뒤에
는 석돈이 있어서 고을이 풍요로웠고 인물이 번성했다. 동헌을 수리해 지
을 때 돌을 쓰면서 고을이 쇠락하고 인재가 성하지 못했다는 말이 회자
한다"라는 것이다.[21]

특히 남원의 주생면 중동리에서는 보허림補虛林이라는 고을 비보숲이
조산과 더불어 고을의 수구막이 기능을 했다. 이 비보숲을 조성한 목적은
이상적인 고을 주거공간을 조성해 고을의 번영과 인물의 배출을 꾀하기
위함이었다. 『조선의 임수』1928에는 남원의 보허림에 관하여 향촌사회에
서 전승되어 내려오는 속설을 다음과 같이 전하고 있다.

> 남원은 좌향이 수구와 합치되지 않아 문벌이나 지체가 좋은 사람[大
> 民]들이 살지 못하고 떠나게 되며, 보통 사람[小民]은 과거 급제에 대한
> 희망이 없으니, 풍수가 어그러졌기 때문이라고 한다. 읍이 번영하고 인
> 물을 배출하려면 수구를 비보할 필요가 있다. 그래서 조산리에 수구막
> 이의 보허를 위해 흙으로 쌓았고, 그 서쪽에는 수림을 만들어 면·읍의
> 비보를 겸했다.[22]
>
> · 『조선의 임수』

남원과 유사한 사례로 비보숲을 통한 고을경관의 풍수적 보완은 지리
산지의 북사면에 접한 인근의 운봉 고을에서도 행해진 바 있다. 운봉읍
서천리에 있는 서림西林, 숲이 그것이다. 고을에서는 읍치를 보허하려 숲
을 조성하고 상징조형물로 장승을 만들어 운봉 읍치 서쪽의 허함을 막는
역할을 하도록 했다.

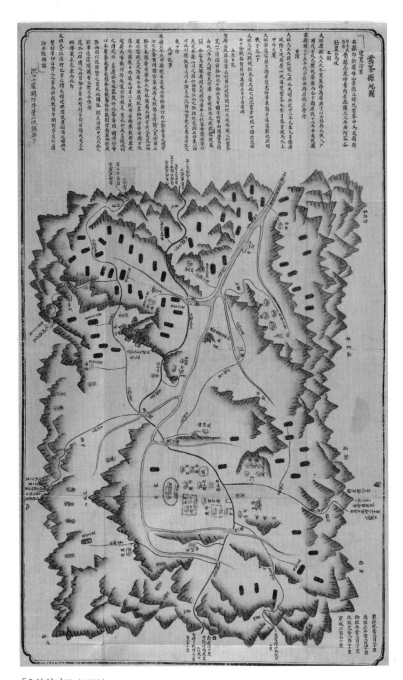

「운봉현지도」(1872).

진주의 비보숲

한편, 조선시대의 행정권역상 지리산 동편과 접해 있던 진주 고을에서는 도선의 풍수담론이 지역사회의 사림세력들에게 개진된 바 있다. 공용 건축물 때문에 생긴 고을 재정의 과다한 지출과 고을숲의 효용성과 관리에 대한 문제제기였다.[23]

17세기에 편찬된 『진양지』에 관련 내용이 다음과 같이 기록되어 있다.

옛날 흥성하던 시대에는 숲을 잘 기르고 벌목을 엄히 금했다. 산천이 에워싸고 맑은 기운이 고을에 모여 인재가 번성하고 재상이 배출되었다. 어찌 신령한 산 기운의 효험이 아니겠느냐. 이것은 모두 도선이 그 형세를 살펴 진압과 비보를 잘했기에 된 것이다. 그의 말에 "숲이 없

어지면 고을이 망하고, 누각이 높으면 고을이 망한다"라고 했는데, 숲
은 가정수를 말하고 누각은 촉석루를 말한다. 도선이 말하기를, "용두
사의 남쪽 비탈에 누정을 지을 것인데 누각이 높으면 고을이 망할 것이
다"라고 했으니 반드시 보는 바가 있었다. 그 뒤로 세대가 점점 멀어지
고 금하는 바가 해이해졌다. 각처에 숲을 조성할 수 없을 뿐만 아니라,
가정수는 베어 밭을 만들었고, 촉석루도 예전보다 점점 높아졌다. 고을
[州牧]을 혁폐하고 병영을 옮기고 나서는 인물이 쇠잔하고 의관도 예와
같지 않다. 도선의 말은 속이는 것 같지 않다. 그의 답산기踏山記도 일찍
이 우리 고을에 있었으나 난리통에 잃어버렸다.[24]

· 『진양지』

진주의 비보숲은 풍수적 상징성과 수해방지의 실용성 두 가지 측면이
동기가 되어 조성되었다. 풍수적 공간환경지각을 공유했던 시대에 공동
체 차원에서 다양한 비보적 시설물 구축 활동으로 나타났으며, 비보물보
전이 공동체의 번영과 직결된다는 생각에서 읍의 비보경관은 각별한 관
심으로 지켜졌다.[25]

이후 가정수의 훼손과 복원 과정에 대한 다음과 같은 기록도 있다. 『진
양지』에 따르면, "가정수는 1576년선조 9에 나무를 베고 밭으로 만들어 서
원에 소속시켰다. 왜란 뒤에야 비보소라고 하여 도로 밭을 폐하고 다시
나무를 심었다"라고 했다.[26] 이로써 최초에 조성한 숲을 베고 경작지를
만들었지만, 임진왜란 이후 혼란기에 풍수담론이 사회적으로 성행하면
서 다시 비보소라고 해서 복원했음을 알 수 있다.

가정수는 행정중심지 기준으로 서쪽 5리1.9킬로미터에 있었다. 숲 주변
영향권에는 사족들이 많이 거주하는 마을로서 평거리平居里, 주 서쪽 10리(3.9
킬로미터) 등이 있었다.[27] 비보숲의 영향권에서 거주하면서 사회정치적 영

향력과 세력을 확대하던 사족층의 숲이 지닌 자연재해 방지라는 실용적 기능과 상징적 의미에 대한 비보적 관심이 복원 과정에 작용했을 것으로 추정된다. 그 밖에 『진양지』 「임수」에는 진주의 비보숲에 관해서 가정수 외에도 개량수開梁藪, 가방수加防藪, 대평수大坪藪, 율림栗藪 등이 소재지와 함께 기록되어 있다.[28]

이러한 풍수담론이 전개된 사회적 배경은 무엇일까? 당시 진주 고을에는 자연재해를 방비하는 기능을 하는 숲을 보전하고 관리할 필요성이 커지고 있었다. 이는 사회적 측면에서 볼 때, 조선 중기에 향촌에서 정치경제적 세력을 확대하던 사족층이, 풍수담론을 이용하여 고을의 지리환경적 해석의 주도권을 행사하면서 관권을 견제해 정치적 영향력을 확대하려는 의도로 해석할 수 있다. 역사적 측면에서는, 사족들이 종족촌이라는 공간적 근거지를 마련하고 경제적으로 중소지주계층의 기반을 확보해 향촌사회에서 정치사회적 주도권을 행사한 조선 중기의 역사적 과정과 궤를 같이한다.

지리산권역 마을의 도선풍수

지리산권역의 민간 마을에서도 도선의 풍수도참적 권위는 청학동 이상향 담론과 결부되어 승지촌勝地村 형성이나 주민 이동에 영향을 주었다. 지리산권역의 수많은 자연마을에서는 마을입지지형의 풍수적 해석에 기초하여, 이상적인 마을 국면을 조성하고자 하는 노력의 일환으로 비보경관도 만들어졌다.

조선 후기 지리산지에 인구가 급증하면서 마을이 다수 형성되었다. 동시에 청학동 풍수도참비결이 유포되면서, 이상사회와 실현 장소로서 이상향에 대한 이념적 지향은 커져갔다. 피난·보신의 땅으로서 지리산지가 주는 매력은 이상적인 풍수적 장소로서 승지였으며, 청학동은 그 대표적·전형적인 지리산지의 이상향 담론이었다. 도선은 고려와 조선사회에서 풍수도참을 대표하는 인물로서 그의 비기는 조선시대에까지 지식인과 민간계층에서 언급되곤 했다. 도선 풍수도참의 사회적 영향력은 『정감록』에까지 도선 비기가 다수 포함되는 데 이른다.

지리산지에 널리 유포된 청학동 비결류에도 도선의 영향이 반영되었다. 청학동 비결서로는 「하산지리산청학동비결」河山智異山靑鶴洞秘訣, 「유겸재일기」柳謙齋日記, 「옥계일지」玉溪日誌, 「옥룡자청학동결」玉龍子靑鶴洞訣, 「무학선사청학동결」無學仙師靑鶴洞訣 등을 꼽을 수 있다.

그중 「옥룡자청학동결」이라는 표현에서 알 수 있듯이옥룡자는 도선의 호, 도선을 저자로 빌려 문서의 권위를 부여했다. 청학동 비결에는 "도선이 「현묘내외경」玄妙內外經과 「서」序를 작성하여 「서」를 지리산 청학동에 비장했는데, 500년 뒤 무학이 그것을 얻어서 전했다"라고 해서 도선-무학의 계승관계를 드러냈다.[29] 도선-무학을 통해 지리산 청학동을 풍수도참과 직접 관련시키고 청학동의 장소적 권위를 더욱 신비롭게 강화한 것도 알 수 있다. 이렇듯 도선의 권위에 가탁한 청학동 비결이 만들어져 유포되면서 지리산지 마을의 입지·확산이나 주민들의 이주와 정착에 영향을 미쳤다.

또 지리산권역의 여러 마을에서는 풍수적 입지나 지명 유래를 도선과 관련지음으로써 장소 가치를 높이기도 했다. 비보풍수를 활용하여 문화생태적 경관을 구성한 사례들도 나타났다. 마을입지와 지명유래와 관련하여 전승된 도선설화의 예를 들면 다음과 같다.

남원시 운봉읍 공안리 용은마을은 용이 숨은 마을이라 한 데서 연유했다. 일설에는 신라 말 도선국사가 용이 숨어 있는 길지임을 알고 터

를 잡아두니, 사람들이 명당터에 찾아들어와 살면서 용은마을로 부르게 되었다고 한다.[30)]

· 『한국향토문화전자대전』

산청군 삼장면 내원리의 국사봉은 도선국사가 다녀간 대명지다.[31)]

· 『산청지명고』

도선의 비보담론은 지리산권역 마을의 경관구성에도 영향을 미쳤다. 지리산권역의 마을경관에서 보이는 풍수비보 형태는 조산 또는 돌탑, 숲, 못, 제의놀이 등으로 다양하게 나타났다. 비보기능은 보허나 수구막이, 형국보완이나 진압, 흉상차폐, 화재방어 등으로 분류할 수 있었다. 민속제의와 풍수가 복합된 형태도 있었다(628~630쪽 표 35 참조할 것).

주민들의 마을풍수를 활용한 자연환경에 대한 인식과 대응은 문화생태적 과정을 수반했다. 오늘날 마을풍수의 의미는 마을의 지속가능한 환경 시스템을 유지하기 위한 전통적 코드이자 방식이라는 점에서도 찾을 수 있다.

7 사족촌의 풍수와 장소의 정치

한국에서 전통마을의 형성에는 정치·사회·경제·문화 등 많은 배경 요인이 복합적으로 작용했다. 풍수도 전통마을의 입지와 발생과정에 큰 영향을 미친 것으로 간주된다. 그러나 모든 전통마을에 풍수가 영향을 미쳤을까?

조선시대 마을의 발생·전개와 맞물리면서 전개된 풍수는 역사적 조건과 맥락에 따라 규정되는 사회문화적 현상임이 분명하다. 조선시대 취락 중에서 읍치와 반촌 등을 제외한 민촌의 많은 경우와 점촌·역촌·어촌 등의 기능적 마을은 형성 과정에서 풍수가 주요 입지 요인으로 작용하지 않았거나 간접적 영향 정도를 받았다고 판단된다. 따라서 이들 마을에서 풍수는 후발적인 해석의 경험^{풍수지명, 비보물 등}만 가질 뿐이다.

조선 초기까지는 발생적으로 풍수가 마을의 입지나 경관조영에 개입하지 못했다. 당시까지만 해도 풍수지식의 습득과 운용은 왕권과 지배계층의 전유물이었기 때문이다. 마을입지에 풍수가 적용되기 시작한 것은 빨라야 재지세력의 마을 형성기와 때를 같이하며, 마을의 풍수입지와 담론이 본격적으로 형성된 것은 조선 후기에 사족촌이 이루어졌을 때라고 볼 수 있다.

사족촌은 사족이 거주하는 마을이다. 사족은 재지사족과 같은 말이며, 지역에 근거를 둔 향촌 세력계층을 정치사회적으로 표현하는 용어다. 조선초기에는 중앙에서 파견하는 수령과 이에 소속된 이족吏族이 향촌사회를 주도했지만, 조선중기 이후 후기까지 사림士林세력들이 지방에 마을을 이루고 거주하면서 사족士族으로서 향촌사회의 지배질서를 획득하게 되었다. 그들은 향약을 만들어 향촌공동체의 자치를 도모하는 한편, 서원을 근거지로 자신들의 정치적·사회적 입지를 강화시켰다.

사족의 지역 출신지土着과 외래와 관련해서 세 가지 유형화가 가능하다. 첫째로, 조선시대 이전부터 지역 기반을 가지고 있던 재지 토성들이 성장하여 사족화해서 종족촌의 기반을 형성하고, 읍치 외곽에 풍수적 적지를 선택하여 옮긴 경우가 있다. 둘째로, 중앙정계에 진출했다가 낙향한 입향조가 풍수적 적지를 선택하거나 관에서 토지를 받아 은퇴 정주하면서 유력 씨족으로 번성하는 경우가 있다.[1] 이 과정의 특징은 분산墳山, 묘지를 둘 수 있는 산인 문중산 확보의 중요성이 커지면서 묘지 선정과 동시에 이루어진다는 것이다. 셋째로, 15세기부터 17세기 초까지 외래 사족들이 입향하여 번성·성장하면서 새롭게 복거卜居하거나 주거지를 이동하며 비보물을 설치함으로써 사족촌의 풍수적 입지와 경관을 형성·구비한 경우가 있다.

풍수가 사족촌의 입지선정과 경관조영 과정에서 사족층에게 활용된 이유는 무엇일까? 마을의 풍수적 입지에 따른 자연환경적 이익도 있었겠지만, 당시 향촌사회에서 풍수적 가치는 종족의 번영과 인재의 번성을 가져다주는 일종의 담론적 이데올로기로 사회적 영향력을 발휘했기 때문이다. 그리고 당시 풍수지식은 상위 사회계층이 배타적으로 독점한 계급적 속성의 고급정보였고, 이에 대한 접근과 운용은 정치적 세력을 갖춘 사회집단만이 할 수 있었다.

사족촌의 입지경관에 대한 풍수적 가치평가와 풍수담론의 영향력은 향촌에서 사족들이 가지는 사회정치적 지위, 지배력과 비례한다. 거기에서 풍수는 사족들의 근거지로서 사족촌의 장소적 정체성과 권위를 강화해주고 종족 번성이라는 유가적 이념을 합리화해주는 상징적 수단으로 활용되고 기능했다.

따라서 조선 후기 사족촌의 풍수담론은 풍수적 이데올로기를 활용한 향촌사회의 영향력 확대로 요약할 수 있다. 사족들의 경제력이나 사회정치력이 성장하면서 수반되는 사족촌의 확대·분파, 마을 이동 등의 과정에서 풍수적 입지지향성과 담론형성이 강하게 나타나는 것은 이러한 측면의 반증이라고 하겠다.

흔히 사회집단은 장소입지와 경관구성으로 그들의 정치적 정체성과 권위를 강화하며, 그것을 일컬어 문화지리학에서는 장소의 정치 또는 경관의 정치라고 한다. 따라서 문화경관을 창출하는 사회집단이 어떻게 입지와 경관담론으로 장소의 권위를 의미화·상징화했는지는 사족촌의 풍수담론을 이해하는 데 중요한 관점이 된다. 마을의 입지와 입향조 또는 종택의 배치 그리고 마을의 공간구조와 경관구성, 지명과 설화 구성 등도 이러한 장소의 정치라는 견지로 이해할 수 있다.

특히 조선시대와 같은 신분제 사회체제에서는 이러한 장소의 권위가 더욱 위계화된 형태로 경관에 표현되며 상징적 이미지가 부가된다. 마을 입지의 풍수 역시 사회정치적 맥락에 놓여 있기 때문에 장소 선택과 그 의미는 비단 풍수적 입지가 갖는 자연적 입지환경의 효율성뿐만이 아니다. 명당길지의 사회적 우위성과 차별성이 사회집단에 위계적으로 인지되고 신분에 맞춰 계급적·계층적으로 점유되는 것이다. 그래서 왕족, 양반, 서민 등이 차지한 장소는 신분에 상응한 풍수적 가치의 차별성과 위계성을 그대로 반영한다.

이렇게 사족촌의 형성과 관련된 풍수담론은 사회적 관계가 반영된 의미체계의 구성물로 해석할 수 있다.[2] 이 관점은 기존 연구에서 일률적으로 행하던 개별 단위 마을 지형에 대한 풍수이론체계의 적용, 설명 방식과는 시선이 다르다. 말하자면 마을 형성 주체로서 사회집단이 풍수라는 이념을 어떻게 활용했고 기대하는 효과는 무엇이었는지, 풍수는 어떻게 향촌사회 의미의 관계망 속에서 기능했는지가 주목의 대상이 되는 것이다.

사족촌의 형성과 풍수

조선 전기에 풍수는 도읍과 왕궁의 조영, 왕릉 입지선정 등에 중요한 역할을 했다. 그리고 조선 중기 이후에는 읍치의 풍수적 입지와 조영에까지 영향을 미쳤다. 특히 조선 후기에는 재지사족들의 마을 형성과 세력화 과정에 영향을 주어 사족층의 마을풍수담론을 형성했다. 그뿐만 아니라 유교적 효 이념의 사회적 확산과 맞물려 묘지풍수의 성행을 수반하면서 일반 백성에까지 널리 활용되었다.

조선 초기까지만 해도 풍수서들을 민가에서 소지하거나 개인이 보관하는 것은 금지되었다. 국가에 중대사가 있을 때에는 종종 민가에 보관한 비기서들을 회수하여 불살랐으니[3] 백성이 풍수지식에 접근하기는 극히 제한적이었음을 알 수 있다. 더욱이 풍수론의 지식체계가 난해했기 때문에 서민이 풍수를 제대로 이해하고 활용하기는 매우 어려웠다.

특히 풍수의 인간관인 개천명改天命 사상은 하늘이 정한 운명에 규정되는 순천적順天的 사상성에서 벗어나 '신의 공력을 빼앗고 천명을 바꿀 수 있다'[奪神功 改天命], 『錦囊經』는 변혁적 사상성을 지녔다. 따라서 풍수는 계급과 신분상승을 추동하는 이념으로 해석될 소지가 다분했다. 그래서 더더욱 지배층은 피지배층에게 풍수지식을 개방하지 않았고, 그들이 풍수술을 활용하지 못하게 했을 것이다. 이러한 사회적 배경은 서민의 풍수 활용, 민촌의 입지·경관에 대한 풍수적 영향력이 제한되는 결과를 낳았다.

그러나 조선 후기에 이르자 지리지식에 대한 사회적 수요가 증가함에 따라 풍수 역시 관료와 지식인 계층으로 널리 확산되었다. 특히 사족층의 사회적 성장이 두드러지고 향촌에 세력 근거지를 확보해나가는 과정에서, 풍수는 유가적 세계관의 틀에서 변용·결합되어 사족들에게 수용되는 과정을 겪게 된다. 따라서 마을 단위에서 풍수가 본격적으로 활용되고 사회적 담론으로 의미를 가진 것은 사족들이 종족촌이라는 공간적 근거지를 마련하고, 경제적으로 중소지주계층의 기반을 확보하여 정치사회적 주도권을 행사한, 조선 후기의 역사적 과정과 궤를 같이한다.

사학계의 연구 성과를 빌리면, 17세기부터 성리학적 유교사회의 질서가 확립되고 적장자嫡長子 우위의 상속과 적장자 봉사奉祀, 조상의 제사를 받듦가 일반화되었다. 종족촌의 풍수적 입지가 성행한 시기도 이 무렵이라고 추정할 수 있다. 특히 조선 후기에 혈연의식을 중시하는 동기이론同氣理論이 사회에 정착되어 동족 간 묘지풍수가 성행했다. 풍수적 가치가 종족의 번영과 인물의 번성을 보장한다는 담론이 사회적으로 통용된 분위기는 사족촌에 풍수의 영향력을 증대하는 배경이 되었다.

조선 후기의 유학자, 특히 실학자들은 풍수설의 사상적 이단성과 사회적 폐해에 비판적 태도를 지녔다. 그러나 주자의 풍수적 견해를 준거로 하여 방편적 가치로서 실용적 차원에서 효용성을 인정했으며, 풍수지식에도 의약지식과 마찬가지로 일반교양 수준의 관심과 수준을 갖추었다.[4]

조선시대의 풍수설은 『주자가례』朱子家禮와 결합된 측면이 강했다. 『주자가례』에서는 조상과 자손이 동기라는 인식을 바탕으로 택지의 중요성을 강조했으며, 실제 택지 과정에서도 풍수설과 결합을 인정했다. 유교적 택지관과 풍수설은 상호융합하여 조선사회에 절대적 영향력을 행사했다.[5]

굳이 풍수설에 대한 전문적 식견이 아니더라도 유학자들은 근거지 취락의 입지와 경관에 대한 풍수적 견해를 견지했으며, 이것이 고을이나 마을의 풍수적 조영에 반영되기도 했다. 일찍이 경상우도 유학의 종장으로 일컬어진 조식曺植, 1501~72은 "음양, 지리, 의약, 도류道流의 끝에까지 그 대강을 섭렵하지 않음이 없었다"[6]라고 했으니, 여기서 말하는 지리는 풍수를 일컫는다. 제자인 정구 역시 "제자백가, 의약, 점서, 병서, 풍수설 등에 이르기까지 그 대략의 이치를 통하지 않음이 없었다"[7]라고 평가되었다. 경북 선산에서는 김종직金宗直, 1431~92이 고을의 물난리를 방지하기 위해 감천변에 수해방비림을 식재했고 인접한 옥산현玉山縣, 지금의 경북 구미시 인동동에서는 장현광이 고을을 풍수적으로 보완하려고 비보숲을 조성·관리하는 데 관심을 기울였다. 다음 두 인용문은 당시 유학자들의 풍수적 인식과 실천적 정황을 단적으로 표현하고 있다.

동지수는 읍 앞 들에 있다. 점필재 김종직이 나무를 심어 숲을 만들고 감천의 물난리를 막고자 했다. 천여 마지기에 300여 년이나 이익을 입었다.[8]

· 『경상도읍지』

옥산현은 천성산을 등지고 금오산을 마주 대하고 낙동강이 띠처럼 두르고 있어, 읍성을 만들고 고을을 두게 된 것에 진실로 풍수의 모임[聚]을 얻었다. 다만 앞 들이 넓고 멀어서 풍기를 갈무리함이 허술한 듯하다. 이 때문에 고을에서는 5리쯤 되는 곳에 숲을 설치하여 강산의 맑고 깨끗한 기운이 모이게 했다. 이 숲의 이름을 차遮라고 불렀고, 조성한 지 오래되었다. ……풍수설은 지식인유학자의 길이 아니지만, 하나의 풀과 나무의 영고성쇠도 땅의 운세에 관계되지 않음이 없으니, 숲이 중간에 폐지된 것은 고을의 운이 쇠할 조짐이었음을 어찌 알겠는가? 그렇다면 (고을의) 중흥을 돕는 방도가 이 숲을 세우는 것이니 하나의 길조가 되지 않겠는가. 옛날 이 고을은 뛰어난 인물이 많이 나왔는데, 그때는 이 임수[遮藪]도 무성했다. 그런데 인물이 쇠잔해지고 고을이 패망하게 되자 이 임수도 베어지고 말았다. ……우리 선조들이 함께 이 숲을 만들었을 때에 왕성했으니, 그 자손 되는 우리도 함께 이 숲을 키워 고을을 다시 빛내는 것이 오늘 우리가 바라는 바가 아니겠는가?[9]

· 「의부립차수문」

마을 형성의 역사적 과정과 풍수

조선 후기 사족촌의 풍수담론을 이해하려면 우선 마을 형성의 역사적 과정을 살펴볼 필요가 있다. 마을의 역사적 전개 과정은 조선 초기의 자연촌·산촌[散村]에서 15~16세기의 집촌화 과정, 16~17세기의 사족촌 형성, 18세기 이후 마을의 조직과 운영체계가 분화하는 현상으로 구분할 수 있다.[10]

대체로 15세기 초까지는 군현을 실질적으로 장악하고 있던 재지세력이 각기 읍치 내에 세거해왔다. 이후 경제적 기반의 확대, 사회정치적 사림계층 형성 등의 이유로 향리에서 벗어나 사족화하면서 역외[域外] 향촌 또는 그 임내[任內] 지역이나 타읍의 외곽지대로 이주하거나 복거하는 것이 일반적 경향이었다. 따라서 이주한 곳들이 나중에 유수한 재지사족의 집거지가 되었고 주위의 오지·벽지가 잇따라 개발되어갔다. 시대적·사회적 변동에 따른 주민의 이동으로 과거에는 번성했던 마을[盛村]이 쇠잔한 마을[殘村]이 되기도 했고, 재지사족들의 활발한 지역개발과 새 복거[卜居]로 신생촌도 대량 발생했다. 중앙의 기성사족과 지방의 재지세력의 지역적 이동이 활발하면서 사족의 전국적 확산을 가져왔다.[11]

16세기 이후에는 둑과 제방, 저수지 개발 등으로 농경지역이 평야·저지대로 확산되었고,[12] 집약농법의 발달로 생산력의 증대와 함께 집촌화되었다.[13]

조선왕조 양반지배체제가 확립됨에 따라 재지사족들은 향촌사회에서 사회·경제적 기반을 구축하는 과정에서 종족촌을 형성해나갔다. 조선 전기의 산촌散村들이 점차 성씨를 주축으로 하는 혈연적 집촌으로 새롭게 변모하게 되는 데는 사족들의 이거와 정착 과정이 연관되어 있었다. 여말선초 전환기에 사족들은 처향이나 외향 등 연고지를 따라 또는 향, 소, 부곡 등 행정편제상 중앙정부의 통제가 철저하지 않은 지역을 확보하여 새로운 정착지로 선정했다. 이들은 16세기 이후 본격적으로 진행되는 천방川防, 보을 개발해 농지를 확대해간 주체였으며, 이 시기에 발전하는 수전농법과 이앙법에 힘입어 사회경제적 지배력을 확보해간 세력이기도 했다.[14]

그 과정에서 16세기에 여러 성씨가 섞여 살던 종족촌이었던 사족촌은 17세기 이후 친족결합 양상이 구체화되면서 점차 동성동본의 동성촌으로 일반화되어 변모해갔다.[15] 18세기 후반에는 종족촌 형성이 일반화되면서 종족촌 조직의 결속력과 폐쇄성이, 마을 내의 동족과 비동족 간 또는 동족 간, 마을과 마을 간의 차별성과 주도권 문제로 나타났다.[16]

특히 17세기 후반부터 종래의 종족촌에서 동성촌으로 변모해가는 과정에서 산송을 비롯한 많은 문제가 수반되었으며, 씨족과 문중을 중심으로 치열한 세력 다툼이 야기되었다. 재지사족들은 향촌사회에서 각기 주도권을 장악하려 경쟁했고 이러한 분열과 다툼은 17세기보다는 18세기, 다시 19세기로 갈수록 더해갔다. 특히 19세기부터는 향촌사회에서 씨족·문중끼리 분쟁이 추잡상을 더했다.[17]

이렇듯 사족촌의 사회적 속성과 맞물린 사족 간 또는 지파 간 주도권

경쟁은 향촌을 지배하기 위한 풍수담론의 형성과 실천에 큰 영향을 준 요인이 되었다. 이상과 같은 역사적 과정에 비추어 조선 후기의 사족촌에 미친 풍수의 영향을 시기적으로 살펴보면 다음과 같다.

15세기 이래 사족들의 거주지 선정 과정에 풍수입지요인은 일정한 영향을 미쳤다. 16세기 이후 집촌화와 종족촌·동성촌의 친족결속 과정에서 풍수는 마을지배의 한 수단으로 활용되었다. 즉 마을의 공간조직과 배치, 종가 등의 주요 건축물 입지와 입향조 묘지 선정, 비보숲의 조성과 관리 등에 반영되어 사족촌의 장소성과 영역성을 강화해나갔다. 18세기 후반 이후에는 사족세력 간 또는 동족의 분파 간에 주도권 문제가 드러나면서 풍수는 향촌사회의 경제적 세력화를 위한 한 수단으로 분산 확보 등에 이용되었다. 이후 해당 근거지와 중심 장소宗宅宗宅 등의 풍수적 가치를 우열화하는 사족세력이나 지파 간의 풍수담론 경쟁은 더욱 치성해졌다.

이상과 같은 시기적 흐름에 비추어 사족촌의 풍수적 입지와 조영 과정은 세 가지로 유형화할 수 있다. 첫째는 처음부터 풍수에 입각하여 입지를 선정하고 마을을 만든 경우다. 둘째는 (원래는 풍수를 고려하여 입지선정이 되지 않았지만) 나중에 사족들이 유력한 씨족으로 성장·번성하고 사회적으로 풍수담론이 성행하면서 비보물 설치, 상징화 등으로 풍수적 의미를 부가하는 경우가 있고, 더 적극적으로는 풍수적 길지로 마을을 이동한 예도 있다. 셋째는 조선 후기 묘지풍수가 성행해 묘지의 길지를 확보하는 과정에서 사족촌이 형성되기도 했다.[18]

사족촌의 풍수입지

조선 후기의 마을입지와 관련된 풍수론은 유교지식인들에게 긍정적으로 수용되었다. 이러한 사실은 『택리지』『산림경제』 등 실학자들의 마을

입지 논의에 풍수적 논리가 주요하게 수용된 것으로도 반증된다.

조선 후기 사족촌의 입지가 반영된 가장 대표적인 저서로 『택리지』를 꼽을 수 있다. 이중환은 가거지 선정의 네 가지 조건지리地理·생리生利·인심 人心·산수山水을 들면서 "삶터를 선택하는 데에는 지리가 으뜸이고 생리가 다음이며 다음으로 인심이고 다음으로 아름다운 산수이다. 네 가지 중에 하나라도 없으면 낙토가 아니다"[19]라고 했다.

이중환이 서술한 사족촌 입지론에서 주목할 만한 개념은 수구 개념이다. 이중환은 가거지가 되는 마을을 선택할 때 수구를 가장 긴요한 지리적 조건으로 꼽은 바 있다. 그는 택리의 지리적 제1요건을 '수구잠김'[水口關鎖]이라는 한마디로 요약했다. 마을을 선택할 때 지리가 첫 번째이고, 지리에서도 '가장 먼저 수구를 보라'고 강조하면서 "수구의 형세는 빗장 잠겨야 한다"라고 강조했다.[20] 이처럼 풍수국면의 마을입지는 토지생산성에 기초한 경제적 입지에 선행했으며, 일차적으로 풍수론적 터잡기라는 테두리가 정해진 후 그 한계 안에서 생리가 추구되었다.[21]

정약용의 사족촌 입지에 관한 견해도 참고할 만하다. 그는 『택리지』의 발문에서 "내가 주거의 이치를 논하자면, 먼저 마땅히 수화水火를 보고, 다음으로는 오곡을 보며, 다음으로는 풍속을 보고, 다음으로는 산천의 승경을 본다. 수화가 멀면 인력이 다하고, 오곡이 갖춰져 있지 않으면 흉년이 잦다. 문을 숭상하면 말이 많지만 무를 숭상하면 싸움이 많고 이익을 숭상하면 백성이 속이고 박하며, 다만 힘써 일하기만 하면 고루하고 난폭해진다. 산천이 탁하고 추악하면 사람과 물산에 빼어나고 특출한 것이 적고 뜻이 맑지 못하다"라고 했다.[22]

사족촌의 풍수적 입지는 조선시대 농업생산력과 농경기술, 특히 관개시설과 조응관계에 있었다. 이러한 정황은 『택리지』에서 가거지의 지리요소 중 생리의 조건을 겸비해야 하는 것으로 강조되었다. 마을입지는 지리적으로 주거지의 양호한 풍수적 조건과 형세뿐만 아니라 경제적으로도 농경의 이상적 조건이 수반되어야 했다.

풍수를 활용한 마을입지는 주거생활을 지속하기 위한 자연환경적 최적지를 선택하는 데 목적이 있었기에, 농업생산력과 농경기술을 반영하여 지역 환경에 가장 적합한 입지조건을 갖춘 장소를 추구했다. 『택리지』에 언급되었듯이 조선 후기에 일반적인 마을입지 패턴으로서 계거溪居·강거江居·해거海居의 입지형태에서 계거가 가장 높이 평가된 것도 당시 수리관개시설에 기초한 농업경제적 조건과 논농사의 발달과 조응한 것이다.

이러한 사실을 반영하듯이 읍마다 대표적인 사족촌은 대체로 보[川防]를 쉽게 할 수 있는 위치에 분포했다. 영남사림파 내지 영남학파를 주도했던 재지사족들의 집거지는 바로 천방을 쉽게 축조하여 물을 끌어들임으로써 관개할 수 있는 계거 지역에 위치했다. 특히 16세기 이래 영남의 재지사족들은 주자학적 향촌 지배질서와 새 선진농법, 사대부의 '산림' 지향성으로 해거보다는 강거, 강거보다는 계거를 선호하여 이주하거나 복거한 결과 낙동강 본류와 그 지류의 상류 유역에 조선시대 영남학파를 대표한 명문·거족들의 종족촌이 자리 잡게 되었다.[23]

사족촌의 풍수담론 형성 배경

풍수는 역사·사회의 상황과 조건에 맞물려 형성·전개되는 문화현상이다. 조선 후기 사족촌의 풍수담론 전개에 관한 해석은 조선 후기의 역사·사회·경제·문화적 제 조건과 배경이라는 맥락에서 논의되고 이해될 필요가 있다. 조선 후기 영남지방 향촌사회에서 사족들이 세력을 확보해나가는 과정에 풍수가 사회적 영향력을 형성할 수 있었던 것은 다음과 같은 몇 가지 배경에서 이해할 수 있다.

첫째, 조선 후기 사족촌의 이상적 입지지형 모델이 풍수적 명당의 지형
지세 조건과 부합했다는 점이다. 당시 농업생산력의 수준에 기초할 때 지
형적으로 사족촌의 최적 입지조건은 농지와 산맥, 하천과 계곡이 서로 교
착하여 제언과 천방보 등 관개시설 축조에 편리한 곳이었다.[24] 이러한 지
형조건은 풍수상의 명당 조건과 부합했기에 풍수적 입지론은 사족촌의
최적 입지를 뒷받침해주는 공간논리로 활용될 수 있었다.

특히 조선 후기 사족촌의 풍수적 입지에서 영남지방의 지형지세 조건
은 가장 적합한 지역이었다. 경상도는 태백·소백산맥과 지리산·가야산
등이 서북쪽에 둘러싸여 있고, 그 사이에 낙동강이 관류하면서 상류와 중
류, 거미줄처럼 연결되어 있는 크고 작은 지류와 산간계곡을 따라 재지사
족들의 집거촌과 농장이 개설되었다. 이러한 농장은 여러 선진농법을 활
용할 수 있는 유리한 조건을 구비한데다가 하천이나 계곡의 물을 이용하
여 관개할 수 있어 가뭄 피해가 거의 없고 하상이 낮기 때문에 홍수와 같
은 수해도 적었다.[25]

이러한 사실을 반영하듯이, 정약용은 영남 지역에 향촌의 성씨집단이
가장 성하다며 사족촌의 사례를 들어 "도산退溪退溪 이황, 하회西厓西厓 류성
룡, 내앞천전川前, 학봉鶴峰 김성일, 닭실계곡鷄谷, 충재冲齋 권벌, 범들호평虎坪, 개암
開嵒 김우굉, 오미학사鶴沙 김응조, 학정백암柏巖 김늑, 갈산존재存齋 이휘일, 소호대
산大山 이상정, 석전石田 ?, 옥산회재晦齋 이언적, 옥산여헌旅軒 장현광, 우산우복愚伏
정경세, 해평인재訒齋 최현 등 이루 헤아릴 수가 없다"라고 했다.[26]

둘째, 조선 후기 사족들은 향촌사회에서 정치경제적으로 세력화하는
과정에서 풍수를 향촌을 지배하기 위한 공간이념과 수단의 하나로 이용
했다는 점이다. 조선 후기에 사족층은 사회의 지배계층으로서 상층 양반
문화를 주도해나가면서 다른 계층과 차별성을 지니는 한편, 다른 계층에

▲▲ 도산 퇴계 종택.

▲ 내앞 의성김씨 종택.

▼ 오미 풍산김씨 종택.

게 압도적인 영향을 미치는 권위를 유지해가고 있었다.[27] 지역적 기반이 있던 토성들이 성장·사족화해서 종족촌의 기반을 형성하거나, 외래 사족들이 입향하여 종족촌을 형성한 경우에 새로 입지를 선정하게 된다. 그 과정에서 지점된 마을터의 풍수적 가치, 입향조의 사당과 묘, 재실, 종가 등 종족 경관의 주요 장소에 대한 풍수적 평가 등은 사족집단의 지위와 권위를 사회적으로 표상하는 지표로 기능했다.

조선시대의 사회구조는 신분제적 질서로 구성되어 운영되었기 때문에, 당시 사회적 담론에서 영향력 있는 문화요소였던 풍수는 하위 신분계층을 지배하는 정치사회적 공간이념으로 활용되었다. 사족들의 근거지가 되는 마을 터전의 풍수적 가치는 종족집단의 번영과 인물의 번성을 보장할 가능성으로 상징화되어 받아들여졌으며, 이런 사회적 분위기에서 풍수는 종족집단의 권위를 강화해주는 사회적 담론이자 이데올로기 역할을 수행할 수 있었다.

사족층으로 지칭되는 종족집단의 지배세력은 풍수담론을 이용함으로써 장소와 경관으로 그들의 권위를 높이고 영역화를 강화하며 장소를 통한 정치적 효과를 거둘 수 있었다. 정약용도 이러한 당시 향촌 성씨집단을 "속가(俗家)에서는 각각 한 조상을 받들고 한 장원(莊園)을 차지하며 종족이 거주(族居)하여 흩어져 거처하지 않는 까닭으로 굳건히 유지하여 근본이 뽑히지 않는다"[28]라고 언급했다.

셋째, 사족촌의 경관을 구성하는 요소 중 입향조의 묘, 사당, 재실, 종가 등이 종족의 결속을 다지고 가문의 위세를 드러내는 상징물로 부각될 필요가 있었다. 풍수는 이들의 장소적 입지에 위계적 의미와 가치를 부여할 수 있었다는 점이다. 따라서 사족의 주요 경관요소는 마을경관에서 풍수적 요처에 입지·배치되는 결과를 낳았다.

16, 17세기를 거치며 부계 중심의 종족질서가 형성되는 과정에서 부계

조상에 대한 인식이 확대됨에 따라, 사족층의 분산 확보와 수호에 대한 관심과 노력 또한 계속해서 증대됐다.[29)] 입향조의 묘, 사당, 재실, 종가 등의 경관요소가 동족의 유대를 강화하고 종법의 질서를 유지하는 데 중요한 비중과 위치를 차지하게 되었다.[30)] 원사院祠·재실, 종택의 건축물들은 하층민이나 다른 성씨에 대한 그들 가문의 위세와 권위를 나타내는 상징물이었다.[31)]

사족층의 향촌지배와 풍수 활용

사족촌의 풍수담론은 종족 사회집단을 유지하고 향촌사회를 지배하기 위한 수단의 하나이자 정체성과 권위를 강화하는 역할을 했다. 이렇게 보면 사족들이 정치문화적 정체성을 확보하고 지배력을 강화하려 어떤 방식으로 풍수를 활용했는지가 주목의 대상이 된다.

신분제 사회라는 사회적 기능의 체계 안에서 이해해야 하는 조선시대의 마을풍수는 당시 사회관계가 투영된 문화적 현상이다. 따라서 조선시대의 풍수담론은 기본적으로 취락 사이의 장소적 위계와 불평등을 전제로 해서 전통사회의 신분제적 특성을 반영한 것이다. 지배 신분은 마을이나 묘지입지에 관한 풍수적 논리의 치장이나 명당성의 정도를 차별화함으로써 신분제적 틀을 유지하고 강화하려 했다.[32)]

따라서 조선시대의 풍수적 장소는 왕족-양반-민간이라는 사회적 신분의 위계에 따라 서열화되었을 뿐만 아니라 사회적 계급의 서열에 따라 차별적으로 점유되었다. 예컨대 수도와 왕릉지는 으뜸가는 명당지로 간주되어 왕족이 배타적으로 독점했다. 지방 고을의 주요 풍수적 요처는 중앙집권적 관료세력과 지역향촌의 향반들이 점유했으며, 읍치 외곽의 풍수가 좋은 주요 마을지와 묘지 역시 사족층을 비롯한 지역사회 권력층의 근거지가 되었다.

이러한 풍수적 길지를 둘러싼 장소의 정치는 정치세력과 사회집단들 간에 장소의 지위에서 우위를 차지하기 위한 힘겨루기에서 경쟁, 도전과 쟁탈, 강점 또는 이양 등의 과정으로도 나타나곤 했다. 조선 후기에 사족촌 간은 물론이고 사족촌 내 지파 사이에 세력 싸움에서도 풍수적 입지와 가치평가에서 상호경쟁의 양상이 드러난다. 예컨대 삼남의 4대 길지로 영남지방의 하회·양동·유곡·천전이 꼽혔다는 사실도[33] 당시 정치적으로 유력한 사족들의 의도적인 장소 정치 과정으로 해석할 수 있다. 이처럼 조선조 사림들은 훈구세력과 달리 향촌사회에서 중소지주로서 경제적 기반과 재지사족으로서 신분적 배경을 지녔으므로, 이들의 가장 큰 관심사는 향촌지배였다고 할 수 있다.[34]

조선 후기에 사족층이 향촌을 지배하기 위한 풍수적 방식은 풍수 국면의 지정으로 마을권 영역화, 풍수비보물의 설치와 보호를 지정한 동약, 분산을 확보한 종족 구성원의 결속과 산림의 사유화 등이 있다. 이러한 사족촌의 풍수 국면 규정은 마을권의 형성에서 세력의 영역을 일차적으로 규정하는 의미가 있다.

사족들이 마을민을 지배하려는 구체적인 조직으로 동계·동약류가 있다.[35] 그중에서 풍수경관을 보전·유지하려 조성된 풍수비보물이 동약의 대상이 되기도 했다. 안동 내앞마을의 개호송은 그 일례가 되기에 살펴본다.

내앞 의성김씨 마을 입향조 김만근金萬謹, 1667~1705은 풍수적인 수구비보를 해서 가문을 흥성하게 하려고 마을숲개호송을 조성했다. 입향조가 처음 조성한 숲이 불타고 홍수에 쓸려 없어지자 1615년경 청계靑溪 김진金璡, 1500~80의 손자인 김용金涌, 1557~1620이 주창하여 동네 사람들과 함께 1,000여 주를 다시 심고 「개호종송금호의서」開湖種松禁護議序를 만들어 수호를 결의했다. 개호송이 종가 및 내앞마을과 동일시되는 존조중종尊祖重

宗,조상과 문중을 드높임의 의리를 상징하는 경관이 된 것이다.[36]

숲이 당초 조성될 때에는 풍치와 생태적 역할을 배경으로 하고 풍수적 비보라는 명시적 의미가 중심이 되었지만, 점차 가문과 지역 같은 유교적 공동체가 추구하는 이데올로기를 표상하는 기호 경관으로 인식되었다. 유교적 가치관이 고을과 마을에 정착되는 조선 중기 이후 유교적 공동체의 융성이라는 새로운 의미가 확대 재생산된 것이다.[37] 다음 인용문에 나타난 마을숲에 대한 인식은 사족들에게 풍수와 유교가 결합된 담론의 방식을 여실히 나타내준다.

선조 통례공通禮公, 김만근金萬謹부터 터전을 연 이래, 이 솔을 심어 수구가 허한 점을 보완했다. ……이 솔이 없어지면 곧 내앞마을이 없어지는 것은 분명하다. 내앞은 우리 종가사당이 있는 곳이다. 가문의 터전이 흥하고 망하는 것이 여기에 달려 있으니, 종중을 존중하는[尊祖重宗] 의리가 있다면, 어찌 이 솔을 보호하는 데 마음을 다하지 않겠느냐. 그래서 마음을 하나로 협력하여 각자 노력하는 데 어찌 멀고 가까운 구별이 있겠느냐.[38]

· 「개호금송완의」

조선 후기 사족층에게 풍수를 수단으로 한 장소적 정치를 더욱 부추긴 것은 사회집단 간의 경쟁과 갈등이었다. 이러한 갈등은 사족 간, 동족마을의 서로 다른 성씨 간, 동성의 지파 간에도 심각하게 전개되었다. 조선 후기 산송과 토지분쟁에 관한 무수한 소지所志, 관부에 올리는 소장이나 진정서에서 이를 확인할 수 있다.[39]

특히 16세기 이후 인구의 증가와 농업기술의 발달에 따른 농지개간과 수전의 확대 등 사회적·경제적 발전에 따라 산림수택山林水澤은 재산과 이권으로서 큰 의미를 가지게 되었다. 이에 따라 이것에 대한 개인 점유 [私占]가 전면적으로 확대되어가는 한편, 소유권과 사용권을 둘러싸고 가문 간 또는 마을 간에 분쟁이 일어났다. 사유화에 좀더 적극적인 대상이 된 것은 산림이었다. 산림을 사유화하는 일반적인 방법 중 하나가 조상의 분묘를 조성하는 것이었다. 풍수는 법제적으로 좌청룡·우백호 국내의 묘역을 인정하는 근거가 되었기에[40] 유력한 산림의 사유화 방법으로 이용된 것이다.

분산을 경쟁적으로 확보하는 과정에서 산송山訟도 유발되었다. 풍수설은 산송의 중요한 요인으로 작용했다. 산송이 발생하는 배경 요인은 묘지풍수의 감응에 대한 믿음, 자손의 번영과 부귀영달을 희구하는 혈족 본위의 욕구였다. 유교의 추효追孝사상과 일치된 묘지풍수는 지역사회에 더욱 깊게 뿌리를 내렸다.[41]

그러나 정작 산림과 산지 이용을 배타적으로 확보하려는 추동력은 임산물이 당시 주민의 일상생활이나 산업에서 매우 중요한 역할을 했을 뿐 아니라 상당한 소득을 발생시켰다는 점이다. 그러한 욕구를 현실화한 계층이 바로 양반이다. 그들은 풍수설을 명분으로 내세우며 묘지 주변의 광범한 산림을 점유하고 다른 사람의 이용을 제한했다. 양반들의 산림 사점이 확대되자 국가에서도 법규정을 명문화하여 양반들의 산림 독점을 인정하고 법적으로 보장까지 하게 되었다.[42]

풍수를 이용한 산림사유화의 법제적 근거를 자세히 보자. 조선 후기에 풍수지리설이 널리 유행하면서 분묘의 '사산'四山을 중시하는 경향이 있었다. 그래서 그 안에 묘를 쓰는 것을 허용하지 않는 풍조가 있었다. '사산'이란 묘를 중심으로 앞으로는 안산, 뒤로는 주산, 왼쪽으로는 청룡, 오른쪽으로는 백호를 말하는데 그중에서도 특히 청룡과 백호를 중시했다.[43] 이와 같은 풍조가 널리 유행하자 숙종은 1676년에 묘산과 용호 내에는 타인이 묘를 쓰지 말고, 용호 외에는 땅을 넓게 차지하지 말라는 교 敎를 내려 산송의 판결기준으로 삼았으며, 『속대전』1746 「형전」刑典 청리淸 吏 조에 명문화했다.

조선 후기 사족촌의 풍수담론 형태는 사족촌 간뿐만 아니라 동일 마을 내의 이성집단異性集團과 동성집단의 지파 간에도 경관으로 반영되어 나타났다.[44] 안동 하회마을에 전해지는 풍수담론에는 이성집단과 동족지파 간에 지배세력을 구축하는 과정에서 풍수가 어떠한 상징적 이데올로기로 활용되었는지가 흥미롭게 드러난다.

하회마을에는 처음에 허씨許氏와 안씨安氏가 살았는데, 나중에 류씨柳氏가 세거하여 서애 류성룡柳成龍, 1542~1607을 필두로 한 주도적인 성씨집단의 세력을 확보한 동성촌이 되었다. 이성 성씨 간에 빚어진 마을 주도권에 관한 사회적 집단관계는 마을의 풍수적 입지와 관련하여 담론으로 형성되었다. 예컨대 "허씨와 안씨는 마을의 풍수적 형국이 행주형임을 모르고 비보하지 않았기 때문에 쇠퇴했고, 류씨는 연화부수형의 연화 중심에 입지를 정함으로 하여 운이 왕성했다"[45]라고 유포된 설화가 그것이다.

그리고 하회마을 동족지파 간의 풍수담론은 각 지파 주요 건축물派宗宅 派宗宅 등의 풍수적 의미와 관련한 담론으로 나타났다.[46] 류씨가 17세기 이후 하회에서 지배적 지위를 확보하면서 동시에 지파가 형성되자 각 지파 간에는 긴장관계가 조성되었다. 풍산류씨의 겸암 류운룡파와 서애 류성룡파 간에 눈에 보이지 않는 대등의식이 있었으며,[47] 이것은 풍수와 관련된 담론의 형성으로 발현되었다. 이러한 지파 간의 사회적 관계에서 파생하는 대립이나 경쟁 등은 각 지파와 관련된 경관에서 드러나며, 또한 그러한 경관의 의미를 구성하기 위한 담론의 생산으로 나타난다. 예컨대 양진당養眞堂과 충효당忠孝堂 각 종택의 명당론이 존재한다는 것은 겸암과의 중심인 양진당이 서애파의 상징적 중심인 충효당과 풍수적으로 대립 관계에 놓이게 됨을 의미한다. 이것은 곧 혈연적으로 대종가라는 겸암파의 상징적 우월감과 역사적·경제적·수적으로 위세를 유지해온 서애파의 우월감이 경쟁적으로 풍수명당 경관의 의미구성으로 표출된 것이라고 할 수 있다.[48]

8 조선왕릉의 풍수와 공간정치학

　조선왕릉에 대한 학술적 연구는 2009년 유네스코 세계문화유산 등재를 계기로 새로운 동력과 전기를 맞은 바 있다. 근래 역사·건축·미술사·조경·민속·풍수·관광 등 여러 학문 분야에서 조선왕릉에 접근하면서 다양한 연구 성과가 축적되었다.

　조선왕릉에 대한 지리·풍수적 고찰은 다음과 같은 세 가지 차원과 방법으로 종합적으로 접근할 수 있다.

　조선왕릉의 분포·입지·배치와 경관 등의 형태적 특징과 그 변천 양상에 대한 역사지리적 분석이 필요하다. 조선왕릉은 조선시대만의 특정하고 고유한 문화현상이 아니다. 통시적으로는 신라와 고려에서 계승되면서 조선시대의 특징으로 변천된 역사적 과정의 산물이다. 공시적으로는 중국의 영향을 일정 부분 받아서 명·청대 황릉의 경관과 비교할 수 있다. 따라서 시공간의 거시적 안목과 시선이 요청된다.

　조선왕릉의 택지와 조영, 천릉 과정을 둘러싸고 전개된 조선조 권력집단 간의 공간정치학에 대한 신문화지리학적 접근은 조선왕릉을 새롭게 이해하는 의미 있는 방법이다. 조선왕릉은 단순한 문화재적 가치를 넘어 조선시대 정치권력의 역학관계가 고스란히 투영된 경관 단면이다. 따라서 공간과 정치집단, 공간과 권력의 변증법적 담론은 조선왕릉이라는 경관의 사회적 구성을 해석하는 데 중요한 관점이 된다. 조선왕릉에 반영된 정치사회적 지형도를 읽는 시선과 방법이 필요한 것이다.

풍수는 조선왕릉의 입지와 조성, 관리 등의 측면에서 막대한 영향을 미쳤다. 더구나 풍수는 조선왕조에서 정치사회적 공간담론으로 작용했기에 조선왕릉을 이해하는 핵심키워드가 된다.[1]

풍수가 조선왕릉의 조영을 결정짓는 주요인이자 목적이었는지, 아니면 정치적 담론 과정에서 부수적 수단과 논리로 활용되었는지 이 글에서 논구하려 한다. 이를 위해서 풍수결정론이나 풍수요소론환원론을 넘어 해당 시대의 문화적 텍스트이자 사회적 담론으로서 풍수를 조명할 것이다.

이상과 같은 방법과 시선으로, 조선왕릉의 분포·입지·배치에 나타나는 역사지리적 경관 특징, 조영을 둘러싸고 전개된 권력집단 간의 문화지리적 공간정치학, 그 속을 관류하는 조선왕릉의 풍수지리적 경관 조성과 관리 양상 등을 검토해보자.

분포 특성

조선왕릉에서 나타나는 지리적 분포와 입지적 특징은 통시적으로 신라·고려의 왕릉, 공시적으로 중국의 명·청릉과 대비하면 잘 드러난다.

시대별로 왕릉의 지리적 분포를 비교해보자. 도성을 중심으로 한 조선왕릉의 공간적 분포 범위는 신라왕릉이나 고려왕릉보다 광역화된 경향을 나타낸다. 조선왕릉은 예외도 있지만 대부분 한양에서 4~40킬로미터 안에 분포했다. 현재 서울의 도성 인근에 있는 조선왕릉 40기의 분포 양상을 보면, 개성의 제릉과 후릉, 영월의 장릉을 제외하고는 모두 도성을 중심으로 100리40킬로미터 이내에 분포하고, 그중에서 20~40리8~16킬로미터에 분포하는 것이 17기로 42.5퍼센트를 차지한다. 이에 비해 신라왕릉은 대체로 반경 1~6킬로미터 안에 분포했다. 고려왕릉은 강도시기

표 15 조선왕릉의 분포 특성(요약)

항목	분포 특징
도성에서의 거리	100리(약 40킬로미터) 이내. 20~40리 사이가 과반수
도성에서의 위치	북동쪽과 북서쪽이 다수
공간적 분포 범위	넓음(신라왕릉, 고려왕릉 대비)
분포상 응집 정도	산포(중국 명·청릉 대비)
동역 내 이릉 간 거리	300미터 내외

표 16 도성 인근 소재 조선왕릉의 거리별 분포 현황

도성에서의 거리	능호	개수	비율 (퍼센트)
0~4킬로미터 (10리 이내)	정릉	1	2.5
4~8킬로미터 (10~20리)	의릉, 창릉, 경릉(敬陵), 익릉, 홍릉(弘陵), 명릉, 선릉, 정릉(靖陵)	8	20.0
8~16킬로미터 (20~40리)	건원릉, 현릉, 목릉, 휘릉, 숭릉, 혜릉, 원릉, 수릉, 경릉(景陵), 태릉, 강릉, 희릉, 효릉, 예릉, 헌릉, 인릉, 온릉	17	42.5
16~20킬로미터 (40~50리)	사릉, 홍릉, 유릉	3	7.5
20~24킬로미터 (50~60리)	공릉, 순릉, 영릉(永陵), 장릉(章陵), 광릉	5	12.5
24~28킬로미터 (60~70리)	장릉(長陵), 융릉, 건릉	3	7.5
28~40킬로미터 (70~100리)	영릉(英陵), 영릉(寧陵)	2	5.0
40킬로미터 (100리 이상)	장릉(莊陵)	1	2.5
계		40	100

＊자료: 이창환, 「조선시대 능역의 입지와 공간구성에 관한 연구」, 성균관대학교 대학원 조경학과 박사학위논문, 1998, 58쪽의 연구 내용을 보완 작성.

1232~70에 강화도에 조성된 희종 석릉, 고종 홍릉과 소재지를 확인하기 어려운 고려후기의 왕릉을 제외하고는 송악산과 개경 주변·송림현·장단현 등에 있다.[2]

한양 도성을 중심으로 한 조선왕릉의 위치적 분포 양상은 대체로 도성의 북동쪽과 북서쪽 권역에 있다. 한강 너머의 남쪽에는 비교적 적은 7기만 존재한다. 상대적으로 신라왕릉이 왕궁^{반월성} 둘레에 골고루 분포되어 있는 것과 차이가 난다. 조선왕릉의 경우 지리적 접근성에서 북동·북서쪽이 능역에 행차하거나 관리하는 데 유리했기 때문이다. 도성 남쪽에 걸쳐 있는 한강이 접근을 어렵게 하는 육로교통의 장애물이었기에 한강 너머는 능역입지의 제한 요인으로 작용했던 까닭이다.

조선왕릉은 동시대 중국 명·청대 능역과 달리 한양 도성을 중심으로 근거리 외곽에 분산되어 있다는 또 다른 특징이 있다. 『조선왕조실록』에는 조선왕릉의 이러한 문제점을 중국 사신이 지적하는 기사가 있다.[3]

> 서상공徐相公 치등治登이란 자가…… 말하기를 "그대 나라 선왕의 능침을 중국의 천수산天壽山의 제도대로 산 하나를 점거하여 쓸 수 없는가? 각 산을 나누어 정하는 것은 만세를 계승할 수 있는 방법이 아니다" 했습니다.
>
> ·『선조실록』

상대적으로 중국의 송·명·청릉은 조선왕릉보다 도성에서 멀리 떨어져 있으며 일정한 구역에 모여 있다. 북송의 황릉은 개봉開封과 낙양洛陽에서 각각 122킬로미터·55킬로미터 원거리에 모여 있다.[4] 거리상으로 명13릉은 자금성에서부터 직선거리로 44킬로미터가량 떨어진 천수산에 있고, 청동릉은 111킬로미터, 청서릉은 104킬로미터로 멀리 입지했다. 분포상으로 명13릉은 북경 도성의 북쪽, 청동·서릉은 각각 동동남·서쪽의 지정된 능역에 모여 있다.

능역 경관의 규모와 구성의 차이는 조선왕릉과 중국의 청릉을 대비해

▲ 순치제의 능인 효릉의 풍수입지.
▼ 강희제의 경릉에 위치한 신공성덕비루.

▲ 본격적으로 황릉이 시작됨을 알리는 석패방.
▼ 효릉까지 가기 위해선 5킬로미터 길이의 신도를 지나야 한다.

보면 가시적으로도 잘 드러난다. 조선왕릉의 능역 경관에서 입구홍살문에서부터 능침까지 거리는 대체로 150~200미터 내외다. 동역 내 이릉異陵 간 거리는 300미터 내외가 대부분이고 경우에 따라서는 500미터가 넘는 것도 있다.[5] 청릉은 능역 입구[牌坊]에서 능까지 직선거리도 조선왕릉에 비해 훨씬 긴데, 한 예로 청동릉에서 효릉孝陵은 3.18킬로미터에 달한다.

이렇게 중국과 달리 조선왕릉의 입지경관과 분포특성이 다른 것은 능을 조성하는 데에 제도상 차이에도 기인하지만, 조선왕조가 왕릉입지의 선정과 관련해 풍수지리를 운용하는 방식과 지형적 특성이 다른 점에도 연유한다. 이와 관련하여 『조선왕조실록』에는 다음과 같은 논의가 있다.

> 선조宣祖가 이르기를…… 중국의 천수산이 얼마나 큰지 알 수 없고 그 장제葬制 또한 알 수 없으나, 역대 200년 동안 모두 이 산에 장례했다. 우리나라는 그렇지 않아 수파水派, 물줄기의 풍수가 비록 좋더라도 연운年運, 그해의 운세이 불길하면 쓰지 아니하므로 각기 능을 차지하여 기내畿內에 널려 있다…… 하니, 이항복이 아뢰기를, ……국장國葬은 반드시 정혈을 가려서 쓰는 것이니, 이미 정혈을 지정하면 청룡·백호의 방위가 자연스럽게 분리되기 때문에 후에 다시 쓸 수 없는 것입니다. 중원의 제도는 이와 같지 않기 때문에 여러 대를 같은 산에 장례하는 것입니다.[6]
>
> ·『선조실록』

왕릉의 입지와 배치 경향: 평지에서 산복, 산기슭으로

조선왕릉의 지형적 입지 경향을 통시적으로 다른 시대 왕릉과 비교해 살펴보자. 경주의 신라왕릉은 대체로 평지[野, 일반평지 또는 배산평지 및 구릉

표 17 조선왕릉의 지형적 입지 경향(요약)

항목	조선왕릉	비고	
		신라왕릉	고려왕릉(강도)
지형 경관	소분지의 산기슭	평지(구릉지)	산지(산복)
상대 고도	중위	저위	고위
절대 고도	150~200미터		
지질 특성	호상편마암/화강암		

＊자료: 절대 고도와 지질 특성은 장은미·박경(2006)의 연구를 인용.

지], 강화의 고려왕릉은 산지의 산복, 한양의 조선왕릉은 일반적으로 소분지小盆地의 국면을 나타내면서[7] 산기슭에 위치하는 입지경관유형을 보인다. 입지상의 상대적 고도로 비교하면, 신라·고려·조선왕릉의 고도상 위치는 각각 저위평지(구릉지)·고위산복·중위산기슭로 대비될 수 있다.

왕릉의 지형적 입지는 역사적으로 신라시대의 평지전기와 구릉지후기에서 고려시대에는 산복, 조선시대에는 산기슭으로 변천했다. 점차 산에 입지한 것은 풍수적 요인이 왕릉입지에 적극적으로 반영되었기 때문인 것으로 판단한다. 같은 풍수원리의 영향을 받았지만 고려왕릉과 조선왕릉의 입지지형과 경관에 차이를 보이는 까닭은, 개성과 한양 도성의 자연지형적 입지조건이 같지 않았던 데다가 왕릉풍수묘지풍수에 대한 시대적 위상이나 사회적 비중이 달랐던 배경에도 연유한다. 특히 조선왕조는 유교적 효 이념과 결부되면서 풍수원리에 입각한 묘지입지가 성행했고, 왕릉풍수에 대한 정치사회적 역할과 비중이 컸다. 상대적으로 고려왕조는 왕릉풍수보다는 도읍풍수에 치중했다.

조선왕릉의 방위상 배치를 좌향으로 분석해 제시하면 다음과 같다. 조선왕릉 전체 중에서 자좌오향8기이 가장 많고 뒤이어 임좌병향5기이 다수를 이룬다. 계좌정향4기과 간좌곤향4기, 을좌신향4기, 유좌묘향4기도 많은 편이다. 묘좌유향3기, 갑좌경향3기, 경좌갑향3기, 해좌사향3기과 건좌손향2

▲▲ 신라왕릉의 평지(구릉지) 입지(★: 왕궁지, ●: 왕릉지).
▲ 고려왕릉의 산지(산복) 입지. 고종(1192~1259)의 홍릉이다.
▼ 조선왕릉의 산기슭입지. 세종(1397~1450)의 영릉이다.

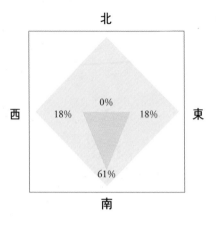

조선왕릉의 좌향 배치 비율.

기에 이어 기타 진좌을향, 축좌미향, 술좌진향, 신좌인향이 각각 1기로 나
타났다.

이를 분석해보면, 남향 범위남, 남동, 남서에 포함되는 오향, 정향, 병향, 곤
향, 사향, 미향, 손향은 총 30곳으로 61.2퍼센트를 차지한다. 동향 범위동,
동남, 동북에 포함되는 묘향, 을향, 진향, 갑향, 인향은 모두 10곳으로 20.4
퍼센트를 차지하고, 서향 범위서, 서남, 서북에 포함되는 유향, 경향, 신향은
모두 9곳으로 18.4퍼센트를 차지한다. 정북향은 한 곳도 없다.

이렇게 볼 때 조선왕릉의 방위 배치는 대부분 남향을 선호했음을 알 수
있고, 다음으로 동향과 서향으로 배치했다. 북향은 한 곳도 나타나지 않
은 것으로 보아 북쪽을 바라보고 배치하기를 꺼렸음을 알 수 있다.

조선왕릉의 공간정치학과 풍수

조선왕릉의 분포·입지와 경관은 그것을 이룬 정치사회적 요인이 공간
에 작용한 결과물이다. 조선왕릉은 왕조라는 사회집단이 구성한 경관이

라는 기본적 속성을 지니고 있다. 따라서 왕릉의 조성과 천장遷葬, 장지를 옮김을 둘러싸고 전개된 정치적 권력 의도와 집단적 역학관계가 반영되지 않을 수 없다. 권력집단이 어떻게 왕릉의 장소 선택과 경관구성에서 그들의 정치적 의도를 달성하는 이데올로기적 도구로 활용하고자 했을까?

일반적으로 권력집단은 장소입지와 경관구성으로 정체성과 권위를 강화하는 공간적 정치 전략을 세우기 마련이다. 조선시대에 왕릉 축조는 전형적인 공간정치적 형태와 방식의 하나로, 왕조의 권력은 왕릉이라는 경관 상징물을 매개로 정치사회적 기능을 확보하고자 했다. 한 예로, 태조 1397가 도성 안에 정릉貞陵을 조성한 것은 신덕왕후神德王后 사후 세자의 위상을 계속 확보하려는 정치적 의도가 깔린 조치로 해석할 수 있다. 정릉이 법궁인 경복궁 정면 육조거리가 끝나는 지점의 오른쪽 구릉 사면에 있었기에, 백관百官은 태조의 행차를 보며 지속적으로 정릉과 신덕왕후의 존재를 의식할 수밖에 없다.[8]

특히 조선왕릉의 천릉 과정에서 전개되는 정치적 내막을 들여다보면, 그 속에는 정치적 계산과 의도가 깊숙이 개입되어 있음을 알 수 있다.[9] 천릉은 단순히 풍수적 길지로 옮긴 것이라기보다는 정치적 성격이 짙었다. 정치세력이 정국전환과 정계개편 등을 위해 활용한 의식이자 왕권강화책의 한 방법이었다. 이에 관한 여러 실례를 들 수 있다.

태종1409이 도성 안 궁궐의 가시권에 있던 신덕왕후의 정릉을 강제로 성 밖으로 내치고 훼손을 방임한 것도 왕권 쟁투와 관련된 정치적 보복으로 해석된다. 예종 대에 진행된 세종 영릉英陵의 천릉도 한명회韓明澮, 1415~87의 정치적 이해관계와 연관되어 있었다. 장경왕후 희릉의 천릉 동기도 김안로金安老, 1481~1537가 산릉 책임자인 정광필鄭光弼, 1462~1538을 축출하려고 의도한 것이었다. 중종 정릉靖陵의 천릉은 문정왕후와 명종이 왕위계승의 정통성을 확보하고 왕권을 강화하려고 단행한 것이었다.[10] 이러한 역사적 과정과 정치적 배경에서 발생한 조선왕실의 천릉은, 중국의 명·청대 황릉과 비교해 두드러진 특징이다.[11]

눈에 드러나는 왕릉경관으로서 입지^{위치}와 규모·형태·시설물 등도 왕실 간 또는 왕권과 신권 간의 정치역학적 함수관계에 따라 결정되거나 좌우된 면이 다분했다. 조선 중기에 왕권이 약화되면서 왕릉의 규모나 석물이 축소된 것도 이러한 측면으로 해석할 수 있다. 조선 후기에는 지방 행정중심지^{읍치}를 이동시킬 정도로 왕릉 축조의 공간적 위상과 영향력이 컸던 때도 있었다. 현종 대에 안산 읍치가 소릉^{昭陵}의 적지로 선택되면서 이전되었고, 정조 대에 수원 읍치가 융릉지(현륭원)로 선택됨으로써 이에 부수되어 새로 화성이 건설되었다.

일차적으로 조선시대에 왕릉은 왕실세력의 정치적 권위를 드러내고 강화하는 상징적 경관으로 기능했다. 왕권과 신권의 각축장이었던 조선 왕조의 정치역학적 구조상 왕릉의 권위적 조성과 왕릉지 점유는 신권을 누르는 강력한 왕권강화책이기도 했다.[12] 조선왕릉을 조성하는 과정에서 신하의 묘역 가운데 풍수적으로 뛰어난 곳을 왕릉지로 점유하는 경우를 여러 차례 확인할 수 있다. 이처럼 왕권이 강했을 때는 신하의 묘역을 강점하는 등 왕권을 과시하는 한편 신권을 지배·통제했다. 『조선왕조실록』을 살펴보면, 능역지 선정 과정에서 왕과 신하 사이에 미묘한 주도권 쟁탈전이 드러난다. 왕은 더 좋은 길지를 찾아 왕릉을 조영하려 했고, 사대부들은 자기 조상이 묻혀 있는 묘산을 지키고자 보이지 않는 저항을 했다. 이 두 세력의 중심에는 풍수지리설이 자리 잡고 있었으며, 그 담론은 점차 발전하여 정치적 행동으로까지 확산되었다.[13]

조선시대에 왕릉 조영 과정에서 수행된 정치적 기능은 왕권강화를 위한 권위적·상징적 공간 역할만으로 그치지 않았다. 왕릉 조성을 둘러싸고 전개된 양상과 관계에는 왕과 왕실뿐만 아니라 왕과 신하, 신하들이라는 집단 간의 사회적 역학과 정치적 이해, 계산이 복잡하게 맞물려 있었다. 따라서 왕릉의 입지와 조성과정에 반영된 정치역학적 관계의 양상은 왕권강화, 왕실 내부에서 정통성과 주도권 획득, 왕권과 신권의 권력 경합, 권신 간의 세력 확대 등 다양한 기능적 측면으로 전개되어 나타났다. 이를 다시 집단 간 정치관계로 유형화하면, 왕권의 신권 지배·통제형, 왕실 내부의 정치적 쟁투와 정통성 확보형, 왕권과 신권의 경쟁형, 신료들 간의 주도권 쟁탈형 등으로 정리할 수 있겠다.

신료들 간의 주도권 쟁탈형 사례를 살펴보자. 앞서 소개한 중종의 제1계비 장경왕후1491~1515 윤씨의 희릉이 천릉된 동기는, 김안로가 정치적으로 대립했던 산릉 책임자總護使 정광필을 축출하려는 의도였다. 김안로는 과거 자신을 유배시킨 남곤南袞, 1471~1527, 심정沈貞, 1471~1531을 차례로 제거한 뒤 정광필을 몰아낼 궁리를 했다. 곧이어 천릉 논의가 본격적으로 진행되었고, 김안로가 배후에서 조정하여 연일 초장初藏의 책임자 문책을 요구하는 상소가 올라왔다.[14] 『조선왕조실록』에 사관이 기록한 내용을 보면 그러한 정치적 상황이 잘 드러나 있다.

사신은 논한다. 김안로가 정광필을 모함하여 죽이려고······ 계획을 날마다 깊이 했으나 오랫동안 허물을 잡지 못했다. 이때에 이르러 정광필이 일찍이 총호사였으므로 이 사건을 중시하여 그의 죄로 만들려고, 마땅히 (희릉을) 옮겨야 한다고 주창하여 의논했는데, 사람들이 의견을 달리하지 못했다.[15]

· 『중종실록』

여기서 지적해야 할 의미심장한 사실은, 조선왕릉의 택지와 천릉 과정에 결정적으로 개입한 풍수라는 요인마저도 사실상 정치권력의 의도와 담론의 영향권 안에 있었고 정치적 역학관계의 지배를 받았다는 것이다.

실제 사례를 살펴보자. 중종의 정릉은 1544년 고양의 서삼릉에 조영되었으나 1562년 9월 4일 경기도 광주로 옮겨졌다.[16] 당시 천릉해야 할 이유가 겉으로는 풍수적으로 주산이 좋지 않다거나[17] 득수得水·득파得破가 좋지 못하다는 것이었지만[18] 그것은 풍수를 천릉의 정치적 명분으로 삼으려 한 것일 뿐 실제로는 문정왕후가 왕위의 정통성을 확보하려는 정략적 목적 때문이었다. 중종의 셋째 왕비인 문정왕후명종의 생모는 인종중종의 둘째 왕비 장경왕후 소생을 보위한 윤임尹任, 장경왕후의 오빠 세력과 치열한 쟁투 끝에 왕권을 쟁취했기에, 중종이 장경왕후와 같은 원침에 있는 것이 꺼려지기도 했거니와 도무지 왕위의 정통성이 서지 않는 일이었다.[19] 조선왕조실록에서 사관은 그 정치적 저의와 배경을 다음과 같이 분명히 논했다.

사신은 논한다. ……중종이 장경왕후와 같은 원침園寢에 있는 것을 꺼리어 급히 옮기도록 하고, 죽은 후에 같은 무덤에 묻힐 계획을 한 것이다. 요승 보우는 밖에서 인도하고, 적신 윤원형은 안에서 도와 15년 동안 편안히 모신 선왕의 능을 가벼이 옮기려 한다.[20]

·『명종실록』

사신은 논한다. 능침을 옮기는 것은 중대한 일이므로 부득이한 경우가 아니면 쉽사리 거행할 수 없는 것이다. ……이번에 능을 옮기자는 의논은 성열대비聖烈大妃, 문정왕후의 뜻이었으니 대개 장경왕후와 같은 경내에서 무덤을 함께하지 않으려고 한 것이다. 비록 구릉의 득수·득파풍수에서 물이 들어오고 나가는 방위가 좋지 못하여 옮긴다고 핑계했지만 사실은 죽고 난 뒤의 계획[身後之計]을 도모한 것이다.[21]

·『명종실록』

이상과 같은 역사적 사실로 보더라도 조선왕릉의 조영과 입지, 특히 천릉은 왕과 왕실, 왕과 신하, 신하 간의 정치적 세력관계가 풍수를 정략적 수단과 외피로 하여 드러난 것이었음을 알 수 있다. 정치세력 간의 역학관계에 따라 윤곽이 정해진 뒤 구체적인 장소 선택에서 풍수적 입지원리가 적용되었기에, 사실상 정치권력의 세력관계가 주요한 입지요인으로 작용했고 풍수지리는 정치권력의 의도를 합리화·정당화하는 이념적 수단으로 기능했다. 모든 조선왕릉은 풍수적 입지경관을 보이지만, 왕릉지 선택과정에 실제로 작용했던 건 권력의 논리였던 것이다.

터잡기와 조영

조선왕조의 왕릉풍수는 조선시대의 풍수 정체성을 드러내는 역사적 특징으로, 정치권력을 둘러싸고 정치사회적 담론으로 기능했다. 고려왕조가 도읍풍수를 기조로 비보도참을 정치사회적 담론으로 운용한 것과는 전개 양상과 특징, 제도가 다르다. 통시적으로, 조선 초기의 산릉 조성 제도는 고려의 것을 따랐지만 후대로 가면서 고려의 유습에서 점차 탈피하게 된다. 공시적으로, 조선왕릉은 중국 당송시대의 고제를 근간으로 삼고 명대의 제도를 참고하면서 독자적인 전통을 이루었다.[22]

조선왕릉은 관상감 관원풍수전문가과 방외지사方外地師, 관상감 관원이 아닌 관료로서의 풍수전문가들이 풍수지리적 조건을 엄밀히 판단하여 자리가 결정되었다.[23] 능의 명당지 입지는 매우 중요한 조건으로 여겨졌다. 충분한 기간을 두고 전문인력이 다수 동원되어 입지를 평가·검토했고, 왕이 직접 나서는 경우도 허다했다. 능침 자리와 건조물의 배치, 능역 경관의 조영과 사후관리도 풍수원리에 입각하여 이루어졌다.

조선왕릉의 택지와 축조과정은 산릉도감에서 주관했다. 조선왕조는 왕이 승하하면 5개월 만에 장사를 지냈다. 기일忌日 전에 예조의 당상관과 풍수학제조가 관상감 관원을 거느리고 장사지낼 곳을 가렸다. 왕릉의 택지과정에서 후보지에 대한 풍수적 길흉 여부를 따졌는데, 이때 논의는 지관들이 보고서로 올린 '산론'山論을 가지고 했다. 국왕과 총호사 등은 산릉도감에서 보고받은 여러 후보지의 산론을 놓고 우열을 가리면서 장지를 결정했다.[24] 능지가 예비적으로 정해지면 의정부의 당상관이 다시 살펴보고 계문한 뒤 왕의 윤허를 얻어 능역을 결정했으며, 결정된 능지는 택일하여 영역塋域을 조성했다.[25]

왕릉의 택지와 역사役事가 진행되는 주요 풍수적 과정을 태조 건원릉을 사례로『조선왕조실록』에서 요약하면 다음과 같다.

표 18 「태조실록」의 건원릉 택지와 조영 과정 기사

날짜	『조선왕조실록』의 기록
태종 8년 (1408) 5월 24일	태조가 승하했다. 정부에서 빈전(殯殿)·국장(國葬)·조묘(造墓)·재(齋)·도감(都監)과 상복(喪服)·옥책(玉冊)·복완(服玩)·관곽(棺槨)·제기(祭器)·유치(柳車)·법위의(法威儀)·상유소조(喪帷小造)·산소(山所)·영반(靈飯)·의장(儀仗)·묘소포진(墓所鋪陳)·반혼(返魂) 13색(色)을 설치했다.
6월 12일	영의정부사 하륜 등을 보내어 산릉자리를 보게 했다. 판한성부사 유한우(劉旱雨)·서운정 이양달(李陽達) 등이 아뢰기를 "신 등이 산릉자리를 잡으려고 원평의 예전 봉성에 이르렀사온데, 길지를 얻었습니다" 했다. 이에 하륜 등을 보내 가서 보게 했는데, 하륜이 돌아와서 아뢰기를 "이양달 등이 본 봉성의 땅은 쓸 수 없고, 해풍의 행주에 땅이 있사온데 지리의 법에 조금 합당합니다" 했다. 임금이 말했다. "다시 다른 곳을 택하라."
6월 28일	산릉을 양주의 검암에 정했다. 처음에 영의정부사 하륜 등이 다시 유한우·이양달·이량(李良) 등을 거느리고 양주의 능자리를 보는데, 검교참찬 의정부사 김인귀(金仁貴)가 하륜 등을 보고 말하기를 "내가 사는 검암에 길지가 있다" 했다. 하륜 등이 가서 보니 과연 좋았다. 조묘도감제조 박자청(朴子靑)이 공장(工匠)을 거느리고 역사를 시작했다.
7월 5일	여러 도의 군정을 징발하여 산릉의 역사에 부역하게 했는데, 충청도에서 3,500명, 풍해도에서 2,000명, 강원도에서 500명이었다. 7월 그믐날을 기하여 역사를 시작하게 했다.
9월 9일	영구를 받들어 건원릉에 장사지내다.

태종 8년¹⁴⁰⁸ 5월 24일 태조가 승하하자 의정부에서 빈전^{殯殿}·국장^國^葬·조묘^{造墓}·재^齋의 4도감과 13색을 설치했다. 다음 달 6월 12일 영의정부사 하륜^{河崙, 1347~1416} 등을 보내어 산릉자리를 보게 했는데, 땅이 적당하지 않자 다른 곳을 택하게 했다. 6월 28일에는 마침내 산릉을 양주의 검암에 정했다. 7월 5일 여러 도의 군정^{軍丁}을 징발하여 산릉 역사에 부역하게 했고, 능자리가 완성되자 사후 5개월째 되던 9월 9일 태조의 영구를 받들어 건원릉에 장사지냈다.

풍수적 입지와 비보

조선왕릉은 풍수적 원리에 의거하여 능의 입지와 부대시설물의 배치가 정해졌으므로 모두 풍수적 경관을 나타낸다. 일반적 입지경관의 모형은 배산임수의 산기슭^麓 자리에 주위 사방으로 산과 구릉지가 에워싸는 소분지 형국이다. 남한에 있는 조선왕릉 40기의 주산 높이는 평균 150미터이고, 봉분의 평균 고도는 약 53미터에 이른다.[26] 능침과 부대시설물의 배치는 대체로 능 뒤의 주산과 앞에 마주하는 안산^{案山}의 축선을 기준으로 삼고 자연적인 지형지세에 맞추어 이루어졌다. 능역 경관에서 풍수적 보완^{비보}이 필요한 경우는 보토하거나 못^[池塘], 수림^{樹林} 등을 조성하기도 했다.[27]

조선왕릉과 대비될 수 있는 중국 명·청대 능도 풍수적 입지경관을 보이는 것은 매한가지다. 다만 중국의 능은 지형의 입지규모가 광역적이어서 조선왕릉과 차이를 보인다. 건조물의 배치도 좌우대칭을 이루는 직선 축상에 능침과 시설물을 두는 점이 같지 않다. 능침의 조성 형태를 보면 조선왕릉은 산기슭 완사면의 자연지형을 이용하여 보토했지만 청황릉은 대개 평지에 인공적으로 반구형 능침을 조성한다. 능역에서 요청되는 풍수적 필수 경관으로 물길인 명당수 역시 조선왕릉은 자연지형[溪流]에 순응하는 것과 달리 청동릉은 의도적으로 물길을 굴곡지게 만듦으로써 풍수적 경관상을 강조한 모습이 역력하다.

이러한 면모는 풍수이론에 대한 조선의 고유한 해석과 적용으로, 조선왕릉이 보여주는 문화적 특징이라 할 수 있다. 한반도의 지리적 특성과 자연에 대한 태도가 반영된 것이다. 중국처럼 지리적 약점을 인공 구조물로 보완하려는 방식 대신에 자연지형을 최대한 살리면서 그 조건에 구조물을 맞추어나가는 자연친화적 방식을 선택하여 그 가치와 독창성을 더했다고 평가된다.[28]

참고로, 동시대 동아시아 풍수문화권의 일원으로서 베트남 응웬[阮]왕조[1802~1945]의 왕릉 조영에도 풍수사상이 도입·반영되었다.[29] 조선왕조와 마찬가지로 길지를 선택하려고 풍수사와 풍수에 능한 관리들이 조성사업에 참여했고, 황제가 친히 시찰하여 최종적으로 결정했다. 모든 왕릉에는 풍수원리가 적용되었다. 배후에는 산이 있고 앞으로는 호수 또는 계류, 논이 있어 '물이 모이게'[聚水] 했다. 명당 조건으로 천연의 산을 병풍으로 삼고 양쪽에는 좌청룡·우백호가 있다.[30]

조선왕릉의 자연지형적 입지조건은 비보를 해서 보완되었다. 비보 방식으로는 보토·못[연지]·조산·숲 조성 등이 일반적이었다. 특히 보토는 능침의 풍수적 결함과 자연적 훼손을 보완하려는 목적으로 흔하게 행해졌다. 가령 1710년 9월 5일 숙종은 현종의 숭릉에 대한 보토를 다음과 같이 지시하기도 했다. "숭릉은 백호가 낮고 미미한데 이는 풍수에서 꺼리는 바이니 보토를 더함이 마땅합니다 하니…… 손방·을방의 두 곳은 보토를 함이 옳다 하고 이어 명년 봄을 기다려 거행하도록 명했다."[31] 『조선왕조실록』에 나타난 보토 관련 기사를 연도순으로 요약·정리하면 다음 표와 같다.

표 19 조선왕릉 보토 관련 주요 기사(요약)

날짜	역대 왕의 보토 주요 기사 내용	출처
1444년 7월 17일	헌릉의 서쪽 혈을 보토하게 함	세종실록 26년 7월 17년
1451년 10월 28일	영릉에 보토할 군사의 숫자를 계산하여 아룀	문종실록 1년 10월 28일
1452년 2월 21일	장지는 돌자갈을 꺼리니 보토에는 돌자갈을 사용하지 말게 함	문종실록 2년 2월 21일
1452년 5월 29일	세조가 산릉에 보토한 것을 살핌	단종실록 즉위년 5월 29일
1470년 2월 21일	창릉의 보토할 곳을 살피게 함	성종실록 1년 2월 21일
1483년 4월 18일	주산의 청룡 사이에 인방·갑방이 약간 낮고, 혈 아래의 좌우 전면이 부족하니 보토함을 고함	성종실록 14년 4월 18일
1596년 2월 8일	산릉이 파괴된 곳의 보토를 건의함	선조실록 29년 2월 8일
1710년 9월 5일	숭릉을 보토하도록 함	숙종실록 36년 9월 5일
1761년 4월 1일	명릉 꾀꼬리봉에 보토하는 역사를 감독하게 함	영조실록 37년 4월 1일
1785년 10월 8일	경릉과 홍릉의 보토가 끝나 시상함	정조실록 9년 10월 8일
1804년 9월 10일	명릉·익릉에 보토하고 시상함	순조실록 4년 9월 10일
1806년 4월 9일	영릉(英陵)과 영릉(寧陵)의 보토를 마친 뒤 시상함	순조실록 6년 4월 9일
1822년 윤3월 8일	건릉의 보토를 마친 뒤 시상함	순조실록 22년 윤3월 8일
1848년 5월 4일	동팔릉(東八陵) 보토, 당상 이하에 차등을 두어 시상함	헌종실록 14년 5월 4일
1850년 5월 14일	영릉(英陵)과 영릉(寧陵)의 보토, 당상 이하의 관원에게 시상함	철종실록 1년 5월 14일
1888년 11월 20일	영릉(英陵)과 영릉(寧陵)의 보토를 마친 뒤 시상함	고종실록 25년 11월 20일

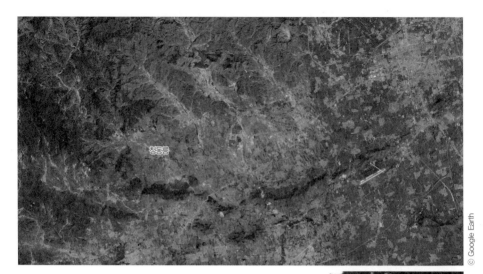

© Google Earth

▲ 청동릉의 광역적인 풍수입지 지형도.

▼ 청서릉에 인위적으로 구불거리게 조성된 물길경관.

▲▲ 뜨득(Tu Duc, 재위 1848~83) 황제릉의 능침을 마주본 모습. 능은 1867년 완공했다.
후에 시내에서 8킬로미터 남쪽에 입지했다.

▲ 뜨득 황제릉의 아름다운 조경.

▼ 카이딘(Khai Dinh, 재위 1916~25) 황제릉에서 마주본 전경. 풍수적 입지가 완연하다.
후에서 남쪽 10킬로미터 부근의 차우에(Chau E) 언덕에 입지했다.

▲▲ 카이딘 황제릉 전면.

▲ 카이딘 황제릉 진입로에 도열한 석인과 석마.

▼ 카이딘 황제릉 내부모습. 화려하게 조성된 실내 가운데
　등신상이 조성되어 있고 유골은 그 아래의 지하 깊은 곳에 안장되었다.

▲ 「능원침내금양전도」(『건릉지』 권1)에 그려진 곤신지.

▲▲ 「장릉(莊陵) 산릉도」에 재현된 풍수경관과 경액지(『월중도』, 18세기 이후).

▲ 동구릉의 풍수경관과 연지(『해동지도』, 18세기 중엽).

▼ 융릉의 곤신지.

조선왕릉에서 보이는 비보경관 요소로서 연지蓮池를 자세히 살펴보자. 『강릉지』康陵誌, 1911에 따르면 "조선시대 능 앞에는 반드시 연지가 있었다"라고 하여 연지가 능역을 구성하는 일반적 경관요소였음을 알 수 있다. 『춘관통고』春官通考, 1788에도 조선왕릉에는 연지가 19개 있었던 것으로 기록했다.[32] 연지는 능역 전면이 넓고 허한 경우에 풍수비보적 방책으로 조성되며 휴양·조경 공간, 방화수 등의 실용적 기능도 했다. 연지의 위치는 능침의 좌우측 명당수가 합수하는 수구부로서 대체로 능역의 진입공간에 해당하는 재실과 홍살문 앞에 있다.[33] 연지 형태는 평면적으로 방지원도형方池圓島形, 네모난 못 가운데 둥근 섬이 있는 모양 또는 방지형方池形, 네모난 못 모양이다.[34]

고지도에 재현된 조선왕릉의 표현에서도 연지는 어렵지 않게 발견된다. 『월중도』越中圖, 18세기 이후의 장릉 산릉도에는 경액지景液池가 장방형 못의 형태로 사실적으로 그려졌다. 『해동지도』에서도 동구릉의 풍수경관과 방지方池의 연지가 표현되었다. 「능원침내금양전도」陵園寢內禁養全圖, 『건릉지』健陵誌에는 융릉의 능침을 비보할 목적으로 판 곤신지坤申池가 뚜렷하며, 형태는 예외적으로 원형이다.

왕릉의 관리와 풍수

조선왕조에서 왕릉의 관리 상태는 해마다 왕에게 보고되었다. 특히 풍수적으로 중요한 곳으로서 주산의 산줄기 맥에 깔아놓은 박석薄石, 얇은 판석에 파인 곳이나 훼손된 곳이 있으면 관찰사가 왕에게 보고하도록 했다. 능역에서는 밭을 일구거나 나무를 하는 것도 금했다. 조선 초기의 법전인 『경국대전』1471 봉심奉審조에는 풍수지리와 관련된 왕릉 관리 규정이 다음과 같이 기록되었다.

산릉은 해마다 본조가 제조와 함께 봉심하고 왕에게 보고한다. 지방은 관찰사가 왕·왕비·왕세자의 태실과 종묘 각실^{各室}, 왕후 부모의 묘소까지 모두 살펴본다.

·『경국대전』

여러 산릉의 주산·산줄기 맥에 얇은 돌을 깔아놓은 곳이 오래되거나 빗물로 헐어서 파인 곳이 있으면 관찰사가 모두 살펴보고 왕에게 아뢴다.

·『경국대전』

역대 시조와 고려 태조 이하 4위 현종·문종·충경왕의 능침은 소재지의 수령이 매년 돌아보고, 밭을 일구거나 나무하는 것을 금한다.

·『경국대전』

영조 때 편찬된 『속대전』¹⁷⁴⁶에서는 왕릉의 봉심 규정이 좀더 구체적으로 정비되었다. 능침 위의 사초^{莎草, 무덤의 떼(풀)}와 석물에 탈이 있거나 실수로 불을 내면 개부 대신, 예조의 당상관과 낭관, 관상감·선공감제조·상지관·화원이 함께 살피도록 하고, 비가 새어 틈이 생기면 의정을 보내 개수했다.[35] 영조와 정조를 전후한 시기에는 능 자체의 개수 못지않게 능역 주변의 산림 관리도 중요하게 취급되었다.[36] 풍수 담당 관료가 능을 어떻게 관리해야 하는지 세부규정을 『서운관지』¹⁸¹⁸에는 다음과 같이 적었다.

각 능 봉릉^{封陵} 위의 사초·석물에 탈이 있는 곳과 능 위에 불 낸 곳에는 정부와 본감의 제조·상지관이 나아가 봉심한다. 개수할 때도 같다.

· 『서운관지』

능행 때의 상지관 1원은 교수·훈도를 번갈아 차출한다.

· 『서운관지』

국릉國陵으로 봉표封標한 곳과 태봉으로 치부置簿 설치 사실을 기록함한 곳을 간심할 때의 상지관과 예장禮葬할 때의 가정관은 교수·훈도와 이 벼슬을 지낸 자를 차출하되, 가정관은 이조에 이문移文하고 귀후서에 계하啓下한다.

· 『서운관지』

조선 전기에는 왕릉 관리를 두고 사회적 담론과 계층적 집단이 서로 경합한 적도 있다. 사상적으로는 풍수와 유교, 사회적으로는 풍수관료의 이론적 원칙주의와 유신儒臣의 경세적經世的 실용주의가 서로 대립·갈등하고 절충·조정되는 양상을 빚기도 했다. 그 대표적인 사례가 세종 대에 시작하여 문종과 세조 대까지 지속된, 헌릉 허리[蜂腰]의 통행로 문제를 둘러싸고 전개된 논쟁이다.[37] 이것은 실용적 기능을 우선시하여 헌릉의 풍수적 요처라도 길을 냄으로써 백성들의 편의를 도모할지, 아니면 풍수적 의미를 최우선하여 불편을 감수하더라도 도로의 통행을 막을지에 대한 논쟁이었다.

논쟁이 진행되는 과정에서 풍수론에 의거하여 길을 막자는 원칙론, 길을 막을 필요 없이 새로 내자는 실용론, 길을 막지 않되 지맥을 보호하려고 박석을 깔자는 절충론이 나왔다. 이에 따라 일시적으로 길을 막기도 열어두기도 박석을 깔기도 했다. 당시 지배적인 논의의 흐름은 왕릉에 미치는 풍수적 영향을 수용하는 틀에서 결정되는 방향으로 흘렀다. 실용론에 따른 편의보다는 풍수론에 따른 원칙이 의사결정과정에서 비중 있게 작용한 것이다. 조선 전기에 왕실의 왕릉풍수에 대한 가치 부여와 비중을 간접적으로 드러낸 단면이라고 하겠다.

풍수적 재현, 산릉도

지도는 사회적으로 구성된 경관 텍스트로 읽을 수 있으며,[38] 고지도 역시 다양한 방식으로 국가의 권위, 권력을 표현하고 내재화한다.[39] 조선왕릉의 위치·입지·배치·형태·시설 등과 관련된 주요 조영 과정은 산릉도王陵圖에 상세하게 의미가 구성·재현되었다. 이 과정에서 풍수명당지로서 왕릉의 장소적 권위는 정치권력에 의해 공고화된다.

산릉도는 조선왕릉을 그림으로 표현한 특수지도로 태실, 산도 등과 함께 산도의 범주에 속한다. 산도는 풍수공간의 지형과 지세를 그림으로 설명하는 한편, 명당공간의 실증적 검증이라는 측면이 강조되면서 지도적 성격을 갖게 되었다.[40] 산릉도에는 능역을 구성하는 경관요소들이 사실적으로 재현되었다. 명당적 입지조건으로 요구되는 풍수 형세의 산수 묘사 방식과 함께 좌향 방위 등 자세한 풍수 정보도 표기되었다.

조선 후기에 작성된 산릉도에서 풍수적 재현 상황을 살펴보자. 1808년에서 1840년 사이에 제작된 「지릉도」智陵圖에는 능을 중심으로 산세가 에워싸는 모습이 잘 표현되어 있다. 능 아래에는 문석인과 무석인 등의 석물을 그렸고, 정자각과 수라간, 홍살문, 비각, 재실도 자세하게 그렸다. 능의 좌향[壬坐丙向]이 축선으로 그려져 있고, 24방위가 표기되어 있다. 내룡이 왼쪽으로 돈다[來龍左旋]는 풍수적 입지 사실도 기재했다. 정자각에서 주산 봉우리까지 거리, 외청룡과 외백호가 서로 마주치는 곳까지 거리 정보도 기입했다. 「순릉도」純陵圖에는 문석인·무석인·마석·양석 등 능침

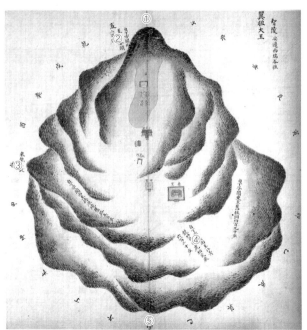

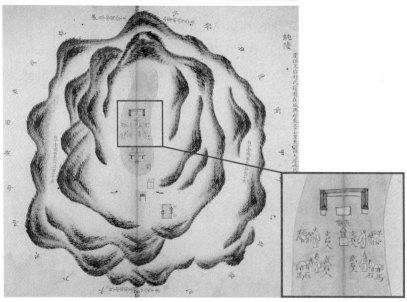

▲「지릉도」.
    ① 임좌. ② 정자각 북으로 주산 봉우리까지 200보. ③ 내룡좌선.
    ④ 정자각 남으로 외청룡, 외백호가 서로 마주치는 곳까지 620보. ⑤ 병향.
▼「순릉도」로 재현된 풍수적 산세와 사실적인 석물 표현.

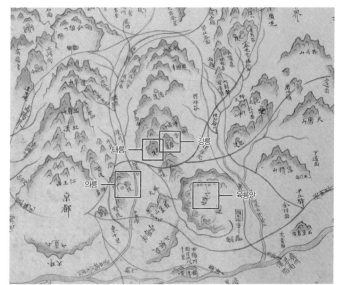

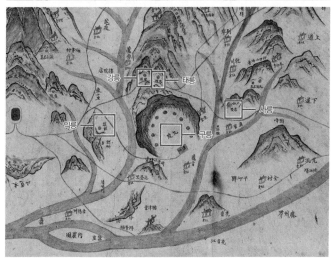

▲『해동지도』에 표시된 강릉, 태릉, 의릉, 육릉안.
▼『1872년 지방지도』에 표시된 강릉, 태릉, 익릉, 사릉, 구릉.

의 시설물도 매우 사실적으로 표현되어 있다. 그 밖에도 군현도인 『해동 지도』 『1872년 지방지도』 등 조선왕조의 관찬지도에는 왕릉 입지지형의 풍수적 형세와 위치가 중요한 경관요소로 강조되어 표기되었다.

왕릉풍수, 그 조선시대적 풍수담론

왕릉풍수는 조선시대에 와서야 이론적인 묘지풍수의 원칙에 따라 격식을 갖추었다. 문헌에 따르면 왕릉풍수가 역사에 등장하는 것은 늦어도 8세기 말이다. 「대숭복사비문」에, 798년 신라왕실에서 경주 인근에 있는 곡사鵠寺라는 절터의 풍수가 좋아 왕릉지로 조성할지 논쟁하는 내용이 있다. 고려시대에 풍수는 왕릉의 입지와 경관구성에 영향을 미쳤을 것으로 추정되지만, 조선왕조에서 벌어지는 양상에 비해 왕릉풍수의 비중과 위상은 현격히 낮았을 것으로 판단된다.

고려왕조의 정치사회를 지배했던 주요한 풍수담론은 왕도왕업의 연기延基나 궁궐의 조성 등과 같은 풍수도참, 자연재해를 방비하기 위한 비보적 환경관리와 사찰비보 등과 같은 비보풍수에 따른 도읍풍수에 있었지 왕릉풍수가 아니었기 때문이다. 고려시대에 풍수를 전담했던 제도권의 기구로 서운관이 있었지만, 『고려사』에서 왕릉을 풍수적으로 조성하거나 관리했다는 기록을 찾아보기 힘들다. 고려 조정에서 취재取才했던 풍수시험 과목 역시 조선시대처럼 묘지풍수서가 아니다.

따라서 역대 왕조에서 왕릉을 비롯한 묘지풍수를 정치적 권위를 높이는 상징적 수단으로 활용하기 시작한 것은 유교적 효 이념과 관련된 묘지풍수담론이 사회적으로 확산된 고려 말부터 조선시대에 걸친 것으로 추정한다. 조선시대에는 관상감에서 왕릉의 풍수를 전담하여 처리했고, 풍수의 과거과목이 모두 묘지풍수서인 점 그리고 사회계층적으로 묘지

풍수담론이 널리 확산된 점도 왕릉풍수가 왕조의 권위를 높이는 수단으로 활용했을 개연성을 충분히 보여준다.

요컨대, 역사적으로 왕릉풍수가 본격적으로 확립된 것은 조선왕조에 이르러서이니 한국풍수사에서 왕릉풍수는 유교이념과 결합한, 조선시대의 정치사회적 속성을 갖는 풍수담론이라고 규정할 수 있다.

마을은 자연환경 조건에서 개인의 삶과
집단의 공동체적 문화가 지속하여 영위되는 공간이다.
마을의 형성과 변천 과정에는
자연, 역사, 경제, 사회, 문화 등 다양한 배경요인이
복합적으로 작용한다. 그중에서 풍수도
전통마을의 입지와 경관구성,
주민들의 환경 적응에 큰 영향을 미쳤다.

지역 속으로

우리 풍수현장의 실제성

한국풍수가 동아시아에서도 독특하고 흥미로운 것은 풍수이론에 있는
것이 아니라 풍수현장에 있다. 다양하고 다른 지역 환경 조건에서
주민들이 풍수를 쓰임새만큼 썼기 때문에, 실제 모습과 활용 정도는
지역마다 장소마다 대상마다 모두 다르고 구체적이다.
도시풍수와 마을풍수가 다르고, 삶터풍수와 묘지풍수도 다르다.
제3부에서는 지역현장에서 풍수의 구체적·실제적인 모습이 어떻게
공간에 반영되었는지, 현재는 어떻게 나타나 있는지를 알아본다.
제9장에서는 조선시대 지방도시^{읍지}를 풍수라는 프리즘으로 조명해보고,
그 스펙트럼이 어떻게 나타나는지를 살펴본다.

사례 지역은 경상도 71개 군현을 대상으로 했다.

제10장에서는 지리산권역 마을에 나타나는 풍수의 현상적인 모습과 그 의미를 문화생태적 관점으로 해석했다.

제11장과 제12장에서는 지역현장에서 풍수는 어떻게 쓰였는지 들어가 보았다. 삶터풍수로는 경기도 양평, 묘지풍수로는 용인 지역을 고찰했다. 한국 사람에게 풍수는 무엇이었는지 지역현장에 들어가서 살펴보자.

9 조선시대 지방도시의 풍수적 입지와 경관

취락과 관련한 풍수연구물은 주로 수도^{왕도}입지의 역사적 고찰이나 마을, 특히 반촌의 풍수적 입지와 배치 그리고 풍수적 경관 연구에 집중되어 있다.

그런데 정작 수도와 마을의 중간적 위계를 차지하는 고을^{지방행중중심지}로 읍치이 전국에 330여 개 있었고 이것이 조선시대의 정주 체계에서 중요한 위치를 차지했지만 이에 관한 풍수적 입지와 경관 연구는 주목받지 못했다. 더욱이 조선시대 읍치의 풍수적 입지에 관한 본격적 논의와 실증적 연구를 거치지 않은 채 "읍치에는 풍수지리라고 하는 전통적 공간원리에 따른 원형적 입지유형이 있었다"라는 식의 초역사적 견해와 막연한 선입관이 일반화되어 통용되는 실정이다.

이 글에서 실제 사례 연구로 밝혀지겠지만, 경상도의 총 71개 읍치의 입지에서 풍수적 입지경관이 뚜렷하게 드러나는 것은 41개소로 약 58퍼센트에 그치며, 풍수적 입지 국면이 거의 나타나지 않은 읍치도 14개소로 전체 읍치에서 20퍼센트를 차지한다. 대읍 가운데 진주와 안동을 제외한 대구, 상주, 경주에서는 풍수적 입지 국면이 거의 드러나지 않아 입지 결정 요인에서 풍수가 큰 영향을 미치지 못한 것으로 보인다.

이렇게 풍수적 입지 국면을 갖추지 못한 읍치들은, 이후 중앙의 지방통제력이 강화되고 아울러 지방사회에서 풍수의 영향력이 점차 커지게

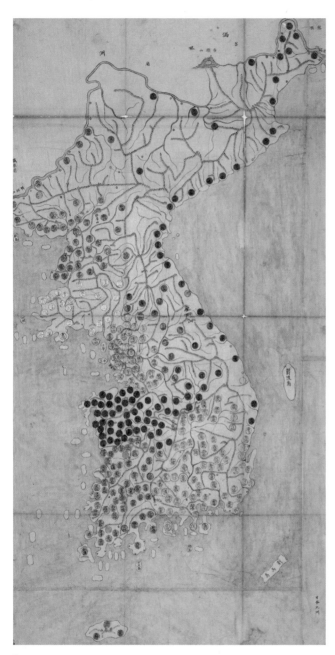

「청구팔역도」에 표시된 조선시대의 읍치.

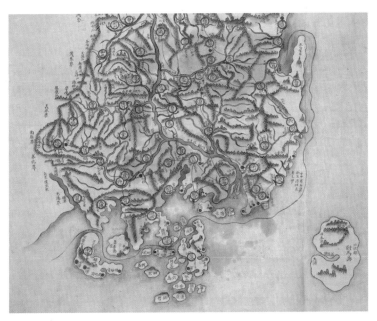

되자, 기존 고을 지형이 풍수적으로 새로 해석되고 비보나 기타 인문적 요소를 활용해 풍수적 경관으로 재구성되는 과정을 거치게 된다.

이렇게 볼 때, 조선시대 읍치의 입지 전반에 풍수적 유형이 있었다고 일반화하기는 어렵다. 풍수는 읍치의 입지 결정과 경관구성 과정에서 꼽힌 여러 입지 요인 가운데 하나로 그 비중과 영향력은 역사적 시기와 지역적 환경에 따라 달랐다고 할 수 있다. 시기적으로 보면, 조선조 중앙 정치권력의 지방 지배과정과 풍수적 가치의 시대적 수용과 흐름을 같이하여, 조선 초기에는 읍치 정황에 따라서 풍수적 입지 요인이 부분적으로 영향을 미치다가, 조선 중기에서 후기에 걸쳐 풍수적 입지 지향성이 두드러진다고 보는 편이 옳겠다.

이 글에서 연구범위는 경상도의 71개 읍치경관으로 한정하지만, 조선시대의 중앙집권적 체제하에서 전국에 산재한 330여 개 읍치의 입지와

표 20 조선시대 지방도시(읍치) 경관의 풍수적 분석 틀

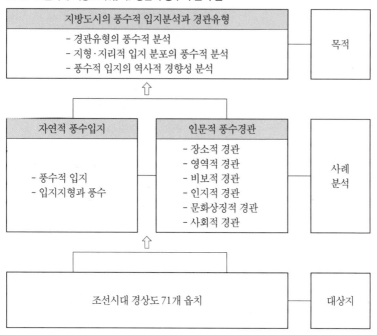

경관구성 방식에는 일관된 규범성과 유형이 내재하기 때문에, 조선시대 읍치경관의 풍수적 입지와 구성, 유형으로 일반화해서 적용해도 무방하리라고 본다.

지방도시의 입지와 풍수

풍수적 입지

조선시대 읍치의 입지를 결정하는 요인에는 자연환경[재해], 식수, 군사적 방어, 교통 여건, 정치사회적 조건 등 다양한 인자가 있지만 그중에 풍수적 요인도 영향을 미쳤다. 조선시대의 읍치경관에서 발견되는 자연적인 풍수입지 국면과 요소에는 산줄기[來龍], 장풍, 득수라는 풍수원리의

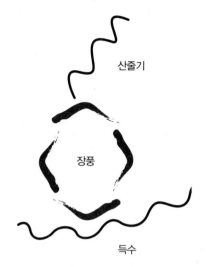

장풍 입지.
장풍은 조선시대의
읍치경관에서 발견되는 자연적인
풍수입지 국면과 요소 중 하나다.

일정한 유형이 있는데, 그중 하나가 고을로 이르는 풍수적 산줄기다.

풍수 국면의 산줄기는 세 가지 정도로 세분해서 관찰할 수 있다. 우선 가시적 지형 형태는 조산 혹은 근조산에서 고을 배후의 주산또는 진산으로 이어져서 혈고을로 이르는 산줄기의 연결성이 보인다.

예컨대 순흥 읍지도에는 고을로 산줄기 맥이 이르는 과정이 풍수적 표현으로 잘 나타나 있다. 한편, 고을경관의 배후에 있는 주산요소는 풍수적 입지의 산줄기 조건을 확인하는 데 핵심지표가 된다. 합천 읍지도에는 고을이 배산하여 입지하는데 그 산을 '읍주산'邑主山이라고 표기했다. 부가적으로 주산에서 혈에 이르는 용맥이 혈증穴證을 갖추었으면 가장 이상적인 산줄기 조건이 된다. 혈증은 여러 가지가 있으나 그중 하나는 산줄기 맥이 혈에 이를 즈음에 둔덕으로 맺히는 마디 모양을 형성하는 것이다. 거제 신읍에서 계룡산의 주산 산줄기 맥이 고을에 이를 때 마디처럼 맺히면서 형성된 동산이 있으며, 초계 고을 등지에서도 그 사례를 볼 수 있다.

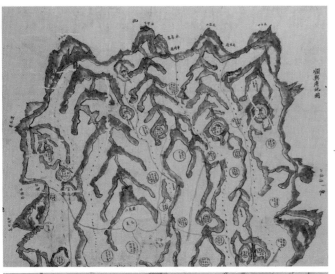

▲「순흥부지도」(1872). 산줄기가 잘 표현되어 있다.

▼「합천군지도」(1872). '읍주산'(邑主山)이라는 표기가 눈에 띈다.

고을의 산줄기 조건은 조선 후기 읍지의 산천조에 공식적으로 기록되어 있다. 조선 후기에 간행된 읍지일수록 구체적·체계적으로 산줄기가 기술되었다. 따라서 읍치경관의 풍수적 구성과정에서 고을의 산줄기 맥이 좀더 심화되어 파악된 시기는 조선 후기임을 알 수 있다.

풍수적 입지 국면을 구성하는 조선시대 읍치의 지형경관은 산줄기뿐만 아니라 고을을 중심으로 한 장풍적 요소도 아울러 갖추고 있다.

풍수의 장풍 조건을 확보하려면 기본적으로 주산또는 현무과 객산또는 조안朝案, 주작이 앞뒤로 서로 마주하는주객 상대 국면과 전후좌우로 고을을 에워싼 사신사四神砂 국면을 갖추어야 한다.

경상도 고을의 풍수경관에서 주객의 상대 국면은 다수 발견되며 곤양도 그중 하나다. 주객 상대 조건을 갖춘 고을 지형은 주산과 객산을 잇는 종선縱線이 고을의 장소적 배치를 결정하는 기본축으로 설정되는 경향이 있다. 좀더 이상적인 장풍 국면을 갖춘 고을은 좌우로 좌청룡과 우백호를 포함한 사신사청룡, 백호, 주작, 현무가 보인다. 사신사 바깥으로 여러 산이 에워싼 고을 지형은 최선의 장풍 국면을 갖추었다고 할 수 있다. 이렇게 볼 때 읍치의 지형적 입지에서 주객 상대, 사신사, 주위 산의 에워쌈環抱 요소는 풍수적 입지를 판별하는 장풍 국면의 지표가 된다.

예컨대 『해동지도』의 진주도엽에는 집현산에서 정맥正脈이 내려와서 주산과 진산인 비봉산으로 이어지는 산줄기 맥이 강조되었으며, 다시 비봉산에서 좌청룡·우백호로 뻗어 읍치를 에워싸는 모습이 여실히 표현되어 있다. 그리고 비봉산 앞으로는 망진산이 주작의 안대案對를 이루며 마주하는 형국으로 표현되어 사신사四神砂, 좌청룡·우백호·전주작·후현무의 풍수적 산수 인식체계가 지도에 그대로 투영되었음을 확인할 수 있다. 이는 전통적 공간인식체계인 풍수적 공간구조화 방식에 따라 내부와 외부, 중심과 주변을 위계적으로 영역화한 것으로도 해석이 가능하다.

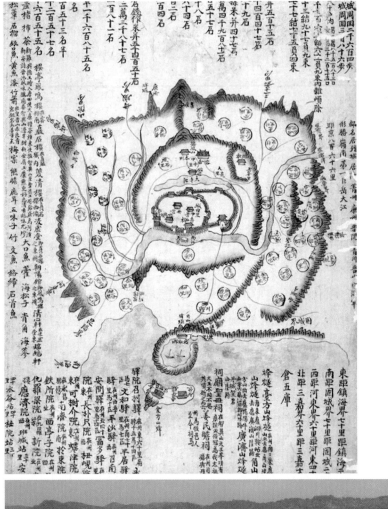

▲ 고을을 에워싸고 있는 용맥을 잘 표현한 『해동지도』의 진주도엽.

▼ 비봉산. 진주시가지를 받치고 있는 모습이다.

「영천군지도」(1872).
지도의 좌측 하단에 '이수합금'(二水合襟)이라고 표기되어 있다.

풍수적 입지 국면을 구성하는 조선시대 읍치의 지형경관은 산줄기와
장풍요소뿐만 아니라 고을을 두르는 득수적 경관유형도 아울러 지니고
있다. 득수의 가시적 형태로서, 읍치를 중심으로 앞이나 옆에 끼고 있는
하천면수面水 또는 대수帶水과 고을을 감도는 하천[環抱水], 고을 좌우로 갈래
져서 흐르는 물이 수구부에서 합치는 하천[合水] 등은 풍수적 입지 국면이
반영된 득수 조건의 지표로 볼 수 있다.

예를 들어 영천 고지도의 왼쪽 아래에는 '두 물줄기가 만나 옷깃을 여
밈'[二水合襟]이라고 표기해 입지의 득수특히 합수 조건을 풍수적으로 표현
했다. 그리고 봉화 고지도에는 고을의 합수 국면이 뚜렷하게 표현되어
있다.

입지지형과 풍수

일반적으로 조선시대 고을이 입지한 지형은 평지, 산기슭, 구릉지, 산

간[山腹]으로 분류할 수 있다. 조선시대 경상도 71개 읍치의 입지지형을 다시 풍수와 관련지어 세분해보자.

평지 입지는 해안이나 강가, 들판의 일반평지와 배후에 산을 끼고 앞으로는 물을 두른 채 평지에 입지한 배산임수평지로 나눌 수 있다. 대체로 일반평지는 주산 산줄기 맥의 조건을 얻지 못해 풍수적 입지라고 보기 어려우나, 배산임수평지는 일단 산줄기 맥의 주산 조건과 득수 조건에서 풍수적 입지의 지형을 보이는 것으로 간주할 수 있다. 배산임수평지 입지 형태는 조선시대 고을의 전형적인 풍수적 입지 유형의 하나가 된다.

산기슭, 구릉지, 산간입지 역시 산줄기 맥의 주산 조건에서 지형을 갖추었지만, 산줄기 맥 조건뿐만 아니라 장풍과 득수 조건까지 구비해야 온전한 풍수적 입지라고 할 수 있다. 산기슭 입지도 풍수적 조건을 고려하여 앞에 산과 마주한 주객상대[主客相對]형 산기슭 입지, 주위가 산으로 둘러싸인 장풍형 산기슭 입지, 장풍적 조건을 갖추지 못하고 홀로 있는 산의 기슭에 입지한 독산형 산기슭 입지로 세분할 수 있다. 장풍적 산기슭 입지는 조선시대 고을에서 전형적인 풍수적 입지형태이지만, 독산적 산기슭 입지는 전형적인 풍수적 입지라고 할 수 없다.

경상도 읍치 중에서 풍수적 국면을 갖추지 못한 읍치들의 입지 속성을 지형 조건과 관련지어 일반화하면 다음과 같다. 평지에 입지한 읍치로서 배후 주산의 조건을 얻지 못한 경우(거창, 단성 강루리 구읍, 언양, 진해, 경주, 신령, 풍기 등), 특히 평지입지이면서 고을의 배후에 하천이 흘러서 산줄기와 장풍 조건을 갖추지 못한 경우(경산, 경주, 대구, 산청, 영일 생지리 신읍, 진보 구읍 등), 그 밖에 구릉지나 산기슭, 산복에 입지해 주산 조건은 확보했으나 고을 주위가 산으로 에워싸이지 못해 장풍 조건을 얻지 못한 경우(고성, 영덕, 청하, 영일 남성리, 남해 구읍 등)로 분류할 수 있다. 바닷가에 입지한 해읍(거제 사등성, 웅천, 영해, 청하, 홍해)도 산줄기, 장

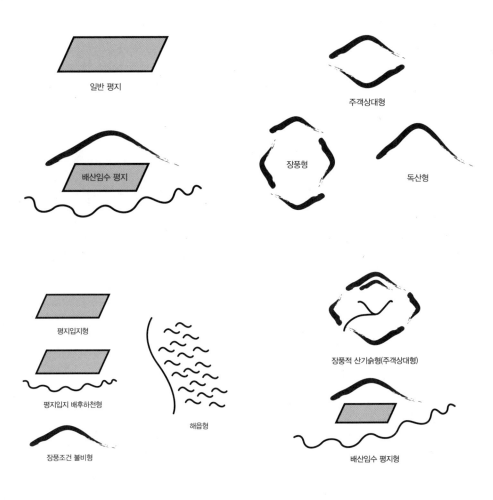

일반 평지

주객상대형

배산임수 평지

장풍형

독산형

평지입지형

평지입지 배후하천형

해읍형

장풍적 산기슭형(주객상대형)

장풍조건 불비형

배산임수 평지형

◀▶ 평지입지와 산기슭입지.
◀▶ 풍수국면을 갖추지 못한 입지와 풍수국면을 갖춘 입지.

▲ 거창의 배산평지 입지. 멀리 너머로 진산인 건흥산이 보인다. 관아지(현 군청)에서 본 모습이다.
▼ 의령의 산기슭 입지. 진산인 덕산(현 봉무산)에 기대어 관아가 입지했다.

풍 등의 풍수적 필요조건을 갖추지 못해 풍수입지도가 낮았다. 이것은 해읍의 지리적 위치상 군사방어를 주목적으로 행정중심지의 입지지형이 선택되었기 때문으로 판단된다.

풍수적 요소와 국면이 잘 드러나는 읍치의 지형적 공통성을 살펴보자. 주위에 산으로 둘러싸인 산기슭에 입지한 읍치(단성 내산, 하동 신읍, 봉화, 영양, 영일 대잠동), 뒤로 산을 등지고 앞으로 물을 두른 평지배산(임수)평지에 입지한 읍치(거제 신읍, 진주, 진보 진안리, 칠곡 등)가 있다. 따라서 경상도에서 풍수적으로 입지한 고을의 지형유형을 일반화해보면 장풍적 산기슭형과 배산임수 평지형으로 분류된다(640~641쪽 표 38 참조할 것).

표 21 조선시대 읍치의 지형·지리적 입지(경북)

| 읍치명 | 지형적 입지 | | | | | 지리적 입지 | |
| | 평지 | | 구릉지 | 산기슭 | 산복 | 내륙 | 해안 |
	일반	배산					
개령		○				○	
경산	○					○	
경주	○					○	
고령		○				○	
군위				○		○	
김산				○		○	
대구	○					○	
문경				○		○	
봉화				○		○	
비안				○		○	
상주		○				○	
선산				○		○	
성주				○		○	
순흥		○				○	
신녕		○				○	
안동				○		○	
영덕			○				○
영양				○		○	

읍치명		지형적 입지					지리적 입지	
		평지		구릉지	산기슭	산복	내륙	해안
		일반	배산					
영일	장흥동	○						○
	남성동				○			○
	대잠동				○			○
	생지리	○						○
영주[榮川]					○		○	
영천					○		○	
영해					○			○
예안					○		○	
예천					○		○	
용궁	구읍		○				○	
	신읍		○				○	
의성			○				○	
의흥					○		○	
인동					○		○	
자인	신관리				○		○	
	원당리		○				○	
	북사리		○				○	
장기						○		○
지례					○		○	
진보	진안리	○					○	
	광덕리				○		○	
청도					○		○	
청송					○		○	
청하				○				○
칠곡	구읍					○	○	
	신읍				○		○	
풍기		○					○	
하양	구읍				○		○	
	신읍				○		○	
함창				○			○	
현풍					○		○	
흥해		○						○

표 22 조선시대 읍치의 지형·지리적 입지(경남)

읍치명		지형적 입지					지리적 입지	
		평지		구릉지	산기슭	산복	내륙	해안
		일반	배산					
거제	사등성	○						○
	고현성				○			○
	신읍	○						○
거창		○					○	
고성				○				○
곤양					○			○
기장				○				○
김해		○						○
남해	구읍			○				○
	신읍		○					○
단성	구읍	○					○	
	신읍				○		○	
동래					○			○
밀양					○		○	
사천					○			○
산청					○		○	
삼가					○		○	
안의					○		○	
양산					○		○	
언양			○				○	
영산					○		○	
울산					○			○
웅천		○						○
의령					○		○	
진주				○			○	
진해				○				○
창녕					○		○	
창원					○			○
초계					○		○	
칠원			○				○	
하동	구읍					○	○	
	신읍				○		○	
함안					○		○	
함양			○				○	
합천					○		○	

조선시대 고을경관과 풍수

장소적 경관

풍수는 조선시대 읍치의 주요 관아 건축물 및 장소의 입지와 배치 결정, 이동에도 일정한 요인으로 작용했다. 대표적 읍치 건축물이라고 할 만한 객사客舍[1] 동헌아사, 향교는 가급적 풍수가 좋은 위치에 입지하는 경향성을 나타낸다. 이들 건축물의 이전 동기에도 풍수가 개입되어 있는 경우가 다수 있다. 물론 객사, 동헌, 향교와 그 밖의 제의시설(문묘, 사직단, 성황사, 여단) 등은 각각 기능과 위계가 달라서 건물의 입지와 배치에 상대적으로 다른 개성을 나타낸다.

먼저 객사와 동헌의 기능성과 위계성이 어떻게 풍수와 연관되어 공간적 배치에 반영되고 읍치경관을 구성하는지 살펴보자.

일반적으로 동헌은 객사에 비해 실질적인 통치 기능성이 강조되고, 객사는 동헌에 대하여 형식적인 질서의 위계성이 강조되어 읍치공간에 표현된다. 객사와 동헌의 절대적 위치를 고찰해보면, 객사는 읍치공간에서 국가적 지배질서를 상징적으로 드러내는 경관 지점에 위치하는데, 그곳은 실제로 읍치공간의 중심이나 상단부 또는 배후 그리고 읍치공간의 주축선인 남문대로 정점에 위치했다.

한편 동헌아사은 객사보다 차하위 위계를 지니는 건축물이지만 지방 통치권력으로서 중심성이 실질적으로 드러나는 경관 지점이 선택된다. 특히 지방 관아는 사적 공간인 내아를 갖추기 때문에 상주 기능을 감안하여 비교적 객사보다는 주거환경에 비중을 두기 마련이다. 따라서 객사보다 풍수적 입지성이 더 짙게 나타나는 경향이 있다. 객사와 동헌 건축물의 주된 향을 비교해보아도 객사는 기본향으로 남향하는 궁실건축의 절대적 정형성을 고집한 반면, 동헌은 기본향 외에도 풍수적 지세향을 선택

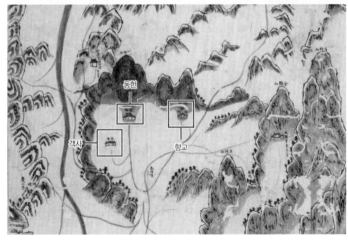

▲『해동지도』남원부. 읍치 주요 시설의 배치가 잘 그려져 있다.
▼「자인지도」(1872). 동헌과 향교는 풍수적으로 산줄기 맥에 접해 입지한 반면
객사는 산줄기와 접하지 않게 배치되어 있다.

했다는 점에서도 차이가 난다.

풍수는 읍치의 주요 건축물을 이전하는 요인도 되었다. 군위 읍치는 풍수적인 이유로 동헌을 옮긴 적이 있는데, 현감 남태보가 지은 「아사중건기」衙舍重建記에 따르면, 동헌 자리가 풍수에 좋지 않아 옮겼다는 내용이 전한다. 특히 향교의 입지와 이동에도 비중 있게 영향을 미쳤다. 조선 중기 이후에 지역 유림[鄕儒]들이 향교 이전을 요청하여 실제 옮긴 사례가 많았던 것 역시 풍수지리적 영향이 배경이 된 것으로 보인다.[2]

그 밖에도 조선시대 읍치의 중요한 제의시설로 1묘문묘·1사사직단·2단성황단, 여단이 일률적으로 구성되어 있었다. 조선 초기에는 형식적인 배치원리를 따르지만 조선 중·후기로 갈수록 지방고을의 특성에 맞추어 장소 선택이 유연해지고 그 과정에서 풍수도 영향을 미쳐 입지 선택에 개입하는 경향을 나타냈다.

영역적 경관

읍치경관을 구성하는 조성 주체는 읍치사회를 주도하는 권력집단으로, 풍수적 경관을 형성해 읍치를 영역화하는 기능적 효과를 거두었다.

읍치경관의 영역적 구성은 읍지의 산천조에 잘 표현되어 있듯이 산줄기의 내맥來脈 체계를 밝히는 방식과 위치를 기술하는 것으로 시작한다. 또 진산또는 주산을 설정하여 읍치 지형경관의 중심성을 갖추고 아울러 사신사의 풍수적 국면과 형국을 설정해 내부와 외부를 구분한다. 여기에다 읍지의 산천조·형승조와 읍지도의 표현으로 영역화를 인지적으로 강화하게 된다.

읍치 영역은 읍치를 구성한 사회집단의 인지적·상징적 인식까지 포괄하여, 읍성으로 둘러싸인 읍치권역, 읍성 외곽의 제의권역, 고을의 풍수권역명당과 비보국면이라는 중층적 규모로 전개된다. 여기서 풍수권역은 행

▲ 남원의 사직단(남원시 용정안길 15).
읍치의 제의장소로서 기본시설물 중 하나다. 네모난 모양으로 땅과 곡식신의 제단을 만들었다.
◀▶ 「남원부지도」(1872). 영역경관의 한 지표로 읍성과 사직단이 있다.

정중심지의 공간적 외연으로서 읍치의 풍수적 인지영역이 된다. 그 경관적 구성 범위는 주산을 중심으로 하는 읍치 사방의 산들과 그 내부 하천 그리고 읍치 주위에 조성되는 비보시설 등으로 둘러싸인 영역이다. 아울러 풍수적 명당형국을 전형으로 하는 조선조 읍치의 일반적 공간 구도와 범위는 대체로 중소 규모의 하천 유역권과 일치한다.

읍치경관의 영역화 과정을 일반화해보자. 우선 주산을 중심으로 사방이 산으로 에워싸인 명당 국면에 입지가 설정된다. 다음으로는 풍수적 국면을 보완할 장소에 비보함으로써 영역적 경관을 구축한다. 그리고 읍치 중심부에 객사와 동헌 등의 행정 관청을 짓는다. 동시에 그 둘레로 읍성을 쌓음으로써 행정·군사적인 물리적 보위 장치를 마련한다. 끝으로 읍치를 중심으로 주위의 사방에 제의공간문묘, 사직단, 성황사와 여단을 배치하여 상징적·심리적 안위장치를 마련함으로써 읍치 영역의 조직화를 완결한다.

비보적 경관

비보는 풍수적 상징성과 실용적 기능성을 겸비한 문화생태학적 환경 적응의 속성을 지니고 있다. 아울러 풍수적 경관보완, 경관 재구성요소이기도 하다. 고을 국면의 풍수적 입지경관은 비보로 경관 이미지가 강화되고, 풍수적 입지가 아닌 경관국면은 비보해 풍수적 경관으로 재구성된다.

읍치경관에 비보가 형성되는 시기를 보면, 최초 읍치가 입지하는 동시에 고을 지형의 풍수적 해석을 거쳐 비보하지만, 기존에 풍수적 요인으로 입지한 읍치가 아니더라도 읍치경관이 풍수적으로 재해석되면서 뒤늦게 형성되는 경우도 많다. 이런 경우에 비보의 조성시기와 배치는 고을이 언제, 어떻게 풍수적으로 재해석되었으며 공간적 영역은 어떻게 설정되었는지 등을 알려주는 지표가 된다.

통시적으로 볼 때, 고려 말과 조선 초의 읍치 입지과정에서 풍수적 요인이 고려되지 못하고 풍수 국면을 갖추지 못한 읍치는, 조선 중기 이후 풍수가 지방사회의 이데올로기로 권력집단에 활용되는 과정에서 비보경관이 조성되었다. 예컨대 남해, 영천, 울산, 경주 등과 같이 조선 초기나 그 이전에 입지했지만 풍수적 국면이 뚜렷하지 않은 읍치에서 비보경관이 발견되는 것이 이를 방증한다.

문헌자료에서 경상도 71개 읍치에서 나타나는 비보경관을 분석해보자. 기능적으로 대부분 고을의 입지지형에 대한 장풍비보가 나타나지만 드물게 경주, 영주[榮川], 대구 등에서는 산줄기 비보가 드러나기도 했다. 읍치에 따라서는 형국비보도 나타났는데, 주로 읍치의 진산 또는 주산이 비봉산인 것과 관련한 비보 내용들이 예천, 선산, 순흥, 진주, 함안 등지에서 나타났다. 형태적으로는 숲비보가 다수를 차지하며 기타 조산, 건조물, 조형물, 지명 비보 등이 있었다. 비보 위치는 수구부 또는 읍치 전면의 경우가 많았다.

인지적 경관

조선시대에 읍치경관을 풍수적으로 구성하는 방식 중 하나는 읍지나 읍지도 같은 읍치의 공식적이고 권위 있는 문서에 기술하고, 형승으로 묘사함으로써 인지적인 구성 방식을 취하는 것이다. 이렇게 읍지나 읍지도에서 고을의 풍수적 국면에 대한 묘사가 강조되고 아울러 자연적·인문적인 풍수요소가 표기되었다는 것은, 지지나 지도가 제작된 당시 읍치경관에 대한 사회 일반계층의 인지에 풍수적 영향이 투영되었다는 증거가 된다.

읍지도에서 풍수적 국면에 대한 표현은 조선 후기에 제작된 지도에서 강조되기 시작했다. 특히『해동지도』[18세기 중반], 『1872년 지방지도』등의 읍지도와 『경상도읍지』1832, 『영남읍지』1895 등의 읍지에 포함된 읍지도에 풍수적 표현이 두드러지게 나타난다. 지도 제작과 표현 기법에 풍수가 반영된 배경에는 풍수가 당시 사회의 지리적 관념으로 영향을 미친 때문이기도 하지만, 직접적으로는 지도 제작에 풍수를 보는 상지관相地官이 참여했기 때문이다.

읍지도의 산천 표현 방식은 읍치의 풍수적 입지요소가 되는 산줄기의 연결성[來龍], 주위 산들의 에워싸임[藏風], 하천의 이상적인 모양새[得水]의 관점이 반영되어 있다. 그리고 인문적 경관 구성요소로서 읍치 주요 건축물인 객사, 동헌, 향교의 입지와 배치, 비보 등도 표현되었다. 읍지도에 반영된 산수 체계의 풍수적 표현방식을 구체적으로 살펴보면, 읍치의 산줄기 맥과 주산을 의도적으로 강조했다. 또 읍치의 주위 산들이 에워싸는 형세를 과장되게 그렸다. 하천의 이상적 모양새가 강조된 경우도 다수 있다. 비보숲도 여러 군현지도에서 표현되어 있는 것으로 보아 읍치의 주요 경관요소로 인식되고 있음을 알 수 있다.

읍지도가 읍치의 공간적 인지를 공식적으로 재현하는 시각적 자료라면, 읍지는 읍치의 지리적 정보를 수록한 문서적 자료로, 둘 다 읍치경관에 대한 일반적 인식을 대표하는 자료로 평가할 수 있다. 읍지의 편제항목에서 산천조와 형승조는 각각 고을의 산천에 대한 기록, 읍치의 자연인문적 경관에 대한 개관으로, 이들 항목에는 풍수적인 읍치경관 인식이 반영되어 있다.

조선 후기 읍지의 산천조에는 고을의 산줄기 맥[來脈]이 기록되었는데, 후기에 간행된 읍지로 갈수록 산줄기 맥은 구체적·체계적으로 기술된다. 예컨대 16세기 저술인 『신증동국여지승람』에는 진산의 방위상 위치와 거리만 적었지만 19세기에 편찬된 『경상도읍지』에 이르면 진산의 위치, 거리와 아울러 산줄기 맥에 관한 구체적 인식과 파악이 일반적으로

부기附記되었다. 이를 근거로 볼 때 읍치경관에서 고을의 산줄기 맥이 좀 더 심화되어 파악된 시기는 조선 후기이며, 읍지의 산천조에 표현된 풍수적 서술은 읍치의 경관구성에 대한 인지적 체계의 발전 과정으로 이해할 수 있겠다.

『신증동국여지승람』『여지도서』『경상도지리지』 등 주요 읍지에서는 따로 형승조를 두었는데, 읍치의 형승 중에는 풍수적 인지가 반영된 내용이 여럿 등장한다. 형승이란 군현의 대표적 자연과 인문 경관을 시문詩文 형식으로 표현하는 것으로, 군현의 경관적 이미지를 대표하는 글로 평가할 수 있다. 따라서 형승조에 읍치 산천 묘사가 풍수적 견지로 표현되어 있는 것으로 보아 당시 읍치경관을 보는 관점과 풍수적 영향을 짐작할 수 있다.

> 진주: 비봉산이 북쪽에서 멈췄고, 망진산이 남쪽에서 읍한다.[3]
>
> ·『신증동국여지승람』

> 순흥: 죽계는 왼쪽에 굽어 돌고 소백산은 오른쪽에 웅거한다. 산은 높고 물은 맑으며 봉황은 날고 용은 서렸다.[4]
>
> ·『여지도서』

> 신령: 북으로는 화산이 웅거하고 남으로는 용천이 띠를 둘렀다.[5]
>
> ·『여지도서』

이처럼 고을의 형승을 묘사하는 풍수적 유형은 주로 고을 자연경관의 대표적 산수를 거명하고 산수 형세를 풍수적으로 묘사하는 방식이며, 간혹 산수의 영향으로 인물이 번성한다는 표현도 등장한다.

문화상징적 경관

조선시대에 읍치의 풍수적 경관을 구성하는 여러 방식 중 지명과 풍속 같은 문화상징적 형태도 있었다. 지명 같은 문화적 상징과 대동놀이 같은 공동체적 풍속으로 읍의 주민들은 읍치의 풍수적 환경인식을 공고히 한다.

지명은 속성상 호칭된 시기의 사회적 배경과 시대 상황을 잘 반영하는 경관 인지의 대표적 지표가 될 수 있다. 대체로 풍수적 지명은 고을터의 지형을 형국적으로 인지하는 과정에서 생겨나며, 이에 수반되어 지명이 구성되는 과정이 나타난다. 풍수적 명당 조건이 갖춰지지 않았을 때 지명을 붙여 보완하기도 하는데 이를 지명비보라고 한다. 지명비보는 이름을 불러 비보효과를 얻고자 하는 심리적·상징적 비보형태다. 대개 실제적 형태의 비보를 시행한 후 그 효과를 증대하려 부가하는 경우가 많으며, 지세를 진압하거나 형국을 보완하는 기능을 하는 사례가 많이 나타난다.

읍치경관의 문화상징적 구성 방식 중 하나로 대동놀이 풍속도 있다. 특히 경상도 읍치 중 영산, 울산, 언양읍에는 문화적 경로로 읍치의 풍수적 국면에 대응하는 고을 주민들의 집단공동체적인 놀이가 있어 주목된다. 영산의 쇠머리대기와 줄다리기는 각각 산살풀이와 지기진압 기능을 했고, 울산과 언양의 줄다리기는 용맥견인 기능을 했다. 차례대로 살펴보자.

영산읍에는 '쇠머리대기'라는 민속놀이로 고을 산세의 상충으로 빚어지는 풍수적 문제점[相沖煞]을 풀고자 한 사례가 있다. 영산 쇠머리대기 놀이의 유래에 대해서는 몇 가지 설이 전한다. 그중 하나가 영산의 진산인 영축산681미터과 마주 보는 작약산함박산, 420미터이 황소 두 마리가 겨루는 형상이라 그 사이에서 살기가 빚어지는데, 쇠머리대기 놀이는 이 살기를 풀어주는 풍수적 민속이라는 것이다.[6]

울산읍과 언양읍에서는 마두희馬頭戲 또는 마두전馬頭戰이라는 줄다리기를 하여 읍터의 풍수적 문제점을 풀었다. 두 고을의 위치상 지리적으로 근접해 울산에서 언양으로 놀이문화가 파급되었을 것으로 추정된다. 울산읍의 경우, 동대산東大山은 말머리 형국인데, 산세가 고을을 돌아보지 않고 바다를 향해서 달려 나가는 형세여서, 고을의 운이 빠져나가는 것을 꺼려 읍민들이 줄을 당겨 말머리를 끌어당기는 상징적 행위를 했다. 풍수에서는 이처럼 "산이 달려 나가면 흉하며[7] 산이 쭉 빠져나가 잠그지 않으면 도망하고 패절敗絶한다"[8]라고 했다. 이에 비보가 요청되므로 고을 사람들은 줄다리기로 산을 끌어당기는 문화적 상징행위를 한 것이다. 『여지도서』의 울산 풍속조에는 이와 관련해 구체적인 설명이 나온다.

동대산이 바다 속으로 곧장 달려 나가는데, 그 형상이 마치 말머리와 같다고 한다. 고을 사람들은 동대산의 맥이 서쪽을 돌아보지 않고 곧장 달려가는 것을 꺼려 줄로 끌어당겼으니 그로 인하여 놀이가 되었다. 매년 단옷날 읍민들이 동서로 나뉘어 줄다리기를 하여 용맹스러움을 다투는 것으로 농사의 풍흉을 점치는데, 서쪽이 이기면 풍년, 동쪽이 이기면 흉년이 든다고 하여 승부를 가린다.[9]

언양읍에도 울산읍과 유사한 비보적 민속놀이가 있었는데 이를 '마두전'馬頭戰이라고 일컬었다. 같은 『여지도서』에는 이 놀이의 유래와 진행과정을 상세히 기록해놓았다.

읍터의 용머리가 울산 경계로 달려가는 것 같다고 하여 이 싸움놀이를 해서 그 용두龍頭를 끌어당긴다고 한다. 단옷날 하천의 남북 쪽 고을 사람들이 읍성에 모여 길 아래와 길 위에 좌우로 대오를 나눈다. 하루 전날 민가에 명령을 내려 각자 새끼줄을 내어 한 줄로 합하게 하고, 그 머리를 뚫어 큰 나무를 끼워서 말머리라 일컫는다. 양쪽 대열이 일시에

북을 치며 진격하여 좌우로 가로지른 줄에 달라붙어 힘을 겨루어 빼앗는다.[10]

사회적 경관

읍치경관을 구성하던 풍수적 이념과 가치는 지배집단의 사회적 통제력이 약화됨과 동시에 실용적·경제적 가치와 상충하며 도전받는 과정을 겪게 된다. 이러한 사회적 가치관의 변동은 읍치의 입지 결정과 이전 그리고 읍치경관의 풍수적 구성을 바꾸는 동인이 된다. 그 사회적 맥락에는 읍치 영역 안에 거주하는 사회집단과 읍치 영역 바깥에 거주하는 사회집단 간의 이해와 대립도 내포하고 있다. 조선 중·후기에 풍수적 비보경관을 둘러싸고 사회집단 간의 갈등이 전개된 경주 읍치의 사례를 살펴보자.

경주 고을은 옛 신라의 도읍이라는 정치적 중심지로서, 조선시대에 읍치로 지속되다가 읍치경관이 풍수적으로 해석된 후 풍수적 경관으로 재구성되었다. 경주의 입지 국면은 북천, 서천, 남천으로 둘러싸인 하안의 평지에 고을이 입지해서 풍수적 산줄기 맥[來脈]과 주산 조건을 갖추지 못했다. 이러한 산줄기 맥을 보완하려고 한지수[閑地藪]와 비보수라는 숲을 조성했다. 한지수는 낭산과 명활산 사이의 보문리 마을 평탄지에 있었다.

그런데 조선 중기인 16세기에 들어 한지수를 둘러싼 경주 읍치의 풍수적 비보는 경지개간이라는 경제적 요구와 상충되면서 보전과 개발 가치의 이념적 충돌을 일으키게 되었다. 이는 풍수적 가치에 대한 실용적 가치의 도전으로 해석할 수 있다. 이러한 배경에는 비보지를 활용하려는 읍치 밖 소재지 평민들의 농지개간 요구와 비보숲을 보전하려는 읍치 내 읍민들의 공간적·사회계층적 갈등 역시 반영되어 있다. 그 과정에서 경주부의 산줄기 맥[來脈] 비보 기능을 한 한지수는 여러 번 없어지고 복원되는 과정을 반복했다. 그 과정을 『동경잡기』에는 다음과 같이 적었다.

한지원[閑地原, 한지수가 있는 언덕]은 경주의 고을에 이르는 맥으로서 예부터 나무를 심어 숲을 조성했다. 1522년에 백성[民]들이 농경에 힘써 산의 맥을 파고 자르며, 물을 끌어들여 밭으로 관개했고, 1623년에는 사리역의 역졸이 마위전[馬位田]을 민전[民田]으로 바꾸었다. 맥을 훼손한 데에 대해 고을 사람[邑人]들이 소장[訴狀]을 내어 감사로 하여금 옛 사리역을 철거해 이전할 것을 신청했다.[11]

그리고 『경주선생안』에는 17세기경 한지수의 사회적 복원과정이 다음과 같이 상세히 기록되어 있다.

부윤 민주면[閔周冕]이 1623년에 사리역졸을 한지원에서 이주케 했다. 예부터 금해 보호하는 땅이었으나, 도랑을 내고 밭을 일구어 고을의 주맥을 파고 깨뜨렸기에 고을 사람들이 분노해 조사한 것이 50년에 가깝다. 민 부사가 임지에 도착한 이듬해 입춘에 칙령을 내려, 옛 터에 도로 이주케 하고 한지원의 논밭을 다 없앴다. 또 표시를 해 농경을 금지하고, 두루 나무를 심어 고을의 주맥을 다시 완전하게 했다. 그러자 고을 사람들의 쌓인 분노가 비로소 풀렸다.[12]

요약하면, 조선 중기까지 읍치에 거주하는 읍민들이 주체가 된 한지수의 보전을 꾀하는 정치적 세력과 읍치 바깥에 거주하는 평민들이 주체가 되어 한지수를 개간하려는 경제적 요구가 갈등을 빚었다. 이러한 역학관계에서, 대내외적으로 사회질서가 혼란한 시기에는 한지수가 경지로 개간되어 훼손되고, 지배세력의 정치적 힘이 강화될 때는 복원되는 과정을 거쳤다. 결국 19세기에 이르러 풍수적 사회관념이 희박해지면서 소멸되기에 이르렀다. 이것은 풍수적 가치를 지지하는 세력에 대한 경제적·실용적인 가치를 지지하는 세력의 도전이 풍수관념의 쇠퇴와 맞물리면서 정치적으로 우세했음을 의미한다.

조선시대 지방도시의 풍수적 분석

풍수적 경관의 자연적 입지요소와 인문적 경관요소를 기준으로 경상도 읍치의 경관을 분석했다. 그 결과 풍수적인 입지와 경관 구성 정도에서 큰 편차를 나타냈다. 읍치에 따라서 풍수적 입지와 경관 구성요소가 거의 나타나지 않은 곳과 부분적으로 보이는 경우 그리고 풍수의 전형적 국면이 잘 드러나는 경우도 있었다(641~644쪽 표 39, 40 참조할 것).[13]

경상도 71개 고을의 풍수적 입지도와 경관구성도를 분석한 결과, 자연적 풍수입지도는 다음과 같이 나타났다. 가장 나중에 입지한 읍치신읍를 기준으로 고을경관에 풍수적 입지 국면이 강하게 나타나는 읍치세 가지 입지요소 구비는 총 71개 읍치 중에서 41개소로 나타나 약 58퍼센트를 차지했다. 고을경관에 풍수적 입지 국면이 부분적으로 나타난 읍치두 가지 입지요소 구비는 총 16개소로 23퍼센트로 분석되었다. 그리고 고을경관에 풍수적 입지 국면이 거의 나타나지 않은 읍치한 가지 이하의 입지요소 구비는 14개소로 전체 읍치에서 20퍼센트를 차지했다. 이와 같은 분석 결과에 따라 조선시대 읍치의 입지에 풍수가 일반적으로 적용되었다는 기존 견해는 수정이 필요하다고 본다.

읍치의 행정 위계적 측면에서 입지 특징을 분석해보자. 조선 중기의 대읍인 경주, 안동, 대구, 상주, 진주 등지에서 안동과 진주가 풍수적 입지경관이 뚜렷한 반면에 경주, 대구, 상주의 고을경관에는 풍수적 입지 요인이 부차적으로 작용한 것으로 보인다. 따라서 대읍은 대체로 풍수적 입지요인이 크게 영향을 미치지 않은 것으로 분석된다. 그 배경을 생각하면,

경주와 상주는 신라 이래의 대읍으로 정치행정적 중심지로서 입지요인
이 컸으며, 대구는 중심지적 위치와 교통로 등 경제적 이점이 입지 선택
에 작용된 것으로 판단한다. 반면 안동과 진주는 고려시대 이래의 지방중
심지적 대읍으로서 풍수적 입지 국면이 강하게 반영되었다.

인문적 풍수경관구성도를 분석한 결과는 다음과 같이 나타났다. 신읍
을 기준으로 경상도 읍치에 인문적 풍수경관요소가 적어도 1개 이상 있
는 읍치는 69개로 97퍼센트를 차지했다. 구성도가 높게 나타난 읍치네댓
가지 구성요소 구비는 3개소(울산, 진주, 선산)로 약 4퍼센트였고, 풍수경관구
성도가 보통으로 나타난 읍치두세 가지 구성요소 구비는 총 34개소로 약 48퍼
센트로 분석되었다. 읍치경관에 풍수적 구성이 비교적 적게 드러난 읍치
한 가지 이하의 구성요소 구비는 34개소로 전체 읍치에서 48퍼센트를 차지했다.

구성요소별로 분석하면, 행정건축물의 장소객사 또는 동헌는 전체 고을의
79퍼센트가 풍수적 입지와 배치를 지향했으며, 읍치의 비보는 전체 고을
의 56퍼센트가 갖추었다. 고을경관의 형승이 읍지에 풍수적 관념으로 표
현되어 있는 읍치는 21퍼센트로 나타났고, 풍수의 형국과 관련된 지명요
소를 가진 읍치도 14퍼센트가 있었다. 그리고 읍치의 풍수적 경관과 관
련된 풍속대동놀이이 있는 읍치도 3개소로 전체의 4퍼센트를 차지했다. 이
로써 읍치의 주요 행정적 장소는 대다수가 풍수를 고려했고 비보 역시
과반수 읍치에서 구성했음을 확인할 수 있다.

읍치의 풍수적 경관유형

이상과 같은 분석을 바탕으로 경상도 읍치의 경관유형을 풍수적 관점
으로 일반화하고 그 의미를 해석해보면 다음과 같다.

첫째, 자연적 풍수입지 국면을 갖추지 못하고 인문적 풍수경관요소도
가지지 못한 고을로 거제 사등성, 고성, 남해 구읍, 단성 강루리, 영일 장

홍동 고을 등이 있었다. 이들 읍치의 공통적 속성은 모두 지리적으로 해안에 입지한 (연)해읍들이다. 왜구를 방어하려 읍성을 축성하고 읍을 설치한 경우로, 군사방어적 요충지이냐가 주요 입지요인으로 작용했던 결과로 추정할 수 있다. 지형적으로도 구릉지고성 또는 평지단성 강루리, 영일 장흥동에 입지하여 산줄기나 장풍의 풍수적 조건을 얻기 어려웠다.

둘째, 자연적 풍수입지를 하지 않았지만 인문적 풍수경관요소를 가지고 있는 고을(거창, 경산, 경주, 대구, 상주, 영일 생지리 구읍, 영덕, 영해, 진보 진안리 구읍, 청하, 풍기 등)이나 자연적 풍수입지요소가 비교적 적지만 인문적 풍수경관요소는 다수 나타나는 경우(산청, 울산, 함안, 청도, 상주 등)가 있다. 이들 읍치는 최초 군사방어, 교통, 고려 말 이후 점유되어 왔던 중심지적 관성 등의 입지 요인이 강하게 작용하였다. 비록 풍수적 입지가 아니거나 풍수적 국면이 적게 나타나는 곳에 입지했지만 나중에 풍수적 국면으로 보완, 구성하려는 인문적 노력을 한 사례로 해석할 수 있다. 그런데 자연적 입지 국면에서 풍수적 여건이 갖춰지지 않은 고을일지라도, 읍치의 주요 장소관아건축물의 선정 배치에서는 풍수를 고려했다는 점도 특기할 만하다(상주, 울산, 남해, 진해, 함안, 군위, 비안, 성주, 영천, 청송, 진보 진안리 구읍 등).

셋째, 자연적 풍수입지 국면은 잘 나타나지만 인문적 풍수경관요소는 갖추지 못한 읍치는 찾아볼 수 없었다. 풍수가 주요 입지요인이 된 읍치는 행정건축물특히 동헌의 입지와 배치도 풍수적으로 이상적인 장소를 선택했다. 읍치에 따라서는 인지적으로 읍지나 읍지도에 표현하고, 풍수지명 등으로 경관 이미지를 강화하거나 비보 국면을 보완해 풍수적 경관구성을 충실하게 했다.

넷째, 자연적 풍수입지 국면이 강하게 나타나면서 아울러 인문적 풍수경관요소도 다수가 나타나는 경우(김해, 동래, 영산, 진주, 선산, 순흥, 안동,

영양, 영주[榮川], 용궁 구읍, 의흥, 장기)가 있다. 이들 읍치들은 군사적 요충지에 설치된 관문도시라기보다는, 몇몇을 제외하고는 대체로 지역의 중심지에 설치된 대읍 또는 중소읍으로, 지방행정도시의 성격을 가지고 있다. 그리고 위 읍치들의 공통적인 입지지형적 속성은, 고을 주위가 산으로 둘러싸인 산기슭에 입지한 지형장풍적 산기슭형이거나 고을 뒤로는 산을 등지고 앞으로는 물을 두른 평지에 입지한 지형배산임수 평지형이었다.

다섯째, 같은 읍치 단위에서 구읍과 신읍의 풍수적 입지와 경관구성도를 서로 비교해볼 때, 구읍보다는 신읍의 풍수적 입지와 경관구성도가 높게 드러났다영일과 용궁은 예외.

지형·지리적 입지 분포와 풍수

고을의 지형·지리적 입지 분포를 풍수와 관련해 분류하고 해석해도 의미 있는 결과를 얻을 수 있다.

경상도 고을의 지형적 입지를 분석한 결과, 나중에 입지한 읍치신읍를 기준으로 평지지형에 입지한 읍치는 총 71개 읍치 중에서 24개소로 나타나 전체에서 34퍼센트를 차지했다. 그중에서 일반평지는 8개소 읍치로 전체에서 11퍼센트, 배산평지는 16개소 읍치로 전체에서 23퍼센트를 차지했다. 구릉지에 입지한 읍치는 5개소로 나타나 전체 읍치 중에서 7퍼센트였다. 경상도 읍치의 입지지형 중에서 산기슭 입지가 41개소로 가장 많았는데 전체 읍치의 입지지형에서 약 58퍼센트를 차지했다. 산복山腹에 입지한 읍치는 기능적으로 산성으로서 경북 장기의 1개소만 나타났고, 구읍까지 포함하면 모두 4개소가 있었다.

이러한 분석 결과로 알 수 있듯이 경상도 읍치가 입지한 지형은 산기슭이 가장 많았고, 이어서 뒤로 산을 끼고 있는 배산평지, 해안이나 강기슭에 입지한 일반평지, 구릉지, 산복산성에 입지한 읍치의 순서를 보였다.

표 23 경상도 읍치의 지형·지리적 입지 분포

항목＼입지	지형적 입지					지리적 입지	
	평지		구릉지	산기슭	산복	내륙	해안
	일반	배산					
읍치 수(개소)	8	16	5	41	1	53	18
비율(퍼센트)	11 / 34	23	7	58	1	75	25

＊읍치를 이동한 경우는 신읍을 기준으로 함.

경상도 읍치에서 산기슭과 배산평지 지형에 입지한 읍치가 많은 이유를 여러 각도에서 해석할 수 있겠지만 풍수도 그 한 요인이 되었을 것으로 추정한다.

　다음으로 경상도 읍치의 지리적 입지 분포를 풍수적 입지와 관련하여 분석해보면 다음과 같다. 내륙에 입지한 읍치[陸邑]는 총 71개 읍치 중에서 53개소로 75퍼센트를 차지했고, 해안에 입지한 읍치[海邑]는 18개소로 25퍼센트를 차지하여 내륙에 입지한 읍치가 월등히 많았다. 내륙에 입지한 읍치 중에서 전형적인 풍수적 입지를 갖춘 읍치는 33개소로 전체의 46퍼센트를 차지했다. 반면 해안에 입지한 읍치 중에서 전형적인 풍수적 입지를 한 곳은 8개소로 전체의 11퍼센트를 차지하여 해안읍보다 내륙읍에서 풍수적 입지 비율이 3배 높았다. 이러한 배경요인을 보면, 해안에 입지한 읍치는 방어적 요충지 위치가 많은 반면 내륙에 입지한 읍치는 지방중심지적 위치가 많았다. 내륙읍은 해안읍에 비해 풍수적 조건을 고려하여 입지했을 뿐만 아니라 자연지형적 조건 역시 풍수에 적합했던 것으로 판단된다.

풍수적 입지의 역사적 경향성

　경상도 읍치의 입지 경향을 역사적 측면에서 볼 때, 조선 초기에는 풍수적으로 입지하는 경향이 뚜렷하지 않다가, 조선 중기 이후 새로 들어서 거나 읍치를 이동한 읍치의 입지에서 분명한 풍수적 지향성이 드러난다. 이러한 경향의 배경은 조선시대 중앙의 정치권력이 지방의 읍치에 미친 지배력 또는 통제력과 상응하여, 풍수가 미친 사회적 영향력의 시대적 변천과도 맥락을 같이한다.

경상도 읍치의 경관구성 경향을 역사적 측면에서 보면, 조선 초기에 입지한 읍치는 조선 중·후기에 입지한 읍치보다 인문적 풍수경관구성이 더 강하게 나타나는 경향이 있다. 이러한 경향은 조선 초기에 입지한 읍치는 풍수적 입지요건이 갖춰지지 않은 경우가 많아서 경관의 구성을 풍수적 국면으로 전환하거나 보완한 것으로 해석할 수 있다.

경상도 읍치의 입지유형을 통시적으로 분석해보면, 지리적 변천은 내륙·해안→내륙→내륙·해안의 경향으로 나타났다. 그리고 지형적 변천은 산복·구릉지·산기슭·평지→산기슭 또는 배산평지→(일반·배산)평지의 경향성을 나타냈다. 시기적으로 조선 초기에는 내륙과 해안의 산복, 구릉지, 산기슭, 평지입지가 혼용되다가 조선 중기가 되면 내륙의 산기슭과 배산평지에 새로 입지하거나 이동하는 읍치가 많아졌다. 그러다가 조선 후기에 이르러서는 다시 내륙과 해안의 평지에 입지하는 경향을 드러냈다.

이러한 배경 요인은 다음과 같이 설명할 수 있다. 조선 초기에는 왜구 침략을 방어하기 위한 입지 요인과 고려조 치소의 정치중심지적 관성이 유지되어, 해안 또는 내륙의 산복이나 구릉지에 입지하거나 풍수적 요인으로 산기슭 또는 배산평지에 입지하게 된다. 조선 중기에 이르러서는 왜구가 평정되어 방어적 입지요인의 비중은 작아지고 읍치 입지와 읍치 이동 과정에 풍수적 요인이 중시됨으로써 내륙의 산기슭이나 배산평지에 입지하는 사례가 많아진다. 이윽고 조선 후기에 와서는 교통로의 접근성,

지리적·중심적 위치, 경제적 요인, 풍수적 요인 등으로 새 고을의 입지를 결정하고 읍치를 이동하는 과정에서 내륙이나 해안의 (일반·배산)평지로 지향하는 경향성을 나타내게 된다(645쪽 표 41 참조할 것).

10 지리산권 마을풍수의 문화생태

마을은 자연환경 조건에서 개인의 삶과 집단의 공동체적 문화가 지속하여 영위되는 공간이다. 마을의 형성과 변천 과정에는 자연, 역사, 경제, 사회, 문화 등 다양한 배경요인이 복합적으로 작용한다. 그중에서 풍수도 전통마을의 입지와 경관구성, 주민들의 환경 적응에 큰 영향을 미쳤다.

공동체적 주거공간으로서 마을은 자연환경과 문화환경이 복합되어 있다. 따라서 주민의 문화적 속성과 관련된 마을생태와 마을경관 연구에는 문화생태적 접근이 긴요하고도 유용하다. 특히 마을의 문화생태를 구성하는 주요소로서 풍수는 오랫동안 마을의 입지, 경관구성, 주민들의 자연인식과 태도에 큰 영향을 주었기에, 마을 주민들의 문화생태적 적응전략의 형태와 기능에서 이해의 실마리를 제공한다.

문화생태는 한 문화집단에서 찾아볼 수 있는 특정 문화 습성과 자연환경의 교호작용 관계를 말하며 흔히 문화와 자연의 연결고리를 밝혀 설명하는 접근방식을 취한다. 풍수를 매개로 한 한국인과 자연의 관계는 흥미롭고도 특이한 문화생태학 분야의 연구주제가 될 수 있다.[1]

문화생태학은 인간문화과 환경의 상호작용과 상호관계의 시스템을 전제한다. 문화생태학의 주요 키워드는 '문화적文化的 적응適應'으로 인간의 자연적응전략의 구조, 형태, 기능의 분석에 주안점을 둔다.[2] 특히 풍수는 좀더 쾌적하고 편안한 장소를 찾기 위한 인간의 환경적응전략에 기초한다.[3] 인간의 자연환경에 대한 문화생태적 과정이 가시화된 것이 문화경 관이며, 전통마을은 문화생태적 경관이 가장 뚜렷하게 드러나는 취락 단 위다.

풍수문화와 풍수경관은 한국적 문화생태, 경관생태의 전형적 요소다. 그것은 오랫동안 자연환경에서 적응하며 살아온 주민들의 풍수적 자연 인식과 관계의 생활사가 반영된 것으로, 사람과 자연의 상호작용으로 빚 어진 문화생태적 결과물이자 전통지식체계다. 풍수문화가 잘 보전된 마 을은 한국적 문화생태마을의 전형이 된다.

풍수형국의 인식과 대응

지리산의 자연환경을 기반으로 하여 자연마을이 형성되는 과정에서 받은 풍수적 영향으로 지리산 인접권역에 해당하는 남원시, 구례군, 하동 군, 산청군, 함양군 관내의 자연마을에서는 다음에 제시한 것처럼 500여 개가 넘는 수많은 풍수형국이 나타났다. 이러한 사실은 지리산권역의 마 을에 풍수문화가 일반적으로 확산되어 주민들이 환경에 적응하는 과정 에서 영향을 주었다는 사실을 잘 말해준다. 풍수적 형국은 마을의 해당 형국에 상응한 주민들의 문화생태적 대응과 상호관계의 코드를 형성한 다. 지리산권역의 풍수형국을 자연지형, 인문경관, 신성물, 길짐승, 날짐 승, 수중생물, 곤충, 식물, 사람, 신체, 물건, 문자, 기타로 분류하여 집계하 면 다음 표(286쪽 표 25)와 같다.

풍수는 토지 이용과 수자원 이용, 주택과 취락의 조성, 지형의 해석, 경 관의 창출, 공간지각 같은 한국인의 문화전통에 깊이 관여했으며, 전국에 그 현장과 설화가 남아 있다.[4] 지리산권역에서도 풍수는 주민들의 환경 인식 틀이자 문화생태적 적응 형태로 일반화되어 있으며, 그 구체적 형식

표 24 지리산권 마을의 풍수형국과 주민들의 문화생태적 대응관계 사례

형국명	대응관계	소재지(마을명)
나무형국	벌목 금지	남원시 아영면 청계리 외지
옥녀가 베 짜는 형국	베틀 자리에 지형 훼손 금지	남원시 보절면 금계리 금계
배형국	우물 굴착 금지 조산 조성 돛대(솟대) 조성 사공 상징물(석불) 조성	하동군 진교면 고이리 고외 구례군 문척면 죽마리 죽연 남원시 조산동 하동군 화개면 대성리 의신, 산청읍 묵곡, 구례군 마산면 황전리 황전 산청군 신등면 단계리 단계
자라형국	다리 가설 금지	남원시 아영면 청계리 청계
개머리형국	대문 설치 금지	남원시 이백면 양가리 양강리
노루형국	개 사육 금지	하동군 진교면 관곡리 관곡
반달형국	마을규모-호수(15호) 제한	하동군 적량면 동산리 하동산
지네형국	지네밟기 의례(당산제)	남원시 보절면 괴양리 괴양
봉황형국	대나무숲 조성	남원시 대산면 대곡리 하대
소형국	소울타리(숲) 조성 초봉(草峰)으로 상징 지명 부여	하동군 양보면 운암리 수척 남원시 운봉읍 신기리
개구리형국	마을 입구에 비보석 조성 -뱀형국의 진입로 차단 가림막(숲) 조성	남원시 운봉읍 가산리 남원시 대강면 평촌리 평촌
여자가 다리를 벌리고 앉은 형국	마을 앞 남근 형상 산줄기(소좆날) 기를 막는 돌비석 조성	남원시 송동면 송내리
붕어형국	샘 파기 금지	구례군 용방면 신도리 신기
꾀꼬리가 알 품는 형국	소란(농악) 금지	하동군 횡천면 월평리 유평
닭이 알 품는 형국	닭울타리(숲) 조성	남원시 이백면 남계리 계산
오리형국	소란(농악) 금지	함양군 지곡면 개평리 오평

은 형국(形局)이라는 표상을 매개로 마을의 국지미시환경과 관계 맺는 방식
이다. 위의 표 24와 같이 지리산권 마을의 풍수형국은 주민들의 문화생
태적 대응의 매개로서 풍수형국에 따라 다양한 대응방식을 취했음을 알
수 있다.

표 25 지리산권 마을의 풍수형국 집계

형국\지역	자연지형	인문경관	신성물	길짐승	날짐승	수중생물	곤충	식물	사람	신체	물건	문자	기타	총계
남원	13	1	20	39	13		13	19	18	1	18	1	2	158
구례	2	1	12	14	7	2	4	4	7		20	1	4	78
하동	2	1	18	46	33	4	7	11	12	1	12		3	150
산청			4	20	10		2	8	10		21			75
함양	1	1	4	14	9			2	4		12	2		49
합계	18	4	58	133	72	6	26	44	51	2	83	4	9	510

마을풍수의 문화생태적 연결고리와 작용체계

마을입지와 인구 유입

풍수는 마을의 발생과 인구의 이동을 유발하는 영향력 있는 문화요소로 작용했다. 풍수지식인이나 지역 주민들이 명당지로 인식하거나 지목한 장소에는 마을이 새로 형성되거나 인구 유입이 증가하는 경향이 있었다. 조선 후기에 사회적으로 성행했던『정감록』의 비결과 십승지 관념도 지리산권역의 마을 생성과 인구 이동에 영향을 미쳤다. 남원시 사매면 화정리는 풍수명당지라는 판단에 따라 입지가 선택되고 인구가 유입되어 마을이 형성된 사례다.

1620년경 청주한씨淸州韓氏 중시조가 송동면 백평마을에서 거주하다가 판서댁에 가던 중, 산세가 빼어나고 꽃술[花心] 같은 봉우리가 뻗어 끝이 뭉치고 비단처럼 시냇물이 조용하게 흐르는 이곳을 발견하고, 화심명당이라는 생각이 들어 그 자리에 터를 잡아 정착했다고 한다. 그 후 화심명당 옆에서 살면 자손이 융성한다는 말을 듣고 수소문하여 산내면 덕동에서 진주강씨晉州姜氏가 이주하여 살게 되었다.[5]

지리산 운봉에는 십승지의 하나가 있다고 『정감록』에 지목되었다. 이 영향을 받아서 남원시 아영면 의지리는 『정감록』에 나오는 십승지인 운봉현 행촌으로 여겨져 주변 마을에서 사람들이 이주해 마을이 번창했다. 그리고 남원시 아영면 구상리 구상마을은 구한말에 세상이 어지러워지고 『정감록』 비결이 성행하자 자손들의 안전을 기하는 가문들이 피난지로 알고 찾아와 거주함으로써 큰 마을을 이루게 되었다.

토지이용과 건축·생산활동의 규제

풍수는 마을지형의 형국과 관련된 특정의 생산활동과 건축활동을 규제하고, 특정 장소의 토지이용을 제한함으로써 마을환경과 식생의 보전에 이바지하는 효과가 있었다. 주민들은 마을의 입지지형을 풍수형국이라는 경관 이미지로 이해하는데, 생산활동과 토지이용 과정에서 해당 풍수형국에 위해가 된다고 판단되면 마을공동체의 환경생태적 보전을 위하여 그 이용과 활동을 규제[禁忌]했다. 이와 같은 풍수형국에 기인된 토지이용의 제한 사례는 하동군 고외마을, 남원시 외지·금계마을 등지에서 발견되는데, 주로 풍수적 배[舟]형국에 많이 나타나는 점이 특징이다.

하동군 진교면 고이리 고외마을은 마을 지형이 배 앞부분과 닮았다 하여 배설배혈이라고 한다. 배의 밑바닥에 구멍이 나면 침몰하게 되므로 깊게 파는 우물이나 지하수 개발 등을 금기시했다.[6]

남원시 아영면 두락리 이동마을은 풍수지리상 배형국이다. 마을에 우물을 두 개나 파서 배가 좌초되는 형세가 되므로 마을이 발전할 수 없다고 했다.[7]

▲ 화정마을 전경. 마을을 둘러싸고 꽃술 같은 봉우리가 뻗어 끝이 뭉쳐 있다.

▼ 화정마을 위성사진.
  마을 주거공간이 꽃술자리에 입지했고, 주위 산줄기는 꽃잎처럼 에워쌌다.

▲ 구상마을 전경.
▼ 하동군 고외마을 위성사진. 마을지형이 배의 갑판 모양이다.

▲ 의지마을 전경. 도도록한 둔덕 위에 입지해 있다.

◀ 의지마을 입구의 마을지킴이 장승(할아버지).
  퉁방울 같은 눈에 수염자국이 선명하다. 할머니 장승과 마주해 서 있다.

▶ 동산리 하동산마을 위성사진. 반달모양으로 마을을 둥글게 감싸고 있다.

▲ 옥전마을숲. 마을을 병풍처럼 가리고 있다.
▼ 옥전마을숲의 겨울. 마을 안에서 본 모습이다.

남원시 보절면 금계리 금계마을은 옥녀봉 밑에 자리 잡았다. 마을 주민들은 금계마을이 옥녀가 베를 짜는 형국[玉女織錦形]이라고 인식했다. 마을 복판에 집을 지으면 집이 쓰러진다 하여 마을 중앙을 경계로 아래와 위쪽에 집을 지었다. 우물을 파면 베틀을 놓을 수 없다 하여 우물을 파지 않았다.[8]

외지마을의 경우에 풍수는 마을 특정 장소의 벌목을 막고 마을의 식생을 보전하는 문화생태적 기능을 했음을 알 수 있다.

남원시 아영면 청계리 외지마을은 마을이 나무혈이어서 날들에서 나무를 베면 액운이 온다고 믿었다.[9]

풍수형국에 기인한 건축 규제 사례는 남원시 청계마을과 양가리에서 나타났다. 청계마을은 풍수가 마을의 다리 가설을 막음으로써 마을이 근대적으로 발전하는 데에 역기능도 했음을 알 수 있다.

남원시 아영면 청계리 청계마을은 자라형국이라 마을 중앙을 가로지르는 다리를 놓는 것을 금기로 했다. 다리를 놓으면 자라가 다리를 건너가 마을 복도 함께 나간다고 믿었기 때문이다.[10]

남원시 이백면 양가리 양강마을은 마을지형이 개의 머리형국이어서 마을 이름을 개머리라고 했다. 대문을 달면 개의 입을 막는다고 하여 집에 대문을 달지 않았다고 한다.[11]

풍수형국에 따른 생산활동과 문화활동의 규제 사례는 하동군 관곡마을에서 나타났다.

하동군 진교면 관곡리 관곡마을은 마을 뒷산을 노루혈이라 했는데, 마을 주민들은 노루가 놀라 도망칠까 봐 예부터 개 사육을 금했고 정초에는 풍물놀이를 금기시했다.[12]

환경용량수용능력의 규준과 적정 주거 밀도의 유지

주민들은 풍수형국에 근거하여 마을의 가구수를 규제함으로써 지속가능한 마을의 규모수용능력와 적정 주거밀도를 판단하는 기준으로 삼은 경우도 있다. 이 경우에 풍수는 주어진 입지조건에서 얻을 수 있는 환경용량과 주거조건을 유지하기 위한 사회적 기준의 담론으로 통용되었음을 알 수 있다. 하동군 적량면 동산리 하동산 마을에서 그 사례가 나타났는데, 이 마을의 지형은 반달형으로 보름 주기인 15호 정도 살면 부자로 살 수 있고 15호가 넘으면 가난하게 살 것이라는 이야기가 전해온다.[13]

환경관리: 자연재해 방비와 자원환경의 보전

풍수는 전근대적 자연환경에 대한 경험적 지식체계였기에 마을의 지형적 입지에 연유한 풍수해, 화재 등의 자연재해를 방비하고 수자원 등 자원환경을 보전하는 역할을 했다. 풍수적 환경관리는 숲의 조성이나 조산, 마을 지형의 보수 등의 방식으로 행해졌다. 풍수해를 방지하고 수자원을 보전하려고 마을숲을 조성한 사례는 지리산권역 마을에서 다수 나타난다.

그중 한 사례로 남원시 행정리의 마을숲을 살펴보자. 남원시 운봉읍 행정리에는 풍수가 동기가 되어 조성된 개서어나무 마을숲이 있다. 마을 북쪽의 소하천 합수처에 조성된 이 마을숲은 마을의 수해와 풍해를 방비하

행정리 개서어나무 마을숲. 마을 북쪽에 있어 겨울철 찬바람을 막는다.

는 기능을 한다. 속전俗傳에 따르면 180여 년 전, 마을이 자리 잡고 얼마
후 마을을 지나던 한 스님이 마을 북쪽이 허하니 돌로 성을 쌓거나 나무
를 심어 보완하라는 말을 남겼는데, 그 뒤로 해마다 병이 돌고 수해를 입
는 등 재난이 끊이지 않자 지금 자리에 숲을 가꾸었다고 한다.

그 밖에 남원시 옥전마을에서는 마을 진입로와 입구에 숲을 조성하여
마을지형을 풍수적으로 보완했다. 또한 수자원을 관리하려고 개울을 보
수하고 수로를 고쳤다.

남원시 대강면 옥택리 옥전마을에서는 마을 앞 개울이 곧바로 흘러 마
을에 재물이 축적되지 않고 흘러내린다고 믿었다. 400여 년 전 옥전리와
평촌리 사이에 수구막이를 설치하여 직선으로 흐르는 개울을 곡선으로
흐르도록 했으며 개울 양쪽에 돌무덤을 만들어놓았다고 한다.

남원시 조산동은 흙둔덕을 쌓아 산을 만들었는데 이 역시 남원 고을의

수자원 관리를 꾀하는 풍수적 보완의 의미로 해석할 수 있다. 조산동은 풍수지리에 따라 만들어진 이름이다. 남원의 지세가 행주형이어서 재물이 모이지 않고 인재가 나지 않으므로 지세의 허약함을 보완하려고 이곳에 인공으로 토성을 쌓고 배를 매어두는 산을 만들었기 때문에 조산造山이라 했다.

마을의 화재를 방비하는 수경관못을 조성한 사례는 하동군 종화마을에서 나타났다. 하동군 옥종면 종화리 종화마을은 입지지형이 오행상으로 화기가 비치어 화재가 자주 일어난다고 믿었다. 그래서 마을 앞에 조그마한 못을 파서 화재를 방지하고자 했다. 현재는 못을 메꾸고 마을공유지(주차장)로 쓰고 있다.[14]

환경에 대한 주민공동체의 집단적 의식과 태도의 형성

마을 주민들의 자연환경에 대한 집단적 의식은 풍수적 상징과 의미체인 지명, 설화, 의례를 매개로 해서 공동체에 공유되고 이것이 다시 주민의 풍수적 대응을 유발하는 작용을 한다. 특히 주민들은 마을의 '풍수형국'에 연유된 지명과 설화특히 금기설화, 의례 등으로 자연경관에 대해 공동체적으로 공간을 지각하고 집단적 태도를 형성하는 것이 일반적이다.

지명에는 이름이 지어지거나 바뀌었을 당시 주민들이 인식했던 땅의 생김새와 장소의 성격이 반영되어 있고, 지명을 지을 당시 사람들의 지리적 사고가 투영되어 있다. 지명은 다양한 요인으로 형성되고 변천하지만 풍수의 영향이 매우 컸다. 풍수문화가 지역에 파급되면서 새로운 풍수지명이 지어지거나 기존의 지명이 풍수적으로 풀이되었다. 주민들은 지명을 매개로 해당 취락의 풍수적 환경을 인식하고 지명과 환경의 문화생태적 구성관계를 공고히 했다.

설화는 지역 주민들의 풍수적 인식과 태도를 해석하는 데 매우 유용한 소재가 된다. 일반 민중은 문자로 된 기록 대신 설화로 영향력 있는 풍수적 인식과 태도를 전승하고 사회적 담론으로 정착시키기 때문이다. 풍수지명이 지역 주민의 자연환경에 대한 인식을 표징한다면 풍수설화에는 지역 주민의 자연환경에 대한 사회집단적 태도와 윤리성이 들어 있다.

풍수의례는 주거환경에 대한 주민들의 환경심리와 이에 대한 대응양식의 반영으로 재현된다. 남원시 보절면 괴양리 괴양마을에서 당산제로 진행하는 삼동굿놀이지네밟기는 마을제의와 풍수가 복합된 형태로 주목된다. 양촌마을의 뒷산인 계룡산에 명당이 있는데 음촌마을의 날줄기가 지네혈로 계룡산을 넘봐서 이 지네의 혈기를 막기 위해 지네밟기가 시작되었다고 한다. 마을에 전승되는 지네밟기 노래는 다음과 같다.

삼괴정이 우리 동민 지네밟기 힘을 쓰세
삼강오륜 예의촌은 삼괴정이 이 아닌가?
삼태화백 계룡산에 영계옥진 대명당은
삼정승이 난다 하고 자고지금 전해왔네
삼생굿을 저 지네가 삼백육순 욕침欲侵, 침범하려 함하니
삼동굿을 마련하여 삼동으로 밟아내세
삼십삼천 도솔천명 저 지네를 반복反復시켜
삼재팔난 물리치고 삼괴정이 부흥한다.
얼럴럴 지네밟기 일심으로 지네밟세
얼럴럴 지네밟기 일심으로 지네밟세[15)

마을 식생 수종 선택의 요인

풍수형국에 기인한 주민들의 문화생태적 의식과 대응은 마을 식생의 수종을 선택하는 방식으로도 작용했다. 이는 주로 봉황형국에 대나무 수

종을 선택하는 일반적 방식으로 나타났다. 남원시 대산면 대곡리 하대마을이 그 한 사례인데, 이 마을의 지형은 풍수적으로 비봉포란飛鳳抱卵의 형국으로 봉황은 대나무 열매[竹實]를 먹는다고 하여 대나무숲을 조성했다는 것이다. 이에 연유해 마을 이름도 대실이라고 불렀다. 이는 봉황형국에 대나무숲 경관의 조성이라는 문화생태적 대응과 의미체계를 구성한 것이며, 풍수적 환경에 대한 주민공동체의 집단적 태도가 형성된 것으로 볼 수 있다.

마을풍수의 문화생태적 해석

풍수형국의 상징적 표상과 문화생태적 대응

현대 학문적 해석체계로서 풍수논의는 두 흐름으로 크게 나눌 수 있다. 하나는 상징체계로서 풍수이고 다른 하나는 문화생태로서 풍수다. 전자가 풍수의 자연인식과 자연관의 의미에 중점을 둔 이해방식이라면 후자는 풍수의 환경적응과 문화경관의 형성이라는 측면에 초점을 두고 이해하는 방식이라고 하겠다. 그런데 실제로 현실에서 운용된 풍수는 상징체계와 문화생태가 융·복합된 형태로 나타난다. 특히 마을풍수에서 풍수형국이라는 상징적 표상은 마을 주민들의 문화생태적 대응, 문화경관의 조성과 긴밀하게 연관되어 작동한다.

지리산권역의 사례를 보아도 마을 주민들에게 전승되는 풍수에 관한 민간의 구전, 설화, 지명 등의 자료를 개관할 때[16] 주민들의 마을 환경에 대한 풍수적 적용과 대응 방식은 풍수형국이라는 코드로 소통하고 관계 맺는 방식이라는 특징이 있다. 이러한 측면은 풍수에서 상징체계와 문화생태가 밀접하게 상호연관되어 작용하는 관계를 맺고 있다는 사실을 반영한다.

표 26 마을풍수와 형국의 상징과 의미체계=마을환경과 주민의 관계

마을의 풍수형국명 = 미시(국지)환경의 표상
마을의 입지지형에 대한 표상과 경관 이미지
↕
마을경관에서 구비될 형국요소의 공동체적 태도 형성
↕
기표와 관련된 지명, 설화, 의례 등 계기적인 기의 발생
주민들의 문화생태적 대응관계의 텍스트이자 의미체계

전근대시대에 마을공동체에 통용되었던 '풍수형국'이라는 상징은 문화생태적으로 '국지적 마을환경'이라는 의미체계를 가지고 있었다. 예컨대 '소'라는 풍수형국명은 단지 소형국이라는 명칭이지만, 주민들이 마을의 미시환경이나 국지환경을 상징적으로 표상하는 용어였다. 그것은 주민들이 생각하는 마을의 입지지형으로 소형상머리와 배, 꼬리 등과 부수물 구유, 소꼴 등의 연상으로 대응관계와 태도를 낳는 이미지이기도 했다. 또 계기적으로 소에 대한 풍수적 지명, 설화, 의례 등 2차적 기호가 발생하는 텍스트이기도 했다.[17]

주민들이 인식하는 풍수형국은 객관환경에 대한 인지환경이자 표상환경으로, 그 형국에 연유한 풍수적 태도와 대응을 유발해 마을경관이나 환경관리에 작용하는 문화적 배경요인이 된다는 데 중요점이 있다. 흔한 예로 배형국 마을에서는 우물 파는 것을 금기로 한다거나(배에 구멍이 나면 가라앉으므로), 봉황형국 지형에서는 대나무숲을 조성하는(봉황은 죽실을 먹기에) 등의 대응방식이 그것이다. 이렇듯 지리산권 마을들의 많은 사례에서 볼 수 있듯이, 마을공동체에서는 형국이라는 인식틀로 마을의 입지환경을 이해하고 자연환경과 상호관계를 맺으며 적응하고 대응했다. 즉 풍수형국은 주민공동체의 문화생태적 대응관계를 의미하는 약속된 기호체계였다.

표 27 풍수형국을 통한 마을환경 인식과 태도의 관계 흐름

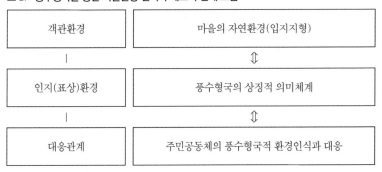

객관환경	마을의 자연환경(입지지형)
|	⇕
인지(표상)환경	풍수형국의 상징적 의미체계
|	⇕
대응관계	주민공동체의 풍수형국적 환경인식과 대응

마을풍수의 구성요소 적응방식

　문화생태학에서는 인간이 문화를 매개로 주변 환경에 적응하는 방법을 총칭하여 적응전략이라고 한다. 문화생태학적 연구는 문화적 적응 과정을 분석하기 위해서 인간의 적응전략과 그 변화에 주목한다. 적응전략은 인간이 자연환경에서 생존하려 전파, 학습한 문화행위로 고유한 문화와 자연환경이 상호작용하는 과정에서 선택된 것들이다.[18] 이런 의미 맥락으로 보면, 풍수는 전근대 동아시아사회에서 자연환경에 대한 유력한 적응전략이자 문화전통이었음을 알 수 있다. 풍수적인 환경적응전략의 구성요소에는 다음 표와 같은 몇 가지 방식이 있었다.

　마을 주민들의 자연환경에 대한 문화생태적 상호관계와 적응방식을 반영하는 풍수적 구성요소로는 풍수입지, 풍수지명, 풍수설화, 풍수의례, 풍수비보 등이 있다. 풍수입지는 마을이 처한 자연환경의 조건을 규정하고, 풍수지명은 자연환경에 대한 주민의 인식을 표징하여 태도에 일정한 영향을 미친다. 풍수설화와 금기에는 자연환경에 대한 주민의 사회집단적 태도와 윤리성^{환경윤리}이 들어 있고, 풍수의례는 마을 주거환경에 대한 주민의 환경심리, 대응양식과 관련된다. 그리고 주민들은 풍수비보로 마을입지를 보완하고 마을경관을 관리했다.

표 28 마을 주민의 풍수문화적 상호관계와 적응방식

구성요소	자연환경에 대한 문화생태적 상호관계와 적응방식
풍수입지	자연환경 조건의 규정
풍수지명	자연환경에 대한 마을공동체의 인식
풍수설화	자연환경에 대한 사회집단적 태도와 윤리
풍수의례	자연환경에 대한 마을공동체의 환경심리, 대응양식
풍수비보	마을입지조건의 보완과 마을공동체의 환경관리

주민들의 풍수적 인식, 태도, 적응의 상호작용을 거쳐 형성된 풍수경관은 마을공동체와 환경 간에 문화생태적 관계구축의 코드를 형성한다. 통합적·유기적 평형관계equilibrium를 추구하는 생태계와 같이, 인간은 생태계 변화에 조정이라는 과정으로 적합도를 높여 안정된 상태에 도달하려는 문화적 적응을 도모하는 것이다.[19]

풍수는 전통시대의 한국사회에서 마을의 지속가능한 환경조건을 보전하고 유지하기 위한 문화생태적 코드이자 관계 조절 방식으로 기능했다. 앞에서 사례를 들어 서술했지만, 풍수는 마을의 공간적 입지를 규정하고 인구를 유입시키는 요인이 되었고, 생산·건축 활동과 토지이용을 규제하는 환경보전적 역할도 했다. 또 마을이 지속적으로 발전하고 유지되기 위한 환경용량의 규준과 환경관리를 이끄는 원리가 되었고, 환경에 대한 주민공동체의 집단적 의식과 태도를 형성케 하는 강력한 문화요소 중 하나였다.

표 29 주민들의 풍수문화적 적응전략과 기능

과정	주민들의 풍수문화와 문화생태적 작용 기제
인식	마을의 입지경관에 대한 풍수형국적 인식
⇓⇑	⇓⇑
태도	풍수형국에 연유한 풍수적 태도의 유발과 대응
⇓⇑	⇓⇑
적응/ 작용	마을생태에 대한 문화생태적 적응과 작용 ① 마을입지와 인구 유입 ② 토지이용과 건축·생산활동의 규제 ③ 환경용량(수용능력)의 규준 ④ 환경관리(자연재해 방비와 자원환경 보전) ⑤ 주민공동체의 집단적 환경의식과 태도 형성 ⑥ 식생의 수종 선택
⇓⇑	⇓⇑
경관	풍수적 문화경관 형성과 변화
⇓⇑	⬇⬆
관계	주민과 환경의 지속가능한 문화생태적 관계 구축

11 양평 지역의 삶터풍수

한국의 풍수문화전통에서 정작 소중한 경관유산은 수백 년 동안 지속하면서 이어져 내려오는 삶터풍수의 현장인 마을이다. 우리네 마을들은 굽이굽이 흘러내리는 산줄기를 이어 산꼭지주산, 마을 뒷산 아래에 아기가 어미 품에 안겨 젖꼭지를 물듯이 들어섰다. 마을 주산의 생김새도 여느 어미처럼 수더분하고, 마을공간의 짜임새와 놓임새도 그저 자연스럽다. 땅을 일구다 돌이 나와 돌담을 두르고, 마을 입구에는 옆 산에서 옮겨 심은 나무로 동구숲을 만들었다. 그런 마을들이 지금도 곳곳에 있고 사람들이 어질게 살고 있다.

삶터풍수는 주민생활사가 이루어지는 현장으로, 기능적으로는 주거풍수이고 공간적으로는 취락_{고을·마을}과 주택풍수다. 이 장에서는 양평 지역 주민들이 풍수를 활용하여 주거환경을 어떻게 가꾸었는지 다양한 실제 사례를 살펴본다.

풍수적 배경과 수경관

삶터풍수에서 수는 산, 방위와 함께 중요한 자연적 구성요소에 해당한다. 사실 풍수라는 용어도 "바람을 갈무리하고[藏風], 물을 얻는다[得水]"라는 데에서 비롯되었을 만큼 물은 풍수에서 핵심요소가 된다. 풍수이론

중 득수법이 있는데, 이것은 물^{지표수}에 대한 일종의 전통적 환경평가이론이라고 생각하면 이해하기 쉽다.

풍수에서는 물이 왜 중요하다고 할까? 물은 생명력의 징표로 땅이 건강한지 병들었는지 말해주는 척도이기 때문이다. 풍수에서는 땅에 흐르는 생명의 기운^[生氣]을 중요하게 생각하는데, 그 기운은 물을 얻은 곳에 있다고 본다. 다시 말해 풍수에서 생명의 조건은 물과 불가분의 관계가 있다.

그러면 풍수에서 어떻게 물을 보고 땅의 건강성을 판단할 수 있으며, 그 근거는 무엇일까? 만약 삶터 부근에 물이 샘솟거나 시냇물이 흐를 때 물의 빛깔이 맑으면 그 땅은 건강한 땅이다. 흐르는 개울물은 사람 몸에서 피와 같은데, 사람도 피가 맑아야 몸이 건강한 것과 같은 이치다. 피가 탁하면 혈액순환이 잘 안 되고 면역기능이 떨어져 몸이 병든다. 땅도 마찬가지다. 탁하고 고여 썩은 물은 땅이 병들어 있다는 증거이며, 생태적 순환이 잘 안 된다는 증거다. 따라서 옥같이 맑은 물이 쉬지 않고 흐르는 땅이 건강한 땅이다.

풍수에서는 물소리를 듣고 땅의 건강성을 평가하기도 한다. 물소리가 땅이 내는 살아 있는 목소리이기 때문이다. 그래서 물소리가 명랑하면 그 땅은 건강하고 반대로 물소리가 슬피 우는 소리가 나면 병들었다고 여긴다. 실학자 이중환이 양평의 피장처인 미원장을 답사해 물소리를 듣고 나서 "시냇물이 너무 목메인 소리를 내니 낙토^{樂土}가 아니다"『택리지』라고 한 것도 물소리의 풍수적 판단기준에 근거한 것이다. 이런 인식은 현대적으로도, 청각이 실생활에 미치는 영향과 소리환경을 중요하게 생각하는 사운드스케이프^{Soundscape} 이론의 '소리 쾌적성'^{Sound Amenity} 논의와 맞닿아 있어 합리적 관점으로 재해석될 여지가 충분하다.[1]

또 물줄기 형태로 터의 풍수가 좋고 나쁨을 판단하기도 한다. 물줄기가 터를 둥글게 에워싸면서 모이는 형태가 좋고, 반대로 물줄기가 터를 가르거나 뚫거나 쏘거나 하면 좋지 않다고 한다. 풍수서에서 말하기를 "물이 터를 뚫거나, 명당을 파내거나, 물이 급하게 곧바로 지나가거나, 물이 혈의 중심부를 곧바로 치고 들어오는 경우는 흉한 것이니 마땅히 피해야 한다"라고 했다. 양평 지역을 보면, 산간 골짜기에 자리 잡은 여러 마을이 이처럼 산골물이 마을터를 둘러 에워싸는 곳에 입지하고 있다.

양평은 남한강과 북한강이 만나는 유역에 자리 잡아 경기도에서 수경관이 탁월한 지역으로 손꼽히는 곳이다. 따라서 하천의 조건은 양평의 풍수적 논의에서 중요한 배경요소가 된다. 풍수에서는 하천을 어떤 관점으로 보며 어떠한 의미를 부여할까?『인자수지』에 따르면 "수의 발원은 깊고 길어야 산의 기운[龍氣]이 왕성하여 발복이 오랠 것이다"라고 했다. 양평은 유장하게 흐르는 남한강과 북한강의 물 자락이 합수되는 곳이다. 또 한강, 흑천 등 기타 지류들이 나타내는 하천의 유로에서도 풍수의 하천 논의에서 강조하는 "만나고[交], 잠기고[鎖], 짜이고[織], 맺힌[結] 곳을 마땅히 구해야 한다"[2]라는 원칙에 부합하는 좋은 조건을 갖추고 있다.

양평의 지세는 지질·지형적으로도 풍수적 명당을 이루는 제1요소로 수구를 맺는 조건이 형성되었다. 지형적으로 양평의 주요 하천인 흑천은 동북-서남방향의 유로를 나타내는데, 산각山脚 사이 골짜기에서 발원하는 대왕천, 덕수천 등의 수많은 지류는 거의 직각으로 본류와 합류한다. 따라서 본류와 지류는 구조적으로 격자 모양의 하계망을 나타내기 때문에 국내局內에서 수구가 잠길 조건이 된다. 흑천 외의 주요 지류인 서종면의 벽계천과 양서면의 문호천, 서호천, 복포천 등 여러 지류도 한강을 만나면서 지세를 빗장 지르는 조건을 이룬다. 이렇듯 소규모 단위 지형에서 풍수 국면을 이루는 수구잠김의 조건뿐만 아니라 남한강과 북한강이 두

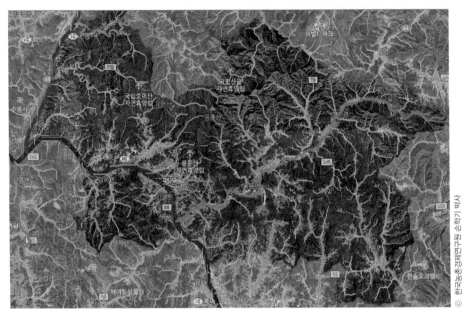

양평군 지역의 하계망.
하천의 본류와 지류가 격자 모양으로 수구를 맺는 조건이 형성되었다.

물머리에서 크게 합수되는 겹 수구잠김의 환경을 갖추었기 때문에 이상적인 수구 조건을 갖춘 셈이 된다.

수구에 관해 당대 풍수서인 『설심부』에서 지적하기를 "터를 고를 때는 수구를 살펴라"[3]라고 하면서 "수구는 그 긴밀함이 호리병의 목과 같은 것이 좋다"[4]라고 했다. 명대의 풍수서인 『인자수지』에도 "산을 보고 땅을 찾는 법의 첫째는 수구가 좁아드는 곳[水口狹]을 먼저 보는 것이라"[5]라고 지적하듯 수구 조건은 명당지 결정에서 필수적 요건이다.

양평 지역의 풍수적 자연환경 조건의 호불호는 차치하더라도 더욱 중요한 점은 양평을 명당지로 가꾸려는 주민들의 노력이다. 풍수적 환경의 결점을 보완하여 명당지로 조성하려는 비보가 적극적으로 활용되고 있다. 양평 지역의 비보 사례를 보더라도, 양근 고읍 내의 비보못을 비롯하여 개군면 내리 조산마을의 조산 그리고 비보조형물로서 돌탑^{강상면 대석}리, 장승^{지제면 일신3리}, 솟대^{서종면 노문리} 등을 조성함으로써 마을을 이상적인 풍수공간으로 꾸미고자 했다.

풍수론에서 비보는 중요한 의미가 있다. 『발미론』의 "산천의 융결은 하늘에 있지만 산천을 마름질하여 이루는 것은 사람에게 있다"[6]라는 말로 그 사상성이 요약된다. 『청오경』에서는 "초목이 울창하고 무성하면 길한 기운이 서로 따르니 내외의 표리는 자연적일 수도 있고 (인력으로) 만들 수도 있다"라고 했다. 동진의 곽박郭璞, 276~324이 저술한 『금낭경』에도 "기는 바람을 타면 흩어지고 물을 만나면 머물기 때문에 기를 모아 흩어지지 않게 하고 머물게 해야 한다"라는 구절이 있다. 이상적인 명당은 모두 사람의 노력으로 완성된다는 의미를 담고 있다.

이렇듯 비보는 자연과 인간의 조화를 적극적으로 창출하려고 하며 더 나은 자연적 조건으로 개선하려는 노력이다. 물의 풍수적 조건에 부족함이 있고 문제가 있으면 사람의 노력을 보태어 좋은 물 환경으로 만드는 것이다. 선조들은 물이 부족하면 못을 만들거나 좋은 형태의 물줄기를 조성하는 등 노력을 기울였다. 양평 역시 수경관을 잘 보전·관리하는 일이 미래지향적인 양평의 비전에서 관건이 됨은 물론이다.

고을과 종족촌 형성

양평군은 원래 양근과 지평이 1914년 일제의 행정구역 통폐합 조치에 따라 통합된 곳이다. 현재 행정구역상 양평읍·양서면·서종면·옥천면·강하면·강상면은 양근에 속하고, 용문면·지제면·단월면·청운면·양동면은 지평에 해당한다.

양근은 고구려 때 양근군이었다. 신라 경덕왕 때 빈양濱陽으로 개칭했고 고려 초에 옛 명칭인 양근으로 회복했다. 고려 현종 9년¹⁰¹⁸에는 지방제도가 대대적으로 정비되었다. 5도양계제라는 중앙집권적 통치체계를 확립하기 위한 지방제도의 골격을 완성한 것이다. 양근은 중앙의 관리가 파견되지 않은 작은 고을로 존재하다가 고려 중엽인 명종 5년¹¹⁷⁵에 이르러서야 감무^{지방 군·현에 파견된 지방관으로 현령보다 낮은 직위}를 두게 되며, 고종 42년¹²⁵⁵이 되어서야 비로소 관리를 파견했다. 따라서 고을 공간시설의 조성은 13세기 중엽 이후에나 가능했다. 이후 양근은 정치적 요인으로 여러 차례 읍격^{邑格}의 승강을 겪게 되며, 조선 영조 4년¹⁷²⁸에는 건지산의 치소를 갈산의 강변으로 옮기는 공사를 진행하게 된다.

지평은 고구려 때 지현현^{砥峴縣}이었다가 신라 경덕왕 때 지평^{砥平}으로 개칭되었다. 한동안 광주 속현으로 있었는데, 고려 우왕 4년¹³⁷⁸에 감무를 두었다가 이듬해에 혁파되었다. 이후 공양왕 3년¹³⁹¹에 양근의 경역 내에 철장^{鐵場}이 들어서는 것을 계기로 감무가 설치되었다.

양평 지역 마을 형성의 역사를 살펴보자. 특히 종족촌이 설립된 시기는 양평 지역 마을의 풍수입지와 관련되기에 중요하다.[7] 양평군의 주요 종족촌 입지는 시기적으로 보아 14세기에 시작되어 15세기부터 본격화되며, 17세기에는 가장 많은 분포상황을 나타낸다. 17세기를 정점으로 18세기부터는 종족촌 입지의 분포율이 뚜렷이 감소되는 경향을 보인다. 따라서 양평 지역에 종족촌이 형성됨과 동시에 풍수적 입지가 본격화되는 것은 15~17세기 무렵임을 추정할 수 있다.

종족촌 중에서 양평군으로 전입하기 직전의 전출지는 인근 경기 지역이 가장 높은 비율을 차지한다. 수도인 개성과 한양에서도 다수가 전입했다. 이러한 배경에는 양평이 위치적으로 수도에 인접했을 뿐만 아니라 한강 수운을 통한 교통의 이점과 그에 따른 접근성이 높기 때문일 것이다. 여말선초에 무안박씨, 경주최씨, 양성이씨 등이 개성에서 양평으로 전입했고, 조선시대에 들어와서는 16세기와 17세기 초반에 걸쳐 한양에서 양평으로 전입이 두드러지는데 평양조씨, 전의이씨, 광산김씨, 전주이씨[이상 16세기], 여흥민씨, 덕수이씨 등의 사례가 있다.

고을풍수와 양근·지평

양평 지역의 전통적 중심지는 양근군과 지평현의 고을읍치이 된다. 지금의 양평군권역에 있던 두 고을인 양근군과 지평현 읍치의 풍수입지와 공간배치를 살펴보자.

고을은 풍수적 국세의 규모상 서울터보다는 작고 마을터보다는 크다. 이에 관하여 『인자수지』에서는 국면을 이룬 크기에 따라 도읍과 마을 그리고 주택과 묘터로 쓰임새를 말한다.

> 삶터와 묘지는 크게 다를 것이 없다. 다만 삶터의 산줄기는 길고, 혈은 넓으며, 물은 크게 모이거나 굽어 돌고, 산은 크게 맺어 멀리 읍배하는 것뿐이다. 대개 집터는 역량이 묘터보다 크므로 반드시 크게 모인 연후에 맺힌다. 모이는 것이 많을수록 국세가 넓고, 국세가 넓을수록 맺히는 것이 크다. 상격은 수도나 대도시가 되고, 다음은 군·읍 정도가 되고, 작은 것은 향촌이나 삶터가 된다.
> · 『인자수지』

조선조 고을의 입지선정에는 풍수 요건, 교통 조건, 방어 여건 등이 중시되었다. 풍수는 고을의 공간계획과 조경 그리고 배치 원리에도 영향을 미쳤다. 특히 고을을 구성하는 주요 건축요소인 관아·객사와 문묘향교·사직단 배치에는 풍수적 요인이 반영되었다.

고을공간의 중심부에는 왕권을 상징하는 객사객관와 읍의 수령이 거주하는 내아, 공사를 처리하는 동헌이 자리 잡는다. 객사를 중심으로 『주례고공기』에 따른 좌묘우사의 배치로 문묘향교 소재·사직단·성황사·여단 등 1묘 1사 2단을 설립했다. 궁실건축물인 객사는 절대향으로 북쪽의 왕을 바라보고 남향했으나, 수령이 거주하는 내아는 풍수적 지세에 따라 상대향으로 배치되기도 했다.

양근군과 지평현의 산줄기 맥을 살펴보자. 『산경표』와 『대동여지도』에서 양평의 두 읍치를 이루는 산줄기는 백두대간의 오대산에서 분기하는 지맥이다. 오대산에서 두 가지가 벌어지는데, 그중 하나는 대관령에서 태백산으로 이어지는 정맥의 본줄기고, 나머지 지맥은 용문산을 크게 이룬 뒤 양수리에 이르러 그친다. 오대산에서 용문산에 이르는 산줄기는 오대산-은두산-연방산-청량산-태치산-공작산-오음산-삼마산-부동산-상원산-용문산으로 나타낼 수 있다. 용문산은 다시 두 갈래로 나뉘는데, 하나는 동쪽으로 양근의 북쪽 20리에 있는 마유산으로, 다른 하나는 남쪽으로 뻗어 내려와 양근 치소의 서쪽 10리에 있는 비유산으로 갈라진다.

양근군의 풍수

양근 고을은 지금의 옥천면 옥천리에 있었다. 건지산을 주산으로, 남산을 안산으로 남향하여 입지했다. 2만 5,000분의 1 지형도로 산줄기 흐름을 고찰하면, 양근 주산의 산줄기 맥은 용문산1,157미터에서 유명산으로 이어지고 다시 대부산과 편전산을 거쳐 읍치의 주산인 건지산99미터으로 역동적인 산세 모습을 띠면서 이어진다. 물줄기 흐름을 보면, 신복천과 사탄천이 건지산 앞에서 합수하여 읍치의 북서쪽을 둘러 서남진하여 남한강으로 합류하는 모습을 띤다.

『신증동국여지승람』의 형승에는 이적李迹의 시를 인용하여 고을경관

▲ 용문산(오른쪽 뾰족한 산)에서 건지산(주산, 가운데 볼록한 산)으로 이어지면서,
곁가지로 양근 고을을 품는 산줄기의 형세가 역동적이다.

◀ 용문산의 활개 치는 힘찬 형세.

▶ 건지산의 순후한 모습.

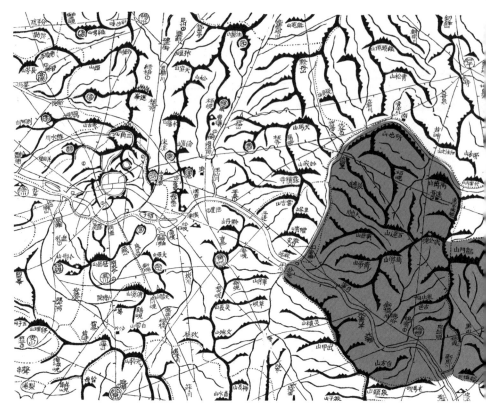

『대동여지도』에서 본 양평 지역의 행정구역과 산수체계.
왼쪽이 양근, 오른쪽이 지평이다.

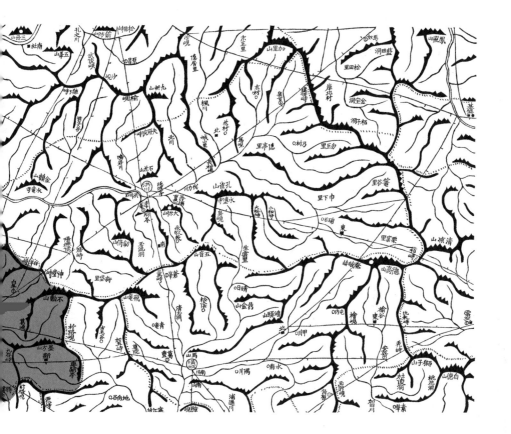

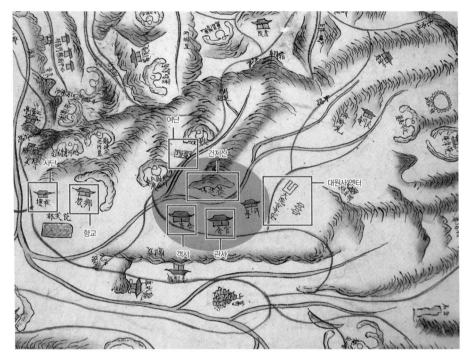

『해동지도』에서 본 양근군 읍치 주변. 관아와 주산인 건지산도 눈에 띈다.

을 표현했다. "왼편으로 용문산에 의지했고 오른편으로는 호수를 베개 베었다." 용문산이 우뚝 솟아 있으며 넉넉한 한강을 끼고 있는 양근의 장소성을 뚜렷하게 드러낸 것이다. 실제 양근의 읍치에서 동북쪽으로 높이 솟은 용문산은 양근의 상징물이 될 만큼 두드러진다.

양근의 선생안先生案에도 "읍은 용문산을 진산으로 한다. 산은 놀랄 만큼 각각 천리로 둘려 호위하듯 싸여 있다. 미연고개를 넘으면 땅이 높고 풍수가 쌓이며 쾌활하다. 백성들은 (산에) 막혀 겨우 농사하며 순박하고 노둔하다"[8] 라고 적었다. 양근의 풍토적 특성에 기인한 사회경제적 생활상과 지역 주민의 성품을 잘 표현했다.

읍치의 풍수를 『해동지도』에서 살펴보자. 「양근군」 지도에는 용문산의 지맥에서 양근의 주산인 건지산으로 이어지는 맥세를 실하게 그렸으며,

조·안산격이 되는 남산이 사실적으로 표현되었다. 읍 중심에는 동편에 관사와 서편에 객사가 있고, 건지산 서북쪽에는 여단이 있었다. 현재의 교촌에는 향교가 그려져 있으며 서편 곁에는 사단이 표기되어 있다. 향교가 입지한 주위의 산세 역시 둘러싸는 모양을 의도적으로 강조하여 그렸다. 읍치 동쪽으로는 대원사 터와 탑이 그려져 있는데, 이 절과 탑은 양근의 읍 동쪽을 보허하는 비보사찰 기능을 겸했을 것으로 추정한다.

양근에는 용문산의 화기를 막으려고 조성한 비보못이 있었을 것으로 추정된다. 고읍에 있었다는 영화담映火潭에 대해 지역에 두 가지 설화가 전해온다.

여기가 무슨 그 화산의 영향을 받아서 이 고읍 내 소재지가 그 연못이 아니면 불로 화한다고 해서 그게 옛날버텀 연못을 유지했었구…….9)

·『한국구비문학대계』

그게 옥천면에서 이참판네 덕일 거예요. 거기서 일부러 만든 겁니다. 왜 그런고 하니 옥천에 상이 이렇게 불이 나는 상이랍니다. 그래서 불을 막기 위해서 그 연못을 팠고, 용문산의 제일 큰불을 위시해서 이렇게 해서 조그만 머리들이 불같으니까 불이 난다는 거예요.10)

·『한국구비문학대계』

두 설화에 따르면, 영화담은 읍치가 조성한 비보못으로, 용문산을 비롯한 주위 산세에서 발생하는 화기를 막으려고 조성했을 것으로 추정된다. 현지 주민의 제보에 따르면 비보못은 30~40년 전에 옥천중앙교회가 생기면서 매립되었다고 한다.11)

비보못의 일반적 기능은 지기를 머물게 하는 것이다. 경사진 곳에 입지하여 지기가 빠져나가는 형국일 때 못을 조성하여 막는다. 장풍적 조건을 보완하기도 한다. 조선 초 숭례문 밖에 못을 판 것은 경복궁의 오른팔에 해당하는 산세가 낮고 미약하여 품에 안는 판국이 없었기 때문이다.[12] 못을 조성함으로써 터에서 곧장 빠져나가는 물의 유속을 누그러뜨리기도 한다. 특히 많은 경우 양근의 구읍과 같이 비보못은 화기를 막는 역할을 한다. 오행론의 원리로 수는 화를 극하기에[水克火] 화기가 성한 지세에 못을 파서 비보하는 것이다. 못에 험상궂은 바위 같은 흉상凶相을 비치게 하여 그 살기를 녹이는 경우도 나타난다. 그 밖에 형국을 보완하는 못도 있으며, 못을 가운데 두고 기의 상충을 끊어 막기도 한다.

지평현의 풍수

지평 고을의 행정중심지는 지금의 지평면 지평리 관교마을에 있었다. 관교라는 명칭은 관아와 향교가 있었다고 하여 붙은 이름이다. 지금의 지평리에는 향교말이라는 지명도 있는데 이 역시 향교가 있었음을 방증하는 지명이다.

지평 고을의 주산은 봉미산鳳尾山이다. 산의 형상이 봉황의 꼬리와 같아서 호칭되었다고 한다.[13] 봉미산의 맥은 묵방산에서 유래하며, 묵방산은 부동산이 남쪽으로 뻗은 지맥이다. 부동산은 지평의 산세를 이루는 시발점이기도 하다. 양평의 큰 줄기를 이루는 산세에서 부동산에서 갈라지는 지맥이 지평 주위 산세를 구성한다. 지평 고을의 행정중심지를 마주보는 산은 망현산이다.

『1872년 지방지도』의 「지평현지도」에는 지평의 읍치를 중심으로 한 지평현 의 전체적 형국이 풍수적 표현으로 잘 그려져 있다. 전체 산세는 읍치를 중심으로 겹겹이 둘러싸고 있다. 특히 주산인 봉미산성황산의 맥이

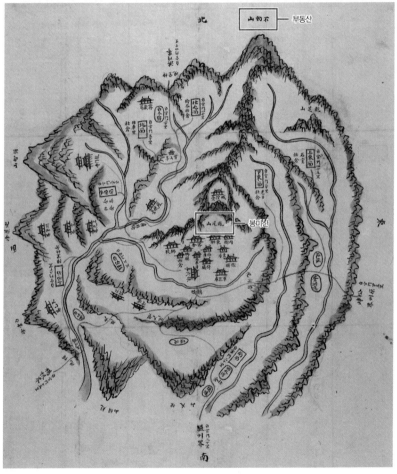

▲ 봉미산(오른쪽 우뚝한 산)과 지평 고을.
▼「지평현지도」(1872).

비롯하는 부동산不動山의 맥세를 강조했다. 지평 고을의 물줄기 역시 행정중심지 앞을 감돌고 흘러나가면서 서쪽에서 합수하는 득수 조건을 나타냈다. 봉미산 품속으로 중앙에 동헌과 객사를 표시하고, 향교 및 기타 여러 부속 건물을 그렸다. 주위 산세 모습이 읍치의 주요 경관요소를 감싸 안은 듯하다. 읍치를 마주한 산과 그 지맥을 그려 앞뒤가 균형 있게 대응한 형세로 나타냈다.

마을풍수

삶터풍수는 거주하는 사람이 자연환경 가운데 좀더 살기 좋은 곳을 고르겠다는 적극적인 면이 있다. 이러한 삶터 고르기는 조선시대 사대부들에게 기본적이고 보편적인 경향이었다.

삶터풍수 이론 중에서도 특히 땅의 생김새에 빗대어 풍수를 설명하는 형국론은 마을입지 해석에 널리 적용되었다. 청운면 도원리 주민들은 마을 건너편 산세를 '목마른 말이 물을 먹는 형국'[渴馬飮水形]으로 보았다. 갈마음수형의 말머리쯤을 흐르는 냇물이 낭떠러지에 쏟아져 소규모 폭포를 이루며, 하류에는 가마소라고 하여 말구유 같은 바위가 있다.[14]

비보경관 역시 마을풍수에서 주요하게 드러난다. 개군면 내리의 조산마을은 조산이라는 풍수비보 형태를 지명으로 삼았다. 지맥비보를 하려고 조산한 곳에 자리 잡은 마을이다. 향토지에도 "내동 동남쪽에 위치한 마을로, 뒤에 뻗은 산의 맥이 끊겨 사람이 인공적으로 쌓아 맥을 이어주었다 하여 조산이라 유래한다"[15]라고 적었다.

조산마을이 속한 내리는 조산을 포함하여 용머리, 절골, 서상골 등 자연마을로 구성되어 있다. 양성이씨가 500여 년 전에 처음 정착했다고 한다. 그 이후 전주이씨, 밀양박씨, 교하노씨 등이 세거했다. 내리의 가장

▲ 개군면 내리마을. 뒤로는 주읍산이 달덩이처럼 둥글게 받치고 있다.
산수유 나무가 줄지어 심어져 있어 병풍처럼 마을을 가리는 비보역할을 한다.
▼ 내리마을 앞 용머리(오른쪽 볼록한 부분). 언덕이 길게 뻗어 있어 흡사 용처럼 보인다.

큰 마을은 내동이다. 조산마을은 전근대시기에 10여 호가 거주했다고 한다.[16] 조산마을은 주읍산 남서사면 자락의 품에 안겨 있다.

주읍산은 개군면 내리, 주읍리와 용문면 삼성리에 위치한 산으로 해발 583미터다. 옛날 유명한 지관이 명당자리를 찾아다니다 이 산 정상에 올라보니 용문산에 읍揖한 형상이라 추읍산趨揖山이라 했는데, 1914년 행정구역 통폐합 때 주읍산으로 고쳐졌다. 정상에 오르면 양근, 지평, 여주, 이천, 양주, 광주, 장호원의 칠읍이 보인다고 하여 칠읍산이라고도 한다.[17] 주읍산의 형세는 돌출하여 둥근 일월 모양을 했으며, 내동마을에서는 예부터 이 산을 신성시하고 '위했다'고 한다. 예전에 마을에서는 10월 초순에 소를 잡아서 주읍산 중턱의 사당에서 산제사를 지냈다고 한다.

조산마을 아래에는 용머리라는 지명이 있다. 마을에서 볼 때 구릉이 길게 남쪽으로 돌출한 지형이다. 그 형세는 흡사 용의 머리를 연상시키며 용이 웅크린 형상을 보인다. 주읍산과 연관해볼 때, 용머리는 주읍산의 지맥이 뻗어 내려오다가 조산마을을 지나 용머리를 일으키는 형세다.

그런데 주읍산에서 용머리를 일으키는 부분의 지세가 낮은데다가 개울물이 지맥을 가르면서 지맥이 단절되었기에 그 부위를 보토했다고 하는데, 정확한 시기와 위치는 알 수 없다. 주읍산에서 마을의 용머리로 이어지는 지맥이 끊어질 위험이 있어서 산등성이를 이어주려고 조산했다는 것이다.

일반적으로 지맥비보 또는 용맥비보는 명당을 이루는 산줄기 맥의 형세를 보완해 적정 상태로 맞추는 것이다. 풍수서에 '산의 맥이 오지 않고 갇혀버리거나 산이 명당에 이르러 머리를 조아리지 않고 달아나는 경우',[18] '황무지산[童山], 맥이 끊어진 산[斷山], 돌투성이산[石山], 맥이 머물지 않고 지나치는 산[過山], 홀로 우뚝한 산[獨山], 명당의 국면이 좁은 산[逼山], 기우뚱한 산[側山]일 경우'[19] 등이 흉한 산으로 비보 대상이 된다.

이럴 때 보토하거나 숲을 조성하여 생기를 북돋고 이상적인 상태로 맞춘다. 조산마을은 주산의 산줄기 맥이 끊길 우려가 있어서 비보한 사례가 된다.

그 밖에 양평의 여러 마을에서 나타나는 비보조형물로 돌탑^{강상면 대석리}, 장승^{지평면 일신리},[20] 솟대^{서종면 노문리} 등이 있었다.

강상면 대석리에는 돌탑을 세워 마을 지킴이 역할을 하게 했다. 이를 조성한 시기가 언제인지는 정확히 알 수 없다. 돌탑은 마을 입구와 건너편 둔덕 위에 마주해 배치되어 있다. 지평면 일신리^{못저리}에서는 마을 입구의 산기슭에 마주 장승을 세워 마을 지킴이 기능을 하게 했다. 마을에서는 2년마다 여기에 마을제사를 지냈는데, 이를 '장승제' 또는 '막살수살제'라고 했다. 장승은 청운면 여물리, 용문면 덕촌1리, 강하면 성덕2리 등에도 있었다.[21] 비보적 성격을 띤 건축물로는 용문면 광탄리 동쪽에 봉황정이 있다. 이 정자는 세조 6년¹⁴⁶⁰에 눌재 양성지^{梁誠之, 1415~82}가 지었다. 단월면 보룡리 보산정 밑에 있는 황룡이 봉황대 밑으로 돌아온 것을 위로하고 오래 머무르도록 하려고 이 정자를 지었다고 한다.[22]

일반적으로 비보조형물에는 선돌, 솟대^{진대 또는 짐대}, 장승, 남근석, 돌거북, 돌자라 등의 형태가 있으며, 이것들은 주로 마을비보에 널리 활용되었다. 장승류의 기능은 마을 수호, 방위 수호, 산천비보, 읍락비보, 불법 수호, 경계표, 노표^{路標}, 성문수호, 자식 기원^[祈子] 등이 있다. 비보장승은 마을 수호, 방위 수호, 산천비보, 고을비보 역할을 한다. 솟대는 기원이 고대적 신앙물이나 지역에 따라 풍수적 비보수단으로 전용되기도 했다. 배^[行舟]형국의 지세에 돛대로 활용된 경우가 많으며, 곳에 따라서는 솟대 위에 얹은 오리가 화기를 막는 역할도 했다.

▲ 마을 입구 왼쪽의 탑이 방치되어 있다(2017년 11월 17일 촬영).
▼ 건너편 둔덕 위의 돌탑.

일신3리 못저리 입구의 장승.
2017년 11월 18일 촬영한 사진으로 한 기는 쓰러져 있고 곁에 솟대가 있다.

◀▶ 일신리 장승의 얼굴.

▼ 일신3리 마을입구의 비보숲. 숲 또는 수펑이라고 부른다.
  마을의 재물이 빠져나가는 것을 막기 위해 조성했다고 한다.

봉황정과 주위 경관의 모습.

양평의 피장처避藏處: 미원장

양근군에 있는 미원장지금의 가평군 설악면은 『정감록』 비결에서 몸을 보전할 수 있는 땅[保身之地] 또는 피난하여 숨을 곳[避藏處]으로 소개된 곳이다. 『정감록』「두사총비결」에서는 다음과 같이 말했다.

양근 용문산과 유양산 안에는 세 가지 안목의 교묘한 것이 없으면서도 오로지 깊고 궁벽한 것을 숭상하여 다투어 여기에 살고 있다. 용문산 기운은 삼각산에 빼앗겼으니 아마도 가짜 꽃[虛花]이요 죽은 혈[死穴]일 것이다. 산 안의 형세도 돌아서서 버리고 끌고 나갔으니 이것은 반드시 귀맥鬼脈이요 겁기劫氣23)일 것이다. 지각 있는 군자라면 내 말을 기다리지 않고도 알 것이니 삼가라.24)

· 「두사총비결」

위 내용에서는 피장처의 풍수도참적 가치를 매우 낮게 평가했다. 「두사총비결」에서는 피장처로 여기 외에도 태백산, 소백산, 화산, 가야산, 지리산, 두류산, 삼풍의 네 평야, 오서산, 성주산, 강화 마니산, 약수산, 영가의 백운산, 화악산, 대아산, 도성산, 영천의 백운산, 동주, 용해, 소양의 기린산, 낭읍의 대미산, 태령의 수양산과 곡산 등을 들며 몸을 보전할 수 있는 땅으로 열거한 바 있다. 『정감록』의 「피장처」편에서는 미원장의 위치를 자세하게 서술했다.

양근 소설 읍치[村治] 북쪽 40리 되는 곳에 미원으로부터 들어가 가장 깊고 깊은 곳.25)

· 「피장처」

미원장에는 태고 보우의 소설암이 있었다. 공민왕 5년[1356]에는 왕사 보우의 어머니 고향이라는 이유로 미원장을 현으로까지 승격시켜 감무를 두었으나, 땅이 비좁고 인가가 드물어 얼마 후 다시 원상태로 복귀시켰다고 한다.[26]

· 『고려사절요』

이렇게 양근의 미원장이 피장처 또는 보신지지로 지목된 것은 조선조에 잦은 전란으로 사회 분위기가 피폐해지자 이에 대응한 탈사회적 심리가 작용한 것으로 추정된다. 지리적으로도 이 지역은 오지에 있으면서 높은 고개로 접근하기가 어려울 뿐만 아니라 주위가 산으로 둘러막힌 전략적 요새다. 그럼에도 내부적으로는 비교적 넓은 분지가 형성되어 있어서 식량의 자급자족이 가능한 경지 조건이 확보되어 있다. 이 지역에는 십승지의 의미를 부가하여 장소의 위상을 격상하는 설화도 전해진다.

1392년 태조 이성계가 나라를 세우고 개성을 떠나 새로운 곳에 도읍지를 정하려 할 무렵이었다. 태조의 명을 받은 무학이 여러 곳을 다니면서 물색하다가 십승지의 한 곳인 양근의 북면에 당도했는데, 이 양근의 북면이 바로 지금의 가평군 설악면이고 미원장이라는 마을이었다. ……지금도 설악면에는 한양부·장안과 같이 서울을 뜻하는 지명이 전해지고 있다.[27]

· 『한국사 속 양평사』

그러나 미원장에 관해서 『택리지』 저술로 유명한 실학자 이중환의 평가는 좋지 못한 편이다.

양근의 용문산 서쪽에 있는 미원촌迷源村은 옛날 정암 조광조가 이곳 산수를 사랑하여서 터를 잡아 살고자 하던 곳이다. 나도 한번 가서 보 았다. 산속이 비록 조금은 넓으나, 지대가 깊고 험준하다. 기온도 싸늘 하고, 사방의 산도 우아하지 못하며, 앞 시냇물이 너무 목메인 소리를 내니 낙토樂土가 아니다.[28]

· 『택리지』

이중환의 평가에 따르면 미원장은 들판은 어느 정도 갖추었으나 기후 가 한랭하고 주위 산천이 심미적으로 아름답지 못할 뿐만 아니라 풍수적 으로도 시냇물이 우는 소리를 내어 낙토가 아니었다.

풍수 지명

지명은 주민들이 삶터의 지리적 환경을 어떻게 인식했고, 자연환경에 대한 풍수적 태도는 어떠했는지를 살펴볼 수 있는 좋은 소재다. 양평의 지명에 투영된 주민들의 환경인식을 살펴보자. 용, 말, 호랑이 등 동물 모 양에 빗댄 지명이 나타나는 것으로 보아 산을 생명이 깃든 것으로 보는 유기체적 인식을 반영한다. 이러한 사고방식은 오룡동五龍洞, 무수동, 반 월형 등 풍수형국명으로 호칭하는 단계로 발전한다. 길상의 풍수형국명 처럼 좋은 마을의 터전에서 좀더 나은 삶을 누리려는 주민의 소망이 담 겨 있다.

양평군의 마을 지명에서 나타나는 생김새로는 용, 말, 소, 호랑이, 게, 봉황, 부용, 매화 등이 있다. 그중에서도 용과 관련된 지명이 가장 많다. 양평에는 용문산을 비롯하여 비룡산양동면 고송리와 청운면 비룡리, 가현리 경계에 있는 산. 용이 나는 모양이라 함, 용의 머리양평읍 오빈리 덕구실나루터 동남쪽에 있는 산자락, 용마봉양동면 계정3리에 있으며 산 지형이 용마형이라 하여 붙은 이름, 용두리 또는 용머리개군면 내동 남쪽의 마을로 뒷산이 용 머리같이 생겼다는 지형에서 연유한 지명, 용요부리양평읍 원덕리 덤바우 서쪽에 있는 산부리. 용처럼 생겼다고 함 등 용과 관련된 지명이 여럿 등장한다.

각 생김새에 부여된 상징적 의미를 살펴보자. 용개군면 내리 등, 봉황양동면 고송리 등은 삶의 터전을 길지로 존귀하게 인식했음을 알 수 있다. 소단월면 봉상리, 옥천면 아신2리와 매화국서종면 도장2리에서는 풍요로움의 소망을 감지할 수 있다. 반달양서면 청계리, 양동면 계정3리에서는 미래의 희망을 땅에 의탁하는 정서를 알 수 있다. 반달은 둥근달로 될 가능태이기에 풍수적인 길상吉祥의 상징이다.[29] 말양평읍 대흥리, 강하면 성덕리 등에서는 왕성한 생명력을 산에 부여하여 상징화했다.

생김새 지명에서 더 나아가 풍수형국론적으로 발전된 형태의 인식이 드러나는 마을도 여럿 있다. 개군면 계전리의 오룡동[五龍爭珠形, 다섯 마리 용이 구슬을 다투는 형국], 개군면 공세리의 무수동[仙人舞袖形, 신선이 소맷자락을 펼치고 춤을 추는 형국], 서종면 도장2리의 매화낙지형梅花落地形, 매화꽃이 땅에 떨어진 형국, 서종면 문호3리의 갈맬[渴馬飮水形, 목마른 말이 물을 먹는 형국], 양서면 청계리반월형, 반달형국, 지제면 대평리의 배잔[玉女獻盃形, 고운 여인이 잔을 올리는 형국], 양평읍 신애리 삼태골삼태기형국, 옥천면 아신2리의 아우실[臥牛形, 소가 누워 있는 형국] 등에서 나타났다.

지명에서 볼 수 있지만, 풍수적 지형물에는 알지 못하는 어떤 힘이 있는데, 그것이 인사人事에 영향을 미친다는 인식도 엿보인다. 예컨대, 양평읍 원덕리에는 마을 뒷산에 덕암德岩이라는 큰 바위가 있다. 예부터 마을을 보호해준다고 믿어 사람들은 이곳에서 소원을 빌며 귀중히 여겼다고 한다.[30] 또 전수3리 수대 마을 뒷산에는 삼형제 바위가 있는데 마을에 장수하는 사람이 많은 것은 이 바위 덕분이라고 여겼다.[31]

풍수적 비보가 지명이 된 곳도 있었다. 지형지세에서 나타나는 허함을 보완^[補虛]할 목적으로 조성되는 조산이 내표적으로, 조산^{개군면 내동} 또는 조산뜰^{지제면 내평리}이라는 지명으로 남아 있다. 또 강상면 병산리에는 수살매기라는 비보적 지명이 나타났는데, 살을 막는 비보물이 있었을 것으로 추정된다.[32] 서종면 노문리에도 솟대백이라는 지명이 있다. 마을 앞에 솟대를 세워 마을을 편안하게 했다고 한다.[33] 지제면 일신3리^{지산리 노일}에서도 마을 입구의 산기슭에 마주 장승을 세워 마을지킴이 기능을 하게 했다. 2년마다 여기에 마을제사를 지내는데 그것을 '장승제' 또는 '막살수살제'라고 했다.[34]

표 30 양평의 풍수지명과 유래

지명 분류	지명과 유래
생김새	비룡산(飛龍山): 양동면 고송리와 청운면 비룡리, 가현리 경계에 있는 산. 용이 나는 모양이라 함 용의 머리: 양평읍 오빈리 덕구실나루터 동남쪽에 있는 산자락 용마봉: 양동면 계정3리에 있으며 산지형이 용마형이라 하여 붙은 이름 용두리: 청운면에 있으며, 원래 지평군 상북면 지역으로서 지형이 용의 머리처럼 생겨 일컫는 곳 용머리: 개군면 내동 남쪽 마을로 뒷산이 용의 머리같이 생겼다는 지형에서 연유한 지명 용머리: 용문면 덕촌리 토촤미 동남쪽에 있는 마을. 용의 머리처럼 생김 용요부리: 양평읍 원덕리 덤바우 서쪽에 있는 산부리. 용처럼 생겼다 함 마산(馬山): 양평읍 대흥리 소재 산으로 말 모양으로 보이는 데서 연유함 마명산(馬鳴山): 강하면 성덕리, 왕창리, 전수리 경계에 있는 산 말미산: 양동면 쌍학2리에 있으며 말처럼 생겼음 봉미산(鳳尾山): 지제면 월산리와 지평리에 걸쳐 있는 산. 모양이 봉 꼬리처럼 생겼다 함 봉곡(鳳谷): 양평읍 봉성1리에 있으며 풍수지리상 명당자리가 있다고 하여 붙은 이름 부용산(芙蓉山): 양서면 신원리, 부용리, 용담리, 목왕리에 걸쳐 있는 산 비호산(飛虎山): 양평읍 백애리와 용문면 연수리 경계에 있는 산 매곡(梅谷): 서종면 도장2리 국로소 동북쪽의 마을로 지형을 본뜬 지명 소코뿌리: 단월면 봉상1리 지역이 와우형(臥牛形)이라서 붙은 이름 학둔지(학촌): 양동면 쌍학리에서 으뜸 되는 마을로 지형이 학처럼 생김 구례골(거산, 계산이): 지제면 월산리 월파 서북쪽 마을로 앞산의 지형이 게와 같다고 해서 생긴 지명 부퇴골(鳧退): 양평읍 신화1리 영산신씨 모공의 묘소를 잡을 때 땅을 파서 바위를 깨어내니 오리 한 쌍이 날아갔다 하여 붙은 이름 오리골: 양평읍 동오1리 영암송씨 선조 묘소가 오리형상 삼태골: 양평읍 신애리 새만이 북동쪽에 있는 마을로 삼태가 안같이 생겼음 주읍산(趣揖山): 개군면 내리에 위치한 산. 옛날 유명한 지관이 명당자리를 찾다 이곳 정상에 올라보니 용문산에 읍하고 있는 형상이라고 한데 연유함

지명 분류	지명과 유래
형국 지명	오룡동(五龍洞, 오룡가리): 개군면 계전리 계밭 남쪽의 지명으로 다섯 용의 모습을 한 능선이 있어 연유한 지명. 다섯 용이 구슬을 다투는 형국이라 함 아우실: 옥천면 아신2리 소재. 청송심씨가 이곳에 자리 잡으며 지형이 와우형(臥牛形)이라고 하여 와우실이라 했다 함 무수동(舞袖洞, 무시울): 개군면 공세리 신내 남쪽의 마을로 지형이 춤추는 소맷자락 같다고 함. 신선이 춤추는 형국 매곡(梅谷): 서종면 도장2리의 매화낙지형국을 본뜬 지명 갈맨(渴馬飮水形): 서종면 문호3리 무너미 북쪽에 있는 마을로 앞산 지형이 말이 목말라 하는 형상이라 하여 연유한 이름 대월: 지형이 반월형으로 생겼다고 하여 붙은 이름. 양동면 계정3리 소재 반월: 양서면 청계리에서 으뜸 되는 마을로 마치 반달 같은 지형에서 연유 배잔(盃盞): 지제면 대평리에서 으뜸 되는 마을. 옥녀가 옥잔을 드리는 형국[玉女獻盃形]이라 함
비보 압승 지명	조산: 개군면 내동 동남쪽에 위치한 마을로 뒤로 뻗은 산의 맥이 끊겨 사람이 산에 흙을 쌓아 맥을 이어주었다 하여 유래 조산뜰: 지제면 대평리 배잔 서남쪽 들. 조산이 있음 수살매기: 강상면 병산리 느립들 동북쪽의 들 무쇠말뱅이: 개군면 내리 주읍산 중턱에 있으며 한일합방 이후 일본인이 산의 혈을 끊고자 무쇠를 박았다고 유래
기타 지명	대대(大垈): 단월면 보룡1리 보산정 서북쪽에 있는 마을로 지형이 와우형(臥牛形)으로 큰 집터로서 좋은 자리라 하여 붙은 이름 만석골: 서종면 도장2리에 있으며 지관이 남양홍씨가 묏자리를 잡다가 만석꾼이 날 자리라 해서 이름 난봉바위: 단월면 도장2리 국소노 앞 산상봉 기슭의 조그만 바위로 이 바위를 건드리면 동네에 치정사건이 발생한다고 함 반곡(盤谷): 서종면 정배2리에 용문산 낙맥이 줄기차게 뻗어내려 오다가 사리었다고 하여 붙은 이름 주산(主山): 양평읍 대흥리의 뒷산을 일컬음 안산: 용문면 용머리의 앞산 안산: 용문면 망능리 중말 앞의 산

그 밖에 풍수적 지명으로 마을 뒷산으로서 주된 산이라는 뜻의 주산^양^{평읍 대흥리}이라는 지명이 있었고, 주산 앞에 있는 안산^{案山}이 지명으로 굳어져 호칭되는 곳도 있었다^{용문면 용머리, 망능리 중말}.

풍수설화

풍수지명이 자연환경에 대한 주민인식을 표징하는 것이라면, 풍수설화에는 사회적 성격과 윤리성이 게재되어 있다. 양평 지역에 전승되는 풍수설화는 아기장수형, 단맥형, 금기형 등 몇 가지로 분류할 수 있다. 풍수의 시조로 알려진 도선을 희화화하여 등장시킨 설화도 몇 군데서 채록되어 흥미를 끈다.

풍수설화는 인간과 환경의 관계를 분석하는 데 좋은 지리적 문서로 평가된다. 풍수설화의 의미패턴은 네 가지로 정리할 수 있다. 자연지형은 살아 있는 유기체 또는 사물의 기능적 시스템으로 다루어졌다. 환경은 사람에게 신비한 힘을 주는 것으로 이해되었다. 다른 한편으로는 환경을 쉽게 파괴될 수 있는 다치기 쉬운 것으로 이해했다. 그리고 사람은 환경과 조화로운 관계를 유지할 때만 자연에서 이익을 얻을 수 있다고 보았다.[35]

아기장수형 설화에는 피지배자^{서민 또는 문중}와 지배자^{왕조} 간의 계급적 갈등이 반영되어 있다. 용마바위 또는 용마산의 기운을 타고 아기장수가 탄생한다는 풍수지리적 계기를 구조로 한다. 양평의 서종면 서후리, 봉성리, 옥천리,[36] 용문면 삼성리에서도 신분적 계급갈등을 담은 아기장수 설화가 채록되었다.

서종면 서후리: "서후리라고 말이요. 서후리에 밀양박씨들이 살아요. 근데 묘를 썼는데 그 자손에서 아들을 낳았는데 뭐 3일인가 얼만가 됐는데 굴뚝에서 꾸벅꾸벅 졸드래요. 그래서 보니까는 뭐 저 겨드랑이 밑에 날개가 나구 어쩌구 그랬더래요. 그래서 그때 시절만 해두 저게 역적이 날까 봐 겁이 나니까, 역적이 나면 아주 집안이 홀랑 망하니까 그냥 둬선 안 되겠다고 그래서 그걸 죽였대는 거예요. 그래 이제 죽이니깐 죽은 다음에 거기 소^沼가 있답니다. 개울에. 그 늪에서 네, 인제 용마가 나서 울었다는 그런 전설이 있어요."[37]

· 『한국구비문학대계』

봉성리에 등성이 큰 무덤이 있는데, 양평읍 원덕리 용요부리소에서 나온 용마가 주인을 찾다가 이곳에서 죽어 묻혔다 한다.[38]

·『한국지명총람』

용문면 삼성2리에는 말무덤이라고 있는데 양지벼래 뒷산에 위치했다. 원주이씨 문중에 날개가 돋힌 장사 어린이가 태어났는데, 후환이 두려워 3일 만에 맷돌로 눌러 죽였다. 용마가 난데없이 내려와 이곳에 쓰러져 죽어서 묻었는데 이후 이곳을 말무더미라고 한다.[39]

·『향맥』

단맥형 설화는 명당을 이루는 지맥을 끊거나 차단하는 풍수적 계기를 포함한 이야기다. 구성상 대외적 갈등과 신분계급 간 또는 빈부계층 간의 갈등이 주종을 이루며, 시기적으로는 임진왜란과 일제강점기의 것이 많다. 일제에 의한 단맥형 설화의 경우, 일제 치하에서 일본인의 수탈은 강한 적대감을 불러일으켰고, 민족의 생존까지도 위협하는 존재로 잠재의식 속까지 깊이 새겨졌을 것이다. 그 결과 철도나 도로 건설에 따른 실제적 행위와 함께 단맥의 행위자로 등장하게 된 것으로 보인다.[40]

양평에서도 단맥형 설화가 여러 편 채록된 바 있다. 그 내용은 주로 대외적 갈등구조의 설화로, 일제강점기의 단맥 사례가 있다풍류산, 도원2리, 내리.

풍류산에는 일제강점기 때 일본인들이 와서 장수가 태어날 것을 염려해서 쇳물을 끓여 혈을 끊었다는 곳이 아직 남아 있다고 한다.[41]

·『한국구비문학대계』

도원2리에 있는 성재동聖在洞은 성인들이 많아 붙여진 이름이라 하는데, 임진왜란 때에는 일본인들이 이 산의 뿌리가 내려와 뛰어난 장수가 난다고 하여 산의 혈맥을 끊었다고 한다^{청운면 도원2리}.[42)]

· 『양평군지』

개군면 내리 주읍산 중턱에 무쇠말백이라는 장소가 있는데, 한일합방 이후 일본인들이 산의 혈을 끊고자 무쇠를 박았다고 유래한다^{개군면 내리}.[43)]

· 『향맥』

다음과 같이 빈부 갈등의 단맥 사례도 채록되었다^{산음리 수청, 신복1리, 옥천2리}.

옛날 절터골 밑의 만수터에 부자 맹씨네가 있었는데, 중들이 시주를 청하자 소똥을 주었다. 부자는 시주받는 사람들을 끊는 방안을 물어보니 대사는 산소를 파서 천례를 권했고, 그대로 실행한 후에 망하여 흉가가 되었다^{단월면 산음리 수청}.[44)]

· 『양평군지』

중이 광산김씨 문중에 시주를 갔다가 거부당하자 분심을 품고 이르기를, 저 앞의 큰 바위를 깨버리면 문중이 더 잘살게 될 것이라고 했다. 이를 곧이들은 문중에서 바위를 깼다. 그러자 그 바위에서 피가 솟아나왔다^{옥천면 신복1리}.[45)]

· 『향맥』

동냥 온 중을 쫓아낸 후 중이 시키는 대로 돌 깨는 석수장이를 시켜서 바위를 깨버리는데 거기서 피가 솟아 나오고 망했다^{옥천면 옥천2리}.[46)]

서종면 문호1리와 같이 경지개간 과정에서 용의 허리를 끊어서 단맥이
생겨난 이야기도 있었다. 당시까지만 해도 지맥을 손상하는 데에 대한 우
려가 마을공동체 내에서 크게 자리 잡고 있었음을 알 수 있다.

100년 전 외문호 일대에 논을 만들기 위해 고개를 끊었을 때 붉은 물
이 흘렀다. 사람들이 용의 허리를 끊었기 때문에 그러했다는 말을 했
다. 이후 주민의 살림이 줄고 부자가 떠나고 타지에서 들어오는 사람이
늘었다고 한다서종면 문호1리.[47)]

· 『향맥』

풍수 금기형 설화는 풍수적 환경과 비보물을 안정적으로 보전하려는
심리적 장치로서 의미를 지닌다. 마을에서 중요하게 여기는 산에는 묘를
쓰지 못하게 하는 금기가 흔히 나타난다. 신성한 산에 부정함이 깃들지
못하도록 하는 심리적 경계이기도 하고, 마을에서 중요한 환경생태적 지
형지물을 공적으로 보전하려는 문화적 장치이기도 하다. 예컨대 마을터
가 배의 형국일 경우 우물을 파는 것은 배에 구멍을 뚫는 행위와 같다고
보아 금했으니, 이 역시 마을의 지형환경을 지속가능하게 보전하려는 금
기사례에 해당한다. 그리고 마을비보물의 기능과 가치를 확보하려는 금
기사례도 있다.

그 밖에 도선에 관한 설화가 나타났다. 도선은 한국풍수의 시조로 평가
되는 신라 말의 선승이지만, 민간설화에서는 지관의 대명사로 흔히 등장
하는 인물이다. 양평에서도 도선을 희화화하여 설화의 주인공으로 등장
시켰다. 양동면 계정리에서 채록된 설화는 다음과 같다.

원두표가 어머니 묘터를 정하려고 서울 가서 도선이를 만났다. 그런데 도선이가 맨날 대갓집만 잘 잡아주지, 없는 사람은 잘 안 잡아줘서 망태에 짊어지고 와서 뒷산 나무에 매달아놓았다.[48]

· 『한국구비문학대계』

표 31 양평 지역의 마을풍수 설화 개관

설화 채록 마을		설화 내용(요약)
강상면	교평리	송장산에 묘를 쓰면 마을에 변상이 생김
개군면	내리	주읍산 중턱에 무쇠말뚝이라는 곳이 있는데 한일합방 이후 일본인이 산의 혈을 끊고자 무쇠를 박았다 한다.
양평읍	봉성리	아기장수 이야기
옥천면	옥천리	아기장수 이야기
		욕심 많은 부자가 묘소의 바위를 깨서 망했다는 이야기
		비보하기 위해 못(영화담)을 판 유래
서종면	서후리	아기장수 설화
	문호리	지관의 예언
		지관과 묘터의 발복 이야기
		묘를 잘 쓴 백정이 중국의 천자가 되었다는 이야기
단월면	산음리 수청	욕심 많은 부자 맹씨가 이장한 후 망했다는 이야기
청운면	도원리	일본인이 장수가 날까 봐 풍류산의 혈을 끊음
		지관 이야기
		광산김씨 묘터 풍수 발복 이야기
		마을 지형에 관한 전설
양동면	계정리	지리박사 도선이 어머니 묘를 정하는 이야기
		북내면 원두표가 도선을 만나 통소혈 명당을 정해 발복하는 이야기
지제면	월산리	택당이 지술을 배운 이야기
용문면	삼성리	아기장수 이야기

＊자료: 『한국구비문학대계』 『양평군지』 『향맥』 『한글지명총람』.

12 용인 지역의 묘지풍수

풍수의 기원이 주거조건을 안정적으로 확보하려는 삶터풍수에서 시작되었다고 하더라도, 죽은 자를 길지에 매장해 산 자의 현세적 감응을 꾀하는 묘지풍수는 중국과 한국에서 오랫동안 풍수 본령의 자리를 유지해왔다. 특히 한국은 동아시아의 풍수문화를 비교해볼 때 조선시대에 와서 유교적 효 관념과 긴밀히 결합함으로써 묘지풍수가 매우 성행했다. 그것은 계층적으로 왕족부터 백성에 이르기까지, 어느 지역을 막론하고 전국적으로, 일종의 신앙과도 같은 문화적 지위를 가지면서 널리 활용되어왔다.

그중에서 경기도 용인은 서울에 인접한 지역으로 묘지풍수의 전형을 보이는 곳으로 중요하다. 용인의 장소성을 표현한 말 가운데 대표적인 것이 '사거용인'死去龍仁, 죽어 용인으로 간다이다. 예부터 용인은 산이 많고 산세가 수려하여 명당이 많아서 묘지터로 적당한 고장이라고 지목되어왔다. 실제 용인 지역에는 역사적으로 유명한 인물들의 묘가 210기 넘게 있는 것으로 조사되었다.[1] 이러한 연유에는, 용인 지역의 묘지풍수 조건이 좋다는 지형지세의 요인 외에도, 조선조 한양과 지리적으로 근접하고 교통여건이 양호한 배경이 작용했을 것이다. 이 장에서는 용인 지역을 사례로 들어 풍수를 이용해 언제 어디에 묘지를 썼는지 그 실제를 살펴보자.

왜 죽으면 용인으로 가나: 용인이 명당인 풍수적 이유

용인 지역이 묘지터로 좋은 조건을 갖추었다는 것은 풍수적으로 어떻게 설명할 수 있을까?

첫째, 용인 지역이 한반도 산맥 본줄기의 하나인 한남정맥이 통과하는 곳이라는 점을 들 수 있다. 용인 지역 산줄기의 근간이 정맥에 해당하는 본줄기[正龍]2)로 이루어졌다는 사실은 풍수적으로 중요하다. 풍수의 용론산론에서는 용의 곁가지[旁]·본줄기[正] 또는 가지[枝]·줄기[幹]를 진혈처 판별 기준으로 삼기 때문이다. 명대의 풍수서인 『인자수지』에 따르면 "산龍의 가지와 줄기를 분별하는 것은 지리의 제일 관건이며, 줄기룡과 가지룡은 용의 대소를 말하는 것으로 그 의미는 용이 지닌 역량의 경중을 아는 것"이라고 했다. 풍수론에서는 본줄기룡에서 충신열사, 고관대작, 현인군자, 어진 효자[仁人孝子]가 나오는 혈이 있다고 본다. 한편 곁가지룡은 본줄기룡에 대하여 종속적인 용으로 갈래룡[支龍]이라고도 하며 줄기룡을 보조하는 역할을 맡게 되므로 혈을 정하는 것은 불가하다고 한다.3)

둘째, 용인의 지세를 구성하는 산천의 형세가 생기가 매우 충만한 형국을 이루었다는 점이다. 풍수에서 산세는 용이라는 표현을 쓰며, 용은 일으키고 뻗고 휘돌고 맺으며 주위와 상응하는 모양새가 생기발랄해야 하는데, 용인의 지세는 맥이 활발하게 움직이는 정중동의 역동적 형세를 지으니 생기 충만한 용의 조건을 충족하는 데 꼭 알맞기 때문이다. 풍수서에서 이르기를 "기가 있는 것은 살아 있다고 하며 기가 없는 것은 죽었다고 한다. 맥이 활동하는 것은 살아 있다고 하며 거칠고 굳어 있는 것은 죽었다고 한다"라고 하는데, 용인의 산세와 수세가 빚어내는 형국은 '살아 있는 용'[生龍]의 조건에 부합한다.

『대동여지도』에서 본 용인 지역(용인현 및 양지현)의 행정구역과 산수체계.
한남정맥의 본줄기가 통과한다.

셋째, 용인은 지질구조적으로 여러 갈래 단층선과 그에 따른 산계가 지형적으로 중첩하여 형성되어 있다. 이러한 조건은 풍수에서 중요시하는 장풍 조건을 충족하는 자연적 배경을 이룬다. 풍수서에서 말하는 이상적 지형[福厚之地]은 주위 사방의 산수가 두루 감싸여 좌우전후에 비거나 빠진 것이 없어야 하는데, 만약 "좌우가 비거나 앞이 횅하고 뒤가 끊어지면 생기가 바람에 흩어진다"라고 한다. 용인 지역의 경우, 터를 사이에 두고 겹겹이 감싸고 있는 산 형세가 명당지의 바람을 갈무리하는 조건을 형성하는 것이다.

넷째, 용인의 산세와 수세가 매우 짜임새 있게 어우러져 모이는 형국을 이루었다는 점이다. 풍수의 명당 터잡기에서는 산수가 모이고 흩어짐을 가리며, 산수가 모인 곳을 구하고 흩어진 곳은 피한다. 산세와 수세가 서로 교차해 모여야 그 가운데에 풍기風氣가 갈무리되기 때문이다. 송대의 풍수서인 『발미론』에 이르기를 "취聚란 산이 교차하고 물이 모이며 풍기가 갈무리된 곳이나, 산散이란 산이 가고 물이 떠나 풍기가 흩어진 곳"이라고 했다.[4] 또 명당지를 이를 때 "산이 웅결하려면 반드시 물이 둥글게 환포해야 한다"[5]라고 했으니 용인의 수세 조건을 보아도 그것은 산세를 따라서 골짝마다 지류들이 발달되어 합류하며, 이러한 물길은 산세를 감싸 돌아서 혈을 맺을 수 있는 여건을 조성하는 것이다.

다섯째, 용인의 지세는 지질·지형적으로 풍수명당을 이루는 제1조건으로 수구를 맺을 수 있는 여건을 형성했다. 풍수서 『설심부』에서 지적하기를 "터를 고를 때는 수구를 살펴라"[6]라고 하면서 "수구는 그 긴밀함이 호리병의 목과 같은 것이 좋다"라고 했다.[7] 또 『인자수지』에도 "산을 보고 땅을 찾는 법의 첫째는 수구가 잘록한 곳[水口峽]을 먼저 보는 것이라"라고 지적하듯이[8] 수구 조건은 명당지 결정에서 필수 요건을 이룬다.

지형적으로 용인은 남북으로 발달한 단층선으로 본류탄천, 오산천, 경안천,

진위천는 남북방향의 유로를 나타내나 각 산계의 주맥에서 동서방향으로 뻗은 산각山脚 사이의 골짜기에서 발원하는 지류들은 거의 직각으로 본류와 합류한다. 따라서 수지상樹枝狀 하계망이 발달한 청미천을 제외한 용인의 하천들은 거의 격자상格子狀 하계망을 나타낸다.[9] 이러한 조건은 국내局內에 수구가 잠길[關鎖] 수 있는 조건이 된다.

여섯째, 용인 지역 환경이 좋음에 그치지 않고 용인을 명당지로 가꾸려는 주민들의 노력도 간과할 수 없다. 풍수적 환경의 결점을 보완하여 명당지로 조성하기 위한 풍수비보를 활용했기 때문이다. 이러한 사실은 용인 소재 여러 분묘에서 확인되는데, 조선 전기의 문신 이석형李石亨, 1415~77 묘소와[10] 해주오씨 묘역 앞에 조성된 못은 대표적 비보경관이다. 해주오씨는 17세기에 용인 지역으로 새로 이거移居하여 명문가가 된 집안으로 묘역이 모현면 능원리에 있다. 이 묘역 앞에는 규모가 큰 못이 조성되어 있어 특이한 경관을 나타낸다. 이 못은 묘역의 형국이 오리혈인데 오리에게는 물이 필요하다고 하여 형국비보 목적으로 조성했다고 한다.

양지면 주북리 숲원이[林園]마을에 있는 허준영1826~78의 묘 앞에는 돛대기둥 두 개가 우뚝 서 있어 눈에 띈다. 이곳은 터가 행주[行舟]형국이어서 배터골 또는 배모루라 부르는데,[11] 그 비보책으로 묘 아래에 돌기둥 두 개를 세우고 돛대로 삼았다고 한다. 돌 돛대의 높이는 각각 172센티미터, 154센티미터이고, 폭은 25센티미터로 원기둥이며, 자연석을 다듬어 만들었다.

이상의 몇 가지 측면에서 살펴보았듯이, 용인의 자연적 지형지세는 풍수적 명당지의 좋은 여건을 형성하고 있다. 요컨대 거시적으로 한남정맥이라는 정룡正龍이 용인 지역 산줄기의 근간을 이룬다는 점, 용인 지역 산세가 중첩되어 있어 국局을 중심으로 한 풍수의 장풍적 호조건을 이룰 수 있게 된 점, 용인의 수세가 산과 어울려 짜임새 있게 모일 조건이 되면서 수구를 맺을 수 있도록 된 점, 끝으로 터전을 명당지로 가꾸려는 주민의 비보적 노력 등을 지적할 수 있다.

조선시대 용인 지역 분묘의 분포와 입지 특성

조선시대 용인현과 양지현을 중심으로 행정구역이 구성된 지금의 용인 지역은 예부터 명당지가 많은 곳으로 알려졌을 뿐만 아니라, 조선조 이후 한양과 지리적으로 가까워 고려 말 이후 조선 중·후기에는 수많은 분묘가 들어섰다. 용인 지역에 있는 210기가 넘는 명묘는 대다수 조선시대 권문세가權門勢家의 것이다. 용인 지역 주요 분묘의 입지와 분포를 살펴보니 다음과 같은 지리, 역사, 사회정치적 특징이 나타났다.

첫째, 용인 지역의 행정적 중심지를 둘러싸고 반경 10~20리3.9~7.8킬로미터 권내에 분묘가 집중되어 있었다. 읍치는 지방행정기관의 소재지일 뿐만 아니라 재지세력의 정치활동의 장으로 행정적·정치적 중심지였다. 지방의 재지세력은 읍치를 중심으로 그 주위에 세거했으며, 읍치를 중심으로 한 세거지 인근에 세족들의 분묘가 입지한 것으로 보인다.

양지현은 양지리 구읍을 중심으로 한 10리 권내에 분묘가 다수 입지했다. 1564년에 양지리로 읍치를 옮기기 전까지 100여 년간 있었던 추계리까지 고려한다면 주요 성씨의 묘가 읍치 인근에 있었던 사실이 더욱 분명해진다. 한편 용인현은 좀더 광역적인 양상을 띤다. 구성면 언남리 읍치를 중심으로 반경 10리 내에서 부분적으로 분묘가 분포하고 대다수는 10~20리 권역에 집중하여 분포한다. 이는 용인현현령 종5품과 양지현현감 종6품의 읍격邑格 차이와 그에 따른 읍의 규모, 취락발달과 인구의 차이를 반영하기 때문으로 생각된다.

둘째, 분묘의 입지는 취락의 입지조건과 불가분의 관계다. 따라서 자연

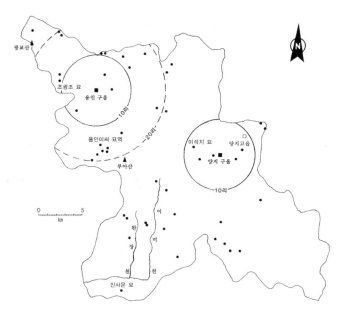

조선시대 용인의 주요 분묘 분포도.

적 입지조건이 좋아 취락이 발달된 곳에는 분묘 역시 집중되어 있다.

예컨대 용인 남서부에 해당하며 진위천의 지류가 되는 어비천과 완장
천 유역의 상류부 산록에 분묘가 다수 분포하는 현상이 그것이다. 일찍이
어비천 일대는 『택리지』에서도 "토질이 삼남지방과 같이 비옥하여 살 만
한 곳"으로 지목된 곳이다.[12] 이들 구역에는 대체로 15세기와 17세기에
새로 입지한 분묘가 많은 편이다.

어비천 상류부 유역을 사례로 들어 자세히 살펴보면, 조선 태조 때 활
동한 문신 이원발의 묘가 1439년 서리의 불당골 북서 산록에 이장된 바
있고, 묘봉리 중리의 뒷동산 자락에는 임정?~1413과 그의 장남 임인산의
묘가 있다. 17세기에 들어 입지한 분묘로 이유겸1586~1663을 비롯한 우
봉이씨 묘역이 원천마을 동쪽 산록에 들어섰고, 그중 유겸의 5남 이익
1629~90은 수원에서 노곡마을 북쪽 산록으로 1697년 이장되었다. 또 묵

리에는 이문주[1599~1662]를 비롯한 청해이씨 묘역이 있다. 그 밖에 비교적 늦게 입지한 분묘로 민규호[1836~78]의 묘가 시미리 쌍괴마을 동쪽 언덕에 있다.

셋째, 용인 지역 분묘의 입지고도를 분석해보면, 100~150미터 사이에 입지한 분묘가 과반수를 차지했다. 이들 분묘의 숫자는 61개소로 총 116개소 분석대상 분묘 중 52퍼센트를 차지했다. 그 밖에 75~100미터에 입지한 분묘가 16개소[10퍼센트], 150~175미터에 있는 분묘가 23개소 [14퍼센트]로 그다음으로 높은 비율을 차지했다. 그리고 175~200미터와 200~225미터에 입지한 분묘는 각각 6개소씩 있었으며, 225~250미터 고도에 해당되는 분묘는 2개소가 나타났고 250미터 이상 분묘는 나타나지 않았다. 비교적 저지에 입지한 분묘로 50~75미터에 1개소가 나타난 외에 그 이하에 입지한 분묘는 없었는데, 그 까닭은 대체로 수해水害 우려 때문인 것으로 판단된다.

넷째, 용인 지역 소재 분묘입지는 조선조에 들어선 15세기부터 본격화되며 16세기와 17세기에 걸쳐 집중적으로 이루어졌다.

이러한 정황의 배경에는 용인 지역에 마을이 형성되는 시기, 정치적 중심지와 지리적 관계 등이 사회정치적 주요인이 되었다. 동시에 조선조에서 크게 성행한 묘지풍수의 영향을 받고 용인 지역이, 묘지풍수적 환경이 좋은 것으로 평가되었기에 가능했을 것이다. 삼국시대와 고려시대에는 국도의 먼 변방에 지나지 않았던 용인 지역이 조선조에 들어 한양과 지리적 근접성뿐만 아니라 영남을 잇는 간선도로가 관통함에 따라 그 위상이 급상하면서 사대부들이 선호하는 세거지가 된 것이다. 용인에 묘지풍수의 명당지가 많았던 점도 취락 발달의 주요 요인이 되었다.

이러한 사실은 조선시대 용인의 인구 증감 추이를 보아도 잘 알 수 있다. 『세종실록지리지』와 『호구총수』에 따르면, 세종 연간에 용인현은

표 32 용인 지역의 시기별 분묘입지 현황

14세기		15세기		16세기	
용인이씨	중인(영덕리)	전주최씨	유경(공세리)	한산이씨	예견(지곡리)
의령남씨	은(창리)		이종무(고기리)	경주이씨	세필(죽전리)
	진사문(원암리)		이자견(성복리)	한양조씨	광조(상현리)
	곽원진(박곡리)	영일정씨	몽주(능원리)		황림(고기리)
		연안이씨	석형(능원리)		이자견(성복리)
		용인이씨	사위(매산리)	연안부부인전씨(마북리)	
		해주오씨	희보(죽능리)		정옥형(양지리)
			임정(묘봉리)	고령박씨	은(식금리)
		연안이씨	원발(서리)	전주유씨	복립(송문리)
			이숙기(아곡리)	양천허씨	엽(맹리)
		죽산박씨	원형(옥산리)		심대(완장리)
					공서린(완장리)

17세기		18세기		19세기	
전주최씨	내길(고매리)	풍창부부인조씨(상하리)		민승호(상하리)	
	이완(고기리)		윤염(청덕리)		
해주오씨	희문(오산리)		남구만(초부리)	민규호(시미리)	
	이일(매산리)		이봉조(양지리)		
	이천기(제일리)		이현보(제일리)		
청해이씨	문주(묵리)		이함(문촌리)		
우봉이씨	유겸(천리)		조중회(학일리)		
	유흠(석천리)		심정주(서리)		
	이경항(석천리)				
나주정씨	호선(전대리)				

457호 1,168명에 불과했으나, 18세기 후반에 이르러서는 4,859호에 2만 1,119명으로 가구 수로 10배, 인구수로 20배까지 증가했다. 이러한 증가 비율은 양지현도 크게 다를 바 없는데, 역시 세종 연간의 양지현은 346호에 609명에 불과했으나, 18세기 후반에 이르러서는 1,685호에 1만 91명으로 증가했다.[13]

다섯째, 용인 지역의 은둔지 또는 피세지에서 세거하다가 사후 인근의 야산에 분묘를 정한 경우가 있다. 이들은 대체로 산골짜기로 취락지가 외부에 잘 드러나지 않고 산수경개가 수려한 지형지세를 나타낸다. 기홍구 영덕동에 있는 용인이씨의 묘역을 보자. 용인이씨 시조 이중인李中仁, 1315~92?은 조선 개국 후 머리를 풀고 산에 은둔했던 두문동 72현縣의 한 사람으로 고려의 절개있는 신하[節臣]인데, 그 후손이 영덕리에 세거했다.[14] 영천이씨 이석지李釋之, 1341?~92?도 고려의 신하로 있다가 나라가 망하자 용인으로 은둔했으며, 후손들이 양지면 주북리에 세거하면서 이곳에 묘역이 형성되었다. 남사면 원암리에 묘가 있는 진사문?~1363은 고려 충정왕 때 문신으로, 관직을 사임한 후 도촌장지금의 원암리 남쪽의 천덕산 골짜기에 은거하여 학문에 매진했다고 한다.

여섯째, 조선시대 분묘의 풍수적 입지선정에는 당시 정치적 배경도 깊이 연루되어 있다. 조선시대의 사고관념에 비추어 묘지는 후손의 발복에 직접 영향을 준다고 믿었기 때문에, 당연하게도 분묘의 풍수적 입지선정은 당시 정치적·경제적 정황과 긴밀하게 인관되어 있음은 물론이다. 그 대표적인 사례가 수지구 상현동에 있는 조광조趙光祖, 1482~1519의 묘다. 그가 집권세력인 훈구파에 정치적 죽임을 당했기 때문에 후환을 두려워한 수구세력이 묘터 선정과정에서 철저하게 간섭하고 압력을 넣었을 개연성이 크다.

이상에서 살펴보았듯이 용인 지역에 나타나는 조선조 분묘의 입지는 읍치 반경 10~20리 권역에 집중되어 있으며 해발 100~150미터 고도에 입지한 경우가 가장 많았다. 또 취락지의 입지조건이 좋은 곳에 분묘도 집중되어 있었다. 역사적으로는 15세기부터 16, 17세기에 걸쳐 많은 분묘가 들어섰으며, 정치사회적 배경으로 여말선초 정치권력의 역학적 갈등이 묘지터 선정에 관련되었다는 점도 알 수 있었다.

▲ 조광조 묘.
▼ 조광조 묘의 뒤에서 바라본 풍경.

설화로 살펴본 주민의 묘지풍수 인식

풍수설화는 주민들의 묘지풍수 인식과 태도를 아는 데 유용한 소재가 된다. 주민들의 옛 분묘가 남아 있지 않은 점도 있지만, 서민들은 문자로 된 기록 대신에 설화로 영향력 있는 풍수적 인식과 태도를 전승하기 때문이다. 용인 지역에는 어떠한 풍수설화가 전승되는지, 그 속에 드러난 묘지풍수 사유는 어떠한지 살펴보자.

용인 지역의 각지에서 채집된 묘지풍수와 관련된 설화는 총 49편 정도 된다. 풍수설화 내용을 유형별로 나누고 그 의미를 해석하면 다음과 같다.

첫째 유형은 풍수의 윤리적 측면을 강조한 내용으로, 열 곳에서 설화가 채집되어 가장 많은 수를 차지했다. 적선하지 못한 사람은 명당 길지를 얻지 못할 뿐만 아니라, 죄를 진 사람은 우연히 좋은 명당터를 얻었더라도 발복하지 못한다는 인식을 나타낸다. 예컨대 어떤 효자는 남의 땅에 시신을 거꾸로 묻어도 발복했으나_{백암면 근곡리}, 지관으로 터를 잘 보았지만 생전에 덕을 쌓지 않아 명당을 얻지 못했다_{용인시 역북동}는 이야기도 있다.

풍수서 『발미론』에는 풍수적 윤리성이 다음과 같이 분명히 표현되었다. "감응의 이치는 하늘의 도이기에, 좋은 마음을 얻는 것이 명당자리 얻는 것보다 낫다. 그러므로 터를 구하는 사람은 반드시 적덕을 근본으로 삼을 일이다. 덕이 두터우면 하늘은 반드시 길지를 응해줄 것이다. 따라서 자손에게 복이 미치는 까닭은 그 근본이 마음에 있고 땅은 따르는 것이다. 반대로 악이 가득 차면 하늘은 반드시 흉지를 응해줄 것이다. 따라서 자손에게 화가 미치는 까닭은 그 근본이 마음에 있고 땅의 흉함은 부응한다. 마음은 기의 주인이고, 기는 덕의 부응일 뿐이다."

둘째 유형은 명당지에 대한 관심을 드러낸 설화로 아홉 곳에서 채록되었다. 여기서는 금시발복지, 정승이 나는 묏자리, 용인의 8대 명당지 같은 명당지에 대한 주의 깊은 관심이 나타났다. 전근대 시기에 서민들에게는 계층·신분 상승을 할 기회가 극히 제한되었기에 풍수에라도 기대를 걸어보는 서민들의 의식을 반영한다.

셋째 유형은 지관과 관련된 이야기로, 모두 아홉 곳에서 채록되었다. 그중 4개소는 용하거나 유명한 지관 이야기였고, 반대로 엉터리 지관이나 지관의 실수 이야기도 두 곳에서 채록되었다. 지관의 말을 어겨서 명당을 쓰지 못했거나 발복이 멈추었다는 설화도 있었다. 이러한 관심은 명당터에 대한 관심과 아울러 지관의 중요성을 의식한 표현일 것이다.

넷째 유형은 특정한 산주로 주산에 무덤을 쓰면 마을에 가뭄이 든다는 풍수 금기에 관한 인식이다. 이러한 유형은 총 여섯 곳용인시 삼가동 궁촌·고림동 당산골, 기흥구 지곡동, 수지구 신봉1동, 이동면 어비리, 백암면 백봉리에서 채집되었다. 풍수적 금기관념은 문화생태적으로도 해석이 가능하다. 마을 주산은 마을 주민들에게 삶의 원천이자 생활기반으로 마을공동체 구성원 모두가 소중하게 보전해야 한다는 인식의 반영으로 보인다.

다섯째 유형으로는 풍수적 형국에 대한 비유적 인식이 총 여섯 곳용인시 삼가동, 이동면 시미리, 포곡면 전대리·신원리, 백암면 근곡리, 원삼면 고당리에서 나타났다. 자라혈에 석물상석을 하니 자라 목을 누른 형국으로 발복이 멈추었다거나, 금닭이 알을 품는 형국[金鷄抱卵形]에 고양이바위가 있어 발복하지 못했다거나고양이가 닭을 해치기 때문에, 호랑이혈에는 자손이 성묘하면 죽는다는 인식 등으로 드러났다.

그 밖에 풍수의 욕심을 경계하는 이야기, 명당터는 때를 잘 맞춰 써야 발복한다는 이야기, 군신 간의 계급갈등에서 기인한 단맥설화 등도 각각 한 곳에서 채록되었다.

표 33 **용인 지역의 묘지풍수 설화 개관**

설화 채록 마을		설화 내용(요약)
용인시	삼가2동 궁촌	보산에 무덤을 쓰면 가뭄이 든다.
	고림동 당산골	성산에 무덤을 쓰면 가뭄이 든다.
	역북동	지관이 자기 묘를 우물 속 명당에 몰래 썼지만 생전에 적덕하지를 못하여 탈로 났다는 이야기
	삼가동	성묘하면 자손이 죽는 호랑이혈 묘소
기흥구	구갈동	조상의 묘지를 지킨 채번암
	지곡동	시신을 묻으면 비가 안 오는 묏자리
	공세동 큰마을	한 능선에 명당이 세 개 있다.
	영덕4동	용인 8대 명당의 하나
	상하동	임금이 올 것을 미리 안 용한 지관
		금시발복 천석지기 묏자리
수지구	신봉1동	양심 있고 가난했던 정승이 도사의 도움을 받아 명당을 잡아 잘살았다.
	죽전동	광교산에 무덤을 쓰면 비가 오지 않는다.
양지면	식금리	만대복록지지가 있는 금박산
	대대리	욕심에 혈자리를 깊이 파서 명당을 훼손한 말치고개 유래
이동면	송전리	엉터리 지관
		우연히 얻은 명당자리에 발복했다.
	어비리	마을 뒷동산에 묘를 써서 마을에서 화를 입었다.
	시미리	성묘하면 죽는 호랑이혈의 묘지
	서 리	삼정승 묏자리가 있다는 서리
남사면	통삼리	유명한 지관 이야기
		9대 정승지지의 묏자리가 있지만 쓸 시기가 중요하다는 이야기
	봉명리	여우구슬을 먹고 지리를 안 박주부
	원암리	형의 패철을 훔쳐 가짜 지관이 되어 돈 번 이야기

설화 채록 마을		설화 내용(요약)
포곡면	금어리	좋은 명당터라도 죄진 사람은 발복을 못 받는다.
	둔전리	좋은 명당터라도 남을 해친 사람은 발복을 못 받는다.
	삼계리	명 지관 박상의 이야기
		명 지관 이야기
	전대리	명당터라도 살인자에게는 발복하지 않았다.
		금시발복 명당
		금시발복하는 명당을 얻었지만 나중에는 망했다는 이야기
		혈을 곡괭이로 파자 한쪽 눈이 찍힌 백학이 날아갔는데 그 후로 김해김씨네에서는 애꾸가 나온다는 전설
		자라혈에 상석을 하니 자라 목을 누른 형국이라 후손들이 망했다.
	신원리	꾀를 내어 도선으로 하여금 묘터를 잡게 한 김양 이야기
		이조 중엽 남양홍씨 홍수래라는 정승 묘가 명당이라서 역적이 난다고 하여 맥을 자르니 피가 쏟아졌다.
		지관의 말을 어기고 자라혈에 석물을 세워 발복이 멈추었다는 이야기
모현면	초부리	지관의 말을 어겨 명당을 쓰지 못한 아들
		정몽주 묘를 쓴 유래
백암면	백암리	여우구슬을 삼키고 지관이 된 사람
		복을 베풀고 적선을 한 사람이어야 명당길지를 얻는다.
	장평리	조비산에 있는 천하대지
	백봉리	왕(이성계)을 배출한 명당 묏자리
		조비산에 묘를 쓰면 마을에 가뭄과 재난이 든다.
		만인적덕의 명당
	근곡리 근곡리	호랑이혈에는 자손이 오면 해롭다.
		어떤 효자가 남의 땅에 시신을 거꾸로 묻어도 발복했다.
원삼면	고당리	금계포란형 명당지를 잡았으나 고양이바위를 보지 못하여 발복하지 못하는 터를 잡은 지관의 실수 이야기
	독성리	용인의 6대 명장자리
	목신리	참은 덕에 명당을 얻은 이교리

풍수 고문헌에 나타난 용인의 명당지

『풍수록』風水錄, 규장각 도서번호 11636이라는 일종의 풍수비결서에는 용인 지역의 명당지가 소개되어 있다(601~602쪽 참조할 것).

『풍수록』에는 주로 경기도를 중심으로 강원도와 충청도 일대의 명당 위치, 풍수형국명과 산천 지세 그리고 발복의 구체적 내용 등을 수록했다.

주 내용을 이루는 명당지는 지리적 위치, 형국, 마주 대하는 산[案], 산 줄기와 형세[龍], 좌향, 수가 들어오고[向] 빠져나가는 곳[破], 발복 내용, 기타 인적 조건 등의 순서로 간명하게 기록되어 있다.

이 책에는 용인편에 해당하는 14개절에 16개소 명당을 기록했다. 그중 몇몇은 도내제1道內第一, 1등지지一等之地, 2등二等이라는 등의 급수도 매 겨졌다.

용인 지역 명당의 형국은 총 14개가 수록되었다. 말이 달리는 모양[走 馬形, ①], 세 마리 용이 구슬을 다투는 모양[三龍爭珠形, ②], 용이 고개를 돌 려 조산을 돌아보는 모양에 용마 안산[回龍顧祖形 龍駒案, ③A·⑤], 목마른 말 이 물을 먹는 모양[渴龍飮水形, ③B], 풀숲에서 뱀이 지나가는 모양[草中行蛇 形, ⑥], 신선이 소매를 펼쳐 너울너울 춤추는 모양에 구름 중 분장대 형국 의 안산[仙人舞袖形 雲中粧坮案, ⑧], 하늘의 선녀가 소매를 너울거리며 춤추 는 모양에 북을 치는 모양의 안산[天女舞袖形 擊鼓案, ⑨], 늙은 쥐가 밭 아래 로 내려오는 모양[老鼠下田形, ⑩], 살아 있는 뱀이 풀숲을 나오는 모양에 달 리는 개구리 모양의 안산[生巳出草形 走蛙案, ⑪], 소가 누워 있는 모양에 꼴 을 쌓아놓은 모양의 안산[臥牛形 積草案, ⑫], 용이 내려오다 학으로 변한 모 양[來龍變鶴形, ⑬], 반달형국[半月形, ⑭] 등이다.

명당을 정하고 난 후의 발복에 관한 내용도 각각 기록되었다. 자손대대 로 유명한 공신이 나온다거나④, 9대에 걸쳐 재상이 나오는 땅⑤·⑧, 문무과에서 급제하는 후손이 많이 나오고 큰 고을의 장수와 재상[將相]이 되어 임금을 받들 사람이 나오는 땅⑨B, 당대에 발복을 하고 삼대에 걸쳐 부귀를 떨칠 땅⑩, 자손이 많이 번성할 곳⑪, 2대에서 시작해서 7대에 걸쳐 장수와 재상이 나오는 땅⑫ 등의 언급이 있다.

그리고 아무리 좋은 명당이라도 적당한 사람이 쓰지 않으면 흉하다는 설명이 있다. 자료⑧에 따르면 이씨 성인 사람은 자손이 멸망하나 김씨 성인 사람이 써야 2대에 걸쳐 크게 발복한다는 내용이 그것이다. 또 여기에 덧붙여 차남[仲男]의 자손은 한 사람이 귀머거리가 나오는데 명당의 동북방에 있는 돌을 깨버리면 다행히 면할 수 있을 것이라는 매우 상세한 조언도 했다. 명당지 중 자료③B에는 한국풍수의 시조로 치는 옥룡자 도선이 지목했음을 전하는 첨언도 보인다.

다만 위 자료상의 명당지 위치 정보는 매우 개략적으로 표기되어 있을 뿐만 아니라 풍수적 국면의 해설만 해서 정확한 현재 위치가 어딘지는 알기 어렵다.

자기가 사는 마을을 가린다는 말은
공자, 맹자 때부터 나왔다. 사는 마을을 가리지 않으면
크게는 교화가 행해지지 않고
작게는 자기 몸도 편안치 못하다.
그런 까닭에 군자는 반드시 사는 마을을 가리는 것이다.

4

인물 속으로

우리 풍수인식의 다양성

조선시대 지식인 계층을 대표했던 유학자들은 풍수를 어떻게 이해했고
활용했을까? 그들을 통해서 본 조선시대 풍수의 문화적 위상과
사회적 기능은 어떠했을까?
사람의 길을 가르치는 유학에서 올바른 사람의 도리는 사회적 관계성뿐만
아니라 자연환경과 관계 맺는 방식으로도 정해진다.
유교사상은 본래 자연풍토에 순응하고자 하는 환경사상도 지니고 있었다.
『중용』에 "공자는 위로는 천시(天時)를 따르시고 아래로는 수토(水土)를
따르셨다"라고 했으니, 수토는 풍토(風土)의 다른 말이고 오늘날의 환경
또는 자연에 해당하는 것이다.
'수토를 따랐다'는 것은 지리적 자연환경의 질서에 순응하고 적응하는
유교의 자연관을 단적으로 표현한 말이다. 이에 대해 주자는
"풍토를 따름으로써 인(仁)을 돈독하게 한다"라고 해서 자연에 순응하는
것이 도덕을 함양하는 길이라고 인성에 비추어 풀이하기도 했다.
이러한 유학사상의 자연질서에 순응하고 인성으로 수용한 것은
풍수지리와 만날 수 있는 철학적 바탕이 되었다.
특히 풍수는 조선시대 성리학이 지배하는 사회환경에서
부모를 위한 인효지심(孝之心)의 도덕적 실천과 강력히 연계되면서,
유학자들이 풍수지리를 수용할 수 있는 직접적 원인이 되었다.
유교지식인들은 풍수를 주자학이라는 준거를 가지고
비판적으로 받아들였고, 크게는 국가적 소용(國用)으로뿐만 아니라
향촌사회의 공간담론과 개인적 주거생활사에 적극적으로 활용했다.
조선시대 유학자들이 풍수를 어떻게 비판적으로 수용·활용했는지에 대한
연구는 오늘날 풍수의 사회적·학술적 정체성을
올바로 세우는 이정표가 된다.
아직도 항간에 떠도는 발복론의 술법적 풍수지식과 길흉화복을 점치는

풍수 이미지는, 조선시대에 유학자들이 검증한
풍수론의 학술적 논의와 사회적 전통이 계승되지 않은 채 일제강점기에
단절되고 왜곡된 표피적 풍수만 남아 오늘에 이르렀기 때문이다.
조선시대 지식인들의 풍수인식과 실천, 풍수론 수용은 한국풍수를
역사적으로 검토하는 과정에서 계승해야 할 중요한 의미가 있다.
이러한 맥락으로 제4부에서는 조선시대 지식인들이 풍수를 어떻게
인식하고 실천했는지 살펴보려 한다.
제13장에서는 조선 중기 장현광의 주자학적 지리와 풍수인식 그리고
그의 우주론^{cosmology}을 투영한 주거지의 장소 만들기를 살펴본다.
장현광은 조식에서 정구를 이어 유교지식인의 풍수지리 맥을 잇는
중요한 인물이다. 제14장에서는 조선 중기를 대표하는 풍수지식인인
고산^{孤山} 윤선도의 풍수인식과 실천적 현장으로서 보길도 원림을
살펴보고, 그 현대적인 문화경관적 가치를 평가해본다.
윤선도는 장현광보다 한 세대 뒤인 인물로 16~17세기에 걸쳐 있는
인물이다. 제15장과 제16장에서는 18세기 중후반까지 살았던 조선 후기
지식인으로서 각각 묘지풍수와 삶터풍수를 대표하는
권섭과 이중환의 풍수인식을 고찰한다.
제17장에서는 19세기를 살면서 서양의 지리지식을 습득하며
독창적인 기학체계로 전통지리학과 근대지리학의 가교를 이룬
최한기의 지리인식을 지기학, 풍수와 관련해 개관해본다.
조선의 지식인들에게 지리와 풍수는 무엇이었는지,
그것이 근현대의 풍수와 지리학 연구로 어떻게 연결되는지
인물 속으로 들어가서 보자.

13 장현광의 주자학적 지리와 풍수인식

여헌 장현광은 조선 중기를 대표하는 유학자의 한 사람이면서 당시에 우주론과 자연학을 가장 체계적으로 저술한 사람으로 평가받는다. 그는 높은 관직을 여러 차례 제수받기도 했지만 임직任職 생활은 짧았고 선비로서 학문하고 저술하는 삶을 살았다.

장현광의 사상과 문학은 조선 중기 유학사에서 중요한 위치에 있지만, 그의 생애와 삶에서 보이는 지리와 풍수인식의 면모도 학술적으로 조명할 만한 충분한 가치가 있다. 장현광의 저술에는 자연관, 장소 의식, 국토 이해, 풍수관, 지리편찬 견해 등의 지리인식이 다수 반영되어 있다. 특히 「우주요괄첩」宇宙要括帖과 『역학도설』易學圖說, 1609에는 지리관이 요약된 개괄적인 도면과 서술이 포함되었고, 만년의 저술인 『우주설』宇宙說, 1631에서는 천지와 땅에 관해 상세하게 논의했다.

장현광은 풍수와 지지편찬에서도 한강 정구의 학풍을 이어받으면서 조선조 유학의 지리학적 학맥을 계승했다. 유학적 세계관과 우주관을 자신의 은거지에 공간적으로 구현한 삶의 모습도 장소 만들기와 장소의식의 면에서 해석의 의미가 크다.

자연관과 지리인식

지식인들의 자연관과 지리인식은 그들이 처한 시대적 환경과 사상적 배경에 따라 차이가 나기 마련이다. 이는 조선시대도 예외가 될 수 없는데 당시를 개관해보면, 조선 초기의 유교지식인들은 천인감응과 재이災異 관념의 자연관을 가지고 있었다. 조선 중기는 주자학적 자연관이 지배했으며, 조선 후기의 지식계층은 서양과학의 영향을 받은 새로운 자연지식을 지녔다고 할 수 있다.[1]

조선 중기를 살았던 장현광은 지리관과 지리인식의 형성에서 당시 주자학적 이념이 지배하던 사회사상적 조류에 영향을 받지 않을 수 없었다. 그렇지만 그는 주자학에 머무르지 않고 역학의 근본적·포괄적인 학문틀을 견지했으며, 사변적 공리공론에 머무르지 않고 실용적 경세학으로 지리인식을 했다.

장현광의 지리인식 방법은 역학易學의 체계와 구도상에서 이루어졌다. 장현광은 「역학도설서」易學圖說序 첫머리에 '역은 바로 천지'라고 하면서 구체적 인식방법론으로 만물을 이해하려는 태도를 취했다. 그는 역으로 하늘·땅·사람 삼재와 만물의 이치는 물론 지리도 인식하고자 한 사실을 다음과 같이 밝혔다.

> 역易은 바로 천지이니 …… 혼륜渾淪한 것을 우러러보고 하늘이 된 이치를 알며, 방박磅礴한 것을 굽어보고 땅이 된 이치를 안다. 만물이 모여 사는 가운데에 있으면서 만물의 이치를 아는 자가 몇 사람이나 되겠는가.[2]

그가 역의 요체를 그림으로 설명한 『역학도설』에도 보면, 「본원」本原편

「우주요괄첩」 부양첩.
하늘은 일·월·성·신으로,
땅은 수·화·토·석으로
구성되어 있음을 나타낸다.

에 지리를 포함하여 '태극, 천지, 일월, 별[星辰], 천도天度, 조석潮汐, 음양, 오행, 절기[時令], 조화造化, 바람[風]·구름[雲]·우뢰[雷]·번개[電]·비[雨]·이슬[露]·서리[霜]·눈[雪], 인신人身, 물류物類, 천명天命, 인사人事' 16개 장을 두고 역에 기초한 자연현상 등을 정리했다. 그중 '지리' 장에는 중국의 지형과 지리를 반영한 「구주악독지도」九州嶽瀆之圖를 제시했고, 그 지도에 관해 「광기」廣記를 인용한 개괄적 해설을 덧붙였다.

장현광이 천지의 구도에서 땅을 어떻게 이해했는지를 구체적으로 살펴보자. 「우주요괄첩」 부양첩俯仰帖에 보듯이, 하늘은 일·월·성·신으로, 땅은 수·화·토·석으로 구성되었다고 인식했다. 땅에서 수는 샘[泉]·산골물[澗]·우물[井]·못[澤]·빗물[雨水]·사독四瀆·사해四海, 화는 목화木火·석화石火·금화金火·뇌화雷火·유화油火, 토는 구릉·분연墳衍·원습原濕·산림·천택川澤, 석은 암석·난석亂石·오악·중산衆山이 있다고 파악했다. 그리고 이러한 구성요소를 갖춘 땅은 24절節과 72후候 그리고 10간과 12지의 작용으로 이루어진다고 이해했다.[3]

장현광은 땅의 물질적인 구성에 대한 인식에서 더 심화하여 '땅의 마음'[地之心]을 이해하는 데에 이르렀다. 여기에서 『주역』의 '곤도'坤道 논의는 그가 땅의 마음을 이해하는 창이 되었다.

땅은 물과 불과 흙과 돌이 모인 것일 뿐이니, 물과 불과 흙과 돌을 가지고 땅의 마음이라 할 수 없다. 그러니 땅의 마음을 또한 어찌 형체와 장소에다 놓고 가리켜 말할 수 있겠는가. 그렇다면 땅의 마음은 과연 어디에 있는가? 있지 않은 곳이 없고 있지 않은 때가 없는 것이다. 『주역』周易의 대전大傳에 이르기를 '땅[坤]은 지극히 유柔하나 동動하니 강剛하고, 지극히 정靜하나 덕은 방정方正하며, 뒤에 하면 얻어서 이로움을 주장하고 떳떳함이 있다. 만물을 포용하여 교화가 빛나니, 땅의 도[坤道]는 순하다 할 것이다. 하늘을 받들어 때로 행한다' 했으니, 이것이 바로 땅의 마음이다.[4]

· 「심설」心說

장현광의 자연관과 지리인식에는 유학적인 정체성과 태도가 분명히 나타난다. 그는 자연-인간관계에서 자연에 대한 인간 본위의 인식태도를 드러낸다. "인간이 자연천지과 만물을 주장하며, 자연은 인간으로 하여금 공공적 쓰임을 다하게 된다"라고 여겼다.[5] 이러한 인식 태도는 인간의 주체적 위상과 존엄성이 바탕을 이룬 것으로, "천지의 화육化育을 돕고 참여하는 존재"『중용』로서 유가적 인간관을 그대로 표명한 것이다.

따라서 장현광에게 인사의 공능功能은 지리의 조건에 우선하는 상위의 준칙이었다. 다음 인용문에 잘 드러나듯이, 나라의 번성과 쇠함은 지리적 조건에 규정되는 것이 아니라 통치자의 덕이 두텁고 엷은지 정치를 잘하고 잘못하는지에 따르는 것이었다. 맹자가 말한 "하늘의 때는 땅의 이익만 못하고, 땅의 이익은 사람의 화합만 못하다"[6]라는 메시지는 장현광에게 준용된 지침이었다.

나라를 세우는 자가 진실로 지역을 가리지 않을 수 없으나, 나라가 누리는 것이 성하고 쇠함과 왕조 햇수[歷年]의 길고 짧음으로 말하면, 오로지 임금의 덕[君德]이 두텁고 엷은 것과 정치의 잘하고 잘못함에 달려 있으니, 어찌 지리의 좋고 나쁨에 달려 있겠는가.[7]

장현광에게 산수와 자연은 군자를 지향하는 선비로서 닮고자 하는 비덕比德의 공부대상이었다. 그에게 산의 형용은 사람이 도를 행할 때 학자의 절차탁마, 군자의 근엄함, 인자의 기상, 선비의 책무, 부동의 체體 등으로 비춰졌고, 냇물은 그치지 않는 마음공부 대상으로 동일시되어 투사되었다.

산은 참으로 높고 높다. 충충의 봉우리로 아홉 길[仞]이나 되는 산들이 깎아지른 듯이 질서정연하게 서 있는데, 높고 견고하고 정精하고 엄함은 마치 배우는 자들이 절차탁마하는 것과 닮았다. 용이 서린 듯, 범이 쭈그리고 앉아 있는 듯한 것은 의연한 군자의 근엄함이며, 중후하여 변동하지 않음은 인자의 기상과 방불하며, 그윽하고 깊고 기이하고 빼어남은 신명이 붙잡아주는 듯하다. 우러러볼수록 더욱 견고하니 선비의 책임이 무겁고 갈 길이 먼 것과 유사하고, 바라봄에 등급이 있고 절도가 있으니 아래로 인간의 일을 배워 위로 천리를 통달하는 것과 같다. 옛글에 이르기를 "아홉 길 되는 산을 만드는 데에 공이 한 삼태기의 흙 때문에 이루어지지 못한다" 했으니, 어찌 오직 산만이 그러할 뿐이겠는가? 사람이 도를 행할 때도 그러하다.[8]

· 「봉대설」

산처럼 움직이지 않아야 한다. 움직이지 않는 가운데 그치지 않는 공부가 있어야 한다. 움직이지 않으면 그치지 않는 것이 더욱 강해진다.

냇물처럼 그치지 않아야 한다. 그치지 않는 즈음에 움직이지 않는 체[體]가 있다. 그치지 않으면 움직이지 않는 것이 더욱 확고해진다.[9)]

· 「표제요어」

수많은 봉우리 둥글게 늘어서니
상천봉이란 이름 마땅하구려
거주하는 사람들 산을 닮고자 한다면
마음가짐을 어찌 편벽되게 하겠는가[10)]

· 「입암십삼영」

장현광의 자연공부 방법은, 자연대상물을 직접 관찰해 생명이 약동하는 이치를 스스로 깨닫고, 무심한 경지에서 궁극적으로 천지의 마음[天地心]에 이르는 것이었다. 다음 시에는 장현광이 아름다운 산천의 경물을 찾는 자연인식의 태도와 이로써 추구하는 공부의 목적이 여실히 드러나 있다.

어제 산에서 내려올 적에
열 걸음에 아홉 번 숲을 돌아보았네
산천 구경은 아름다운 곳을 찾아
이내 몸 직접 임한다네
오히려 동하는 가운데 고요함이 있으니
어찌 다른 데서 찾을 것이 있겠나
벗 이끌고 곧바로 정자로 나오니
정자는 강가에 있누나
굽어보고 우러러보며 활발함을 보니

솔개와 물고기 높이 날고 깊이 뛰노네

우리 인간 이 이치 자득하여야 하니

어느 곳인들 광음이 없겠는가

여러 친구 늙은 나를 위로하여

각기 시 지어 성정을 읊누나

이치는 진실로 드러남과 은미함이 똑같으니

도가 어찌 고금의 차이 있겠는가

나의 무심한 경지에 이르면

바야흐로 천지의 마음을 알리라

무심하면 저절로 주재^{主宰}가 있으니

술잔 잡고 다시 옷깃을 여미노라¹¹⁾

　· 「강정우음우차전운」

　장현광에게 이상적인 삶의 장소는 어디에 있고 그 기준은 무엇이었을
까? 주자학의 가르침을 삶의 지침으로 삼았던 장현광에게 이상적인 삶
의 터전^[樂地]은 정해진 환경조건과 장소가 따로 있는 것이 아니라 분수대
로 살아 자족함^[安分自足]에서 얻어지는 것이었다. 그럼에도 그는 47세 이
후로 은거를 결심하면서 입암촌을 삶의 터전으로 삼게 된다. 그의 이러한
은사적 면모와 태도는 주자학의 사상적 바탕도 깔려 있지만, 그가 처했던
당시 대내외적 정치 상황도 배경이 되었다.

　이제 분수에 맞게 낙토를 찾으니

　세상 사이의 어떤 일이 나의 근심이 될까

　깊이 부합해 한번 (결락) 거문고와 책을 벗 삼으니

　창밖의 시냇물과 산은 절로 사시를 따르누나¹²⁾

· 「초당」草堂

특히 주목해야 할 사실은 그에게 지리인식의 의의는 실용적 이익에 목적이 있다는 점이다. 이러한 면은 장현광의 실용적 경세학 학풍과도 상관지어 이해할 수 있다. 지리를 아는 것은 "사방의 기후와 지형지세의 차이와 다양성에 따라 거주지를 선택하는 방법에서 요구되는 것일 뿐만 아니라, 자연생산물의 획득과 토지생산에서 필수적인 지식으로도 중요한 것"이었다. 지리적 차이에 따른 지역의 구분 역시 "풍토적 조건에 따른 거주의 이익을 위해서 필요하다"라고 여겼다. 그는 상고의 지황씨를 언급하면서 다음과 같이 실용지리적 견해를 말했다.

지황씨는 지리를 밝혀 법을 드리운 자일 것이다. 예컨대 동·서·남·북의 기후가 똑같지 않고 교외의 들[郊野]과 높고 마른 땅, 낮고 젖은 땅[原隰]은 높고 낮은 지세가 다르게 마련이다. 따라서 거주할 곳을 선택하는 방법과 거두어 채집하고 취하고 버리는 방식을 구분하지 않을 수 없다. 이 때문에 천하를 나누어 아홉 주州로 만들고 온 세계를 구획하여 만 개로 만들어서 각기 거주하는 곳이 있고 모두 이익을 얻게 했다.[13]

이상에서 살펴본 것을 요약하면, 장현광의 지리인식 방법은 역학의 체계와 구도 위에서 형성되었다. 그는 땅이 수·화·토·석의 구성요소와 24절·72후·10간·12지의 작용으로 이루어진다고 인식했고, 『주역』을 보며 땅의 마음을 이해했다. 장현광의 지리인식에 보이는 유학적 정체성은 자연에 대한 인간 본위의 인식태도를 드러내는 데서도 분명히 드러나며, 인사의 공능이 지리의 조건보다 우선되는 준칙이었다.

장현광에게 산수와 자연은 비덕比德, 덕성에 견줌의 공부 대상이었다. 그의 자연공부 방법은 대상물을 직접 관찰해 생명이 약동하는 이치를 자득하고, 무심한 경지로 천지의 마음에 이르는 것이었다. 유학의 가르침을 삶의 지침으로 삼고자 한 장현광에게 낙토樂土는 안분자족함에서 얻어지는 것이었다. 장현광에게 지리인식의 의의는 생활의 실용적 이익에 목적을 둔 필수 지식정보였다.

장소의식과 장소 만들기

장현광이 활동한 조선의 16세기 말에서 17세기 전반은 대내외적으로 격동의 시기였다. 임진왜란1592~98, 정묘호란1627, 병자호란1636으로 국토와 백성은 유린당했고, 훈척勳戚, 공훈이 있는 임금의 친척정권의 독점으로 사회·경제가 파탄 났을 뿐만 아니라, 붕당 간 갈등과 정략의 충돌로 사화가 빈번했다. 이러한 내우외환의 시대환경에서 지식인 장현광은 정치적인 현실에 직접 대응하기보다는 선비로서 도학적 수양을 해서 시대문제를 근본적으로 성찰하는 방향의 삶을 지향했다.

고난과 혼란의 시대를 살았던 장현광의 생애는 공간적으로 거주지 이동[移居]의 역정으로 점철되었다. 이러한 사실은 임진왜란 시기의 피난살이를 기록한 『용사일기』龍蛇日記에서 확인되기도 하고, 스스로 여헌旅軒이라는 자호自號를 지은 것과 "사방으로 집을 삼고 여행하고 유람하는旅遊 것으로 낙을 삼았다"라고 술회한 데서도 나타난다. 이윽고 생애의 만년인 47세 이후 장현광은 산림처사로서 은거의 삶을 작정하고 살았다. 은거과정에서 장현광의 사상과 사유에 보이는 공간적 궤적은 우주적인 규모였다.

장현광은 자신이 견지한 유학적 우주관과 세계관을 삶의 현장에서 그대로 구현하고자 했다. 이러한 의식과 태도는 주거지의 장소경관과 자연경물을 북극성과 주위 28수의 별자리로 상징화하여 명명하고 우주적 공간으로 구성하는 방식으로 나타났다. 자신의 은거지인 입암촌立巖村, 경북 포항시 죽장면 입암리 주변의 산과 시냇물, 골짜기 등 28곳을 각기 이름 짓고, 입암과 주위 28처의 관계를 북극성과 28수의 성좌에 견주었다.[14)]

이렇듯 장현광이 은거하여 84세에 생을 마감한 입암촌의 문화경관에는 그가 가졌던 주자학적 장소인식의 우주론이 장소적으로 함축되어 있다. 장현광이 "나의 집이 천지요 천지가 나의 집"[15)]이라고 삶의 현장이 지닌 우주적 존재성과 가치를 통찰했듯이, "자신의 마음을 우주에 노닐게"[16)] 하는 삶의 태도와 지향에서, 일상적 주변 환경과 자연경물은 하나하나가 우주적으로 구상화된 상징경관요소가 되었다.

장현광의 독특한 장소 만들기 방식은 다음 인용문에서 보는 것처럼 거주의 중심인 입암을 북극성으로 견주고, 주위 자연경물을 28수 별자리로, 계구대戒懼臺를 28수의 첫째 별자리인 각角 수로 동일시하는 데서 잘 드러난다.

이름을 얻은 것이 28곳이다. ……입암의 기이함이 있지 않다면 28곳이 스스로 좋은 경치를 자랑하지 못하여 구릉과 골짝, 봉우리와 수석과 다를 바가 없을 것이다. ……28곳의 좋은 경치는 입암을 얻어 드러나고, 입암의 빼어난 기이함은 28곳의 아름다운 경치를 인하여 풍부해지는 것이다. 마치 북극성이 28수의 높이는 바가 되고, 28수가 빙 둘러 향하지 않으면 북극성이 홀로 높음이 될 수 없으며, 28수는 비록 각자의 자리가 있으나 북극성이 높지 않으면 또한 빙 둘러 향할 곳이 없는 것과 같다.[17)]

· 『입암기』

각角수가 28수의 첫째 별이 되어서 이 각수가 제자리를 얻은 뒤에야 나머지 27개 별이 차례를 따라 진열한다. 이는 입암이 28곳의 종주가 되고, 계구대가 27곳의 우두머리가 되는 것과 같은 이유다.[18)

· 『입암기』

일찍이 주자의 무이구곡 경영에서 비롯하여 이후 많은 유학자가 모방한 동천구곡전통은 그 사례가 조선시대에 전국적으로 다수 드러나지만, 이렇듯 장현광의 우주적 장소 만들기 구성체계는 여타 형태와 사유방식을 뛰어넘은 우주적 구도와 독창적인 면을 갖추고 있다. 장현광의 거주지 장소 만들기에 적용된 우주적 사유체계는 평소에 관심을 기울였던 우주론에서 비롯되었다. 그가 55세[1609]에 저술한 『역학도설』과 77세[1631]에 지은 『우주설』에서 우주와 천체에 대한 송대의 논의를 수용한 사실과도 조응한다.

장현광의 장소 만들기 구도에는 천체 별자리의 구상이 적용되었지만, 그가 입암촌의 자연경물에 이름을 붙이는 장소의식과 사유체계를 관찰해보면, 내용적으로는 주자학적 성격과 정체성이 드러난다. 유학자로서 선현을 본받고자 하는 존현尊賢과 수기적修己的 태도, 자연물의 형용과 성정에 대한 비덕比德 그리고 은거 의식의 반영이 그것이다. 그의 장소 명명의식을 차례대로 살펴보자.

장현광은 공자를 기리고자 입암촌에서 가장 높은 봉우리를 '소노'小魯라고 하여 공자가 오른 태산을 빗대어 이름 지었다.[19) 장현광은 그렇게 명명한 이유를 다음과 같이 말했다.

대臺의 서북쪽에는 가장 높은 한 뫼가 있는데…… 공자께서 동산東山에 오르고 태산泰山에 오른 유람을 본받는다면…… 이 뫼를 어찌 '소

노'라고 이름 하지 않을 수 있겠는가.[20]

· 『입암기』

함휘령含輝嶺이라는 이름도 새로 붙였는데, 그것은 주자의 '옥이 묻혀 있으니 산이 빛을 머금고 있다'는 뜻을 취했다고 했다.[21] 주자에 대한 존현의식의 발로다.

그는 입암촌의 여러 자연경물을 비덕比德의 상징적 형용으로 투사하고 자신에 비추어 공부하는 대상으로 적극 활용했다. 예컨대 우뚝한 바위와 소나무가 자신의 정신을 흥기해서 기여암起予巖이라는 이름을 붙였고, 군자를 지향하는 자신과 난초를 동일시하여 우란재友蘭齋라고 했다. 절벽 위에서 언제나 경계하고 공경하는 마음가짐을 견지하고자 계구대戒懼臺라고도 했다.

아울러 장현광은 은거하여 수신하는 선비로서 티끌세상과 격절하고자한 의식과 옛 은사들의 뜻을 숭상하고 그들을 기리는 태도를 자연경물에 투영했다. 격진령隔塵嶺이라는 이름을 붙여 속진俗塵과 거리를 두고자 했고, 피세대避世臺를 두고 속물이나 속인과는 접하지 않고자 했다. 세이담洗耳潭이라고 하여 속세에서 들려오는 부질없는 소리를 씻고자 했고, 은사 허유許由와 소부巢父[22]의 뜻을 따르고자 했다. 또 이윤伊尹과 제갈량, 엄자릉嚴子陵,[23] 강태공, 상산의 네 선비[商山四皓][24] 등을 입암촌의 자연경물에 투영해서 기렸다. 벼슬길에 허우적대며 은거하지 못하는 자들을 안타깝게 여기는 마음에서 초은招隱이라는 이름도 붙였다.

그 밖에 장현광은 입암촌에 있는 자연경물들의 형상과 경치 그리고 장소성에 대한 심미적·실제적 형용도 했다. 토월봉吐月峰, 정운령停雲嶺, 합류대合流臺, 채약採藥, 향옥響玉 등이 그 사례다.

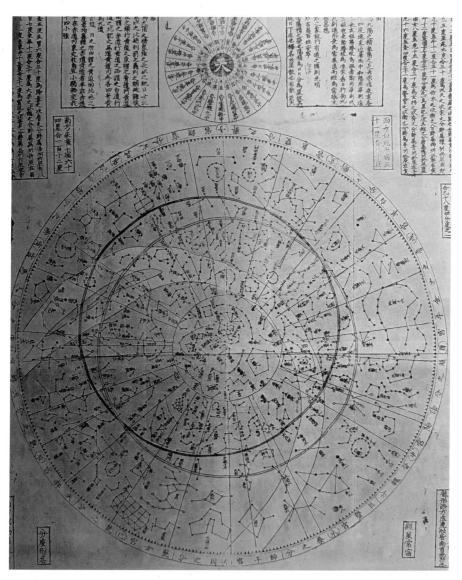

『천상열차분야지도』(일본 천리대학교 도서관 소장본).
북극성을 중심으로 천체, 즉 28수 별자리가 그려져 있다.
동아시아의 우주관이 반영되어 있는 천문도다.

▲ 입암촌의 현재 모습. 입암을 중심으로 계구대 등 28경물이 분포되어 있다.
　 가운데에 입암이 우뚝하다. 입암 옆의 건물은 장현광이 학문을 강론했던 일제당(日躋堂)이다.
▼ 입암서원. 장현광과 문인들을 배향했다.

▲ 계구대. 28수의 첫 번째 별자리인 각수로 동일시하였다.
입암 바로 옆에 있다. 항상 경계하고 공경하는 마음을 상징한다.
▼ 소노봉(마을 뒷산 봉우리).
공자가 동산에 올라 노나라가 작다고 한 말을 상징하여 본받고자 붙인 이름이다.

▲ 기여암. 일제당 지붕 뒤에 우뚝 서있다.
바위와 소나무가 정신을 흥기시키는 형상이라고 했다.
▼ 토월봉. 봉우리가 둥근 달을 토해내는 형상이라고 했다. 입암서원의 뒷산 봉우리다.

▲ 수어연. 물고기가 노니는 것을 볼 수 있는 못이다.
▼ 상두석. 북두칠성을 상징하는 일곱 개 바위 중 하나다.

표 34 입암촌 은거지의 28수 명칭 유래 의미

명칭	장소 명명의식과 유래	의미
구인봉(九仞峯)	공자의 산을 만드는 비유에서 유래한 이름	
소노봉(小魯峰)	공자가 태산을 유람한 것에 빗댄 비유	존현
함휘령(含輝嶺)	주자의 "옥이 묻혀 있으니 산이 빛을 머금고 있다"라는 뜻을 취함	
우란재(友蘭齋)	난초는 깊은 골짝에서 자라는 풀로 군자가 차고 다님	
기여암(起予巖)	바위와 소나무가 정신을 흥기하는 형상	비덕
계구대(戒懼臺)	절벽의 대 위에서 경계하고 두려워하는 마음이 있음. 공경하는 마음가짐	
산지령(産芝嶺)	상산(商山)에 은둔하며 자지가(紫芝歌)를 읊은 네 선비의 초탈한 뜻을 숭상함	
격진령(隔塵嶺)	세상과 멀리 떨어져 있는 듯함	
경운(耕雲)	이윤(伊尹)과 제갈량이 구름을 헤치고 밭을 가는 것을 사모함	
심진(尋眞)	참을 간직하며 은둔하는 자를 그리워하나 만나볼 수 없음	
피세대(避世臺)	바깥사람과 서로 접하지 않는 듯한 풍경	은거
세이담(洗耳潭)	속세의 귀를 씻는 것으로서 은사 허유와 소부의 뜻을 따름	
상엄대(尙嚴臺)	엄자릉(嚴子陵)이 부춘산에 들어가 낚시질하며 은거한 일생을 기림	
조월(釣月)	이 여울은 달빛을 받아 밤낚시하기에 마땅하니 강태공을 기림	
초은(招隱)	벼슬길에 빠져 돌아오지 못하는 자를 불쌍히 여김	
토월봉(吐月峰)	봉우리가 둥근 달을 토해내는 형상	
정운령(停雲嶺)	언제나 흰 구름이 정상에 머물러 있어서 이름 함	
야연(惹煙)	시냇가 숲에 사람이 불 피우느라 연기를 일으킴	
채약(採藥)	약초가 많이 생산되는 골짜기라서 이름 함	
경심대(鏡心臺)	물고기가 노니는 것을 볼 수 있는 대	
수어연(數魚淵)	물고기가 노니는 것을 볼 수 있는 못	
욕학연(浴鶴淵)	수석의 기이하고 깨끗함을 나타낸 것	형용
화리대(畵裏臺)	풍경이 마치 그림 속에 있어 진면목이 아닌 듯하여 이름 함	
합류대(合流臺)	시냇물이 앞에서 합류함	
향옥(響玉)	다리를 밟으면 옥소리 같은 물소리가 들려옴	
답태(踏苔)	이끼가 잘 자라는 돌다리로서 그윽한 흥취를 돕기 위함	
상두석(象斗石)	돌 일곱 개의 숫자와 모양[象]이 북두칠성[斗]과 유사하므로 이름 함	
물멱(勿冪)	우물에 덮개를 씌우면 공효를 베풀지 못한다는 뜻. 주역 상육의 효사를 취함	

＊자료: 『여헌선생문집』 권9, 기, 입암기.

국토인식과 이해

장현광의 국토인식과 이해 방식이 잘 드러나는 단면으로, 그가 42세

1596에 청안현靑安縣, 지금의 충북 괴산군 청안면 현감으로 있던 친구 서행보徐行甫가 준 청구도를 보고 남긴 글이 주목된다.

장현광이 본 지도의 정체와 관련하여 『여헌선생속집』 권4, 잡저, 청구도설靑邱圖說에는 '청구도'라고 표현되어 있다. 그러나 한국의 고지도사에서 1834년에 제작된 고산자古山子 김정호金正浩의 청구도 외에는 지도명으로 같은 이름을 찾기 어렵다. 그런데 『여헌선생속집』 권1, 시, 「사서청안사원동국지도謝徐淸安思遠東國地圖에 단서가 될 만한 사실이 있다. 여기에는 서행보가 "동국지도」를 보내준 것을 사례하다"라는 제목과 함께 "나에게 청구도 한 폭 보내주었네"라는 글귀가 있는 것이다. 이로 보아 장현광이 받은 지도는 1463년에 정척과 양성지가 제작한 「동국지도」東國地圖의 필사본 중 하나로 추정된다. 같은 시문에는 "이해는 만력 24년이니"라는 글귀도 있어 1596년으로 장현광의 나이 42세 때 일이라는 사실도 확인된다. 현재 「동국지도」는 원본이 전하지 않아서 장현광이 남긴 글에서 「동국지도」의 대체적인 윤곽은 잡을 수 있기에 학계에서 「동국지도」 판본의 진위 파악에도 참고가 될 수 있는 학술적 가치가 있다.

장현광이 쓴 청구도설에는 「동국지도」를 본 장현광의 국토관과 국토이해가 지형개관, 산수이해, 도읍 입지, 지역이해, 풍토론, 현실인식의 방식으로 체계적으로 드러나 있을 뿐만 아니라, 중국의 지리적 조건과도 비교해 파악되어 있다.

「동국지도」에서 먼저 그의 눈에 들어온 것은 한반도의 대체적인 형세였다. 그것은 바다에 둘러싸인 반도 모습이었으며, 위로 백두산과 아래로 남해의 주요 섬이 있었다. 여기에는 "(남해의) 여러 섬이 영호남의 발가락이 되었다"라는 표현처럼 국토지형을 인체와 유비하여 유기체적으로 인식한다거나, 국토를 '지기'地氣 또는 '지맥'地脈, 土脈과 같이 기맥의 인식체계로 보는 관점도 드러났다.

지도를 꺼내서 벽에 걸어놓으니, 우리나라의 온 강역이 모두 내 눈 안에 있게 되었다. 중요한 형세를 한번 살펴보았다. 하늘에 닿아 끝이 없는 큰 바다가 둘러 있으니, 동쪽·서쪽·남쪽 세 귀퉁이가 모두 바다다. 흰 뫼와 백설과 같은 산악이 구름 속에 꽂혀 있으니, 백두산이 북쪽에 웅장하게 서리고 있다. 가덕도·거제도·남해도·진도 등의 여러 섬이 영남과 호남의 발가락이 되어 있으니, 청구의 지맥이 여기에서 멈추었다. 지기와 토맥土脈과 산수의 정영精英이 멀리 중국과 바다를 사이에 두고 서로 통하고, 구역은 달리하나 함께 부합하니 참으로 작은 중원[小中原]이다.[25]

·「청구도설」

국토의 형세를 개관한 이후 장현광의 눈은 주요 산천에 미쳤다. 산수는 국토의 주요 지형적 구성요소이자 국가적 의례대상으로 중시된 조선시대의 공간적 인식을 반영한다. 이 글에서는 중국에서 비롯된 진산과 오악, 사독 관념이 조선의 산악에 적용된 사실도 확인된다. 장현광의 글에서는, 사방의 오악(북 묘향산, 서 구월산, 동 금강산, 남 지리산, 중 태화산(삼각산)과 사독(낙동강, 한강, 대동강, 압록강)의 위치와 모습 등이 방위와 함께 표현되었다. 그런데 장현광이 언급한 오악은 묘향산, 금강산, 지리산, 삼각산 외에는 조선말기에 나라에서 공식적으로 지정했던 실제와 다르며 방위 배정에도 차이가 있다.[26]

묘향산이 북쪽의 진산으로 있고, 구월산이 서쪽에 높이 솟았고, 금강산이 동쪽에 빼어나고, 지리산이 남쪽에 웅장하고, 태화산이 중앙에 서리고 있으니, 이것이 곧 오악이다. 낙동강이 남해로 들어가고, 한수와 대동강과 압록강이 서해로 들어가니, 이것이 곧 사독四瀆이다.[27]

· 「청구도설」

이어서 그는 평양, 경주, 송경개성, 한양 등의 주요 도읍 입지를 표현했
다. 장현광은 각 도읍 입지의 뛰어난 형세와 기운을 풍수적 인식과 표현
방식을 빌려 설명하고, 이로써 동방의 흥하고 쇠하는 운수가 중국과도 대
등하다는 소중화적 긍지도 나타냈다. 조선의 국토에서 보이는 도읍의 입
지조건에 대한 자긍심을 한껏 표현한 것이다.

용이 나는 듯 봉황이 춤추는 듯, 범이 웅크리고 앉아 있는 듯 기린이
뛰는 듯, 형세가 서쪽에 모여 평양이 되고, 남쪽에 모여 경주부가 되고,
가운데에 모여 송경이 되고, 또다시 모여 한양이 되었다. 이는 모두 하
늘이 아껴두었다가 나타내고, 땅이 숨겨두었다가 열어놓은 것이다. 상
서로운 구름과 기운이 울창하게 모였으니, 마땅히 우리 동방의 흥하고
쇠하는 큰 운수가 거의 중국과 같은 것이다.[28]

· 「청구도설」

다음으로 장현광은 전국을 영·호남, 경도서울, 관서, 관동 등으로 지역
을 구분하고, 각 지역의 지리적 위치, 물산과 교통 조건, 산수미 등에 관해
의견을 드러냈다. 조선의 지역을 설명하면서 중국 지역과도 비교했는데,
"영·호남:강남, 경도:낙양, 관서:함양, 관동:농우"[29]로 비기면서 산수, 토
지환경과 인물, 지리적 위치와 교통조건, 통상의 이익과 미풍양속 등 여
러 면에서 대비하고 조선의 긍지를 표현했다. 두 번째 인용문에서 나타나
는, 인물과 풍속에 관한 서술을 전개하는 모습에는 풍토론적 이해방식도
엿보인다.

산천이 크고 깊으며, 평원과 들이 살지고 윤택하며, 인물이 번성함으로 말하면 영호남[兩南]이 최고인데, 이는 중국의 강남 지방과 비슷하다. 땅이 사방의 한가운데에 있고 길이 팔도의 모임에 균등하여, 물과 육지에서 나오는 물건이 모여 통하는 것은 바로 지금의 경도인데 중국의 낙양과 비슷하다. 관서지방의 풍부하고 넓음은 우리나라의 함양咸陽이라 할 것이요, 관동지방의 빼어나고 아름다움은 우리나라의 농우隴右라 할 것이다. 가는 곳마다 낙토 아닌 데가 없고, 들어가는 곳마다 아름다운 지역 아닌 데가 없다. 시골마다 좋은 풍속이요, 고을마다 아름다운 풍속이니, 중국에 뒤지는 것이 별로 없다.[30]

· 「청구도설」

……사람이 된 자들이 형모形貌가 단정하고 곧으며, 성정이 화평하고 순하여 강剛·유柔의 자질을 겸하고, 중中·화和의 덕을 구비했다. 그리하여 군자가 많고 소인이 따르며, 남자가 선창하면 부인이 화답하여 풍속이 예의와 겸양을 숭상하고, 선비들이 학문을 독실하게 한다.[31]

끝으로 장현광은 국토 현실에서 오랑캐의 외침으로 온 나라가 겪고 있는 어려움의 실상이 어디에서 연유하는지를, 유학자의 본분으로 나라를 우환憂患하고 자성自省하는 태도를 보였다.

아, 근년 이래로 우리 동방의 구역은 오랫동안 북상투를 하고 이빨에 검은 칠을 하는 오랑캐들에게 더럽혀져, 산하가 분노한 기운을 띠고 풍운이 부끄러운 기색을 머금고 있다. 재앙을 부른 것이 우리 자신들에게 있었는가? 아니면 우리 동방의 기수氣數가 피하기 어려웠던 것인가? 지도를 어루만지는 당일에 한심스러움을 이길 수 없다.

· 「청구도설」

　이상에서 나타나는 장현광의 국토인식을 요약해보면, 국토의 유기체
적 인식, 주자학의 자연관이 반영된 기적氣的인 국토인식, 산수에 대한 오
악五嶽·사독四瀆 등의 위상체계적位相體系的 파악으로 드러난다. 그리고 그
의 국토와 지역에 대한 이해방식을 요약해보면, 산천인식과 도읍 입지의
풍수적 이해, 지역을 구분해 중국과 비교, 인물과 풍속에 대한 풍토론적
이해방식 등으로 정리할 수 있다.

풍수관과 풍수인식

　장현광은 조선 중기 유학자 중에서 독특하게도 자기 사상체계의 범주
에서 풍수와 술가의 법도 수용했는데, 이것은 그의 사상이 역易의 포괄적
인 사상성에 토대를 두었기 때문이다. 문인金休金烋이 장현광의 학문에 대
해 서술한 다음 인용문에는 그 사실이 잘 표현되어 있다.

　천문, 지리, 음양, 복서, 의학, 병법 등 여러 술가에 이르러서도 상象을
취하고 뜻을 취한 내용이 있으면 모두 채집하여 부록을 만들고 명칭을
곁가지 유[旁流]라 했다. 이는 역의 길[易道]이 광대하여 있지 않은 곳이
없기 때문이다.[32]
　· 「경모록」

　술법 중에서도 장현광은 특히 풍수에 조예가 깊었다. 풍수론의 역학
적 기초에 관한 그의 인식은 55세1609에 저술한 『역학도설』에서도 확인
된다. 이 책에서 그는 「방행」旁行장에 '의가' '술가' 등과 함께 '풍수가'편

을 두고, 풍수이론의 토대가 되는 역학 관련 "간지선후천수도干支先後天數圖, 팔괘변서도八卦變序圖, 간지괘분방지도干支卦分方之圖, 간지괘병배지도干支卦並排之圖, 구성분립지도九星分位之圖"를 제시하는 한편 해설을 덧붙였다.

장현광이 풍수를 수용할 수 있었던 또 다른 배경에는 남명 조식과 한강 정구를 이은 학풍에서 연유하는 바가 있다. 남명은 주자학 이외의 사상에 관대한 편이었는데, 그의 행장에 "(남명은) 음양, 지리풍수, 의약, 도류의 끝[末]에까지 그 대강을 섭렵하지 않음이 없었다"[33]라는 표현에서도 그 사실을 잘 알 수 있다. 남명의 사상을 계승한 정구도 그 점에서는 마찬가지였다. 장현광이 쓴 한강 정구의 행장에는 선생의 풍수를 포함해 박학한 학문 자세가 다음과 같이 기록되어 있다.

선생은 어릴 적부터 재주가 뛰어나 우주 사이의 허다한 일을 자기 책임으로 삼지 않은 것이 없었다. 일에는 소대小大와 정조精粗가 없으니 모두 배우지 않아서는 안 된다고 생각했다. 그리하여 산수算數, 병진兵陣, 의약醫藥, 풍수風水의 설에 이르기까지 반드시 그 이치를 궁구해서 깨달아 그 대략을 터득했다.[34]

· 「행장」行狀

당대 지식인이었던 장현광은 조선 중기 당시에 사회적으로 성행했던 풍수설과 풍수이론을 어떻게 생각했을까? 이에 관해 알 수 있는 논의가 그의 문집에 기록되어 있다. 문인 신열도는 1630년 봄, 처의 상喪을 계기로 평소 의문을 가졌던 예법에 대해 장현광에게 몇 가지 질문을 했다. 그 중 당시 사회적 병폐가 되고 있던 묘지풍수설의 합리성 여부를 묻는 내용이 있다.

여쭙기를, "사람들이 풍수설을 지나치게 믿어 지금 세상의 고질적 병폐가 되는바, 그 말이 과연 일리가 있습니까?" 하니, 선생이 대답했다. "산천의 풍기는 모인 곳과 흩어진 곳이 있고 응집하여 맺힌 곳이 있으니, 기운이 모이면 산세가 뭉치고 기운이 흩어지면 산세가 흩어지는 것이 진실로 당연한 이치다. 그러나 만약 지나치게 풍수설을 믿어서 때를 지나도 장례하지 않음에 이른다면 크게 옳지 않다. 다만 풍기가 모이고 흩어진 것, 산천이 응집되어 맺혀 있는 곳을 살펴서 쓰면 불가하지 않을 것이다" 했다.[35]

· 「배문록」문인 신열도

위 인용문에서 알 수 있듯이, 장현광은 산천의 풍기가 모여 맺힌 곳의 이치를 인정하고, 생활상에서 형세론적 풍수론의 용도는 수긍했다. 그러나 풍수설을 지나치게 믿는 것은 경계했는데, 특히 발복을 꾀하려 장례일을 의도적으로 늦추는 행태는 단호히 비판했다.

장현광은 자신이 습득한 풍수지식을 활용하여 은거지인 입암정사의 입지를 정하고 풍수적으로 해설하기도 했고, 자기 고장인 선산과 인동 고을 그리고 인동향교와 종가 등에 대해 풍수적 견지로 언급하기도 했다.[36] 특히 인용문에서 보이듯이, 입암정사에 대해서는 은자의 가거지로서 지형 형세를 개관하고 풍수적 사신사청룡·백호·주작·현무의 입지조건을 매우 구체적·사실적으로 서술했다.

지형이 높으면서도 오목하게 파여서 냇물을 따라 가는 자들은 이곳에 마을이 있는 줄을 알지 못하니, 참으로 은자가 살 만한 곳이다.[37]

· 「입암정사기」

1,000년 된 늙은 거북이 적막한 물가에 형체를 드러내어 머리를 들고, 공기를 마시느라 우뚝 버티고 바람과 해를 피하지 않는 듯한 것은 뒷봉우리가 현무가 된 것이다. 산에서 군주 노릇을 하다가 늙어 위엄과 소리를 거두고, 발톱과 이빨을 거두고 부자父子의 천성을 온전히 하고 장구히 꿇어앉아 떠나가지 않는 듯한 것은 대의 바위가 오른쪽에 백호가 된 것이다. 잠겨 있던 물속에서 나오고, 숨겨진 곳을 떠나 처음에는 구불구불하다가 끝내는 서려 있어 엎드려 있는 듯하고 일어난 듯하기도 하여 구름을 헤치고 여의주를 날리는 듯한 것은 토월봉吐月峯이 동쪽에서 청룡이 된 것이다. 큰 붕새[鵬]가 회오리바람을 타고 9만 리 창공을 날다가 지쳐 땅으로 내려오되, 오히려 머리를 들고 창공을 바라보는 듯한 것은 구인봉九仞峯이 주작이 된 것이다.[38]

· 「입암정사기」

장현광이 장소의 입지를 풍수적으로 인식하는 태도는 꿈속의 무의식 상태를 기록한 다음 인용문에서도 잘 드러난다. 그가 지녔던 풍수관념의 무의식적인 뿌리가 표층의식으로 드러난 단면적 현상이기도 하다. 어느 날 그는 공자의 집을 사는 꿈을 꾸는데, 집 주위 사방을 살펴보니 다음과 같았다고 꿈속의 일을 기록했다. 이 글에는 집터 주위의 풍수적 형세가 주산, 수구 등의 풍수용어와 인식방식으로 잘 표현되어 흥미롭다.

나는 이곳에 이르러 사방 주위를 둘러보니, 주산이 동그랗고 평정한데 좌·우의 여러 산이 달려와서 일어났다 엎드렸다 하며, 사방에서 호위하기를 빈틈이 없었고, 왼쪽 날개의 수구를 거둔 곳에는 벼랑이 높이 솟아 마치 날아가는 학이 머리를 쳐든 듯했다.[39]

· 「기몽」記夢

분석심리학에서는 풍수를 인간 무의식의 원형상이 자연에 투사된 것으로 해석한다. 이상적인 지세란 바로 이상정신理想精神, 즉 전일한 심적 경지인 '자기'Self의 상징을 묘사한 것이며, 그 상징을 지리적인 조건 속에 구체화한 것이라고 분석한다.[40] 그렇다면 장현광이 꾸었던 꿈은 그의 의식 밑바닥에 바람으로 잠재하던 집 자리의 이상적 풍수조건원형상이 발현된 것으로 볼 수 있다. 집터 주산의 단정한 형태와 주위 산들의 역동적인 형세와 빈틈없는 짜임새, 긴밀한 수구 조건까지 그야말로 그가 꿈꾸었던 삶터명당의 재현이었다.

장현광은 고향이자 본가가 있는 인동 고을현 경북 구미시 인동동의 풍수적 입지와 경관보완비보에 관해서도 특별한 관심을 기울여 설명했다.

우선 인동 고을의 풍수적 지형지세는 역사지리 정보와 함께 다음과 같이 자세히 기술했다.

수동壽同은 옛날 현縣의 이름인데 지금은 인동부仁同府가 되었다. 별호는 옥산玉山이니, 우리 장씨의 본적인 고향이다. 읍의 지형은 천성산天城山이 동쪽에 우뚝 솟아 진산이 되어 있는데, 여기에서 가지가 셋으로 갈라져 나왔다. 그 한 가지는 왼쪽으로 뻗어 와서 지세가 높아졌다 낮아졌다 하기를 7리쯤 하여 고을의 동남쪽에 큰 봉우리가 되었는데, 고을 사람들이 남산南山이라고 칭하니, 그 아래가 바로 지금의 인의방仁義坊이다. 또 오른쪽의 한 가지는 높아졌다 낮아졌다 하여 고을의 동북쪽을 감싸고 호위하는바, 북쪽으로부터 서쪽으로 8, 9리를 뻗어가서 낙동강가인 부지암不知巖에 이르러 멈추었으며, 중심의 한 가지는 부府의 뒤에 높이 뭉쳐 있는데 바로 이 고을의 주산이다. 주산 밑에 작은 한 맥이 혹 끊겼다가 혹 연결되었다가 하여 읍성에 이르러 한 작은 봉우리가 되었으니, 이른바 옥산이다. 이 어찌 옛사람들이 특별히 이루어진 것을

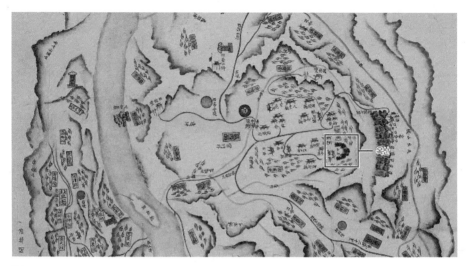

「인동지도」(1872).

기특하게 여겨 이 고을의 이름을 옥산이라 한 것이 아니겠는가.[41]

· 「인의방설」

이와 같이 조선 중기 향촌사회의 유학자들은 근거지 취락의 입지와 경
관에 대한 풍수적 담론을 일반적으로 견지했으며, 그중 유력한 견해는 고
을이나 마을의 풍수적 조영과 경관보완에 반영되기도 했다. 일찍이 선산
에서는 점필재 김종직이 고을의 물난리를 방지하려고 감천 변에 수해방
비림을 식재한 적이 있다.[42]

장현광도 옥산현^{인동}에서 고을터를 풍수적으로 보완하려고 비보숲을
조성·관리하는 데 깊은 관심을 나타냈다. 이러한 사실들은 향촌사회에
서 유학자들의 풍수에 대한 태도와 담론의 수용 양상을 반증해준다. 다음
의 '(마을 앞을 가리는) 숲을 다시 세울 것을 의논한 글'[議復立遮藪文]이라
는 제목의 인용문은 장현광의 풍수비보적 인식과 실천적 정황을 단면적
으로 표현했다.

우리 옥산현은 천성산을 등지고 금오산을 마주 대하고 낙동강이 띠처럼 두르고 있으니, 성城을 만들고 현을 설치함은 진실로 풍수의 모임[聚]을 얻었다. 다만 앞 들이 넓고 멀어서 풍기를 갈무리함이 허술한 듯하다. 이 때문에 고을에서는 5리쯤 되는 곳에 숲을 설치하여 강산의 맑고 깨끗한 기운을 모으게 했다. 이 숲의 이름을 차遮라고 했는데, 세운 지가 상당히 오래되었다. 풍수의 말은 비록 유식한 자가 말할 것이 아니나 무릇 한 풀과 한 나무의 영고성쇠도 지운地運에 관계되지 않음이 없으니, 이 숲이 중간에 폐지된 것은 이 고을의 운이 바야흐로 쇠할 조짐이었음을 어찌 알겠는가. 그렇다면 오늘날 중흥할 방도를 돕는 것은 다시 이 숲을 세우는 것이니, 이것이 한 길조가 아니겠는가. 아, 오늘날 아직도 세상에 생존한 우리 부로父老들이 계시니, 이 고을이 전에 왕성했던 일을 듣지 못했는가. 삼한의 유명한 성씨와 한 나라의 현달한 사람이 뒤이어 나오고 계속 일어날 때에, 이른바 차수遮藪라는 숲이 또한 일찍이 무성하지 않은 적이 없었다. 그런데 훌륭한 사람이 모두 별세하고 큰 집안이 다 쇠미해져서 성이 부서지고 마을이 패망하는 날에는 이른바 차수라는 것도 베어지고 말았으니, 이 때문에 전쟁에서 살아남아 고향에 돌아온 자들이 반드시 먼저 이 숲을 세워 다시 일으킬 터전으로 삼고자 하는 것이다. 아, 산천은 예와 같고 언덕과 터도 변치 않았으니, 이 땅에 대대로 살면서 본적을 두고 있는 자로 그 누가 유명한 성씨와 현달한 사람의 후손이 아니겠는가. 우리 선조들은 함께 이 숲을 만들어 전에 왕성했으니, 우리 자손들은 함께 이 숲을 키워 다시 빛냄이 오늘날의 바람이 아니겠는가. 우리는 추석 5일 전에 마침 청운교靑雲橋 위에서 만나 옛날을 생각하고 지금을 서글퍼하여 이 의논을 세우지 않을 수 없었다. 그 나머지 규정과 조목은 도감都監이 해야 할 일이다.[43]

· 「의부립차수문」

장현광의 이러한 고을의 풍수적 입지와 경관보완에 대한 관심과 비보숲의 필요성에 대한 인식은 그의 문도인 이중경李重慶, 1599~1678의 지지 서술에도 그대로 계승되었다. 후술하겠지만, 이중경이 편찬한 청도의 지지인『오산고금사적』鰲山古今事蹟에는 청도의 풍수적 입지와 비보숲인 율림栗林이 상세히 기재되어 있다.

이상에서 살펴본 장현광의 풍수인식은 다음과 같은 몇 가지로 요약할 수 있다. 장현광은 역易의 포괄적인 사상체계 범주에서 풍수도 수용했다. 그가 풍수를 수용할 수 있었던 배경에는 남명과 한강을 계승하는 학풍에서 연유한 바가 있었다. 장현광은 풍수의 형세론적 이치는 수긍했지만 장례기일을 미루는 발복 목적의 행태는 비판했다.

장현광은 풍수지식을 활용하여 주거지의 입지를 정하기도 했고, 고향 연고지의 여러 곳을 풍수적 견지로 언급하기도 했다. 그는 고을의 풍수에서 숲을 조성하는 경관보완비보의 필요성을 인정했다. 이러한 장현광의 풍수관과 풍수인식은 문도들의 지지편찬에도 일정하게 반영되었다.

문인들의 지지편찬 의의와 배경

장현광 학풍에서 주목할 만한 지리학적 특징으로 꼽을 수 있는 것이 지지편찬이다. 이것은 한려寒旅, 한강(정구)과 여헌(장현광)의 학풍으로도 규정할 만큼 정구와 장현광이 공을 들인 사업으로 장현광 경세학의 중요한 영역이기도 했다.

장현광의 문인들은 지지를 다수 편찬했는데,『동경지』東京志, 1623~49, 『문소지』聞韶誌, 1656,『경산지』京山志, 1677,『밀주지』密州誌, 1623~49,『오산지』鰲山誌, 1627,『일선지』一善志, 1618,『천령지』天嶺誌, 1656,『선사지』仙槎誌, 1640,『양양지』襄陽誌, 1623~49 등이 있다.[44] 장현광 자신도 의성현령이 되

었을 때 지지를 편찬하고자 했으나 뜻을 이루지 못한 적이 있다.[45]

장현광은 왜 지지를 중요하게 생각하면서 문인들에게 편찬을 독려했을까? 장현광의 문인으로 『문소지』를 저술한 신열도는 1634년 장현광을 만나 동문들과 함께 지지를 편찬하는 일에 관해 장현광에게 물은 적이 있다. 장현광은 이 자리에서 문도들에게 각기 고을의 지지를 편찬하라고 분부하면서, 지지편찬의 의의와 필요성을 다음과 같이 분명하게 밝혔다.

> 갑술년[1634] 2월 나는 남산에 와서 선생을 뵙고 여러 친구와 지리지[輿地]의 일에 대하여 언급했다. 선생은 분부하시기를, "우리나라는 전적이 구비되지 못했으니, 이 고을에 살면서 이 고을의 옛일을 모른다면 되겠는가. 제군은 각기 지지를 편찬하여 권하고 징계하는 바가 있게 하는 것이 좋다" 하시고는 나에게 명하여 『문소현지』를 편찬하도록 했다. 이는 선생이 일찍이 문소현의 현령이 되시어 수집할 뜻이 있었으나 성취하시지 못한 때문이었다.[46]
>   ·「배문록」문인 신열도

위 인용문에서 알 수 있듯이 지지편찬의 필요성에 대한 장현광의 대답을 요약하면, 고을의 통치자나 지식인의 도리로 고을 역사와 옛일을 소상히 알 필요가 있고, 지지의 편찬으로 권면하고 징계하는 기준이 마련된다는 것이다. 이러한 지지편찬 취지와 의의에 대한 장현광의 견해는 이후 장현광 문인들의 지지편찬에 지침이 되었다. 예컨대 『천령지』天嶺誌를 편찬한 문인 정수민[1577~1658]은 책의 발문에, 고을과 마을의 역사나 지리적 사실 기록의 필요성을 간행 동기로 밝혔다.[47]

장현광의 지지편찬 동기와 연원을 추적하면 정구에 닿아 있음을 알 수 있다. 더 거슬러 올라가 정구가 읍지나 역사서, 인물지, 의서 등을 저술한 것은 조식의 사상적 영향으로 보인다.[48] 조식은 "궁리의 목적은 치용治用에 있다"라고 하면서 학문의 사회적 실천을 강조했다.

일찍이 정구는 『창산지』昌山志, 1581, 『동복지』同福志, 1584, 『함주지』咸州誌, 1587, 『통천지』通川志, 1592, 『임영지』臨瀛誌, 1593, 『관동지』關東志, 1595, 『충원지』忠原誌, 1603, 『동복지』福州志, 1606 등 수많은 읍지 저술을 남겼으며, 그밖에 『영가지』永嘉志, 『춘주지』春州志, 『평양지』平壤志, 『청주지』淸州志 등의 편찬에 관여했다. 정구의 지지 저술은 조식의 치용治用정신에 뿌리를 둔 것이며, 지지편찬의 의도와 의의는 수령으로서 고을 사정을 잘 알아 백성을 편안히 하고 풍속을 개선[安民善俗]케 하려는 것이었다.[49]

정구의 이러한 실용정신은 미수 허목許穆, 1595~1682에게 전수되어 이후 근기실학파의 경세치용적 실학사상을 낳는 바탕이 되기도 했다.[50] 조식의 응세구시적應世救時的 학문은 정구와 허목을 거쳐 근기학파에 전해져 이익, 안정복, 정약용 등 경세치용파의 사상 형성에 큰 영향을 주었던 것이다.[51]

지지편찬 사례에서도 드러난바, 장현광 학풍의 사회적 치용 성향과 정신은 조선시대의 지역학파적 특성과 연관해 이해할 수도 있다. 장현광을 포함한 성주권 유림의 학풍은 정주학이 대세를 형성하면서도 인근 남명학파의 영향을 받아 기학적 학풍이 어느 정도 나타나며, 독자성과 개방성, 실천성실용성도 나타난다. 이는 안동을 비롯한 퇴계학풍의 진원지와 다소 다른 면모를 보인다.[52]

장현광 문인들의 지지 내용 구성에서 보이는 실용적 학풍의 면모는 문도 이중경의 『오산고금사적』鰲山古今事蹟에서도 잘 드러난다. 이 책은 1677년에 1책으로 편찬한 것으로, 경상북도 청도의 지리와 사적을 기록했다. 책의 편목과 편제는 『동국여지승람』과 같은 전통적 지리지 체제를 계승했으나, 17세기의 농업경제적 시대 상황과 요청을 반영하여 '청도

지방의 제언과 방천관개'·'토지의 비옥함과 척박함'[土地沃瘠] 등 당시 농경기술과 농법에서 필요한 수리시설에 대한 실용적 관심도 엿볼 수 있다.

장현광 문인의 지지 서술 내용에 보이는 또 다른 특징으로 고을의 풍수적 입지 이해와 비보적 인식이 있다.『오산고금사적』에서 이중경은 읍지의 '산천형세' 항목에서 풍수적 인식으로 청도읍 산천을 설명했다. 그는 청도의 산천과 지기의 대강을 요약하면서 명승 구역임을 강조했고, 이어서 조산祖山인 단석산斷石山에서 비롯하여 소조산小祖山인 갑봉甲峯을 거치고 주산인 오산鰲山에 이르는 산줄기 맥을 상세히 기록했다. 이러한 산세에 따라서 관아터[官基]는 마땅히 북향이라는 세주細註도 달았다. 이어서 형국은 회룡고조回龍顧祖라고 했고, 수구와 하천의 조건도 서술했다. 그리고 「도선답산기」道詵踏山記 항목에서는 도선에 가탁한 풍수답산기로서 고을의 명당지 정보를 담았는데, 명당 두 곳의 대략적 위치와 형국을 기재했다. 그리고 청도의 풍수적 비보숲으로 율림을 기록했는데, 상율림과 하율림은 각각 군의 허한 곳과 수구를 막고 갈무리하는 뜻으로 조성했다고 기재했다.

14 윤선도의 보길도 원림풍수

　고산 윤선도[1587~1671]는 조선 중기의 유학자·문학가일 뿐만 아니라 시대를 대표하는 풍수지식인으로 꼽힌다. 조선의 조정에서도 그는 유학자로서 풍수에 가장 정통한 사람으로 평가한 바 있다. 이런 그는 조정에서 효종 왕릉의 터를 정하는 책임자를 맡기도 했다.

　그는 삶터풍수, 특히 원림에 대한 풍수적 응용과 실천에도 남다른 모습을 보였다. 보길도 부용동에 조성했던 원림이 그것이다. 윤선도의 보길도 원림은 유교·선도·풍수 등의 여러 사상과 부용동의 산수자연이 결합하여 빚어진, 조선시대를 대표하는 사가私家 원림의 하나로 가치가 있다.

　한국의 전통정원을 지칭하는 용어는 원림園林, 임원林園, 별서別墅, 산수원山水園 등이 있는데, 이 중에서 원림은 산수 간에 지어진 민간 정원을 일컫는 용어다.[1] 주지하다시피 한국전통정원의 조영에는 풍수가 큰 영향을 미쳤다. 특히 원림은 산수의 자연조건을 선택하여 입지하고 그에 따라 정원을 조성했기 때문에 풍수적 입지론이나 배치론이 반영되는 비중이 상대적으로 컸다. 일반적으로 한국의 전통원림은 자연환경에 풍수문화가 융합된 풍수경관이라는 장소 정체성이 있다.

보길도 이상향과 장소 만들기

명승지는 그 명승지를 의미 있는 장소로 만든 사람이 있기에 더욱 중요하게 기억된다. 보길도의 역사적 가치를 오늘날 돋보이게 하는 것은 윤선도와 그의 원림 명승이 있기 때문이라 해도 지나친 말이 아닐 것이다. 태산과 공자, 무이산과 주자는 분리할 수 없듯이 보길도와 윤선도는 떼려야 뗄 수 없는 장소적 친연관계를 맺고 있다.

왕운王惲, 1227~1304은 「유동산기」遊東山記에서 명승지와 명인名人의 관계를 잘 표현했다.

산은 어진 이로써 일컬어지고, 경관은 사람으로써 빼어나게 된다. 적벽은 칼로 자른 듯한 절벽 언덕에 불과했는데, 소식蘇軾이 적벽부를 두 편 지음으로써 그 빼어남이 온 세상에 드러나게 되었다.[2]

· 「유동산기」

16세기 조선 중기의 유학자 노진盧禛, 1518~78도 다음과 같이 말했다.

땅은 반드시 사람을 매개로 이름이 난다. 산음山陰의 난정蘭亭은 왕희지가 없었다면 무성한 숲과 길쭉한 대나무에 불과할 뿐이었을 것이다. 황주의 적벽도 소동파가 없었다면 높은 산과 큰 강에 불과할 따름이었을 것이다. 단지 중국의 경우만 그러할 뿐만이 아니다. 우리나라에서 합천 가야산은 최치원이 없었다면 붉은 언덕과 푸른 절벽에 불과할 따름이었을 것이니, 어찌 후세에 이름날 수 있었겠는가?[3]

· 「유장수사기」

보길도에 대한 우리의 장소기억은 "지국총 지국총 어사와~"하며 노젓는 소리와 함께 바닷바람에 실려 다가온다. 조선 중기 가사문학의 절정으로 평가받는 「어부사시사」漁父四時詞의 현장은 전남 남해바다의 아득한 곳 보길도라는 섬이고, 거기에서는 윤선도가 그만의 이상향을 꾸몄다는 사실도 떠올릴 수 있다. 왜 윤선도는 보길도에서 살고자 했을까? 그가 보길도에서 살면서 지닌 삶의 태도와 지향점은 무엇이었을까?

조선 중기는 대내외적 어려움이 극심했던 시대였다. 그 시기를 살았던 유교지식인에게는 출·처出·處의 양면적인 삶과 가치지향이 있다. 벼슬길에 나아가는 것은 유가적인 군자의 삶으로서 지식인의 책무였지만, 그러한 경세적經世的 삶을 펼칠 만한 사회적 여건이 갖춰지지 못하면, 은자隱者로 수기修己하며 자연인으로 신선[儒仙]처럼 살고자 했다. 윤선도가 내륙의 끝자락인 해남수정동·금쇄동과 남해바다의 오지 섬인 보길도부용동까지 가서 산 것도 이러한 맥락으로 이해할 수 있다.

윤선도가 스스로를 봉래선인蓬萊仙人이라 하고 섬보길도에 은거한 직접적 원인은, 대의적 유교지식인으로서 차마 감내하지 못할 사회적 환경 때문이었다. 1637년 2월 병자호란으로 말미암아 조선 강토가 오랑캐에 짓밟히기에 이르자 윤선도는 "나라를 빼앗겼으니 더는 강토에는 살 곳이 없네"라고 한탄하면서 자연인으로 회귀하는 은자의 삶을 살고자 했다. 그래서 그가 택할 수밖에 없었던 곳은 더는 빼앗긴 나라의 강토가 아닌 곳, 바로 '섬'이었다. 자신의 삶의 모습을 어부에 빗대어 노래한 「어부사시사」에는 윤선도의 이러한 심경이 잘 표현되어 있다.

물외物外에 깨끗한 일 어부 생애 아니더냐.

인간을 돌아보니 멀수록 더욱 좋다.

앞에는 유리바다 뒤에는 천첩옥산

선계인가 불계인가 인간이 아니로다.

· 「어부사시사」

그럼에도 윤선도의 은거지가 섬 중에서도 왜 하필 보길도였는지는 여전히 의문으로 남는다. 제주도로 가는 도중 풍낭 때문에 보길도에 당도한 우연적 이유도 있었겠지만, 정작 윤선도가 부용동에 삶터를 정한 결정적 동기는 보길도의 아름다운 풍광과 뛰어난 풍수적 입지조건 때문이었다.[4] 보길도 부용동의 빼어난 경치와 풍수조건이 그를 사로잡지 않았다면 그는 다시 제주도로 뱃머리를 돌렸을 것이다.

이러한 정황을 뒷받침하는 내용이 문헌에 나타난다. 『보길도지』甫吉島誌, 1748에 "제주도 가는 길에 보길도의 신령하고 맑은 산기운과 빼어난 수석을 보고…… 살 곳으로 터를 정했다"[5]라는 표현은 부용동의 아름다운 풍광에 이끌린 입도入島 동기를 보여준다. 그리고 「고산연보」에 "좌우의 계곡물은 감돌아 합류하니 여기야말로 살 만한 곳이다"라는 그의 표현은, 부용동의 이상적 풍수입지조건을 단적으로 말해준다.

이윽고 그가 선택한 은거지인 보길도의 부용동은 자신만의 이상향의 공간으로 구현되었다. 부용동은 자기와 동일시된 봉래선인또는 부용선인이 사는 신선향이었을 뿐만 아니라 그가 흠모하던 주자의 무이동천武夷洞天을 모방한 은거지이기도 했다. 풍수로 보아도 명당 조건을 갖춘 땅이었음은 물론이다.

조선 중기의 많은 유학자가 그러했듯이 윤선도가 지향한 인물상은 주자였지만, 신선상도 동경해마지 않았다. 윤선도는 보길도 부용동을 선도의 선계仙界이자 주자의 무이동천으로 '장소동일시'했다. 윤선도가 지은 시문에서 이러한 사실은 보길도의 삶의 현장과 관련되어 여실히 표현되어 있다. 시에서 자주 읊조리던 선계의 봉래도와 창주滄州는 다름 아닌 보

길도이고, 부용성은 부용동이었으며, 자신은 봉래^{부용}선인이라는 신선이었다.[6]

아울러 그는 주자가 무이동천에서 자연경관에 유교적 이념을 투영하여 물상화한 것처럼 보길도 부용동에서 본받고 구현하고자 했다. 조선 중기 유학자들의 일반적 지향점이었던 주자 본받기와 따라 하기가 삶의 실천적 현장에서도 이루어진 것이다.

이러한 그의 생각은 보길도 부용동의 '장소 만들기'에 구체적으로 실현되었다. 윤선도는 선계에 사는 부용선인의 석실을 본떠 동천석실洞天石室을 꾸몄는데, 이 석실은 주희의 무이계곡에 있는 동천에 대응하는 곳이기도 했다. 천제天帝가 거처하는 자미紫微, 별자리를 상징하고 임금에 대한 자신의 마음을 올바로 하고자[格] 부용동 주산에 격자봉格紫峯이라는 봉우리 지명도 붙였다. 부용동의 주산이자 가장 높은 봉우리인 격자봉은 그에게 임금으로 은유·대응되는 상징 경관이었다. 부용동 서쪽의 산은 미산薇山, 고사리산이라고 이름 하여 백이伯夷와 숙제叔齊의 정절을 기리며 자신의 은거와 동일시했다.[7] 주자의 무이정사 뒤에 있는 은병봉隱屛峯을 본떠 그가 머물렀던 낙서재 뒤의 바위를 소은병小隱屛이라고 일컬었다.[8]

윤선도는 부용동의 높은 산중턱에 있는 동천석실을 선계의 공간으로 여기고 무척이나 좋아했던 것 같다. 윤위尹愇의 『보길도지』를 보면, "고산은 이곳을 몹시 사랑하여 부용동 제일의 절승이라 하고 그 위에 집을 짓고 수시로 와서 노닐었다"[9]라고 기록했다.

윤선도는 또한 낙서재 아래 개울가에 곡수당曲水堂도 짓고 흐르는 개울물을 수시로 바라보면서 본분인 유학자로서 심신을 닦았던 것 같다. 『보길도지』에도 "곡수당은 터가 그윽하고 고요하며 소쇄瀟灑하다. 고산은 이곳을 사랑하여 수시로 왕래했다"[10]라고 기록했다. 곡수당의 수경관水景觀은 윤선도가 보길도에서 어떤 삶의 자세를 지녔고 어떤 삶을 지향했는지

중국 무이산의 은병봉과 주자의 무이정사.

▲ 낙서재 뒤편의 소은병.
▼ 부용동 동천석실.

▲ 복원한 곡수당. 윤선도는 이곳의 흐르는 물을 보며 자신을 성찰했다.
▼ 곡수당의 수경관.

를 파악할 수 있는 공간적 단면을 드러낸다. 그것을 알려면 조선시대 유학자들의 산수관, 특히 수경관에 비춘 성찰적 사유를 살필 필요가 있다.

조선 중기 유학자들은 산수경관을 도덕적으로 은유하여 해석하고 자신에게 거울처럼 비추고자 했다. 유교에서 수경관은 쉼 없이 자기를 쇄신하고 근본을 성찰하게 하는 견본見本과도 같은 것이었다. 공자는 시냇가에서 물을 보고 "흐르는 것이 이와 같구나. 밤낮을 쉬지 않는구나"[11]라고 탄식했다. "어진 사람은 산을 좋아하고 지혜로운 사람은 물을 좋아한다"[12]라고 하여 산수를 도덕적으로 환유換喩하고 사람의 성정과 결부해 언급한 바도 있다. 맹자도 마찬가지였다. 공자께서 수水에서 무엇을 취했는지 묻는 제자의 질문에, 맹자는 끊임없이 솟아나는 샘물이 흘러 바다에 이르듯이 근본을 갖추고 성실히 정진하는 삶의 자세를 가르쳤다.[13] 우리는 이러한 자연경관에 대한 유학적 사유와 인식으로, 왜 윤선도가 개울가에 곡수당의 터를 정하고 수시로 왕래했는지 그 이유를 비로소 이해할 수 있게 된다. 곡수당의 흐르는 물을 보면서 끊임없이 자신을 성찰하고자 했던 것이다.

이렇듯 유교는 삼국시대에 전래되어 고려시대의 정치·사회제도에 큰 영향을 주었지만, 정작 문화생태적 상징과 자연지식적 체계로서 역할을 한 것은 조선 중기 이후 성리학적 자연관이 사회지배층과 지식인 계층에 확산되던 때부터다. 유학사상이 조선시대 사회이념을 전반적으로 지배하면서 유학의 자연관은 자연환경과 관계 맺는 연결고리로 기능했다.

조선시대의 성리학이 유학자들의 산수 인식에 투영되자 유학자들에게 산수는 사물을 보면서 자기를 성찰하는 경관 텍스트로 간주되었다. 산수에 대한 도학적 인식과 태도는 자연지리적 환경을 자아의 정립과 인격의 수양에 적극적으로 활용한 것이다.[14] 그리하여 산수는 하늘의 이치를 드러낸 대상으로까지 궁리되기에 이르렀고, 유학자들은 산수를 통해 인과 지智를 체득하는 공부의 즐거움으로 삼았다. 이러한 사실은 윤선도가 보길도 부용동에 들어와 유학자로서 성찰적인 삶을 영위한 정신궤적을 가장 올바로 이해하는 길잡이가 된다.

그러면 이상향의 특징에 초점을 두고 볼 때 윤선도의 보길도 이상향은 일반적으로 어떻게 요약할 수 있을까?

한국에서 전통적으로 섬 이상향은 이어도, 율도국, 무인공도無人空島, 단구丹邱, 의도義島 등으로 나타나지만 이들은 문학적 상상력으로 표현된 가상의 이상향이다. 그러나 보길도 부용동은 가상의 이상향이 아니라 윤선도가 실제로 구현한 섬 이상향이었다. 보길도 이상향은 시간적으로 과거회귀형이나 미래지향형이 아니라 현재실현형이었다. 공간적으로 산속의 선계나 골짜기[洞天福地]형이 아니라 섬 이상향이었다. 보길도 부용동 이상향의 사상적 코드와 유형은 신선사상, 풍수사상, 유교사상의 융합형이었다.[15] 여기서 윤선도에게 풍수는 보길도 부용동이라는 장소를 이루는 지형적 토대이자 장소입지로 자연경관과 결합된 원림경관을 구성케 했던 융합적 문화경관요소였다.

윤선도의 풍수

보길도 윤선도 원림에 대한 풍수적 조명은 윤선도의 풍수 이력과 인식을 조망하는 데에서 시작할 수 있다. 윤선도가 살았던 조선시대의 풍수는 어떤 모습이었고, 풍수지식인으로서 윤선도는 어떻게 평가할 수 있을까?

조선 초기에 풍수담론은 도읍과 왕궁·왕릉의 입지선정과 조영, 지방 읍치의 입지와 배치 등 왕조의 중앙집권적 공간 구축에 이념적 역할을 했다. 조선 중기에 이르자 풍수지식은 관료와 지식인 계층으로 확산되었다. 특히 사족층의 사회적 성장이 두드러지고 그들이 향촌사회에 세력의 근거지를 확보해나가는 과정에서 풍수는 유교적 세계관의 틀 안에서 결합·변용되어 사족들에게 수용되는 과정을 겪게 된다.

조선 중기의 문신이자 유교지식인인 윤선도는 풍수지리설에도 밝았다. 홍우원이 윤선도의 시장諡狀, 임금에게 시호를 내리도록 건의할 때 행적을 적은 글에서[16] 그의 학문을 일러 "의약과 복서卜筮와 음양과 지리 등의 글에도 모두 능통하여 막힘이 없게 되었다"라고 했듯이 윤선도는 조선 중·후기 조정에서 유학자로서는 풍수에 가장 정통한 사람으로 평가되었다. 윤선도의 풍수 실력과 경력은 그가 73세 되던 해1659 효종 산릉의 입지선정에서 간산看山의 책임자를 맡은 사실로도 알 수 있다.

당시 그는 (산릉)풍수 평가보고서라고 할 수 있는 「산릉의」山陵議와 「산릉간심시추고함답」山陵看審時推考緘答이라는 글을 남겼다.[17] 「산릉의」는 한양 인근에 왕릉이 들어설 만한 여러 후보지를 풍수적으로 간산看山, 지형지세를 살핌하고, 국가 능침의 큰 쓰임새[大用]에 합당한지를 논평하여 의론한 글이다. 이 글에는 윤선도의 정밀한 풍수 이해에 기초한 각 현장의 평가내용이 서술되었으며, 주자朱子의 견해도 인용되어 학자로서 그의 정체성을 반영하고 있다.[18] 그리고 「산릉간심시추고함답」은 왕릉 후보지 간심看審 과정에서 '결과와 행위에 죄과와 허물이 있다'는 정적들의 모함과 캐물음에 사실을 결백하게 밝히고 이유 없음을 답변한 글이다.

윤선도에 대한 풍수적 명성은 여기에 그치지 않았다. 그로부터 100년이 지난 후 정조 대 조정의 평가에도 "윤선도는 호가 고산孤山인데 세상에서 오늘날의 무학無學이라고 부른다. 풍수학에 본디 신안神眼이 있다"[19]라고 했으니, 조선 초기의 무학과 비견될 만한 최고 풍수전문가로 인정되었음을 확인할 수 있다. 또 정조의 문집인 『홍재전서』에는 수원 화산花山의 능침자리를 보고 "신라 국사 옥룡자玉龍子 도선道詵이 이른바 서린 용이 구슬을 희롱하는 형국[盤龍弄珠之形]이고, 참의 윤선도가 이른바 용龍과

혈穴과 사砂와 수水가 모두 좋고 아름답다"[20]라고 평하는 대목이 나온다. 도선과 윤선도의 견해를 대비하여 입지 타당성의 전거를 삼은 사실로 보아도 당시 윤선도가 차지하는 풍수적 위상을 짐작할 수 있다.

윤선도의 풍수 경력에 대한 문헌적 증빙만 아니라 그와 직접 관련된 현장을 보아도 풍수적 정체성을 능히 짐작할 수 있다. 우선 자기가 자리를 점정했다고 알려진 묘소전남 해남군 현산면 구시리 소재는 누가 보아도 한눈에 풍수적 입지라는 것을 알 수 있다. 윤선도 묘소는 꽃술묘소을 중심에 두고 꽃잎주위의 산과 구릉이 에워싼 형국이다. 이러한 모습에 비추어 윤선도는 풍수적 택지방법으로 지형의 형세를 중시했음도 짐작하게 한다. 그뿐만 아니라 윤선도의 해남 녹우당, 금쇄동, 수정동 등의 유적지에도 풍수가 투영되어 있고, 보길도 부용동 원림경관도 입지·배치·조경 등 여러 면에서 풍수사상이 녹아들어가 있다.

윤선도의 생애 평가는 그의 삶의 궤적을 전체적으로 이해한 뒤에야 내릴 수 있다. 1980년대에 윤선도는 한때 민중문학 진영에서 부정적으로 평가되기도 했으나 근래에는 비판적 지성, 선비정신의 사표로 재평가되고 있다. 풍수지식인으로서 윤선도에 대한 평가는 어떻게 내릴 수 있을까? 그 한 단면으로 윤선도의 풍수적 태도를 알 수 있는 표현을 보자. 그는 산릉지 선정으로 야기될 백성들의 재산상 손실과 고충을 고려하여 토지보상과 생업을 보전해야 한다고 다음과 같이 역설한 바 있다.

국가에서 꼭 수원의 산을 쓴다면, 모름지기 거기에 사는 이주민移住民으로 하여금 즐겁게 여기며 이주하는 괴로움을 잊도록 하여야 인심이 안정되고 음복陰福이 이를 것이니, 백성들로 하여금 즐겁게 여기며 이주하는 괴로움을 잊게 하는 방법은 어떤 것이겠습니까? 그것은 거기에 있는 토지를 기준으로 하여 보상해줘서 그들의 생업을 넉넉하게 하고,

▲ 윤선도 묘소의 풍수적 입지.
▼ 뒷산에 편안히 기댄 녹우당의 풍수적 입지.

또 10년 동안 요역儌役을 면제해주는 일뿐입니다.[21]

· 「정원 제일」

인용문에서 보듯이, 비록 풍수를 국사國事로 도모한다고 해도 반드시 백성의 삶과 안위를 먼저 고려해야 하며, 그래야 풍수의 효용도 달성될 것이라는 보국안민輔國安民의 유교적 풍수담론을 펼쳤다. 당시 풍수는 조선시대 조정의 권신들 사이에서 권력투쟁과 연관되어 정치적 이데올로기로 이용되곤 했다. 그러나 유학자의 정체성을 견지한 윤선도에게 풍수는 국가적 효용으로 중요했지만 그로써 야기되는 백성들의 고충을 보전補塡하는 방책도 반드시 고려해야 할 사안이었다. 이처럼 그는 민본民本의 실질을 중시했던 조선 중기의 대표적 풍수지식인이었다.

보길도 부용동 원림의 풍수경관

윤선도가 보길도에 이상향을 꾸밀 때 풍수는 어떤 역할과 기능을 했을까? 그에게 풍수는 자연경관과 조화·합일되는 공간적 원리이자 이상적 장소의 입지·배치·조경을 도모하는 실용적 방법으로 활용되었다. 풍수는 유교, 신선사상과 결합하는 방식으로 보길도 원림의 경관구성에 반영되었다.

일반적으로 풍수의 운용은 터잡기로 시작하며, 사실상 입지조건은 풍수의 완성에 결정적 영향을 미친다. 윤선도가 부용동에 터를 정한 동기는 『보길도지』와 「고산연보」에 다음과 같이 표현된 바 있다.

제주도 가는 길에 배를 보길도에 대고 수려한 봉우리를 바라보고는 그대로 배에서 내려 격자봉에 올랐다. 그 신령하고 맑은 산기운과 빼어

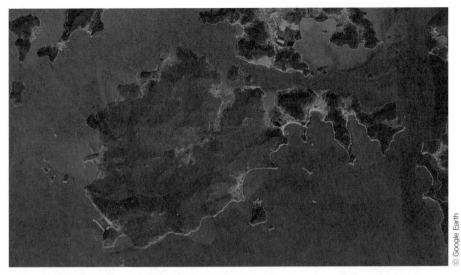

보길도의 연꽃 형국.

© Google Earth

난 수석을 보고 감탄하기를, "하늘이 나를 기다린 것이니 이곳에 멈추
는 것이 족하다" 하고 그대로 살 곳으로 터를 정했다.[22]

·『보길도지』

산봉우리가 수려하고 골짜기는 열려 있어 진기眞氣가 눈에 넘친
다. 좌우의 계곡물은 굽어 두르며 합류하니 여기야말로 살 만한 곳
이다.[23]

·「고산연보」

위 인용문에서 보듯이, 그의 나이 51세[1637]에 제주도로 향하는 길에 우
연히 보길도에 당도하여 순수하고 수려한 부용동의 자연경관을 마주하
게 되는데, 특히 신령하고 맑은 산의 기운과 빼어난 수석미는 윤선도의
마음을 끌기에 충분했다. 더구나 삶터를 이루기에 알맞은 아늑한 분지가
형성되어 있고 풍수적으로도 계곡물이 터를 감돌고 합류하는 명당 조건

▲ 동천석실에서 바라본 부용동.

▼ 부용동의 조산. 조산 뒤편 정면으로 낙서재가 보인다.

에 합당하니 부용동은 더없이 좋은 가거지可居地가 될 조건을 갖추었던 것이다. 이상적인 마을터 선택에서 수구잠김[水口關鎖] 조건은 이중환이 『택리지』에도 강조하여 언급한 제1의 삶터풍수 입지 요건이었다.

그럼 윤선도의 주거지와 원림이 자리 잡은 부용동의 풍수는 또 어떤가? 부용연꽃은 선계仙界와 정토를 상징하고, 풍수형국 중에도 부용형[蓮花形]이 있지만, 보길도 부용동은 실제 지형지세를 반영하여 생긴 명칭이다. 『보길도지』에도 적기를 "사방을 둘러보면 산에 둘러싸여 푸른 기운이 가득하고 여러 봉우리가 겹겹이 벌여 있는 것이 마치 반쯤 핀 연꽃과도 같으니 부용이라는 이름을 얻게 된 것은 이에 연유된 것이다"[24]라고 했다. 풍수형국으로 보면 '연꽃이 반개한 형국'[蓮花半開形]인 셈이다.

오늘날 위성사진으로 보길도 지형을 보아도 골짜기를 둘러싼 산세의 모습이 연꽃 형상과 비슷하다. 부용동은 보길도에서도 연꽃의 중심자리이자 생성과 모태의 상징적 장소어머니의 품, 자궁로도 해석될 수 있다. 『보길도지』에는 부용동의 풍수경관이 지리적 형세와 함께 자세히 설명되어 있는데, 요약하면 다음과 같다.

주산主山인 격자봉格紫峰에서 세 번 꺾이고 맥이 내려와 정북향의 명당[穴田]이 되었다. 이것이 낙서재의 집터. 격자봉에서 서쪽을 향해 줄지어 뻗어내려가다가 낭음계, 미전, 석애가 있다. 서쪽에서 남쪽으로, 남쪽에서 동쪽으로 구불구불 가다가 둘러싸며 안산案山이 되었다. 세 봉우리가 나란히 솟았으며, 오른쪽 어깨가 다소 가파르다. ……동쪽 봉우리에서 북쪽에서 동쪽으로, 동쪽에서 북쪽으로 구불거리던 산발[山脚]이 외수구外水口가 되어 장재도의 오른쪽과 만난다. ……미전과 석애는 내청룡內靑龍이 되고, 하한대는 우백호右白虎가 된다. ……하한대 아래는 곡수당이고 하한대의 북쪽으로 승룡대의 산발과 합하여 내

수구內水口가 된다.[25]

· 『보길도지』

특히 부용동에는 터를 풍수적으로 보완하려고 만든 조산造山도 있어 주목된다. 조산은 풍수비보설에 근거한 것으로, 마을 주민들 사이에는 조산이 있어야만 낙서재 터가 명당 구실을 한다고 해서 산을 만들었다는 설화가 전래된다. 실제 지형으로 볼 때 조산은 조성되었다기보다는 원래 자연적으로 조성된 둔덕에 가까우며, 풍수적 조산이라고 호칭하여 비보 기능을 하는 것으로 보호하고 수림을 관리했을 것으로 추정된다.

부용동 낙서재는 고산이 주로 머무르고 생을 마친 가장 중요한 장소다. 윤선도는 51세인 1637년 보길도 부용동에 거처를 정하고 낙서재를 건립했다. 이후 그는 유배와 관직생활 등으로 영덕, 한양, 고산, 삼수, 광양 등지에서 살다가 해남金鎖洞과 부용동에도 틈틈이 살았다. 만년인 81세[1667]의 늦은 나이에는 부용동에 우거하다가 4년 뒤인 85세[1671]에 낙서재에서 세상을 마쳤다. 고산은 낙서재에 터를 잡으려고 노력을 많이 기울였던 것 같다. 『보길도지』에는 낙서재 터를 정하는 과정이 다음과 같이 생생히 기록되어 있다.

수목이 **빽빽**하여 산등성이가 보이지 않았다. 고산은 사람을 시켜 깃발을 단 장대를 잡게 하고 몸소 격자봉을 오르내리며 고저高低와 향배向背를 재면서 낙서재 터를 올바로 잡았다.[26]

· 『보길도지』

이처럼 그는 주산인 격자봉에서 내려오는 맥을 보려고 격자봉을 오르내리며 풍수적인 간산看山을 했음을 알 수 있다. 위 인용문을 보면 윤선도

▲ 복원된 낙서재의 입지경관.
▼ 낙서재에서 본 전경.

는 낙서재 터를 잡으려고 풍수에서 중요하게 생각하는 산줄기[來龍]의 맥을 파악하려 애썼고, 명당지에서 요구되는 공간적 높낮이의 균형감을 중시했으며, 집터 좌향 배치에도 유의했음을 알 수 있다.

이상에서 살펴보았듯이, 보길도 부용동이 갖춘 뛰어난 풍수적 입지조건에 이끌려 삶터를 정한 윤선도는 풍수를 자연경관 이해의 원리이자 거주공간의 입지 방법으로 활용했으며, 풍수는 유교·신선사상과 결합되어 보길도 부용동의 원림 경관구성에 반영되었다.

보길도 윤선도 원림의 세계유산 가치

보길도의 윤선도 원림은 조선 중기 유학자의 자연에 대한 독특한 정신적 관계를 반영한 정원문화와 조영기술의 총합체로 세계유산으로서도 가치가 있다고 평가된다.

근년에 세계유산에 대한 관심이 점점 많아지면서 보길도 윤선도 원림의 세계유산적 가치가 주목된 바 있다. 2011년 한국 이코모스ICOMOS는 세계유산의 잠정목록으로 등재할 가치가 있는 신규 대상물들을 발굴한 적이 있다. 총 43개 검토유산 중 문화경관유형의 하나로 담양 누정제영 원림과 함께 보길도 윤선도 원림을 포함시켰다.[27] 한국전통원림의 세계유산적 가치에 대한 학계의 관심이 커지고 있음은 담양 원림에 대해 세계문화유산 등재방안을 연구[28]한 것에 비추어서도 짐작할 수 있다.

보길도 윤선도 원림의 세계유산적 가치를 드러내고 등재방안을 수립하려면 먼저 세계유산으로 등재된 정원들의 현황을 파악하고 상호대비하여 고찰할 필요가 있다.

기존에 등재된 세계정원유산을 보길도 윤선도 원림과 대비해보면 고유성과 차별적 가치가 잘 드러난다. 보길도 윤선도 원림은 조선 중기 유학자의 개인 주택원림으로 중국·프랑스·체코 등 왕실에서 조성한 궁전 정원과 다르고, 일본의 정토불교 정원인 '히라이즈미'平泉와도 조영사상의 복합성 측면에서 차별성이 있다. 보길도 윤선도 원림이 드러내는 자연-인간의 조화적 자연관과 자연조화미도 서양정원의 건축과 조영관념에서 나타나는 인간중심적 자연관 및 미학과는 대비되는 면이다. 유럽 등 대부분 세계정원유산의 조형 형태가 기하학적인 직선 공간구획과 배치된 경물景物의 인위적 조경 양식이 두드러지는 것도 보길도 원림이 보이는 천연스러운 구성, 자연과 조화로운 건축미학과 대조되는 면이다.

윤선도 보길도 원림을 포함한 한국의 전통원림은 동아시아에서도 중국과 일본의 정원과 대비해볼 때, 지형과 어울리는 자연조화적 입지경관, 질박하고 천연스러운 조영미학이 드러나는 차별성이 있다. 보길도 원림은 조선시대 유교지식인의 풍수사상이 뚜렷하게 실천된 원림이라는 것도 독특한 정체성으로 볼 수 있겠다.

보길도 윤선도 원림의 세계유산 가치 평가

한국에는 2018년 1월 현재 세계유산이 12점 있다. 기존에 등재된 한국의 세계문화유산을 보면 선사와 역사 유적, 궁궐과 건축물, 불교기념물, 성城, 역사마을, 왕릉 등 다양한 유형이 있으나 아직 한국의 역사정원과 전통원림으로는 세계유산에 등재된 것이 없다. 유산가치의 유형으로 보아도 총 12점 중에서 자연유산 1점, 문화유산 11점이 있으나 복합유산과 문화경관유형의 유산은 없다.

보길도 윤선도 원림은 부용동의 자연경관과 어울리면서 조선 중기 유교지식인의 정신세계가 잘 투영된 경관이자 자연조화적인 정원설계와 조영기술의 탁월한 증거로, 문화경관유형의 유산에 적합한 것으로 판단된다.

세연정의 자연미학. 주위 산천과 어우러지며 빚어내는 아름다움이 압도적이다.

보길도 윤선도 원림은 세계유산의 문화적 가치기준으로 재평가할 수 있다. 윤선도 원림은 조선 중기의 대표적 원림 명승으로, 17세기에 유학자가 조성한 동아시아 사가私家 정원문화경관의 한 전형이다. 사상적 코드로도 신선사상, 유학사상, 풍수사상 등이 종합적으로 어우러지고 결합하여 구현된 역사문화경관의 특성이 있다.

윤선도가 구성한 보길도 원림의 공간적 규모를 보아도 부용동 전체를 대상으로 하는 광역적 범위로 여타 정원의 공간범위를 압도한다. 원림의 요소요소에서 자연경관과 조화롭게 어우러진 모습뿐만 아니라, 특히 세연정洗然亭과 세연지洗然池, 동천석실洞天石室 등이 자연경물, 주위 산천과 어우러지면서 빚어내는 자연미학은 부용동 원림 명승의 심미적 절정을 이룬다.

보길도 윤선도 원림은 17세기의 자연친화적 개인 원림 유적이자 자연

세연지 자연경물의 조화미. 윤선도는 풍수적 원리를 따라 보길도 원림을 꾸몄다.

과 독특한 정신적 관계를 반영한 것으로, 조선 중기 원림문화를 대표하는 동아시아 정원문화전통의 특출한 증거가 된다. 보길도 윤선도 원림에 구현되어 있는 건축과 조경 양식은 유교, 도교, 풍수 등의 동양사상이 집약되어 자연경관과 탁월한 조화를 이룬 경관미학을 갖추고 있다. 그것은 자연환경과 정신문화가 융합하여 빚어진 정원경관으로 탁월한 사례가 된다. 윤선도 원림은 「어부사시사」 등 조선시대를 대표하는 시가문학詩歌文學 탄생의 산실로, 보편적 의의를 지닌 문학작품과 연계된 유산으로도 특징이 있다.

여기에서 특화될 수 있는 점이 보길도 윤선도 원림경관의 풍수적 요소다. 보길도 윤선도 원림의 세계유산 등재는 전략적으로 풍수와 연관 지을 수 있다. 그간 세계문화유산의 가치평가 경향에 비추어볼 때, 풍수는 동아시아 문화경관과 장소의 고유한 가치를 높이는 문화요소로 평가되었다. 근래 세계유산으로 등재된 조선왕릉과 역사마을, 하회·양동 등에 대한 유네스코 평가에서도 풍수적 가치는 잘 드러난 바 있다. 예컨대 '조선왕릉'The Royal Tombs of the Joseon Dynasty에 대한 세계유산 개요에서 "조선왕릉의 자연적 주위 환경은 풍수의 원리로 형성"되었다고 기록되었으며, "풍수원리를 적용하고 자연경관을 보존해서 조상 의례를 실천하기 위해 주목할 만한 성스러운 장소적 형태가 만들어졌다"라고 평가되었다.[29]

이러한 풍수사상적 측면은 근래 유네스코의 세계유산 가치평가 경향에서 보이는 유산의 비물질적 요소 강조와 무형적 가치의 재평가와 궤를 같이한다. 대상유산이 있는 장소의 정신적·사상적 가치를 중시하기 시작한 것이다. 지역 주민들이 갖고 있는 신성한 가치, 대상 지역의 고유한 신앙과 상징, 풍수와 같은 독특한 자연관은 유형적 세계유산에 부수되는 중요한 무형적 가치로 평가받기에 이르렀다.

예컨대 일본의 '히라이즈미'에 대한 유네스코 평가도 "불교적 정원건축의 개념이 고대 자연신앙인 신도神道에 기초하여 어떻게 발전되었는지를 보여주는 탁월한 방식"이라고 했다. "불교와 토착적 자연숭배 정신의 독특한 융합을 반영"한다고 하여 일본 고유의 정신·상징의 반영과 융합적 측면을 주목한 것이다. 한국의 세계유산에 반영된 풍수문화에 대한 주목도 같은 맥락에서 이해할 수 있으며, 보길도 윤선도 원림의 세계유산 등재 전략은 이 점을 고려하여 수립할 필요가 있다.

보길도의 미래가치 평가와 전망

기존에 있던 대상이라도 새로운 시대사조에서 새롭게 비춰보면 다시 보이고 재평가되기 마련이다. 미래가치의 전향적 관점에서 보길도는 어떻게 재평가될 수 있을까?

보길도와 관련지어 미래지향적 담론을 구성할 수 있는 요소는 '생태와 자연, 지속가능성' '역사성과 문화경관유산' '자연과 문화의 조화' '섬과 바다의 공간적 가치' '삶의 질, 건강과 장수' '글로컬리즘'glocalism 등으로 나열할 수 있다.

조선시대를 거쳐 근래까지만 해도 보길도에 대한 일반적 시각은 부정적 평가 일색이었다. 예전의 보길도 이미지는 정치적 유배지로, 가난하고 궁벽한 오지의 섬이었다. 그러나 현대적·미래지향적 관점에서 보길도는 긍정적 평가로 바뀔 수 있다. 보길도는 미래가치로 조명해볼 때 한국의 대표적 섬 이상향의 비전을 가지고 있다.

보길도의 미래적 장소 이미지와 장소정체성을 구축하는 요소로는 섬의 이상향, 풍수명당지, 청정 웰빙 휴양지, 윤선도 원림의 문화역사경관, 건강장수마을 등으로 설정할 수 있다.

보길도는 자연경관이 아름다운 섬으로 자연미학적 탁월성이 있고 생태·환경적으로 우수한 여건을 지니고 있다. 이와 더불어 윤선도 원림, 예송리 상록수림 등 자연과 문화가 잘 조화된 문화역사경관과 명승지가 있다. 특히 부용동 원림은 윤선도라는 조선시대의 조경예술가이자 경관미학자가 조성한 걸작이다. 보길도 곳곳에서는 내력이 오랜 전통마을이 수백 년 동안 유지되어 지속가능한 생활문화터전의 역사성을 갖추고 있다.

풍수적으로도 보길도는 조선 중기의 최고 풍수지식인인 윤선도가 선택한 명당지다. 풍수는 지역 주민의 자연환경 인식과 상호관계의 문화생태적 코드를 잘 반영한다. 문화생태적 경관자원이자 풍수요소로서 보길도의 전통마을, 마을숲, 풍수지명 등은 스토리텔링으로 매력적인 관광자원이 될 수 있다.[30] 특히 보길도의 예송리 상록수림 천연기념물은 방풍과 방조防潮를 하려고 조성한 비보숲으로서 생태와 문화가 융합된 경관미와 역사적 가치를 지녔다.

보길도는 제주도, 전남해안과 더불어 건강장수벨트 권역에 속하는 곳이기도 하다.[31] 이러한 보길도의 건강장수 장소성은 향후 미래가치의 중요한 요소와 성장동력이 될 것이다. 이미 고령화 사회에 본격적으로 진입한 한국은 건강과 장수가 실질적인 삶의 존재 이유와 목표가 되고 있다. 특히 환경과 장소적 조건은 건강과 장수 요인에서 큰 비중을 차지하는 것으로 알려져 있다. 삶의 질에서 주거환경이 차지하는 중요성으로 볼 때 보길도의 미래적 장소가치를 재평가하는 것은 매우 의미 있어 보인다.

요컨대 보길도는 '한국의 유토피아 섬, 보길도'라는 슬로건으로 요약할 수 있는 미래의 성장동력과 비전을 갖추고 있다. 이러한 슬로건은 보길도의 장소 마케팅과 관광개발의 특성화에 고려할 수 있다. 이와 관련하여 보길도의 지리적 위치가 한국 남해안 관광지의 허브로서 땅끝, 완도, 청산도, 다도해국립공원, 제주도와 연계되는 교차점에 있다는 사실도 지리적으로 중요한 의미가 있다.

이상에서 살펴보았듯이, 보길도는 미래지향적인 이상적 주거장소로 각광받을 만한 자연경관과 문화역사경관의 요소를 갖추었다. 따라서 한국의 섬 이상향으로 관광 특성화할 수 있는 미래비전의 성장동력을 지니고 있다. 보길도의 장소 브랜드 구축 과정에서 윤선도 원림이 유네스코 세계문화유산으로 등재되면 보길도의 미래가치와 성장동력은 더욱 증폭될 것이다. 보길도의 지속가능한 발전을 담보하는 것은 천혜의 자연환경을 보전하고, 전통문화의 진정성을 유지하면서 동시에 세계화함으로써 주민들의 복지를 추구하는 길이다.

15 권섭의 묘지풍수 인식과 실천

옥소 권섭權燮, 1671~1759은 조선 후기의 문인으로, 당대 명문인 기호 노론의 집안에서 태어났다. 백부인 권상하權尙夏, 1641~1721는 기호 성리학계의 대표 학자로 우암 송시열宋時烈, 1607~89의 학통을 이은 인물이다. 권섭은 어릴 때 권상하 슬하에서 공부했고, 한성부윤과 이조참판을 지낸 장인 이세필李世弼, 1642~1718에게서 경사백가經史百家를 공부했다. 그는 19세에 일어난 기사환국으로 정치에 환멸을 느끼고 24세에 이르러 벼슬길에 나아가지 않겠다고 결심한다. 이후 그의 일생은 명승지를 탐방하는 유람으로 점철되었다.[1]

권섭은 수십 년에 걸쳐 풍수에 깊은 관심을 가져 관련 문헌을 탐독한 뒤 깊고 방대한 풍수적 식견을 갖추었다. 수십여 명이나 되는 지사地師들과 만났고, 선조는 물론 자신과 관련된 인물의 장지葬地를 답사하면서 「묘산지」墓山誌라는 책을 편집했다. 「묘산지」의 체제와 내용은 조선시대 관찬 또는 사찬을 한 기존 문집이나 서지류書誌類에서 보기 힘든 특성을 갖추고 있어서 주목된다.

권섭의 풍수적 인식과 실천을 살피려면 그의 문집 중에서 『묘산』墓山과 「몽기」夢記에 기술되거나 산도묘도나 택도宅圖에 그려진 풍수 관련 자료를 활용하는 것이 옳다. 권섭 문집 중 『몽기』「몽화」夢畵에는 그가 꿈에서 본 풍수형국을 그려놓은 「반룡명혈도」盤龍名穴圖가 있고 『묘산』 제1~3권에는 「안동조화곡권태사장지」^{安東造火谷權太師葬地} 등 21장에 이르는 장지 산도가 수록되어 있기 때문이다.

여기에는 장지의 풍수적 경관을 개념적 모식도로 그렸고, 지형의 입지적 경관을 풍수적으로 해석하는 방식으로 용^龍, 혈^穴, 사^沙, 수^水에 대한 기초적 인식을 표현했다. 아울러 각 장지에 대한 논평^[感評]과 장시의 풍수적 입지를 상세히 해설한 '관기'^管 그리고 논변인 '산변'^{山辯}에는 권섭의 풍수적 이해가 잘 반영되어 있다. 그 밖에 권섭의 문집에는 주택 그림이 수록되어 있는데, 주택 형국도인 「한천장어조형」^{寒泉莊魚釣形} · 「화지장■■」^{花枝莊■■}과 주택 배치도인 「한천장자좌오향삼십오칸」^{寒泉莊子坐午向三十五間}, 「화지장이십오칸」^{花枝莊二十五間}, 「천남장신좌을향삼십오칸」^{泉南莊辛坐乙向三十五間}, 「문암동재암연소형」^{門岩洞齋菴燕巢形} 등 그림 6점이 있다. 이러한 자료들은 조선 후기 지식인들의 묘지풍수에 대한 인식과 실천 양상을 반영하는 것으로 가치가 있다(603~627쪽 참조할 것).

조선 후기 지식인들의 산수^{山水, 自然}미학^{美學}과 문학^{文學}에 풍수적 요소가 어떤 영향을 주었는지도 관심의 대상이 된다. 권섭이 표현한 문학적 경관에서 풍수는 어디에 어떤 모습으로 드리워져 있고, 그의 풍수적 이해와 표현 방식의 특징은 무엇이며, 그 속에 어떠한 문화적 텍스트가 투영되어 있는지, 그리고 그 배경은 무엇인지에 대한 질문은 흥미로운 주제가 아닐 수 없다.

따라서 이 글은 국문학적으로 '풍수문학'이라고 할 만한 조선 후기 지식인의 문집을 자료로 한 시론적 연구가 될 수 있다. 민속학적으로도 『묘산』에 편제된 장지에 관한 산과^{山課}, 산변^{山辯}, 산조^{山兆}, 장시기^{葬時記}, 산점^{山占} 등은 조선 후기 사대부들의 장례습속과 풍수적 관련성을 고찰하는 자료로 의의가 있다. 지도학적으로, 문집에 수록되어 있는 산도는 대부분 고지도 가운데 묘도 연구의 기초자료로 가치가 있다. 특히 풍수학에

「반룡명혈도」와「화지장■■」.
「반룡명혈도」는 권섭이 꿈에서 본 것을 그린 것이고「화지장■■」은 주택 형국도다.

서 권섭의 묘산에 대한 입지 해설과 논평, 산도의 표현 방식 등과 같은 구체적 관련 자료들은 18세기 지식인의 묘지풍수적 인식과 실천을 밝히는 데 중요하다.

이 장에서는 권섭이라는 역사적 인물의 생애와 그가 남긴 글을 풍수적으로 조명해 조선시대의 풍수문화와 풍수관행, 특히 조선조 지식인의 묘지풍수에 대한 인식과 실천 양태를 구체적으로 살펴보고자 한다.

산수미학과 풍수

권섭은 일생 동안 방대한 문학작품을 남겼는데, 그중에서 특히 기행시문 등속의 산수미학과 유람문학에서 수많은 글을 남겼다. 그는 산수의 자연경관에 남다른 심미안이 있었다.

권섭의 산수미학과 유람문학을 구성하는 요소와 사상 그리고 가치는 그의 정신적 본령인 유가사상뿐만 아니라 불가, 도가, 풍수 등 다양한 사상을 포함하고 있다. 권섭은 풍수에 관심이 깊어 풍수서와 비기류를 탐독하고, 여러 차례 현지를 답사하면서 풍수 관련 지식을 쌓은 것으로 추정된다. 권섭의 산수미학과 문학에 풍수의 산수관은 어떻게 반영되어 있을까? 권섭에게 산수경관과 징소는 어떤 의미체계로 해석되었을까?

권섭의 삶에서 산수의 가치와 의미는 유달랐다. 자신이 술회했듯이, "일생의 꿈과 현실이 모두 산수에 있었다"[2]라거나 "나의 성벽은 산수의 경치에 있다. 세상의 온갖 일로도 이것과는 바꿀 수 없다"[3]라는 표현은 권섭의 삶과 생애에서 산수가 지니는 중요성을 단적으로 표현해준다. "명산의 빼어난 경치를 모두 거두어들이니 마음속의 즐거움이 어떠하겠는가?"라는 말에서는 산수의 아름다움을 만끽하며 희열에 젖은 권섭의 흔연한 모습도 비친다. 그는 집 이름도 뒷산 이름[新香山]의 '향'香자와 조응하는 '화지장'花枝莊이라고 지었으니,[4] 이는 일상생활에서도 권섭의 산수에 대한 태도와 지향이 드러난다.

풍수론에서도 산수경관은 논의의 핵심적 대상이자 요소가 되며, 산수에 관한 독특한 관점과 해석, 이론체계를 갖추고 있다. 『명산론』이라는 풍수서에서 "지리는 산수일 따름"[5]이라고 했으니, 이것은 풍수에서 산수의 중요성을 잘 표현해준다. 풍수에서 산수는 자연의 조화造化로 이루어져 형상화되었으며, 인사의 길흉화복에 직접 관련되는 관계로 설정된다. 상징적 표현방식으로서 산은 신령스러운 기운을 지닌 용이라는 일반명사로 비유하기도 한다.

권섭의 문학에서 산수의 존재와 의미는 매우 폭넓고 다양해서 간단히 언급할 수 없다. 다만 풍수와 관련된 점을 몇 가지 거론해보면, 먼저 다음과 같이 산수의 존재적 바탕을 기의 조화造化로 읽고, 장소에 지령地靈을 인식하는 대목도 등장한다.

강과 산의 기색은 모두가 조화로 된 것[6]

· 『몽기』

이 구역에 땅의 신령이 있음을 알겠으니[7]

· 『몽기』

권섭은 56세 되던 해[1726]와 77세 되던 해[1747]에 풍수 이미지가 뚜렷한 꿈도 꾸었다.[8] 그는 이때 정사精舍가 있는 장소의 기운이 왕성하며 용이 교묘하게 서려 있는 것 같다고 느꼈다. 권섭이 꿈을 적은 글에는 심지어 풍수용어로 혈穴의 명칭과 함께 용의 머리 부분까지 구체적으로 인식되어 있다. 권섭의 이와 같은 장소인식은 풍수적 관념으로 산을 인식하고 묘사한 예증이 된다. 지형을 용에 비유하고 용의 형상으로 구체적인 장소를 읽는다거나, 집과 마을의 풍경을 풍수용어와 시선으로 묘사하는 것은 풍수적 관념이 투영된 것이다.

꿈속에서 정사 3칸이 관아 옆에 있는 것을 보았다. 정사가 자리한 곳은 기룡혈騎龍穴, 용을 타고 있는 형세의 혈이라고 했으며, 용의 머리 부분에 자라난 수북한 대나무가 처마와 섬돌에까지 이어져 있었다.

성대한 그 기운이여

용이 서린 듯 빼어남이여

· 『몽기』

용이 서려 있는 조화로운 곳

하늘은 어찌 이리 기이한가

어찌 그 명당자리를 묻는가

용의 교묘함이 이와 같거늘

　·『몽기』

권섭이 자신의 별장을 기술한 「화지장■■」에는 집 주위로 산수가 에워싼 풍수적 형국을 다음과 같이 기록하고 그림으로 표현했다.

　화지장은 문경현 관문에서 10리 떨어진 신북동 안에 있다. 감나무가 숲을 이루고 엄연히 백여 호에 가까운 집들이 마을을 이루고 있으며, 큰 돌산이 바깥쪽에 솟아 있고 산기슭이 나지막이 둘러 있다. 그 안에서 시냇물이 맑고 힘차게 마을을 감싸 안고 흐르며, 너럭바위와 굽어진 누대, 낮은 폭포와 작은 연못 등이 하나의 볼 만한 경치를 이루어서 그 기이함을 즐길 만했다.[9]

　·「화지장 ■ ■」

권섭은 또한 신북구곡身北九曲을 노래하면서 "주흘봉이 명당[明宮]에 읍揖하고 있는 듯하다"라고 했으니, 이것은 산 경관의 형상을 주종관계의 신분질서로 비유된 풍수적 텍스트로 읽어서 묘사한 대목이다.

이곡二曲이라, 주흘봉이 뒤에 임해 있어

명궁明宮에 공손히 읍한 듯한 모습이네

　·『몽기』

위와 같이 산수경관을 인간사에 의인화된 풍수적 텍스트로 해석한 경관 읽기 방식은 「묘산지」 가운데 장지에 대해 시문으로 논평한 글에서 일관되게 나타난다.

배수의 진에 기상이 가지런하고 한가하니 대장이 누구인지 알지 못하네. 기지와 모략은 골짜기가 1,000개나 겹친 것 같고, 뜻의 크기[志量]는 만 리의 바다와 같네.[10]

· 「안산직곶리감찰첨지별제권공삼대장지」

이상의 인용문에서 살펴본 바와 같이 권섭의 풍수적 인식은 그의 글에서 다양한 모습으로 표현되었음을 알 수 있다. 산수를 기의 조화로 읽고, 장소의 지령을 인식하며, 산의 형세를 용으로 표현했다. 집과 승경의 자연환경을 풍수적 시선으로 묘사 서술하고, 장지의 산지경관을 장수, 군사 등으로 의인화했다. 이것은 그의 문학적 서술방식에서 풍수적 측면이 반영된 것으로 해석이 가능하다.

풍수관과 풍수적 실천

조선 중기에 지식인으로 살았던 권섭의 정신적 본령은 유학적 가치였지만 불가나 도가, 기타 사상도 열린 마음으로 받아들였다. 그러면 권섭은 풍수를 어떤 관점을 가지고 인식했으며 그가 풍수적 실천을 행한 목적은 과연 어디에 있었을까?

유학적 가르침에 근간을 둔 유교지식인이 평소 추구한 삶의 벼리[綱]는 인의를 닦는 데 있었을 것이다. 권섭도 「묘산지」 서문에서 "부끄럽게도 인의를 스스로 닦음[自修]이 없으니 어찌 감히 신천神天의 가엾게 여김을 바랄 수 있겠는가"[11] 라고 자기의 부족한 덕행을 꾸짖었다.

조선시대 유교지식인들에게 묘지풍수는 '인효지심'仁孝之心의 유교적 명분의 틀 안에서 수용되었다.[12] 권섭이 묘지풍수를 실천한 동기이자 목적 역시 돌아가신 부모를 안온한 곳에 모시기 위한 효심의 발로였음은 다음 글로 보아도 분명하다.

> 어버이의 몸이 오랫동안 부박한 땅[淺土]에 묻혀 마음이 늘 아팠다. 스무 살부터 논밭을 팔아서 수십 년 동안 마음을 다해서 뛰어다녔다. ……마침내 선대의 무덤을 안온한 곳에 (모셨다). 그리고 곁에 남은 땅을 헤치고 자신과 자손의 계책으로 삼았다.[13]
> ·「서문」

그런데 권섭은 유학적 바탕에서 한 걸음 더 풍수적 인식으로 나아가, 인사人事의 길흉화복이 풍수에 일정한 영향을 받는다고 생각하기도 했다. 유학적 지식인으로서 풍수론의 논지와 주장을 받아들였다는 것을 알 수 있다.

그가 54세 때 쓴 「술회시서」逑懷詩敍, 1724에는 "좋은 곳 가려 사는 지혜가 없어 집안에 재앙이 미쳤네"라고 술회한 적이 있다. 「제천천남이유인장지」提川泉南李孺人葬地에 대한 감평에서도 말하기를 "이 터에 들어오면 고요하고 아늑하니 누가 그저 그런 땅이어서 근근이 성취하겠다고 말할 수 있을까"[14]라면서 인사의 성취에서 풍수적 환경땅이 미치는 영향을 언급했다. 권섭은 「문경화지동한유인장지」聞慶花枝洞韓孺人葬地에 대해 "늙은 나무에 꽃이 피니 봄기운이 가득하구나. 게으른 소가 풀을 먹고 가을걷이가 넉넉하다"[15]라고 감평한 후 "이런 말과 나의 평가가 억지가 아니고 각각 취하는 바가 있으니 모두 그 진실됨을 기뻐한다"[16]라고 인사에 대한 풍수적 영향력을 긍정하고 그 설득력과 보편성을 확보하고자 했다.

이렇게 인사에 미치는 풍수적 영향력을 인정한 권섭에게 묘지는 주택보다 풍수적 비중이 컸다고 판단된다. 그의 문집에서 장지풍수는 입지, 감평 등 자세한 정보와 평가가 수록되었을 뿐만 아니라 엄밀한 논변이 행해졌으나, 주택지에 대한 풍수적 내용은 간단하게 형국과 배치 등만을 표현했기 때문이다.

이러한 유가적 인효仁孝의 한 실천방식으로 풍수와 인사에 미치는 풍수적 영향력에 대한 믿음은 권섭 자신과 선조의 산소에 풍수를 적극적으로 실천하는 것으로 이어진다. 그는 자신과 선조들 묘지의 풍수적 입지에 대한 관심뿐만 아니라 산소를 돌보는 데도 정성을 다했다.[17] 실제 권섭은 21세 되던 해1691에 월악산을 답사하며 산을 구할 계획을 세웠으며, 서울의 땅을 싸게 팔아 7만 전을 얻어서 널리 술사를 불러들인 적도 있다.[18]

풍수에 대한 권섭의 열의는 풍수이론 학습과 답사로 이어졌다. 권섭은 풍수지식을 습득한 이후로 글에서 풍수적 논거를 밝혀, '경에서 말하기를'[經云……], '옛 비결에서 이른바'[古訣所謂……], 「방서」方書, 「지경」地經 등의 풍수서 또는 비결의 인용구를 써서 제시하기도 했고,[19] 필요하면 주자의 풍수적 논의도 인용하곤 했다.[20] 또 풍수서뿐만 아니라 비결이나 실지에 대한 답산기도 탐독해 「이의신답산기」李義信踏山記[21]나 「도선비결」[22] 등의 내용을 장지의 실제 지형과 연관 짓기도 했다.

권섭의 글을 보면 풍수에 대한 정확한 용어는 물론 이론적 지식체계까지 갖추었음을 알 수 있다. 「제천천남증참판권공장지」提川泉南贈參判權公葬地의 풍수를 설명하는 관기에서 그는 산줄기 기술뿐만 아니라 '태조'太祖, '뇌'腦, '속기'束氣, '천심'穿心, '효순귀'孝順鬼, '하수'下手 등 전문적인 풍수 용어를 구사했다. 또 '수성'水星, '토성'土星 등 오행론적 이해와 '화개삼태'華蓋三台, '쌍천귀인'雙薦貴人 등 갈형론형국론적 이해에도 밝았다. 이러한 해박한 풍수지식은 해당 장지葬地에 대한 논평감평뿐만 아니라 속사俗

^師들의 여러 설을 바로잡는 논변으로까지 나서서, 「묘산지」에서 관기나 산변으로 정리되었다.

풍수에 대한 그의 적극적 관심은 현장을 직접 답사하는 일로 이어졌다. 그 과정에서 여러 지사^{地師}와 만나고 친하게 지냈다.[23] 「묘산지」 서문에 따르면 수십 년 동안 승속을 막론하고 지사 수십여 명을 찾아다녀 만났음을 알 수 있으며,[24] 「묘산지」 일부 대목에는 해당 장지에 대한 논평을 지사 이름과 함께 실었다. 정묘년^{77세}에는 한 지관과 함께 산을 보러^[看山] 가는 꿈도 꾸었는데, 이를 두고 "그 머리에는 반드시 명당자리가 있다고 생각하나 아직 가서 보지 못했다. 다시 가서 보고자 하여 나아갔으나 위험한 벼랑길에서 다리에 힘이 빠져 중간에 돌아왔다"라고 적었다.[25]

권섭은 이러한 답사로 현지를 풍수적으로 파악하는 나름의 안목을 갖추게 된 것으로 판단된다. 예컨대 「양주도산이상국장지」^{楊州陶山李相國葬地}를 감평하면서 "구슬이 못에 감추어져 있으니 아름답고, 옥이 산에 감추어져 있으니 빛나네. 양공^{良工}이 지나치다가 엿보니 천하의 보배가 됨을 알겠네"[26]라고 적었는데, 여기서 양공은 바로 자신을 가리키는 것이 아닐까 생각된다.

권섭의 명당자리에 대한 적극적 관심은 자기 선산이 답산기나 비결에 기록되어 있는 장소일 거라고 단정하거나, 심지어 지관과 함께 명당을 찾는 꿈을 꾸는 것으로 나타났다. "이의신의 답산기는 분명히 우리 선산"[27]이라거나 미리 정한 자기 묘터를 "도선비결 중의 군신배조형 상제안^{群臣 拜朝形 上帝案}, 여러 신하가 천자에 조아리고 있는 형국이 이것이 아닌가"[28]라고 했다. 그가 77세 되던 해¹⁷⁴⁷ 6월 7일 새벽에는 "용이 서린 명당"^[盤龍名穴]을 꿈꾸고 다음과 같이 적었다.

정묘년 6월 7일 새벽의 꿈이다. 평소 친하게 지냈으나 이름을 잊은 지관과…… 산을 보러 가게 되었다. 한 곳에 이르니 푸른 강에 암벽이 솟아 있었는데, 몇 리에 걸쳐 펼쳐지고 높이가 몇 길이나 되어 그 모습이 기이하고 절묘했다. ……꿈속에서 보았던 산이 우리 고을에 있지만 어떤 모습인지 알지 못했는데, 오늘 산의 형세가 매우 기이하고 절묘하다는 것을 비로소 알게 되었다.[29]

· 『몽기』

이런 지난한 노력으로 그는 드디어 마음에 꼭 드는 묏자리를 단양 옥소산에 정하기에 이른다. 다음 인용문에서 표현했듯이, 권섭은 자기 묘터를 하늘이 주었다고 여길 정도로 만족했으며, 여기에 대한 풍수적 감평을 기록해놓기도 했다. 그는 이렇게 선친과 자신의 묏자리를 얻고 난 후 "구담산수의 빼어남이 내 일생의 즐거움"[龜潭山水之勝 是我一生之樂][30]이라는 큰 의미를 부여하며 다음과 같이 적었다.

단양 옥소산은 구담봉과 옥순봉 사이에 있다. 그중에는 신명이 아끼는 명혈이 있어 나의 묏자리로 삼았다. 점치는 이가 이르기를 "전생의 인연으로 경관과 요대仙界를 이르는 말에 있게 될 것이다"라고 했고, 술사에게 내세에 대해 물으니 "경관과 요대에 있을 것이다"라고 했다. 그러므로 나의 혼과 백이 모두 경관과 요대 같은 묏자리에서 떠나지 않음을 알 수 있다. 이는 전생의 인연으로 정해진 것이며 하늘이 또한 준 것이니, 과연 언제쯤 이 힘들고 괴로운 세상을 벗어나 홀홀 털고 이곳으로 돌아갈 수 있을까? 정사를 한 채 지어 스님에게 지키도록 하면서 그날을 기다리고 또 이 꿈을 적어 기록한다. 일찍이 산가山家의 법령에 따라 용혈龍穴을 정해놓고 두 가지 평을 함께 기술한다.[31]

▲ 권섭의 묘(충북 단양군 단성면 장회리).
▼ 묘에서 바라본 전경.

이상과 같이 풍수이론과 현지의 식견을 두루 갖추었기에 권섭은 이치에 맞지 않는 지사[地師]들을 경계하고 차별화하는 태도를 나타내기도 했으며, 자신만의 분명한 견해를 드러내기도 했다. 속된 지사[俗師]의 장지에 대한 합당치 않은 풍수적 논평을 '망령된 말'[妄言] 또는 '눈먼 소리'[瞽說]라 하고, "이런 등등의 말을 하는데 그것이 말이 되는 소리냐?"라고 질타하면서 조목조목 자기 견해와 근거를 들어 반박하기도 했다.[32] "속된 지사와는 절대 이 산[풍수]에 대해 논의하지 마라"[33]라고 엄히 후손에게 경계하는 말을 남기기도 했다.

한 예로 그는 「문경화지동한유인장지」[聞慶花枝洞韓孺人葬地]의 풍수형국이 '고목이 싹을 내고 꽃을 피우는 형국[枯木生芽吐華形] 은하수 안산[銀河案]'이라는 이장흡[李長濬]의 의견에 '소가 누운 형국[臥牛形] 풀더미가 쌓인 안산[積草案]'이라는 다른 의견을 제시하기도 했다. 지사가 '합장이 절대 불가하다'는 경계에 "그렇지만 나는 반드시 그럴 필요는 없다고 생각한다"라고 다른 견해를 표명하기도 했다.[34]

「제천천남증참판권공장지」[提川泉南贈參判權公葬地]의 관기에는 어떤 사람이 장지를 감평하기를 "앞의 산[砂]이 너무 핍박하여 혈에 여기[餘氣]가 없는 것이 안타깝다"[35]라고 하자 권섭은 이를 반박하여 "산 위에 국[局]을 맺은 것이 단정하고 관평[寬平]하여 삼당[三堂]을 스스로 이루었고, 논[水田]이 수십 이랑이 있으며, 내당[內堂]이 혈을 꼭 안고 형성했기 때문에 고금[古今]에 아무런 한계가 없다"[36]라면서 그 근거를 여러 풍수서에 관련된 내용을 인용하여 증명했다. 권섭은 이러한 장지에 대한 논변을 「묘산지」에 '산변'[山辯]이라는 항목을 두고 따로 정리해두었다.

권섭은 풍수에 대한 지식과 안목이 상당했는데도 언제나 자기 견해를 관기라고 낮추면서 겸손하고 학술적이며 열린 자세를 견지했다. 예를 들면, 자기 견해를 '혼자만의 견해'[臆見]라고 하면서 "후대에 아는 자의 변

辭을 기다린다"[37]라거나 "안목을 갖춘 자의 자세한 논평을 기다린다"[38] 라고 적고, "망령되게 그 용혈龍穴의 대략을 이와 같이 기술했으니 이 산을 볼 수 있는 자의 정론을 기다린다"[39]라며 학문적인 자세를 견지했다. 심지어 "장지에 대한 이러저러한 속사들의 논평이 이치에 닿지 않는 설일지라도 모두 상고詳考할 만한 근거는 있으니 후세 자손은 알 것이다"[40] 라며 여러 견해를 폭넓게 허용하는 열린 자세를 보이기도 했다.

그리고 권섭은 풍수를 보는 자세에서 "토색土色을 탐하고 안대案對를 탐하는 것은 옛사람들이 경계한 바라, 밝게 보아 속지 말 것이니 삼가지 않을쏜가, 삼가지 않을쏜가?"라면서 명당에 대한 탐욕을 경계하고 삼감[愼]을 강조했다.[41]

「묘산지」의 풍수 논평 해석

편제와 내용

「묘산지」는 모두 세 권으로 총 21곳의 장지를 세부항목으로 하여 편제되어 있다. 「묘산지」의 체제는 장지별로 앞부분에 산도를 제시하고, 장지의 풍수입지에 관한 개설과 권섭의 감평을 덧붙여 기록[附記]하는 것으로 되어 있다. 필요에 따라서는 앞부분에 해당 장지 인물의 묘갈음기墓碣陰記, 행장기, 신도비명, 묘지墓誌 등을 덧붙여 편집하기도 했다. 이어 산과山課, 산변山辯, 산조山兆, 산점山占, 장시기葬時記 등 장례 때와 장례 후의 잡록雜錄을 수록했다.

산과는 장지의 풍수적 고찰로 주로 지사들이 쓴 글을 수록한 것이고, 산변은 장지의 풍수에 관한 지사들의 이견에 자기 생각을 밝힌 변론이다. 산조異兆 또는 이험異驗는 터를 보는[相地] 과정에서 겪은 기이한 경험이나 꿈을 적었다. 산점은 장지의 길흉을 주역에 근거하여 점친 기록물이고,

장시기는 망명亡命에 따른 매장의 시간적 절차에 관한 내용이다.

그러면 권섭이 이렇게 「묘산지」를 자세하게 쓰고 편집한 목적은 도대체 어디에 있을까? 후손들이 선조들의 산소에 관한 내용과 사실을 잘 알아서 살필[考信] 수 있고 차후로는 미혹하지 않도록 하기 위해서였다. 『묘산』 서문에는 권섭이 장지를 힘써 구한 이유와 과정 그리고 「묘산지」의 체제와 편집 목적에 관한 그의 생각이 잘 드러나 있다.[42]

내가 박복하게 태어나서 몸소 삶을 도모하다 선조의 음덕을 입어서 의관[衣巾]을 보전할 수 있었다. 부끄럽게도 어짊과 의로움[仁義]을 몸소 닦음[自修]이 없으니 어찌 감히 신천의 가엾게 여김을 바랄 수 있겠는가. 어버이의 몸이 오랫동안 부박한 땅[淺土]에 묻혀 마음이 늘 아팠다. 스무 살부터 논밭을 팔아서 수십 년 동안 마음을 다해서 뛰어다녔다. 승속의 지사 수십여 명을 찾아다녔는데 마경원馬景援을 만나서 마음을 부탁했다. 또 수십 년 동안 승속 수십 명을 찾아다녔는데 차유철車有轍을 만나서 마음을 전했다. 마침내 선대의 무덤을 안온한 곳에 모셨다. 그리고 곁에 남은 땅을 헤치고 나와 자손의 계책으로 삼았다. 물리칠 ■ 근거는 없었으되 인력이 조화造化의 권리를 뺏어버린 것은 아닐는지? 지금 도변圖弁의 위에 손을 모아 그림을 그렸다. 그리고 논평을 하여 시문을 지어서 분·암·재·각墳菴齋閣의 형세와 연결했다. 산과山課, 산변山辯, 산조山兆, 산점山占 그리고 장시葬時, 장후葬後의 잡록雜錄을 기록했으며 유혈幽歇의 문자를 썼고 잡기 가운데서 산과 관련된 것을 모두 기록했다. 그리고 다시금 시조 태사공안동묘太師公安東墓의 산일[山事]를 모아서 수록했고, 광주·안산·청풍·구대묘廣州安山淸風九代墓의 산 일[山事] 일례를 모아서 위에 수록했으며, 곁에 존경묘尊慶墓의 산 일[山事]을 모아서 다시 또 아래에 기록했다. 그래서 뒷사람으로 하여금

살피게[考信]하여 미혹되지 않게 했다.[43]

·「서문」

권섭은 「묘산지」에서 대체로 그림[山圖], 풍수적 입지 해설과 기타 묘의 위치, 부대시설에 관한 정보, 자신의 논평을 구성하는 식으로 장지의 풍수를 편집하고 서술했다. 특히 그림의 내용과 풍수입지 해설이 서로 부합하는 데서 풍수적 해설을 종합한 후 일목요연하게 도면으로 나타냈음을 알 수 있다.

산도의 도해 방식으로, 먼저 산은 선과 음영으로 입체감을 표현하고, 물은 점선으로 나타냈으며, 묘의 위치는 원으로 표시했다. 그림의 축선과 중심은 방위를 기준으로 한 정치법을 쓰지 않고 주산의 산줄기 맥을 주축선으로 하여 그렸다. 그림에 표기되는 글씨로는 풍수적 해설에 등장하는 주요 산줄기의 산 이름으로서 태조산, 소조산, 주산현무, 귀鬼, 성星[44]를 그린 뒤 구체적인 지명과 방향을 적고, 산줄기 중에서 '평지에서 크게 끊어짐'[平地大斷]과 같이 특이한 부위는 별도로 기록했다. 그리고 사신사, 좌향, 득파 등을 표기했다. 경우에 따라서는 마을명이나 관리사管理舍, 재실齋室도 표기했다. 묘가 여러 기일 때는 글로 좌우 등의 위치를 표시하기도 했다. 산도의 주요 내용은 풍수적 입지 분석에 맞추어 그렸다.

장지의 풍수적 입지에 관한 서술방식으로 산줄기 맥, 그 맥이 혈로 들어오는 입수入首의 방위, 주위를 둘러싼 사沙의 산 이름, 명당수가 들어오는 곳[得水]과 빠져나가는 곳[破水], 혈을 둘러싼 지세, 기타 귀鬼, 전순前脣 등을 기록했다. 구체적으로 형국명, 혈명, 안대, 입수, 좌향, 득파, 내룡[小祖, 腦] 혈형穴形 또는 내룡[左右旋, 向], 입수, 좌향, 득파의 체계로 설명했다. 경우에 따라서는 지사가 설명했다는 것을 표시하기도 했다「제천천남대사간 권공장지」등의 사례. 그리고 기타 정보에는 장사일[葬日], 위치 등과 제청祭廳

山圖 6, 『墓山』 2

• 입지

산줄기	좌향	물줄기	형국
左旋甲卯龍 巽一節 右落 乙一節 卯入首	乙坐辛向	壬得庚破 歸坤	先山在右隔小麓 子婦葬在左

같은 부속건물을 표기했다. 끝으로 권섭의 감평에는 장지의 풍수적 형세를 비유하여 표현하거나 인물평을 기록하기도 했으며, 풍수의 형세를 무덤 주인의 생애와 관련지어 서술하기도 했다.

다음으로는 장지에 관한 산과[山課], 산변[山辯], 기이한 조짐[異兆] 또는 기이한 경험[異驗], 장시기[葬時記], 산점[山占], 관기 등을 첨부했는데, 산변은 장지의 입지를 둘러싼 여러 풍수적 평가와 견해에 대한 권섭의 논변으로 구성되어 있다. 그리고 필요에 따라 관기라는 항목을 따로 덧붙여 장지의 풍수를 자세히 서술하기도 했다. 그 밖의 산과 산점 등은 지사와 장례 과정의 글과 정보를 수록하여 편집한 것이다.

풍수적 감평 방식과 특징

모든 글^{문장}은 시간과 공간의 좌표상에서 구체성을 지니는 한편, 사회적·개인적 의미체계로 구성된 텍스트라고 볼 수 있다. 따라서 글에는 짓는 당시의 심리, 상태 등 개인 차원에서뿐만 아니라 사회, 문화, 정치상 등 시대적 환경이 반영되어 있음은 물론이다. 풍수이론의 설명논리 역시 예외가 아니다. 예컨대 중국의 풍수서에서 명당을 설명할 때 주산과 조산^{朝山}을 대비하여 설명하는 것도, 중국의 봉건 계급적 군신관계가 텍스트로 반영된 풍수적 입지경관의 설명 방식이다.

권섭의 풍수적 감평에 드러난 풍수적 이해와 표현 방식의 특징을 살펴보려면 먼저 그의 문장에 어떤 텍스트가 투영되어 있는지 포착할 필요가 있다. 물론 그의 풍수 설명 방법 역시 전통적 풍수론의 경관해석 방법인 인체에 비유하거나(예컨대 장지를 "여근^{女根}과 천궁^{千宮}이 에워싸고 있는 듯"하다고 본 것),[45] 지형지세를 의인화하여 풍수적 입지를 설명하는 내용은 흔하게 등장한다. 그렇지만 권섭의 개인적·사회적·시대적 특징 역시 그의 풍수경관 감평에 텍스트로 반영되어 특징적으로 나타나 있다.

그래서 그의 풍수적 논평에는 생애에서 사상적 중심을 이루었던 유교적 관점뿐만 아니라 기타 도가 등의 사상적 배경이 반영되어 있다. 또 당시 문화적 생활상, 그의 사회정치적인 신분적 배경 그리고 자신의 현재 처지와 심리적 상태가 복합적인 텍스트로 표현되어 있다. 그가 풍수적 경관을 설명하는 데는 유교적 가치^{도, 덕, 예}와 인물^{선비 등}, 도교^{선녀}, 당시 사회의 이상적 인간상^{상제, 장군, 관료, 귀인 등}, 조선시대의 사회상^{신분계급 등}과 문화상 등이 투영되어 있는 것이다.

권섭의 풍수적 표현에 나타난 유교적 텍스트를 살펴보자. '주자가 말하기를……'이라고 하면서 주자의 풍수적 견해를 전거로 삼았으니, 당시 주자학의 권위가 텍스트로 잘 반영되어 있는 대목이다.[46] 풍수경관을 해석하는 데에 유교적 텍스트가 분명하게 드러나 있는 대목으로는 「제천천남증참판권공장지」提川泉南贈參判權公葬地를 감평하면서 "마치 참된 유학자가 도를 지키니 용모가 저절로 높고 비단은 얼마 되지 않으나 예가 지극하고 성대한 것 같다"[47]라고 하여 은둔한 선비를 빗대어 풍수적 입지경관을 표현했다. 이것은 자신의 현재 처지와 심리 상태를 반영한 텍스트로도 독해할 수 있는 대목이다.

「제천제비랑산권통덕장지」提川齊飛郎山權通德葬地를 감평하면서 "마치 기개 있고 덕이 높은 선비가 구속을 받지 않고 뜻이 드높으니 대적할 만한 무리가 없는 것 같다"[48]라고 산수의 형세를 뜻[志氣]이 높은 선비로 비유했다. 특히 「청풍백운동이유인장지」淸風白雲洞李孺人葬地를 보고는 "권섭의 산이 비록 적고 겸손한 것 같더라도 정대한 위용과 충직[忠良]한 지조와 절개[志節]는 또 어떻게 감당할 것인가"[49]라고 하여 유교적 가치를 풍수적 평가의 잣대로 삼고 입지를 논평했다. 이렇게 유교적 가치를 텍스트로 풍수적 입지경관을 평가·해석한 내용은 권섭의 풍수적 표현에서 주목할 만한 특징이라고 하겠다.

권섭의 감평 내용에는 사회정치적 신분상, 사회상, 문화상을 텍스트로 삼아 풍수적 입지경관의 설명으로 표현한 것도 흔하게 찾아볼 수 있다. 예컨대 「안동조화곡권태사장지」를 감평하면서 "수레 천 대와 기마 만 기가 모여 내달려와서 비단 장막에 고요하고 가지런하게 안배되었네. 군관과 아전이 밖을 호위하니 단중한 귀인이 그 가운데에 앉아 있구나"[50]라고 설명한 것이나, "명장이 무리에게 맹세하니, 수많은 창 나란히 늘어섰네. 호령함이 엄하고 바르니, 사나운 군사들 복종하는 것 같네. 깊고 깊은 대궐[相府]에 분주히 오가는 많은 관료가 홀笏을 잡고 바른 모습으로 상제가 조회에 나오길 기다리는 듯하네"[51] 등으로 감평한 표현은 혈을 중심으로 한 주위의 지형지세를 의인화하고 비유하여 해석한 것이다. 이러한

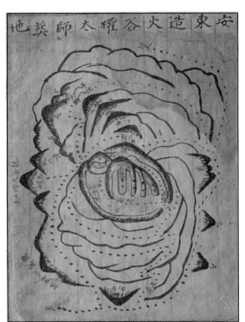

▲「안동조화곡전태사장지」.

▼「단양옥소산백취옹서부인장지」.

그의 입지 해석 방식에서 귀인과 군관·아전, 명장과 군사, 상제와 관료 등으로 대비됨으로써 신분계급적인 사회관계가 투영된 텍스트로 읽을 수 있다.

그 밖에 "신령한 지략을 가진 장수가 편안하고 한가롭게 진영을 배치하니 바깥 일로 염려가 없고 천자가 편안하네"[52)라는 대목에서는 유가에서 상정하는 이상적인 정치적 상태와 질서의 이념적 텍스트가 풍수명당적 입지경관 해석에 투영되었다고 생각된다.

이상과 같이, 권섭이라는 인물의 문집에 표현된 풍수적 내용을 자료로 조선시대의 풍수문화와 관행, 특히 조선 후기 유교지식인의 풍수적 인식과 실천을 구체적으로 살펴보았다. 옛 문헌에서 조선시대 지식인의 풍수적 인식과 실천 모습을 구체적으로 밝히는 일은 한국의 풍수문학과 풍수민속을 구축하고 집성하는 데도 초석이 될 것이다.

권섭의 문집을 고찰한 결과 풍수는 그의 산수관과 산수미학의 구성에 영향을 준 일정한 요소라고 볼 수 있었다. 이는 오랫동안 풍수에 깊은 관심을 가지고 풍수서와 비기류를 탐독하여 지식을 쌓고 여러 차례 답사를 하면서 자연스럽게 형성한 것으로 추정된다. 이러한 그의 풍수지식과 실천은 「묘산지」라는 한국의 풍수사에서 독특한 묘지풍수 기록물을 생산하는 결과를 낳았다.

다음 장에서 살펴보겠지만, 권섭과 동시대를 살았던 인물인 이중환이 『택리지』라는 마을터를 고르는 지침이 된 삶터풍수서를 쓴 것은 당시 사회환경에서 우연으로 된 일이 아닐 것이다.

16 이중환의 마을풍수와 『택리지』

책은 저자의 생각과 의도가 담겨 있는 텍스트이면서 역사·사회적 산물이다. 이중환이 책의 제목을 『택리지』라 하고, 살 만한 곳을 가리고자한 데는 그 자신의 살 만한 곳[可居地]을 정하고자 하는 목적과 문제의식뿐만 아니라 그가 소속한 사회집단의 정체성과 시대적 배경이 들어 있을 것이다. 이중환이 가거지 선택과 입지 평가에서 풍수요소를 중시한 것도같은 맥락에서 이해할 수 있다.

이중환은 마을풍수에 어떤 인식과 태도를 보였으며 조선 후기 마을풍수는 사회·역사적 상황과 관련지어 어떤 의미체계로 해석할 수 있을까?

『택리지』는 어떤 책인가

여타 동물과 달리 사람은 장소에 대한 문화적·정서적인 관계가 전제된 독특한 관계 맺기 방식을 갖는다. 사람의 장소적 문화속성에서 드러나는 흥미롭고 독특한 한 가지는 이상적 거주지 선택을 추구한다는 것이다. 인간이 거주지를 가리는 것은 동서고금을 막론하고 보편적이다. 다만 역사적 배경과 문화적 태도의 차이에 따라 거주지를 선택하는 방법이나 방식이 다르고, 선택된 경관의 형태와 장소적 의미도 다르다.

공자는 "어진 곳을 가려 살지 않으면 어찌 지혜롭다 하겠는가?"[擇不處

仁 焉得智],『論語』「里仁」라고 거주지 선택이 인성과 삶의 실현에 미치는 영향을 주목하여 말한 적이 있다. 유학에서 군자가 마을을 가려서 거주해야 한다고 생각한 이유와 목적은 무엇일까?『택리지』서문을 쓴 이익은 이에 대해 다음과 같이 적절하게 대답했다.

자기가 사는 마을을 가린다는 말은 공자, 맹자 때부터 나왔다. 사는 마을을 가리지 않으면 크게는 교화가 행해지지 않고 작게는 자기 몸도 편안치 못하다. 그런 까닭에 군자는 반드시 사는 마을을 가리는 것이다.[1]

풍수지리는 전통적으로 중국과 한국에서 거주지를 선택하는 문화요소, 배경사상으로서 역사에서 가장 강력한 영향을 미쳤다. 특히 조선 후기의 역사적 배경과 조건에서 풍수지리는 살 만한 마을을 선택하는 이론적 수단과 사회적 담론으로 기능했다. 왜 풍수지리가 이중환을 비롯한 사대부들에게 살 만한 마을을 선택하는 주요 논리와 담론으로 유용했는지에 대한 문제의식은 조선 후기 사회·역사적 배경과 관련된 해명이 필요하다. 그에 답변하려면『택리지』에 나타난 이중환의 풍수적 인식을 검토해야 할 뿐만 아니라 조선 후기의 사회적 풍수담론을 이해해야만 한다.

그동안 지리학계에서 이중환의『택리지』는 한국적 인문지리서, 우리나라의 자연과 인문환경을 전통적 지리관에 입각하여 서술한 지리서, 한국적 취락입지 모델을 추구한 문화지리서, 우리 국토와 문화경관의 본질을 가장 한국적 시각에서 파악한 전통적 지리서 등으로 평가된 바 있다.[2] 『택리지』가 담고 있는 지리학적 내용은 현대 학문적 범주에서 인문지리와 자연지리, 지역지리와 지지地誌 그리고 풍수지리에 해당하는 것으로 다양하고 포괄적이다.

그런데 『택리지』에서 풍수지리는 거주지를 선택하기 위한 지리인식과 지역 평가에서 핵심적인 체계와 요소를 차지한다. 특히 그의 마을선택 이론과 방법이 집약된 「복거총론, 지리」의 서술이 전적으로 풍수이론에 근거하는 데도 정작 학계에서는 『택리지』에 관한 풍수적 조명을 본격적으로 시도하지 못했다. 그뿐만 아니라 『택리지』는 조선 후기 지식인과 향촌 사회에서 마을의 입지와 관련하여 풍수론을 어떻게 받아들여 적용했으며 풍수에 대한 사회담론을 어떻게 형성했는지를 단면적으로 제시해주는 사료로도 재평가할 수 있다.

『택리지』를 검토해보면, 이중환은 조선 후기의 취락입지 평가요소 중에서 풍수를 가장 중요한 조건으로 취급했다. 그리고 당시 지식인 사회에 널리 퍼져 있던 풍수이론을 마을입지론의 체계 속으로 수용했다. 『택리지』를 풍수적으로 평가하고 검토할 때, 이중환이 『택지리』 본문에서 풍수의 범주를 술사^{또는 감여가}와 술서로 차별화했으며, 기존의 풍수논리체계를 그대로 원용한 것이 아니라 조선 후기의 역사적 상황과 결부한 마을입지론의 논리체계로 독창적으로 재구성했고, 현지에 적용해 서술했다는 점을 중요하게 지적해야 한다.

더욱이 『택리지』에는 조선 후기 풍수담론인 도참비기와 십승지론, 풍수설화가 지역에 대한 지지 설명 방식으로 인용되어 있어, 조선 후기의 마을풍수담론을 담고 있는 사료적 가치도 충분하다.

조선 후기와 근대에 들어 독자들의 이해·해석 방식에 따라서 『택리지』는 풍수적 의미가 강조·부각되거나, 사회적인 풍수 성행 분위기에 편승하면서 풍수비결서로 탈바꿈하는 과정도 겪었다. 풍수적 측면을 위주로 독자들에게 읽히거나 심지어 풍수서의 편제로 편찬되고 제목이 붙여졌다는 점도 흥미롭다.

『택리지』의 판본과 명칭은 현재 알려진 것만 해도 『팔역지』『청화산인

팔역지』『해동팔역지』『팔역가거지』『사대부팔역가거지』『팔역기』『팔역요람』『동국산수록』『동국산수록가거지』『동국별집록』『조선팔도비밀지지』『진유승람』『복거설』『동국총화록』『동악소관』『박종지』『동유록』『조선총론』『형가요람』 등 수십 종에 이른다. 2세기 가까이 여러 사람이 각기 다른 시기에 필사하면서, 원래의 내용과 형태가 여러 면에서 변형되었다.[3)] 그중에서 『형가요람』形家要覽과 『조선팔도비밀지지』 등의 제목에는 필사자 또는 편찬자의 책에 대한 풍수나 도참비결적 의도가 표현되어 있음을 알아차릴 수 있다.

『조선팔도비밀지지』1923는 『택리지』를 풍수비결서적 저술의 체제로 편제하고 목차를 재구성한 것 가운데 하나다. 이 책의 편찬자는 서문에 "대개 이 책은…… 도선, 무학, 정도전, 남사고 여러 신사神師의 구결口訣을 비밀스럽게 인용한 바이라. ……조선팔도비밀지지라 칭하얏노니 이 책은 족히 비결을 읽는 자에게는 비결이 되고 지리를 읽는 자에게는 지리가 될지니다……"라고 편집의도를 밝혔다. 이 책의 편집 내용은 『택리지』의 원본을 기초로 하되, 목차 분류와 제목에서 차이가 난다. 복거총론의 「지리」를 양택론陽宅論으로 하고, 「생리」를 토리론土理論과 강하론江河論으로 나누었으며, 「인심」을 인물론人物論으로 했고, 「산수」를 십이명산十二名山과 대찰론大刹論, 국도개론國都槪論, 도서론島嶼論, 영동승지론嶺東勝地論, 단춘사군론丹春四郡論, 병화불입지지론兵火不入之地論, 수가거론水可居論으로 나누었다. 목차 제목의 양택론, 영동승지론, 병화불입지지론 등에서 알 수 있듯이 풍수와 도참비기적 인식이 편목의 분류 기준에 중요하게 반영되어 있는 것을 확인할 수 있다.

『택리지』에 표현된 풍수 내용의 해석

지역과 지리서술 방식

이중환의『택리지』에는 땅과 인물의 풍수적 관련성은 물론 지리와 지역 서술에서 풍수적 방식이 간략히 표현되어 있다. 내용은 대부분 마을입지론에서 풍수요소로 서술되었다.

『택리지』에는 자연-사람 관계에 대한 인식과 문화적 태도로서 "인걸은 지령"[4]이라 하여, 인물의 출생을 땅의 영기靈氣와 연관 짓는 지인상관적 地人相關的 풍수관념이 보인다. 「복거총론, 지리」에서도 "사람은 양의 기운을 받아서 태어난다"라거나, "땅에 생생한 빛과 길한 기운이 없으면 인재가 나지 않는다"라고 하여 인재 출생에 대한 환경적·풍수적 영향을 언급했다.

이러한 시선은 사람의 생명이 땅과 관계가 밀접하며, 지형적·환경적 요소가 인재 출생에 영향을 미친다는 풍수사상적 인식을 반영한 것이다. 흔히 이와 같은 사고방식을 서구지리학의 환경결정론적 틀과 대비하여 설명하지만, 환경결정론과 같이 환경과 인간을 대립 항으로 두고 환경의 일방적 영향을 말하는 것이 아니라, 자연과 인간의 유기적 관계에 기초하여 사람의 생명에 미치는 자연의 긴밀한 영향을 표현한 것으로 이해하는 편이 옳다.

『택리지』의 지역과 지리 서술방식을 보면, 지형적인 산줄기 맥[來脈]으로 지역 인식의 출발을 전개하는 유형이 드러난다. 「팔도총론」에서는 조선 팔도의 지리적 입지 개관을 산맥에서 비롯하여 다음과 같이 서술했다.

곤륜산 한 가닥이 대사막 남쪽으로 뻗어 동쪽으로 의무려산이 되었고, 여기에서 크게 끊어져서 요동 들이 되었다. 들을 지나서는 다시 솟

『택리지』「복거총론, 지리」.
이중환은 풍수적 조건을 가거지 입지 요인 중
가장 중요하게 생각했다.

아나 백두산이 되었는데 산해경에 불함산이라는 것이 이것이다. 산의
정기가 북쪽으로 천리를 달려가며 두 강을 끼었고, 남쪽으로 향하여 영
고탑을 만들었으며, 뒤쪽으로 뻗은 한 가닥이 조선 산맥의 우두머리로
되었다.[5]

· 「팔도총론」

이중환이 조선팔도의 지리를 '조선 산맥'에서 출발하는 입론은 다분히
풍수적이다. 풍수서에서 조종산祖宗山으로 일컫는 곤륜산으로 산맥의 연
원을 보는 견해가 그러하고, 국토와 지역의 지리적 인식과 지지적 서술을
산맥을 기준으로 삼아 드러낸 점도 풍수적 지형인식, 서술방식과 일치한
다. 이러한 그의 지역 서술방식은 개별 도에서도 그대로 이어진다. 예컨
대 「팔도총론, 황해도」에서 한 도의 조祖를 "백두산에서 뻗은 맥의 한 가
닥인 면악산"이라고 서술한 점이 그러한 인식을 반영한 것이다.

풍수의 비중과 위상

그러면 『택리지』에서는 조선 후기의 취락 입지 평가요소 중에서 풍수를 어떠한 비중과 위상으로 자리매김했을까? 이중환은 가거지 입지 요인의 네 조건인 지리라는 풍수적 조건, 생리生利라는 경제적 조건, 인심이라는 사회적 조건, 산수라는 문화적 조건 가운데 풍수적 조건을 가장 중시하고 우선시했다. 그는 취락입지에서 아무리 경제적 여건과 교통적 조건이 좋아도 풍수가 좋지 않으면 가거지가 될 수 없다고 했다. 이것은 취락입지에서 경제·교통 조건에 우선하여 풍수 국면의 필요조건을 최우선으로 강조하는 것이다.

　무릇 삶터를 선택하는 데에는 지리가 으뜸이고 생리가 다음이며 다음으로 인심이고 다음으로 아름다운 산수다. 네 가지 중 하나라도 없으면 낙토樂土가 아니다.[6)]

　·「복거총론」

　수구가 이지러지고 텅 비고 열린 곳은 비록 좋은 논밭이 만 이랑이고 큰집이 천 칸이나 되더라도 대개는 다음 세대까지 잇지 못하고 자연히 흩어지고 망한다.[7)]

　·「산수」

　청풍에 이르는데…… 사대부의 정각이 많고 의관 차린 사람이 모이며, 배와 수레가 모여든다. 또 국도의 동남방에 위치하여 한 고을에서 과거에 오른 사람이 많기로는 팔도 여러 고을에서 첫째이니 이름난 도회라 부르기에 족하다. ……지세가 서북쪽으로 쏟아지듯 하여 정기가 머물러 쌓이지 않으므로, 부유한 자가 적고 백성은 많으나 항상 구설이 많고 경박하여서 살 만한 곳이 못 된다.[8)]

　·「충청도」

이중환의 마을풍수론

이제 『택리지』에 표현된 풍수적 내용에 대한 풍수이론적 근거를 고찰하고 이중환의 마을풍수론 구성, 적용 사실과 이에 대한 이해를 도모해보자.

이중환의 『택리지』에서 지리인식에 대한 풍수적 견지가 가장 집약적으로 표현되어 있는 곳이 「복거총론, 지리」다. 여기서 말하는 지리는 풍수지리의 지리를 뜻하며 풍수와 동의어로 이해할 수 있다. 위 내용은 전적으로 풍수이론에 근거하고 있으며, 이는 당시 조선시대 사람들의 일반적인 마을입지관이자 마을선택이론이라고 할 수 있다.[9]

이중환은 가거지 선택에서 가장 긴요한 지리의 요소를 수구水口, 들의 형세[野勢], 산 모양[山形], 토색土色, 수리水理, 조산朝山과 조수朝水라는 여섯 가지 세부항목으로 나누었다. 들의 형세에 대한 설명을 제외하면 요소별로 서술된 내용은 풍수론에 근거한다. 『택리지』 본문에 서술된 풍수 관련 내용을 검토해보면 풍수이론의 수구론, 오성론, 형기론과 형세론, 이기론, 토색론, 형국론 등이 인용되거나 적용되었음을 알 수 있다.

그런데 이중환은 풍수의 논리체계를 그대로 마을입지론으로 수용한 것이 아니라 조선 후기의 시대적 사회 상황에 맞추어 마을입지론의 체계상에 풍수론을 재구성하여 적용했다는 점에 중요한 의의가 있다. 그가 기존의 묘터를 대상으로 하는 풍수이론체계의 구성과 다르게 수구, 들의 형세, 산 모양, 토색, 수리, 조산과 조수라는 여섯 가지 요소로 '마을'의 입지조건에 맞는 풍수이론체계를 새로 수립했다는 점을 먼저 지적할 수 있다. 수구나 들의 형세, 토색론 요소를 중시한 것이나, 모든 풍수서에서 핵심적으로 다루는 혈론穴論을 마을풍수 체계요소에 포함시키지 않은 것도 이런 맥락에서 이해할 수 있다.

특히 가거지 마을 선택을 위한 지리평가 기준항목인 여섯 요소 가운데 수구를 가장 중요시한 점은 조선 후기 농업생산력 수준을 감안한 사족집단의 마을입지론에 기초한 것이었다. 그리고 들의 형세에 대한 논의는 다른 풍수서에서는 찾기 어려운 것으로, 그의 마을입지 4요소^{지리·생리·인심·산수}에서 거론한 생리의 현실적 중요성이 반영된 것으로 보인다. 산 모양에 대한 지리적 요소의 설정과 의미맥락에도 이중환의 유학자적 정체성에 기초한 유교적 산수관이 결부되었을 것으로 추정한다. 이중환은 풍수서의 토색론을 응용하여 마을입지경관의 지형과 토양 조건을 평가했으며, 수리에 대한 설명에서는 기존 풍수서에서 묘터를 대상으로 하는 범주의 한계를 지적하고 마을 단위의 실생활에서 필요한 수리적 조건으로 새로 해석함으로써 마을풍수 입론의 실마리를 전개했다.

이러한 여러 측면은 『택리지』의 풍수체계를 단지 풍수론에만 의거하지 않고 이중환의 독자적 마을풍수론 편제와 이론 구성으로 강조한 의의가 있다. 이중환이 가거지 선정에서 여섯 가지 지리적 요소를 입론한 것의 풍수이론적 근거와 마을풍수론의 특성을 상세히 검토하면 다음과 같다.

첫째, 수구요소는 가거지 마을의 입지를 선정하는 마을풍수 체계 중에서 가장 주목되었다. 이중환은 가거지가 될 수 있는 마을을 선택할 때 수구를 가장 긴요한 지리적 조건으로 꼽았으며, 마을의 이상적인 지형조건을 '수구가 빗장 잠겨 있는 것'[水口關鎖, 「복거총론, 지리」]이라는 한마디로 요약했다. 더욱이 "빗장을 이룬 산세가 높은 산이건 언덕이건 간에 힘 있게 국을 막고 있으면 길하며, 세 겹 다섯 겹이라면 크게 길한데, 이런 곳이어야 군건하게 대대로 이어나갈 수 있는 터가 된다"「복거총론, 지리」라고 강조했다. 실학자 홍만선도 "지리는 (안이) 널찍하면서 (수구는) 잘록하여야 한다. 대체로 (마을 안이) 널찍하면 재물의 이익이 생산될 수 있고, (마을 동구가) 잘록하면 재리가 모일 수 있다"『산림경제』「복거」라고 같은 의미맥락으로 표현한 바 있다.

풍수의 일반적 원리는 '풍기風氣를 갈무리하고 모은다'는 말로 압축할 수 있다. 따라서 취락의 경우 장풍藏風, 곧 바람이 갈무리되기 위해 갖춰야 할 풍수적 국면으로 가장 우선시된 것이 '수구가 빗장 잠겨야 한다'는 지형조건이다. 산간이나 산골짜기의 마을입지조건으로 마을 뒤나 옆은 산으로 둘러싸여 있으나 마을 앞으로 경사져 시냇물이 흘러 나가는 방향은 열려 있거나 틈이 벌어져 있는 지형이 흔하니, 비유컨대 호리병 같은 마을 국면에서 목 부분이 수구가 된다. 그 수구로 마을 내의 지기가 빠져나간다고 생각하여 여기를 돌무더기나 숲 등으로 비보하기도 했다. 역사·사회적 배경 조건과 관련지어 볼 때, 마을의 수구경관과 수구비보의 요소는 조선 중기 이후 사족집단의 마을 형성 시기와 때를 맞추어 마을의 주요 경관으로 자리 잡는다.

둘째, 산 모양요소는 그가 감여가나 형세가[形家]의 말이라고 인용했듯이 풍수형세론의 지형 평가 방법과 견해를 그대로 수용했음을 알 수 있다. 다음에 인용한 본문에 따르면, 가거지 선정 기준으로 마을입지경관의 산 모양을 살펴보아야 하는 이유는 땅의 기운이 인재의 출생과 직결되어 있기 때문이다. 이와 관련하여 정약용도 『택리지』 발문에서 "산천이 탁하고 추악하면 민民과 물산에 빼어난 것이 적고 뜻이 맑지 못하다"라고 하여 산천의 기운이 인물에 미치는 영향에 대한 견해를 표명한 바 있다.

무릇 산 모양은 조종이 되는 산은 다락집이 치솟은 형세라야 좋다는 감여가의 말이 있다. 주산이 수려하고 단정하며, 청명하고 아담한 것이 상격이다. 뒤에서 내려온 산맥이 끊어지지 아니하면서 들을 건너다가 갑자기 솟고 큰 봉우리로 솟아나고, 지맥이 감싸 돌면서 골의 분지[洞府]를 만들어 궁 안에 들어온 듯 기분이 나며, 주산의 형세가 온화하고 중후하며 넓고 커서 겹집이나 높은 궁전 같은 것이 다음이다. 사방에 산이 멀리 있어서 평탄하고 넓으며, 산맥이 평지에 뻗어 내렸다가 물가에 그쳐서 들판 터를 만든 것이 또 그다음이다. 가장 꺼리는 것은 산줄기 맥이 약하고 둔하면서 생생한 기색이 없거나 혹 산 모양이 부서지고 비뚤어져 길한 기운이 적은 것이다. 땅에 생생한 빛과 길한 기운이 없으면 인재가 나지 않는다. 이러므로 산 모양을 살피지 않을 수 없다.[10]

· 「지리」

산 모양요소는 풍수론의 체계를 이루는 용·혈·사·수·향龍穴砂水向에서 사론에 해당한다. 사론은 풍수적 최적입지 선정에서 용론에 이어 적용하며, 이론체계상 풍수이론의 중간부에 있다. 이중환이 가거지 선정에서 필요한 취락풍수 방법론 체계에 수구와 들의 형세 다음으로 산 모양을 위치시킨 것도 이러한 풍수서의 영향을 받은 것으로 보인다. 그런데 산 모양을 풍수적 입지요소로 고려하는 것은 「복거총론」에서 네 요소 중 하나로 산수를 상세히 거론한 데서도 드러나지만, 유교적 산수관과도 결부되어 있을 것으로 추정한다.

이중환이 산 모양에서 눈여겨본 점은 해당 지역이나 장소 주위의 산이 살기를 띠었는가 하는 것이었다. 『택리지』의 「팔도총론」에는 지지 서술에서 터의 살기를 자주 언급했다.

살기를 벗은 산세가 들 가운데를 굽이쳐 돌았고, 두 가닥 물이 감싸듯 하여 정기가 풀어지지 않아서 살 만한 곳이 제법 많다.[11]

· 「전라도」

금강 북쪽과 차령 남쪽은 땅은 비록 기름지나 산이 살기를 벗지 못했다.[12]

· 「충청도」

이 점에서 조선 후기의 가거지에 대한 풍수적 평가에서 산세의 탈살^脫
^殺, 살기를 벗음 여부가 중요하게 생각되었다는 점을 알 수 있다. 살기를 논
한 것은 산의 기세를 형기로 판단하는 풍수 형기론^{形氣論}의 영향으로 보
인다. 아울러 『택리지』의 산에 대한 또 다른 풍수적 이해 방식으로, 조선
의 명산을 풍수적 오성론^{五星論}으로 분석하기도 했다.

> 월출산은 한껏 깨끗하고 수려해 화성^{火星}이 하늘에 오르는 산세다.[13]
> · 「전라도」

> 감여가는 속리산을 돌 화성이라 한다.[14]
> · 「산수」

> 태백산이 있는데 감여가는 하늘에 치솟은 수성^{水星, 水山}형국이라고
> 한다.[15]
> · 「경상도」

> 백악산이 되었다. 풍수 형세가^[形家]는 "하늘을 꿰뚫는 목성^{木星, 木山}
> 의 형국이며 궁성의 주산이다"라고 한다.[16]
> · 「경기」

오성론은 오행론을 풍수에 적용한 것으로 명대의 풍수서인 『인자수
지』에도 상세하게 입론된 바 있다. 『인자수지』는 조선 후기에 널리 필사
되어 지식인들에게 읽히면서 산 모양을 오행의 관점으로 해석하는 데 참

도읍인 한양의 주산 백악산(북악산)과 창경궁·창덕궁.

고되었다.

셋째, 이중환은 터에 드러나는 흙의 질과 색깔을 풍수적으로 평가하여 가거지 여부를 판단했다.

무릇 시골살이는 물로 둘러싸인 곳이나 물가를 막론하고 토색이 사토[沙土]로서 굳고 촘촘하면 샘물 역시 맑아서 이러하면 살 만하다. 만약에 붉은 찰흙이나 검은 자갈돌이나 누른 가는 흙[細土]이면 모두 죽은 흙이라서 그 땅에서 나오는 우물물은 반드시 장기[瘴氣]가 있으니 이러한 곳이면 살 수 없다.[17]

·「지리」

이러한 토색론은 풍수의 주요 경전에 등장하는 풍수적 장소 평가방식

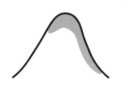

목성(木星)

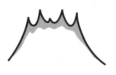

화성(火星)

토성(土星)

금성(金星)

수성(水星)

의 하나다. 『금낭경』 「귀혈」편에 따르면, "흙은 가늘면서도 굳으며 윤택하나 질어서는 안 된다. 비계와 옥을 자른 듯하고 오색을 갖추어야 한다. 물이나 자갈이 나오는 땅은 모두 흉한 땅이다"라고 했다. 이중환의 토색에 대한 풍수적 인식과 견해는 조선시대에 과거과목의 교과서였던 『금낭경』의 토색 논의를 참고하고, 가거지의 토양 조건에 대한 경험적 논의를 감안하여, 풍수적 평가로 응용하고 적용한 것으로 보인다.

넷째, 이중환은 여섯 가지 지리적 입지 요인 중 하나로서 수리水理를 논했다. 특히 수리요소의 논리에 대해서는 풍수서에 나와 있다고 하여 그대로 풍수론의 수론水論을 인용하는 형식으로 서술방식을 취했다. 그렇지만 이중환은 '집터는 묘터와 다르다'는 기능과 입지적 차별성에 주목했다. 기존에 묘터 위주로 서술되는 풍수서의 한계를 지적하고 마을입지의 수리적 조건을 새로 해석함으로써 마을풍수 입론의 실마리를 새롭게 제기했다.

> 무릇 물이 없는 곳은 사람이 살 곳이 못 된다. 산에는 반드시 물이 있어야 한다. 물과 짝한 다음에라야 바야흐로 생성하는 묘함을 다할 수 있다. 그러나 물은 반드시 흘러오고 흘러감이 지리에 합당한 다음이라야 비로소 정기를 모아 기르게 된다. 이런 것은 감여가의 술서가 있으니 갖추어서 평론하지 않는다. 그러나 집터는 묘터와 다르다. 물은 재록을 맡은 것이므로 큰 물가에 부유한 집과 유명한 마을이 많다. 비록 산중이라도 또한 시내와 산골물이 모이는 곳이라야 여러 대를 이어가며 오랫동안 살 수 있는 터가 된다.[18]
>
> ·「지리」

다섯째, 이중환은 가거지 마을이 갖춰야 할 지리적 입지요소 중에서 끝으로 조산과 조수를 서술했다. 조산과 조수는 풍수적 용어로, 풍수론의 명당 주변 지형을 평가하는 사신사론四神砂論에서 다룬 필수요소 가운데 하나다.

무릇 조산에 혹 돌로 된 추악한 봉우리가 있던가, 혹 비뚤어진 외로운 봉우리가 있거나, 혹 무너지고 떨어지는 듯한 형상이 있든지, 혹 엿보고 넘겨보는 모양이 있거나, 혹 이상한 돌과 괴이한 바위가 산 위에나 산 밑에 보이든지, 혹 긴 골짜기로 되어 기가 충돌하는 형세의 지맥 [冲砂]이 전후좌우에 보이는 것이 있으면 살 수 없는 곳이다. 산은 반드시 멀리 있으면 맑게 빼어나 보이고, 가까이 있으면 맑고 깨끗하여 사람이 한 번만 보아도 기쁨을 느끼며, 울퉁불퉁한 밉살스러운 모양이 없으면 길한 것이다.[19)]
　·「지리」

조수라는 것은 물 너머의 물을 말하는 것이다. 작은 냇물이나 작은 시냇물은 역으로 흘러드는 것이 길하다. 그러나 큰 냇물이나 큰 강이 역으로 흘러드는 곳은 결코 좋지 못하다. 큰 물이 역으로 흘러드는 곳은 집터나 묘터를 논할 것 없이 처음에는 비록 흥왕하여도 오래되면 패망하지 않는 것이 없다. 그러므로 이런 곳은 경계하지 않을 수 없다. 흘러드는 물은 반드시 산맥의 좌향과 음양 이치에 합치되어야 한다. 또 구불구불하게, 길고 멀게 흘러들어올 것이고 일직선으로 활을 쏘는 듯한 곳은 좋지 못하다.[20)]
　·「지리」

『택지리』에는 「복거총론, 지리」에서 체계적으로 논의한 가거지의 마을입지 6요소 외에도 본문 여기저기에 풍수적 표현과 인식이 나타나 있다. 그중 몇 가지를 더 들어 풍수론적 근거를 설명해보자. 이중환은 경기 지역에 분포한 왕릉의 풍수를 말할 때 방위를 판단하여 풍수를 평가하는 이기론理氣論의 논리를 다음과 같이 인용했다.

> 영릉英陵은 우리 장헌대왕을 모신 곳이다. ……술사는 "돌아오는 용이 북쪽[子坐]이고 서북방 물이 정동방으로 흘러 들어오므로 여러 왕릉 중에서 으뜸이 된다"라고 말한다.[21]
> ·「경기」

아울러 이중환은 모양새로 풍수적 의미를 해석하는 형국론 역시 감여가의 글이라는 전제하에 인용했다.

> 감여가는 "진봉산경기도 파주시 군내면은 옥녀가 화장대를 향한 지형이다. 그러므로 고려 임금은 여러 대를 이어 중국의 공주와 짝하게 되었다. 또 붓산[筆山]이 있는 까닭에 나라 사람이 중국 과거에서 많이 장원을 차지했다. 그러나 백호 쪽 산이 강하고 청룡 쪽 산이 약하기 때문에 나라에 훌륭한 정승이 없고, 여러 번이나 무신의 변란이 있었다" 한다.[22]
> ·「경기」

구체적 특정 마을에 대해 시냇물 소리를 풍수적으로 평가하여 낙토 여부를 가리는 언급도 눈에 띈다.

> 미원촌은…… 앞 시냇물이 너무 목메인 소리를 내니 낙토가 아니다.[23]
> ·「경기」

시냇물이 우는 듯이 들리면 낙토가 아니라는 논리 역시 풍수론에 전거를 댈 수 있다. 『설심부』에 따르면, "물이 우는 소리가 항상 들리면 상화喪禍가 자주 일어나네"라고 했거나, "동동동동 울려 밝은 것은 귀하고, 처처절절 슬피 우는 것은 재앙되네"라고 한 관련 대목이 있다. 이중환의 견해는 풍수론에서 제기하는 물소리와 관련한 장소 평가 논의를 현지에 적용해서 가거지의 판단 기준으로 삼았다는 데 의미가 있다고 본다.

이상과 같이 살펴보았지만 『택리지』의 핵심적 마을입지론으로 「복거총론, 지리」와 기타 풍수적 내용의 주요 논의는 풍수이론에 의거하거나 참고하여 서술되었음을 확인할 수 있다. 또한 조선 후기 당시에 지식인 사회에 널리 퍼져 있던 풍수론을 수용하여 마을입지론의 체계로 재구성하고, 현지의 자연지형 조건에 창의적으로 적용했다고 평가할 수 있다.

『택리지』에 서술된 풍수담론의 해석

『택리지』「팔도총론」에는 조선 후기에 문헌이나 구전으로 전승되었던 도참비기와 십승지론, 풍수설화 그리고 섬 지역의 민속적 풍수와 관련된 내용이 인용되어 당시 풍수에 대한 사회적 담론을 알 수 있다. 『택리지』에 인용된 이들 논의는 풍수의 역사적 전개 과정에서 성행하던 풍수와 관련된 사회적 담론이 도참이나 설화 등의 형태로 사회계층과 지역 주민들의 풍수적 경관 인식에 의미 있게 잔존한 것이다.

『택리지』에는 도선과 남사고 등을 가탁한 비기 중 일부가 실려 있으며, 『정감록』의 십승지에 대한 언급도 눈에 띈다. 비기와 관련된 내용으로 한양과 개성의 국도풍수에 관한 도참이 표현되었다. 『택리지』에는 당시 향촌사회에서 회자된 것으로 보이는 단맥설화斷脈說話에 대한 내용이나 섬의 풍수에 대한 지역 주민의 견해도 포함되어 있다. 이러한 사실을 보아도 조선 후기 사회에 풍수도참과 풍수설화가 지식인 계층과 향촌사회에서 담론 형태로 널리 퍼져 있었음을 짐작할 수 있다.

풍수도참은 풍수와 도참이 결합한 형태로 고려시대에 비보풍수와 함께 사회적 담론으로 성행했다. 도참은 조선 전기에 유학자들에게 집중적으로 비판받은 바 있다. 조정에서는 도참을 금기시했으며, 그에 따라 고려시대에 풍수도참설로 굳게 결합했던 것에서 도참이 분리되어 풍수론만이 국가 관청서운관 또는 관상감에서 전문적으로 연구되고 왕실의 각종 사업에 활용되었다.

그렇지만 조선 중·후기에 겪은 전란과 사회적 혼란으로 풍수론과 결합된 도참과 비기가 서민들과 지식인층에게 널리 퍼졌고 사회적으로 영향을 미치게 되었다. 그 집대성으로 등장한『정감록』은 조선 후기 사회에서 풍수도참의 사회담론을 널리 형성하는 결정적 계기가 되었다.『택리지』를 풍수도참서의 체제로 바꾼『조선팔도비밀지지』같은 책에서는 '단춘사군론'丹春四郡論, '병화불입지지론'兵火不入之地論 등 목차가 비기적 내용의 제목으로 편제되기도 했다.「팔도총론」에 인용된 풍수도참 내용을 살펴보자.

신라 때 승려 도선의「유기」留記에 "왕씨를 이어 임금 될 사람은 이씨이고, 한양에 도읍한다" 했다. 그 기록 때문에 고려 중엽에 윤관을 시켜 백악산 남쪽에 터를 잡아 오얏을 심어놓고 무성하게 자라면 문득 잘라서 왕성한 기운을 눌렀다.[24]

·「경기」

도선의「유기」에 "흙을 허물지 말고 흙과 돌로 북돋워서 궁전을 지어야 한다" 했다. 그 까닭에 고려 태조는 돌을 다듬어서 충계를 만들어 기

흙을 보호하며, 그 위에다 궁전을 세웠다.[25]

· 「경기」

이중환이 비기의 저자로 인용한 도선은 고려와 조선사회에서 풍수도
참을 대표하는 인물로 역사에 큰 영향을 주었다. 도선이 남겼다는 비기가
『택리지』에도 인용된 것으로 보아 조선 후기 지식인과 민간계층에 널리
알려졌던 것 같다. 같은 계통으로 『택리지』에는 십승지에 대한 논의도 소
개되었다. "남사고의 십승기에 유구·마곡사 두 골물 사이를 피난할 곳이
라 했다"라고 적었다.[26]

십승지에 대한 담론은 조선 후기 사회혼란기의 민중에게 피난지 또는
보신지保身地 의식뿐만 아니라 이상향으로서 실제적 이주동기로 작용하
기도 했다. 십승지로 거론된 주요한 곳에는 외부에서 주민들이 전입하여
마을을 이루어 승지촌이 만들어지기도 했다. 『정감록』류의 문서로 전해
지는 십승지에 관한 기록은 비기류 중에서 「감결」 「징비록」 「유산록」 「운
기귀책」 「삼한산림비기」 「남사고비결」 「도선비결」 「토정가장결」 등에 나
타난다. 여러 십승지 관련 문헌에서 대체로 일치되는 십승지의 장소는 영
월의 정동 쪽 상류, 풍기의 금계촌, 유구와 마곡 사이, 합천 가야산의 만수
동 동북쪽, 부안 호암 아래, 보은 속리산 아래의 증항 근처, 남원 운봉 지
리산 아래의 동점촌, 안동의 화곡, 단양의 영춘, 무주의 무풍 북동쪽 등이
다. 그중에서 『택리지』는 유구와 마곡 사이의 피난지를 언급했다.

풍수설화는 일반 서민들의 풍수적 인식과 태도를 분석하는 데 매우 유
용한 소재가 된다. 일반 민중은 문자로 된 기록 대신에 설화로 영향력 있
는 풍수적 인식과 태도를 전승하고 사회적인 담론으로 정착시키기 때문
이다. 그중 단맥형 설화는 주로 대외적인 외세와 갈등과 신분계급 간 또
는 빈부계층 간의 갈등이 주종을 이룬다. 시기적으로는 임진왜란과 일제

강점기의 것이 많다. 「팔도총론」 경상도에는 임진왜란 시기에 빚어진 선산의 단맥에 대해 다음과 같이 서술했다.

임진년에 명나라 군사가 이곳을 지나갈 때 명나라 술사가 외국에 인재가 많은 것을 꺼리어서, 군사를 시켜 고을 뒤 산맥을 끊고 숯불을 피워서 뜸질하게 했다. 또 큰 쇠못을 박아서 땅의 정기를 눌렀는데 그 후로는 인재가 나지 않는다.[27]

· 「경상도」

『택리지』에는 섬풍수[島嶼風水]와 산줄기 맥[來脈]에 대한 지역 주민들의 이해와 설화적 언급도 표현되어 있다.

해남현 삼주원에서 돌 맥이 바다를 건너 진도군이 되었는데…….[28]

· 「전라도」

마이산의 서쪽과 북쪽에서 뻗은 두 지맥은 진잠과 만경에서 그쳤다. 거기에서 가장 긴 것은 노령에서 세 가닥으로 갈라져 서북쪽 두 지맥은 부안·무안을 지난 다음 흩어져서 서해 복판의 여러 섬이 되었다.[29]

· 「산수」

월출산 한 맥이 남쪽으로 뻗어가서 해남현 관두리를 지난 다음, 남해 복판의 여러 섬이 되었고, 바닷길 천리를 건너서 제주 한라산이 되었다. 또는 한라산 맥이 또 바다를 건너서 유구국오키나와이 되었다 한다.[30]

· 「산수」

풍수론에서는 바닷가 또는 도서지역에서 명당을 찾는 논의는 드물고 주로 내륙 분지 지형의 입지평가에 치중되어 있다. 일반적으로 풍수적 명당 지세가 갖추어야 할 필수적 요건은 조산부터 주산의 혈에 이르기까지 산맥의 연결성을 중시하며 산의 맥이 멀면 멀수록, 세가 크면 클수록 좋다고 본다.

그런데 도서지역 풍수의 기본적 조건을 이루는 산줄기 맥은 바다 때문에 내륙의 산지와 끊겨 있어 산줄기의 연결성을 어떻게 확보할지 문제가 된다. 그 해결 방안으로, 섬풍수에서는 바다 속으로 섬까지 내륙 산지의 맥이 이어진다는 견해가 나타난다. 인용문에 표현되어 있듯이 진도와 서해안의 섬 그리고 제주도의 한라산은 내륙에서 맥이 뻗어서 이어졌다는 것이다. 이러한 섬풍수의 산줄기 맥에 대한 이해는 중국의 풍수이론과는 다른 한국의 섬지역에 나타나는 풍수담론의 독특한 해석이자 이해방식이기도 하다.

이상과 같이 살펴보았지만 『택리지』에 거론된 도참비기와 풍수설화는 조선 후기에 전개된 풍수담론의 양상을 드러내주는 자료로 평가된다. 그러면 『택리지』에 반영되어 있는 풍수적 인식과 풍수담론이 조선 후기의 역사적 상황과 사회집단에 어떻게 연관되어 이해될 수 있는지 살펴보자.

『택리지』, 조선후기 사족층의 경제·사회적 풍수지식의 소산

『택리지』에서 가거지를 고르는 주체는 사대부 집단임이 분명히 명시되어 있다. 『택리지』는 조선 후기 사족층의 가거지 선택에 대한 관심이 반영된 대표적 저서였다. 이러한 사실은 『사대부팔역가거지』라고 표현한 『택리지』 이본異本의 명칭에서도 드러난다. 따라서 『택리지』라는 저술이 조선 후기의 사회에 탄생한 것은 조선 중·후기에 사족층의 마을 형성

과 관련된 역사적 배경 맥락에서 이해할 필요가 있다. 그리고 사족촌土族村의 풍수적 입지는 조선시대의 농업생산력과 농경기술, 특히 관개시설과 조응관계에 있었다.

한국에서 사족촌은 조선 전기 무렵에 시작되어 조선 중·후기에 급격하게 확산되었다. 사족들에게 마을의 입지는 주거지의 양호한 지리적 조건과 풍수적 형세뿐만 아니라 경제적으로 농경의 지속가능한 조건이 수반되어야 했다. 지속가능한 주거생활을 영위하려는 최적지를 선택하는데 목적이 있었기에 농업생산력과 농경기술에 따른 적합한 입지조건을 갖춘 장소를 추구했다.『택리지』에 언급된바, 조선 후기에 일반적인 마을입지 패턴으로 시냇가 주거[溪居]·강가 주거[江居]·해안가 주거[海居]의 입지 형태에서 시냇가 주거가 가장 높이 평가된 것도 당시 수리관개시설에 기초한 농경제적 발달에 조응한 것이다.

이렇듯 이중환이 최적의 가거지 입지경관으로 지적한 시냇가 주거는 당시 경제적 농업생산력, 농경조건과 결부해 이해할 수 있다. 농업생산력의 수준에 기초할 때 지형적으로 사족촌의 최적 입지조건은『택리지』의 지리에서 말한 여섯 가지 지형요건과 부합되었다. 따라서 풍수적 입지론은 사족촌의 최적 입지를 뒷받침해주는 공간논리로 활용될 수 있었다. 이상에서 살펴보았지만『택리지』라는 텍스트는 조선 후기에 농업생산력 수준에 기초하여 사족층 사회집단의 마을입지와 관련되어 경제적·사회적 필요성이 반영된 풍수지식의 소산이었다.

17 최한기의 기학적 지리인식과 풍수

최한기는 조선 후기 실학자 가운데 자신의 독창적 기학체계로 지리와 지기 논의를 전개한 학자다. 그는 기학적 지리학을 달성하는 방법과 계통으로 지지학地誌學·지기학地氣學·지구학地球學 체계를 수립했다.

한국지리학사에서 최한기의 위상은 조선시대의 지리학적 전통과 서구 근대지리학의 성과를 포괄적으로 잇는 가교적 위치에 자리 잡고 있을 뿐만 아니라, 독창적 학문체계 구성은 한국적 지리학의 정체성 수립에 한 지침이 될 이정표로 의의가 있다. 최한기 지리학의 정체성은 지지학·지기학·지구학의 삼자가 기학적 바탕에서 상호통합된 체계를 갖춘 것이다. 이러한 조선 후기 지식인으로서 최한기의 기학적 지리학의 비전은 동시대에 전개된 근대 서구지리학의 틀과 한계를 뛰어넘은 새로운 패러다임을 제시한 것으로서 역사적 의미가 깊다.

일찍부터 최한기는 학계의 주목을 받아왔으며 각 학문 분야에서 수많은 연구 업적이 나왔다. 지리학 분야에서도 논문이 몇 편 발표된 바 있는데, 이들 논문은 각각 최한기의 세계지리인식, 지지·지도학 분야의 개괄적 이해에 큰 도움을 주고 있다. 여기서 최한기는 "중화적인 전통적 지리관을 초극한 자""조선 최초로 서구지리학을 수용한 근대적 의식을 지닌 지리학자""체계적이고 근대적인 세계지지서를 편찬한 지리학자""기철학과 서양의 과학지식을 통합하려는 학문적 시도를 한 지리학자" 등으로 평가받았다.

선행 연구에서 주목할 사실은, 최한기의 지리학적 업적을 그의 학문체계에서 핵심이 되는 '기학'적 토대에 두고 있다는 점이다.

최한기의 실학적 지리인식의 기반은 기의 철학이었다. 그의 지리적 인식은 주기적主氣的 철학정신에서 천·지·인의 관계를 지리적으로 '추측'하고 '체인'體認, 몸으로 앎하려는 무실적務實的인 노력…….[1]

최한기의 지리에 대한 관심의 목표는 기화를 깨닫는 것에 있었다는 점에서 서구지리학과는 분명한 차이가 있었다…….[2]

『지구전요』는 지구와 세계 각 지역의 지리적 지식을 제공하려고 편집된 단순한 세계지리지가 아니라 기철학과 서양의 과학 지식을 통합하려는 학문적 시도였던 기학의 실험장…….[3]

최한기의 지리인식과 지기론은 그의 본질적 사상체계인 '기학'을 바탕으로 그것과 관련선상에서 파악해야 하며, '기'와 지리 또는 '기학'과 지리학의 상관관계와 연구 방법론을 해명하는 것에 있다고 판단된다. 최한기의 기학체계는 지리학에 기초하여 성립되었고, 지리학은 기학적 토대에서 이루어졌기 때문이다.

기학적 지리학의 핵심과 특성

최한기는 학문적 종지로 삼았던 기의 운동·변화를 체인하고, 그것의 토대를 이루는 지리를 이해하려고 체계적인 접근방법을 취했다. 그러면 이러한 그의 기학과 지리학의 내재적 연관성을 형성하는 철학사상의 핵심 고리는 무엇이며 어디에서 연원할까? 최한기의 심중에 자리 잡고 있는 땅과 사람의 관계[地人關係]는 무엇인지, 그의 기학적 지리학에서 나타나는 특성은 무엇인지를 요약·정리해보자.

첫째, 최한기의 기학적 지리학은 '천지에 대한 효' 관념이라는 유가적 철학사상에서 비롯했다. 이것은 당연하지만 유학적 정체성이 있는 최한기의 사상적 배경에 뿌리를 둔 것이다. 최한기에게 사람은 '천지부모가 낳아준 몸[4]'이었고, 따라서 "효는 기의 운동·변화를 따를 때 가장 먼저 해야 할 일"이었다.[5] 그에게 효는 부모에게 침식을 봉양하는 것부터 하늘과 땅을 섬기는 일[事天事地] 그리고 정신적으로는 하늘의 이치[神明]에 통하고 공간적으로는 온 세상[四海]에 도달하는 것 모두였다.[6] 곧 천지의 운동·변화를 따르는 것은 그에게 천지에 대한 '효'와 다름없었다. 이러한 사실에 관해 최한기는 일찍이 『추측록』에서 다음과 같이 말했다.

아버지 섬기는 것을 미루어 헤아려[推測] 하늘을 섬기고, 어미 섬기는 것을 미루어 헤아려 땅을 섬긴다. 사事란 받들어 섬긴다는 것이니, 보답해야 할 것이 있으면 마땅한 바에 따라 받들어 섬기는 것이 사람의 도리다. 부모가 두루 돌보고 애쓴 노고는 가깝고 절실하나, 천지가 짓고 통솔하며 생성한 (은혜는) 멀고 크다. 가깝고 절실한 부모는 겨울에는 따뜻하게, 여름에는 시원하게 모시며 아침마다 문안을 드려 정성스레 봉양하고 사랑으로 공경하여 자연 그 헤아림이 있으니, 이것은 인정으로 인정을 보답하는 것이다. 멀고 큰 천지에는 구구하게 공功을 섬기며 받들 수는 없고, 마땅히 받은 바를 오로지 하여 능히 성취함으로써 멀리 벗어나지 않게 할 것이다. 천지가 이미 나에게 심성을 주어 몸을 관할하고 사리를 추측하게 했으니, 마음에 지녀 품성을 기르는 것이 곧 하늘을 섬기고 땅을 섬기는 것이다. 이것은 대화大化로써 대화에 보답하는 것이다. 부모는 친절하고 가까운 천지이고, 천지는 멀고 큰 부모가 되는 것이다.[7]

· 「추물측사」

이러하듯 최한기의 '천지 부모' '천지 섬김'의 사유는 그의 지리학 연구의 지향이자 철학적 성정이었음을 알 수 있다. 그리고 앞에서 "온 세상[四海]에 대한 이해와 섬김에 도달하는 것도 효"라고 표현한 것으로 보아 그의 세계지리서인 『지구전요』의 저술 역시 궁극적으로는 이러한 '효' 관념이 저술의 동기이자 의의가 되었음을 추측할 수 있다.

둘째, 최한기는 자연천지과 인간의 상관적 인식을 통한 인도人道의 계발이라는 목적의식이 있었다. 자연에 대한 이해가 확충됨에 따라 인도가 밝아질 텐데, 이를 위해서는 천지와 사람이 교섭되어야 한다고 했다. 지리학의 목적이자 토대가 되는 사람과의 관계성을 파악한 것이다. 『신기통』神氣通 권1, 「체통」體通에는 다음과 같은 언급이 있다.

천지의 이치가 점점 밝아지면 인사人事도 이에 따라 밝아진다. 이것이 하늘과 사람의 신기이다. 만약 천문역법의 이치[曆理]와 지구가 점차 밝아지더라도 인도가 더욱 밝아지는 것과 아무 관계가 없다고 한다면, 이것은 바로 하늘은 제 혼자 하늘이고 땅은 제 혼자 땅이고, 사람은 제 혼자 사람이 되어 결국 아무런 관계도 교섭도 없는 것이다. 어찌 이러한 일이 있겠는가? 하늘과 땅과 사람과 물건은 바로 한 신기의 조화다. 천지의 이치가 점차 밝아지고 기설氣說이 점점 통하면서부터 하늘과 땅과 사람과 물건에는 더욱 증험하고 시험할 길이 생겼다.

· 「추물측사」

셋째, 사람의 자연에 대한 관계와 태도에 대한 논의로 지기사연론地氣使然論과 지기가능론地氣可能論의 인식을 들 수 있다. 지기사연론이란 지기는 그 자리에서 사는 생명과 직결되어 적소에서 생명을 보전하거나, 장소를 옮겨 생명을 해치는 것은 모두 지기가 그렇게 하는 것이라는 인식이다. 이것은 장소적 유기체에 대한 지기의 영향력을 표현한 것으로 서구지리학의 환경결정론적 사고방식과 대비될 수 있다.

그럼에도 사람은 지기의 영향을 받지만 지기를 선택할 수 있는 능동적 존재로서 위상을 지닌다고 파악했다. 이러한 인식은 다분히 서양지리학의 환경가능론에서 표현되는 자연-인간관계의 설정 방식과 유사하다. 따라서 최한기의 지기가능론은 지기가 사람에게 미치는 영향과 이에 대한 인간의 능동적 대응에 대한 지리철학적 인식이다. 생명과 직결된 지기는 사람에게도 직접 영향을 미치고, 사람은 지기를 가릴 수 있는 능동적 존재로서 설정되는 의미가 있다.

넷째, 사람은 지기와 능동적 관계를 맺는 존재이기에, 지기를 변통할 수 있는 공부로 지리 학습과 지리학 교육의 필요성이 중시된다. 사람의 형질은 거주하는 지역의 자연환경, 부모의 유전적 형질 그리고 후천적 학습이라는 요소에 따라 생성되는데, 자연환경과 부모는 이미 결정되어 바꾸기 어려우나 학습요소는 사람의 노력 여하에 따라 적극적으로 바꿀 수 있는 변통의 공부가 된다는 것이다. 다음 인용문을 보자.

거주하는 자연환경[水土]과 부모의 정혈이 근원과 기초가 되어 형질을 생성하니, 학습하여 천지의 신기神氣를 도야한다. 대인국大人國······소인국小人國과 기괴한 형상을 한 토인土人이 사는 나라는 풍토에 따라 생긴 것이다. ······사람의 몸에 신기를 생성하는 요소는 네 가지다. 첫째는 하늘이요, 둘째는 풍토며, 셋째는 부모의 정혈이요, 넷째는 보고 듣고 익히는 것이다. 앞의 세 가지는 이미 타고난 것이라 거슬러 바꿀 수 없으나, 나머지 한 가지는 변통하는 공부가 된다.[8)]

· 「사일신기」

다섯째, 지리인식 방법론의 특징으로, 심신에 내재한 기의 추측에 따른 지리적 체인體認 방법을 보인다. 이것은 운동·변화의 기가 자연과 사람에게 상응하고 일치한다는 철학적 전제에 기초한다. '체인'이라는 표현에서도 알 수 있듯이 그의 인식방법은 서양적 지리인식의 이성적·객관적 사고가 아니라 자신과 외물의 실재적 동일성에 기초한 천인일치·주객또는 내외 일치적 사고방식임을 알 수 있다. 심신에 내재한 기로 추측하여 운동·변화의 기를 체인할 수 있는 접근방법은 지인상응적인 철학적 인식으로 표현되었으며, 지체地體와 인체의 유비類比와 대응의 인식구조로도 나타났다.

기의 탁한 찌꺼기가 몽기蒙氣가 되고, 몽기의 탁한 찌기가 물이 되고, 물의 탁한 찌기가 진흙이 되고, 진흙이 딱딱하게 굳은 것이 토석이 되고, 토석의 큰 덩어리가 땅이다. 지구는 둥근데 달보다는 크고 해보다는 작다. 땅에서 멀리 가면 기가 맑고, 땅에 가까이 가면 점차 기가 탁해진다. 기는 몽기를 싸고, 몽기는 수토를 싸는데, 마치 물건을 겹겹이 싼 것과 비슷하다. 그러나 간격이 없고 안팎이 서로 응하여 사람의 살갗·살·피·뼈와 다름이 없어 한 몸을 이루는데, 다만 맑고 탁함의 구별이 있을 뿐이다.[9)]

· 「추물측사」

여기서 주목되는 것은 (기-몽기)-물-진흙-흙-바위-땅[地體]을 사람의 (기)-피-살갗-살-뼈-몸으로 비유하고, 땅을 이루는 각각은 유기적 '일체'를 이룬다는 인식이다. 물:피, 진흙:살갗, 흙:살, 바위:뼈 등으로 지체와 인체가 대응한다는 유비적類比的 인식구조는 『기학』에서도 볼 수 있다. "천인 운동·변화의 기가 인체의 표면에서 서로 만나 어울리니 이는 천지 운동·변화의 기가 땅의 표면에서 만나 어울리는 것과 다르지 않다"[10]라고 했다. 이러한 관념은 최한기와 벗이자 동학이었던 고산자 김정호가 「청구도」의 범례에서 "산등성이[山脊]와 물줄기[水派]는 지표면의 근육과 뼈[筋骨]와 혈맥血脈"[11]이라고 한 지리적 인식과도 일맥상통한다.

여섯째, 지리적 장소의 차이성과 장소적 적합성의 이해와 그에 따른 전근대적 환경평가에 관한 인식이다. 최한기에게 장소 또는 지역은 특수성과 다양성을 지니고, 만물에는 각각 장소 적합성이 있다. 지기는 지형에 따라 장소적·지역적 다양성과 특수성이 있으니, 지형·수문·토양의 특수성은 지역적 다양성을 지니게 하는 요인으로 작용한다고 이해했다.

지리적 풍물과 풍토의 다양성은 운동·변화하는 기의 본성이 드러난 것으로, 그러한 기화의 지리적 다양성에 대한 정보는 지도와 지지로 파악할 수 있다고 했다. 따라서 지기의 장소적 다양성과 특성에 따라 만물의 적성과 그에 따라 기르는 것도 서로 다르고, 토산물로 지기 적합성 여부가 판단된다고 했다. 지기는 지역적 특수성을 지녔고 만물에는 마땅한 적합성이 있기에 사람과 사물이 풍성한지 아닌지로 지기가 알맞은지 아닌지를 증험할 수 있다는 것이다.

일곱째, 지형과 기후에 대한 상관적 인식이다. 지기의 이해에서 천기와 상관적으로 이해하는 논리와 같은 것이다. 그는 기후적 운동·변화가 지형적 형질을 규정하는 원인이 된다고 했다. 최한기는 지리학의 대상인 기氣를 물질적·유형적으로 파악했는데, 크게 형질과 운동·변화운화로 나누었다. 형질의 기는 땅·달·해·별과 만물의 형체로서 지형학·지구과학

적 대상이고, 운동·변화의 기는 비·바람·구름 등과 춥고 더움·건조함
과 습윤함으로 기후학적 대상이다. 둘의 관계를 보면, 형질은 기의 운동
으로 이루어지는 속성이 있다. 최한기는 "형질의 기는 운동·변화의 기로
말미암아 이루어진 것"[12]이라고 생성관계를 인과적으로 표현했다. 요컨
대 기후의 원인에 따른 지형의 형성과정을 말한 것으로 이해할 수 있는
것이다.

기학적 지리학

최한기는 방대한 학문적 업적을 남겼지만 지리학 분야의 주요 업적은
다음과 같다. 32세[1834] 때 중국 장정병의 만국경위지구도萬國經緯地球圖를
고산자 김정호와 협력해 판각하여 중간重刊했고, 같은 해 김정호의 청구
도에 서문을 썼다. 55세 때[1857]에는 기학적인 세계지지서의 집대성으로
『지구전요』地球典要 13권 6책을 지었다.

지리 분야 이외의 저술에서도 34세 되던 해[1836]에 편찬한 『기측체의』氣
測體義에는 지리인식론과 방법론으로 해석할 수 있는 글이 일부 포함되어
있다. 『지구전요』와 같은 시기에 저술한 『기학』氣學, 1857, 58세[1860]에 완성
한 『인정』人政에도 지리사상·지지학·지기론으로 볼 내용이 단편적으로
보인다.

최한기의 저술을 종합적으로 살펴보면, 그가 지리를 지리지와 지도, 지
구, 지기, 풍수라는 포괄적 범주로 인식했음을 알 수 있다. 또 "지도와 지
지를 버리고는 지리를 알 수 없다"[13]라며 지리의 부문으로서 지도와 지
지의 중요성을 강조했다. 그의 지리 범주에 대한 포괄적 인식은 기학체계
가 정립되어나가면서 지지학·지기학·지구학이라는 기학적 지리학의 체
계를 구축하는 바탕이 되었다. 다음 인용문에서 보듯이 지리학은 풍속이

라는 지지적 항목을 알 수 있는 학문으로 이해되었으며, 지리를 물산과 병렬해 서술한 것도 지지학적 지리인식의 방증이다.

> 고금의 일상적으로 행하는 일에는 모두 학學이라는 이름이 있다. 심학心學·성학性學·천문학·지리학·경학·사학·예학·수학·율학·병학兵學·기용학器用學·방술학 등부터 세세한 사무에 이르기까지 학이 아닌 것이 없다. ……이들은 모두 사람의 작용[用人]으로 근본을 삼는다. ……지리학이 사람의 작용에 준거하면 풍속을 다 알 수 있고…….”14)
> ·「용인문」

> 어렸을 때부터 타고난 재주가 총명하고 지혜로운 사람은…… 예율禮律 정교政教, 역상曆象 수리數理, 지리地理 물산物産, 육예六藝 백가百家, 외도外道 이단異端, 방술方術 잡학雜學 등 인간의 모든 일을 하나도 빠짐없이 배우려 한다.15)
> ·「교인문」

한편, 최한기는 풍수 또는 지리와 함께 ‘지학’地學이라는 용어도 썼다. “방술의 학문이 극히 성한 나라에서는 듣고 보는 것이 방술이 아닌 것이 없다. ……그중 혹 경학經學·이학理學·심학心學·선학禪學·천학天學·지학地學 등에 종사하는 사람이 있더라도 겉으로는 그 학문의 이름을 빌리지만 안으로는 실제 방술에 물들어 있다”16)라고 지적했다. 그는 또한 “술객들은 재앙과 상서로움[災祥]으로 천문을 삼고 화복으로 지리를 삼는데,”17) “방술학, 외도학은 대기의 운동·변화에 말미암지 않고 편벽된 사의私意에 따라 교법教法과 학문學文을 세우는 것”으로서 경계했다.18) 여기에서 지리 또는 지학이 조선 후기에 타락일로를 걷던 술법적 발복풍수를 지칭하는 것임을 알 수 있다.

그간의 연구에서는 최한기가 조선 후기의 지리학 풍토에서 받은 영향을 크게 두 가지 흐름으로 보았다. 하나는 중국을 통해 유입된 세계지리적 지식이요, 또 하나는 국내에서 발달한 지리지·지도·실학적 지리학이다.

조선조 유교지식인이 품었던 중화 중심의 지리지식과 『산해경』류의 형이상학적 지리이해에 변화를 가한 역사 충격은 대륙에서 조선 후기 사회로 도입된 '한역서학'이다. 한역서학지리서에 빠른 반응을 보인 조선 후기 유교지식인은 성호학파의 학인들과 북경을 왕래할 기회가 있었던 북학파의 학인들이었다. 17세기 이후 도입된 한역서학지리서·한역세계지류와 19세기 중반에 흘러든 태서신서泰西新書는 최한기의 지리학으로 이어진 서학의 맥이다.[19]

최한기의 지리인식에 영향을 준 또 하나의 흐름은 국내에서 지지·지도·실학지리학이 발전한 것이다. 조선 후기, 특히 18세기에 들어 국가적 관심 속에서 읍지와 지도 제작이 활성화되었다. 실학지리학 측면에서는 이중환의 『택리지』 같은 새로운 국내 지지가 출현했고, 고증을 위주로 한 역사지리학적 문헌들이 나왔다. 성호 이익·여암 신경준申景濬, 1712~81 등 종합적 시각과 문제의식을 지닌 지리학자들이 출현하여 19세기의 다산 정약용으로 이어졌다.[20]

최한기의 지리학은 이러한 대내외적 배경 아래에서 나왔다. 지리학에서 볼 때 19세기 중엽은 최한기, 김정호 등 대가들이 배출된 황금기였다고 할 수 있다.[21]

최한기는 조선 후기의 이와 같은 대내외적 지리학 성과를 흡수하는 과정에서, 자신의 유학적 정체성에 기초한 기학체계로 지리 지식을 통합했고, 이윽고 독창적인 기학적 지리학으로 발전시키게 된다.

그러면 최한기가 지향하는 학문적 목표·태도와 관련하여 그의 '기학' 체계는 어떤 계통적 학문으로 구성되었고 거기에서 지리학의 위상과 의의는 무엇인지 살펴보자.

최한기의 학문적 본령을 단적으로 압축한 용어는 그가 만년에 쓴 책이름에서 보이듯이 '기학'이다. 최한기는 우주·자연의 모든 존재와 현상이 오로지 기에 말미암았다고 생각했다. 그에게 기는 우주관과 역사관 그리고 모든 사물관과 현실의 사회·정치의식의 기반이었다.[22]

이러한 기적 세계관은 그가 34세 때 지은 『기측체의』에서 55세 때 쓴 『기학』으로 정리되기까지 줄기차게 추구되어왔다. 따라서 모든 학문 영역과 대상은 기학적 범주에서 체계화되었고 지리학도 예외가 아니었다. 최한기의 기학적 전통은 유학적 기론에 맥을 대었으나 복고적 답습이라기보다는 새로운 시대정신을 받아들이고, 당시 동서양의 학문적 성과를 아우르는 독창적 학문체계의 구축으로 나아갔다.

최한기는 '기학'에 포함되는 계통적 학문을 정학政學, 경학經學, 역수학歷數學, 기용기계학器用器械學, 공장기예지학工匠技藝之學, 물류·격물학物類·格物學, 전례학典禮學, 형률학刑律學 등으로 포괄하여 열거한 바 있다. 그중에서 지리학은 역상歷象·기계機械와 함께 학문·정교政教에 실용이 있고 후생이 되는 도리의 학문이라고 표현되었다.[23] 지리학이 그의 '기학'적 체계에 포괄되는 '실학'이었음은 인용문에서도 암시된다.

기화로 말미암아 정치가 있고 교화가 있다는 것을 상세히 알지를 못했다. 그러다가 역상歷象·지리에 점점 경험을 얻고야 신기神氣·형질形質이 하늘의 정교를 베푸는 조리가 되어 사람이 어길 수 없다는 것을 알게 되었다.[24]

그러면 최한기가 기학으로 추구하려던 학문적 목적과 태도는 무엇이었을까? 그는 자신의 학문적 목적을 "기화의 체인으로 천도를 규명하고 인도를 밝혀서 궁극적으로 대동사회를 이루기 위함"이라고 스스로 밝혔다. 기로 운영되는 질서의 관계적 속성과 이치를 규명하고 역동적 변화과정을 체득힘으로써 대동적 이상사회를 구현하는 데에 있는 것이라고 해석할 수 있다.

여기서 지리학은 이러한 목적을 이루려는 '실학'으로서 구체적 수단이자 방법이었다. 최한기는 이를 위해 학문적으로 실학적 격물치지의 태도를 취했다. 그가 "허를 버리고 실을 취한다"[25]라고 한 데서도 알 수 있듯이 그의 '실학'은 형체가 있어 잡을 수 있고 물物에 처處하여 증험할 수 있는 것이었다.[26] 이처럼 최한기의 학문적 목적과 태도에는 실학을 지향하는 조선 후기 유교지식인의 사고방식과 가치관이 기본적으로 투영되어 있음을 알 수 있다.

이러한 최한기의 실학적 학문 태도는 삶의 과정에서 인식되는 구체적인 지리적 연관성에 대한 탐구라는 지리적 관심으로 나아갔다. 이것은 지리·지구에 대한 기학적 이해의 필요로 자연스럽게 이어졌다. 최한기는 지구와 지리에 관한 정밀한 이해가 전제되어야 궁극적인 학문의 목적인 기화氣化를 깨닫고 인도人道를 밝힐 수 있다고 했다. 실제 그는 "지구가 자전하고 공전하는 것이 기학의 입문이 되었다"[27]라고 언급할 정도로 기학에서 지리적 현상의 실제적 비중이 컸다.

마침내 최한기는 기학적 지리학을 달성하려는 계통적 체계로 지지학·지기학·지구학이라는 틀을 정립한다. 그의 지지학·지기학·지구학은 개별적 부분이 유기적·상관적으로 통합된 것이다. 각각으로 보면 지기학과 지구학에 기반을 둔 지지학이고, 지지학과 지구학에 기반을 둔 지기학이며, 지지학과 지기학에 기반을 둔 지구학이었다.

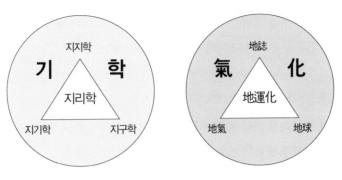

기학적 지리학 구성체계 모식도(왼쪽)와 기학적 지리학 개념체계 모식도.

기학적 지리연구 방법

그러면 최한기가 기학적 지리학을 전개하려고 어떠한 방법론과 계통적 체계를 수립했는지 검토하자.

최한기는 자기 학문의 핵심키워드라고 할 '기'를 '활동하고 움직이는'[活動運化] 본성이 있는 것으로 보았다.[28] 기의 활동변화를 '기학'의 종지宗旨로 본 것이다.[29] 최한기가 운동·변화하는 기를 알고 몸으로 아는체인 방법은 어떠했는지, 또 그것은 지리학과 어떠한 관계로 설정되고 적용되었는지 다음과 같이 요약할 수 있다.

철학적 인식방법론으로, "심신에 내재한 기로 추측하여 운동·변화하는 기를 몸으로 아는체인" 추측 방법을 취했다. 이것이 가능한 근거는 운동·변화하는 기가 자연과 사람에게 상응하고 일치하기 때문이다. 여기에서 내재적으로 기를 추측해 외재적 사물을 인식한다는 방법론적 태도를 확인할 수 있다. 다음 인용문을 보자.

운동·변화하는 유형의 기는 천인天人이 일치한다. 마음속[心中]에 운동·변화하는 기로 천지의 운동·변화하는 기를 본받아서 앞과 뒤를 배포하고 간격을 조리條理하며, 마음속에 형形을 드러내어 유형有形의 물物에 베풀어 편다면, 천하의 바른 학문[正學]이 된다.[30)]

· 『기학』

이렇게 기화를 파악하려는 최한기의 철학적 추측론은 지리학적 인식론과 지리연구 방법의 기초를 이룬다.

지리적 연구 방법론으로, 기의 운동·변화를 규명하려면 특히 땅의 운동·변화[地運化]를 아는 것이 중요했다. 이러한 인식은 하늘의 천문에 대비되는 땅의 지리가 기의 운동·변화에서 구체적·직접적이었기 때문이다. 그는 "땅의 운동·변화를 아는 것은 가장 절실한 것"[31)]이라면서 천문의 이해와 대비하여 기의 운동·변화에서 구체성을 지니는 지리 이해의 중요성을 다음과 같이 설파했다.

지구가 갖추고 있는 모든 이치는 텅 비고 끝없이 넓은 저 하늘보다 더욱 긴요하고 절실하다. 천체는 지극히 커서 어디가 끝인지조차 헤아릴 수 없는데, 하물며 그 체제가 어떠한지를 의론하는 것이겠는가?[32)]

· 「지체급제요」

그는 또한 역으로 지리 이해는 기화를 깨닫는 데서 실질성을 갖출 수 있다는 견해를 폈다. "자연현상의 차이는 기화의 움직임[斡旋]으로 생겨나며 사람들이 지구와 별들[七曜]의 작용을 탐구하는 것은 기화를 깨닫기 위한 것이니, 이러한 지식도 기화를 깨닫지 못하면 헛된 것"[33)]이라는 생각이다. 요컨대 최한기는 "지구와 지리를 정밀하게 이해해야만 운동·변화하는 기를 깨닫게 되며, 기화를 깨닫게 되었을 때 인도人道가 한결같이 펴질 수 있다"[34)]라고 지리이해와 기화를 서로 필요충분조건으로 분명히 했다.

이렇듯 최한기의 지리인식과 연구 방법은 기학적 체계에 준거하며, 그 기초는 땅[地體]의 운동·변화에 대한 이해였다. 그러면 최한기는 땅의 운동·변화를 알려고 구체적으로 어떠한 지리학적 체계를 구성했을까? 지지의 이해에서 출발하여 지기의 이해로 심화되며 더 나아가 지구에 대한 이해로 확장되었다. 그 결과 최한기의 지지학·지기학·지구학은 유기적으로 통합된 기학적 지리학의 체계를 이루었다.

먼저 지지학에 초점을 두고 살펴보자. 최한기는 땅의 운동·변화[地運化]를 알려고 먼저 지지학이라는 방법을 취했다. 지지학에서 땅의 운동·변화를 증험할 수 있는 것으로는 토산물과 풍속이라는 두 가지 요소를 강조했다. 더 나아가 땅의 운동·변화를 이해하려면 국토지리의 인식 지평에서 세계지리의 인식 지평으로 확장할 필요를 말했다. "학문을 궁구하는 사람은 지지학에서 토산土産에 기인하여 운동·변화를 이해하고, 풍속을 증험하여 운동·변화를 알아야 한다"[35]라고 했다. 더욱이 "사람이 한 고장이나 한 나라의 풍습에 구속되면 이웃 나라나 먼 나라의 일을 더불어 논의할 수 없다"[36]라면서 세계지지적 이해를 중시했다.

토산과 풍속의 지지적 인식에서 발전하여, 토산과 풍속을 있게 하는 토대적 환경과 조화적造化的 변통으로 지기地氣의 운동·변화를 아는 데로 심화되어야 한다고 했다. "만국萬國의 형상에만 집착하면 지기로 이루어지는 조화의 자취는 얻을 수도 통할 수도 없다"[37]라며 지지에 대한 형태적 편중을 경계하면서 지기와 관련한 이해의 필요성을 제기했다.

그에게 지기적 연구 방법의 의의는 지기로 이루어지는 조화의 자취와 땅으로 인한 변통을 알 수 있는 것이었다. 땅의 운동·변화는 토산물과 풍속을 아는 지지적 인식으로 파악할 수 있지만, 이러한 운동·변화의 특수성과 장소성은 그 속성을 있게 한 배경으로서 환경요인에 대한 통합적·

세계적 인식으로 발전해야 온전히 인식할 수 있다는 것이다. 최한기는 지기의 운동·변화를 아는 것의 긴요함을 "지기의 운동·변화는 사람과 물체에 가장 절실하니 중심을 들면 본말이 함께하고, 땅에 기인하면 변통이 있다"[38]라고 했다. 이는 지기의 인문지리적 속성과 중요성 그리고 지리학적 연관관계를 표현한 것으로 해석된다.

그리고 땅의 운동·변화를 알려면 지기의 이해에 머무르지 말고 지구 이해로 더 나아가야 한다고 보았다. "다만 지기의 조화만 알고 자족하면, 해와 달의 모든 기가 상응하는 대체大體에는 도달할 수 없으니, 능히 지구[地體]에 통달하여 신기神氣가 충만하고 해와 달과 별들이 선회하여 운행하는 것을 확실히 꿰뚫어 알아야 지구의 대체를 논할 수 있다"[39]라는 것이다. 그에게 지구 연구의 의의는 지기의 조화로 땅의 범주에 한정되는 이해의 지평을 넘어서 천체의 기와 상응하는 전체적 이해에 도달하는 것임을 알 수 있다. 최한기는 기의 운동·변화를 알기 위한 지구적 이해의 필요성을 다음과 같이 강조했다.

천체는 자전하고, 양극은 땅에 있지 하늘에 있지 않다. 강역의 구분과 정교政教는 사람에게 달렸고 또 땅에도 달렸다. 그러한 까닭에 다만 자기 사는 곳만 아는 사람은 지형이 어떠함은 알지 못하며, 기의 운동·변화를 말할 수 없다. 천체를 터득하고 또 자전·공전을 알아야 가히 운동·변화의 변통을 논할 수 있다.[40]
· 「지운화최절」

이제 최한기의 지지와 지기 논의를 좀더 구체적으로 살피면서 그의 기학적 지리학의 연구 방법론과 관계된 지리인식을 고찰해보자.

지지학[41]

앞서 살펴보았듯이 최한기에게는 기의 운동·변화를 알려면 지리와 지구에 대한 이해가 필요했다. 특히 지도와 지지를 지리학 이해의 수단으로 해서 땅의 운동·변화를 이해할 수 있다고 보았다. 그에게 지도와 지지는 지리를 알기 위한 긴요한 수단이었음을 알 수 있다.[42] 최한기는 지지와 지도를 각각 정의하기를 "지지는 풍토와 산물, 고금의 사실을 기록한 것이고 지도는 군과 나라의 경계와 면적을 본떠서 그린 것이다"[43]라면서, 『추측록』推測錄에서 지도와 지지의 쓰임새를 구체적으로 열거했다.[44]

최한기는 지지의 구성요소인 풍물과 풍토의 다양성을 땅의 운동·변화의 본성으로 파악했다. 역으로 기화의 지리적 다양성에 대한 정보는 지도와 지지로 파악할 수 있다고 했다. 그의 기학적 지지학에는 다음과 같은 몇 가지 특징이 있다.

첫째, 기의 운동·변화를 파악하려 해당 지역의 풍토와 토산물 그리고 풍속을 중시했다.[45] 이러한 그의 인식은 지역 이해에 자연환경과 그 생산물 그리고 지리적 환경에서 배태된 풍속에 대한 포괄적이고도 상관된 이해를 표현한 것으로 보인다. 그래서 그는 기존의 지지학이 지명이나 고적의 파악에 치우치고 풍토와 토산물의 파악에는 소홀했음을 다음과 같이 비판했다.

> 지지학은 흔히 자기가 살고 있는 나라의 지명이 같고 다르다든지, 고적의 허실에 국한되고 집착하며, 풍기와 산물은 소홀히 줄여서 마쳤다.[46]
> · 「지지」

둘째, 지지학은 지구학에 대한 이해가 바탕이 되면서 발전될 수 있었다. 다음 인용문은 그 사실을 잘 설명해준다.

지구가 환히 밝혀진 이후로 지지학 또한 그 대략을 얻었다. 남북극은 지체의 자전에서 생겨 높고 낮은 정도로 그 지방의 절후를 안다. 추위와 더위는 태양의 원근에서 생겨 낮과 밤의 길고 짧은 한도로 그 지방의 시각을 알게 되었다. 북극과 남극에는 반년이 밤인 때문이고, 중위도 지대에서는 1년 농사에서 두 번 수확한다. 밀물과 썰물의 증감은 달의 높고 낮음에서 생기고, 비와 눈의 습윤은 토기土氣의 증발이 왕성하여 생긴다. 남북의 풍기風氣는 비록 다르지만, 동서의 춥고 더운 것은 대략 같다.[47]

· 「교인문」

최한기의 이러한 기학적 지지학의 관심과 이해가 세계지지의 지평으로 확장되어 구체화된 것이 그가 55세에 결실을 본 『지구전요』다. 이 책이 『기학』과 같은 해에 출간되었다는 사실만 보아도, 지리학과 기학의 연관관계를 짐작하게 해준다.

기존의 연구에서도 밝혀졌듯이, 『지구전요』는 기존의 국내지리서인 『대청일통지』大淸一統志, 한역지리서인 『직방외기』職方外紀와 『곤여도설』坤輿圖說, 청국인이 쓴 『해국도지』海國圖誌와 『영환지략』瀛環志略 등을 참조하여 만든 세계지리서다. 이 책에는 83개국은 물론 섬이 다수 수록되어 있으며, 세계 각지의 자연환경, 정치제도, 경제·문화·사회구조, 역사 등 다양한 내용을 다루어 조선시대를 대표하는 세계지리서로 꼽힌다.[48]

그러나 정작 『지구전요』라는 세계지리서에서 주목해야 할 사실은 그의 구성 방식이다. 세계 각 지역에 대한 지지적 서술에서 편술의 세부항목을 '기학'적 체계로 편성해 '기화의 네 가지 부문'[氣化之四門][49]이라는 체제로 구성했다. 그가 『지구전요』를 구성한 의도와 목적은 다음에서 분명히 드러난다.

인간과 사물은 천지기화에 의해 생겨나고 사그라지는 것이다. 지구의 일을 힘써 연구할 때 '인도人道의 경상經常'과 '정교政敎의 화행化行'이 밝혀지고 확고해져 인간이 인생도리를 알게 된다. 그러기에 지구의 운화運動·변화를 기화의 네 문으로 나누어 조항별로 밝히는바, 읽는 자의 기화로 인도에 도달하고 행하여져 인도가 정해진다.[50]

그러면 최한기 세계지지의 구성 편목을 이루는 기화의 네 가지 부문은 무엇인가? 기화가 생성되는 부문, 기화를 따르는 부문, 기화를 이끄는 부문, 기화의 경력 부문이라는 항목이다. 이러한 편제의 범주에는 기화가 생성되는 배경으로서 자연환경, 그 풍토의 산물인 토산물뿐만 아니라 기화를 따르는 문화적 조건과 기화를 능동적으로 이끌어나가는 정치사회적 조건까지 고려되어 있다. 각 부문과 구성항목을 구체적으로 살펴보면 다음과 같다.

기화가 생성되는 부문[氣化生成門]에는 강역, 산수, 풍기, 인민·호구, 물산 등의 요소가 있다. 이는 기화를 생성하는 부문으로서 지지 구성에서 가장 중요한 항목이다. 분류해서 보면 자연환경강역疆域, 수산山水, 풍기風氣과 인구인민人民·호구戶口와 물산을 대표로 하는 인문환경을 포괄한다. 최한기의 기학적 지지학 구성의 특징은 풍기와 물산이 중시되는 것이기에, 그 두 요소는 지지 편술의 앞머리를 차지하고 있다.

기화를 따르는 부문[順氣化之諸具門]에는 의식, 궁성宮城·도성, 문자, 역歷, 농農·업業, 상商, 공工, 기용器用·전錢, 재財, 전부田賦 등의 요소가 있다. 이들은 공통적으로 기화의 정체성과 항상성을 유지할 수 있는 사회문화적 요소의식衣食, 궁성宮城·도성都城, 문자文字, 역歷와 산업생산적 요소농農·업業, 상商, 공工, 기용器用·전錢, 재財, 전부田賦의 성격을 지니고 있다.

기화를 이끄는 부문[導氣化之通法門]에는 정政·왕王·관官·용인用人, 교教, 학學, 예禮·장葬, 형금刑禁·법法, 병兵, 속상俗尙·외도外道, 귀신鬼神, 사빙使聘·정도程途 등의 요소가 있다. 이들은 공통적으로 기화를 능동적으로 이끄는 요소로 분류하면, 정치와 사회정政·왕王·관官·용인用人, 교육과 학문, 법제와 의례예禮·장葬, 형금刑禁·법法, 풍속과 신앙심리속상俗尙·외도外道, 귀신鬼神, 사빙使聘·정도程途의 속성을 갖춘다.

기화의 경력 부문[氣化經歷門]에는 각부各部·도島, 연혁沿革의 항목요소가 속하며, 기화의 시공간적 결과물로 역사지리적 속성을 지닌다.

지기학

최한기가 기의 운동·변화를 파악하려고 지지학에 이어 수행한 두 번째 연구 방법과 대상이 지기학이다. 땅의 운동·변화를 구체적으로 이해할 필요성에서 출발한 최한기의 지지적 인식은 '조화의 자취와 땅으로 인한 변화 과정[變通]'을 알기 위하여 지기의 운동·변화에 대한 인식으로 심화되었다. 그 과정에서 지기 운동·변화의 장소적 특성도 파악할 수 있었다. 다음 인용문에는 그가 기의 운동·변화로 산천의 변화를 지형과 기후의 과정으로 이해하는 단면이 잘 나타나 있다.

산천의 변화는 기와 물의 흐름에 달려 있다. 봉우리가 비록 높으나 기에 마멸되어 떨어져나가고, 골짜기가 비록 낮으나 물에 이끌려 씻겨나간다. 기와 물이 지표면에서 흐름으로 말미암아 산천이 변한다. 흙이 쌓인 것이 오래되어 단단하게 엉기면 돌이 되고, 노출된 돌이 오래도록 풍화됨으로써 부서지면 흙이 된다. 흙과 돌은 바람에 풍화되고 비에 씻

겨서 모래와 티끌이 되는데, 이리저리 날아서 두루 다니다가도 결국 골짜기에 모인다.[51]

·「추기측리」

최한기의 지리인식에서는 풍기와 물산요소가 중시되었는데, 그 지기학적 이유는 풍기와 물산이 지기의 운동·변화를 반영하기 때문이었다. 그는 지기의 운동·변화를 밝히는 것이 기학적 지리학의 과제라 여기고, 그 작용과 장소성의 차이를 지지학으로 밝히는 방법을 취했다. 다양한 작용을 하는 지기의 운동·변화는 장소에 따라 다르기 때문에, 지기 운동·변화의 작용과 장소성을 밝힘으로써 변통을 얻어야 한다고 설명했다.

지기의 증발은 쌓인 흙이 성근지 조밀한지에 따라 차고 따뜻함이 같지 않아, 초목이 무성하거나 마른다. 감싸고 있는 기는 갈마드는 흐름의 늦고 빠름에 따라 층층이 서로 부딪쳐 여러 가지 형태 변화를 일으킨다. 마른 공기는 화火의 성질을 내포하고 습한 공기는 수水의 성질을 내포하여 산 것은 윤택하게 기르고 죽은 것은 적셔 썩고 떨어지게 한다. 지기의 운동·변화는 그 작용이 천만가지며 장소에 따라 같지 않다. 지지의 학문이 진실로 이것을 들어 밝힌다면, 추측이 무한하고 실제 근거가 아닌 것이 없어 이전에 들었던 의혹을 깨우치는 것이 자못 많고, 실지로 얻는 변통도 무궁무진할 것이다.[52]

·「산천변역」

지기의 운동·변화에 대한 다양한 작용과 그 장소성을 주목하는 지기학적 연구 방법은 그의 만년58세 작인 『인정』人政에서야 비로소 나타나는 것으로 보아 그의 저술 후반기에 이르러 심화·발전된 지리적 인식이라고 할 수 있다. 이러한 지기에 대한 관심은 그의 저술인『기학』이『인정』
과 3년 전의 비슷한 시기에 완성되었다는 것과도 무관하지 않다. 초반기
저술인『기측체의』에서 지지학을 "풍기와 산물 그리고 고금의 사실을 기
록한 것"이라고 정의한 것에 비하면, 지기학·지구학적 발전과 장소성의
파악 등은 그의 지지학 인식에 큰 진전을 이룬 증거라고 하겠다. 최한기
의 저술은 대체로 30대 초반기에는 지지·지도학의 필요와 활용에 중점
이 두어졌고, 50대 후반기에는 지기·지구에 대한 인식으로 심화되었다.

앞서 살펴보았듯이, 최한기가 기의 운동·변화를 파악하려고 형상적
지지 이해에서 출발하여 조화적 지기의 자취에 대한 변통적 파악으로 발
전했음을 알 수 있었다. 그러면 그가 지기와 그것으로 이루어지는 조화의
자취를 어떻게 구체적으로 설명했는지 살펴보자. 최한기의 지기적 인식
을 천기·지역적 특수성·산물·장소성·인간과 관계 등의 속성으로 구분
하여 다음과 같이 정리하고 해석할 수 있다.

최한기는 지기를 천기와 상관적으로 설명했다. 이는 현대적으로 지형
과 기후에 대한 상호관계를 설명한 것으로 해석할 수 있다. 예컨대 최한
기는 "지기는 지구에서 생긴 증기蒸鬱한 기를 말하는데, 그 지기는 천
기와 상접하여 한서의 차이를 만들고 바람·구름·천둥·번개·이슬·서
리·눈 등의 기후적 변화를 유발한다"라고 인식했다.

지기는 지형에 따라 장소적·지역적 다양성과 특수성이 있다. 최한기
에 따르면, 지기는 지형조건의 상하와 고저, 수토맥리水土脈理의 두껍고
얇음·얕고 깊음이라는 땅의 특수성을 통하여 지역적 다양성을 드러낸
다. 그래서 지기의 장소적 특성에 따라 만물의 적성과 그에 따라 기르는
것도 서로 다르며, 이 때문에 지지학은 지기학적 속성을 밝힐 수 있음으
로써 기의 운동·변화를 알 수 있는 실제적 학문이 될 수 있다는 것이다.

지기와 토산물의 관계를 파악하고 산물을 통한 지기 적합성 여부를 판

단해야 한다. 지기는 지역적 특수성을 지녔고, 이에 따라 만물에는 마땅한 적합성이 있다. 그래서 사람과 사물이 풍성한지 아닌지로 지기가 알맞은지 아닌지를 증험할 수 있다. 『기학』에서 "풍토와 거기에서 나오는 산물의 발육 상태를 살펴보면 그 땅의 기화를 알 수 있다"라고 했다.[53)]

최한기의 지기 이해에 나타나는 또 하나의 특징은 지기와 그 장소에 사는 유기체 간의 긴밀한 연관성을 파악하는 것이다. 지기는 그 자리에서 사는 생명과 직결되어 있기에 적재적소에서 생명을 보전하거나, 장소를 옮겨 생명을 해치는 것은 모두 '지기가 그렇게 만드는 것'[地氣使然]이라는 인식이다. 이러한 인식은 장소의 유기체에 대한 지기의 영향력을 강조한 것이다.

사람은 지기의 영향을 받지만 역으로 지기를 선택할 수 있는 능동적 존재로, 변통하려면 학습이라는 공부가 필요하다고 언급했다. 이러한 의미는 지기를 선택할 수 있는 존재로서 사람에 대한 주체성을 강조한 것이며, 지기의 변통을 학습하기 위한 지리교육의 필요성을 역설한 것으로 해석할 수 있다.

한국은 폭넓은 풍수문화전통과
다양한 학문 분야에서 오랫동안 축적한 연구역량으로
동아시아의 중심에 서 있다. 이는 가시화되고 있는
풍수의 유네스코 인류무형유산 등재에서
한국이 공동등재를 주도해야 할 이유이기도 하다.

현실 속으로

우리 풍수연구의 현황과 과제

조선시대에 꽃피웠던 풍수지리는 일제강점기와 해방 후의
정치사회적 혼란기를 거치면서 학문의 주체적 발전성을 상실한 채
근 한 세기에 이르는 단절 기간을 감내해야 했다.
일제의 식민통치자들이 조선의 풍수전통을 '뿌리째 부정함으로써
근현대에 들어오면서 풍수는 전근대적 미신으로 전락하고 말았다.
하지만 해방 후 1970~80년대에 들어 전통문화의 가치가 중시되고
재평가되면서 풍수지리학도 현대 학문적인 바탕과 방법론으로
논리체계가 복원되기 시작했다. 이후 풍수의 의미에 대한 다양한 분야의
해석으로 이어졌다. 2000년대에 들어와서는 전 지구적인 환경생태의
위기와 이를 극복하려는 지속가능한 대안으로 토지이용과 관리에 대한
전통지식의 가치가 세계적으로 주목되면서
풍수지리학은 새로운 시선과 방법으로 재조명되기에 이른다.
이러한 시대적 정황에서 근래 한국학계의 풍수연구는 양적으로 크게
증가했으며,[1] 질적으로도 해석 수준이 높아졌을 뿐만 아니라,
풍수에 대한 현대적·과학적 접근도 검증하는 추세다. 연구자들의 풍수에
대한 학술적 정체성 규정은 환경론사상으로서 풍수에서
더 나아가 동아시아적 환경관리와 지식체계라는 환경지식유산으로까지
발전하고 있다.

그러나 일부 연구자의 경우 아직 발복이라는 도그마에서
벗어나질 못하거나, 전근대적 논리를 고정불변한 진리인 양 맹신하는
태도도 뿌리 깊게 남아 있다.
지구촌 시대에 학술적 지식은 세계무대에서 공유되며
한국의 풍수는 국수적 풍수가 될 수 없음도 자명한 사실이다.
이에 한국의 풍수학계에서도 동아시아와 서양의 풍수연구 성과를 살펴
그들이 파악한 풍수와 학문적 개념체계, 현재적 가치와 미래의 전망,
사회적 기능과 역할 등을 진지하게 검토할 필요가 있다.
제5부에서는 국내외 풍수연구 동향과 현황을 검토하고,
한국풍수연구의 과제와 전망을 제시한다.
제18장에서는 한국지리학 전공자가 학술지에 발표한 풍수연구를 개관하고,
어떻게 해석했는지를 통시적으로 살폈다. 그리고 풍수에 대한
주요 논점과 쟁점을 정리해보았다. 제19장에서는 영문으로 발표된
풍수연구 성과를 시기, 저자, 학문, 연구영역별로 나누어
풍수연구 현황을 파악하고 흐름을 짚어보았다.
에필로그에서는 한국풍수연구의 과제·전망과 관련하여 동아시아와
세계적 소통 범위의 확대, 시대적 연구주제의 집중, 사회정치문화와 관련한
연구 방법, 학문적 체계의 수립 필요성 등을 논의했다.

18 한국지리학계의 풍수연구 현황과 검토

 한국의 근대학문이 발전하는 노정에서 국내외를 막론하고 풍수가 학 문적 형식과 체재를 갖출 수 있었던 데에는 지리학 분야의 도움이 컸다. 그간 지리학계의 풍수연구는 지리학 일반인문지리 또는 문화역사지리 분 야에서 전통지식체계 복원과 현대적 해석 위주로 전개되다가 근래에는 지형학, 기후학 등 자연지리 분야까지 참여함으로써 본래적인 융합과 통 섭의 가능성을 확장해나가고 있다.

 사회에서 지리학 분야에 기대하는 풍수연구의 수준과 역할에도 불구 하고, 제도권 지리학계의 현실은 그리 만족스럽지 못하다. 다른 학문 분 야에서는 적극적으로 풍수전공 과목을 개설해 연구 성과와 인력을 배출 하는 데[2] 정작 지리학 분야에서는 풍수지리를 커리큘럼으로조차 편입하 지 못하고 있다. 그러니 학문이 발전하기 위해 기본적으로 필요한 전임교 수는커녕 풍수지리 관련 과목이 개설되어 있는 대학조차 없어서 풍수에 대한 표준적 지식을 요청하는 사회적 요구에 부응하지 못하고 있다. 풍수 학 후속세대 양성은 기약마저도 할 수 없을 지경이다.

 벌써 오래전[2001]에 윤홍기가 「왜 풍수는 중요한 연구주제인가?」라는 논문에서 "풍수지리설은 한국지리학의 중요한 연구대상이다. 한국지리 학은 풍수지리를 연구하여 학계에 공헌해야 할 학문적 사명을 맡고 있 다고 생각한다. 이러한 학문적인 임무를 다른 학문 분야에 넘길 수는 없다"[3)]라고 역설했지만, 지리학계의 반응은 미미했고 현재까지도 별다른 움직임이 없다.

기존에 지리학 분야에서 풍수에 대한 연구 성과에 대한 검토는 몇몇 연구자에 의해 선행됐다. 이병곤·이몽일은 「한국풍수지리사상의 연구동향과 과제」[1989]에서 1980년대 말까지 국내 연구동향을 정리했고, 풍수에 대한 통시적·학제적 연구의 필요성과 함께 현대풍수연구를 과제로 제시했다. 또 홍순완·이몽일은 「한국풍수지리사상에 대한 이해의 쟁점」[1989]에서 '풍수는 과학인가 미신인가, 풍수지리설은 환경결정론인가, 풍수의 기원은 언제부터인가'라는 세 가지 쟁점을 제기하고 대답했다.[4)] 이어 윤홍기는 「한국 풍수지리 연구의 회고와 전망」[2001]에서 2000년까지 국내학계 풍수연구의 현황·전망과 앞으로 과제를 살펴보았고, 결론에서 '동아시아적 범주의 비교·연구, 한국 현대풍수의 실상 연구, 환경사상으로서의 연구' 세 가지 사항을 구체적으로 제시했다.[5)]

이 장에서는 지리학계의 풍수연구 성과를 총정리해서 검토하고자 한다(645~649쪽 표 42 참조할 것).

지리학 분야의 풍수연구 개관

최근까지 지리학 전공자가 국내학술지에 발표한 풍수지리 논문의 연대별 편수[필자수] 추이를 보면, 1970년대 2편[3명], 1980년대 8편[4명], 1990년대 13편[8명], 2000년대 43편[12명], 2010~2017년 현재 33편[11명]으로 집계된다. 전반적으로 논문 편수와 필자 숫자가 증가 추세임을 알 수 있다. 특히 2000년대에 논문 편수[필자수]가 급증한 것은 풍수에 대한 학술적 연구의 필요성이 커졌고, 대학에서 풍수를 전공한 연구자[석·박사]가 여럿 배출되었기 때문이다.

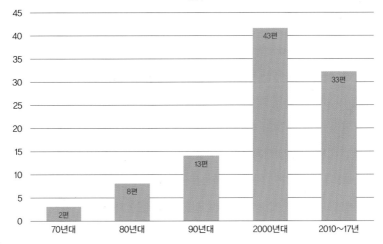

풍수지리 연대별 발표 논문 편수.

　현재까지 진행되어온 풍수지리 연구사를 개관하면, 전통지식체계로서 복원기와 현대지리학적 해석기로 크게 나눌 수 있다.

　전근대적 지식체계였던 풍수의 학문적 복원과 지리학적 해석은 최창조와 윤홍기의 주도로 1970년대 후반에 국내와 국외에서 동시에 시작되었다.[6] 두 사람은 함께 민간에 전승되던 술법적 풍수이론을 학문적으로 재정립하고 체계화하는 한편, 국제학계에서 보편적 학문으로 통용될 수 있는 토대구축이라는 성과를 거두었다. 현재까지 지속되는 두 학자의 줄기찬 연구 공로는 다음과 같이 평가된다. 최창조는 풍수사상을 사회담론으로 올려놓았으며, 국내와 동아시아학계에서 전통풍수술을 현대 학문적으로 체계화했고, 삶터풍수론을 전개했다. 근래에는 한국의 풍수전통을 중국의 술법풍수와 차별화하면서 자생풍수론을 개진하고 있다. 윤홍기는 서구학계에서 풍수를 미신의 영역으로부터 지리학과 문화생태학적 연구대상으로 전환시켰고, 풍수에 대하여 피상적이거나 불모지 상태였

던 서구학계에 상세하고 깊이 있게 풍수를 연구한 학자로 인정받았다.[7]

이후 직간접적으로 두 사람의 영향을 받은 여러 지리학 연구자가 풍수와 연구대상에 접근한 지리학의 연구 방법은 문화역사지리학, 환경론, 경관론, 신문화지리학, 지명학, 기후학, 지형학 등으로 분류할 수 있다.[8] 특히 1990년대 들어 현대지리학적 방법론으로 풍수가 활발히 조명되면서 고전적 문화역사지리와 경관지리학에 이어 신문화지리학적으로 해석의 지평이 넓어졌으며, 최근에는 지도학, 지형학, 기후학 분야에까지 접근이 확대되는 추세다.[9] 지리학계에서는 풍수에 대한 한국적 정체성·특색을 규명하고 지리학적 방법론의 수립을 모색하는 과정에서 '자생풍수' '비보풍수' '경관풍수' 등의 새로운 개념적 용어도 제기되었다. 풍수에 대한 현대적 적용과 응용 방안도 연구 발표되어 행정복합도시, 건강장수도시, 녹색도시, 힐링장소 등에서 풍수를 활용하자는 사회적 제안도 있었다.[10]

풍수지리에 대한 공간적 연구대상도 사찰을 비롯하여 수도, 읍치, 마을, 묘지뿐만 아니라 지역 범위로 확대되었다. 연구 지역별로 논문 편수를 보면 영남 12편, 호남 2편, 충청 8편, 서울·경기 5편 등으로 영남 지방의 현지 연구가 상대적으로 많은 편이다. 영남 지방의 연구가 많은 것은 전통경관과 취락이 상대적으로 잘 남아 있고 문헌연구가 비교적 충실하기 때문이라고 생각된다. 풍수적 대상별로 그간의 연구를 분류해보면, 풍수이론과 경전^{지도} 12편, 삶터^{주택} 17편, 묘지 3편 등으로 집계되었다.

지리학계에서 다룬 연구주제의 추이도 풍수술의 지리학적 해석에서 시작하여 풍수적 장소의 입지와 경관, 고지도와 산도^{山圖}, 지명, 설화, 민속, 자연관, 문화생태, 종교와 풍수의 교섭, 지형, 기후, 기타 응용 등 다방면으로 확대되었다. 그것을 몇 가지로 묶으면 풍수일반, 문헌과 지도, 역사문화, 입지론, 환경론, 경관론, 지역, 지명, 응용 등으로 분류할 수 있다. 부문별로 연구 성과를 검토하면 다음과 같다.

연구대상지의 지역별 비율.

풍수일반은 풍수론 자체에 대한 지리학적 해석·검토와 풍수사상사 연구가 주를 이루었다. 전통풍수의 지리학적 재해석[1978·1982], 풍수사상의 현대지리학적 의의·과제·쟁점·연구동향 검토[1988·1989·2001·2014], 풍수사상의 국토관[1996], 서양의 풍수연구사 검토[2011], 한국풍수론 전개의 양상과 특색[2015], 풍수와 지리학[Geography]의 정상화와 타자화[2017] 같은 성과가 있었다. 풍수사상사로서 풍수사상의 역사와 지리학[1991] 등의 연구 성과가 있었다. 동아시아 풍수 비교·연구로는 동아시아의 비보풍수론[2005]과 『땅의 마음』[2011]이 있다.[11] 앞으로 연구의 공간적 범주를 동아시아의 풍수문화라는 보편적 토대로 확장하여 한국의 풍수를 비교문화적으로 고찰하는 연구가 절실한 시점에 이르렀다.

풍수 고문헌[經典]에 대한 문헌고증학적 연구와 풍수이론 연구는 풍수지리학 자체로는 중요하나 지리학적 연구대상과 방법론으로는 거리가 있어서 비교적 관심이 적었고 본격적인 연구 시기도 늦었다. 근래에 와서 『장경』[2009·『황제택경』[2009·『청오경』[2009, 『호수경』[2010 등에 대한 심도 깊은 문헌적 연구 성과가 있었다.[12] 기타 풍수 관련 문헌으로『택리지』[2003·2010를 풍수적으로 조명한 연구도 있었다. 그리고 고지도에 대한 지리학적 연구 성과가 축적되면서 풍수지도에 관심도가 증가하여 연구가 본격화되었다. 『지리인자수지』[2010], 소령원 산도[2010], 족보 산도[2011·2013] 등의 해석적 연구 성과를 낳았다. 최근에는 조선시대 풍수 갈형론喝形論에 대한 역사적 고찰과 이론적 검토[2015]가 있었다. 이 논문은 풍수이론사를 역사적으로 검토해 개념 용어에 대한 동아시아의 보편적 논의와 지역적 특성을 제기했다는 점에서 중요하게 평가할 수 있다. 앞으로 조선시대 풍수 관련 문헌과 지도에 대해 연구할 내용은 산적해 있다고 하겠다.

풍수에 대한 역사문화지리적 고찰은 가장 활발하게 진행된 분야다. 주로 문화역사지리적 접근을 통한 주제별 고찰, 종교와 교섭 그리고 인물과 유적지 연구 등이 있었다. 역사적 접근으로는 풍수의 기원[1994], 풍수의 도입 시기[1995]와 전파[2009] 등이 있었다. 종교와 관련하여 풍수와 불교[2001·2009], 유학과 풍수[2014] 등이 있었다. 인물과 유적에 반영된 풍수연구로 실학자의 풍수사상[1990], 정조의 풍수관[2001], 도선과 비보풍수연구[1994·1998·2001·2002 등], 퇴계 유적지[2012], 도선 관련 사찰과 저술의 역사지리적 비평[2016] 등을 들 수 있다. 근래 들어서는 신문화지리학적 해석 연구도 활발했다. 경복궁과 구 조선총독부 건물 경관을 둘러싼 상징물 전쟁[2001]을 시작으로, 일제강점기 풍수담론[2003], 텍스트로서 풍수경관[2009], 지리산권의 도선풍수담론[2009], 조선 후기 사족촌士族村의 풍수담론[2010] 등의 연구가 있다.

입지론적 풍수 접근은 풍수설 자체의 택지 선정에 대한 정체성과 부합되어 지리학적 연구가 가장 효과적·일반적 접근방법으로 선호되었다. 일찍이 통일수도 입지선정[1989]과 취락입지의 해석[1991]이 시도되면서 차츰 전통사찰[1986·1997·1998], 지방도시[2007]의 풍수적 입지 연구로 확대되었다.

환경론과 환경생태적 조명은 시대적 사회담론에 부응하는 노력의 일환으로 진행되었다. 자연관[1994] 연구를 시작으로, 국토관과 환경정책

1996, 환경지리학적 고찰[1997], 생태적 환경관[2004], 생태개념과 생태기술 [2005], 문화생태[2011] 등의 연구가 있었다. 학제적문화지리학·지형학·경관생태학 연구물로,『전통생태학과 풍수지리』[2012]라는 단행본도 출판되었고, 최근 사신사의 지형발달사[2014] 등 본격적인 연구 성과를 낳았다.

경관론적 풍수 조명과 연구 방법은 2000년대 초반에 경관지리학 연구 의 성행과 결부되면서 여러 성과물을 산출했다. 안동의 음택[2003], 북한강 유역의 전원주택지[2003], 경기도 취락의 비보경관[2003], 금산의 돌탑 경관 [2003], 일제강점기 경관변화와 풍수담론[2003], 북한강 유역의 명당[2005], 서울 의 왕궁터[2007], 조선시대 지방도시[2007], 풍수경관 읽기[2009], 윤선도 원림 경관[2012] 등이 있다. 특히 옥한석은 '경관풍수'라는 틀과 분석 방법으로 전통풍수에 접근하고 풍수현장을 분석했다.

지역문화와 지명에 풍수가 어떻게 투영되었는지에 대한 몇몇 지리학 적 접근도 있었다. 용인 지역의 음택풍수[2001], 청주 지역의 풍수지리[2005], 고령 지역 사상의 특징과 풍수[2008], 경남의 풍수[2009] 등의 연구물이 있다. 지명 역시 지리학적 관심 대상인데, 전통지명에 미친 풍수적 영향이 주목 되면서 청주·금산·대전 지명과 풍수의 연관성[2005·2010·2012]에 대한 연 구를 낳았다.

응용 분야는 풍수의 현대적 해석과 적용에 대한 실천적 관심의 증가와 함께 이루어졌다. 통일수도 논의[1989]를 시작으로 전원주택지[2003], 행정 복합도시[2005], 건강장수도시[2012], 관광 스토리텔링[2013], 녹색도시[2014], 힐 링장소와 풍수[2017] 등 풍수 적용 방안 연구 등이 뒤를 이었다. 풍수의 사 회적 응용은 앞으로 풍수연구가 학문적 토대를 갖추어나감과 동시에 지 리학 분야뿐만 아니라 다른 분야에서도 적극적으로 개진될 것으로 예상 한다.

지리학적 해석의 여정

한국의 풍수문화에 대한 문화지리학적 해석은 윤홍기가 주도했다. 풍수적 자연-인간관계에 대한 환경론·경관론적 해석과 아울러 신문화지리학의 방법론으로 풍수를 사회적 구성물social construction의 텍스트로 해석했다.

1976년 "Geomantic Relations between Culture and Nature in Korea"라는 풍수 박사학위논문을 출간한 윤홍기가 서구 독자들에게 설명한 풍수의 개념과 정의, 즉 "풍수는 상서로운 환경을 선택하고 거기에 조화로운 건물을 짓는 데 영향을 주는 것으로, 인간 생태를 규정하고 자연환경을 개념화하는 하나의 독특하고 포괄적인 체계"[13]는 시대적 초점을 반영했다. 이어 환경론적 해석에서 윤홍기는 풍수사상의 철학적 토대를 서구의 환경결정론과 대비하여 풍수의 자연-인간관계 설정이 환경결정론의 서구적 개념과 어떻게 근본적으로 다른지를 밝히고, 풍수사상이 지닌 자연관·인간관의 기초를 드러냈다.[14]

풍수사상의 환경론적 토대와 의의에 관한 연구는 현대적 환경과 생태사상의 새로운 담론으로 풍수가 이바지할 부분이다. 현대의 환경생태사상은 크게 인간중심적 환경관과 생태중심적 자연관으로 나뉘어 각기 인간과 자연의 한편으로 치중해 있다. 이에 반하여, 풍수사상은 인간의 주체적·능동적 역할을 보장하면서도 자연환경과 더불어 조화로운 관계를 설정한다는 점에서 앞에서 말한 두 관점과 차별적이다.[15] 풍수의 전통적인 자연-인간관계 설정은 지속가능성에 기초한 상보적 질서의 구성이라는 의미를 지니며, 풍수경관에서 널리 보이는 비보는 한국풍수의 상보적 실천관계를 반영하는 대표 개념으로 부각될 수 있다.

신문화지리학적 풍수담론은 윤홍기가 2001년에 「경복궁과 구 조선총독부 건물 경관을 둘러싼 상징물 전쟁」이라는 논문에서 전개했다. 이윽고 2007년에 출간된 *The Culture of Fengshui in Korea: An Exploration of East Asian Geomancy*는 풍수가 한국의 전통문화에 미친 영향을 문화지리적 견지로 탐구한 그의 연구결산이라 할 만하다. 이 책은 한국의 풍수문화를 동아시아 범주에서 국제적인 학술 표준에 올려놓고 검토했다. 저자는 풍수의 기원, 한국 풍수의 도입과 전개 등 역사적인 측면을 살피고, 한국에서 드러나는 풍수와 불교의 상호작용, 유교의 정신ethos과 풍수 등을 종교와 관련해 논의했다. 그리고 비교문화적인 관점에서 한중일 도시에 나타나는 풍수 활용 양상을 조명했고, 수도 서울의 풍수경관에 대해서 신문화지리적인 방법론으로 해석했다.

경관지리학적 접근에서 옥한석은 경관풍수라는 틀로 현장에 접근했다. 경관풍수론은 '경관'이라는 지리학 개념의 현대적 분석과 방법론의 틀로 풍수현장에 접근했고, 풍수명당요소의 객관적 분석 지표를 마련할 토대를 제시했다는 데 의의가 있다. 그는 경관지리학Landshaft Geographie이 형태와 형태를 이루는 요소를 분석하므로, 명당을 이루는 요소를 분석한다면 경관지리학을 명당 이해에 적용할 수 있다고 보았다.[16] 경관풍수적 시선에서 명당은 반개방성, 중첩성, 안정성, 균형성, 조화성이라는 특징이 나타난다고 했다.[17] 경관풍수론을 비평하면, 경관요소의 분석 지표가 전근대적 명당풍수론의 틀과 논리에 머물러 있어 앞으로 좀더 합리적인 현대적 해석틀과 방법론을 구축할 필요가 있다.

2000년대부터 지리학계에서는 풍수문화를 권력과 그 집단의 사회적 관계가 구성되어 드러난 것이라는 신문화지리학적인 새로운 시각과 해석 방법으로 조명했다. 이것은 풍수 접근과 해석 방법론의 전환점을 마련했다는 의의가 있다. 풍수에 대한 기존의 지리학적 연구 경향은 풍수이론과 풍수경관에 대한 고찰과 해석, 풍수적 사실에 관한 역사지리적 연구,

풍수에 반영된 자연-문화의 관계에 대한 문화지리학적 해석 연구, 풍수에 대한 환경·문화생태적 해석 연구, 풍수적 실천에 대한 참여 관찰적 접근이나 풍수설화에 대한 연구 등이 주류를 이루었다. 그런데 이러한 접근 방법과 관점은 공통적으로 연구주제로서 풍수를 따로 떼어놓거나 대상화하여 해석하는 방식인 데 비하여, 신문화지리학적 접근 방식은 풍수가 사회적 권력집단 간의 정치적 역학관계 속에서 어떻게 쓰였고 기능했으며 그 의미는 무엇인지를 정치사회적 연관관계 속에서 해석하는 태도다. 이러한 연구의 의의는 문화지리학이 풍수적 해석에 새롭게 이바지한 측면뿐만 아니라 한국의 풍수사에서 풍수를 매개로 전개된 정치사회적 갈등과 집단관계에 대한 해석의 지평을 넓혔다는 데 있다.

신문화지리학적 풍수해석은 권선정이 활발하게 진행했는데, 2003년 「풍수의 사회적 구성에 기초한 경관 및 장소 해석」이라는 박사학위논문을 발표한 이후 「일제시대 경관변화와 풍수담론」2003, 「지명의 사회적 구성」2004, 「텍스트로서의 풍수경관 읽기」2009 등 일련의 논문을 발표하여 신문화지리학적 틀로 풍수를 조명하는 성과를 거두었다. 그 밖에 최원석의 「지리산권의 도선과 풍수담론」2009, 「조선 후기 영남지방 사족촌士族村의 풍수담론」2010 등도 풍수의 사회정치적 관계에 주안점을 두고 고찰한 것이다. 그간의 연구 성과를 비평적으로 검토하면, 역사적 풍수담론에 대한 정치사회적 맥락의 해석력이 더 요구되고 신문화지리학적 틀frame과 이론체계를 한국적 콘텍스트context로 적용하고 해석할 논리 구축이 필요하다는 것이다.

그 밖에 풍수 산도에 대한 지도학적 조명과 지리인식에 관해서는 이형윤이 활발히 연구하고 있다. 2010년 「조선시대 산도를 통해서 본 지리인식」이라는 박사학위논문을 발표한 이래 풍수서, 조선시대 묘원墓園과 족보 등에 대한 지형표현, 지도제작 방법 등에 대한 관심을 넓히고 있다. 최근2014에 박수진은 최원석, 이도원과 공동으로 「풍수 사신사의 지형발달사적 해석」이라는 논문을 발표해 한국풍수의 지형학적 해석이라는 새로운 지평을 열었다. 이 논문은 풍수의 자연지리적 해석이라는 의의뿐만 아니라 지형학·생태학과 풍수학 쌍방의 지형환경에 대한 시선과 틀을 상호 조명하고 통합한 연구라는 점에서 의미가 있다. 풍수지형경관의 인식과 접근방법에 대한 현대적 해석의 물꼬를 텄다는 데에도 의의가 있다.

주요 논점과 쟁점

풍수의 기원과 자생풍수론

풍수 기원에 대한 지리학 분야의 논의는 동아시아와 한국이라는 두 방면으로 전개되었다. 동아시아 풍수의 기원에 대한 논의는 윤홍기의 황토고원설로, 한국풍수의 기원에 대한 논의는 최창조의 자생풍수론으로 대표된다. 두 견해에서 한국풍수의 기원은 중국과 한국으로 뚜렷이 나뉜다. 두 주장은 아직 학계에서 본격적으로 검토되거나 검증 과정을 거치지 않은 상태로 있다.

윤홍기는 동아시아 풍수가 중국의 황토고원 지대에 기원을 두고 중국 황토고원의 굴집 거주민들에 의해 생겼다고 주장했다. 이에 따라 주택풍수가 먼저 생기고 묘지풍수가 나중에 발전되었다는 논리를 전개했다.[18] 기존에 풍수의 기원은 묘지풍수에서 발생했다는 것이 일반적 인식이었는데, 주택풍수가 먼저 생기고 이것이 묘지풍수로 발전했다는 윤홍기의 주장은 동아시아 풍수의 문화생태적 본질과 정체성을 밝힌 것으로 평가된다. 자연지형과 환경에 적응하려는 전통지식이자 삶터의 지리학으로 출발했다는 것이다. 풍수의 황토고원 기원설은 추론에 바탕을 둔 것으로 문헌을 고증하는 풍수사 전개 과정과 함께 검토할 필요가 있다고 판단된다. 황토고원 지대보다는 분지형 산지 지형이 초기적 풍수이론인 형세론의 전형적 경관과 합치될 수 있으며, 더욱이 황토고원은 『장서』^{葬書}에서 말하는 풍수적 금기의 '벌거벗은 산'^[童山]인데 어떻게 풍수 발생지가 될 수 있는가 하는 문제도 제기될 수 있다. 중국의 산지 지형에서 생활하면서 주거환경을 일구어나간 주민들의 경험적 전통지리지식이 풍수로 체계화되었을 가능성으로 추론한다면, 황토고원 지대보다는 사신사^{四神砂} 지형이 발달된 분지형 산지 지대가 풍수 발상지 조건에 적합하다고 판단된다.

한편 최창조는 한국풍수가 자생적으로 있었다는 견해를 편다. 최창조의 한국풍수 자생설은 초기부터 실마리가 보인다. 1978년의 첫 풍수 논문에서 그는 한국풍수의 기원에 대해 "당에서 풍수설이 수입되기 전에 이미 풍수설이 존재했다"라는 김득황¹⁹⁵⁸의 견해를 인용했다.[19] 같은 논문에서 "풍수설에 가까운 것이 상고시대에 신봉되었는데 신라말엽에 당으로부터 학리적인 풍수설이 수입되자 급속도로 유행했다"라고 파악했다.[20] 한국의 풍수는 "고래^{古來}로부터의 토속신앙"이며, "나말여초 당으로부터 풍수의 학리가 수입되고 도선에 의하여 토착의 토지관과 결합·전파됨으로써 시작되었다"라고 결론지었다.[21]

자생풍수론은 1991년 논문에서 본격적으로 제기되었다. "전래의 자생 풍수지리가 이미 이 나라에 있어오다가 백제와 고구려에 중국에서 이론이 확립된 풍수지리가 도입되면서 서서히 알려지게 되었고, 신라통일 이후에는 전 한반도에 유포되었을 것으로 추정한다"라고 했다.[22] 2013년의 저서에서는 전통적 지리관 자체를 자생풍수라고 광의적으로 해석하여 풍수에 대한 개념적 범주를 드러냈다. 그리고 중국의 발복풍수와 한국의 자생풍수를 이기적:대동적 풍수로 대비하면서, 자생풍수는 비보풍수와 개벽사상의 사고로 구성되었다고 했다.[23] 최창조의 자생풍수론은 조선시대 이후 중국 묘지풍수의 발복적 목적과 이기적 술법성을 차별화하고, 한국풍수의 도덕적 정당성을 확보하려는 배경과 의도로도 이해할 수 있다.

학계에서는 최창조의 자생풍수론에 대해 "중국의 풍수와 다른 한국풍수의 원형을 드러냈다"[24]라는 김두규[2013]의 긍정적 평가도 있지만, 비판적 견해도 있다. 윤홍기[1994·2001]는 "풍수원리는 우리나라에서 자생한 것이 아니고 중국에서 온 것으로 보는 것이 타당"하다고 하면서[25] "한국풍수의 기본원리와 기본 풍수서는 중국에서 온 중국 것이기 때문"이라고 반론을 폈다.[26] 국제학계에서도 풍수의 기원이 중국이라는 견해는 당연시된다. 홍순완·이몽일[1989]도 한국풍수의 기원은 고대 한국인의 지리관이 아니라 풍수지리 서적의 전래시기를 기준으로 해야 한다는 중국 도입설을 제기한 바 있다.[27]

문제는 두 주장의 전제가 풍수라는 용어의 범주와 정의에 대한 해석적 차이에서 근원한다는 사실이다. 최창조는 풍수를 (중국과 우리의) 전통적 지리관으로 넓게 해석하나[28] 윤홍기는 (중국에서 정립된) 땅에 대한 독특한 논리체계로 한정한다. 각각의 기본 전제를 인정하면 두 주장 모두 틀리지 않는다. 그렇다면 '풍수'라는 개념의 정의를 선결해야 한다. 최창조는 역사상 풍수용어가 쓰이기 시작한 시점보다는 풍수의 본질인 지기地氣를 느끼기 시작한 시점을 기원으로 본다.[29]

최창조가 주장하는 전통적 지리관또는 풍수적 사고관념을 풍수 범위에 포함할 수 있는지도 논쟁 대상이 될 수 있다. 유교적 사고관념이 전통적으로 한국에서 있었기에 유교의 자생론이 어불성설이라는 상식적 논리로 빗대어 판단한다면, 풍수 개념 역시 전통적 지리관이나 풍수적 사고관념과 차별화하여 인식할 필요가 있다. 그럼에도 풍수는 특정 개인이 창안한 종교가 아니라 불특정 다수의 사상체계라는 점에서 유교와 같이 대비하여 논의하기에는 개념 규정의 어려움이 있다. 더욱이 한국과 중국이 지리적으로 이웃한 나라라는 공간적 이유 때문에 고대로 거슬러 올라가면 풍수사상적 기원을 명확히 따지기가 어려운 점도 없지 않다.

개인적인 의견임을 전제하며, 자생풍수를 이해하는 데 한 가지 유의해야 할 점은 '사생'과 '고유'의 함의는 다르다는 깃이다. 자생풍수가 고유풍수의 의미가 다른 것은, 자생종은 특정 지역에서 토착화된 것이고 고유종은 특정 지역에만 있는 것과 같다. 따라서 자생풍수는 자생식물의 뜻처럼 한국에서 '토착화'된 풍수를 의미한다. 향후 학술적인 자생풍수 논의의 발전 방향은, 한국풍수의 기원 또는 발생적인 측면보다는 풍수의 한국적 토착화에 방점을 두어야 한다고 판단된다.

요컨대, 최창조의 주장대로 중국의 풍수가 유입되기 이전에도 한국에 사상적으로 풍수와 유사한^{또는 원시적인} 지리적 인식과 태도, 땅에 대한 사고관념이 있었던 것은 당연하다. 한편으로 윤홍기의 주장대로 풍수이론 자체는 중국에서 성립하여 발달한 것 또한 분명하다. 그래서 전래의 땅에 대한 사고관념이 중국에서 유입된 풍수사상·이론과 섞이고, 한국의 자연환경과 사회문화 풍토에 맞게 수용하여 형성된 역사적 산물이 한국풍수라고 할 수 있다. 한국 사람들이 중국의 풍수론을 한국의 환경과 현실에 맞게 적용하고 활용한 것으로 볼 수 있다.

한국풍수론 체계의 재구성과 비보풍수론

한국의 풍수연구사에서 풍수의 구성요소와 이론체계에 대한 논의는 발전 도상에 있으며, 그 진행 과정은 한국풍수의 정체성과 특색 그리고 풍수의 시대적 의의와 사회적 전망을 그대로 반영한다.

최창조가 1978년에 「풍수에 대한 지리학적 해석-양기풍수를 중심으로」³⁰⁾를 시작으로 잇달아 내놓은 「음택풍수에 대한 지리학적 해석」이라는 일련의 연구는, 국내 지리학 학술지에 처음 발표된 풍수 논문으로, 그가 밝힌 연구 목적에는 풍수관과 이론체계가 드러나 있다.[31] "첫째, 『조선의 풍수』를 요약 정리하여 풍수의 기본적인 개념을 파악한다"라고 했다. 그의 풍수론체계 형성에 무라야마 지준의 저술이 영향을 주었음을 드러내는 대목이다. "둘째, 풍수사상의 토지관을 취락입지론과 대비하여 고찰함으로써 풍수의 긍정적인 면을 도출"하는 데 있음을 밝혔다. 풍수 하면 묘지로 당연시되던 당시의 부정적 인식에 삶터^{양기}를 대상으로 긍정적 해석에 치중했다는 점이 주목된다. "셋째, 풍수의 토지관이 자연환경과 결부하여 어떤 공간질서를 성립시키는가"라는 연구 목적도 문화생태적으로 해석의 영역을 확대할 수 있는 중요한 시선으로 평가된다. 그 밖에 풍수 주요 술어術語를 근대지리학의 학술적 방법으로 해석하고, 풍수 분야를 국역풍수, 국도풍수, 주택풍수, 묘지풍수 등으로 분류한 것도 의미가 크다.

최창조의 지리학적 풍수의 천착은 1984년 저술에서 새로운 전기를 이룬다. 그 결정적 단면은 풍수의 구성요소에 대한 논의였다. 그는 1982년의 논문에서만 해도 무라야마 지준이[32] 여러 논문에서 인용한 논리를 그대로 수용하여 풍수가 산, 수, 방위의 조합으로 구성되는 것으로 보았다.[33] 당시 무라야마 지준이 세 가지를 풍수의 구성요소로 본 배경에는 주류를 이루는 묘지풍수라는 정체성이 있었다. 그런데 최창조는 1984년 출간한 『한국의 풍수사상』에서 '사람'요소를 추가해 네 가지 조합으로 한국풍수가 성립하는 것으로 수정했다.[34] 기존의 자연요소^{산, 수, 방위}에 사람요소를 더한 것은 대상적 측면에서 묘지풍수에서 삶터풍수로 무게중심을 이동한 것뿐만 아니라, 사상적 측면에서 자연학에서 인문학으로 패러다임을 전환한 것이라고 할 만한 중요한 의미가 있었다. 이러한 배경은 한국풍수가 지닌 비보적 성격도 감안한 것이었다.[35]

한편, 2004년 최원석은 풍수의 산, 수, 방위에 '문화'요소를 더하여 4자의 상호조합으로 비보풍수론을 구성했다. 한국의 비보풍수는 자연적 요소뿐만 아니라 신앙, 상징, 조경, 놀이 등 문화적 요소가 복합되어 재구성되었다는 견해를 폈다.[36] 기존의 자연에 문화까지 더해짐으로써 풍수 구성에 대한 해석적 범주와 변수적 요소는 더욱 넓어지고 다양해졌다고 평가된다. 시계열적인 풍수연구사의 도상에서 볼 때, 한국풍수의 구성요소에 대한 논의는 무라야마 지준의 산·수·방위자연라는 1차적 구성에서 최창조의 산·수·방위자연/사람이라는 2차적 상대 구성에 이어, 산·수·방위자연/사람/문화로 전개되는 3차의 복합 구성으로 발전하는 과정에 있다고 평가할 수 있다.

이러한 한국풍수의 구성요소에 대한 논의를 전개하는 양상은 한국풍수이론체계의 발전 과정에도 그대로 반영되었다. 최창조는 1978년의 「음택풍수의 지리학적 해석」이라는 논문에서 무라야마 지준이 풍수의 법술로 정리했던[37] 기존 견해를 인용하여 풍수의 이론체계를 간룡법, 장풍법, 득수법, 점혈법 네 단계로 볼 수 있다고 했다.[38] 그런데 1982년 논문에서는 한국풍수체계를 기존의 간룡법, 장풍법, 득수법, 점혈법정혈법에다가 좌향론과 형국론을 새로 추가하여 이론체계를 재구성하고 발전시켰다.[39] 다시 1989년 논문에서는 풍수이론의 구성을 기감응적 인식체계와 경험과학적 논리체계로 나누고, 전자는 동기감응론同氣感應論과[40] 소주길흉론所主吉凶論과 형국론으로, 후자는 간룡법, 장풍법, 득수법, 정혈법, 좌향론으로 분류함으로써 한층 더 논리적으로 체계화했다.[41]

한편, 최원석2004은 한국풍수의 구성체계를 명당론택지론과 비보론으로 크게 둘로 나누고, 최창조의 풍수이론체계에 새로 비보론을 추가함으로써 간룡법, 장풍법, 득수법, 정혈법, 좌향론, 형국론, 비보론 일곱 가지로 재구성했다.[42] 비보론을 추가한 것은 한국풍수의 역사적 특색과 정체성이 반영된 결과였다.[43] 이렇듯 한국풍수의 이론적 체계는 중국풍수의 논리체계를 고려하지만 한국풍수의 역사적 전개와 특성에 맞게 정립되어 나갈 필요가 있고, 또 그런 과정에 있다고 보인다. 앞으로도 이론체계는 좀더 현대화·과학화하는 방향으로 정립되어야 함은 물론이다.

지리학계에서 비보는 한국풍수의 역사적 배경과 특색 그리고 공간적·지역적 토착화를 반영한 연구의 주제로 자리 잡았다. 비보사탑 1998·2001·2004, 기원과 확산2001, 조산2001, 읍수2001, 비보풍수론2002, 비보경관2003, 돌탑신앙2003, 마을숲2012 등의 연구가 있었다. 최원석의 비보론은 최창조의 풍수이론체계를 계승하고 보완한 소극적 의의도 있지만, 적극적으로는 명당론과 비보론으로 대비하면서 풍수적 자연가치의 추구에서 비보적 인문가치의 강조라는 지리사상적 패러다임 전환과 함께, 한국풍수의 동아시아적 특색이라는 큰 틀을 제시하는 데까지 나아갔다. 비보의 사상적 범주도 풍수를 포함하여 불교, 도참, 음양오행까지 섞여 있는 것으로 보았다.

명당론과 대비되는 비보론의 시대적 의의와 가능성도 제기되었다. 자연적 최적입지처 탐색을 목적으로 하는 지식체계로서 명당론은 역사적 과정에서 동아시아 주민들의 문화생태적 환경적응에는 이바지했으나, 기술과 문명의 발전에 따라 점증하여 요구되던 인간의 역할 증대와 자연에 대한 탈의존적 사조에는 효과적으로 대응하지 못해 사회를 발전적으로 추동하는 지리적 지식과 사상으로는 한계가 여실했다. 그러나 비보론이라는 사상·지식체계는 기존 풍수의 공간사상이 지녔던 기능적 한계를 극복하고, 자연에 대한 인간의 상대적 자율성에 기초한 공간관계를 제시해줌으로써 기술과 문명의 역사적 발전과정에 부합할 수 있는 진보된 지리사상이자 실천형태로서 가능성을 담지한다.

이윽고 비보론은 '비보명당'이라는 명당 개념의 도출로 발전되었다.

중국풍수이론의 명당은 모두 자연명당이다. 이론적으로 완벽한 풍수적 조건을 갖춘 땅이다. 그런데 현실적·존재론적으로 자연상태에서 명당은 불가능하거나 희소하다는 데에 문제가 있다. 여기서 비보명당이라는 현상학적 명당 개념이 자연스럽게 발생한다. 그것은 민중이 오랫동안 실천했고 현실화했던 실제적 명당이었다. 이상적 조건으로 가꾸고 만들어나가야 할 환경이자 공간이었고, 전통마을에서 지속가능한 경관보완의 이념으로 구현된 것이었다.

명당 개념의 현실적 확충이라는 측면에서 볼 때, 풍수론에서 최적입지처로서 명당혈은 풍수적 자연형세와 조건이 완비된 것으로 실지實地에서는 지극히 한정된 이상적 개념이었다. 그러나 비보를 해서 풍수적 조건을 보완하면 경관을 개선할 수 있다는 의미의 비보명당은 현지에서 명당지의 가능성과 현실성을 확충한 것이다. 따라서 민간 등의 실용 부문에서 널리 응용되어 활용될 수 있었다.

이렇듯 비보명당은 오래된 실제성과 함께 현대성을 갖추고 있다. 비보명당이라는 개념적 전망은 실용적으로 응용하여 활용할 수 있는 오래된 한국풍수의 미래이기도 한 것이다. 비보명당은 자연과 땅에 사람이 가져야 할 풍수적 윤리이자 태도이기도 하다. 적당하게 주어진 삶의 공간과 자연조건을 사람이 더해져 더 이상적인 장소로 가꾸어나가는, 이른바 자연과 인간의 지구적 공진화coevolution 과정이다. 그것이 비보명당이라는 개념이 내포하는 인문주의적 사상성이다.

요컨대 비보사상의 풍수사상적 의의는 풍수적 입지관과 태도의 인문적 전환으로 요약할 수 있다. 비보사상의 인간관은 '자연적 조건을 개선할 수 있는 인자agent로서 인간'이라는 적극적·능동적 의미를 부여한 지리적 태도다. 비보의 사상적 지평은 풍수적 입지론의 자연편향적 추구 경향을 상보적인 잣대로 가늠하여 자연-인간의 조화적 상태로 조정하고,

인간의 문화와 상징요소를 자연요소와 등가치적으로 보합한 풍수사상의 새로운 전환이다.

　이상과 같은 비보풍수론과 관련해 몇 가지 논점이 제기될 수 있다. 개념적 범주에서 비보가 풍수의 일부로 포함되는지^{협의}, 풍수와 겹치면서 외연적으로 확장된 영역이 있는지^{광의}는 논쟁의 여지가 있다. 비보의 역사적 기원과 개념적 범주 문제에서는 비보의 정의가 먼저 규정되어야 함은 자생풍수론의 쟁점과 매한가지다. 그리고 자생풍수와 비보풍수의 관계도 정립할 필요가 있다. 최창조는 자생풍수=도선풍수=비보풍수라는 도식의 틀을 제시한다. 차이점도 있다. 비보풍수는 동아시아 공간범위의 일반적 논의임에 비해^{한중일의 보편성} 자생풍수는 한국적 특수성에 대한 논의다. 개념적 카테고리로 대비해볼 때, 비보풍수:명당풍수, 자생풍수:외래^{중국}풍수라는 상대적 관계의 설정에서도 그 정체성이 선명하게 드러난다.

　비보풍수론 연구 성과를 비평하면, 아직까지 이론적 체계가 미비하다는 점을 지적할 수 있다. 앞으로 과제로는 비보풍수에 대한 전국적 현장연구가 필요하고,[44] 과학적 토대를 갖춘 현대적 해석을 바탕으로 논리를 보강해야 한다고 판단된다.

한국풍수의 특색과 동아시아적 보편성: 풍수^{Pungsu}인가 펑쉐이^{Fengshui}인가

　동아시아는 풍수문화권이라고 할 수 있다. 중국에서 발달한 풍수가 문화교류로 주변 국가로 전파되면서 한국도 일찍부터 영향을 받았다. 한국에서 풍수는 조선시대까지 지배적 공간논리로서 모든 사회계층과 국토 전반에 강력한 영향을 미쳤으며, 지금까지도 사람들의 지리·공간적 인식에 작용한다.

　풍수에는 동아시아적 보편성과 각국의 특수성이 있다. 한국도 국제학계에서 Pungsu라고 일컬을 수 있는 한국적 정체성이 있는지에 대한 문제

제기는 중요한 논점이 아닐 수 없다. 풍수의 기원은 차치하고라도, 풍수의 이론체계가 중국에서 형성·발전되어 주변에 확산되었다는 사실은 이론의 여지가 없다.

풍수이론체계의 생산과 형성 그리고 발전은 중국에서 비롯했으며, 그 영향권에 있던 한국과 주변 국가들은 각 지역의 환경과 역사적·문화적 특색에 맞게 적용·변용했다. 동아시아 풍수문화사에서 한국적 특색과 정체성은 현재까지도 전국에서 광범위하게 전승되는 풍수경관, 풍수설화, 풍수지명, 비보풍수 등으로 드러난다.

그렇게 볼 때, 동아시아 풍수의 보편성에 비추어 한국풍수의 전개 과정과 특수성이 어떠한지는 우리가 밝혀 제시해야 할 중요한 주제임이 틀림없다. 한중일의 풍수는 각국의 역사적 배경과 문화적 맥락에 따라 독특한 형태로 발달하여 동아시아 풍수라는 총체적 무형유산 체계를 형성했다. 한국의 풍수론은 전통시대의 정치사회적 조건과 결부되어 특색을 띠면서 역사적·공간적으로 전개되어왔다.

이와 관련하여 한국풍수연구자들이 이룬 쾌거가 최근²⁰¹⁷ 뉴욕주립대학교 출판사^{SUNY PRESS}에서 간행된 *Pungsu, A STUDY OF GEOMANCY IN KOREA*다. 이 책은 서양의 영어권에서 처음으로 한국의 '풍수^{Pungsu}'를 내걸고, 한국풍수의 문화역사적 전통을 학술적으로 탐색했다는 데 큰 의미가 있다. 내용도 지리학, 환경계획, 조경학, 종교학, 건축학, 분석심리학 등 각 분야에서 한국풍수를 조명했을 뿐만 아니라 현대적인 접근방법으로 전통풍수를 해석했다.[45] 알다시피 서양에서 풍수 하면 중국을 떠올리고, 중국의 풍수 발음인 Fengshui가 기존의 Geomancy를 대체해 일반명사화되고 있는 형편에서, 이 책은 국제학계에 한국의 풍수연구 수준과 실체를 본격적으로 드러낸 것이다.

19 영어권의 풍수연구 현황과 검토

한국풍수의 외연은 동아시아의 풍수이자 더 나아가 세계의 풍수다. 지식정보의 세계화 시대에는 학문적 소통이 필수불가결하게 동반·요청된다. 오늘날 세계화 시대에 서양 풍수연구의 지식정보와 성과는 서양만의 것이 아니라 우리의 현실적 문제를 돌아볼 수 있는 타산지석他山之石이기도 하다.

서구의 풍수연구자를 대표하는 한 사람인 포후트왕Stephan Feuchtwang이 풍수는 세계화되었다고 말한 바 있고,[1] 막Michael Mak과 엥Tomas Ng도 미국, 영국, 호주 등과 같은 서구 나라들에서 풍수가 점점 대중화되고 있다고 적었듯이[2] 이미 풍수는 세계화·대중화의 물결을 타고 있다.

이에 발맞추어 서구학계에서도 풍수에 대한 연구물이 점증하고 있는데, 이러한 배경에는 현대적 서구문명과 기술의 지속가능성에 대한 한계의 자각, 동양문화에 대한 신비적 환상, 생태·환경문제의 세계적 대두와 대안사상의 모색, 동아시아에서 풍수가 차지하는 문화적 비중 인식 등 다양한 이유가 자리 잡고 있다.

그런데 이러한 풍수의 세계화와 대중적 확산 과정이 보편타당한 지식체계로서 학문적 검증과정과 동반되지 못해, 풍수담론에 대한 사회의 합리적 기준과 질서가 없다는 데에 문제가 있다. 풍수학이 오늘날 학문영역에서 분과 학문으로 학계에서 자리 잡으려면 여타 분야와 소통할 학문적 토대와 논리체계를 구축해야 함에도 아직 미흡한 실정이다.

여기에는 여러 가지 이유가 있겠지만, 그동안 풍수연구가 각 나라에서 자체적인 학문적 요구 상황에 맞춰 개별적으로 진행·발전되어 풍수해석과 방법론에 차이가 있고, 상호소통과 학제적 연구가 실행되지 못한 점을 간과할 수 없다. 이러한 문제는 학계와 사회에서 풍수의 학문적 정체성에 대해 혼란되고 양극화된 평가를 낳았을 뿐만 아니라, 풍수학이 사회에 이바지할 순기능적 역할까지 발목을 잡고 있다.

학문의 소통과 이를 통한 비판적 발전의 부재는 필연적으로 학문적 고립과 도그마로 귀결된다. 서구의 근현대 학문은 치열한 비판을 거쳐 패러다임의 전환과 논의의 발전이 있었고, 포스트모던 과정을 거치면서 해석의 폭을 넓혀왔다. 절대불변의 진리처럼 보이던 뉴턴의 만유인력 법칙도 아인슈타인의 상대성이론에 자리를 내준 마당에 전근대적 이론체계에 정체된 풍수는 강고한 공리의 우상에 갇혀 발전적으로 비판·지양되지 않았고, 구조적 해체를 거쳐 현대적 논리체계와 담론으로 재구성된 적도 없다.

풍수는 사회문화적 조건과 지역성에 맞물려 구성된 역사적 담론의 하나임이 분명하다. 풍수이론체계는 역사적 과정에서 변천을 겪어왔으며, 특정 풍수이론은 그 시대 해당 지역 환경에서 유관 적합성이 있을 뿐 초시대적·범지역적인 절대 진리가 아님은 물론이다. 중국의 미인상은 한국의 미인상과 같을 수 없고, 한국에서도 조선시대의 미인상과 현대의 미인상은 다르다.

동아시아 풍수를 대표했던 중국의 풍수 역시 서구학자들에게 심도 깊은 방법으로 연구되었다거나 합당한 학문적 합의에 도달했다고는 볼 수 없다. 그 배경과 이유에는 중국의 풍수를 구성하는 방대한 고문헌, 수없이 많은 대중적 소책자, 실제적인 술법화, 무진장한 지방적 해석의 혼란,

정치적으로 오랜 기간 접근할 수 없었던 중국의 현대사에 기인한 측면도 있을 것이다.[3] 그러나 정작 풍수가 깊이 있게 연구되지 못하고 학문적으로 자리매김하지 못한 주된 이유는 연구 방법론의 편향에 기인한다고, 브룬Ole Bruun은 다음과 같이 말했다.

중국풍수는 서구 학자들에게 상당한 관심을 끌어왔음에도 심도 깊은 방법으로 연구되었다거나 연구주제로서 학문적 자리매김이 되지 못했다. 거기에는 여러 가지 이유가 있겠지만 중요한 것은 연구 방법론의 절대적 편향이다. 풍수를 정의하려는 많은 노력은 서구적인 지적 개념으로 강요되었다. 예컨대 원시적 심리학, 원시과학proto-science, 의사疑似과학pseudo-science, 환경과 관련해 바람과 물을 사용하는 실제 기술, 원시적 마술, 중국 민속종교의 정수, 단순한 미신 등의 평가가 그것이다. 비록 우리가 풍수의 몇몇 초기적 개념과 아이디어에 윤곽을 지을 수 있고, 풍수역사를 추적하여 풍수가 어떠한 역할을 했는지 제시할 수 있지만, 정말 풍수가 무엇인지는 확실한 대답을 할 수 없다. 왜냐하면 오늘날 중국에서 실천되는 풍수는 19세기의 풍수에서 벗어나 있고 지리적으로 변화했으며, 헤아릴 수 없이 많은 지역적이고 지방적인 다양성도 또 다른 이유가 되기 때문이다. 현재 중국의 시골 풍수는 홍콩이나 싱가포르의 풍수와 근본적인 방향이 다르다. 더구나 이제 풍수는 문화적으로 세계화되고 있고, 최근 수십 년 동안 서구적 버전도 나타났으며, 환경주의자들의 자유로운 해석은 원래 형태와는 근본적으로 다르다.[4]

브룬의 글을 빌리지 않더라도, 풍수가 동아시아 문화사에서 차지하는 역사적·공간적 비중과 범위를 볼 때, 지금까지 풍수에 대한 동서양학계의 연구는 턱없이 부족한 것이 사실이다. 비록 2000년대에 들어와서 연구 분야의 폭이 넓어지고 연구수가 양적으로 증가했다고는 하나 풍수 연구주제와 방법도 한정되어 있고, 연구자들이 풍수를 보고 이해하는 시야도 좁으며, 동아시아적 보편성과 각국 풍수문화의 지역적 특수성에 대한 파악에도 이르지 못했다.

하지만 근산에 국제학계에서 풍수에 대해 학문적으로 소통하려 점차 노력하고 있으며, 풍수문화와 환경생태적 경관유산을 현대 학문방법으로 접근하고 해석할 뿐만 아니라, 풍수원리를 도시계획이나 건축물디자인에 실용적으로 적용시킨 연구물도 다수 발표되고 있다. 풍수의 정체성에 대한 서구사회의 인식도 아직은 부정적 생각이 지배적이지만 바로잡히고 있다. 또 풍수가 환경에 대한 동아시아적 전통지식·상징체계로도 제자리를 찾아가고 있다. 이러한 정황에서 한국의 풍수학계는 서양의 풍수연구 성과를 비판적으로 검토하여 대응 과제를 준비하고 전망하는 일이 목전에 와 있다.

시기·저자별 연구사 검토

우선 서양에서 편찬된 주요 풍수 저서를 통시적으로 개관하면서 주요 내용의 시기적 흐름, 저자별 풍수 이해의 의의와 한계 등을 검토해보자.

풍수에 대한 서양 연구자들의 인식과 태도는 역사적 배경과 분리하여 생각할 수 없으며, 시대적 의미와 평가도 사회경제적 상황과 맞물리면서 변하기 마련이다. 중국에서도 풍수적 실천과 지적 관심의 부침은 사회경제적 조건과 지배적 윤리가 변동한 지표이기도 하다.[5]

19세기 후반에 본격화된 서세동점 과정에서 중국의 풍수문화는 서구인에게 문화제국주의적 관점으로 이해되고 평가되었다. 그들에게 풍수는 비상식적인 미신적 사고로서 개발 행위를 저해하는 부정적 장애물과 다름없었다. 근대적 과정에서 서구인에게 비친 풍수는 유사과학, 환경기술, 미신, 민속신앙, 경관미학 등으로 정체성이 확실히 파악되지 않는 모호하고 잡동사니 같은 대상이었다. 1970년대 이후에 와서야 환경에 대한 서구문명의 반성과 새로운 대안의 모색으로 동아시아 풍수의 생태적·환경적 가치가 재조명된다.

풍수에 대한 서양학자들의 학문적 연구는 19세기에 후반에 본격화되었다. 당시 서양인의 중국풍수문화에 대한 관심과 태도에는 역사적 배경이 있다. 1840년 제1차 아편전쟁 발발, 1842년 난징조약에 따른 홍콩 할양, 1856년 항구의 강제적 개방, 1895년 시모노세키조약으로 러시아, 프랑스, 독일, 영국에 영토조차 허용 등과 같이 서구의 무력에 의한 중국사회의 대외적 개방, 경제적 침탈 과정과 맞물려 있다.

초기 서양 연구자들에게 풍수는 중국사회에 접근하고 중국의 현실을 이해하는 하나의 문화적 통로이자 코드였다. 제국주의자들에게 풍수라는 문화요소는 중국에 대한 정치세력 확대와 경제적 침탈을 용이하게 하기 위해 한편으로는 제거해야 하고 한편으로는 이해해야 할 대상이었다.

서구 선교사들이 중국에 왔을 때 당시 중국사회에 널리 퍼져 있던 풍수는 기독교 신앙, 무역, 자연과학이라는 복음을 장려하는 데 방해가 되었기에, 그들은 풍수에 적의를 품었다.[6] 청조 말 풍수에 대한 비판은 새로운 광산산업과 교통시설을 세우는 데 방해가 되는 이념적 장애물을 제거하는 데 목적이 두어졌다.[7] 풍수는 자체 논리에 따라 산지 지형을 보전하고 도로 건설을 꺼리는 경향이 있기에 당시 서구 개발세력에게는 없애야 할 눈엣가시와 같은 존재였다. 당시부터 1960년대까지 몇몇을 제외하고는 대부분 풍수연구에서 중국의 풍수는 미신이나 엉터리 잡술로 기술되었다.[8]

풍수에 대한 서구인의 부정적 견해는 1873년 영국인 선교사 아이텔

Ernst Eitel이 출간한 『풍수: 중국의 자연과학 원리』*Fengshui or The Rudiments of Natural Science in China*에서야 비로소 개선되기 시작했다. 이 책은 최초의 영어권 풍수 단행본으로 출간되었다. 아이텔은 "대부분 독자는 풍수사상이 사실상 미신체계라고 의심할 바 없이 생각하겠지만…… 풍수는 중국 자연과학의 또 다른 이름이다"라고 풍수에 대한 새로운 인식의 지평을 제시했다. 이러한 그의 발견은 풍수사상에 신유학적 자연인식에 기초한 근대적 기원이 있다는 사실을 확인하는 데서 비롯되었다.

이에 관해 아이텔은 "풍수체계의 도형이나 원리는 고대의 고전에서 빌려왔지만 방법론이나 실제적 적용은 거의 전부 송의 주희와 몇몇 다른 사람의 가르침에 기초하며, 주희의 사고방식은 전체 풍수체계의 철학적 기초를 형성하고 있다"라고 했다. 이러한 인식의 기초하에서 그는 풍수가 네 부문으로 구성되어 있는데, 자연의 일반적 질서로서 이理, 자연의 수학적 비율로서 수數, 자연의 생명의 숨 또는 미묘한 에너지로서 기氣, 자연의 외형적 형태로서 형形이라고 분석했다. 이에 따라 그는 책의 체제와 목차를 자연의 법칙, 자연의 수적數的 비율, 자연의 숨, 자연의 외형, 풍수의 역사와 문학으로 구성했다. 아이텔은 이상과 같이 서구사회에 풍수에 대한 새로운 인식을 불러일으켰고 개념체계도 재구성했다. 다만 풍수에 대한 신유학의 영향을 지나치게 강조한 한계도 드러냈다.

풍수에 대해 단행본으로 편찬된 저술은 아니지만, 1897년 출간된 『중국의 종교 시스템』*The Religious System of China*에서 드 그루트Jan de Groot는 중국의 종교신앙을 개괄적·종합적으로 저술하면서, 풍수를 주술적 성격을 지닌 미신 또는 종교, 유사과학類似科學 체계의 하나a quasi-scientific system로 이해했다. 이 책에서 그는 중국인의 생사관에서 풍수가 차지하는 상징, 의미, 역할, 민속적 습속 등 묘지풍수신앙을 자세하게 소개하여 중국의 묘지풍수를 서구사회에 널리 알렸을 뿐만 아니라 묘지풍수에 대한 종교문화적 이해 수준을 높였다.

한편 『중국의 과학과 문명』 *The Science and Civilization in China*, 1959이라는 니담Joseph Needham의 기념비적 저술에 나타난 중국풍수에 대한 이해와 평가도 주목할 만하다. 이 책에서 니담은 1950년대 서구학계에 횡행했던 과학주의의 영향으로 풍수가 중국의 초기적 과학이라기보다는 미신에 속한다고 결론지었지만, 풍수가 중국의 과학과 기술의 발전에 일정한 역할을 했다고 평가했다. 아울러 그는 풍수에 대해 경관미학, 입지론, 환경관리 등의 측면에 관심을 보이면서, 중국의 역사적 과정에 이바지한 풍수의 문화적 역할을 평가했다. 몇 구절을 인용하면 다음과 같다.

> 풍수는 중국문화 전체에 걸쳐서 농가, 장원, 마을과 도시들이 특별히 아름다운 자리를 정하는 데 이바지한 총체적인 사상체계가 되었다 Needham, 1959[9].

> 풍수는 중국 사람들에게 많은 경우 유익했다. 예컨대 풍수는 방풍을 위하여 나무나 대나무를 심도록 했고, 집터 근처에 있는 흐르는 물의 가치를 강조했다. 풍수는 미신체계로 발전되었더라도 주목할 만한 심미적 구성요소를 지니고 있다. 그것은 중국 전역에 걸쳐서 많은 농장, 집, 마을터의 대단한 아름다움을 설명해준다Needham, 1959.[10]

니담이 풍수를 미신이라고 단정한 점은 얼마 지나지 않아 비판을 받기도 했다. 니담이 서양의 과학만 전적으로 보편과학으로 규정함으로써 전통적 중국사상을 서양의 틀에 억지로 맞추었기 때문에 풍수는 그에게 단지 사이비 과학이었다는 것이다.[11]

1968년 지리학자 마치Andrew March는 기존의 풍수 이해에서 진일보하여 『중국 풍수의 한 평가』*An Appreciation of Chines Geomancy*라는 글을 썼다. 여기서 그는 초기 신학자들드그루, 후브리그Rudolf Hubrig, 볼Dyer Ball, 아이텔 등이 풍수를 비웃거나 온정을 베푸는 논조를 비판했다. 마치는 풍수를 통합적 경험으로 고찰하고 의미를 부여함으로써 새로운 접근과 해석의 지평을 열었다. 그는 풍수를 자연세계를 드러내는 '경관'과 '위치'site의 시선으로 설명하고, 물질적 세계의 정신적 속성 및 정신psyche과 경관의 관계에 초점을 맞췄다. 그에게 풍수사風水師의 기술art은 장소를 발견하고 장소가 자체적으로 지닌 속성을 밝히는 것이었다.

마치는 니담이 풍수를 서양과학의 틀에 집어넣어 사이비 과학으로 규정했다는 비판을 인용하면서, 중국의 과학은 융Carl Jung이 말한 '동시성' synchronistic nature이라는 어법으로 받아들여야 한다고 했다. 중국의 과학적 속성에서는 인과성보다 동시성이 발견된다는 것이다.[12] 동시성이란 의미상 서로 일치하는 두 사건이 공간을 달리해 동시에 일어나는 현상이다.[13]

마치는 그 밖에도 사회역사적 측면에서, 풍수는 중국 동남부의 조상 숭배와 씨족의 형성·발전과도 밀접하게 관련되어 있다고 밝혔다.[14] 마치의 해석을 논평하면, 지리학적 개념의 틀을 풍수사상에 적용한 의의도 있지만 풍수의 본질에 기초한 심도 있는 해석에는 미치지 못한 한계도 보인다. 그럼에도 분석심리학을 원용해 풍수원리를 동시성 현상synchronicity phenomena으로 본 것은 풍수에 과학적 해석의 틀을 제시한 적절하고 주목할 만한 지적이라고 평가된다.

1976년 윤홍기는 미국 버클리대학교UC Berkeley에서 에버하드Wolfram Eberhard와 글래켄Clarence Glacken의 지도 아래 쓴 「한국에서 문화와 자연 간의 풍수적 관계」Geomantic Relations between Culture and Nature in Korea라는 박사학위논문을 출간했다. 당시 윤홍기가 서구의 독자들에게 설명한 풍수의 개념과 정의는 시대적 초점을 반영했다. "풍수는 상서로운 환경을 선택하고 거기에 조화로운 건물을 짓는 데 영향을 주는 것으로, 인간 생태를 규정하고 자연환경을 개념화하는 독특하고 포괄적인 체계"[15]라는 것이다.

이후 윤홍기의 저술은 서구학계에서 풍수를 기존의 미신 영역에서 지리학과 문화생태학적 연구대상으로 전환시켰고, 최초로 환경적 중요성과 연관지었으며, 풍수에 대하여 피상적이거나 불모지 상태였던 서구학계에 상세하고 깊이 있게 풍수를 연구한 학자로 평가되었다.

한편, 1986년에 작성된 이상해의 박사학위논문 「풍수, 그 맥락과 의미」 Feng Shui: It's Context and Meaning, 1986는 전 시대의 드그루가 서구인들에게 중국의 묘지풍수를 개괄적으로 소개한 것에 비해, 건축과 관련한 주택풍수를 종합적·개괄적으로 서술하여 서구에 소개한 것으로 풍수학사에서 평가받을 수 있다. 다만 이 논문은 단행본으로 출간되지 못하여 서양의 풍수학 연구에 미친 영향이 상대적으로 적었고, 이후에도 저자의 주택풍수에 대한 발전적 연구물이 서양에서 지속적으로 발표되지 못한 것이 아쉬움으로 남는다.

2002년에 출간된 포후트왕의 『중국 풍수에 대한 인류학적 분석』An Anthropological Analysis of Chinese Geomancy, 2002은 1974년 출간된 그의 중국풍수에 대한 선구적 저서를 증보한 것이다. 포후트왕은 브룬, 윤홍기와 함께 현재 서구의 풍수학계를 대표하는 연구자다. 일찍이 1974년 출간된 그의 저서는 중국의 풍수 개념과 실태에 인류학적으로 접근해서 서양에 상세하게 소개하는 데 크게 이바지한 것으로 평가된다. 2002년의 책은 1974년판보다 중국의 풍수사에 관한 내용이 대폭 보강되었다.

2003년 브룬은 『중국의 풍수』Fengshui in China, 2003라는 책을 출간했다. 이 책은 중국의 민간에서 행해지는 풍수의 민속적 현황과 습속을 철저한 인류학적 현지조사 방법으로 연구한 역저로 평가할 수 있다.

이윽고 2007년 출간된 윤홍기의 『한국의 풍수문화: 동아시아 풍수의 한 탐색』*The Culture of Fengshui in Korea: An Exploration of East Asian Geomancy*는 풍수가 한국의 전통문화에 미친 영향을 문화지리적 견지로 탐구한 업적이다. 저자는 풍수원리의 본질과 한국의 풍수문화를 동아시아 무대에 올려두고 보편적 시각으로 해석했으며, 풍수가 한국문화에 어떻게 투영되었는지를 객관적인 눈으로 고찰했다. 윤홍기는 영어권에서 풍수 개념을 지리학적으로 연구·해석하는 사전적 기준을 정립했다. 국제학계에서 풍수 하면 중국풍수로 당연시되고 대다수 연구물이 중국의 풍수문화를 주제로 한정되어 있는 현실에서, 한국의 풍수문화를 세계에 소개한 학문적 공로만으로도 2세대 한국의 풍수연구자들은 큰 지적 자산을 확보한 셈이며, 그의 연구 성과는 풍수학사에서 큰 평가를 받을 수 있다. 다만 이 책은 문화지리학자로서 단독 저술이기 때문에 각 학문 분야에 걸쳐 있는 한국풍수의 전반적이고 다양한 스펙트럼을 국제학계에 보여주는 데는 한계가 있었다. 마찬가지 이유로 그간 환경생태 분야 등에서 이루어낸 한국풍수 연구의 현대적·과학적 성과를 담아낼 수 없었다. 특히, 저자 본인도 술회한 적이 있지만 한국의 Pungsu를 주제로 연구했음에도 제목에는 중국의 Fengshui라는 용어를 쓴 문제 등이 제기될 수 있었다. Fengshui는 동아시아 풍수의 중국적인 한 형태를 나타내는 말이지 한국을 포함하는 전체를 포괄하거나 대체할 수 없는 용어이기 때문이다.

이런 한계상황을 의식한 윤홍기는 드디어 10년 후, 한국의 각 분야를 대표하는 풍수연구자를 모아 *Pungsu, A STUDY OF GEOMANCY IN KOREA*라는 책을 편집해 서양의 영어권에 제시하게 된다.[16] 이 책은 한국의 문화와 사회에 풍수가 어떻게 전개되었고, 어떤 역할을 했는지에 관해 아카데믹하게 탐구한 학제적이고 종합적인 연구성과로서 국제학계에서 하나의 이정표*Milestone*가 될 것이 분명하다. 이 책의 제1부에서는 한국

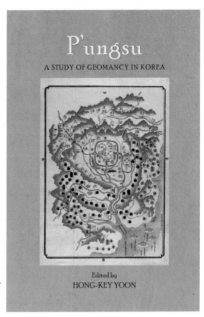

Pungsu, A STUDY OF GEOMANCY IN KOREA.

의 역사적인 풍수문화전통을 풍수사 전개, 문화·역사적 연구, 환경관리적 측면에서 개관한 후 한국풍수의 특징을 도출했다. 제2부에서는 주제연구로서 조선시대 물 관리의 풍수적 실천, 풍수적 기호와 유교적 이데올로기 경관, 전통건축과 풍수, 한국전통정원의 풍수적 미학, 풍수형국의 문화생태적 연계, 조산 비보의 풍수적 지형 변경, 풍수의 심리적 분석, 고려시대의 풍수와 불교, 조선 유교지식인의 풍수담론, 『택리지』의 풍수 등을 논구했다.

이상과 같이 영어로 작성된 주요 풍수연구물의 현황을 검토해보았다. 현재 서양에서 출판된 풍수 관계 서적이 1,000여 권을 훨씬 넘는 것으로 알려져 있음에도 이러한 저술들은 거의 대부분 풍수에 대한 기초지식을 상식 수준에서 설명하는 것이고, 학제 간 심도 있는 학문적 연구서는 드문 실정이다.

중국의 경우에 비추어보아도 기존 풍수연구물은 문헌연구에 치중하고 있고, 주택과 묘지풍수에 관한 설화 연구 등에 제한되었으며, 환경적 관심을 보인 연구물은 그리 많지 않았다.[17] 1990년 무렵 이후에야 중국의 젊은 지식인들도 전통적 우주론을 새로운 현대과학의 틀로 접근했고, 풍수와 현대지리학, 인간생태학, 심리학과 다른 과학의 연계에 눈을 뜨기 시작했다. 이윽고 2000년대 이후로는 다양한 학문 분야에서 여러 가지의 과학적 분석 및 해석 방법을 통해서 수많은 풍수연구물이 발표되고 있다.

이렇듯 풍수연구는 양적·질적으로 성장했지만 전근대의 복고적 논리 체계에서 머물러 있거나 사상적·역사적·문화적 측면의 해석에 치중한 면이 있다. 하지만 2000년대에 들어와서는 풍수경관에 대한 환경생태적 분석이 급증하고 있고 도시계획과 디자인, 심리적 영향 등 실용적인 접근이 활발히 이루어지고 있어 풍수학 연구의 미래에 다행스러운 전망이 엿보인다. 그렇지민 아직까지 풍수학이라는 분야와 연구는 학계의 정상 학문체계에서 제자리를 차지하지 못하고 있다고 볼 수 있다.

학문·연구 영역별 연구사 검토

풍수의 학문 영역은 광범위하여 분야별로 볼 때 철학, 미학, 문학, 역사학, 민속학, 종교학, 지리학, 건축학, 생태학, 환경학 등에 걸쳐 있다. 연구 영역으로는 환경, 건축, 문화생태, 취락입지, 공간민속, 경관미학 등이 복합되어 있어 학제적·종합적으로 조명해야 할 대상이다.

근래의 서구학계에서 풍수연구를 주도하는 학문 분야는 환경학, 문화지리학, 문화생태학, 문화인류학, 도시계획학, 민속학, 심리학 등이다. 그간에 서양 풍수연구의 주요 성과는 환경·생태적 전통지식으로서의 풍수, 풍수에 대한 새로운 해석틀의 적용, 풍수의 현대적 해석과 과학성 증명 시도, 디자인과 건축에 대한 풍수원리의 적용 시도, 풍수적 환경의 심리적 영향 분석, 풍수의 심리적 웰빙Wellbeing 및 힐링Healing 효과, 풍수지식 및 의례, 현상의 민속학·인류학적 접근, 현대문학 작품 속의 풍수 읽기 등으로 요약할 수 있다.

서구학계에서 풍수에 대한 학문적 정체성과 사회적 가치의 인식은 큰 전환이 있었다. 1970년대부터 최근에 이르기까지 환경·생태과학의 흥기와 함께 풍수가 새롭게 조명되고 해석된 것이다. 특히 1990년대에 와서 서구학계의 풍수연구 초점은 세계적 생태·환경 위기의 각성에 영향을 받아 전환되었으며, 풍수의 생태환경 보호, 환경관리 기술 등의 실천적·기능적 효과가 주목되었다. 다음에 예시하는 논문들의 풍수에 대한 환경적 비전과 가치의 언급은 이러한 사실을 잘 표현해준다.

풍수는 중국의 마을 사람들이 현명하지 못한 생태적 결정을 막는 데 도움을 주었고, 합리적이고 안정된 생태적 실천을 가르쳤으며, 오랜 시기 전부터 계획된 정주를 이끌었다Fan Wei, 1990.[18]

가장 오래되고 현존하는 환경 관리 기술…… 풍수는 환경에 대해 섬세하게, 심지어 치유하는 태도로 대했다Elizabeth Kenworthy Teather & Chun Shing Chow, 2000.[19]

풍수는 사람과 자연환경 사이에 조화롭고 조정되며 균형 있는 관계를 강조한다. ……풍수적 공간은 생태문화지역eco-cultural region으로, 자연과 문화적 측면을 매우 친밀하고도 상호의존적으로 통합했다Ke Tsung Han, 2001.[20]

풍수는 생태계 관리 과학…… 풍수전문가는 자연가치의 증진을 추구하고 자연을 방해하지 않는 경관디자이너^{Lawal M. Marafa, 2003}.²¹⁾

풍수는 전통적으로 환경보호 역할을 한 것으로 재평가할 수 있다^{Bi}
Xia Chen & Yuei Nakama, 2004.²²⁾

그러면 풍수에 대한 서구의 환경생태적 해석 내용을 시기별로 분류·
검토해보자. 이는 두 단계로 나눌 수 있다. 초기 단계인 1970~80년대에
는 풍수원리의 환경생태적 비전과 합리성, 풍수가 환경보전에 미친 사회
적 역할, 전근대적 환경생태과학으로서 풍수 등의 견해가 주로 표명되었
다. 본격적 단계인 1990년대와 2000년대 이후에는 풍수의 환경윤리, 전
통적 환경관리 계획과 지식체계로서 풍수, 풍수의 실생활 적용과 과학성
증명 시도와 같이 풍수의 환경지식체계에 대한 좀더 구체적인 이해와 해
석이 개진되었다.

앞서 소개했던 서양 풍수연구의 선구자인 아이텔은 이미 1873년에 풍
수의 환경사상에 관하여 "풍수는 살아 있는 자연과 경관의 미묘한 에너
지를 인식하는 기술이며, 살아 있는 지구에 대해 관심을 극대화하면서 서
식하는 모든 것과 화해시키는 과학…… 풍수가 장소에 신성한 의미를 부
여했다는 점은 현대의 환경인식에 시사점을 준다"라고 지적한 바 있다.

이윽고 1970년대 초 미국의 버클리학파 인류학자들은 생태와 풍수를
연계하는 연구물을 내놓았다. 앤더슨^{E.N. Anderson}은 1973년에 풍수와 생
태학을 연계한 논문을 발표했다. 그는 풍수의 디자인을 합리성이 있는 생
태적 원리라면서, 풍수는 사람들이 생태적으로 지혜롭지 못한 일을 하지
않도록 억제하며, 중국이 경이적인 인구밀도에도 환경을 유지·보존한
것은 풍수 덕택이라고 했다.²³⁾ 비슷한 시기에 또 다른 인류학자인 실바
^{Armando da Silva}는, 풍수를 포함한 중국의 민간전승 복합체는 점성술, 천문

학, 지형학이 통합되어 우주적 생태계와 조화되는 노력이라고 주장했다.

1980년대를 지나면서 풍수는 이제 '환경과학'으로 주목되기 시작했다. 풍수의 정체성이 '환경 또는 생태과학의 전근대적 형태'로 새롭게 이해된 것이다.[24] 본격적으로 1990년대에 와서 환경과 풍수의 밀접한 연계는 '환경윤리'와 관련된 새로운 개념의 영역으로도 고취되었다. 풍수는 중국인이 마을에서 지혜롭지 못한 생태적 결정을 제한하게 했고, 건전한 생태적 실천을 증진하고 계획된 정착을 이끌었다고 평가되었다.[25]

2000년대 이후의 환경생태적 연구 성과를 개관해보자. 최적주거지 선정으로서 풍수 터잡기의 생태적인 의의와 전망을 제기한 논문이 발표되었고2001,[26] 중국 및 일본오키나와(류큐) 마을의 풍수숲과 풍수경관을 생태적으로 접근하고 평가한 연구가 다수 이루어졌다. 중국의 경우, 귀주성 부이布依 소수민족 마을에 있는 풍수숲에 관해 자연·역사·인식·관리 방면으로 살폈다2009.[27] 주강珠江 삼각주지역 마을의 풍수숲을 샘플링해 분석하고, 생물다양성 보존에 이바지했다고 평가했다2011.[28] 또한 중국의 마을에 나타나는 풍수숲을 유전적 다양성의 보존2012, 잔존종relict species의 생존2013, 수종 분류 및 면적 유형2013의 측면에서 사례지역을 들어 고찰하고,[29] 최근에는 풍수숲을 마을경관과도 연계해 지리적 크기·사회경제적 의의·생태적 전망의 측면에서 연구했다2017.[30] 일본의 경우, 오키나와마을의 경관구성과 식목관행에 미친 풍수의 식물생태적·임학적 측면을 현지 사례로 연구했다2011.[31] 또한 오키나와에서 풍수적 이유로 마을과 가옥에 심은 후쿠기福木, Fukugi를 조사하고 그 역사적 가치를 재평가했다2011.[32] 이러한 오키나와 마을의 경관배치와 숲의 구성은, 인간의 간섭을 통한 자연과의 생태적 공생이 체현體現된 것으로서 이상적인 마을경관 패턴을 보여준다고 했다2006.[33]

더 나아가 풍수는 현대 기술과 공존할 수 있고 보완될 수 있는 것이며,

살아 있는 지구를 보전하고 향상하는 한 방법이라고 '환경관리기술'로서 가치도 부여되었다. 이윽고 풍수는 생태-문화에 따라 창조된 상상의 공간을 채우고, 사람들로 하여금 자연경관을 이해하게 하며, 건축환경을 창조하게 하는 강력하고 일관된 지식체계이자 세계에서 가장 오래된 환경계획 전통으로 정의되었다.

한편으로 풍수의 환경계획적 사상성에 관해서, 통합된 기氣의 관점은 중국의 생태를 수세기 동안 보전했고 서구에서도 비전이 될 수 있다며 풍수의 환경계획적 의의가 적극적으로 부각되기도 했다. 풍수의 환경순환 개념이 현대과학의 수문학적 물순환Hydraulic cycle, 생태계 개념과 유사하다는 것이 지적되기도 했는데,34) 이러한 풍수적 환경순환론 체계가 중국의 환경학 발전에 이바지한 점이 무엇인지도 논구할 필요가 있다.

이상과 같이 연구자들은 환경에 대한 점증하는 사회적 관심에 따라 동아시아 풍수를 인간과 자연 사이를 조정하고 화해和諧하는 환경사상으로 보았고, 전통적 환경지식체계이자 환경관리기술로 가능성을 평가했다. 다만 아직까지 이러한 시선으로 본 본격적인 연구 성과는 나오지 않았다.

1990년대 이후 일각에서는, 현대적인 환경디자인과 실생활에 풍수를 과학적이고 실용적인 방법으로 적용하는 노력도 했지만 대안적 방법론으로서 반향을 불러일으키지는 못했다. 한 연구 사례로, 산이 많은 지역의 입지선정에서 서구적 입지분석 모델과 풍수를 비교하여 컴퓨터 테스팅을 해보니 상당히 일치한다는 점을 근거로, 풍수가 향후 환경디자인의 통합적 모델 연구에 커다란 잠재력을 주는 영역이라고 평가했다.35) 또 다른 연구는 실내디자인에서 자연 환기와 풍수에 따른 기 흐름 패턴 간의 유사성을 과학적 기법으로 증명하려고 시도하기도 했다.36) 건축가들이 건축물의 주위 환경을 선택하고 실내를 배치하는 것과 풍수의 이상적 모델은 서로 일치한다는 것을 시론적으로 제시한 논문도 있다.37) 풍수를 인간의 거주지 선택에 관한 현대이론과 비교·고찰하여 공간적 형태와 물리적 특징 면에서 많은 유사성을 지적하고, 풍수의 긴 역사와 광범위한 적용은 새로운 개념과 이론으로 도입·검토될 수 있는 가치 있는 자원이라고 평가했다.[38]

기타 디자인과 건축 분야에서 공간적 디자인과 건축에 풍수원리를 적용하고 설명한 논문도 여럿 있었다. 토속건축 연구로 저명한 올리버[P. Oliver]는 풍수가 동아시아의 자연적 환경에 매우 적합한 디자인 방법이라 보았고,[39] 문화인류학자 프리드먼[M. Freedman]은 자연과 건축물의 형태적 상관관계를 풍수의 특성으로 파악하기도 했다.[40]

2000년대 이후는 도시계획과 디자인 분야에서 현지사례와 주제별로 풍수적 논의와 분석이 보다 구체화되었다. 주요 연구성과를 살펴보면 다음과 같다. 서울의 풍수적인 토지이용 해석을 통해, 문화와 생태가 통합된 도시경관계획이라는 새로운 패러다임에 기반을 두고 전통풍수개념과 경관생태원리를 통합시킨 새로운 도시계획틀을 발전시킬 필요가 있다고 보았다[2006].[41] 다른 한편으로는, 풍수 모델에서 발전시킨 생태적 인프라 계획을 통해, 베이징의 도시성장계획을 네거티브 방면으로 비판하기도 했다[2011].[42] 또한 도시 형태와 디자인에 대해 조화로운 공간[Harmonious Spaces]으로 풍수가 미친 영향이 무엇이었는지에 관한 논의도 있었다[2017].[43] 디자인 분야의 연구로서, 풍수는 환경과 건축물과 사람 사이를 조화롭게 하는 전통적 지혜라는 데 착안해, 통합성과 복합성이 요구되는 건축물 디자인[Building Design]의 대안적인 접근이자 개념적인 틀로서 풍수지식의 가능성과 의의를 검토했다[2008].[44] 기타, 지속가능한 주거디자인으로서 풍수를 현대적으로 해석하거나[2008],[45] 중국 및 아시아 지역의 사무실 배치에 큰 영향을 미친 풍수를 퍼지이론[fuzzy set theory]으로 분석하고 평가한 독특한 방법론의 연구도 눈에 띈다[2009].[46] 그 밖에, 풍수 형세론Form School의 모델을 수면환경(침대 배치)에 적용시켜 선호도와 수면의 질을 분석·검증한 시도도 있고[2016,47] 지속가능한 건축물의 조성을 위한 철학적 기반의 논의로서 풍수를 현상학·존재론적으로 고찰한 연구도 나왔다[2013,48].

하지만 실용성 측면을 넘어 좀더 이론적이고 학문적인 수준으로 풍수에 대한 심도 있는 이해 수준에 도달해 풍수를 건축과 직접 연관한 논문은 찾기 어렵다. 풍수에 건축의 성격은 있지만 근대학문으로서 풍수의 가치는 인정하지 않은 것이다.[49] 근래에 나온 여러 논문 중에는 연구대상의 역사적·사회문화적 맥락을 고려하지 않고 피상적 풍수 이해에 기초하여 형식적인 틀에 끼워 맞춘 한계도 보인다.[50]

2000년대 이후에는 풍수적 환경이 사람들에게 어떠한 심리적 영향과 웰빙·힐링 효과를 미치는지에 대한 새로운 시선과 해석도 시도되었다. 심리적인 웰빙이라는 방면에서 풍수의 유용성에 대한 경험적인 분석을 해보니, 풍수경관이 풍수를 믿는 사람들에게 긍정적인 감정 및 인식 상태를 조성하게 했고 특히 자신감을 증가시켰는데, 이러한 효과는 풍수가 순전히 미신은 아니라는 사실을 가리킨다고 했다[2006,51] 힐링환경의 조성이라는 방면에서, 건강을 증진시키기 위한 풍수적 실천방안방의 색깔, 일광 및 창문 배치 등 논의가 있었다[2006,52] 비즈니스 심리의 방면에서 풍수가 일상생활에 미치는 영향에 주목해, 풍수적 상태가 소비자의 마음을 편안하게 함으로써 소비자의 결정심리와 구매태도에 주는 영향을 분석했다[2012,53] 기타, 중환자 치료환경에서 풍수적 조건이 간호사의 감정에 영향을 미치는지에 대한 경험적인 현지조사가 이루어졌다[2017,54]

지리학 분야에서 풍수연구는 양적·질적 양면에서 선도적 역할을 수행했다. 풍수경관은 사람들의 자연관과 세계관이 반영되어 있을 뿐만 아니라, 풍수는 자연-인간의 관계와 태도에서 조화로운 관계로 균형을 맞추는 실천으로 이해되었다.[55] 문화생태적으로도 풍수는 동아시아에서 문화와 환경 간의 긴밀한 관계를 반영하기에 주목의 대상이 되었다.[56] 취락입지론에서도 풍수는 '입지와 배치의 과학'이며 '터잡기의 예술'로 정의된 바 있다.[57] 풍수는 공간을 형성한 요인으로, 동아시아 사람들이 풍수로 공간을 어떻게 이해하고 다루었는지가 중요한 연구 관점이 된다고 지적했다.[58] 관련한 연구를 보자. 중국 남동부의 전통마을을 대상으로, 지역주민들이 자연환경과 상호작용하는 데 풍수가 어떠한 영향을 미쳤는지 주거지의 입지선정과 출입구 조성 측면에서 살펴본 후, 풍수가 물리적·환경적·심리적·미학적 요구를 충족시켰다는 결론을 내렸다2000.[59] 그리고 풍수가 한국의 지형공간을 변경시키는 데 중요한 동기로 작용했음에 주목해, 전통적으로 실행해온 조산비보를 문화지리학적으로 고찰한 논문도 나왔다2011.[60] 특히 근래에는 신문화지리학적인 새로운 시선과 해석 방법으로, 풍수문화를 권력과 그 집단의 사회적 관계가 구성되어 드러난 것으로 조명했다.

풍수는 민속학으로서 학문적 정체성도 가지고 있다.[61] 풍수는 민속적 지식이기에 민속학적 배경과 인류학적 접근방법을 통해서 연구할 필요가 있다. 풍수에는 공식적인 엘리트와 비공식적인 민간, 글로 쓰인 것과 구비전승, 인간과 자연 간의 문화적 상호작용을 내포하는 용법의 역사가 있다. 고대 샤머니즘을 기원으로 하는 풍수는 합리적 의례의 실천으로 발전했고, 실용적이고 과학적이기도 했다. 풍수에는 1,000년이 넘도록 사람들의 물질적·심리적 요구를 만족시키기 위하여 광범위한 신앙과 사상을 통합한 역사가 있다.[62] 관련한 연구를 요약하면 다음과 같다. 근래 중국에서 풍수가 유행하면서 드러나는 현상으로서 농민과 국가 간의 세계관Cosmology의 갈등을 인류학적으로 다룬 논문이 있다1996.[63] 민속학적 현지조사 방식의 연구로는, 중국 하카Hakka마을의 건축에 미친 풍수적 영향2017[64])에 대한 연구를 비롯해 홍콩의 풍수성행에 따른 여러 사례 연구가 발표되었다. 홍콩 현대도시의 배치에서 나타나는 풍수적 측면1992,[65]) 다푸구大埔区의 부동산 개발 및 가격과 풍수요소의 상관관계1998,[66]) 홍콩 도시지역의 중국인 공동묘지와 유골안치소의 풍수 관련성1998,[67]) 홍콩의 풍수담론과 실천에서의 집단감정으로서 기대Hope문화2013[68]) 등이다. 그 밖에도 베트남 호치민시와 하노이시의 부동산 열풍과 신 풍수neo-fengshui 현상에 대한 인류학적 접근2012,[69]) 한국의 현대시기1990-2006에 떠돌던 식민지 유령과 풍수루머를 일제의 풍수침략 설화와 관련해 탐구한 논문2012[70]) 등이 있다.

기타 최근에 현대문학 분야에서, 제임스Henry James의 소설『포인튼의 전리품』The Spoils of Poynton에 대한 풍수 읽기가 있었다2017.[71])

이상과 같이 살펴본 서양의 연구물에서 평가된 풍수의 의의와 비전은 다음과 같이 몇 가지로 요약된다. 환경문제의 해결과 지속가능한 발전의 대안 사상, 심미적 경관미학, 지속가능한 주거지 입지선택과 건축 디자인 적용, 환경과 생태적 가치의 증진, 자연보전 자원으로서 유산 등이다.

특히 문화적 다양성의 가치가 중시되는 오늘날 풍수가 동아시아적 환경지식체계의 유산으로 평가받고 있다는 점은 주목된다.[72]) 현존하는 풍수경관은 자연과 문화의 통합적 유산으로서 문화적 경관자원이기도 하다. 한국의 조선왕릉과 하회·양동마을의 풍수적 입지요소가 유네스코 세계문화유산 등재에서 긍정적으로 평가받았던 것도 그러한 맥락에 있다.

우리 풍수연구의 과제와 전망
· 에필로그

한국풍수연구의 사회적 소통과 학문적 정립을 위한 과제

한국풍수를 이끈 1세대 연구자이면서 문화지리학자인 윤홍기 교수는 한국풍수연구의 주제와 방향 그리고 향후 과제를 '환경사상으로서 풍수, 풍수가 한국 경관에 미친 영향, 풍수 속의 환경관리 이론, 풍수와 한국인의 의식구조' 네 가지로 제시한 바 있다.[1] 이 견해는 한국풍수의 시대적 보편성과 함께 동아시아적 전망으로 매우 적절한 지적으로 판단된다. 나는 한국풍수연구의 사회적 소통과 학문적 정립을 위한 과제를 다음과 같이 제시하고자 한다.

첫째, 한국의 풍수연구는 동아시아와 세계무대로 연구의 공간적 소통 범위를 넓혀야 한다. 한국에서 풍수연구는 중국, 일본뿐만 아니라 서구학계의 풍수연구 성과를 검토하고 학문적으로 수용하는 과정을 거쳐 보편적이고 비교적인 연구비전과 자세가 필요하다.

한국풍수를 세계화하려면 동아시아 풍수로 연구 범위를 확대하여 전개할 필요가 있으며, 그 내용은 역사적 과정에서 형성된 동아시아의 풍수적 원리와 실천 양태의 보편성, 한국적 특수성을 밝히는 것이다. 이로써 한국풍수의 정체성과 가치를 드러낼 수 있고, 세계 속에서도 중국풍수의 그늘에서 벗어나 제자리를 차지할 수 있다.

동아시아에서 풍수가 어떻게 전개되었는지 비교·연구하면 풍수연구 범위가 한중일 삼국에서 더 나아가 타이완, 홍콩, 베트남, 싱가포르 등으로 확대될 수 있다. 이미 각국 학계에서는 풍수를 개별적으로 연구한 논문이 여러 편 발표된 바 있다. 앞으로 중국의 풍수가 주변국에 어떻게 수용·변용되었는지 특색과 정체성의 규명은 물론 그것을 형성했던 역사적·문화적 배경은 무엇인지 논의해야 한다. 비보풍수만 보아도 한중일 삼국에서 비보풍수의 원리와 방식, 비보물의 입지와 배치 등에 보편성이 있지만, 비보의 역사적 전개 과정과 비보물의 형태·유형, 비보 태도, 민간신앙과 복합하는 양상 등에는 문화적 차이와 각국의 개성이 나타난다. 예컨대 풍수림(중국)·비보림(한국)·포호림(류큐)은 풍수의 동아시아적 보편성과 지역적 특수성을 잘 드러내는 키워드가 된다.

동아시아에서 역사적으로 종교와 풍수의 관계가 어떤 방식으로 드러나며 그 특징이 무엇인지도 중요한 주제가 된다. 중국에서는 풍수와 도교가 밀접한 관계로 전개되었지만 한국에서는 비교적 관련성이 적었다. 일본의 풍수는 선불교의 영향을 어느 정도 받았지만, 류큐에서는 불교와 풍수의 연관성이 비교적 약하게 나타난다. 한국은 불교와 풍수가 매우 긴밀했다. 그리고 민간신앙과 풍수의 관계 역시 중요하다. 유교와 풍수의 관계에서도, 중국과 한국 유교지식인들의 풍수적 인식과 실천에 대한 고찰은 관심거리다. 『발미론』發微論이라는 풍수저술에서 잘 드러나는 것처럼 유교사상이 풍수이론에 미친 영향과 문헌도 고찰할 수 있다. 이처럼 동아시아에서 풍수가 각국의 종교문화와 어떻게 관련되어 있고 역사적 전개과정은 어떠했는지를 비교·해석하는 작업이 필요하다.

둘째, 한국의 풍수학은 연구 방법에서 풍수 자체의 이론과 논리로 국한해 연구하기보다는 사회정치문화와 역사적으로 어떻게 관련을 맺고 '실천·활용'되었는지 관심 있게 접근할 필요가 있다.

한국풍수의 기원이 무엇인지는 풍수학계의 관심사이지만 아직 정론은 없다. 풍수가 동아시아와 한국에 어떻게 기원했는지는 주요한 연구주제이자 논쟁 대상이 될 것으로 본다. 풍수의 수용 시기와 관련하여, 풍수적 관념·지식이나 풍수서가 들어온 것과 풍수가 한반도 공간에 입지 논리로 본격적으로 적용되고 실천된 사실은 달리 볼 수 있다. 풍수사의 시기 구분 문제는 앞으로 풍수학계에서 중요한 관심 대상으로 부각될 것이며, 동아시아 각국의 풍수사 비교에서 선행해야 할 기초 연구 과제다.

셋째, 한국의 풍수연구가 사회적으로 소통하려면 시대가 요청하는 핵심적 연구주제에 집중해야 한다. 동아시아의 풍수는 문화적 다양성에 기초한 전통적 환경생태 및 환경인문학Environmental Humanities 지식체계의 세계적 유산으로 평가받고 있다. 세계 어디에도 풍수만큼 자연-인간관계가 친화적이고 긴밀하게 연관된 전통지식은 없다. 그래서 풍수이론의 환경생태적 지식유산을 발굴·해석하여 21세기 자연과 인류가 상생·공존하는 현대문명의 대안적 패러다임으로 제시할 필요가 있다.

풍수사상의 환경철학적 토대에 관한 해석적 연구는 오늘날 환경생태사상의 새로운 담론 역할을 할 수 있다. 풍수사상은 인간의 주체적·능동적 역할을 보장하면서도 자연환경과의 조화로운 관계를 설정한다. 풍수의 상보적 인간-자연관계를 대변하는 비보풍수는 동아시아 풍수에서도 한국적 정체성과 특색으로 내세울 수 있는 풍수문화전통이다.

2017년 3월 15일, 뉴질랜드 의회는 세계에서 최초로 황거누이강에 인간과 동등한 지위를 부여하는 법안을 통과시켜 국제사회에서 화제가 된 적이 있다. 마오리 원주민의 "나는 강, 강은 나"Ko au te aua, ko te aua ko au라는 염원이 실현된 것이다. 이와 관련하여 우리는 2003년에 '백두대간보호에 관한 법률'을 제정한 바 있다. 민족정신의 골간이자 풍수사상에 기반을 둔 국토의 큰 산줄기에 법적·사회적 가치와 권한을 부여한 것이다.

여기서 더 나아가 제1차 산지관리기본계획[2013~17] 이후로 산줄기연결망에 기초한 관리체계가 입안되어 운용되고 있다. 전통적 풍수사상과 지식 정보는 환경인문학으로서 현대사회의 정책기조와도 맥을 나란히 하며 진행되고 있는 것이다.

넷째, 풍수가 현대 학문적 지식체계이냐는 질문에도 대답할 수 있어야 한다. 풍수는 기존에 자연과 분리·대립하는 기술이나 과학 분야와 달리 자연과 결합·상생하는 학문전통으로 자리매김할 수 있다. 풍수가 현대적 학문이려면 보편적 지식에 기반을 두고 다른 학문 분야와 상호소통할 수 있는 해석적 논리와 학문적 체계를 구성해야 한다. 조선시대의 사회 담론으로 통용된 좌청룡, 우백호, 자좌오향식 풍수 용어와 논리를 그대로 오늘날 다른 분야의 학문사회에 제시하여 이해되기를 바라는 것은 난센스다. 지리학적 시선으로 볼 때, 한국적 지리학은 물론 지리학 전반이 발달하려면 풍수의 자연경관 인식 방법을 포괄적으로 현대화하는 작업이 반드시 수행되어야 한다는 서울대학교 지리학과 박수진 교수의 지적은 의미심장하다.[2]

거시적인 역사 흐름에서 볼 때 풍수는 동아시아인이 자연과 맺은 문화사적 진화의 산물이다. 근대 서구적 도시문명의 발전은 인간중심주의를 기초로 자연과 대립하여 얻은 결과물로, 현대에 와서는 그 반성적 극단으로 생태주의와 자연보존에 대한 시대적 사조를 낳았다. 하지만 그것은 여전히 자연과 인간의 분리를 철학적으로 기초하는 것이다. 그러나 풍수는 사상적 기저에서 자연과 인간이 상보적으로 결합하여 지속가능한 토지이용과 환경계획·관리를 추구한다는 데 의미가 있다. 풍수는 동아시아의 복잡계complex system적 지형과 자연환경에 적응하여 오랜 기간 살아온 사람들이 창발적으로 공진화한 환경지식체계로 가치가 있다.

발생적으로 풍수사상에 내재한 환경론적 정체성의 회복이라는 과제는 풍수의 사회적 순기능에 대한 시각의 전환과 정체성의 재정립을 요청하며, 오늘날 풍수사상의 의미를 새롭게 조명해야 하는 의의가 된다. 지금 풍수는 오래된 미래의 동아시아 '환경지식유산'으로, 유네스코 무형유산의 한중일 공동등재 대상이기도 하다.

이렇듯 풍수의 현대적 가치를 한마디로 말하면, '동아시아가 공유하는 환경지식유산이자 지속가능한 토지이용방식'이라 할 수 있다. 이런 맥락으로 풍수를 다시 정의하건대 풍수는 동아시아 전근대사회에서 형성·발전된 환경지식체계이자 환경인문학이며, 지속가능성에 기초한 동아시아의 전통적 문화생태학이자 자연-인간관계의 공간적 문화전통이다. 풍수적 입지론은 환경계획원리이고, 비보론은 환경관리방법이다.

근래 동아시아 각국에서 풍수는 전통적 지리환경지식이자 인류무형유산으로 그 위상이 재정립되는 추세다. 풍수는 또한 21세기의 지속가능한 토지이용과 경관관리에 아이디어와 시사점을 제공하는 전통지식으로, 동아시아의 오랜 환경유산으로 잠재적 가능성을 충분히 평가받고 있다. 한국은 폭넓은 풍수문화전통과 다양한 학문 분야에서 오랫동안 축적한 연구역량으로 동아시아의 중심에 서 있다. 이는 가시화되고 있는 풍수의 유네스코 인류무형유산 등재에서 한국이 공동등재를 주도해야 할 이유이기도 하다.

'환경지식유산으로서 풍수'라는 키워드는 풍수가 지닌 전통적 환경지식으로서 학술적 담론과 동아시아 풍수전통의 인류무형문화유산적 가치라는 사회적 담론이 결합된 개념이다. 풍수는 '자연과 우주에 대한 지식과 관습'에 해당하는 유네스코 인류무형문화유산 범주에서, 동아시아 자연환경에 대한 지식과 관습으로서 유산적 가치를 지닌 가장 대표적인 것이다.

이상과 같은 학술과 연구의 토대를 이루면서 한국사회와 동아시아의 풍수담론에 학술적 표준을 제시할 동아시아풍수문화학회를 구성해야 하는 것은 풍수학계의 필수 과제다. 학술적 검증이 가능한 연구 시스템을 구성하여 세미나와 조사답사, 학술대회를 하고 동아시아는 물론 국제 연구자와 교류·소통하며, 그 연구 성과를 학술지에 싣거나 단행본으로 발표함으로써 풍수에 대한 사회적 요청에 대답할 공식 채널이 필요하다.

풍수학과 풍수연구의 미래 전망

전통시대에 한국풍수는 엄연히 제도권 안에서 정규적·공식적인 학문의 지위를 갖추고 있었다. 그러나 일제강점기 이후 풍수는 무덤자리나 고르는 고루한 술법이자 미신으로 규정되었다. 이제 풍수는 그러한 이미지에서 벗어나 동아시아의 환경지식 전통유산 가치로 재해석되어 국제적인 보편학문의 일원으로 학계에 이바지할 날이 멀지 않았다고 생각한다.

풍수는 유네스코 세계무형유산으로도 등재될 수 있는 동아시아의 전통환경지식유산임이 분명하다. 등재과정에서 풍수는 기존의 미신이나 술법적 이미지에서 벗어나 인류의 전통지식 자원의 하나로 새롭게 정립될 것이다. 이를 계기로 우리 풍수의 사회적 평가와 정체성 담론은 차원이 다르게 일신될 것으로 예상한다.

한국의 풍수학은 대학 제도권에서도 일부 사이버대학이나 대학원의 정규 전공으로 자리 잡았다. 유수한 대학과 특히, 지리학과에서 풍수지리 전공분야를 개설해 체계적으로 풍수를 가르치지 않고 연구하지 못하니 전문인력은 해가 갈수록 줄고, 겨우 일반인을 대상으로 한 디지털대학이나 대학원대학이 명맥을 잇고 있는 형편이다. 그러다보니 현대적 학문토대를 갖춘 풍수학의 표준지식을 갖추기 어렵고, 사회와 시대가 요청하는 연구 성과가 부족하며, 전통논리의 도그마에 갇힌 주장만 재야에서 백가

쟁명으로 난무한다. 이제 풍수는 희소학문 분야로 제도적 지원을 받아 연구해야 할 지경에 놓였다.

현 제도권 내에서 풍수학이 활로를 찾기 위해서는 새로운 학문적 틀 속으로 재구성되는 길도 있다. 그 하나로, 전통시대에 한국의 산지 환경과 경관에 대한 입지론 체계로 발전되었던 풍수지리학은 현대적 융합학문으로서 산학山學이라는 새로운 분야의 하나로 탈바꿈하여 학문체계로 구성될 수 있다. 이럴 때 전근대적 풍수지리학은 현대적 융합학문인 산학의 동아시아적 전통이론으로 자리매김된다. 알다시피 해양학은 일찍이 제도권 학문 분야에 자리 잡았지만 산학이라는 용어는 낯설 정도로 상응한 위상을 갖추지 못했던 것이 현실이었다. 물론 산림학 계열 학부 혹은 학과(산림과학, 산림자원, 산림환경, 산림조경 등)는 현재 전국 대학에 20개가 넘지만, 임학(林學)에 뿌리를 둔 산림(Forest) 및 자원 연구라는 자연과학 분야로 한정되어 있다. 그러나 동아시아에서 이러한 분위기는 바뀌고 있다. 일본에서는 이미 산학Mountain Studies이 제도권 학문 분야로 특화되어 자리 잡았고, 국립쓰쿠바筑波대학 대학원 생명환경과학연구과生命環境科學研究科에서는 2017년부터 '산악과학 학위 프로그램'Master degree program of Mountain Studies의 박사전기 과정을 운영 중이다. 여기서의 산 연구는 농학, 이학, 공학의 관련 학문분야를 종합한 것이다. 이뿐만 아니다. 교토의 류코쿠龍谷대학에서는 사토야마학里山學을 구축해 지역 주민과 산의 상관적 연구에 몰두하고 있으며, 이미 일본 전역에서는 제도적으로 지역 산지에 대한 공동체적 보전과 활용을 지원하고 있다. 물론 한국에서도 10년 전부터 인문학적인 명산문화연구에 박차를 가하고 있으며, 2015년에는 경상대학교에 명산문화연구센터도 설립되었다. 국가적인 인문학진흥사업으로 인문한국의 지리산권문화연구단이 구성되어 처음으로 지리산학智異山學이 정초되는 결실도 낳았다. 거기서 풍수는 중요한 연구 분야로 역할을 했음은 물론이다.

한국의 풍수연구는 아직 갈 길이 멀다. 갈 길이 멀다는 말은 할 게 많다는 뜻이기도 하다. 연구할 대상과 내용은 사방에 널려 있다. 그것은 원석과도 같아서 여러 학문 분야에서 조명·분석하고, 종합적으로 해석할 문화적 전통지식의 광맥이다. 따라서 현대적인 학문 분야에서 전통적인 풍수는 학제적·융합적으로 접근해야만 그 전모를 연구할 수 있다. 풍수의 스펙트럼이 지리, 역사, 문화, 정치, 사회, 건축, 조경, 생태, 의학, 심리학 등 수많은 학문 영역에 걸쳐 있기 때문이다.

이제 세계학계는 아시아의 전통지식과 환경인문학의 차원에서 풍수의 학문적 역할과 함께 한국풍수학 연구의 적극적인 역할을 요청하고 있다. 여기에는 다음과 같은 몇 가지 배경이 있다.

한국은 역사, 지리, 건축, 조경, 문학, 종교, 예술 등의 제반 영역과 국토 전반 그리고 모든 계층에 풍수의 자취를 드리우고 있다. 동아시아와 비교할 때 한국풍수가 지니는 융합적 성격과 특색이라 할 수 있다.

따라서 한국에서 풍수는 단순한 터잡기 문화나 기술 수준의 전통이 아니라 총체적인 문명사적 위상을 지닌다. 동아시아 여러 나라와 비교해서도 그렇다. 중국은 풍수의 원조이고 이론과 지식체계를 구축한 나라였지만, 시공간적인 실천과 활용에서는 우리처럼 전반적이지 못했다. 일본에서 풍수는 고대시기의 왕궁과 선종사찰, 중세 귀족의 정원 및 근대 가상家相 풍수 일부를 제외하고는 한정적이었다. 지금 오키나와로 편입된 류큐 왕조에서 풍수는 18~19세기 때 국가적으로 큰 영향력이 있었지만 지배층이 주도하는 Top down 방식의 국토공간계획으로 실행되었지, 우리처럼 마을주민들의 주체적인 풍수 활용에까지 이르진 못했다. 한국처럼 풍수가 1,000여 년 동안 지속적으로, 서울과 시골 할 것 없이 전국적으로, 왕과 서민 할 것 없이 모든 계층에, 정치·사회·문학·예술을 막론하고 모

540

든 분야에 영향을 미친 경우와 비교하기 어렵다. 그래서 한국풍수문명은 일반 서민들을 포함한 수많은 사람의 집단지성으로 만들어졌고, 수많은 현장에서 창의적으로 활용되었다는 점에 그 가치가 있다. 사람과 자연이 만난 구체적인 장소에서 구현된 총체적 지식 및 경관 체계가 한국풍수문명의 실체인 것이다.

한국풍수 연구의 학술적 수준도 동아시아나 국제학계를 선도할 만한 위치에 있다. 다양한 학문 분과의 조명을 넘어 자연과 인문을 결합해 학제적으로 접근하는 방향으로 발전하고 있다. 한국학계는 세계 어느 나라보다 풍수의 현대적 해석과 활용에 대한 관심이 높다. 더구나 국제학계는 그 어느 때보다 자연과 인문이 상보적으로 통합된 동아시아의 문화전통과 학문적 패러다임의 가능성을 주시하고 있다. 한국의 풍수적 유산과 학문적 성과는 아시아의 보편적 가치를 담보하면서 미래를 전망할 도약의 발판 위에 서 있다.[3]

풍수의 현대적 가치인 환경관리 전통지식 측면에서도, 특히 한국풍수의 인문전통을 동아시아는 물론 국제학계에 널리 알리고 소개할 필요가 있다. 중국의 풍수Fengshui나 일본의 사토야마里山 같은 자연친화적 환경사상이나 생활태도를 넘어, 이제는 환경관리에서 한국의 비보와 같은 자연상보적 환경사상이나 사람의 적극적 역할이 더욱 강조되고 있다. 한국 사람들이 마을공동체 단위에서 풍수를 지속가능한 주거생활·환경철학으로 능동적으로 활용하여 환경조건을 개선·관리한 면모와 의의는 세계적으로 주목할 가치가 있다.

이렇게 풍수는 학제적 연구대상이니만큼 같이 연구해야 효과적인 성과가 도출될 수 있지만, 안타깝게도 학계의 인식과 제도적 뒷받침은 미치지 못한다. 변변한 풍수연구소 하나 없는 것이 학계의 현실이다. 2015년에야 몇몇 풍수전공자가 모여 동아시아풍수문화연구회를 구성했다. 이

제 대학의 풍수연구자들은 한국학계와 사회 대중에 책임 있는 학술적 표준을 제시할 필요가 있고, 제도권에서는 이러한 연구를 안정적으로 뒷받침해야 한다. 동아시아의 풍수문화라는 학제적인 토대에서, 현실의 문제를 직시한 미래지향적 학문으로 풍수학을 재정립해야 한다.

풍수인문학의 새로운 지평과 정의

아직도 일부에서는 풍수 하면 좋은 터를 잘 써서 발복하는, 땅이 사람의 운명을 좌지우지하는 믿음으로 통용된다. 그러나 우리 풍수사상의 진면목에는 사람이 주체가 된 인문지리적 전통이 도도하게 흐르고 있음에 주목해야 한다. 그것은 이미 '땅의 풍수에서 사람의 풍수로' 사상적 패러다임을 전환한 것으로 역사적 평가가 가능하다. 그래서 한국의 풍수는 사람의 지리이며 인문의 영역이다.

풍수는 땅의 이치[地理]와 땅의 길[地道]을 가르친다. 그런데 땅을 사람과 조화롭고 지속가능하게 쓰는 것은 사람의 길[人道]이요 사람의 소관이다. 우리 풍수전통은 사람의 풍수이지만 서구적 인본주의 혹은 인간중심주의Anthropocentrism와는 근본적으로 계통이 다르고, 근대적 인문주의 Humanism의 한계마저 극복하는 생태인문주의Ecological Humanism의 지향점에 가깝다. 인문학의 전통으로 보아도, 우리 풍수의 인문학은 자연과 사람의 분리를 넘어서는 탈경계인문학이자 주체적인 통합인문학이며, 환경인문학Environmental Humanities이다. 그래서 현대인문학의 새로운 지평과 전망에도 맞아떨어진다. 풍수는 지역의 환경조건에 맞추어 공동체 단위에서 실천적으로 검증된 문화생태적 지식체계이자 오래된 미래가치이기에 현대적으로 재해석해 활용할 가치도 충분하다.

역사적으로 우리 풍수의 인문전통은 풍수와 불교, 풍수와 유교가 마치

양팔저울처럼 서로 균형을 잡으면서 한편으로는 견제하고 한편으로는 도우며 조화롭게 운용되었기에 가능했다. 땅의 여하에 따라 인사[人事]의 좋고 나쁨이 결정된다는 풍수적 인식틀과 지리결정론적인 사유는, 사람이 마음먹기에 따라 언제 어디라도 정토일 수 있고 정토세계를 이룰 수 있다는 선불교적 인식틀과 유심주의적 사유로 자유로울 수 있었다. 물론 풍수의 본고장인 중국에서도 풍수와 불교의 만남은 얼마든지 있었다. 하지만 둘은 역사적 과정에서 한국에서처럼 서로 영향을 강하게 주고받으며 긴밀하게 결합되지 않았다. 더구나 한국의 풍수는 유교라는 인문사상과도 긴밀하게 영향을 주고받고 섞이면서 사람의 역할을 중시하는 실천적인 전통을 견지할 수 있었다. 그래서 동아시아의 풍수문화권에서 중국이 '땅의 풍수'라면, 한국은 '사람의 풍수'가 특징이요 정체성이라고 할 수 있는 것이다. 사람의 풍수라는 천명은 중국이 지배한 풍수사상의 동아시아적 전통에 대한 한국적 지평의 창신이라는 의미를 지닌다. 1,000년 동안 이 땅에서 불교의 마음과 유교의 사람은 풍수의 자연과 만나 독특한 한국의 풍수미학을 빚어냈던 것이다. 그래서 나는 우리 풍수를 '사람(마음)과 자연의 만남의 미학'이라고도 정의한다.

우리에게 풍수는 산천과 사람의 공생 및 공진화를 위한 문화생태적 매개이자 연결고리였다. 지역 주민들은 풍수를 활용해 슬기롭게 자연과 공존하고 상생했으며, 비보로써 자연과 인간의 상호관계를 조절하고 조정했다. 마을 주민들은 풍수로 지역의 자연환경과 사람의 통합성을 증진하고 장기지속적인 시스템을 마련했다. 우리에게 풍수는 지역의 적절한 환경관리와 적합한 토지이용을 위한 문화전통이자 지식체계였던 것이다.

풍수 르네상스의 꿈

· 책을 맺으며

산가山家로서 소명

나는 풍수와 산을 함께 전공하는 지리학 연구자다. 2014년 한길사에서 출간한『사람의 산 우리 산의 인문학』후기에서 나는 산가山家라고 했다. 전통시대에 풍수하는 사람을 산가라고 불렀고, 또 내가 산을 연구하는 사람이니 산가이기도 하다. 그래서 풍수가보다는 산가라는 정체성이 나에게는 적합한 것 같고 마음에 와닿는다. 풍수학자보다는 산학자山學者가 현대적이기도 하고 호칭이 걸맞다. 이번에 내는『사람의 지리 우리 풍수의 인문학』은『사람의 산 우리 산의 인문학』과 짝을 이루어 산가로서 20여 년에 걸쳐 해온 학문적 연구를 일단락하는 저술이다.

나는 풍수를 연구해도 인문성에 관심이 컸다. 풍수술서에서 말하는 땅의 결정적 영향과 운명론은 마음에 들지 않았다. 다만 사람들이 풍수를 어떻게 썼는지에 관심이 갔다. 지금에야 알고 보니 인문성은 한국풍수의 정체성이자 특성이었다. 그래서 주 연구대상으로 사람의 역할을 중요하게 여기는 비보에 끌렸던 것 같다. 나는 이 책에서 비보풍수를 명당풍수와 함께 한국풍수체계의 두 기둥으로 세웠다. 풍수의 키워드인 명당에 인문성을 더해 '비보명당'이라는 학술용어도 제시했다. 비보명당은 민간의 생활에서 얼마든지 쓰는 개념이다. 이 말은 몇 해 전 광양의 도선유적지 답사에서 고장의 한 노인에게 우연히 들었다. 듣자마자 탁! 무릎을 쳤다.

한국 사람들은 풍수를 참 유연하게 쓴 것 같다. 특히 민중이 그랬다. 아는 것이 병이라고 지식인은 풍수지식의 맞춤법에 휘둘리기 일쑤였지만, 서민들은 생활풍수의 실용성에 더 치중했기에 손쉽게 소용될 것만 쓰고 번쇄하고 불필요한 것은 버렸다. 수많은 전통마을에서 풍수가 적용된 면모에서 나는 이러한 사실을 확인할 수 있었다. 이러한 점은 풍수 관련 문헌으로만 보지 않고, 현장에 들어가 풍수문화와 풍수경관을 연구하는 지리학 연구자의 시선이 있었기에 가능했던 것 같다.

돌이켜보면 나는 풍수이론 자체보다는 한국의 문화, 역사, 사회, 지리에 풍수가 어떻게 투영되어 있는지를 연구했다. 풍수라는 키워드의 문화역사지리인 것이다. 첫 연구 결과물인 석사학위논문도 한국 사람의 산 관념에 풍수가 어떻게 녹아 있는지를 살폈다. 그 이후에도 지역 주민들이 풍수를 어떻게 활용했는지 지역풍수를 연구했다. 박사과정에서는 영남지방에 비보가 어떤 모습으로 투영되어 있고 그 의미는 무엇인지를 논구했다. 역사 속에서 풍수를 보는 눈도 생겼고, 점차 나에게 풍수는 전통문화지리 현상으로 다가왔다. 근래에는 사회정치적 풍수담론으로 해석하는 신문화지리학의 시선도 관심을 끌었다.

풍수이론을 연구하는 어떤 분이 심포지엄 자리에서 "한국의 비보풍수는 중국의 이론풍수에 비해서 문헌이나 논리도 없는데 무엇이 그리 중요한가?"라고 질문한 적이 있다. 나는 이렇게 대답했다. 무슨 대단한 이론이 있어서 중요한 것이 아니라 오랜 기간 수많은 사람이 다양한 지역환경과 지형조건에서 실천했기 때문에 중요한 것이라고 말이다. 선조들이 창의적으로 활용했던 비보문화와 숱한 경관으로 남아 있는 비보유산은 오늘날 학계 연구자들이 토지이용과 환경관리라는 측면에서 현대적으로 해석하고 이론화해야 할 과제다.

한국풍수를 연구하면서 내 마음에 가장 깊숙이 들어앉은 사람은 도선이다. 도선의 비보라는 사상도 매력적이었지만, 「옥룡사도선비문」[1150]의 한 글귀가 내 마음과 통했다. "이 역시 세상을 구하고 사람들을 제도하는 법입니다"[救世度人之法]. 도선이 풍수를 전수받을 때 지리산 이인異人이 도선에게 한 말이다. 나는 이 말이 도선사상의 정수라고 생각한다. 풍수 하면 미신이네, 잡술이네 말이 많지만 내가 지금까지 연구를 지속할 수 있었고 앞으로도 그럴 수 있는 것은 이 말 한마디 덕분이다.

그래서 그간의 풍수연구에서 핵심이 되는 하나를 꺼내 보인다면 단연 '비보'다. 비보를 캐 들어가보니 전모가 실로 놀라웠다. 표층은 풍수라는 토양이었지만 뿌리가 깊고 넓게 퍼져 불교와도 접맥되어 있고, 민간신앙뿐만 아니라 고대 샤머니즘까지 이르렀다. 공간적으로도 국토 전 지역에 퍼져 있었다. 비보는 사람이 주체가 된 자연과의 상보적인 환경관리원리이자 방식이라는 점에서 시대적 가치도 충분하다. 한국이 세계에 내놓을 만한 인류무형유산이자 환경전통지식의 하나라고도 판단된다. 중국의 풍수, 일본의 사토야마에 이어 한국의 비보로 말이다.

고백컨대 도선이 한국풍수의 시조라고 하는 일반적 인식과 그 의미를 이제야 알았다. 도선은 비보라는 사상으로, 사람의 풍수로서 우리 풍수의 인문적 정체성을 역사에 세운 장본인이기 때문이다.

풍수현장을 어지간히 많이 다녔다. 답사지는 주로 전통마을이었는데, 우리 풍수는 서민들이 실천했던 현장에 그 실체가 있다는 확신 때문이었다. 곳곳에서 풍수를 활용한 흔적은 양적으로도 헤아릴 수 없었지만, 현지 실정에 맞게 창의성과 다양성을 갖추고 있었다. 마을숲만 하더라도 전국적으로 집계하기가 어려울 정도로 숫자가 많고 수종, 위치, 배치, 형태가 비슷하면서도 달랐다. 일본에 현존하는 풍수숲은 오키나와 타라마섬, 비세마을 등 극소수에 불과하지만 우리는 전북 진안에만 100개가 넘게 남아 있고, 그 유산 가치는 세계중요농업유산GIAHS으로까지 평가되고 있다. 이렇게 한국에는 지금도 마을에서 쓰이는 풍수의 경관유산이나 전통지식이 널려 있다. 그래서 동아시아에서도 한국 사람은 풍수를 가장 많이 활용했고 풍수문화를 꽃피운 나라였다고 생각한다.

나의 풍수연구 여정

대학원 석사과정에서 처음 최창조 선생님과 풍수를 만났다. 학부 때 서양지리학만 공부하다가 풍수지리학을 공부하니 마냥 신기하고 재미있었다. 풍수에서 땅을 생명으로 보는 견지나 사람의 지리학이라는 사상적 토대도 서양 근대지리학과는 전혀 달랐다. 특히 답사할 때는 현장 확인 차원을 넘어 흥분과 전율 자체였다. 땅에 흐르는 기운을 읽고 느끼는 선생님을 따라 온 신경과 몸의 감각을 기울여 지기를 느껴보려 했고, 산을 가리키면서 풍수형국을 말씀하실 때는 그래 보이기도 하고 알 듯 말 듯했다. 그렇게 풍수를 시작했다.

선생님이 석사학위 지도를 마치고 대학을 사직하시면서 나는 고려대학교 박사과정에 진학했다. 최영준 선생님 지도하에 역사지리학을 접하게 되었고, 역사경관에 대한 치밀한 고증과 분석을 경험했다. 역사지리적 방법으로 풍수를 통시적으로 살필 수 있는 학문적 바탕도 닦았다. 그때를 계기로 풍수라는 숲을 밖에서 볼 수 있었던 것 같다.

박사과정 중 윤홍기 선생님도 만났다. 문화지리학자로 해외에서 평생을 풍수연구에 바친 분으로 알고 있던 터였다. 풍수에 대한 객관적 연구 태도와 문화지리학적인 새로운 해석을 접하니, 또 다른 학문의 지평이 열리는 것 같았다. 그전에는 역사적 풍수경관이나 문화현상 자체에만 관심이 있었는데, 풍수경관을 누가 왜 만들었는지, 그것이 어떤 역할을 했는지 등 사회적 주체에 관해서도 새로이 눈뜨게 되었다. 박사를 마치고 덕분에 뉴질랜드의 오클랜드대학교에서 방문학자로 연구하는 기회도 있었다. 이후 다양한 풍수전공자와 만나면서 지형학, 생태학, 정신분석학 등 여러 관련 분야로, 지역적으로는 일본, 류큐, 중국풍수 등으로 이해와 조사의 폭을 넓히고 있다.

그 과정에서 한국풍수 전통에 대한 현대학문적인 조명과 해석, 풍수문화의 동아시아적 보편성과 한국적 특수성을 아우르는 연구가 자연스럽게 진행됐다. 10여 년 전부터는 동아시아 풍수의 일원으로 류큐(오키나와)풍수를 연구하는 시부야 시즈아키澁谷鎭明 교수 등의 일본학자들과도 만나고 협력하면서, 한·중·일 풍수의 지역적 변용과 그 자연적·사회적 배경에 대해 역사적으로 탐구해 들어가고 있다. 앞으로의 과제라고 한다면 동아시아 풍수연구의 파트너가 될 만한 중국의 풍수학자들과도 협력·연구네트워크를 형성해, 명실상부한 동아시아풍수문화학회의 구성으로 발전하는 일이다.

특히 근래 10년간 우리 산의 인문학에 집중하면서 풍수연구에 또 한번 창신創新이 일어났다. 우리 풍수의 실제는 바로 '산의 풍수'라는 확신이 생긴 것이다. 마치 우리 풍수는 산이란 몸에 풍수라는 옷을 걸치고 있는 형국이다. 산을 전공하면서 풍수도 더 구체적으로 보였다. 한의학 연구자가 연구대상으로 몸을 얻은 것과 같았다.

한국에서 풍수의 문화전통과 산의 지형조건은 서로 전제하는 필요충분조건의 관계에 있다. 우리 풍수는 산과 산줄기의 조합으로 구성된 한국의 지형과 거기에서 빚어진 다채로운 미기후 조건에서 최적의 공간 관계와 주거 질서를 맺기 위해 활용된 사상이었다. 비교문화적으로도 한국풍수의 전통은 산을 우선시하여 물을 더 중시하는 중국의 풍수전통과 차이가 있다. 한국풍수의 비보도 분지형 산지 지형조건에서 창출된 논리다. 류큐풍수의 낮고 평평한 구릉지 지형에서는 숲을 조성하면 마을을 둘러쌀 정도로 크게 만들지만, 한국은 산이 열린 마을입구水口에 조금만 숲으로 보태면 된다.

연구 성과가 쌓이는 대로 꾸준히 논문으로 발표했다. 이 책은 그동안 발표한 연구물을 단행본 체재에 맞추어 새로 엮고 내용을 보완한 것이다. 그렇지만 풍수연구의 현황에서 지리학 외의 분야는 검토하지 못했고, 최근의 영어권 풍수연구의 성과에 대한 리뷰도 충분하지 않아 후일을 기약한다. 기존에 발표한 관련 논문을 연도순으로 열거하면 다음과 같다.

「영남지방의 비보」, 고려대학교 대학원 지리학과 박사학위논문, 2000.

「용인 지역의 음택풍수에 관한 고찰」, 『단호문화연구』 6, 2001.

「한국의 비보풍수론」, 『대한지리학회지』 37(2), 2002.

「양평의 취락풍수에 관한 고찰」, 『응용지리』 23, 2002.

「조선후기 지식인의 풍수에 대한 인식과 실천에 관한 일 고찰」, 『민속학연구』 18, 2006.

「조선시대 지방도시의 풍수적 입지분석과 경관유형」, 『대한지리학회지』 42(4), 2007.

「최한기의 기학적 지리관과 지리연구 방법론」, 『한국지역지리학회지』 15(1), 2009.

「한국에서 전개된 풍수와 불교의 교섭」, 『대한지리학회지』 44(1), 2009.

「『택리지』에 관한 풍수적 해석」, 『한문화연구』 3, 2010.

「조선후기 영남지방 사족촌의 풍수담론」, 『한국지역지리학회지』

16(3), 2010.

「지리산권의 도선과 풍수담론: 풍수지리설의 사회적 재구성」, 『남도문화연구』 18, 2010.

「서양 풍수연구사 검토와 전망」, 『문화역사지리』 23(1), 2011.

「지리산권역의 취락에 미친 도선 풍수의 양상」, 『남도문화연구』 20, 2011.

「마을풍수의 문화생태」, 『한국지역지리학회지』 17(3), 2011.

「여헌 장현광의 지리인식과 문인들의 지지편찬 의의」, 『동양고전연구』 49, 2012.

「보길도 윤선도 원림의 풍수경관과 세계유산적 가치」, 『남도문화연구』 22, 2012.

「한국풍수론 전개의 양상과 특징」, 『대한지리학회지』 50(6), 2015.

「조선왕릉의 역사지리적 경관특징과 풍수담론」, 『한국지역지리학회지』 22(1), 2016.

「도선 관련 사찰과 저술이 역사지리적 비평」, 『문화역사지리』 28(1), 2016.

「한국풍수지리 연구의 검토와 과제」, 『문화역사지리』 28(3), 2016.

이 책은 사회, 문화, 정치, 지역적인 시선과 역사지리적인 접근 방법으로 풍수연구의 새로운 지평과 학문적 체계를 수립하려는 노력의 일환이다. 부디 우리 풍수의 인문학이 사람의 풍수로서 학문의 르네상스가 열려, 전근대의 아시아에서 고려와 조선이 그랬던 것처럼 다시 아시아 풍수문명의 찬란한 꽃으로 피어나길 간절히 바란다.

주註

우리 풍수의 제자리

1) 김우창,『풍경과 마음』, 생각의 나무, 2003, 49쪽.

2) 강철중, 「땅에 투사된 자기의 상징-명당의 분석심리학적 측면」,『心性研究』 26 (1), 2011, 67~68쪽.

1 한국풍수론은 어떻게 전개되었나

1) 동아시아의 풍수는 중국에서 이론이 형성되어 한국, 일본, 류큐(琉球) 등의 정치사회적·역사문화적 맥락에 맞게 수용되어 전개된 양상을 나타낸다. 따라서 중국에서 도입된 풍수사상과 원리, 개념과 이론 등은 보편성을 띤다.

2) 村山智順,『朝鮮の風水』, 朝鮮總督府, 1931.

3) 이병도,『고려시대의 연구』, 아세아문화사, 1947.

4) 최창조,『한국의 풍수사상』, 민음사, 1984.

5) Yoon Hongkey, *The Culture of Fengshui in Korea: An Exploration of East Asian Geomancy*, Lexington Books, 2006.

6) 고려시대의 비보풍수론은 비보사탑설, 지기쇠왕설, 지리연기설(地理延基說, 풍수적 소응으로 도읍을 연장하는 언설) 등과 맞물리면서, 고려 전기에는 전국적인 비보사찰의 정비와 재편, 고려 중·후기에는 왕도 천도, 이궁(離宮) 설치의 이론적 기반과 사회적 담론으로 널리 활용되었다.

7) 何曉昕·羅儁,『風水史』, 上海文藝出版社, 1995, 160쪽.

8)『삼국유사』권1,「기이2」,〈제4대 탈해왕〉.

9) 오상학은「알레고리의 지형학-조선시대 風水 喝形論 탐색」(2015)에서, 기존에 형국론으로 쓰이는 용어를 전통적으로 쓰인 갈형론으로 바로잡고 풍수이론 사적 유래와 근거를 밝혔다.

10) 신라 말에 강서성에서 선종을 배우고 귀국한 승려들이 개창한 사찰들은 풍수

에 따라 입지했고, 풍수비보물을 설치한 사실도 비문에 나타난다.

11) 『고려사』, 「세가」, 〈태조 26년 4월〉.

12) 『고려사』, 「세가」, 〈현종 13년 5월〉.

13) 안영배, 「고려·조선전기 이기파풍수 연구: 『地理新書』·『洞林照膽』·『地理新法』의 유행을 중심으로」, 원광대학교 대학원 불교학과 박사학위논문, 2013, 280~283쪽.

14) 고려시대에서 조선시대 초에 걸쳐 천문·지리 등의 일을 담당한 관청이다. 세종 7년(1425)에 이름을 바꾸어 관상감이라 했다.

15) 박용운, 『고려시대 음서제와 과거제도 연구』, 일지사, 1990.

16) 각각의 위계에 따라 수행하는 풍수 업무상 어떤 차이가 있는지는 문헌상으로 확인하기 어렵다.

17) Yannick Bruneton, "Les moines géomanciens de Koryŏ – une étude critique des sources," *Doctorat d'Études de l'Extrême-Orient*, université Paris 7, 2002.

18) 김두규, 『풍수학사전』, 비봉출판사, 2005, 621쪽.

19) 허흥식, 『고려과거제도사 연구』, 서울대학교 대학원 국사학과 박사학위논문, 1980, 117쪽.

20) 『문종실록』, 즉위년 9월 8일.

21) 『세종실록』, 18년 8월 8일; 『문종실록』, 즉위년 9월 8일.

22) 『세종실록』, 20년 1월 20일.

23) 『태봉등록』, 현종 3년 2월 1일.

24) 양은용, 「정감록 신앙의 재조명」, 『전통사상의 현대적 의미』, 정신문화연구원, 1990.

25) 이병도, 『고려시대의 연구』, 아세아문화사, 1980.

26) 村山智順, 『朝鮮の風水』, 朝鮮總督府, 1931.

27) 김낙필, 「고려의 도교사상」, 『한국사상사입문』, 서문문화사, 2006.

28) 조선시대의 대표적인 풍수도참서이자 예언서다. 비결(秘訣) 수십여 편이 집성되어 있으며 풍수, 도참, 음양오행, 도교 등이 섞여 있다. 저자를 알 수 없고 민간에 전승되어 수많은 필사본이 전한다. 반왕조적인 내용을 담고 있어 조선왕조에서 금서로 취급되었으며, 조선 후기에는 정감록신앙이 형성되는 이유가 되었다. 특히 『정감록』에 포함된 십승지 관련 비결은 민간인들에게 큰 영향을 주어 지목된 장소로 인구 이동과 주거지 형성을 유발하기도 했다.

29) 『고려사』, 「세가」, 〈예종 1년 3월〉.

30) 『태종실록』, 6년 11월 15일 기사에 의하면, 태종 6년(1406)에 십학(十學: 유

학(儒學)·무학(武學)·이학(吏學)·역학(譯學)·음양풍수학(陰陽風水學)·
의학(醫學)·자학(字學)·율학(律學)·산학(算學)·악학(樂學))을 설치했는
데, 그중에 음양풍수학이라는 표현이 나온다. 여기서 음양학은 천문·지리·
명과를 통칭하여 부르는 이름으로서, 범주상 대〉중〉소로 용어를 구분하면,
음양학〉음양풍수학〉풍수학=지리학으로 정리할 수 있다.

31) 『세조실록』, 12년 1월 15일.

32) 지리학교수는 풍수전문인으로서 직급이 가장 높았고, 그 아래에 강사에 해당
하는 지리학훈도와 풍수를 수학하는 학생으로서 지리학생도가 있었다.

33) 『태종실록』, 17년 11월 5일.

34) 손항룡, 『한국도교철학사』, 성균관대학교 대동문화연구원, 1987, 66~67쪽.

35) 최창조, 『청오경·금낭경』, 민음사, 1993.

36) 같은 책.

37) 김두규, 『풍수학사전』, 비봉출판사, 2005.

38) 같은 책.

39) 『선조실록』, 33년(1600) 9월 21일의 기사에는, 중국의 나경이란 것이 기존에
쓰던 윤도와 비슷하지만 여러 양식이 구비되었다는 표현이 나온다. 그리고
『영조실록』, 18년 11월 20일의 1742년 기사에는, 관상감에서 청나라에서 들
어온 5층 윤도를 본떠 만들기를 청하는 내용이 나온다.

40) 조인철, 「풍수향법의 논리체계와 의미에 관한 연구」, 성균관대학교 대학원 건
축학과 박사학위논문, 2005, 16쪽.

41) 조인철, 「조선후기에 제작된 윤도에 관한 연구」, 『한국문화』 55, 2011, 162쪽.

42) 『임원경제지』 권6, 「상택지」.

43) 윤홍기, 『땅의 마음』, 사이언스북스, 2011.

44) 십승지는 한국의 풍수적 이상향 관념의 하나다. 승지라는 말은 자연경관과
거주환경이 뛰어난 장소를 말하지만, 조선 중·후기의 사회적 혼란과 경제적
피폐로 말미암아 개인의 안위를 보전하며 생활을 영위할 수 있는 피난지를
뜻하기도 했다. 따라서 십승지는 모두 지리적으로 내륙의 산간 오지에 위치
한다. 십승지로 지목된 장소로는 영월의 정동쪽 상류, 풍기의 금계촌, 합천 가
야산의 만수동 동북쪽, 부안 호암 아래, 보은 속리산 아래의 증항 근처, 안동
의 화곡, 단양의 영춘, 무주의 무풍 북동쪽 등이 있다. 십승지 관념은 조선 후
기 민간계층에 깊숙이 전파되어 거주지의 선택과 인구이동, 공간인식에 큰
영향을 주었다.

45) 장지연, 『고려·조선 국도풍수론과 정치이념』, 신구문화사, 2015. 5쪽.

46) 윤홍기, 앞의 책.

47) 이병도, 앞의 책.

48) 윤홍기, 앞의 책.

49) 조선시대에 풍수적 비보는 고려시대처럼 정치이념으로 부각되지는 않았지만, 조선시대 전 기간에 걸쳐 취락의 풍수경관을 보완하기 위한 실제적 용도로 널리 활용되었다. 수도인 한양에서도 경복궁을 중심으로 하여 비보물이 설치되었고, 지방 고을과 마을에 숲과 조산 등이 조성되어, 풍수적 비보는 한국 취락의 전통적 문화경관을 구성하는 일반적 형태이자 기능적 요소가 되었다.

50) 이상태, 「조선초기의 풍수지리사상」, 『사학연구』 39, 1987, 215쪽.

51) 김경숙, 「18, 19세기 사족층의 분산 대립과 산송」, 『한국학보』 28(4), 2002, 67쪽.

52) 『한강선생문집』 권2, 「소」, 〈청물개복산릉소〉.

53) 김두규, 『풍수학사전』, 비봉출판사, 2005.

54) 『주희집』.

55) 『한강선생문집』 권2, 「소」, 〈청물개복산릉소〉.

56) 같은 책.

57) 같은 책.

58) 같은 책.

59) 『성호사설』 권9, 「인사문」, 〈감여〉.

60) 『산림경제』, 「서」.

61) 『택리지』, 「복거총론」.

2 풍수와 불교의 만남과 영향

1) 劉沛林, 『風水-中國人的 環境觀』, 上海三聯書店, 1995, 259~261쪽에 따르면, 중국의 불교건축은 풍수사상의 영향을 많이 받았으며, 풍수는 불교건축의 공간배치에도 큰 영향을 주었다는 관련 사실이 있다.

2) "삼국시대 오(吳)의 적오연간(赤烏年間, 239~250)부터 육조(六朝)의 진(陳)에 이르기까지 건립된 금릉(金陵) 부근 일대 490개 절의 사지(寺誌)를 모은 갈인량(葛寅亮)의 『금릉범찰지』(金陵梵刹志)에 보면, 많은 사찰터가 풍수지리설에 따라 선정된 것이 연기설화에 나타나 있다"(최병헌, 「도선의 생애와 나말여초의 풍수지리설」, 『한국사연구』 11, 1975, 130쪽에서 재인용).

3) 何曉昕·羅雋, 『風水史』, 上海文藝出版社, 1995, 126쪽.

4) "기가 물을 만나면 머문다"[界水則止]는 『금낭경』의 풍수논리에 근거해 형성

한 이론으로 추정된다.

5) 高友謙, 『中國風水』, 中國華僑出版公司, 1992, 195~196쪽, 201~202쪽.

6) 최병헌, 「도선의 생애와 나말여초의 풍수지리설」, 『한국사연구』 11, 1975, 129~130쪽.

7) 관련 내용을 요약하면 다음과 같다. "신라는 여자를 임금으로 삼아 위엄이 없기 때문에 나라가 곤란하고 백성들이 환란에 빠져 있으니 황룡사에 구층탑을 세워야 하고, 탑을 세우면 이웃 나라가 항복하고 구한(九韓)이 와서 조공하며 왕업이 길이 태평할 것이며, 운수가 형통하고 삼한(三韓)을 통일하리라"라는 것이다. 같은 조(條)에는 문수(文殊)가 자장(慈藏)에게 했다는 말 중 "산천이 험악한 까닭에 인성(人性)이 추하고 비뚤어져 사견(邪見)을 많이 믿어서 간혹 천신(天神)이 화를 내리게 된다"라는 표현도 있다.

8) 「유당신라국초월산대숭복사비명병서」(有唐新羅國初月山大嵩福寺碑銘并序).

9) 『삼국유사』 권3, 「법왕금살」.

10) 西村惠信, 「일본 간화선의 전통과 변용」, 『보조사상』 25, 2006, 132~133쪽.

11) "일본의 용맥 관념은 선종사원의 배치에 한정되는데 이것도 15세기경부터는 없어져 17세기 건립된 선종사원의 경우 축선이 일직선인 사례도 보인다"(이상 본문과 각주의 출처는 鈴木一馨, 「禪宗寺院と風水との関係について」, 『日本仏教綜合研究』 4, 2006, 41~61쪽).

12) 鎌倉市史編纂委員會 편, 『鎌倉市史』(사료편 제2), 1956, 192쪽; 와타나베 요시오, 「일본풍수사: 과학과 점술의 역사」, 『동아시아의 풍수』, 국립민속박물관 국제학술심포지엄 별쇄본, 2006, 8쪽에서 재인용.

13) 高友謙, 『中國風水』, 中國華僑出版公司, 1992, 196쪽.

14) 중국 강서 지방에 산재하는 선종사찰인 마조도일의 우민사·보봉사, 서당지장의 보화사, 백장회해의 백장사, 황벽희운의 황벽사, 운거도응의 진여사, 조산본적의 조산사, 소산광인의 소산사 등은 모두 풍수적 입지를 하고 있다.

15) 「백계산옥룡사증시선각국사비명병서」(白鷄山玉龍寺贈諡先覺國師碑銘并序).

16) 최병헌, 앞의 책, 133~138쪽.

17) 『삼국유사』에 따르면, "선덕여왕은 내가 모년 모월 일에 죽을 터이니 나를 도리천(忉利天) 가운데에 묻으라고 했는데 군신이 그곳이 어디냐고 물으니 낭산(狼山) 남쪽이라고 대답했다"고 한다. 여기서 도리천과 낭산 남쪽의 대응사실이 드러난다. 도리천은 불교적 우주관에서 욕계(欲界) 6천(天)의 제2천으로서 남섬부주(南贍部洲) 위에 8만 유순 되는 수미산 꼭대기에 있다. 선덕여왕릉 위치가 도리천이라면 낭산 전체는 수미산(須彌山, Sumeru-parvata)

이 되는 셈이다. 수미산은 불교적 우주산(宇宙山)으로서 꼭대기에는 제석천이 있고 중턱에는 사천왕(四王天)의 주처(住處)가 있다. 그런데 선덕왕을 장사지내고 10년 만에(679) 문무왕이 사천왕사를 왕릉 아래에 건립했는데, 사천왕은 수미의 국토인 4주(四州)를 수호하는 신으로 위에서 언급했듯이 그 주처는 수미산 중턱에 있다. 사천왕사를 건립한 사실은 공간적으로 사왕천과 낭산의 왕릉 아래를 동일시한 것이다. 이처럼 신라 왕실은 낭산=수미산, 도리천=낭산 꼭대기(선덕왕릉지), 사왕천=낭산 중턱(사천왕사지)으로 일체화했으니 당시 왕실이 불국정토의 공간모델을 경주의 땅에 적용했음을 알 수 있다.

18) 최병헌, 앞의 책, 140쪽.

19) 고익진, 『한국고대불교사상사』, 동국대학교출판부, 1985, 519쪽.

20) 지방호족들은 비보사찰을 각 고을에 세웠는데 안동의 법흥사·법림사·임하사 등과 남원의 선원사·대복사, 순천의 향림사·도선암, 화순의 운주사·삼암사(광양 운암사, 승주 선암사, 진주 용암사) 등은 대표적인 비보사찰이라고 할 수 있다.

21) 태조의 「훈요십조」(943)에도 첫 번째는 불교의 호국적 관념이, 두 번째는 비보사탑적 인식이 보인다. 「훈요십조」의 둘째 항에서 알 수 있듯이 도선의 비보설은 사원을 통제하고 관리하는 근거로 이용되었다.

22) 한기문, 「고려시대 비보사사의 성립과 운용」, 『한국중세사연구』 21, 2006, 272쪽.

23) 『고려사』 권123, 「열전36」〈백승현〉; 『고려사』 권24, 「세가24」, 〈고종 46년〉 등에 관련 내용이 있다.

24) 『고려사』 권24, 「세가24」, 〈고종 46년〉.

25) 『고려사』 권123, 「열전36」, 〈백승현〉.

26) 같은 책.

27) 서윤길, 『한국밀교사상사 연구』, 불광출판사, 1994, 269~300쪽.

28) 『성종실록』, 16년 1월 8일.

29) 『정감록』에 나타난 것으로서 유명 승려의 이름을 빌린 비결만 하더라도 도선의 「도선비결」·「옥룡비결」·「옥룡자십승지비결」·「옥룡결」·「옥룡자기」 등과 의상에 가탁한 「양선결」 중 '의상대사왈', 중국 당 현종 대(712~756) 승려 일행의 「일행결」·「일행사설」, 무학의 「무학전」, 서산대사의 「서산대사비결」 등이 있다. 그 밖에 차천로(車天輅, 1556~1615)의 『오산설림』에는 의상의 「산수비기」를 소개했다.

30) 高友謙, 앞의 책, 212쪽, 214쪽.

31) 최병헌, 앞의 책, 129~130쪽.

32) "승려 출신으로 풍수적 영향력을 미친 대표적인 사람들은 혜종 조의 전지지리사(專知地理師) 총훈·경보, 공민왕에게 한양천도를 권한 보우, 인조 조에 서경 천도를 도모한 묘청, 공민왕 조에 충주 천도와 삼소순주설(三蘇巡駐說)을 제창한 신돈, 나말여초의 무학 등이 있다"(이몽일, 『한국풍수사상사연구』, 日馴社, 1991, 119쪽).

33) 고익진, 앞의 책, 227쪽.

34) 『삼국유사』 권31, 「낙산 이대성 관음·정취조신」.

3 비보풍수론의 역사적 개념과 실제

1) 堀込憲二, 「風水思想と淸代台湾の城市 -官撰地方志を中心史料とした檢討」, 『儒佛道三教思想論攷』, 山喜房佛書林, 1991, 179쪽.

2) J.J.M. De Groot, *The Religious System of China III*, Ch'eng-Wen, 1972, p.935.

3) 광의적인 비보 개념은 압승의 범주까지 포괄하는데, 풍수이론서에서도 압승의 논리는 찾아보기 어렵다는 사실이 풍수와 다른 범주라는 것을 암시한다.

4) 村山智順, 『朝鮮の風水』, 朝鮮總督府, 1931, 773~774쪽.

5) 서윤길, 「도선과 그의 비보사상」, 『한국불교학』 1, 1975; 서윤길, 「도선 비보사상의 연원」, 『한국불교학보』 13, 1976.

6) 도선의 이러한 모습은 시대와 배경을 달리하지만 송대에 근본 유학을 중심으로 여러 설을 통합하여 성리학을 이루고 사회사상의 기초를 제공한 주자와도 비견되는 점이 없지 않다.

7) "도선은…… 더더욱 음양오행의 술법을 연구하여 비록 금단과 옥급의 심오한 비결(秘訣)일지라도 모두 가슴속에 각인해두었다"(「백계산옥룡사증시선각국사비명」).

8) Yoon Hongkey, "Geomantic Relationships Between Culture and Nature in Korea," *Asian Folklore and Social Life Monographs*, no.88, The Orient Cultural Service, Taipei, 1976.

9) 村山智順, 앞의 책, 762쪽.

10) 『금낭경』.

11) 같은 책.

12) 『청오경』.

13) 이병도, 『고려시대의 연구』, 아세아문화사, 1980, 29쪽.

14) 윤홍기,「왜 풍수는 중요한 연구주제인가?」,『대한지리학회지』36(4), 2001, 352쪽.

15) 최창조,『좋은 땅이란 어디를 말함인가』, 서해문집, 1990, 178쪽.

16) J.J.M. De Groot, *op. cit.*

17) 何曉昕, 宮崎順子 譯,『風水探源』, 人文書院, 1995, 91쪽, 135쪽.

18) 그중 하나가 청대 맹호호浩의『설심부』(雪心賦) 주문(註文)이다(『지리천기회원』, 보련각 영인본, 1982, 13~58쪽).

19)『세종실록』, 30년 3월 8일;『문종실록』, 2년 3월 3일.

20)『택리지』,「복거총론」.

21)『산림경제』권1,「복거」.

22) 吉野裕子,『陰陽五行と日本の民俗』, 人文書院, 1983, 137~142쪽.

23) J.G. Frazer, *The Golden Bough-A Study in Magic and Religion*, Macmillan, 1971, pp.47~48.

24) Frazer, J.G., *The Golden Bough-A Study in Magic and Religion*, Macmillan, 1971, pp.47~48.

25) 유동식,『한국무교의 역사와 구조』, 연세대출판부, 1989, 15. 64, 119, 120쪽.

26)『삼국유사』기기, 권제1, 고조선.

27)『삼국유사』기이 제1 만파식적.

28)『삼국사기』권제32, 잡지 제일.

29)『삼국유사』권3, 흥법3, 보장봉노 보덕이암.

30) 何曉昕 著, 宮崎順子 譯, 1995, 위의 책, 205~206쪽.

31) Degroot, J.J.M., *The Religious System of China II*, Ch'eng-Wen, 1972, pp. 936~937.

32) 何曉昕 著 宮崎順子 譯, 위의 책, 205~206쪽.

33)「백계산옥룡사증시선각국사비명」.

34) 최원석,「도선풍수의 본질에 관한 몇 가지 논구」,『응용지리』제17호, 1994, 65~87쪽.

35) 이능화, 이종은 역주,『조선도교사』, 보성문화사, 1986, 26쪽.

36) 최응청,「옥룡사 왕사 도선 가봉 선각국사 교서 급 관고」,『동문선』권27.

37) 이능화, 1978,「풍수사상의 연구」,『이능화전집(속집)』, 한국학연구소, 44쪽.

38)『삼국사기』권48 열전 제8「물계자」와『삼국유사』권5 피은 제8「물계자」참조할 것.

39)『규원사화·청학집』, 아세아문화사 영인본.

40)『문종실록』1년 4월 14일.

41) 불교적 비보사상과 관련한 자세한 내용은 최원석,『한국의 풍수와 비보』, 민속원, 82~93, 191~210쪽 참조할 것.

42) 金孝敬,「朝鮮佛教寺院選地に於ける風水信仰影響」,『佛教研究』4(3), 1940, 32쪽.

43) Yoon Hongkey, *op. cit.*, pp.168~169.

44) 무라야마 지준, 최길성 옮김,『조선의 풍수』, 민음사, 1990, 639쪽.

45) 이병도,『고려시대의 연구』, 아세아문화사, 1980, 276쪽.

46)『고려사』권77,「백관지2」,〈제사도감각색〉.

47)『고려사』권78,「지」,〈식화〉,〈전제〉.

48)『고려사』권38「세가」,〈공민왕 1〉,〈임진원년〉.

49)『성종실록』, 16년 1월 8일.

50) 朝鮮總督府林業試驗場,『朝鮮の林藪』, 1928, 23쪽.

51) 村山智順,『朝鮮の風水』, 朝鮮總督府, 280쪽.

52) 何曉昕·羅雋,『風水史』, 上海文藝出版社, 1995, 238~239쪽.

53) 尖传友는『风水景观-风水林的文化解读』(东南大学出版社, 2012)에서 중국의 풍수림에 대해 개괄적으로 소개했다.

54) J.J.M. De Groot, *op. cit.*, p.958.

55) 堀込憲二,「風水思想と淸代台湾の城市-官撰地方志を中心史料とした檢討」,『儒佛道三教思想論攷』, 山喜房佛書林, 1991, 180쪽.

56) J.J.M. De Groot, *op. cit.*, p.946.

57) 渡邊欣雄,『風水氣の景觀地理學』, 人文書院, 1994, 23쪽.

58) 何曉昕, 宮崎順子 譯, 앞의 책, 23쪽.

59) 目崎茂和,「風水思想は環境を求えるか」,『地理』38~11, 1993, 101~102쪽.

60) 鈴木一馨,「村獅子と村抱護」,『建設情報誌 しまたてい』75, 2016, 4~7쪽.

61) 堀込憲二,「風水思想と淸代台湾の城市-官撰地方志を中心史料とした檢討」, 儒佛道三教思想論攷, 山喜房佛書林, 1991, 180쪽.

62) 高友謙,『中國風水』, 中國華僑出版公司, 1992, 171쪽.

63) 何曉昕, 宮崎順子 譯, 앞의 책, 181~183쪽; 高友謙,『中國風水』, 中國華僑出版公司, 1992, 159~161쪽.

64) J.J.M. De Groot, *op. cit.*, pp.1041~1942.

65)『성종실록』, 16년 1월 5일.

66)『세종실록』, 30년 3월 8일.

67) 朝鮮總督府林業試驗場, 『朝鮮の林藪』, 1928, 26쪽.

68) 송화섭, 「조선후기 마을미륵의 형성배경과 그 성격」, 『한국사상사학』6, 1994, 225~228쪽.

69) 김두하, 『벅수와 장승』, 집문당, 1995, 247쪽.

70) 이필영, 「한국 솟대 신앙의 연구」, 연세대학교 대학원 사학과 박사학위논문, 1989, 94쪽.

71) 權以鎭, 東京雜記刊誤(光文會 本 東京雜記所收)(이병도, 『고려시대의 연구』, 아세아문화사, 1980, 276쪽에서 재인용).

72) 『신증동국여지승람』 권3, 「한성부」, 〈산천조〉.

73) 최덕원, 「우실(村垣)의 信仰考」, 『한국민속학』 22, 1989, 109~122쪽.

74) 손진태, 「소도고」, 『조선민족문화의 연구』, 을유문화사, 1948, 193~194쪽.

75) 송화섭, 「조선후기 마을미륵의 형성배경과 그 성격」, 『한국사상사학』6, 1994, 244쪽.

76) 『신증동국여지승람』 권25, 「예안현」, 〈산천〉.

77) 경주 봉황대, 경산군 압량면 부적동, 경주 건천읍 금척리, 안동 율곡리, 함안 봉성리 등.

78) 『신증동국여지승람』 권3, 「한성부」, 〈산천〉.

79) 『세종실록』, 15년 7월 21일.

80) 고을의 진산(주산)인 영축산과 마주 보는 함박산이 살기를 빚어낸다고 하여 쇠머리대기놀이를 해서 푸는 상징적 기능과 의미가 있다.

81) 고을을 중심으로 주위 산들의 맥이 구심성을 갖지 못하고 흩어지는 형태를 보이는 경우, 줄다리기를 해서 산의 용맥을 끌어당기는 상징놀이다.

82) 우주만유의 상보성은 동양철학사상의 기본원리였을 뿐만 아니라 현대 양자 물리학의 존재론적 근본 원리로 보편성이 있다. 비보사상 역시 상보성이 원리적 정수가 되고 역과 음양, 오행론으로 철학적 뼈대를 이룬다. 비보·압승 원리는 이론적으로는 오행론의 상생·상극 원리에 기초하며, 자연과 인간이 불균형 상태에 있을 때 평형으로 이끄는 조절 원리다.

83) 이완재, 「역학적 인식과 표현방법에 관하여」, 『주역의 현대적 조명』, 범양사, 1992, 200쪽.

84) 『주역』이 미제(未濟, 미완)로 그친 것이 좋은 예증이다. 자연은 미완의 생성 과정에 있기에 불안정할 수 있다. 『중용』에서는 "천지가 위대함에도 사람이 오히려 섭섭하게 여기는 바가 있다"라고 했으며, 이는 주자가 주석했듯이, "하늘이 덮고 땅이 실어 생성할 때 편벽됨, 곧 추위와 더위, 재앙과 상서가 그

바름을 얻지 못한 것"을 말한다.

85) 『주역』의 태괘(泰卦)에서 '마름질하여 이루고, 돕는다'고 한 바 "천지가 사귀는 것이 태(泰)니, 후(后)가 본받아서 천지의 도(道)를 마름질하여 이루며, 천지의 마땅함[宜]을 도움으로써 백성을 다스린다"라고 한 뜻이 그것이다. 이에 대해 주자는 "마름질하여 이룸이란 지나침을 억제하는 것이고, 도움이란 모자람을 보충하는 것이다"라고 주석했으니 이러한 언명(言明)에 포함된 뜻은 비보사상과 다를 바 없다. 『중용』도 사람의 존재성을 표현하기를, 사람이란 천지의 화육(化育)을 '돕는' 존재이며, 천지와 더불어 참여하는 존재라고 했다. 이에 대해 주자(朱子)는 '찬'(贊)이란 돕는다는 말이며 천지와 더불어 참여한다는 것은 천지와 더불어 서서 셋[三]이 됨을 이른다고 주석했다. 이렇듯 역경(易經)에서 말하는 인간은 상관적 존재이며, 인간은 자연(천지) 사이에서 '참찬화육자'(參贊化育者)로서 우주의 화육에 참여하는 존재다.

86) 풍수서 중에서 송대의 목당(牧堂) 채원정(蔡元定, 1161~1237)의 저술로 전하는 『발미론』(發微論)은 위와 같은 논지로 천(天)과 인(人)의 상보적 관계를 다음과 같이 잘 표현했다. "하늘은 사람이 아니면 말미암지 않고 사람은 하늘이 아니면 이루지 못한다"라는 구절은 천인관계(天人關係)에서 '사람이 이루는' 역할을 말한 것이다. 이러한 상보성은 다음의 지인관계(地人關係)에서도 똑같이 표현되고 있다. "산천의 융결은 하늘에 있지만 산천을 마름질하여 이루는 것은 사람에게 있다"라는 것이다. 그러면 천지와 사람 간의 관계가 적절치 못할 때는 어떻게 할 것인가? 여기서 적당함[中]으로 맞추기 위해 재단(裁斷)하고 보익(補益)할 수 있다는 비보원리가 천명된다. 이르기를 "혹 지나치면 그 지나침을 마름질하여 적당함에 맞추고, 혹 미치지 못하면 미치지 못함에 더하여 적당함에 맞춘다. 긴 것을 잘라 짧은 것을 보완하고, 높은 것을 덜어 낮은 것을 더하니, 당연한 이치가 있지 않음이 없다"라고 설명했다. 그래서 결말짓기를, "비롯됨은 목력(目力)의 교묘함과 공력(工力)의 갖춤에 불과하지만 종국에는 신공(神功)을 뺏고 천명을 개척함이니 이에 사람과 하늘은 간극이 없는 것이다"라고 끝맺음했다.

87) 고려 문종 7년(1053) 8월에는 도읍의 허결한 지세를 보허(補虛)하려고 제방 축조를 계획한 사실이 있다. 이것은 제방 축조로 인한 수해방지라는 실질적 기능과 왕성의 풍수적 장풍비보라는 문화상징적 기능을 겸비한 것이었다. 『고려사』에서는 관련 내용을 다음과 같이 적었다. "나성 어사대에서 상소하기를, "상서공부에게 분부하신바, '나성 동남쪽 가장자리의 높은 언덕은 도읍의 허결(虛缺)한 지세를 비보하는 것이었다. 이제 큰비로 범람한 하천 물에

흙이 쓸려 가버렸으니, 의당 역부 3,000~4,000인을 징발하여 제방을 수축하도록 하라'고 하신 명령에 대해서 당사(當司)가 검토한 바에 따르면, 그 강안의 주변은 모두 밭두둑이어서 혹시라도 농작물을 훼손할까 걱정됩니다. 바라옵건대 수확이 끝날 때까지 기다려주시옵소서"라 하니, 왕이 따랐다."

4 도선의 사찰과 저술, 그 사실과 허구

1) 관련된 주요 연구를 연도별로 제시하면 다음과 같다.

최병헌, 「도선의 생애와 나말여초의 풍수지리설」, 『한국사 연구』 11, 1975.

서윤길, 「도선과 그의 비보사상」, 『한국불교학』 1, 1975.

김지견, 「사문 도선상 소묘」, 『선각국사 도선의 신연구』, 영암군, 1988.

최창조, 「도선국사의 풍수지리사상 해석」, 『선각국사 도선의 신연구』, 영암군, 1988.

김두진, 「나말여초 동리산문의 형성과 그 사상」, 『동방학지』 57, 1988.

정성본, 「선각국사 도선 연구」, 도선연구, 『민족사』, 1999.

양은용, 「도선국사 비보사탑설의 연구」, 『도선연구』, 민족사, 1999.

2) 『고려사』 권33, 「세가33」, 〈충선왕 1〉에 따르면 충선왕이 "'지리국사' 도선에게 시호를 주라"고 하는 표현이 있다. 「옥룡사도선비문」(1150)에도 "후세 사람들로 지리를 말하는 자는 모두 도선을 근본[宗]으로 한다"라고 했다.

3) 이 비문에 대한 학계의 연구 성과를 요약하면 다음과 같다. 「백계산옥룡사증시선각국사비명」(白鷄山玉龍寺贈諡先覺國師碑銘)은 『동문선』 권117에 수록되어 있으며, 그대로 『조선금석총람』 상에 실렸다. 그러나 음기(陰記)가 생략되어 비의 건립 시말을 알 수 없었는데 1712년에 옥룡사에서 판각된 비문의 전체 내용이 서울대학교 도서관에 소장되어 있어 사실을 알게 되었다. 이 내용에 따르면, 도선비를 세우려고 그가 입적한(898) 후 문인 홍적 등의 봉표(奉表)에 따라 학사 박인범이 왕명을 받들어 비문을 만들었으나 비에 새기지를 못했다. 그 후 고려 의종 4년(1150)에 이르러 최유청이 두 번째로 비문을 찬술했고 이듬해에 개성의 국청사에 세워졌다. 이 비가 광양의 옥룡사로 옮겨져 건립되기까지는 다시 22년이 걸렸는데, 당시 옥룡사의 주지 지문(志文)이 명종 2년(1172)에 광양현의 세공선(歲貢船)으로 국청사에서 옥룡사로 옮겨 건립했다. 이 비는 대대로 전해 내려오다가 일제강점기 초에 파괴되어 현재는 흔적도 없다(최병헌, 앞의 책, 101~146쪽 참조할 것).

4) 『고려사』, 〈태조세가 26년 4월〉. "훈요 2조: 신설한 사원은 도선이 산수의 순역(順逆)을 점쳐놓은 데 따라 세운 것이다. 그의 말에 '정해놓은 이외의 땅에 함

부로 절을 세우면 지덕을 손상하고 왕업이 깊지 못하리라' 했다. 후세의 국왕·공후(公侯)·후비(后妃)·조신들이 각기 원당(願堂)을 세운다면 큰 걱정이다. 신라 말에 사탑을 다투어 세워 지덕을 손상하여 나라가 망한 것이니, 어찌 경계하지 아니하랴."

5) 권선정, 「풍수담론의 사회적 구성」, 『동아시아 풍수의 미래를 읽다』, 지오북, 2016, 50~51쪽.

6) 한기문, 「고려시대 사원의 운영기반과 원당의 존재양상」, 경북대학교 대학원 사학과 박사학위논문, 1994, 11쪽에 관련 논의가 있다.

7) 『고려사』 권78, 「지」, 〈식화〉, 〈전제〉.

8) 『신증동국여지승람』 권40, 「구례현」, 〈산천〉.

9) 성춘경, 「도선국사와 관련한 문화유적」, 『도선연구』, 민족사, 1999, 243쪽.

10) 이준곤, 「도선 전설 현지채록 자료」, 『선각국사 도선의 신연구』, 영암군, 1988, 345쪽.

11) 「옥룡사도선비문」 음기에, 도선의 법손으로 "중대사(重大師) 지문(志文)"(운암사·옥룡사 주지)이라는 기록이 있는 것으로 보아 당시 운암사는 옥룡사와 더불어 지문이 관리했음을 알 수 있다. 지문은 개경 국청사에 버려져 있던 도선 비석을 옥룡사로 옮겨 세우는 작업을 총괄한 사람이다. 그는 명종 2년 (1172)에 입석(立石)을 완료한 다음 왕에게 청하여 비석 뒷면에 도선의 법손 제자로 대덕(大德) 이상 승려의 승계(僧階)와 법명(法名)을 기록했다(최병헌, 앞의 책, 100쪽).

12) 성춘경, 『백계산 운암사지, 우리 얼 우리 문화』, 우리문화연구원, 1989, 33~35쪽.

13) 최인선, 「광양 옥룡사 선각국사 도선의 부도전지와 석관」, 『문화사학』 6·7, 1997, 135쪽.

14) 운암사는 고려시대에 와서 비보 삼암사(三岩寺) 중 하나로 중요하게 자리매김되었다. 『신증동국여지승람』(1530)에 따르면, "운암사는 백계산에 있다"라고 했으니 조선 중기까지 사찰이 유지되었음을 알 수 있다. 17세기 중반에 간행된 『동국여지』에도 존속 사실이 기록되었다. 조선 후기의 『여지도서』 (1757~65)와 『범우고』(1799)에서는 '지금은 없어졌다'[今廢]라고 기록한 것을 보아 18세기 후반 이전에 폐찰되었음을 알 수 있다. 운암사는 1712년 옥룡사에서 개간(開刊)한 「옥룡사도선비문」의 시주 사찰 명단에도 없는 것으로 보아 1712년 이전에 폐찰된 것으로 보인다(성춘경, 앞의 책, 33쪽).

15) 『정감록』에는 고려와 조선의 유명한 풍수승, 풍수지식인의 이름을 끌어댄 문헌들이 편집되어 있고, 심지어 중국 당 현종(712~756) 대의 승려이자 유명

풍수가인 일행까지 저자로 등장한다. 「일행결」(一行訣), 「일행사설」(一行師 說) 등이 그 사례다. 일행은 한국의 풍수설화에서 도선의 스승이라는 내용이 나올 정도로 사람들에게 알려진 중국의 풍수사다.

16) 『고려사』 권122, 「열전35」, 〈방기〉, 〈김위제〉.

17) 『고려사』 권12, 「세가12」, 〈예종 원년〉.

18) 『삼국유사』 권3, 「탑상4」, 〈가섭불연좌석〉.

19) 『고려사』 권78, 「지」, 〈식화〉, 〈전제〉.

20) 『필원잡기』.

21) 안춘근 편, 『정감록집성』, 아세아문화사, 1972.

22) 『오주연문장전산고』, 「천지」편, 〈지리〉류, 동부, 청학동변증설(青鶴洞辨證說).

23) 책의 순서는 옥룡자해산리작목동가현공오행(玉龍子解山理作牧童歌玄空五 行), 정오행(正五行), 쌍산오행(雙山五行), 태식법(胎息法), 팔십팔향립향식 (八十八向立向式), 매화기법과거재차중(梅花起法科舉在此中), 구수생생법 (九數生生法), 명당망기법(明堂望氣法), 증혈도(証穴圖), 육갑적구식(六甲 摘句式), 사생결(四相訣), 오행산채(五行山体), 이십사산수법론(二十四山 水法論), 황도흑도(黃道黑道), 낙산론(藥山論), 귀성론(鬼星論), 명당론(明 堂論), 용호론(龍虎論), 수성론(水城論), 사법론(砂法論), 용혈사수도양론 (龍穴砂水圖揚論), 생기론(生氣論), 발험론(發驗論), 산수기양론(山水氣揚 論), 맥혈결(脈穴決), 생기가(生氣歌), 풍험부(風驗賦)로 구성되어 있다.

24) 책의 겉표지에는 산가유결(山家遺訣), 교련수(巧連數), 사과(四課)라고 표기 되어 있다. 한국가사문학관(http://www.gasa.go.kr/) 자료를 기초로 작성했다.

25) 왕실도서관 장서각 디지털아카이브(http://yoksa.aks.ac.kr/) 자료를 기초로 작성했다.

26) 「옥룡사도선비문」에 따르면 도선의 성은 김씨다. 최씨로 알려진 것은 조선 후 기부터다.

27) 한국가사문학관(http://www.gasa.go.kr/) 자료를 기초로 작성했다.

28) 국립중앙도서관 소장본 『무감편』(한古朝19-67).

29) 왕실도서관 장서각 디지털아카이브(http://yoksa.aks.ac.kr/) 자료를 기초로 작성했다.

30) 전남대학교 도서관(http://lib.jnu.ac.kr/) 자료를 기초로 작성했다.

5 고려왕조의 도선, 그 정치적 재구성

1) 최완수는 "도선국사가 역사적인 실재 인물이냐 하는 논란이 있다"라고 했다

(최완수,『명찰순례 3』, 대원사, 1994, 460쪽).

2)『고려사』권15,「세가15」,〈인종 6〉.

3)『영조실록』, 9년 8월 26일자. "부제조 윤양래(尹陽來)가 말하기를 "도선이나 남사고를 물론하고 비기로써 인심을 요혹하는 자는 모두 처참하여야 합니다" 하니, 임금이 웃으며 말하기를 "승지의 말이 진실로 옳다"라고 했다.

4) 혜철과 도선의 사상적 관련성에 관해서는 다음과 같은 견해가 있다. "혜철의 유심론적(唯心論的) 사상 경향은 심식(心識)에 따른 제법상(諸法相)의 차별을 인식하여 현상계의 모든 존재를 면밀히 관찰함으로써 국토산천의 구체적 형세도 관찰할 수 있는 기반이 되었다"(김두진,「나말여초 동리산문의 성립과 그 사상」,『동방학지』29, 1988, 77~79쪽). "도선은 동리산문의 선사상과 풍수지리사상을 결합하여 여러 법상(法相)의 차별을 인식하는 혜철의 유심론적 선종사상을 산줄기와 강줄기 등 자연환경에 대입하여 더욱 발전시켰다"(장일규,「어머니의 산, 지리산의 토착신앙과 불교사상」,『지리산』, 국립진주박물관, 2009, 151쪽).

5)『동문선』권27,「옥룡사왕사도선가봉선각국사교서급관고」.

6) 이인에 관하여 여러 설이 있다. 최병헌은 "도선에게 풍수지리설을 전수해주었다는 이인은 혜철(惠徹)이거나 아니면 그 계통의 사람으로 억측된다"라고 했다. 혜철은 곡성 태안사에서 동리산문(桐裏山門)을 연 선승으로 도선의 스승이기도 한데, 중국에서 유학하는 과정에서 당시를 풍미한 중국의 풍수법을 습득했을 가능성이 높다는 것이다(최병헌,「도선의 생애와 풍수지리설」,『선각국사 도선의 신연구』, 영암군, 1988, 123쪽). 김두진은 도선의 풍수 습득을 동리산 선문의 사상적 특징으로 보았다(김두진,「나말여초 동리산문의 성립과 그 사상」,『동방학지』29, 1988, 77~79쪽). 이용범은 "당시 영암이 당나라와의 교역항이라는 점을 감안한다면 이 지역을 출입하던 당나라 상인이 있었을 것이고, 서적은 주요한 수입품 중의 하나였기에, 도선이 영암 지역에 출입하는 당나라 상인으로부터 풍수 서적을 사들인 것이, 최유청에 의하여 이인(異人)으로 신비하게 표현되었지 않은가 추측된다"라고 하고 있다(이용범,「도선의 지리설과 당 일행선사」,『선각국사 도선의 신연구』, 영암군, 39~40쪽). 최창조는 이인이 자생(自生) 풍수학인(風水學人)일 것이라고 추정한다. 그러면서 다음과 같은 논거와 이유를 들었다. "왜냐하면 혜철은 선문구산의 하나인 동리산파의 개조쯤 되는 당대 고승이며 당시로서는 당당한 지식인인 중국 유학생 출신이다. 그런 그에게서 풍수를 배웠다면 무엇이 부끄러워서 이름을 밝히지 않고 이인이라 표현했겠는가. 이인은 혜철이 아니라 지리산 언저리에서 풍수를 공

부한 이름 없는 한 자생 풍수학인이었을 것이다. 물론 도선이 중국풍수를 배운 혜철로부터 중국풍수까지 익혔을 가능성은 있다. 그리고 자생풍수와 중국풍수를 함께 익힌 도선에 의하여 양자가 결부되고 체계화되어 그 후에 우리식 풍수의 출발이 된 것이 아니겠느냐는 생각이다"(최창조,「풍수비판에 대하여」,『녹색평론』, 5~6월호, 1994, 60~61쪽).

7) 안동준,「지리산의 민간도교 사상」,『경남문화연구』28, 2007, 138~139쪽.

8)「백계산옥룡사증시선각국사비명」음기.

9) 지리산의 이인에 관심을 가지고 언급한 사람 중 이능화(李能和)가 있다. 그는 『조선불교통사』(朝鮮佛敎通史, 1918)에서 서거정의『필원잡기』(筆苑雜記)를 인용했는데, 그중에 "도선이 출가하여 입산 수련하는데 하늘의 어떤 신선(天仙)이 하강하여 천문·지리·음양의 술법을 전수해주었다"라는 대목이 보인다.

10)『규원사화·청학집』(揆園史話·靑鶴集), 아세아문화사, 1976, 154쪽.『삼국사기』48, 열전 제8, 물계자(勿稽者)와『삼국유사』5, 피은(避隱) 8, 물계자에 관한 내용이 있다.

11) 산 모양, 산세나 수세 등을 따져 택지하는 중국의 풍수학파를 형세법(形勢法) 또는 강서법(江西法)이라고 한다. 당의 강서 지방을 중심으로 성행했으며 양균송(희종, 874~888)이 이론을 구축한 대표적인 인물이다.

12)「훈요십조」2훈, "모든 절은 다 도선이 산수의 순역을 추점하여 결정했다." 「훈요십조」8훈, "차현 이남과 공주강 외는 산 모양과 지세가 함께 배역으로 달리니 인심도 또한 그러한지라."

13)『동문선』권27,「옥룡사왕사도선가봉선각국사교서급관고」.

14) 고고미술동인회 간,『불국사·화엄사사적』, 109쪽.

15)『신증동국여지승람』권40,「구례현」,〈산천〉.

16)『동문선』권68,「기」,〈영봉산용암사중창기〉.

6 지역사회의 도선풍수담론

1) 김아네스,「고려시대 산신 숭배와 지리산」,『역사학연구』33, 2008, 29쪽.

2) "도선은 32세에 구례현에 도선사를 세우고, 신인이 모래를 모아 삼국도를 그리던 곳에 삼국사를 세웠다. 그리고 38세에는 옥룡사에 주석했고, 39세에는 운암사를 세웠다."

3) 권선정,「고려시대 비보풍수와 권력」, 대한지리학회 학술대회논문집, 2003, 161쪽.

4) 고고미술동인회 간,『불국사·화엄사사적』, 84쪽.

5)『조선사찰사료』상,「조계산선암사사적」, 282~283쪽.

6) 같은 책.

7) 승주군, 『승주군사』, 1985, 819쪽.

8) 『조선사찰사료』 상, 「운동산도선암중창기」, 295~297쪽.

9) 『조선사찰사료』 상, 「조계산선암사사적」, 283쪽.

10) 『조선사찰사료』 상, 「전라남도순천군향림사중수기」, 293쪽.

11) 『용성지』, 「불우」.

12) 만복사는 『세종실록지리지』(1454)와 『신증동국여지승람』(1530)에도 소개된 것으로 보아 조선 중기에도 유지되다가 『용성지』(1699)에 따르면 정유재란(1597)의 병화로 말미암아 불탔음을 알 수 있다. 이후 『여지도서』(1757~65)에 기재된 것으로 보아 중창한 후 어느 기간 존속되었음을 알 수 있다. 선원사는 『신증동국여지승람』에 존재 사실이 기재되었지만 정유재란 때 불탔다고 한다.

13) 전라북도, 『전라북도지』 3권, 742쪽.

14) 조성교 편저, 『남원지』, 1972, 753쪽.

15) 『진양지』와 『용성지』에는 비보경관요소와 관련해 도선의 풍수담론이 서술되었고, 『승평지』, 「사실」(事實)조에는 「도선답산기」가 언급된 바 있다.

16) 남원 역시 사족의 지배가 강하게 나타났던 지역이지만 도선의 풍수담론과 관련해서는 진주의 사례와 같이 문헌적 단서를 찾기 어렵다. 남원부의 비보에 관한 사회적 측면은 좀더 면밀한 검토가 요구된다.

17) 『용성지』, 「불우」.

18) 한국향토문화전자대전(http://www.grandculture.net/main/main.asp) 남원편.

19) 『신증동국여지승람』, 「남원부」, 〈산천〉.

20) 한국향토문화전자대전(http://www.grandculture.net/main/main.asp) 남원편.

21) 『용성지』, 「불우」.

22) 朝鮮總督府林業試驗場, 『朝鮮の林藪』, 1928.

23) 『진양지』, 「고적」, 〈관기총론〉. 여기에는 그 밖에도 고을의 비보, 특히 주산인 비봉산의 풍수와 관련된 사찰(대롱사(大籠寺)·소롱사(小籠寺)) 등의 비보 사실들이 기재되어 있다.

24) 『진양지』, 「고적」, 〈관기총론〉.

25) 김덕현, 「역사도시 진주의 경관독해」, 『문화역사지리』 13(2), 2001, 73쪽.

26) 『진양지』, 「임수」.

27) 『진양지』, 「각리」, 〈서면〉.

28) 『진양지』, 「임수」.

29) 이규경,『오주연문장전산고』,「천지편」,〈지리류〉, 동부「청학동변증설」.

30) 한국향토문화전자대전(http://www.grandculture.net/main/main.asp) 남원편.

31) 산청문화원,『산청지명고』, 1996.

7 사족촌의 풍수와 장소의 정치

1) 한 예로 안동권씨 권벌(權橃, 1478~1548)의 가계는 안동읍내→상경종사(上京從仕)→송파(松坡, 안동부 서 15리)→도촌(道村, 안동부 북 30리)→유곡(酉谷)으로 거주지를 옮기면서 족세가 번창해갔으며, 권벌은 43세 때 유곡(닭실)에 복거했다(이수건, 1995, 76쪽). 다음 인용문은 사족촌의 복거 과정에서 유곡의 산수에 대한 풍수적 관점과 형세가 잘 표현되어 있다. "여러 산이 서로 교차하고 에워싸는 것이 마치 옷깃을 여민 듯하다. 그 가운데에 너르고 평평하며 방정(方正)한 땅은 비옥하고 오곡이 생산되기에 알맞고 좌우로는 작은 시내가 있어 산을 에둘러 흘러나가고 골짜기 입구에 이르러 모여서 물이 빠져 동구 밖으로 나간다. ……참으로 은자가 머물 만한 땅이다."『하당집』, 권4,「유곡기」.

2) 풍수를 사회적 관계가 반영된 의미체계의 구성물로 해석한 일련의 연구는 권선정이 했다. 그의 연구는 정치적·사회적 의미 영역으로 풍수사상에 새로이 접근하고 해석의 지평을 넓혔다.

3) 이상태,「조선초기의 풍수지리사상」,『사학연구』39, 1987, 215쪽.

4) 이화,「조선조 풍수신앙 연구」,『한국학술정보』, 2005, 153~175쪽.

5) 김경숙, 앞의 책, 67쪽.

6)『남명집』권4,「행장」,〈한국문집총간〉31, 546쪽.

7)『한강언행록』권2,「잡기」.

8)『경상도읍지』(『한국지리지총서』,「읍지1」, 경상도 ①, 아세아문화사 영인본, 1982),「선산부읍지」,〈임수〉.

9)『여헌선생속집』권4,「잡저」,〈의복립차수문〉.

10) 이해준,「조선후기 촌락구조변화의 배경」,『한국문화』14, 1993, 280쪽.

11) 이수건·이수환·정진영·김용만,「조선후기 경주지역 재지사족의 향촌지배」,『민족문화논총』15, 1994, 70~71쪽.

12) 이태진,『의술과 인구 그리고 농업기술』, 태학사, 2002, 277~286쪽.

13) 이해준, 앞의 책, 264쪽.

14) 같은 책, 273쪽.

15) 정진영,「조선후기 동성촌락의 형성과 발달」,『역사비평』30, 1995, 339쪽.

16) 이해준, 앞의 책, 281쪽.

17) 이수건, 『영남학파의 형성과 전개』, 일조각, 1995, 440~444쪽.

18) 예컨대 선산김씨 김취문의 후손인 김상원은 조부의 묘소가 명당으로 알려지면서 상주목사가 빼앗으려 하자 묘소를 지키기 위하여 묘소 근처로 이주했다고 한다(정치영, 2009, 84쪽). 그 밖에도 경기도 용인시 양천허씨의 입향 동기는 풍수적 묘지 선정과 관련해 마을이 형성되었고(홍윤희, 「동족촌의 형성과 공간의 구조-용인시 원삼면 맹리 일원 사례 연구」, 성신여자대학교 교육대학원 석사학위논문, 2003, 21쪽), 선조의 분묘를 지키려 묘막을 짓고 살던 자손들이 번영하여 종족촌을 형성한 사례는 경기도 광주시 능성구씨 마을(정부매·최기엽, 「서울 근교 전통 농촌의 변화」, 『대한지리학회지』 29(3), 1994, 329~340쪽), 경기도 화성시의 남양홍씨 마을에도 나타난다(최기엽, 「남양홍씨 동족사회집단의 지역화 과정」, 『지리학연구』 10, 1985. 12, 383~424쪽).

19) 『택리지』, 「복거총론」.

20) 같은 책.

21) 최기엽, 「조선시대 촌락의 지역적 성격」, 『지리학논총』 14, 1987, 26쪽.

22) 『여유당전서』 제1집 시문집 제14권, 「문집」 발, 「택리지」 발.

23) 이수건, 앞의 책, 19쪽, 62~63쪽.

24) 같은 책, 68쪽.

25) 같은 곳.

26) 『여유당전서』 제1집 시문집 제14권, 「문집」 발, 「택리지」 발.

27) 김준형, 『조선후기 단성 사족층 연구』, 아세아문화사, 2000, 109쪽.

28) 『여유당전서』 제1집 시문집 제14권, 「문집」 발, 「택리지」 발.

29) 김경숙, 앞의 책, 61쪽.

30) 이수건, 앞의 책, 11쪽.

31) 오영교, 「조선후기 동족마을의 구조와 운영」, 『담론 201』 6(2), 2004, 42쪽.

32) 이기봉, 『조선의 도시, 권위와 상징의 공간』, 새문사, 2008, 285~287쪽.

33) 무라야마 지준, 앞의 책, 832쪽.

34) 정진영, 「조선전기 안동부 재지사족의 향촌지배」, 『대구사학』 27(1), 1985, 2쪽.

35) 이수건·이수환·정진영·김용만, 앞의 책, 105쪽.

36) 김덕현, 「전통촌락의 동수에 관한 연구-안동 내앞마을의 개호송을 중심으로-」, 『지리학논총』 13, 1986, 29~45쪽.

37) 김덕현, 「진주의 대나무 임수와 풍수설화: 풍수와 유교 이데올로기의 기호로서 문화경관 독해」, 『문화역사지리』 22(3), 2010, 8쪽.

38) 1757년(영조 33) [개호금송완의]. 김덕현의 위 논문(1986)에서 재인용해 글

을 다듬었다.

39) 오영교, 앞의 책, 42쪽.

40) 이수건·이수환·정진영·김용만, 앞의 책, 110~111쪽.

41) 김도용, 「조선후기 산송연구」, 『고고역사학지』 5·6, 1990, 321쪽.

42) 김선경, 「조선후기 산송과 산림 소유권의 실태」, 『동방학지』 77~79, 1993, 532~533쪽.

43) 전경목, 「산송을 통해서 본 조선후기 사법제도 운용실태와 그 특징」, 『법사학연구』 18(1), 1997, 10쪽.

44) 권선정, 「사회적 지위 상징으로서의 경관」, 『지리학연구』 37(2), 2003, 168쪽.

45) 무라야마 지준, 앞의 책, 686쪽.

46) 권선정, 앞의 책, 172~173쪽.

47) 김택규, 『씨족부락의 구조연구』, 일조각, 1979, 62~64쪽.

48) 권선정, 앞의 책, 167~169쪽.

8 조선왕릉의 풍수와 공간정치학

1) 조선왕릉의 풍수적 요소는 유네스코 세계유산의 가치평가에서도 주목된 바 있다. 세계유산센터(UNESCO World Heritage Centre)의 조선왕릉에 대한 OUV(탁월한 보편적 가치) 개요(Royal Tombs of the Joseon Dynasty, Outstanding Universal Value, Brief Synthesis)에, "조선왕릉을 둘러싼 자연환경은 풍수의 원리로서 모양새가 갖춰졌고(The natural surroundings of the Royal Tombs of the Joseon Dynasty, shaped by the principles of pungsu)······"라고 서두를 시작했다(http://whc.unesco.org/en/list/1319).

2) 김인호, 「고려시대 국왕의 장례절차와 특징」, 『한국중세사연구』 29, 2010, 284쪽.

3) 『선조실록』, 28년 6월 24일.

4) 陳朝云, 『南北宋陵』, 中國靑年出版社, 2004(조인수, 「조선시대 왕릉의 현상과 특징-명청대 황릉과의 비교를 중심으로」, 『미술사학연구』 262, 2009, 80쪽에서 재인용).

5) 융릉과 건릉 간 직선거리는 580미터에 이른다.

6) 『선조실록』, 33년 7월 26일.

7) 상대적으로 중국의 명·청릉은 광역의 거대 분지에 배산하여 입지했다.

8) 윤정, 「태조대 정릉 건설의 정치사적 의미」, 『서울학연구』 37, 2009, 184~186쪽.

9) 조선왕릉의 천릉은 총 14기로 전체의 3분의 1에 이른다. 정릉(신덕왕후), 영릉(세종), 장릉(원종), 목릉(선조), 영릉(효종), 장릉(인조), 융릉(장조), 건릉(정

조), 인릉(순조), 수릉(문조), 홍릉(명성왕후) 등에 해당한다.

10) 신재훈, 「조선전기 천릉의 과정과 정치적 성격」, 『조선시대사학보』 58, 2011, 35~64쪽.

11) 조인수, 앞의 책, 81쪽.

12) 장영훈, 『왕릉풍수와 조선의 역사』, 대원사, 2000, 98쪽.

13) 이덕형, 「선조대 유릉 택지에서 드러나는 왕릉 조영의 변화와 원인: 유릉 택지 풍수담론을 중심으로」, 『지방사와 지방문화』 13(2), 2010, 172쪽.

14) 신재훈, 앞의 책, 35~64쪽.

15) 『중종실록』, 32년 4월 25일.

16) 『명종실록』, 17년 9월 4일.

17) 『명종실록』, 4년 8월 19일.

18) 『명종실록』, 17년 9월 4일.

19) 신병주, 「왕릉을 통해 본 행복한 왕, 불행한 왕」, 『선비문화』 12, 2007, 97쪽.

20) 『명종실록』, 14년 4월 23일.

21) 『명종실록』, 17년 9월 4일.

22) 조인수, 앞의 책, 75쪽.

23) 방외지사는 관료 중에서 풍수지리 지식에 밝은 사람들을 의미하는 말이다.

24) 이덕형, 「조선왕릉 택지와 산론」, 한성대학교 대학원 사학과 박사학위논문, 2013에서 상세한 논의를 했다.

25) 『국조오례의』 권7, 「흉례」, 〈치장〉; 『세종실록』, 「오례」, 〈흉례의식〉, 〈치장〉.

26) 이창환, 「조선시대 능역의 입지와 공간구성에 관한 연구」, 성균관대학교 대학원 조경학과 박사학위논문, 1998, 69쪽.

27) Lee Changhwan · Jo Woonyuen, "The Circumstances and Cultural Characteristics of Royal Tomb Sites in the Joseon Dynasty," *Journal of the Korean Institute of Traditional Landscape Architecture* 5, 2007, p.5, p.72.

28) 문화재청조선왕릉(http://royaltombs.cha.go.kr).

29) 조선왕릉과 베트남왕릉에 대해 비교하여 공통점과 차이점을 논한 연구(휜낫비, 「한국과 베트남 왕릉의 성격 비교 연구: 조선과 원조시대 왕릉 중심으로」, 한국외국어대학교 국제지역대학원 한국학과 석사논문, 2013)에서도 중국풍수에서 비롯되었다는 공통적 특징을 논하고 있다.

30) Phan Thanh Hai, 「フエ·阮朝基の皇族の陵墓について, 陵墓からみた東アジア諸国の位相」, 篠原啓方 編, 關西大學文化交渉學教育研究據點, 2011, 130~134쪽.

31)『숙종실록』, 36년 9월 5일.

32) 건원릉, 숭릉, 장릉(莊陵), 경릉(敬陵), 희릉, 효릉, 익릉, 영릉(英陵), 영릉(寧陵), 장릉(章陵), 의릉, 선릉, 정릉(靖陵), 태릉, 강릉, 정릉(貞陵), 장릉(長陵), 제릉, 후릉 등이다.

33) 김흥년,「조선왕릉 연지의 입지 및 공간구성에 관한 연구」, 고려대학교 생명환경과학대학원 석사학위논문 1, 2009.

34) 고승관·구본학·최종희,「조선왕릉 연지의 특성과 전형」,『한국전통조경학회지』29(3), 2011, 122쪽. 해당 논문에서는 조선왕릉의 연지 중에서 비교적 원형이 잘 보전된 광릉(光陵, 남양주), 효릉(孝陵, 고양), 장릉(章陵, 김포), 숭릉(崇陵, 구리)을 사례로 형태·재료·구조·공법·식생 등의 조경학적인 조사·연구를 했다.

35)『대전회통』권3,「예전 봉심」,〈중추원본 363〉.

36)『춘관통고』권17,「길례 능침 건원릉」. 정조는 현릉원과 각 능의 금송(禁松) 등 산림보호에 힘썼다.

37)『세종실록』, 12년 7월 7일;『문종실록』1년 10월 16일;『세조실록』10년 3월 11일;『세조실록』10년 4월 22일.

38) 권선정, 앞의 책, 76쪽.

39) 양보경,「상징경관으로서의 고지도 연구」,『문화역사지리』21(1), 2009, 98쪽.

40) 이형윤,「풍수산도의 표현방식과 현대적 의미」,『대한지리학회 학술대회논문집』6, 2014.

9 조선시대 지방도시의 풍수적 입지와 경관

1) 왕의 전패를 모시는 궁실 건축물이다. 중앙에서 내려오는 사신이 머무는 곳이기도 하다. 중앙권력의 상징적 건물로 지방 관아와 함께 가장 중요한 건축 요소가 된다.

2) 이정국·박광규·이해성,「조선시기 향교건축의 배치와 공간구성에 관한 연구」,『대한건축학회논문집』6(5), 1990, 31쪽.

3)『신증동국여지승람』권30,「진주목」,〈형승〉.

4)『여지도서』,「순흥부」,〈형승〉.

5)『여지도서』,「신녕현」,〈형승〉.

6) 또 다른 설은 영산 고을의 동헌이 축좌여서 소가 억눌림을 당하는 형국이라는 것이다. 이러한 지살(地煞)을 풀어 고을의 재액을 막기 위해서 놀이를 했다는 것이다(배도식,『한국민속의 원형』, 집문당, 1995, 233~235쪽).

7) 『청오경』, "산주수직(山走水直) 종인기식(從人寄食)".

8) 『설심부』, "혹룡거호회 혹룡회호거 회자불의핍혈 거자수요회두 탕연직거불관 란 필정도이병패절"(或龍去虎回 或龍回虎去 回者不宜逼穴 去者須要回頭 蕩然直去不關闌 必定逃移幷敗絶).

9) 『여지도서』, 「울산」(보유), 〈풍속〉.

10) 『여지도서』, 「언양」, 〈풍속〉.

11) 『동경잡기』.

12) 『경주선생안』.

13) 분석방법, 항목의 분류기준, 풍수입지도의 유형 표기에 관한 자세한 내용은 다음과 같다.

　　자연적 풍수입지요소 중에서 산줄기와 장풍(藏風) 조건은 현지조사를 위주로 하고 보조적으로 군현도(『해동지도』『1872년 지방지도』)를 참고하여 판별했다. 득수(得水) 조건은 『해동지도』를 참고하여 판정했다. 인문적 경관요소 중에서 비보 항목은 문헌과 현지조사를 기준으로 했다. 장소 항목은 현지조사를 위주로 하고 군현도를 참고하여 판별했다. 형승 항목은 읍지의 형승조를 기준으로 했다. 지명은 문헌이나 읍지도에 나오는 풍수지명을 정리했으며, 풍속 항목은 문헌(읍지)에 기초했다.

10 지리산권 마을풍수의 문화생태

1) 윤홍기, 『땅의 마음』, 사이언스북스, 2011, 125쪽.

2) 류제헌, 『한국의 근대화와 역사지리학: 호남평야』, 한국정신문화연구원, 1994, 38~40쪽.

3) Ock Han Suk, "A Study on Korean Pungsu as an Adaptive Strategy," *Journal of the Korean Geographical Society* vol.42, no.5, 2007, p.767.

4) 윤홍기, 앞의 책, 2011, 142~143쪽.

5) 디지털남원문화대전. http://namwon.grandculture.net

6) 진교면지편찬위원회, 『진교면지』, 2002, 358쪽.

7) 남원전통문화체험관. http://chunhyang.org

8) 같은 홈페이지.

9) 같은 홈페이지.

10) 디지털남원문화대전.

11) 남원전통문화체험관.

12) 진교면지편찬위원회, 앞의 책, 322쪽.

13) 『적량면지』, 적량면지편찬위원회, 2002.

14) 하동문화원, 『하동군 지명지』, 1999.

15) 디지털남원문화대전.

16) 최원석, 『지리산권 민속풍수자료집』, 선인, 2016.

17) 실제 남원시 운봉읍 신기리에서는 마을터가 소[臥牛]형국이어서 마을 앞에 있는 봉우리 이름을 소가 먹을 풀(꼴)을 상상하는 초봉으로 이름을 바꾼 사례가 있다.

18) 류제헌, 앞의 책, 38~40쪽.

19) 같은 책, 38~40쪽.

11 양평 지역의 삶터풍수

1) "사운드스케이프(soundscape)라는 개념은 우리를 둘러싼 다양한 소리를 하나의 풍경으로 파악하는 사고로, 개인 또는 특정 사회가 지각하는 소리환경으로 정의된다"(한명호, 「도시공간의 쾌적 음환경 창조를 위한 사운드스케이프 디자인 연구」, 『대한건축학회논문집: 계획계』 19(12), 2003, 252쪽). "1960년대 말 캐나다의 셰이퍼(Raymond Schafer)가 소음공해를 해결하려고 처음 제창했고, 환경·생태적 흐름과 연관되었다."

2) 『설심부』 역주에는 다음과 같은 설명이 있다. "'교'(交)란 물이 양쪽에서 와서 서로 만나 함께 흐르는 것이며, '쇄'(鎖)란 물이 이미 빙 둘러 에워싸면서 사문(砂文)이 야무지게 닫혀 자물쇠와 같은 것이고, '직'(織)이란 물의 흐름이 구불구불하게 굴곡한 것이며, '결'(結)이란 모든 흐름이 모인 것이다. 이 네 가지 것이 물의 길함이다."

3) 『설심부』, 「논산수본원」.

4) 『설심부』, 「논수법」.

5) 『인자수지』, 「조안편」, 〈수구사〉.

6) 『지리천기회원』, 보련각 영인본, 1982, 69쪽.

7) 이하 양평의 종족촌 입지분석은 양평군지편찬위원회, 『양평군지』 제1절, 1991, 씨족분포현황에 근거했다.

8) 선생안(양평문화원, 『향맥』 제3집, 1993, 115~116쪽에서 재인용).

9) 한국정신문화연구원, 『한국구비문학대계』 1~3, 경기도 양평군편, 1980, 551쪽.

10) 같은 책, 550쪽.

11) 제보(2002. 8. 24): 이형복 씨(70세, 옥천리 360-1번지), 고석희 씨(73세, 아신리 600번지).

12) 『세종실록』, 15년 7월 21일.

13) 양평문화원, 『향맥』제1집, 1988, 433쪽.

14) 한국정신문화연구원, 『한국구비문학대계』1~3, 경기도 양평군편, 1980, 109쪽.

15) 양평문화원, 『향맥』제1집, 1988, 223쪽.

16) 제보(2002. 8. 2): 신세철 씨(65세, 내리 262번지), 이장훈 씨(79세, 내리 247번지).

17) 양평문화원, 앞의 책, 224쪽.

18) 『청오경』.

19) 같은 책.

20) 양평문화원, 앞의 책, 263쪽, "서종면 노문리에는 솟대백이라는 지명이 있는데 마을 앞에 솟대를 세워 마을을 편안하게 했다."

21) 국립민속박물관, 『경기지방 장승·솟대신앙』, 1988, 170~181쪽.

22) 한글학회, 「경기편」상, 『한국지명총람』17 , 544쪽.

23) 귀와 겁이란, 용맥이 중심 줄기로 모이지 못한 채 사방으로 흩어지고 나뉜 산만한 상태를 가리키는 풍수 용어이다.

24) 『정감록집성』, 아세아문화사 영인본, 1973, 432쪽.

25) 같은 책, 436쪽.

26) 『고려사절요』권30, 〈우왕 4년 11일〉. 『정감록』, 「피장처」에서는 미원장 외에도 보신지지를 다수 열거했으니 양주, 인천, 가평, 여주, 광주, 이천 등 경기도 소재지가 상대적으로 많은 수를 차지한다. 내용을 인용하면 다음과 같다. "양주 산내촌 북쪽 80리, 인천 영종도, 춘천 기린곡, 낭천읍 대미촌·소미촌, 정선, 가평의 대아·도성, 곡성의 명미촌, 충주 월악산, 경상도 내성 북면과 춘양면, 강원도 강릉·삼척·평해·울진과 충청도 비인·남포·담양의 추월산, 전라도 무주 덕유산 남쪽의 원학동, 풍기 차령의 금계촌, 안동 북면 소라 고기부 동쪽 태양서면, 단양 기차촌, 단성 북면과 동양면, 여주 사전촌, 광주 율평, 이천 북면 광복동."

27) 양평문화원, 『한국사 속 양평사』, 1998, 77쪽.

28) 『택리지』, 「팔도총론」, 〈경기〉.

29) 이러한 인식의 대표적인 사례가 신라의 왕궁터인 반월성인데, 『삼국유사』, 「기이1」, 〈탈해왕조〉에 따르면, "초승달같이 둥근 언덕이 있어 지세가 오래 살 만한 곳"이라는 표현이 나온다.

30) 양평문화원, 『향맥』제1집, 1988, 162쪽.

31) 같은 책, 211쪽.

32) 수살매기의 풍수적 의미는 손진태의 연구가 참고된다. 그에 따르면, "장승·소도 등을 중부조선에서는 수살목 또는 수사리라 병칭하고 평안, 황해도 곳곳에서는 방풍림과 같이 마을 앞(지민(地民)의 이른바 허한 방위에 열식(列植)하는 숲[林]도 수살목이라 일컫고, 또 마을의 허한 방위(三方)가 산으로 둘러싸여 있고 한쪽이 들판[原野] 또는 바다로 된 경우에 허한 방위라 하고, 또 마을 한쪽에 공포감을 주는 험하고 깊은 산골짜기가 있으면 그쪽에 수살목을 열식하여 이를 막는다)에 세우는 Y자 형의 입목(소도와 흡사하나 정부(頂部)가 Y형이고 정상의 새도 없다)도 수살목이라 한다. 이 수살의 의미는 명백하지 못하나 수살이 아닐까 한다. 사기를 방어한다는 의미일 것"으로 추정한 바 있다(손진태, 「소도고」, 『조선민족문화의 연구』, 을유문화사, 1948, 193~194쪽).

33) 양평문화원, 『향맥』 제1집, 1988, 263쪽.

34) 국립민속박물관, 『경기지방 장승·솟대신앙』, 1988, 172쪽.

35) Yoon Hongkey, "The value of forklore in the study of Man's attitude towards environmen," *10th NZ Geography Conference*, 1979, p.162.

36) 양평군지편찬위원회, 『양평군지』, 1991, 922쪽.

37) 한국정신문화연구원, 『한국구비문학대계』 1~3, 1980, 42~43쪽.

38) 한글학회, 「경기편」 상, 『한국지명총람』 17, 539~540쪽.

39) 양평문화원, 『향맥』 제1집, 1988, 377쪽.

40) 강중탁, 「도선설화의 연구-풍수설화적 성격을 중심으로」, 『월산 임동권박사 송수기념논문집』 국어국문학편, 1986, 85쪽.

41) 한국정신문화연구원, 앞의 책, 109쪽.

42) 양평군지편찬위원회, 『양평군지』, 1991, 995쪽.

43) 양평문화원, 『향맥』 제1집, 1988, 221쪽.

44) 양평군지편찬위원회, 앞의 책, 1014쪽.

45) 양평문화원, 앞의 책, 340쪽.

46) 한국정신문화연구원, 앞의 책, 566쪽.

47) 양평문화원, 앞의 책, 271쪽.

48) 한국정신문화연구원, 『한국구비문학대계』 1~3, 「경기도 양평군편」, 1980, 372~374쪽.

12 용인 지역의 묘지풍수

1) 용인시 외, 『용인의 분묘문화』, 2001, 11쪽.

2) 정룡(正龍)이란 곧고 올바르게 뻗은 줄기로서 그 곁으로 무리의 산이 조공하고 호위하며 대개 용이 중앙에 위치하여 안정감과 조화감을 준다. 정룡은 간룡(幹龍)이라고도 하는데, 간룡은 주된 용맥의 모든 기운을 받아 산의 중심부를 뻗어 내려온 산을 말한다.

3) 최창조, 『한국의 풍수사상』, 민음사, 1984, 80쪽.

4) 『발미론』.

5) 같은 책.

6) 『설심부』, 「제이장 논산수본원」.

7) 『설심부』, 「논수법」.

8) 『인자수지』, 「조안편」, 〈수구사〉.

9) 고려대 민족문화연구원 외, 『용인의 역사지리』, 2000, 21쪽.

10) 이석형 묘소 앞에는 현재는 물이 말랐지만 못 유적이 남아 있다. 이 못은 묘역의 지맥이 흘러 빠지는 지기를 막아 갈무리하려는 조치로 추정된다.

11) 용인시, 『용인시 문화재 총람』, 1997, 60쪽.

12) 『택리지』, 「복거총론」, 〈산수〉.

13) 고려대 민족문화연구원 외, 『용인의 역사지리』, 2000, 157쪽.

14) 용인시 외, 『용인의 분묘문화』, 2001, 35쪽.

13 장현광의 주자학적 지리와 풍수인식

1) 전용훈, 「조선 후기 유학자의 천체와 우주에 대한 이해-여헌 장현광의 『역학도설』과 「우주설」」, 『한국과학사학회지』 18(2), 1996, 126쪽.

2) 『여헌선생문집』 권8, 「서」, 〈역학도설서〉.

3) 『여헌선생문집』 권5, 「잡저」, 〈우주요괄첩〉. 이하 장현광 관련 번역문은 민족문화추진회, 『국역 여헌집 Ⅰ-Ⅳ』, 1997에 의거했다.

4) 『여헌선생문집』 권6, 「잡저」, 〈심설〉.

5) 『여헌선생문집』 권9, 「기」, 〈입암기〉.

6) 『맹자』, 「공손축」.

7) 『여헌선생문집』 권7, 「잡저」, 〈봉대설〉.

8) 『여헌선생속집』 권4, 「잡저」, 〈서박인로무하옹구인산기후〉.

9) 『여헌선생속집』 권5, 「잡저」, 〈표제요어〉.

10) 『여헌선생문집』 권1, 「시」, 〈입암십삼영〉.

11) 『여헌선생문집』 권1, 「시」, 〈강정우음우차전운〉.

12) 『여헌선생속집』 권1, 「시」, 〈초당〉.

13)『여헌선생속집』권6,「잡저」,〈구설〉.

14) 김동욱,「조선중기 은거선비의 집터와 별자리의 관계」,『건축역사연구』
10(26), 2001, 7쪽.

15)『여헌선생문집』권1,「부」,〈만활당부〉.

16)『여헌선생속집』권4,「잡저」.

17)『여헌선생문집』권9,「기」,〈입암기〉.

18)『여헌선생문집』권9,「기」,〈입암기〉.

19)『맹자』,「진심」(盡心) 상(上)에서 유래했다. "공자께서 노나라 동산에 올라가
서는 노나라를 작게 여기시고, 태산에 올라가서는 천하를 작게 여기셨다. 바
다를 본 사람에게는 어지간한 큰 강물 따위는 물같이 보이지가 않고, 성인의
문하에서 배운 사람에게 어지간한 말들은 말같이 들리지가 않는 법이다."

20)『여헌선생문집』권9,「기」,〈입암기〉.

21)『여헌선생문집』권9,「기」,〈입암기〉.

22) 중국 요(堯)나라 시대의 은사다. 허유는 황제가 보위를 물려주려 하자 귀가
더럽혀졌다 하여 영천(潁川)에서 귀를 씻은 후 기산(箕山)에 은거했고, 소부
는 허유가 귀를 씻은 영천의 물이 더럽혀졌다 하여 소에게 마시지 못하게 했
다는 고사가 전한다.

23) 엄광(嚴光)이 성명이다. 자릉(子陵)은 자다. 동한(東漢)의 은사(隱士)로 광
무제 유수(劉秀)를 도왔다. 유수가 황제로 즉위하자 이름을 바꾸고 부춘산
(富春山)에 은거하다 죽었다. 엄릉산(嚴陵山)이라는 이름도 여기에서 유래
했다.

24) 중국 진(秦)나라 말기에 난세를 피해 산서성 상산(商山)에 은거한 동원공(東
園公), 하황공(夏黃公), 용리선생(用里先生), 기리계(綺里季)를 말한다.

25)『여헌선생속집』권4,「잡저」,〈청구도설〉.

26)『삼국사기』권32,「지1」,〈제사조〉에 따르면, 신라시대에 오악은 토함산(동
악), 계룡산(서악), 지리산(남악), 태백산(북악), 팔공산(중악)이고 사독은 토
지하(吐只河, 동독), 웅천하(熊川河, 서독), 황산하(黃山河, 남독), 한산하
(漢山河, 북독)가 지정되었음을 알 수 있다. 그리고『고종실록』권43, 40년
(1903) 3월 19일조에 따르면, 조선시대(후기)에 오악은 금강산(동악), 묘향
산(서악), 지리산(남악), 백두산(북악), 삼각산(중악)이고 사독은 낙동강(동
독), 대동강(서독), 한강(남독), 용흥강(북독)이었음을 알 수 있다. 본문에서
장현광은 묘향산을 북악으로, 구월산을 서악으로, 태화산을 중악으로 표현했
으며, 압록강을 사독의 하나로 표현했는바, 이는「동국지도」의 독도(讀圖)에

연유된 이해로 보인다.

27) 『여헌선생속집』권4,「잡저」,〈청구도설〉.

28) 같은 책.

29) 지금의 감숙성(甘肅省) 서쪽, 황하 동쪽 지역을 일컫는 말.

30) 『여헌선생속집』권4,「잡저」,〈청구도설〉.

31) 같은 책.

32) 『여헌선생속집』권9,「부록」,〈경모록〉[문인 김휴].

33) 『남명집』권4,「행장」.

34) 『한강선생연보』권2,「행장」.

35) 『여헌선생속집』, 권9,「부록」,〈배문록〉[문인 신열도].

36) 『여헌선생문집』권11,「축문」,〈금오서원중건봉안문〉;『여헌선생속집』권10,「상량문」,〈종가중창문〉;『여헌선생속집』권4,「잡저」,〈본교중수설〉.

37) 『여헌선생속집』권9,「기」,〈입암정사기〉.

38) 『여헌선생속집』권9,「기」,〈입암정사기〉.

39) 『여헌선생속집』권4,「잡저」,〈기몽〉.

40) 이부영,『한국의 샤머니즘과 분석심리학』, 한길사, 2012, 662~663쪽.

41) 『여헌선생속집』권4,「잡저」,〈인의방설〉.

42) 『경상도읍지』,「선산부읍지」,〈임수〉.

43) 『여헌선생속집』권4,「잡저」,〈의복립차수문〉.

44) 김학수,「17세기 여헌학파 형성과 학문적 성격의 재검토」,『한국인물사연구』13, 2010, 35~37쪽.

45) 『여헌선생속집』권9,「부록」,〈배문록〉[문인 신열도].

46) 같은 책.

47) 『천령지』발.

48) 이상필,「한강의 학문성향과 문학」,『남명학연구』창간호, 1991, 191쪽.

49) 같은 책, 194쪽.

50) 박영호,「한강 정구의 학문정신과 문학관」,『동방한문학』10(1), 1994, 50쪽.

51) 최영성,「한강 정구의 학문방법과 유학사적 위치」,『한국철학논집』5, 1996, 118쪽.

52) 김성윤,「영남의 유교문화권과 지역학파의 전개」,『조선시대사 학보』37, 2006, 159쪽.

14 윤선도의 보길도 원림풍수

1) 성종상, 『고산 윤선도 원림을 읽다』, 나무도시, 2010, 15쪽.

2) 왕운(1227~1304), 「유동산기」.

3) 『옥계집』 5, 「유장수사기」; 최석기, 「전통 명승의 인문학적 의미」, 『경남문화연구』 29, 2008, 197쪽에서 재인용.

4) 문영오도 「고산문학의 풍수사상 현장화 양태 고구」, 『국어국문학』 121, 1998, 135쪽에서 "고산이 은거지로 보길도를 선정한 것은 전적으로 그가 익힌 풍수론에 힘입은 것이다"라고 결론지은 바 있다.

5) 「보길도지」.

6) 신은경, 「윤선도에게 있어서의 '이상향'의 의미 작용 연구」, 『한국언어문학』 57, 2006, 230~237쪽.

7) 중국의 주나라 무왕(武王)이 부친의 상중에 은나라 주왕(紂王)을 정벌했다. 이들 두고 백이와 숙제는 인의(仁義)에 배반된다고 하여 수양산(首陽山)에 은거해 고사리를 캐어먹고 지내다가 굶어죽었다. 유가(儒家)에서 고결하고 절개 있는 선비의 상징이다.

8) 성범중, 「16~17세기 호남 한시의 풍정: 16, 17세기 호남지방 원림문학의 지향과 그 변이-소쇄원과 부용동원림의 구성물 명명의식을 중심으로-」, 『한국한시연구』 14, 2006, 32~49쪽을 참고하라.

9) 「보길도지」.

10) 「보길도지」.

11) 『논어』 9장.

12) 『논어』 21장.

13) 『맹자』, 「이루장」.

14) 이상필, 『남명학파의 형성과 전개』, 와우출판사, 2005, 24쪽.

15) 기존에는 도가류의 이상향인 무릉도원과 청학동, 풍수도참류의 십승지 이상향, 불가류의 미타 정토와 미륵용화세계 유토피아, 유가류의 대동사회[大同世] 이상향, 근대 민족종교의 후천개벽세계의 내세적 이상향 등이 있었다.

16) 「증 자헌대부 이조판서 겸 지경연의금부사 홍문관대제학 예문관대제학 지춘추관성균관사 오위도총부도총관 행 통정대부 예조 참의 윤공의 시장」(윤선도, 이상현 옮김, 『고산유고』 4, 한국고전번역원, 2015, 251~300쪽).

17) 『고산유고』 권5 하.

18) 본문에 주자에 대한 언급은 두 군데 나온다(이하 번역문은 윤선도, 이상현 옮김, 앞의 책, 504~507쪽에서 인용한 것임). 〈수원 호장 집의 뒷산〉에 대한 풍

수의론 중에 "주자가 말한 '종묘의 혈식(血食)이 길이 이어지게 하는 계책'이 바로 여기에 있다고 하겠습니다"라고 표현했다. 이 표현은 주자의 『회암집』 권14에 "술사들에게 두루 자문을 구하여 길지를 구하지 않는다면…… 수황(壽皇)의 체백(體魄)이 안정되지 못할 걱정이 있게 될 뿐만이 아니요, 종묘사직의 혈식이 길이 이어지게 하는 계책이 되지 못할 것이다"라는 데서 전거한 것이다. 〈건원릉 좌측의 첫 번째 언덕〉에 대한 풍수의론에서는 "신이 일찍이 주자의 말을 들어보건대, 선조의 무덤 근방에서 토목공사를 일으켜 선조의 영혼을 놀라게 하면 안 된다고 했습니다"라는 말로 이 자리의 점지는 불가하다는 논거를 이끌었다.

19) 『홍재전서』 권57, 「잡저사」, 〈천원사실〉, 〈정원 제일〉.

20) 같은 책.

21) 같은 책.

22) 「보길도지」.

23) 「고산연보」.

24) 「보길도지」.

25) 같은 책.

26) 같은 책.

27) ICOMOS-KOREA, 『한국 세계유산 잠정목록의 신규발굴 연구보고서』, 2011.

28) 진상철, 「한국전통원림의 세계문화유산 등재방안에 관한 연구-전남 담양의 원림을 사례로-」, *Journal of Korean Institute of Traditional Landscape Architecture* 9(1), 2011.

29) 유네스코 세계유산센터 홈페이지의 조선왕릉 개요 및 가치(http://whc.unesco.org/en/list/1319).

30) 청별리의 문필봉은 붓 자루를 세워놓은 것 같은 뾰족한 바위가 많이 있어 붙은 풍수적 이름이며, 부황리는 문필봉 때문에 명필이 많이 나온 데서 유래되었다고 한다. 정자리의 우두리(牛頭里)는 마을터의 지형이 소머리와 같이 생겼다고 해서 붙여진 이름이라고 한다. 부용리는 마을 지형이 부용화(연꽃)같이 생겼다 하여 이름 지어졌다.

31) 박삼옥·정은진·송경언, 「한국 장수도 변화의 공간적 특성」, 『한국지역지리학회지』 11(2), 2005에 따르면, "전국에서 장수도가 가장 높은 지역은 제주도와 전라남도이다. 70년대에 전남의 섬과 해안을 중심으로 높은 장수도를 나타내던 것이 80년 기점으로 내륙지방까지 확산되었다"라고 했다.

15 권섭의 묘지풍수 인식과 실천

1) 『몽기』. 이하 번역문은 이창희 역주, 『내 사는 곳이 마치 그림 같은데』, 다운샘, 2003을 인용했다.

2) 『몽기』.

3) 같은 책.

4) 같은 책, 176~178쪽.

5) 채성우 찬, 『명산론』, 이기제이(규장각 도서번호 3953).

6) 『몽기』.

7) 같은 책.

8) 같은 책.

9) 이창희 역주, 앞의 책, 176~178쪽.

10) 『묘산』 1, 「안산직곶리감찰첨지별제권공삼대장지」.

11) 『묘산』 1.

12) 이화, 『조선조 풍수신앙 연구』, 한국학술정보, 2005, 94~109쪽.

13) 『묘산』 1, 「서문」.

14) 『묘산』 2, 「제천천남이유인장지」.

15) 『묘산』 2, 「문경화지동한유인장지」.

16) 같은 책.

17) 「술회시서」.

18) 「자술연기」(1724).

19) 『묘산』 2.

20) 같은 책.

21) 『묘산』 1, 「이의신답산기분명시아선산」.

22) 『묘산』 2, 「제천천남증참판권공장지」, 〈관기〉.

23) 『몽기』.

24) 『묘산』 1.

25) 『몽기』.

26) 『묘산』 3, 「양주도산이상국장지」.

27) 『묘산』 1, 「이의신답산기분명시아선산」.

28) 『묘산』 2, 「제천천남증참판권공장지」, 〈관기〉.

29) 『몽기』.

30) 『묘산』 2, 「단양옥소산백취옹양부인장지」, 〈관기〉.

31) 『몽기』.

32) 『묘산』 2, 「제천천남증참판권공장지」, 〈제산변〉
33) 『묘산』 2, 「단양옥소산백취옹양부인장지」, 〈관기〉.
34) 『묘산』 2 「제천제비랑산권통덕장지」, 〈관기〉.
35) 『묘산』 2, 「제천천남증참판권공장지」, 〈관기〉.
36) 같은 책.
37) 『묘산』 2, 「제천제비랑산권통덕장지」, 〈제산변〉.
38) 『묘산』 2, 「제천제비랑산권통덕장지」, 〈관기〉.
39) 『묘산』 2, 「단양옥소산백취옹양부인장지, 〈관기〉.
40) 『묘산』 2, 「제천천남증참판권공장지」, 〈제산변〉.
41) 『묘산』 2, 「제천천남증참판권공장지」, 〈관기〉.
42) 『묘산』, 「서문」의 탈초와 번역은 송주복 선생님의 도움을 입었다. 본문의 ■
    표시는 번역이 어려운 글자다.
43) 『묘산』 1.
44) 혈 뒤를 받치는 산으로, 횡룡이 혈을 맺을 때는 반드시 뒤에서 받쳐줘야 혈의
    참됨을 증득(證得)할 수 있다(『인자수지』).
45) 『묘산』 2, 「청풍백운동권득중장지」.
46) 『묘산』 2, 「제천천남증참판권공장지」, 〈관기〉.
47) 『묘산』 2, 「제천천남증참판권공장지」.
48) 『묘산』 2, 「제천제비랑산권통덕장지」.
49) 『묘산』 2, 「청풍백운동이유인장지」.
50) 『묘산』 1, 「안동조화곡권태사장지」.
51) 『묘산』 2, 「단양옥소산백취옹양부인장지」.
52) 『묘산』 3, 「금산두곡판서권공장지」.

16 이중환의 마을풍수와 『택리지』

1) 이익, 『택리지서』.
2) 최영준, 『국토와 민족생활사』, 한길사, 1997, 69~72쪽.
3) 최인실, 「택리지 초기 필사본 추정을 위한 서지적 고찰」, 『서지학보』 40, 2012,
   157쪽.
4) 「팔도총론」, 〈전라도〉.
5) 「팔도총론」.
6) 「복거총론」.
7) 「복거총론」, 「산수」.

8)「팔도총론」,〈충청도〉.

9) 이문종,『이중환과 택리지』, 아라, 2014, 279쪽.

10)「복거총론」,「지리」.

11)「팔도총론」,〈전라도〉.

12)「팔도총론」,〈충청도〉.

13)「팔도총론」,〈전라도〉.

14)「복거총론」,「산수」.

15)「팔도총론」,〈경상도〉.

16)「팔도총론」,〈경기〉.

17)「복거총론」,「지리」.

18)「복거총론」,「지리」.

19) 같은 곳.

20) 같은 곳.

21)「팔도총론」,〈경기〉.

22) 같은 곳.

23) 같은 곳.

24) 같은 곳.

25) 같은 곳.

26)「팔도총론」,〈충청도〉.

27)「팔도총론」,〈경상도〉.

28)「팔도총론」,〈전라도〉.

29)「복거총론」,「산수」.

30) 같은 곳.

17 최한기의 기학적 지리인식과 풍수

1) 이원순,「최한기의 세계지리인식의 역사성」,『문화역사지리』4, 1992, 29쪽.

2) 양보경,「최한기의 지리사상」,『진단학보』(81), 1996, 282쪽.

3) 노혜정,「최한기의 지리사상 연구」, 서울대학교 대학원 지리학과 박사학위논문, 2003, 163쪽.

4)『기학』1, 228.

5) 같은 책.

6) 같은 책.

7)『추측록』6,「추물측사」.

8) 『신기통』 1, 「체통」, 〈사일신기〉.

9) 『추측록』 2, 「추기측리」.

10) 『기학』 1, 208.

11) 『청구도』, 「범례」.

12) 『기학』 1, 200.

13) 『추측록』 6, 「추물측사」, 〈지지학〉.

14) 『인정』 24, 「용인문」, 〈용인학〉.

15) 『인정』 13, 「교인문」, 〈박략시종〉.

16) 『인정』 12, 「교인문」, 〈방술학〉.

17) 『인정』 6, 「측인문」, 〈술객〉; 『인정』 18, 「선인문」, 〈이교학위선거〉.

18) 『기학』 1, 200, 20; 『인정』 6, 「측인문」, 〈술객〉.

19) 이원순, 앞의 책, 19쪽.

20) 양보경, 앞의 책, 276쪽.

21) 최영준, 「조선후기 지리학 발달의 배경과 연구전통」, 『문화역사지리』 4, 1992, 56쪽.

22) 이원순, 앞의 책, 10쪽.

23) 『명남루수록』 (한국고전번역원, 『국역 기측체의』 Ⅱ, 175쪽).

24) 『명남루수록』 (한국고전번역원, 앞의 책, 202쪽).

25) 『기학』 1, 119.

26) 『기학』 1, 205.

27) 『기학』 2, 238.

28) 『기학』 1, 211.

29) 『기학』 1, 227.

30) 『기학』 1, 200.

31) 『인정』 13, 「교인문」 6.

32) 『신기통』 1, 「지체급제요」.

33) 『지구전요』 1, 「논기화」.

34) 같은 책, 「서」.

35) 『지구전요』 1, 「논기화」

36) 『신기통』 1, 「지체급제요」.

37) 같은 책.

38) 『인정』 13, 「교인문」 6.

39) 『신기통』 1, 「지체급제요」.

40) 『신기통』1,「지운화최절」.

41) 지지학이라는 용례는 『추측록』의 '지지학'(地志學)이라는 표제어로 나오고 (『추측록』6,「추물측사」,〈지지학〉),『인정』에도 몇 번 쓰였다(『인정』12,「교인문」5,〈지지〉;『인정』13,「교인문」,〈지운화최절〉).

42) 『추측록』6,「추물측사」,〈지지학〉.

43) 같은 책.

44) 같은 책.

45) 『인정』13,「교인문」6;『지구전요』1,「논기화」.

46) 『인정』12,「교인문」5,「지지」.

47) 『인정』13,「교인문」6.

48) 최영준, 앞의 책, 60쪽.

49) 「지구전요」,〈범례〉.

50) 이원순, 앞의 책, 19쪽, 20쪽.

51) 『추측록』2,「추기측리」,〈산천변역〉.

52) 『인정』13,「교인문」6.

53) 『기학』1, 216.

18 한국지리학계의 풍수연구 현황과 검토

1) 학술지검색사이트(http://www.riss.kr/index.do)에서 '풍수'를 키워드로 검색하면, 학위논문 1,278건, 국내 학술지논문 2,040건이 나온다(2018. 4. 9 현재).

2) 풍수전공이 개설된 학교와 학과는 원광디지털대학교 동양학과, 대구한의대학교 보건복지대학원 풍수지리·관광학과, 영남대학교 환경보건대학원 환경설계학과 풍수지리전공, 인하대학교 정책대학원 부동산학과(부동산 전공 및 풍수지리전공) 등 다수가 있다.

3) 윤홍기,「왜 풍수는 중요한 연구주제인가?」,『대한지리학회지』36(4), 2001, 354쪽.

4) 홍순완·이몽일은 풍수가 과학인지 미신인지를 논하기에 앞서 변용과정을 이해함으로써 현대적 전승 가치를 찾아야 하고, 풍수지리설은 환경결정론과 본질적인 차이가 있으므로 서구과학에서 정립된 개념의 채용에 신중해야 하며, 풍수의 기원문제는 풍수 서적의 전래시기를 기준으로 해야 한다고 주장했다.

5) 윤홍기는 동아시아 범주의 풍수 비교·연구에 관해 "한국 풍수지리사상의 원류로서 중국풍수사상에 대한 이해, 중국의 풍수지리사상이 한국의 역사 안에 어떻게 수용되어 사회적 역할을 해왔는지 탐구, 한중일의 비교문화론적인 풍수사상연구, 시공간에 따른 풍수사상의 변화와 상호비교·연구, 각 학문 영역

의 학제적 연구"를 제안했다. 그리고 한국 현대 풍수의 연구 과제로 "참여관찰
이나 민족지적 접근으로 한국풍수지리 민족지의 기록 정리, 현대사회에서 풍
수지리설의 성행과정과 실상 해석"을 제시한 바 있다. 또 환경사상으로서 연구
는 "풍수사상은 동아시아의 환경사상에서 가장 중요하며, 풍수가 한국인의 사
고방식과 전통문화경관에 미친 영향을 분석해야 한다"라고 했다.

6) 두 선구자의 대표적 단행본 저술은 다음과 같다.
Yoon Hongkey, *Geomantic Relationships Between Culture and Nature in Korea*,
Asian Folklore and Social Life Monographs, no.88, The Orient Cultural Service,
Taipei, 1976; 최창조, 『한국의 풍수사상』, 1984, 민음사.

7) Ole Bruun, *Fengshui in China*, NIAS Press, Copenhagen, 2003; E.K. Teather and
C.S. Chow, "The Geographer and the Fengshui Practitioner: so close and yet so
far apart?," *Australian Geographer* 31(3), 2000, pp.309~332.

8) 송성대는 풍수지리에 대한 지리학의 연구대상 분과가 인문지리학 중 문화지리
학에 속한다는 견해를 제기한 바 있다(송성대, 「풍수지리 연구 패러다임 전환
에 대한 일고」, 『탐라문화』 22, 2003, 186쪽). 그는 풍수지리의 문화지리학 하
위분류를 종교지리학 내지 현상학적 예술지리학에 속하는 것으로 보았다.

9) 장정환, 「해안침식에 대한 풍수론의 사신사적 관점」, 『문화역사지리』 21(2),
2009, 15~38쪽; 이도원·박수진·윤홍기·최원석, 『전통생태와 풍수지리』,
2012, 지오북; 박수진·최원석·이도원, 「풍수 사신사의 지형발달사적 해석」,
『문화역사지리』 26(3), 2014, 1~19쪽; 박수진, 「동아시아 지형의 특수성과 풍
수의 의미」, 『대한지리학회 학술대회논문집』, 2014, 359~360쪽; 최광용, 「생리
기후, 인간 그리고 풍수」, 『대한지리학회 학술대회논문집』, 2014, 356~358쪽.

10) 옥한석·서태열, "Planning the New City Based on the Geomancy: A Case of
the Design of the New Multi-functional Administrative City (NMAC)," 『대
한지리학회지』 40(5), 2005, 491~514쪽; 최원석, 「조선후기의 주거관과 이상
적 거주환경 논의-건강장수도시의 한국적 원형 탐구를 위한 문헌 고찰」, 『국
토연구』 73, 2012, 3~27쪽; 옥한석·정택동, 「풍수지리의 현대적 재해석」, 『대
한지리학회지』 48(6), 2014, 967~977쪽; 박성대, 「풍수의 현대적 해석을 통
한 한국형 녹색도시 조성 방안」, 『한국지역지리학회지』 20(1), 2014, 70~91
쪽. 박성대, 「힐링장소와 풍수의 관계에 대한 시론」, 『문화역사지리』 29(3),
2017, 113~128쪽.

11) 시부야 시즈아키는 오키나와의 풍수를 논하면서 한국의 비보와 대비하고, 동
아시아 풍수 비교 연구의 필요성을 제기했다(시부야 시즈아키, 「오키나와의

풍수견분기에 나타난 비보·식수의 사상」, 『민속학연구』 17, 2005).

12) 주요 풍수고전은 번역·출간되었다. 장성규·김혜정, 『완역 풍수경전』, 문예원, 2010.

13) Yoon Hongkey, *Geomantic Relationships Between Culture and Nature in Korea*, Asian Folklore and Social Life Monographs, no.88, The Orient Cultural Service, Taipei, 1976.

14) Yoon Hongkey, "Environmental Derterminism and Geomancy; Two Cultures, Two Concepts," *Geojournal* 6.1, 1982, pp.77~80.

15) 이상해, 「풍수-중국 전통건축에 있어서의 환경관에 대한 토론」, 『동아시아의 풍수-국제학술 심포지엄 자료집』, 국립민속박물관, 2006, 157~161쪽.

16) 옥한석, 「안동의 풍수경관 연구-음택 명당을 중심으로」, 『대한지리학회지』 38 (1), 2003, 72쪽.

17) 옥한석·박우평, 「북한강 유역에 있어서 경관풍수에 의한 전원주택 후보지의 선정」, 『한국사진지리학회지』 13, 2003, 61쪽; 옥한석, 「서울의 기후·지형 요소와 경관풍수에 의한 왕궁터의 평가」, 『문화역사지리』 19(1), 2007, 80쪽.

18) 윤홍기, 「論中國古代風水의 基源和發展」, 『自然科學史研究』, 8(1), 1989, 84~89쪽. 논문 발표 이후 중국지리학계와 풍수연구 분야에서 황토고원 기원설은 주요 학설로 인용되고 있다. 劉沛林(「風水模式的地理學評價」, 『人文地理』, 11(1), 1996, 36~39쪽)은 황토고원 기원설을 영향력 있는 것으로 평가하면서 인용하고 그 밖에 황토고원 주변 지역과 황하 중류 지역 그리고 하남 서북부 등지를 풍수기원지로 서술했다. 于希賢(『中國古代風水의 理論과 實踐(上)』, 光明日報出版社, 2005)는 '尹弘基論風水因建築選址而基源'이라는 제목으로 논문을 인용, 요약하여 신고 2절에 고고학적 발견과 풍수 기원, 사상(四象) 문물의 출토와 풍수 기원, 팔괘, 역법과 풍수기원설을 제시했다.

19) 최창조·박영한, 「풍수에 대한 지리학적 해석-양기풍수를 중심으로」, 『지리학』 17, 1978, 25쪽.

20) 같은 책.

21) 같은 책, 36쪽.

22) 최창조, 「한국풍수사상의 역사와 지리학」, 『정신문화연구』 14(1), 1991, 128쪽.

23) 최창조, 『한국풍수인물사』, 민음사, 2013, 49쪽, 489쪽.

24) 김두규, 「『한국풍수인물사』를 읽으면서」, 2013(최창조, 『한국풍수인물사』, 민음사, 2013, 7쪽).

25) 윤홍기, 「풍수지리설의 본질과 기원 및 그 자연관」, 『한국사시민강좌』 14,

1994, 187~204쪽.

26) 윤홍기, 「한국풍수지리 연구의 회고와 전망」, 『한국사상사학』 17, 2001, 23쪽.

27) 홍순완·이몽일, 「한국풍수지리사상에 대한 이해의 쟁점」, 『논문집』 47, 1989, 115쪽에 따르면, 삼국시대 때 중국을 다녀온 불승이 풍수서적을 도입한 후 도선으로 이어진 것으로 추정했다.

28) 최창조, 『한국풍수인물사』, 민음사, 2013, 49쪽, 489쪽.

29) 최창조, 「한국풍수사상의 역사와 지리학」, 『정신문화연구』 14(1), 1991, 125쪽.

30) 최창조·박영한, 앞의 책, 20~39; 최창조, 「음택풍수에 대한 지리학적 해석」, 『지리학논총』 5, 1978, 91~99쪽.

31) 최창조·박영한, 앞의 책, 22쪽.

32) 무라야마 지준, 앞의 책, 46쪽.

33) 최창조, 「풍수설 좌향론상의 길흉판단에 관한 위학적 해석」, 『지리학』 26, 1982, 90~109쪽.

34) 최창조, 『한국의 풍수사상』, 민음사, 1984, 32쪽.

35) 최원석, 『한국의 풍수와 비보』, 민속원, 2004, 49쪽, 주 29).

36) 같은 책, 49쪽.

37) 무라야마 지준, 앞의 책, 46~130쪽.

38) 최창조, 「음택풍수에 대한 지리학적 해석」, 『지리학논총』 5, 1978, 93쪽. 이 논문에서 『풍수지리학개론』(황일순, 1961, 박문각), 『풍수지리명당전서』(한송계, 1975, 명문당), 『음택요결』(김소영, 1975, 명문당) 등의 음택 술서도 참고한 것이 눈에 띈다.

39) 최창조, 「풍수설 좌향론상의 길흉판단에 관한 위학적 해석」, 『지리학』 26, 1982, 92쪽.

40) 여기서 '동기감응론'은 윤홍기가 지적한 바와 같이 무라야마 지준의 『조선의 풍수』에서 처음 쓴 용어였다(윤홍기, 『땅의 마음』, 사이언스북스, 2011, 45쪽; 무라야마 지준, 앞의 책, 41~42쪽).

41) 최창조, 「풍수사상에서 본 통일한반도의 수도입지선정」, 『국토연구』 11, 1989, 125쪽.

42) 최원석, 『한국의 풍수와 비보』, 민속원, 2004, 55쪽.

43) 윤홍기도 한국풍수지리사상의 특징을 명당발복론, 비보풍수론, 지기쇠왕설로 요약한 바 있다(윤홍기, 「한국풍수지리 연구의 회고와 전망」, 『한국사상사학』 17, 2001, 32쪽).

44) 윤홍기도 "왜 풍수는 중요한 연구주제인가?" 『대한지리학회지』 36(4), 2001,

352쪽에서 "한반도 전체의 비보 조사연구는 우리 조상들의 환경사상과 환경 관리 지혜를 더듬어 올라가 가늠할 수 있고 세계학계에 공헌할 수 있는 중요한 연구주제라고 생각한다"라고 밝힌 바 있다.

45) Yoon Hongkey(Editied by), *Pungsu: A STUDY OF GEOMANCY IN KOREA*, SUNY PRESS, 2017.

19 영어권의 풍수연구 현황과 검토

1) Stephan D.R. Feuchtwang, "An Anthropological Analysis of Chinese Geomancy," White Lotus, Preface, 2002.

2) Michael Y. Mak & Tomas S. Ng, "The art and science of Feng Shui-a study on architects' perception, Building and Environment," 40(3), 2005, pp.427~434.

3) Ole Bruun, *Fengshui in China: Geomantic Divination Between State Orthodoxy and Popular Religion*, NIAS Press, Preface, 2003, p.1.

4) *Ibid.*, pp.1~2.

5) Zhang Juwen, *A Translation of the Ancient Chinese the Book of Burial(Znag Shu) by Guo Pu(276-324)*, Chinese Studies, vol.34, The Edwin Mellen Press, 2004, p.32.

6) Dukes, *1885, Everyday Life*, London, 159. Andrew L. March, "An Application of Chinese Geomancy," *Journal of Asian Studies* 27(2), 1968, p.254에서 재인용.

7) S. L. Guo., Monthly J. Historical Study 3 : 43-51. Bi Xia Chen & Yuei Nakama, "A summary of research history on Chinese Feng-shui and application of Feng-shui principles to environmental issues," 九州森林研究 57, 2004. 3, p.298에서 재인용.

8) Bi Xia Chen & Yuei Nakama, "A summary of research history on Chinese Feng-shui and application of Feng-shui principles to environmental issues," 九州森林研究 57, 2004. 3, p.297.

9) J. Needham, *Science and Civilization in China*, Cambridge University Press(especially, vol.4, part 1), 1959, p.240.

10) *Ibid.*, p.361.

11) Manfred Porkert, "Wissenschaftliches denken im Alten China-Das System der energischen Beziehungen," Antaios, vol.2, 1961, p.533 ; Andrew L. March, "An Application of Chinese Geomancy," *Journal of Asian Studies* 27(2), 1968, p.265 에서 재인용.

12) Andrew L. March, "An Application of Chinese Geomancy," *Journal of Asian Studies* 27(2), 1968, p.258, p.265

13) 이부영, 앞의 책, 701쪽.

14) Andrew L. March, "An Application of Chinese Geomancy," *Journal of Asian Studies* 27(2), 1968, pp.263~267.

15) Yoon Hongkey, *Geomantic Relationships Between Culture and Nature in Korea*, Asian Folklore and Social Life Monographs, no.88, The Orient Cultural Service, Taipei, 1976.

16) Yoon Hongkey(Edited by), *Pungsu: A STUDY OF GEOMANCY IN KOREA*, SUNY PRESS, 2017. 참여한 필자(제목순)는 이도원, 김덕현, 조인철, 성종상, 강철중, 최원석, 이화, 최인실 교수 등 총 9명이다.

17) Bi Xia Chen & Yuei Nakama, "A summary of research history on Chinese Feng-shui and application of Feng-shui principles to environmental issues," 九州森林研究 57, 2004. 3, p.297.

18) Fan Wei, *Village Fengshui Principles, Chinese Landscape*, University of Hawaii Press, 1990, p.45.

19) Elizabeth Kenworthy Teather & Chun Shing Chow, "The Geographer and the Fengshui Practitioner: so close and yet so far apart?," *Australian Geographer* 31 (3), 2000, p.309.

20) Ke Tsung Han, "Traditional Chinese Site Selection-Fengshui: An Evolutionary/ Ecological Perspective," *Journal of Cultural Geography* 19(1), 2001, p.77, p.91.

21) Lawal M. Marafa, "Integrating Natural and Cultural Heritage: the advantage of fung shui landscape resources," *International Journal of Heritage Studies* 9(4), 2003, p.310.

22) Bi Xia Chen & Yuei Nakama, "A summary of research history on Chinese Feng-shui and application of Feng-shui principles to environmental issues," 九州森林研究 57, 2004, p.297.

23) E.N. Anderson, *Mountains and Water*, Oriental Cultural Service, 1973, pp. 139~143.

24) Timothy Tsu, "Geomancy and the Environment in Premodern Taiwan," *Asian Folklore Studies*, vol.56, 1997, p.66.

25) Fan Wei, *Village Fengshui Principles, Chinese Landscape*, University of Hawaii Press, 1990, p.45.

26) Ke-Tsung Han, "Traditional Chinese Site Selection-Feng Shui: An Evolutionary/ Ecological Perspective," *Journal of Cultural Geography* 19(1), pp.75~96, 2001.

27) Yuan Juanwen & Liu Jinlong, "Fengshui forest management by the Buyi ethnic minority in China," *Forest Ecology and Management* 257(10), pp.2002~2009, 2009.

28) Hu Liang & Li Zhen & Liao Wen-bo & Fan Qiang, "Values of village fengshui forest patches in biodiversity conservation in the Pearl River Delta," *Biological Conservation*. 2011, 144(5), pp.1553~1559, 2011.

29) Y.J. Ge & Y.J. Liu & A.H. Shen & X.C. Lin, "Fengshui forests conserve genetic diversity: a case study of Phoebe bournei (Hemsl.) Yang in southern China," *Genetics and molecular research: GMR* 14(1), pp.1986~2079, 2012.; Cindy Q Tang & Yongchuan Yang & Masahiko Ohsawa & Arata Momohara & Jingze Mu & Kevin Robertson, "Survival of a tertiary relict species, Liriodendron chinense (Magnoliaceae), in southern China, with special reference to village fengshui forests," *American Journal of Botany* 100(10), pp.2012~2221, 2013.; S. Li & Y. Ye & F. Wang & F. Zeng & Z. Xu, "Analyses on species composition and areal-type of "Fengshui woods"' in Guangzhou City," *EDITORIAL OFFICE OF JOURNAL OF PLANT RESOURCES AND ENVIRONMENT* 22(1), pp.102~109, 2013.

30) Chen Bixia & Coggins Chris & Minor Jesse & Zhang Yaoqi, "Fengshui forests and village landscapes in China: geographic extent, socioecological significance, and conservation prospects," *Urban Forestry & Urban Greening*, 2017.

31) Chen Bixia & Nakama Yuei, "A Feng Shui landscape and Tree Planting with explanation based on Feng Shui Diaries: A case study of Mainland Okinawa, Japan," *Worldviews: Global Religions, Culture & Ecology* 15(2), pp.168~184, 2011.

32) Chen Bixia & Nakama Yuei, "On the Establishment of Feng Shui Villages from the Perspective of Old Fukugi Trees in Okinawa, Japan," *Arboriculture & Urban Forestry* 37(1), pp.19~26, 2011.

33) Chen Bixia & Nakama Yuei & Kurima Gengi, "The Ryukyu Islands Feng Shui Village Landscape," *Worldviews: Global Religions, Culture & Ecology* 12(1), pp.25~50, 2008.

34) Yoon Hongkey, *Geomantic Relationships Between Culture and Nature in Korea*, Asian Folklore and Social Life Monographs, no.88, The Orient Cultural Service, Taipei, 1976, pp.153~154.

35) Xu, Ping, Feng-shui: A Model for Landscape Analysis, Unpublished PhD Thesis. Harvard University Graduate School of design, Abstract, 1990.

36) A.T.P. So & J.W.Z. Lu, "Natural ventilation design by computational fluid dynamics-a Feng Shui approach," *Architectural Science* 44, 61-69. Michael Y. Mak & S. Tomas Ng., 2005, pp.427~434에서 재인용.

37) Michael Y. Mak & S. Tomas Ng, "The art and science of Feng Shui-a study on architects' perception, Building and Environment," 40(3), Mar. 2005, pp.427~434.

38) Ke Tsung Han, "Traditional Chinese Site Selection-Fengshui: An Evolutionary/Ecological Perspective," *Journal of Cultural Geography* 19(1), 77, 2001, pp.93~94.

39) Oliver, Dwelling: The House Across the World, University of Texas Press, 1989, p.168.

40) Maurice Freedman, "Geomancy," Proceedings of the Royal Anthropological Institute of Great Britain and Ireland(London), 1968, p.5.

41) Sun-Kee Hong & In-Ju Song & Jianguo Wu, "Fengshui theory in urban landscape planning," *Urban ecosystems* 10(3), pp.221~237, 2006.

42) Kongjian Yu & Sisi Wang & Dihua Li, "The negative approach to urban growth planning of Beijing, China," *Journal of Environmental Planning & Management* 54(9), pp.1209~1236, 2011.

43) Madeddu Manuela & Zhang Xiaoqing, "Harmonious spaces: the influence of Feng Shui on urban form and design," *Journal of Urban Design* 22(6), pp.709~725, 2017.

44) Michael Y. Mak & S. Thomas Ng, "Feng shui: an alternative framework for complexity in design," *Architectural Engineering & Design Management* 4(2), pp.58~72, 2008.

45) Z. Zhong, & B. Ceranic, "Modern interpretation of FengShui in contemporary sustainable residential design," *WIT Transactions on Ecology and the Environment* 113, pp.47~56, 2008.

46) Ping-Teng Chang & Jung-Hua Lee & Kuo-Chen Hung & Jen-Teng Tsai & Perng Chyung, "Applying fuzzy weighted average approach to evaluate office layouts with Feng-Shui consideration," *Mathematical & Computer Modelling* 50 (9/10), pp.1514~1537, 2009.

47) Chen Wang & Hamzah Abdul-Rahman & W.T. Hong, "The application of Form School Feng Shui model in a sleep environment: human preferences and subjective sleep quality evaluation," *Architectural Engineering & Design Management* 12(6),

pp. 442~459, 2016.

48) Yifeng Wen, "Natural Philosophy and Fengshui: A Phenomenological and Ontological Thinking for Sustainable Building," *Journal of Applied Sciences* 13 (21), pp.4420~4427, 2013.

49) 皇甫 俸, 「서양문헌에 나타난 풍수의 개념」, 『대한건축학회논문집: 計劃系』 17(11), 2001. 11, 128쪽.

50) Michael Y. Mak & S. Tomas Ng, 2005의 글(pp.427~434)에 따르면, 호주 캔버라시의 디자인에 적용된 풍수원리를 설명한 것(P.R. Proudfoot, *The secret plan of Canberra*, University of NSW Press, 1994), 모스코바와 워싱턴이 기본적으로 이상적인 풍수 모델의 기준을 만족한다고 주장한 것(Yi, Lu Ding. & Hong Yong., *Geomancy and the selection of architecture placement in ancient China*, Hebei Science and Technology Press, 1996), 세계 수위 20개 주요 도시 가운데 14개가 풍수 형태학파(Form School)의 이론과 풍수의 이상적 구성요소의 모델에 들어맞는다고 한 것(M.Y. Mak, *Application of Feng Shui principles to major cities in the world*, G. Baird & W. Osterhaus, Editors, Science and Design, Victoria University of Wellington, 1998) 등이 있다고 했다. Ke Tsung Han(2001)은 풍수를 인간의 거주지 선택에 관한 현대의 진화이론과 비교·고찰하여 공간적인 형태와 물리적인 특징 면에서 많은 유사성을 지적하고, 풍수의 긴 역사와 광범위한 적용은 새로운 개념과 이론으로 도입, 검토될 가치 있는 자원이라고 했다(Ke Tsung Han, "Traditional Chinese Site Selection-Fengshui: An Evolutionary/Ecological Perspective," *Journal of Cultural Geography* 19(1), 77. 2001, pp.93~94).

51) Ke-Tsung Han, "An Empirical Approach to Feng Shui in Terms of Psychological Well-being," *Journal of Therapeutic Horticulture* 17, pp.8~19, 2006.

52) La Torre & Mary Ann, "Creating a Healing Environment," *Perspectives in Psychiatric Care* 42(4), pp.262~264, 2006.

53) Shu-Hsun Ho & Shu-Ting Chuang, "The influence of lay theories of Feng Shui on consumers' peace of mind: The role of regulatory fit," *ASIAN JOURNAL OF SOCIAL PSYCHOLOGY* 15(4), pp.304~313, 2012.

54) Charles, R. & Glover, S. & Bauchmüller, K. & Wood, D. & Bauchmüller, K., "Feng shui And Emotional Response in the Critical care Environment (FARCE) study," *Anaesthesia* 72(12), pp.1528~1531, 2017.

55) Terry G. Jordan-Bychkov · Mona Domosh · Roderick P. Neumann · Patricia L.

Price, *The Human Mosaic*, W.H. Freeman and Company, New York, 2006, p.87.

56) Yoon Hongkey, *The Culture of Fengshui in Korea: An Exploration of East Asian Geomancy*, Lexington Books, 181, 2006, p.8.

57) Lawal M. Marafa, "Integrating Natural and Cultural Heritage: the advantage of fung shui landscape resources," *International Journal of Heritage Studies* 9(4), 2003, p.310.

58) Elizabeth Kenworthy Teather & Chun Shing Chow, "The Geographer and the Fengshui Practitioner: so close and yet so far apart?," *Australian Geographer* 31 (3), 2000, p.315, p.328.

59) Xiaoxin He & Jun Luo, "FENGSHUI AND THE ENVIRONMENT OF SOUTHEAST CHINA," *Worldviews: Global Religions, Culture & Ecology* 4(3), pp.213~234, 2000.

60) Yoon Hongkey, "HUMAN MODIFICATION OF KOREAN LANDFORMS FOR GEOMANTIC PURPOSES," *Geographical Review* 101(2), pp.243~260, 2011.

61) Yoon Hongkey, *The Culture of Fengshui in Korea: An Exploration of East Asian Geomancy*, Lexington Books, 2006, p.21.

62) Juwen Zhang, *A Translation of the Ancient Chinese the Book of Burial(Znag Shu) by Guo Pu(276~324, 276~324)*, Chinese Studies vol.34, The Edwin Mellen Press, 2004, p.6.

63) Ole Bruun, "The Fengshui Resurgence in China: Conflicting Cosmologies Between State and Peasantry," *CHINA JOURNAL* 36, pp.47~65, 1996.

64) Wang Zhongqing & Lai Shihao, "Architectural Culture of Hakka Walled Villages in Gannan: A Case Study of Yanyi Wei," *Journal of Landscape Research* 9(6), pp.94~102, 2017.

65) Charles Emmons, "Hong Kong's Feng Shui: Popular Magic in a Modern Urban Setting," *Journal of Popular Culture* 26(1), pp.39~49, 1992.

66) C.M. Tam & Tony Tso & K.C. Lam, "A study of Feng Shui and its impacts on land and property developments: Case study of a village housing development in Tai Po East area," *Journal of Urban Planning & Development* 3(4), pp.185~193, 1998.

67) Elizabeth Teather, "Themes from Complex Landscapes: Chinese Cemeteries and Columbaria in Urban Hong Kong," *Australian Geographical Studies* 36(1), 1998.

68) Jeff Wang & Annamma Joy & John F. Sherry, "Creating and sustaining a culture

of hope: Feng Shui discourses and practices in Hong Kong," *Journal of Consumer Culture* 13(3), pp.241~263, 2013.

69) Erik Harms, "Neo-Geomancy and Real Estate Fever in Postreform Vietnam," *Positions* 20(2), pp.403~434, 2012.

70) Park Soyang, "Speaking with the Colonial Ghosts and Pungsu Rumour in Contemporary South Korea (1990 - 2006): The Pungsu (Feng Shui) Invasion Story Surrounding the Demolition of the Former Japanese Colonial-General Building and Iron Spikes," *Journal for Cultural Research* 16(1), pp.21~42, 2012.

71) Ryan Murphy, "Inauspicious Flames: A Feng-Shui Reading of The Spoils of Poynton," *Mosaic: A Journal for the Interdisciplinary Study of Literature* 50(4), pp.157~174, 2017.

72) "풍수숲은 지질, 기후 조건, 인간 활동의 영향 범위, 주거지 근접성 등의 상호 작용성을 지니고 수세기 동안 형성된 독특하고 인상적인 경관이다. 풍수숲이 문화유산으로 간주되는 이유는 풍수원리에 따라 지방의 주민들이 보전하는 문화적 전통이 있고, 수백 년을 거슬러 올라가는 전통적 주거지를 표현하는 한 예이며, 급격한 개발이 전혀 없는 역사적 지속성을 갖추었기 때문이다. 그리고 자연자원으로 간주되는 이유는 육지생태계 군집의 진화와 발전에서 생태적 진행 과정을 보여주며 교육, 환경인식, 생물다양성의 보존에 중요한 자연적 서 식지를 지녔을 뿐만 아니라 생태관광객들과 자연주의자들의 방문지가 될 수 있기 때문이다." 관련 내용의 출처는 Lawal M. Marafa, "Integrating Natural and Cultural Heritage: the advantage of fung shui landscape resources," *International Journal of Heritage Studies* 9(4), 2003, p.307.

우리 풍수연구의 과제와 전망

1) 윤홍기, 「왜 풍수는 중요한 연구주제인가?」, 『대한지리학회지』 36(4), 2001, 343~357쪽.

2) 박수진·최원석·이도원, 「풍수 사신사의 지형발달사적 해석」, 『문화역사지리』 26(3), 2014, 16쪽.

3) 그 성과의 하나로 최근(2017)의 대표적인 국제적 영문저술이 미국의 뉴 욕주립대학교 출판사(SUNY PRESS)에서 간행된 *Pungsu, A STUDY OF GEOMANCY IN KOREA*다.

참고자료

『풍수록』에 나타난 용인의 명당지

본문에 소개되어 있는 전문을 인용하면 아래와 같다.

① 龍駒東 走馬形 木星之水

② 葛川東五里 三龍爭珠形 大江案 水星玄水

③ A: 魚肥澗 回龍顧祖形 龍駒案

　　B: 四十五里 渴龍飮水形 土星 玉龍子

④ 邑內 卯龍 巽二節 卯入首 卯坐 丙水 辛破 來勢極好 龍 ■交屈 子
　　孫千百代出名公 道內至寶第一

⑤ 負兒山北 石城山南 艮龍卯發動 卯入首 辛酉辛卯分金 亥水 未破
　　九代出相之地 穴在路邊 人多賤奔可歎 水纏玄武 回龍顧祖 落穴
　　至妙至小 人不取之 良以此地上之上

⑥ 渴川之上 駒弘之下 草中行蛇形 酉坐 自古云云 第二等

⑦ 金梁下五里許 兌來 庚辛酉入首 巳丙水 艮破 寅水 朝堂 辛坐或
　　酉坐

⑧ 大化山下 石城之南 負兒之北 仙人舞袖形 雲中粧坮案 壬坎龍 子
　　坐午向 巨門水 貪狼破 九代將相之地 三千粉黛萬馬拍朝 水口羅

星主後御屏 可謂一等之地 後世李姓人作滅其子孫 後金姓用之
大發福二代 仲男之孫一人耳聾 艮方位石毁破幸免耳聾

⑨ A: 辛方十里 天女舞袖形 擊鼓案 俗離山太祖 光敎山中祖 瑞鳳山
小祖 巽來大龍 光敎山飜身 庚兌逆轉 十里濶布枝脚 兌作腦 兌入
首 突穴 酉坐 巽丁水 卯辰水 九曲朝堂 艮丑破

B: 西光敎 東大蝦 北拍龍 南華山 乾淸溪 坤天麻 巽負兒 艮德望
周回百里 飛燕歸巢格 文武科 甲多出 州牧將相封君之地

⑩ 東面朴達峙南 老鼠下田形 左旋 東向穴 五尺五寸 堂代富發 三代
富顯

⑪ 西南馬峙 生巳出草形 走蛙案 左旋 西向穴 四尺五寸 當代發 三
代淸顯 子孫蕃衍

⑫ 郡西 道村場南 臥牛形 積草案 左旋 西南向穴 六尺 卦榜印砂 玉
帶 各位其方 翰筆 捍門 二代始發 七代將相之地

⑬ 道峯 來龍變鶴形 西向

⑭ 南麓 半月形 三兌案 東向穴 六尺七寸 馬上貴捍門 三吉六秀 俱
二代發 五代淸顯之地 道村南羅氏

권섭의 풍수도와 논평

제시한 자료는「묘산지」와 권섭 문집에 나온 풍수도와 권섭의 논평을 요약·정리한 것이다.

『묘산』제1, 2, 3권에는 21장에 이르는 葬地의 山圖가 수록되어 있다. 여기에는 葬地의 풍수적 경관이 개념적 모식도로 그려지고, 지형의 입지적 경관을 풍수적으로 해석했으며 아울러 각 장지에 대한 권섭의 논평[感評]이 부가되어 있다.

그 밖에 권섭의 문집에는 주택 그림이 수록되어 있는데, 주택 형국도인「寒泉莊魚釣形」·「花枝莊 ■ ■」와 주택 배치도인「寒泉莊子坐午向三十五間」「花枝莊二十五間」「泉南莊辛坐乙向三十五間」「門岩洞齋菴燕巢形」등이다.

권섭의 장지 풍수 해설

권섭의 문집인『묘산』에는 총 21곳의 장지 그림[山圖]과 입지에 관한 서술과 논평이 있다.『묘산』에 나오는 순서대로 그림을 게재하고, 입지서술을 표로 요약하며, 권섭의 장지에 대한 감평을 제시했다.

① 安東 造火谷 權太師 葬地

山圖 1, 『墓山』1

• 입지

산줄기	좌향	물줄기	형국	비고
自天燈落下爲鳥骨山 艮辛酉亥行龍 爲平地大斷 丑坎作氣爲小祖 癸坎丑 艮艮丑起腦爲柳西崖先山 左落坎壬 坎亥而來爲楊柳枝 左旋右落 癸入首 鶴駕山 自鳥骨右枝而來 暗拱于乾亥 方 手下三峰 暗拱于巽巳丙方	子坐午向	右乾得左 巽得午破	玉女端坐 形 擲地金 釵穴 唐帽 案	墓下有齋 菴 權姓僧 守之

• 感評

千車萬騎合沓奔騰而來 錦幕繡障整靜安排 軍校胥僕衛護 其外乃端 重 貴人坐在中間 不知其處 孰敢闚覘

602

②廣州 淸潭上 右司諫 參判 花川君 權公 三代 葬地

山圖 2, 『墓山』 1

• 입지

산줄기	좌향	물줄기	비고
左旋 午龍 轉丙 戌乾辛兌 入首	辛坐乙向	癸庚得 乙破	在宣靖陵靑龍外 右司諫墓在下辛坐 花川君墓在上雙墳 花川元配墓又在 其上並西坐 參判墓在其右麓庚坐 墓 下奴僕居之

• 感評

  好箇士夫 不苟操持 別立門戶 自成家道 號令威儀 不與鄕里兒同 人
多稱之 曰名祖之孫不墮家

③ 安山 職串里 監察 僉知 別提 權公 三代 葬地

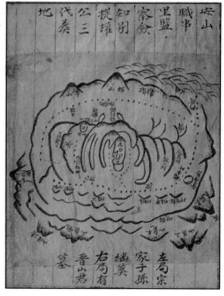

山圖 3, 『墓山』 1

• 입지

산줄기	좌향	물줄기	형국	비고
左旋丙午龍 未坤入首	坤坐艮向	乙辰得 乾破	將軍大坐形 橫弓案	監察墓在右局 僉知墓 在左局下穴 別提墓在 上穴 墓下衆子孫居之

• 感評

背水之陣 氣像整暇 不知大將爲誰 機謨如林壍千重 志量如溟海萬
里.

604

④淸風 黃江北 察訪 府使 執義 權公 三代 葬地

山圖 4, 『墓山』 1

• 입지

산줄기	좌향	물줄기	혈형	형국
雉岳右旋 自天燈逆行 亥龍 落脈 至茸巖山爲小祖 壬坎 雙行 坎入首 山上結局	子坐午向(右) 壬坐丙向(左)		雙乳穴	武公端坐形
庚入首	酉坐卯向	內水歸丁	窩穴	鳳巢抱卵形

• 感評

淸明洒落 剛个忠直 爲一代之名流

⑤ 提川 泉南 贈參判 權公 葬地

山圖 5, 『墓山』 2

• 입지

산줄기	좌향	물줄기	혈형	형국
雉岳左旋右落 坎龍壬入首	子坐午向	甲得未破	太乙穴	秋鷹蹴兎形
艮龍巽入首	巽坐乾向	坎得庚破	蛇耳穴	黃蛇聽蛙形

• 感評

如貴人端坐 雲月容與 簾幙深深 不見其處 又如眞儒守道 容儀自尊
束帛戔戔 致禮貌而便蓄

⑥ 提川 泉南 大司諫 權公 葬地

山圖 6, 『墓山』 2

・입지[1]

산줄기	좌향	물줄기	형국
左旋甲卯龍 巽一節 右落 乙一節 卯入首	乙坐辛向	壬得庚破 歸坤	先山在右隔小麓 子婦葬在左

1) 『墓山』에 地師 金碩卿이라고 附記해놓았다.

⑦ 提川 泉南 尹恭人 葬地

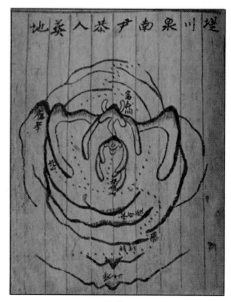

山圖 7,『墓山』 2

· 입지[2]

산줄기	좌향	물줄기	혈형	형국
左旋甲卯龍 巽一節 卯一節 卯入首	卯坐酉向	戌得 六律相生 天地交 泰 辛破 雷風相薄	鉗穴	金釵形 四重案

· 感評

如雲中仙女 飄然獨立 雅姿殊態 爲下界之 瞻望 望望不及 到頭却疑

---

2)『墓山』에 地師僧致禪이라고 附記해놓았다.

⑧ 提川 泉南 李孺人 葬地

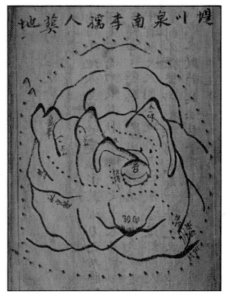

山圖 8, 『墓山』 2

• 입지

산줄기	좌향	물줄기	혈형	형국
艮龍 巳辰 巽卯 寅卯 艮巽 辰寅 卯巽 入首	巽坐乾向	坎得庚破	蛇耳穴	黃蛇聽蛙形

• 感評

安排於不意 粧點於非情 井井鬧鬧 自成家道. 入此室處 靜謐安樂 孰
謂草草之地 僅僅之成

⑨ 提川 齊飛郎山 權通德 葬地

山圖 9,『墓山』2

・입지

산줄기	좌향	물줄기	혈형	형국
左旋右落 左結寅龍 辰入首 橫騎龍	辰坐戌向	坎得午得 乾破	突穴	金鷄抱卵形 蜈蚣案 玉女端坐形 金鏡穴 粧臺案

・感評

如高士偶儻 不拘繩墨 志氣橫逸 衆莫能敵 又如神龍變化 恍惚雷曉
騰雲戲珠時 露身而矯矯

⑩ 丹陽 玉所山 百趣翁 西夫人 葬地

山圖 10, 『墓山』 2

· 입지

산줄기	좌향	물줄기	사신사	형국
小白左旋 回龍顧祖 坎入首	子坐午向	乙得 酉得 午得 乾破	前擁後衛左武右文	君臣拜朝形 上帝案

· 感評

　如名將誓衆 比干列戟 號令嚴整 悍卒慴伏 又如相府潭潭 駿奔百僚執笏正色 待上帝之臨朝

⑪ 權時應 葬地

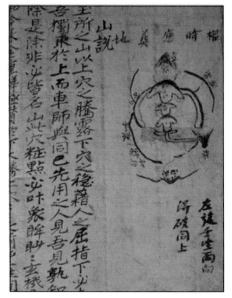

山圖 11, 『墓山』 2

・입지

左旋 壬坐丙向 得破同上

612

⑫ 淸風 白雲洞 李孺人 葬地

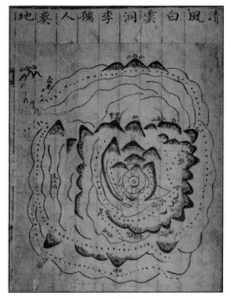

山圖 12, 『墓山』 2

·입지

산줄기	좌향	물줄기	형국
左旋右落 癸入首	丑坐未向	巽甲得 未合 申破外向坤	大阪水田中 金龜下泥形

·感評

　　自是威武 家世挺出 俊偉人物 胸藏韜略 身處穩籍 以待千兵萬馬 傲
志輕踏 乃軀來後隊 旗鼓出 奇擢拉衆 皆披靡慴伏 不敢■■ 玉所之山
雖若少遜 其正大儀容 忠良志節 又何當之

⑬ 葬地名 未詳

山圖 13, 『墓山』2

· 입지

산줄기	좌향	물줄기	형국
白雲洞左旋 望德峰爲中祖 右落 坎癸 搖鈴峰爲小祖 艮落 壬亥艮 轉換胎息 壬坎入首	子坐午向	甲卯得 丙得 辛得 未破	垂絲下釣形

⑭ 淸風 白雲洞 權得中 葬地

山圖 14, 『墓山』 2

• 입지

산줄기	좌향	물줄기	형국
左旋右落 丑入首	艮坐坤向	寅得 坤破	金釵形 玉廠案

• 感評

七寶粧成 簾幌深深 非人間之窈窕 女根千宮圍繞 萬騎衛護 孰敢容
易瞻望

⑮ 黃江 寒泉 揚山 孫男女 四塚

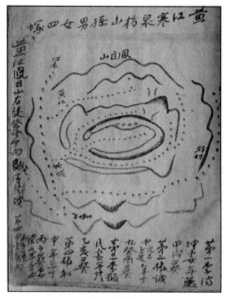

山圖 15, 『墓山』 2

• 입지

未詳

⑯ 聞慶 花枝洞 韓孺人 葬地

山圖 16, 『墓山』 2

• 입지

산줄기	좌향	물줄가	형국
黛眉左旋 冠南右旋 花枝平岡 左旋右落 壬龍 丑艮入首	艮坐坤向	巽丙得 酉破 庚得 庚破(外水)	枯木生芽吐華形 銀河案 臥牛形積草案(自喝)

• 感評

老樹開花 春氣盎 如倦牛吃草 秋功油然 甫言吾評 不在强辯 各有攸取 共喜其眞

⑰ 忠州 東谷 寒水先生 葬地

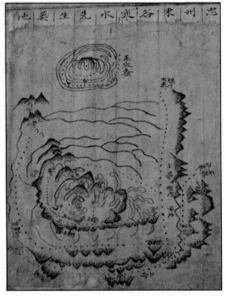

山圖 17, 『墓山』 3

• 입지

산줄기	좌향	물줄기	비고
左旋 庚兌艮坎轉換 坎入首	癸坐丁向	甲得 丙破	正穴在左茅二麓
丑入首	子坐午向	辛得 巳得 丙破	未用圖在上

• 感評

凝嚴端重 魁偉 爽豁 倚倚 萬民之具瞻

618

⑱ 錦山 杜谷 判書 權公 葬地

山圖 18, 『墓山』 3

• 입지

산줄기	좌향	형국
左旋右落 辛乾辛坤乾坎乾辛戌辛兌辛戌庚辛乾辛入首	申坐乙向	將軍大坐形

• 感評

神智之將 安閑排營 閫以外事 天子高枕

⑲ 楊州 陶山 李相國 葬地

山圖 19, 『墓山』 3

· 입지

산줄기	좌향	물줄기	형국	비고
左旋右落	卯坐酉向	乙得 破酉	畵閣藏珠形	圓珠坪平板大突石間土穴

· 感評

珠藏澤媚 玉韞山輝 良工過而睨之 乃知爲天下絶寶

⑳ 洪州 元堂 黃氏婦 權孺人 葬地

山圖 20, 『墓山』3

• 입지

산줄기	좌향	물줄기
右旋艮龍 丑入首	艮坐坤向	辰得戌破

㉑ 忠州 大峙 大寺洞 安慶 鄭公 葬地

山圖 21, 『墓山』3

・입지

산줄기	좌향	물줄기
左旋 戌龍 轉于庚	庚坐甲向	巽得 巳破 大江見于艮

・感評

穩藉從容 不求赫赫之稱 自以名祖之孫 乃處安靖之室 孰復敢曰 端
士也

622

권섭의 住宅圖

　권섭 문집에는 주택 형국도인 「寒泉莊魚釣形」 「花枝莊 ■ ■」와 주택 배치도인 「寒泉莊子坐午向三十五間」 「花枝莊二十五間」 「泉南莊辛坐乙向三十五間」 「門岩洞齋菴燕巢形」 등 그림이 6점 있다. 여기에는 주택의 형국과 배치 등 간단한 정보만을 그렸다.

① 「寒泉莊魚釣形」및 「寒泉莊子坐午向三十五間」

住宅圖 1-1

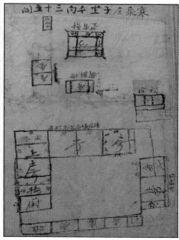

住宅圖 1-2

② 「花枝莊」및 「花枝莊二十五間」

住宅圖 2-1

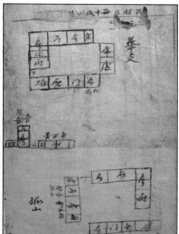

住宅圖 2-2

③「泉南莊辛坐乙向三十五間」

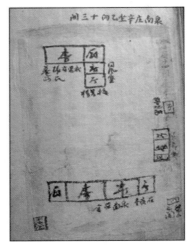

住宅圖 3

④門岩洞 齋菴 燕巢形

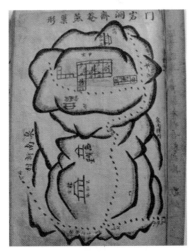

住宅圖 4

표 35 지리산권역 마을의 풍수비보 개황

소재지	형태	위치	풍수 기능	비보경관 조성 유래	현존 유무	출처
하동군 금남면 덕천리 덕포	못	목거리	화재 방비	화재를 막으려고 못을 팠는데 지금은 메웠다.	없음	금남 면지
하동군 양보면 운암리 수척	숲	마을 앞	보허 방풍	마을 맞은편에서 보면 와우산 기슭의 마을에 나무숲으로 울타리를 막은 것이 와우산 허리에다 울타리 띠를 매어놓은 것 같은 형국이다.	있음	하동군 지명지
하동군 북천면 직전리 서나무거리	숲	마을 동 쪽 옆	흉상 차폐 방풍	직전리 동쪽 옆에 시내를 양쪽으로 하여 소나무숲(250년 전후로 추정)이 있다. 동네의 동북쪽 산기슭에 송장바위와 동네 뒤쪽에 생이바위(상여바위)가 서로 쳐다보면 동네에 액운이 생긴다 하여 조성된 숲이라 한다.	있음	하동군 지명지
하동군 옥종면 종화리 종화	못	마을 앞	화재 방비	마을이름이 예전에 동화(冬火)였는데, 지형이 오행상으로 보면 화기가 바치어 불이 자주 일어난다 하여 마을 앞에 조그마한 못을 파서 이를 치방했다. 1996년 이를 메워 마을 공동 주차장으로 사용하고 있다.	없음	하동군 지명지
하동군 옥종면 북방리 불무	숲	마을 입구	방풍	신촌 앞 북방 입구에 오래된 숲이 있었다. 전설에 따르면 신촌동구에 숲을 세워야 마을이 오래 간다 하여 숲을 세웠다 한다. 지금은 성씨재실 부근에 나무가 몇 그루 남아 있다.	잔존	하동군 지명지
하동군 화개면 대성리 의신	솟대 (돛대)	마을 입구	형국 보완	의신마을은 행주형으로서 배에는 돛대가 필요하다고 해서 짐대(솟대)를 조성해왔다. 짐대의 위치는 마을 옛길의 입구에 있다.	있음	한국의 풍수와 비보
하동군 적량면 동리 동촌	조형물	기름 재봉	화재 방비	동촌 뒷산 절골의 스님이 큰 바위로 거북이 한 쌍을 만들어 기름장보 밑에 묻으면 불이 나지 않는다고 하여 삼화골 내 사람들이 거북이 한 쌍을 만들어 묻었더니 불이 나지 않았다고 한다.		적량 면지
하동군 화개면 범왕리 범왕	돌탑	마을 입구의 수구 합수처 (合水處)	수구 막이	산간의 경사지에 마을이 입지했기에 마을 앞으로 지형이 저함(低陷)하다. 100여 년 전에 어느 도사가 마을터를 보더니 다 좋은데 앞이 빠져버렸다[低陷]하여 돌탑을 조성했는데, 주민들은 재물이 빠져나가는 것을 방지하는 돌탑으로 인식하고 있다. 돌탑이 있는 곳을 탑거리라고 한다. 돌탑의 형태는 성벽 모양으로 밑변 7미터, 높이 5미터다.	있음	한국의 풍수와 비보

소재지	형태	위치	풍수 기능	비보경관 조성 유래	현존 유무	출처
남원시 대강면 송대리 송내	조산		수구 막이	송내에는 '마을의 물'(水, 재물)이 빠져나가는 것을 막는다는 수구막이 역할을 하는 돌탑 두 개가 있었다.	멸실	한국향토 문화전 자대전
남원시 대강면 평촌리 평촌	돌탑	마을 동편과 서편	수구 막이 형국 비보	마을이 개구리 명당인데 뱀혈인 앞산이 마을을 향하여 있으므로 개구리(마을)를 보호하려고 조성했다. 마을 앞에다 소나무를 심고 입석을 세움으로써 뱀이 들어오지 못하게 하는 수호신으로 삼았다고 한다. 특히 마을이 밖으로 노출되면 불길하다고 하여 수구막이로 동탑과 서탑을 세웠다.	있음	한국향토 문화전 자대전
남원시 수지면 유암리 갈촌	숲	마을 앞	보허	1400년대에 진주소씨가 정착했다. 마을 앞이 보이면 가난을 면치 못하니 막이를 하여야 한다는 풍수설에 따라 1820년경에 마을 앞에 참나무숲을 조성했다고 한다.		남원지방의 풍수설화 연구
남원시 운봉읍 장교리 연동	조산	마을 앞	보허	연동리는 마을 주위가 산으로 둘러싸여 있으며 마을 앞 논에는 흙 봉분이 있는데 마을의 재난을 막고 행운을 기원한다는 뜻으로 만든 비보시설이다.	있음	한국향토 문화전 자대전
남원시 운봉읍 행정리	숲	마을 북편	보허 형국 보완 방풍	마을이 자리 잡은 지 얼마 되지 않은 어느 해, 한 스님이 북쪽이 허하니 마을 북쪽에 돌성을 쌓거나 나무를 심어 보완하란 말을 남기고 총총히 사라졌다. 그 뒤 한동안 해마다 병이 돌고 수해를 입는 등 재난이 끊이지 않자 지금의 자리에 숲을 가꾸었다. 조성된 서어나무숲이 180여 년 됐다. 배형국의 돛대라는 설명도 있다.	있음	
남원시 보절면 괴양리 괴양	의례		형국 진압	지네밟기는 양촌마을 뒷산인 계룡산에 영계옥정(靈鷄玉井)혈의 명당이 있는데, 음촌의 날줄기가 지네혈로 계룡산을 넘보고 있어 이 지네의 혈기를 죽이기 위해 시작되었다.		한국향토 문화전 자대전
남원시 아영면 갈계리 갈계	돌탑		보허	외부에서 마을이 보이면 재앙이 따른다고 하여 조탑도 세웠는데, 마을 사람들은 이 조탑과 당산이 재앙을 방지한다고 믿고 있다. 마을이 동서로 나뉘어 있으나 당산제는 함께 지낸다.		한국향토 문화전 자대전
산청군 신등면 단계리 단계	석불 솟대 (돛대)	강 옆 마을 안	형국 보완	15세기 말 안동권씨가 입향했다. 마을은 듬미산을 등지고 앞내 사이에 길게 배치되어 있으며 행주형으로 재화를 가득 실은 배의 모습과 같다고 한다. 배형국에 사공 역할의 상징성을 띠는 돌부처(석조좌불상)가 강 옆에 있었는데 수해(1920) 때 떠내려간 것을 현재 위치한 마을 안쪽에 옮겨놓았고, 돛대 두 개가 남북에 각각 한 개씩 있었다. 돛대는 목각한 기러기를 나무장대 위에 세워놓은 것인데 없어졌다고 한다.	없음	한국의 풍수와 비보

소재지	형태	위치	풍수 기능	비보경관 조성 유래	현존 유무	출처
산청읍 묵곡	돛대	마을 중심부	형국 보완	바라보이는 경호강은 대해이고 마을 안산 도혈(道血)은 계주(繫舟, 배)혈이라 하여 중심부에 돛대를 세웠는데 새마을사업으로 돛대의 흔적이 없어졌다.	없음	산청군 지명고
산청군 단성면 배양	숲	마을 구릉	흉상 차폐	마을의 능구(陵丘)에는 수백 년 된 노송이 앞산의 험준함을 막고 있었는데, 풍수설에 따른 조치였다.	없음	산청군 지명고
구례군 마산면 황전리 황전	돌탑	마을 당산 앞	형국 보완	지리산의 정기가 마을 밖으로 흐르지 못하도록 하는 뜻을 담은 돌탑이며 배형국인 마을의 돛대를 상징하는 돛(솟대)을 세웠다.	移建	구례 군지
구례군 산동면 좌사리 원좌	돌탑	마을 왼쪽 산줄기 끝	보허	풍수상 마을의 허전한 곳을 보충해주고 지기가 밖으로 나가지 못하게 막아주며 전염병을 퍼뜨린 역신이 들지 못하도록 세운 벽사탑이다.	있음	구례 군지

表 36 **도선 관련 사찰 개황**(전남/전북/경남/경북/충청/서울/경기/북한/기타. 시군 명 가나다순)

사찰명	현 소재지	관련 사실	문헌 출처와 편찬연대	비고
전남/ 강진 월출산 무위사	성전면 월하리	창건설(1036) 중창설(875)	『신증동국여지승람』(1530) 「무위사사적기」(1739)	
강진 천태산 정수사	대구면 용운리	창건·주석설 창건설(805)	「도선국사실록」(1743), 「정수사사적기」(18세 기 후반~19세기 전반) 『강진군지』「사찰」(1923)	
고흥 천등산 금탑사	포두면 봉림리	도선의 비보 33사	「원주치악산구룡사사적」	
곡성 동락산 도림사	곡성읍 월봉리	중창설	구전	암각 (도선국사 道詵國師) 있음
곡성 동리산 태안사	죽곡면 원달리	수학·수도	「백계산옥룡사증시선각 국사비명」(1150)	
광양 백계산 옥룡사	옥룡면 추산리	주석 도선의 비보 33사	「백계산옥룡사증시선각 국사비명」(1150) 「원주치악산구룡사사적」	
광양 백계산 운암사(지)	옥룡면 추산리 (추정)	창건 비보삼암사	「백계산옥룡사증시선각 국사비명」(1150) 「영봉산용암사중창기」(13세 기 후반~14세기 전반)	
광양 백운산 성불사	봉강면 조령리	창건설	구전	고려시대 기와조각 출토
광양 백계산 중흥사	옥룡면 운평리	창건설	구전(『불교사원지』하, 1998)	9세기 삼층석탑 있음
광양 백계산 용문사	옥룡면 동곡리	창건설	구전(사전)	
광양 백운산 상백운암· 하백운암	옥룡면 동곡리	창건설	구전(사전)	하백운암 (지금의 백운사)
광양 백운산 송천사지	옥룡면 동곡리	창건설	「백운산송천사선각국사비명병서」 (17세기 후반~18세기 전반)	
광양 백운산 옥천사지	옥곡면 대곡리	창건설	구전(『불교사원지』하, 1998)	
광양 백운산 용곡사지	옥곡면 대죽리	창건설	구전(『불교사원지』하, 1998)	
광양 백운산 왕사암지	다압면 금천리	창건설	구전(『불교사원지』하, 1998)	
광양 백운산 황룡사지	진상면 황죽리	창건설	구전(『불교사원지』하, 1998)	

사찰명	현 소재지	관련 사실	문헌 출처와 편찬연대	비고
구례 삼국사	장소미상	창건	「백계산옥룡사증시선각국사비명」(1150)	
구례 도선사	장소미상	창건	「백계산옥룡사증시선각국사비명」(1150)	
구례 오산 사성암	문척면 죽마리	천하지리 그린 곳 천하지리 통달한 곳 산천 그리고 석벽 조각	『신증동국여지승람』(1530) 「화엄사사적」(1697) 「봉성지」(1800)	전(傳) 도선굴 있음. 전 도선 조성 마애여래입상
구례 지리산 연곡사	토지면 내동리	창건설	「도선국사실록」(1743)	도선승탑과 도선모부도설(『동사열전』, 1894)
구례 지리산 화엄사	마산면 황전리	주석설 창건설 중창, 수도설 도선의 비보 33사	「화엄사사적」(1697) 「도선국사실록」(1743) 「봉성지」(1800) 「원주치악산구룡사사적」	전 도선굴 (반야봉 위)
구례 지리산 백련사지	구례읍 산성리		「봉성지」(1800)	
나주 덕룡산 운흥사	다도면 암정리	창건설	「도선국사실록」(1743)	
나주 덕룡산 불회사	다도면 마산리	창건설	「도선국사실록」(1743)	
나주 덕룡산 일봉암	마산면 덕룡산 (장소미상)	창건설	「일봉암기」(1737)	
나주 금성산 심향사	나주시 대호동	중창설	『나주지리지』(1989)	
담양 법운산 옥천사	대덕면 문학리	창건설	「호남담양법운산옥천사사적」(17세기 후반)	
순천 지리산 향림사	순천시 석현동	주석설	「향림사중수기」(1853)	
순천 운동산 도선암	상사면 비촌리	창건설	「조계산선암사사적」(1704) 「승평부남도선암중창기」(1838) 「운동산도선암중창기」(1849)	
순천 조계산 선암사	쌍암면 죽학리	비보삼암사 창건설	「영봉산용암사중창기」(13세기 후반~14세기 전반) 「조계산선암사사적」(1704)	전 삼인당 조성설 전 도선사용 직인통 1 철불, 2 보탑, 3 부도 조성설
순천 조계산 송광사	송광면 신평리	도선의 비보 33사	「원주치악산구룡사사적」	

사찰명	현 소재지	관련 사실	문헌 출처와 편찬연대	비고
영암 월출산 도갑사	군서면 도갑리	주석설 창건설 주석설 도선의 비보 33사	『신증동국여지승람』(1530) 「월출산도갑사도선국사수미대선사비명」(1653) 「도선국사실록」(1743) 「원주치악산구룡사사적」	불주, 가사, 포단, 철학, 국장생, 황장생 조성설(『성해응, 동국명산기』)
영암 은적산 옥룡암지	서호면 청룡리	창건설	구전(『불교사원지』하, 1998)	
장성 백양산 정토사	북하면 약수리	도선의 비보 33사	「원주치악산구룡사사적」	
장흥 천관산 천관사	관산읍 농암리	도선의 비보 33사	「원주치악산구룡사사적」	
진도 첨찰산 쌍계사	의신면 사천리	창건설	구전	
해남 두륜산 대둔사	삼산면 구림리	창건설(875) 중창설	「대둔사지」(1823) 「대둔사지약기」(19세기 전반)	
해남 금강산 은적사	마산면 장촌리	창건설	「은적암삼중창기」(1793) 「해남은적사사적」(1883)	고려 초기 철조비로자나 불좌상 있음
화순 무등산 규봉암	이서면 영평리	주석설	『신증동국여지승람』(1530)	인근에 전 도선굴 있음
화순 모후산 유마사	남면 유마리	중창설	구전	
화순 용암산 용암사지	춘양면 우봉리	창건설(877)	구전(『화순군사』, 1993)	
화순 천불산 운주사	도암면 대초리	창건설	「도선국사실록」(1743)	
화순 천태산 개천사	춘양면 가동리	창건설	「도선국사실록」(1743) 「개천사중수상량문」「개천사중건서」	
전북/ 남원 만행산 선원사	도통동	창건설	「용성지」(1699) 「도선국사실록」(1743)	
남원 기린산 만복사지	왕정동	창건설	「용성지」(1699) 「도선국사실록」(1743)	
남원 장벌산 용담사	주천면 용담리	창건설	구전(『불교사원지』하, 1998)	
남원 기린산 파근사지	주천면 용궁리		구전	
남원 신계리 마애좌상	대산면 신계리	조성설	구전	
남원 신계리 미륵암지	노암동	창건설	구전	고려시대 석불 있음
남원 신계리 호성암	사매면 서도리	택지설	구전	고려마애여래좌상 있음

사찰명	현 소재지	관련 사실	문헌 출처와 편찬연대	비고
순창 광덕산 강천사	팔덕면 청계리	창건설, 중창설	「도선국사실록」(1743)	
완주 대둔산 안심사	운주면 완창리	중창설(875)	「안심사사적비문」(1759)	
완주 만덕산 정수사	완주군 상관면	창건설(889)	구전(『불교사원지』하, 1998)	
완주 청량산 원등암	소양면 해월리	중창설	구전(『한국불교사학대사전』상, 1991)	
임실 성수산 상이암	성수면 성수리	창건설	구전(『임실군사』, 1977)	
임실 정각산 하이암지	신덕면 조월리 (장소미상)	창건설	구전(『임실군사』, 1977)	
경남/ 진주 여항산 성전암	이반성면 장안리	창건설	구전(사전)(『한국민족문화대백과』, 2010)	
진주 영봉산 용암사지	이반성면 용암리	창건설 비보삼암사	「영봉산용암사중창기」(13세기 후반~14세기 전반)	
진주 월아산 청곡사	금산면 갈전리	창건설(878)	구전(『진주군 사찰 청곡사』, 1991)	신라양식 3층 석탑 있음
진주 월아산 두방사	문산읍 상문리	창건설	구전(디지털진주문화대전)	고려 석탑 있음
사천 봉명산 다솔사	곤명면 용산리	중창설	「다솔사중건비문」(1704) 「곤양군북지리산영악사중건비」(1719)	
양산 영축산 통도사	하북면 지산리	도선의 비보 33사	「원주치악산구룡사사적」	
함양 월유산 화엄사	장소미상	출가사찰	「백계산옥룡사증시선각국사비명」(1150)	
함양 지리산 미점사	장소미상	창건	「백계산옥룡사증시선각국사비명」(1150)	지리산 구령 소재
함양 월유산 현갑사	장소미상	법손계 사찰	「백계산옥룡사증시선각국사비명」(1150)	
합천 가야산 해인사	가야면 치인리	도선의 비보 33사	「원주치악산구룡사사적」	
경북/ 구미 일선산 도리사	해평면 송곡리	도선의 비보 33사	「원주치악산구룡사사적」	
구미 금오산 도선굴	남통동	수행지설	『세종실록지리지』(1454) 『신증동국여지승람』(1530)	
김천 쌍계사지	증산면 유성리	창건설	「금릉군불령산청암사적비명병서」	
김천 수도산 수도사	증산면 수도리	창건설	「금릉군불령산청암사적비명병서」	창주도선국사 비석 있음

632

사찰명	현 소재지	관련 사실	문헌 출처와 편찬연대	비고
김천 불령산 청암사	증산면 평촌리	창건설	「금릉군불령산청암사적비명병서」	
문경 희양산 봉암사	문경읍 가은리	도선의 비보 33사	「원주치악산구룡사사적」	
안동 천등산 봉정사	서후면 태장리	도선의 비보 33사	「원주치악산구룡사사적」	
안동 태화산 운대사	태화동	창건설	구전(『안동 향토지』, 1983)	
안동 화산 법룡사	당북동	창건설	구전(『한국불교사학대사전』 상, 1991)	
영주 소백산 부석사	부석면 북지리	도선의 비보 33사	「원주치악산구룡사사적」	
예천 용문산 용문사	용문면 신점리	도선의 비보 33사	「원주치악산구룡사사적」	
의성 등운산 고운사	단촌면 구계리		「고운사사적기」(1729)	
포항 비학산 법광사	신광면 상읍리	도선의 비보 33사	「원주치악산구룡사사적」	
충청/ 공주 계룡산 갑사	계룡면 중장리	도선의 비보 33사	「원주치악산구룡사사적」	
공주 계룡산 동학사	반포면 학봉리	중창설	구전(『한국민족문화대백과』, 2010)	
공주 계룡산 신원사	계룡시 양화리	창건설(940)	「계룡산동학사사적」(1929)	
공주 태화산 마곡사	사곡면 운암리	중창설	「공산지」(1859)	
당진 상왕산 영탑사	면천면 성하리	창건설	「태화산마곡사사적입안」(1851)	
보은 속리산 법주사	속리산면 사내리	도선의 비보 33사	「원주치악산구룡사사적」	
아산 봉수산 봉곡사	송악면 유곡리	창건설	「봉곡사연혁지」	
천안 태조산 성불사	안서동	창건설	구전(『한국불교사학대사전』 상, 1991)	
홍성 청룡산 고산사	결성면 무량리	창건설	구전(『홍성군지』, 1990)	
서울/ 서울 관악산 관음사	남현동	창건설, 주석설	「봉은사본말사지」	
서울 도봉산 원통사	도봉동	창건설(863)	「봉은사본말사지」	

사찰명	현 소재지	관련 사실	문헌 출처와 편찬연대	비고
서울 삼각산 도선사	우이동	창건설, 주석설	「법당기문」(1904)「대방중창기」(1904)	
서울 삼각산 승가사	구기동	도선의 비보 33사	「원주치악산구룡사사적」	
경기/ 가평 운악산 현등사	하면 하 관리	중창설	「운악산현등사사적」(1772)	도선국사지 진탑 있음
가평 봉미산 청룡사	청평면 청평리	창건설	「봉미산 청룡사기」(17세 기 후반~18세기 전반)	
고양 삼각산 중흥사지	덕양구 북한동	도선의 비보 33사	「원주치악산구룡사사적」	
남양주 천보산 불암사	별내동	창건설	「불암사사적비」(1731)	
안성 칠현산 칠장사	죽산면 칠장리	도선의 비보 33사	「원주치악산구룡사사적」	
안양 삼성산 삼막사	석수동	창건설	「삼성산삼막사사적」(1771)	
양주 불곡산 백화암	주내면 유양동	창건설	「봉선사본말사지」	
양주 천보산 회암사	회암동	도선의 비보 33사	「원주치악산구룡사사적」	
양평 용문산 상원사	용문면 연수리	도선의 비보 33사	「원주치악산구룡사사적」	
양평 용문면 용문사	용문면 신점리	도선의 비보 33사	「원주치악산구룡사사적」	
용인 성륜산 용덕사	이동면 묵리	중창설	「용인군성륜산굴암용덕 암창건기」(1792) 「용덕사중수기」(1914)	
파주 고령산 보광사	광탄면 영장리	창건설 도선의 비보 33사	「보광사보종명」(1634) 「원주치악산구룡사사적」	
포천 백운산 흥룡사	이동면 도평리	창건설	「백운산백운사중수기」(17세기) 「백운산내원사사적」(1706)	도선 부도 있었음 (「백운산수기」, 1668)
강원/ 고성 금강산 건봉사	거진읍 냉천리	중창설	「건봉사급건봉사말사사적」(1928)	
동해 두타산 대승암	장소미상	주석설	구전(『한국불교사학대사전』 상, 1991)	
삼척 태백산 영은사	근덕면 궁촌리	창건설	「범우고」(1799)	
양구 도솔산 심곡사지	동면 팔랑리	창건설(879)	「두률산내원암기」(1628)	

사찰명	현 소재지	관련 사실	문헌 출처와 편찬연대	비고
원주 치악산 구룡사	소초면 학곡리	도선의 비보 33사	「원주치악산구룡사사적」	
철원 화개산 도피안사	동송읍 관우리	창건설(865)	「철원군화개산도피안사사적」 「조상기」(19세기) 「진봉산옥천사연혁」	주불, 삼 층석탑 조성설
북한/ 개풍 진봉산 도선사	개풍군	창건설(865)	「도선암지」(『전등사본말사지』, 1942)	
진봉산 옥천사		창건설(865)	「옥천사지」(『전등사본말사지』, 1942) 「개풍군진봉산옥천사연혁」	
천성산 성불사	사리원	창건설	『조선사찰사료』 하	
설봉산 석왕사	안변	도선의 비보 33사	「원주치악산구룡사사적」	
연기사	흥덕	창건설	「도선국사실록」(1743)	
장단산 화장사	문화	도선의 비보 33사	「원주치악산구룡사사적」	
구월산 월정사		도선의 비보 33사	「원주치악산구룡사사적」	
흥률산 패엽사		도선의 비보 33사	「원주치악산구룡사사적」	
북송산 신광사		도선의 비보 33사	「원주치악산구룡사사적」	
풍악산 표훈사		도선의 비보 33사	「원주치악산구룡사사적」	
풍악산 장안사		도선의 비보 33사	「원주치악산구룡사사적」	
금강산 유점사		도선의 비보 33사	「원주치악산구룡사사적」	
기타/ 와룡산 용천사	장소미상	창건설	「와룡산용천사비명」	

표 37 도선 관련 저술 개황(조선 후기 이후)

문헌(표제)명	간행연도/편자	판형	내용	유형 분류	소장처
옥룡자유산가	미상	필사본/국한문혼용	명당 찾는 방법과 실지 적용 이론	가사	한국가사 문학관
옥룡자해산리 작목동가	미상	필사본/국한문혼용	명당 찾는 방법과 실지 적용 이론	가사	한국가사 문학관
『산가유결』 중 옥룡자이기론	미상	필사본/국한문혼용	명당 찾는 방법과 실지 적용 이론		한국가사 문학관
옥룡자유산록	미상	필사본	호남 51개 고을의 명혈 감평	가사/답사기	한중연 장서각, 국립중앙 도서관
국사옥룡자답산가	미상	필사본/국한문혼용	호남 47개 고을의 명혈 감평	가사/답사기	한국가사 문학관
국사옥룡자 유세비록	미상	필사본/국한문혼용	명혈 답사 감평	가사/답사기	한국가사 문학관
도선답산가	미상	필사본	명혈 답사 감평	답사기	한중연 장서각, 국립중앙 도서관
전라도명당답 사지리지	미상	필사본	명혈 답사 감평	답사기	조선대 중앙도서관
무감편	1721/정두만	필사본	명당 찾는 방법과 실지 적용 이론	풍수 도참비결	한중연 장서각, 국립중앙 도서관
옥룡자결	미상	필사본	명당 찾는 방법과 실지 적용 이론	풍수 도참비결	일본 덴리대학교
국사옥룡자발	미상		명당 찾는 방법과 실지 적용 이론	풍수 도참비결	국립중앙 도서관
옥룡자산천결도	미상	필사본		풍수 도참비결	국립중앙 도서관
『정감록』 중 도선비결, 도선여사 정씨오백년, 옥룡자 십승지비결, 옥룡결, 도선비결, 옥룡자기, 낭선결 중 옥룡 자시, 옥용자청 학동결, 도선왈	미상	필사영인본	도참예언	풍수 도참비결	
『기미록』 중 옥룡자장	미상	필사영인본	도참예언	풍수 도참비결	전남대학교 도서관
『조선비결전집』 중 옥용자시, 옥용자청 학동결, 도선비결	1966/미상	등사본	도참예언	풍수 도참비결	고려대학교 도서관 경상대학교 문천각
『비결집록』 중 도 선비결, 옥룡자기	미상	필사본	도참예언	풍수 도참비결	서울대학교 규장각

문헌(표제)명	간행연도/ 편자	판형	내용	유형 분류	소장처
『요람』 중 도선비 결, 옥룡자문답	미상	필사본	도참예언	풍수 도참비결	서울대학교 규장각
『산수론』 중 함양 옥룡자비기청학 동, 옥룡자문답	미상	필사본	도참예언	풍수 도참비결	서울대학교 규장각
해동보결	미상	필사본	도참예언	풍수 도참비결	한중연 장서각
『지리전도』 중 국 사옥룡자발, 도 선점혈법	1825년 이후	필사영인본	도선-무학 전도 명당 찾는 방법과 실지 적용 이론		서울대학교 규장각
『지도전』 중 국사옥룡자발, 옥 룡선생해팔괘 구궁도수지법	1900	필사본			전남대학교 도서관
옥룡자전서	1931	필사본			계명대 동산도서관
음양진결	미상	필사본		풍수 도참비결	전남대학교 도서관
옥룡자보감	미상	필사본			충남대학교 도서관
『상법총단』 중 옥 룡자마상가	미상	필사본			전남대학교 도서관
현묘경	미상	필사본			전남대학교 도서관
동사심전	미상	필사본			전남대학교 도서관
산수집	미상	필사본			전남대학교 도서관
지리정선	미상	필사본			전남대학교 도서관
지학정선	898?	필사본			전남대학교 도서관
도강구전	미상	필사본			전남대학교 도서관
국사도선입당 전도본기	미상	필사본			전북대학교 도서관
도선지리서	미상	필사본			성암 고서박물관
『한국지리총론』 중 옥룡자경세록	미상	필사영인본			

표 38 경상도 읍치의 입지 시기와 풍수

읍치명	입지 시기	자연적 풍수입지	자연인문 입지도 종합	지형적 입지	지리적 입지	현위치
함양	1380	○	○+2	배산평지	내륙	함양군 함양읍 상리, 하리
영일 (장흥동 구읍)	1389	△	△+0	일반평지	해안	포항시 장흥동
하동(고하리)	1417년경	○	○+1	산복	내륙	고전면 고하리 성안마을
기장	1421	□	□+1	구릉지	해안	부산광역시 기장읍 동부리
비안	1421	□	□+2	산기슭	내륙	의성군 비안면 동 부리, 서부리
거제 (사등성 고읍)	1423	△	△+0	배산평지	해안	거제시 사등면 사등리
영천	1424년 무렵	□	□+3	산기슭	내륙	영천시 창구동
안의	1425	○	○+1	산기슭	내륙	안의면 당본리, 금천리
울산	1426	□	□+4	산기슭	해안	울산광역시 중구 북 정동, 성남동
거제 (고현성 구읍)	1432	□	□+2	산기슭	해안	거제시 신현읍 고현리
곤양	1437(추정)	○	○+1	산기슭	해안	사천시 곤양면 성내리
남해(신읍)	1439	□	□+2	배산평지	해안	남해군 남해읍 남변 리, 서변리, 북변리
영일 (남성리 구읍)	1439	□	□+1	산기슭	해안	포항시 대송면 남성리
사천	1442~45	○	○+1	산기슭	해안	사천시 정의리, 선인리
동래	1446	○	○+3	산기슭	해안	동래구 안락1동
자인 (신관리 구읍)	1637	○	○+1	배산평지	내륙	자인면 신관리 관상동
거제 (거제면 신읍)	1663	○	○+2	배산평지	해안	거제시 거제면 동 상리, 서상리
하양(신읍)	1679	○	○+1	산기슭	내륙	경산시 하양읍 교리, 금락리
영양	1682	○	○+3	산기슭	내륙	영양군 영양읍 서부리
자인 (원당리 구읍)	1727	□	□+1	산기슭	내륙	자인면 원당리 원당
하동(신읍)	1730	○	○+1	산기슭	내륙	하동군 하동읍 읍내리
단성 (성내리 신읍)	1731	○	○+1	산기슭	내륙	산청군 단성면 성내리
영일 (장흥동 구읍)	1747	△	△+0	일반평지	해안	포항시 장흥동
자인 (북사리 신읍)	1759	○	○+1	배산평지	내륙	경산시 자인면 북상리
칠곡(신읍)	1819	○	○+1	산기슭	내륙	대구광역시 북구 읍내동

읍치명	입지 시기	자연적 풍수입지	자연인문 입지도 종합	지형적 입지	지리적 입지	현위치
용궁(신읍)	1857	□	□+1	배산평지	내륙	용궁면 읍부리
영일 (생지리 구읍)	1866	△	△+1	일반평지	해안	영일읍 생지리
영일 (대잠동 구읍)	1871	○	○+1	산기슭	해안	포항시 대잠동
영일 (생지리 구읍)	1886	△	△+1	일반평지	해안	영일읍 생지리
진보 광덕리	1872년 이후	○	○+1	배산평지	내륙	진보면 광덕리

표 39 경남 읍치의 풍수적 입지분석

읍치명		자연적 풍수입지				인문적 풍수경관						입지도 종합	고을경관의 풍수적 특징과 비고
		산줄기	장풍	득수	입지도	장소	비보	형승	지명	풍속	입지도		
거제	사등성				△						0	△	주산 산줄기가 불확실, 해안 평지 입지, 북향 국면
	고현성				□						2	□+2	지명주산-계룡산, 배후의 주산 뚜렷, 북향 국면
	거제면				□						2	○+2	산줄기 혈증. 안산(남산)에 복룡산 이라는 지명
거창					△						1	△+1	강변 평지에 입지하여 주산 산줄기 조건이 부족
고성					△						0	△	해안 구릉지 입지
곤양					○						1	○+1	득수-합수
기장					□						1	□+1	동부리 신읍. 주산이 고을의 서편에 위치
김해					○						3	○+3	비보-조안산이 허결하여 비보한 것으로 추정
남해	구읍				△						0	△	구릉지성 또는 산성 입지
	신읍				□						2	□+2	안산과 상대하여 읍치 배치, 읍치의 북쪽이 허결하여 숲으로 비보
단성	강루리				△						0	△	강변 평지에 입지
	성내리				○						1	○+1	
동래					○						3	○+3	형국-안산(남산)의 농주(산)라는 형국 명칭
밀양					○						2	○+2	득수-면수, 비보-숲

읍치명	자연적 풍수입지				인문적 풍수경관						입지도 종합	고을경관의 풍수적 특징과 비고
	산줄기	장풍	득수	입지도	장소	비보	형승	지명	풍속	입지도		
사천				○						1	○+1	산줄기-주객 상대
산청				△						3	△+3	하안평지 입지, 비보-수구막이 조산(『해동지도』)
삼가				○						1	○+1	득수-환포수
안의				○						1	○+1	산줄기-주객상대, 사신사, 득수-환포수
양산				□						1	□+1	동고서저 지형
언양				□						1	□+1	분지지형의 평지에 입지
영산				○						3	○+3	수구막이 비보-연지, 석교
울산				□						4	□+4	
웅천				□						0	□	분지지형의 평지에 입지
의령				○						2	○+2	지명-봉무산, 구룡산
진주				○						4	○+4	지명-비봉산(주산)
진해				□						2	□+2	
창녕				○						1	○+1	
창원				○						1	○+1	
초계				○						2	○+2	
칠원				○						2	○+2	득수-합수
하동 구읍				○						1	○+1	태종 17년(1417)~숙종(1675~1720) 초기 입지
하동 신읍				○						1	○+1	조선 후기(1730)에 이전된 읍치
함안				□						3	□+3	형국명-비봉산(주산)
함양				○						2	○+2	
합천				○						2	○+2	

표 40 경북 읍치의 풍수적 입지 분석

읍치명		자연적 풍수입지				인문적 풍수경관						입지도 종합	고을경관의 풍수적 특징과 비고
		산줄기	장풍	득수	입지도	장소	비보	형승	지명	풍속	입지도		
개령					○						2	○+2	
경산					△						1	△+1	동고서저, 북고남저의 평지 입지
경주					△						1	△+1	평지 입지, 내맥 비보
고령					○						2	○+2	향교 입지의 내맥 인식이 분명(『해동지도』)
군위					□						2	□+2	주산의 산줄기 맥이 불분명함
김산					○						2	○+2	
대구					△						1	△+1	북고남저의 평지 입지
문경					○						1	○+1	
봉화					○						1	○+1	
비안					□						2	□+2	주산요소, 득수 국면
상주					△						2	△+2	평지 입지
선산					○						4	○+4	주산 지명-비봉산
성주					□						2	□+2	구릉지에 입지하여 산줄기가 불분명
순흥					○						3	○+3	형국-비봉산
신녕					□						1	□+1	객사지 뒤의 내청룡, 내백호
안동					◎						3	○+3	
영덕					△						1	△+1	구릉지에 입지하여 산줄기가 불분명
영양					○						3	○+3	
영일	장흥동				△						0	△	평지 입지
	남성리				□						1	□+1	산기슭에 입지했으나 장풍적 조건은 불비
	대잠동				○						1	○+1	풍수적 국면이 뚜렷
	생지리				△						1	△+1	평지 입지
영주[榮川]					○						3	○+3	풍수지명-철탄산
영천					□						3	□+3	
영해					△						1	△+1	구릉지 입지
예안					○						2	○+2	수몰
예천					○						2	○+2	
용궁	구읍				○						3	○+3	객산 지명-비룡산(『해동지도』)
	신읍				□						1	□+1	

읍치명		자연적 풍수입지				인문적 풍수경관						입지도 종합	고을경관의 풍수적 특징과 비고
		산줄기	장풍	득수	입지도	장소	비보	형승	지명	풍속	입지도		
의성			■	■	□	■					2	□+2	
의흥		■	■	○		■			■		2	○+2	객산 지명-구산(『해동지도』)
인동		■	■	○		■			■		3	○+3	
자인	신관리	■		○		■					1	○+1	1637년 입지, 산곡입지
	원당리	■		■	□	■					1	□+1	들판을 향하고 야산에 배산
	북사리	■		○		■					1	○+1	
장기		■	■	○		■			■		3	○+3	산복 산성 입지, 주산지명-자봉산
지례		■		○		■					1	○+1	
진보	진안리			△		■			■		2	△+2	객산 지명-비봉산(『해동지도』)
	광덕리	■	■	○		■					1	○+1	
청도		■		□		■			■		3	□+3	남고북저 지형, 주산 지명-오산
청송		■		□		■					1	□+1	
청하				△		■					1	△+1	구릉지 입지
칠곡	구읍	■	■	○		■					2	○+2	산성-산복 입지
	신읍			○		■					1	○+1	
풍기				△		■					1	△+1	평지 입지
하양	구읍	■		□		■					1	□+1	
	신읍			○		■					1	○+1	1679년 이전
함창				○		■					1	○+1	주객 상대
현풍				○		■		■			2	○+2	
흥해				△		■					1	△+1	평지 입지

＊항목의 분류 기준은 다음과 같다. 자연적 입지요소에서 산줄기는 주산과 내맥을 갖추었을 경우, 장풍은 주산에 좌청룡·우백호를 갖추었거나 주산에 상대하는 객산을 갖추었을 경우, 득수는 환포수 또는 합수 조건을 갖추었을 경우로 했다. 인문적 경관요소에서 장소는 객사와 동헌 중에서 하나라도 풍수를 고려하여 입지한 경우, 비보는 비보요소가 있었던 경우, 형승은 읍지 형승조에 풍수적 관념이 반영된 경우, 지명은 풍수적 지명이 고문헌에 표기되어 있는 경우, 풍속은 읍치의 풍수적 경관구성과 관련된 풍속이 있는 경우를 기준으로 했다.

표 41 입지도 표기 기준

자연적 입지요소 / 인문적 경관요소	1개	2개	3개
없음	△	□	○
1개	△+1	□+1	○+1
2개	△+2	□+2	○+2
3개	△+3	□+3	○+3
4개	△+4	□+4	○+4
5개	△+5	□+5	○+5

*풍수입지도의 유형은 다음과 같이 해석이 가능하다. 세 가지 자연적 입지요소를 모두 갖춘 읍치(○표기)는 풍수적 입지경관이 뚜렷하게 나타나는 읍치다. 두 가지 자연적 입지요소를 갖춘 읍치(□표기)는 부분적으로 풍수적 입지경관이 나타나는 읍치다. 한 가지 이하의 자연적 입지요소만 갖춘 읍치(△표기)는 풍수적 입지경관이 거의 나타나지 않은 읍치다. 따라서 ○표기 읍치는 풍수적 요인이 입지 인자로 주요하게 반영된 읍치다. □표기 읍치는 풍수적 요인이 입지 인자로 부분적으로 반영된 읍치다. △표기 읍치는 풍수적 요인이 입지 인자로 작거나 거의 반영되지 않은 읍치다. ○표기 읍치 중에서 고을이 이동된 읍치는 이동 동기와 입지 결정 과정에서 풍수가 주요인이 되었을 것으로 추정할 수 있다.

표 42 지리학 분야의 풍수 학술논문(1978-2015, 국내학술지 발표 연도순)

제목	필자	연도	발표지
풍수에 대한 지리학적 해석: 양기풍수를 중심으로	최창조·박영한	1978	대한지리학회지 13(1)
陰宅風水에 대한 地理學的 解釋	최창조	1978	지리학논총 5
圖讖書類上 土地觀에 대한 地理學的 解釋	최창조	1980	지리학논총 7
풍수설 좌향론상의 길흉판단에 관한 위학적 해석	최창조	1982	대한지리학회지 17(2)
月岳山 彌勒寺址 明堂의 風水解釋	최창조	1986	도시 및 환경연구 1
P'ungsu, the Korean Traditional Geographic Thoughts	최창조	1987	도교문화연구
韓國風水思想의 現代地理學的 意義와 課題	이몽일	1988	지리학연구 9
韓國風水地理思想에 對한 理解의 爭點	홍순완·이몽일	1989	논문집 47
韓國風水地理思想의 硏究動向과 課題	이병곤·이몽일	1989	환태평양연구 2
풍수사상에서 본 통일 한반도의 수도입지선정	최창조	1989	국토연구 11
조선후기 실학자들의 풍수사상	최창조	1990	한국문화 11
한국풍수사상의 역사와 지리학	최창조	1991	정신문화연구 14(1)
聚落立地에 대한 風水의 解釋: 九萬里 마을의 風水的 解釋을 媒介로	권선정	1991	지리학논총 18
풍수의 입장에서 본 한민족의 산 관념	최원석	1992	지리학논총 19

제목	필자	연도	발표지
風水 地氣論에 대한 文獻考證學的 研究	성동환	1992	지리학논총 19
도선풍수의 본질에 관한 몇 가지 논구	최원석	1994	응용지리 17
風水地理說의 本質과 起源 및 그 自然觀	윤홍기	1994	한국사시민강좌 14
풍수지리의 기원과 한반도로의 도입 시기를 어떻게 볼 것인가?	윤홍기	1995	한국학보 21(2)
韓國風水思想의 國土觀과 環境策略	이몽일	1996	부산지리 4·5
泰安寺 立地의 風水的 解釋	성동환	1997	부산지리 6(1)
風水思想의 環境地理學的 考察	오세창	1997	사회과학연구 4(2)
九山禪門 寺刹의 立地 研究: 風水的 측면을 중심으로	조성호·성동환	1998	사회과학연구 5
나말여초의 비보사탑 연구	최원석	1998	구산논집 2
왜 풍수는 중요한 연구주제인가?	윤홍기	2001	대한지리학회지 36(4)
경복궁과 구 조선총독부 건물 경관을 둘러싼 상징물 전쟁	윤홍기	2001	공간과 사회 15
한국풍수지리 연구의 회고와 전망	윤홍기	2001	한국사상사학 17
한국풍수지리설과 불교신앙과의 관계	윤홍기	2001	역사민속학 13(1)
龍仁地域의 陰宅風水에 관한 고찰	최원석	2001	단호문화연구 6
비보의 槪念과 原理	최원석	2001	민족문화연구 34
영남지방 비보의 기원과 확산에 관한 일고찰	최원석	2001	한국지역지리학회지 7(4)
영남지방의 비보寺塔에 관한 考察	최원석	2001	한국사상사학 17
영남지방의 비보造山에 관한 연구: 형태와 기능을 중심으로	최원석	2001	역사민속학 12
영남지방의 비보 읍수에 관한 연구	최원석	2001	문화역사지리 13(2)
팔공산 동화사의 풍수 및 가람배치의 특징	성동환	2001	한국지역지리학회지 7(4)
顯隆園 遷園과 華城건설을 통해 본 正祖의 風水地理觀	성동환	2001	한국사상사학 17
風水地理 研究 패러다임 전환에 대한 一考	송성대	2002	탐라문화 22
양평의 취락 풍수에 관한 고찰	최원석	2002	응용지리 23
한국의 비보풍수론	최원석	2002	대한지리학회지 37(2)
『택리지』의 풍수지리학적 연구	오세창	2003	사회과학연구 11(1)
안동의 풍수경관 연구-음택 명당을 중심으로	옥한석	2003	대한지리학회지 38(1)
북한강 유역에 있어서 경관풍수에 의한 전원주택 후보지의 선정	옥한석·박우평	2003	한국사진지리학회지 13

제목	필자	연도	발표지
비보에 관한 문화지리학적 고찰-경기도 취락의 비보경관을 중심으로	최원석	2003	문화역사지리 15(1)
비보風水와 民間信仰: 鷄山의 돌탑 경관을 중심으로	권선정	2003	국토지리학회지 37(4)
일제시대 경관변화와 풍수담론	권선정	2003	문화역사지리 15(3)
생태중심적 환경관으로서의 풍수: 풍수 '동기감응론'의 지리학적 해석	권선정	2004	국토지리학회지 38(3)
사찰 입지선정의 역사적 경향과 비보 사찰-속리산 법주사를 중심으로	최원석	2004	불교문화연구 4
충청북도 중부지방의 풍수지리 고찰	예경희	2005	인문과학논집 31
풍수논리 속의 생태개념과 생태기술	성동환	2005	대동문화연구 50
조선 중기 유가(儒家)의 세계관이 반영된 집터 선정과 건축적 표현	성동환·조인철	2005	한국지역지리학회지 11(3)
충청북도 청주지역의 풍수지리와 풍수지명	예경희	2005	청주학술논집 6
Planning the New City Based on the Geomancy: A Case of the Design of the New Multi-functional Administrative City(NMAC)	옥한석·서태열	2005	대한지리학회지 40(5)
경관 풍수의 본질과 명당의 선정 기준: 북한강 유역을 중심으로 하여	옥한석	2005	문화역사지리 17(3)
동아시아의 비보풍수론	최원석	2005	동아시아 문화와 예술 2
A Study on Korean Pungsu as an Adaptive Strategy = 환경 적응·전략으로서의 풍수지리 연구	옥한석	2007	대한지리학회지 42(5)
서울의 기후·지형 요소와 경관풍수에 의한 왕궁터의 평가	옥한석	2007	문화역사지리 19(1)
조선시대 지방도시의 풍수적 입지분석과 경관유형	최원석	2007	대한지리학회지 42(4)
고령지역 사상의 특징과 사적 전개: 풍수사상으로 살펴본 고령지역의 풍수지리학적 특성	성동환	2008	퇴계학과 유교문화 43
텍스트로서의 풍수경관 읽기	권선정	2009	문화역사지리 21(1)
風水地理說의 한반도 전파에 대한 연구에서 세 가지 고려할 점	윤홍기	2009	한국고대사탐구 2
해안침식에 대한 풍수론의 사신사적 관점	장정환	2009	문화역사지리 21(2)
『葬書』의 文獻的 硏究	장성규	2009	중국학논총 27
『황제택경』(黃帝宅經)의 문헌적 연구	장성규	2009	건축역사연구 18(6)
『청오경』(靑烏經)의 문헌적 연구	장성규	2009	건축역사연구 18(2)
지리산권의 도선과 풍수담론	최원석	2009	남도문화연구 18
경남의 풍수-풍수로 본 경남지역의 조선시대 취락	최원석	2009	경남문화연구 30
한국에서 전개된 풍수와 불교의 교섭	최원석	2009	대한지리학회지 44(1)
지리산권역의 취락에 미친 도선 풍수의 양상	최원석	2010	남도문화연구 20

제목	필자	연도	발표지
조선후기 영남지방 士族村의 풍수담론	최원석	2010	한국지역지리학회지 16(3)
『택리지』에 관한 풍수적 해석	최원석	2010	한문화연구 3
풍수 지명과 장소 의미: 충남 금산군을 대상으로	권선정	2010	문화역사지리 22(1)
『호수경』(狐首經)의 문헌적 연구	장성규	2010	건축역사연구 19(1)
풍수서(風水書)『지리인자수지』(地理人子須知) 산도(山圖)의 지형표현 연구	이형윤·성동환	2010	한국지역지리학회지 16(1)
昭寧園 山圖의 지형표현 연구: 淑嬪崔氏「墓所圖形與山論」의 分析을 중심으로	이형윤·성동환	2010	문화역사지리 22(3)
조선시대 족보(族譜)에 게재된 산도(山圖)의 특성과 지형표현	이형윤·성동환	2011	한국지역지리학회지 17(1)
한국의 전통지리 풍수의 재현물로서 고지도	권선정	2011	문화역사지리 23(3)
서양 풍수연구사 검토와 전망	최원석	2011	문화역사지리 23(1)
마을풍수의 문화생태	최원석	2011	한국지역지리학회지 17(3)
보길도 윤선도 원림의 풍수경관과 세계유산적 가치	최원석	2012	남도문화연구 22
풍수 지명의 유형과 장소 의미 구성: 대전광역시를 사례로	권선정	2012	국토지리학회지 46(4)
지리적 특성을 담고 있는 지명과 풍수의 연관성	박성대	2012	한국민족문화 45
퇴계 유적지에 담긴 퇴계의 풍수에 대한 인식	박성대·성동환	2012	한국학논집 49
학교 교가에 담겨 있는 풍수적 요소 연구: 경주시 초·중·고등학교를 대상으로	박성대·성동환	2012	인문사회과학연구논총 34
전통마을 비보숲의 풍수적 의미에 관한 연구: 경상남도 고성군 마을숲을 중심으로	윤재일·성동환	2012	인문사회과학연구 13(2)
조선후기의 주거관과 이상적 거주환경 논의: 건강장수도시의 한국적 원형 탐구를 위한 문헌 고찰	최원석	2012	국토연구 73
풍수지리의 현대적 재해석	옥한석·정택동	2013	대한지리학회지 48(6)
'우물을 못 파게 하는 민속'에 대하여	윤홍기	2013	문화역사지리 25(1)
昌寧姓氏族譜의 山圖製作과 地理認識에 관한 硏究	이형윤	2013	한국고지도연구 5(1)
문화유산 관광 스토리텔링에 풍수 적용 방안 연구	박성대·백재권	2013	한국학논집 51
경주 최부자 가문의 양택을 통해 본 풍수인식에 관한 연구	박성대·양삼열·김병우	2013	한국민족문화 47
풍수의 현대적 해석을 통한 한국형 녹색도시 조성 방안	박성대	2014	한국지역지리학회지 20(1)

제목	필자	연도	발표지
유학과 풍수-조선시대 풍수론의 전개 과정을 중심으로	최원석	2014	남명학연구논집 19
풍수 사신사의 지형발달사적 해석	박수진·최원석·이도원	2014	문화역사지리 26(3)
알레고리의 지형학: 조선시대 풍수 갈형론 탐색	오상학	2015	문화역사지리 27(2)
한국풍수론 전개의 양상과 특색	최원석	2015	대한지리학회지 50(6)
도선 관련 사찰과 저술의 역사지리적 비평	최원석	2016	문화역사지리 28(1)
풍수 진산·주산의 정상화와 타자화	권선정	2016	문화역사지리 28(2)
한국 풍수지리 연구의 검토와 과제	최원석	2016	문화역사지리 28(3)
'차이나는' 지리로서 풍수와 Geography의 정상화와 타자화	권선정	2017	문화역사지리 29(2)
힐링장소와 풍수의 관계에 대한 시론	박성대	2017	문화역사지리 29(3)

참고문헌

옛 문헌

『건릉지』健陵誌

『경국대전』經國大典

『경상도읍지』慶尙道邑誌

「고산연보」孤山年譜

『고산유고』孤山遺稿

『국사옥룡자답산가』國師玉龍子踏山歌

『국조오례의』國朝五禮儀

『규원사화 · 청학집』揆園史話 . 靑鶴集

『금낭경』錦囊經

『남명집』南冥集

『남원지』南原誌

『논어』論語

『대전회통』大典會通

『도선국사실록』道詵國師實錄

『동문선』東文選

『맹자』孟子

『명남루전집』明南樓全集

『명산론』明山論

『몽기』夢記

『묘산』墓山

『무감편』無憾篇

『발미론』發微論

「백계산옥룡사증시선각국사비명병서」白鷄山玉龍寺贈謚先覺國師碑銘並序

『보길도지』甫吉島識

『불국사·화엄사사적』佛國寺.華嚴寺事蹟

『산가유결』山家遺訣

『산림경제』山林經濟

『산수집』山水集

『심국사기』三國史記

『삼국유사』三國遺事

『삼한산림비기』三韓山林秘記

『서운관지』書雲觀誌

『설심부』雪心賦

『성종실록』成宗實錄

『세종실록』世宗實錄

『속대전』續大典

「순릉도」純陵圖

『승평지』昇平誌

『신증동국여지승람』新增東國輿地勝覽

『여유당전서』與猶堂全書

『여지도서』輿地圖書

『여헌선생문집』旅軒先生文集

『여헌선생성리설』旅軒先生性理說

『여헌선생속집』旅軒先生續集

『역학도설』易學圖說

『오산고금사적』鰲山古今事蹟

『오주연문장전산고』五洲衍文長箋散稿

『옥계집』玉溪集

「옥룡사왕사도선가봉선각국사교서급관고」玉龍寺王師道詵加封先覺國師敎書及官誥

『옥룡자유산가』玉龍子遊山歌

『옥룡자해산리작목동가』玉龍子解山理作牧童歌

『용성지』龍城誌

『월중도』越中圖

「유당신라국초월산대숭복사비명병서」有唐新羅國初月山大嵩福寺碑銘並序

『유동산기』遊東山記

『임원경제지』林園經濟志

650

『전라북도지』全羅北道誌

『정감록집성』鄭鑑錄集成

『조선사찰사료』朝鮮寺刹史料

『주희집』朱熹集

『증보산림경제』增補山林經濟

「지릉도」智陵圖

『지학정선』地學精選

『진양지』晉陽誌

『천령지』天嶺誌

『1872년 지방지도』1872年郡縣地圖

『청오경』靑烏經

『춘관통고』春官通考

『태봉등록』胎封謄錄

『태조실록』太祖實錄

『택리지』擇里志

『퇴계집』退溪集

『필원잡기』筆苑雜記

『한강선생문집』寒岡先生文集

『한강선생연보』寒岡先生年譜

『한강언행록』寒岡言行錄

『해동보결』海東寶訣

『해동지도』海東地圖

『홍재전서』弘齋全書

민족문화 추진회,『국역 여헌집』Ⅰ-Ⅵ1996~1999.

민족문화 추진회,『국역 한강집』Ⅰ-Ⅴ2001~2005.

윤선도, 이상현 옮김,『고산유고』3~4, 한국고전번역원, 2015.

『국역 기측체의』Ⅱ, 한국고전번역원, 1986.

농촌진흥청,『고농서국역총서』4 증보산림경제 Ⅰ~Ⅲ, 농촌진흥청 해제 6-7, 2003.

考古美術同人會 刊,『佛國寺·華嚴寺事蹟』.

안춘근 엮음,『鄭鑑錄集成』, 아세아문화사, 1972.

연구논문

강철중, 「땅에 투사된 자기의 상징-명당의 분석심리학적 측면-」, 『心性研究』 26(1), 2011.

고승관·구본학·최종희, 「조선왕릉 蓮池의 특성과 전형」, 『한국전통조경학회지』 29(3), 2011.

권신징, 「경관텍스트로서의 지도 읽기」, 『문화역사지리』 15(2), 2003.

_____, 「고려시대 비보풍수와 권력」, 대한지리학회 학술대회논문집, 2003.

_____, 「사회적 지위 상징으로서의 경관」, 『지리학연구』 37(2), 2003.

_____, 「생태중심적 환경관으로서의 풍수」, 『지리학연구』 38(3), 2004.

_____, 「일제시대 경관변화와 풍수담론」, 『문화역사지리』 15(3), 2003.

_____, 「지명의 사회적 구성: 과거 懷德縣의 '宋村'을 사례로」, 『국토지리학회지』 38(2), 2004.

_____, 「'차이나는' 지리로서 풍수와 Geography의 정상화와 타자화」 29(2), 『문화역사지리』, 2017.

_____, 「텍스트로서의 풍수경관 읽기」, 『문화역사지리』 21(1), 2009.

_____, 「풍수담론의 사회적 구성」, 『동아시아 풍수의 미래를 읽다』, 지오북, 2016.

_____, 「風水의 社會的 構成에 기초한 景觀 및 場所 解釋」, 한국교원대 대학원 지리교육전공 박사학위논문, 2003.

_____, 「풍수 진산·주산의 정상화와 타자화」, 『문화역사지리』 28(2), 2016.

김경숙, 「18, 19세기 사족층의 墳山 대립과 산송」, 『한국학보』 28(4), 2002.

김낙진, 「여헌 장현광의 자연 인식방법」, 『퇴계학』 9, 1997.

김덕현, 「역사도시 진주의 경관독해」, 『문화역사지리』 13(2), 2001.

_____, 「傳統村落의 洞藪에 관한 연구-安東 내앞마을의 開湖松을 중심으로-」, 『지리학논총』 13, 1986.

_____, 「진주의 대나무 임수와 풍수설화: 풍수와 유교 이데올로기의 기호로서 문화경관 독해」, 『문화역사지리』 22(3), 2010.

김도용, 「조선후기 산송연구」, 『고고역사학지』 5·6, 1990.

김동욱, 「조선중기 은거선비의 집터와 별자리의 관계」, 『건축역사연구』 10(26), 2001.

김두규, 「『한국풍수인물사』를 읽으면서」, 최창조, 『한국풍수인물사』, 민음사, 2013.

김두진, 「나말여초 동리산문의 성립과 그 사상」, 『동방학지』 29, 1988.

김문용, 「여헌 장현광의 자연 이해」, 『동양철학』 20, 2003.

김병주·이상해, 「풍수로 본 한국 전통마을의 생태적 환경친화성」, 『건축역사연구』 15(2), 2006.

김선경, 「朝鮮後期 山訟과 山林 所有權의 실태」, 『동방학지』 77~79, 1993.

김성윤, 「영남의 유교문화권과 지역학파의 전개」, 『조선시대사 학보』 37, 2006.

김아네스, 「고려시대 산신 숭배와 지리산」, 『역사학연구』 3집, 2008.

김인호, 「고려시대 국왕의 장례절차와 특징」, 『한국중세사연구』 29, 2010.

김지견, 「사문 도선상 소묘」, 『선각국사 도선의 신연구』, 영암군, 1988.

김진성, 「朝鮮時代の儒學者·尹善道に係ねろ庭園の空間構成に關す研究」, 千葉大學 대학원 박사학위논문, 1998.

김학범, 「한국의 마을園林에 관한 연구」, 고려대학교 대학원 임학과 박사학위논문, 1991.

김학수, 「17세기 旅軒學派 형성과 학문적 성격의 재검토」, 『한국인물사연구』 13, 2010.

金孝敬, 「朝鮮佛敎寺院選地に於ける風水信仰影響」, 『佛敎硏究』 4(3), 1940.

김흥년, 朝鮮王陵 連池의 立地 및 空間構成에 관한 硏究, 고려대학교 생명환경과학대학원 석사학위논문, 2009.

김희경, 「한국의 풍수지리 사상과 심층 생태학」, 『기호학 연구』 9, 2001.

노혜정, 최한기의 지리사상 연구, 서울대학교 대학원 지리학과 박사학위논문, 2003.

문영오, 「고산문학의 풍수사상 현장화 樣態 考究」, 『국어국문학』 121, 1998.

박권수, 「17세기 조선왕실의 王陵地 선정 과정과 方外地師의 역할: 孝宗과 顯宗대의 山陵조성 과정을 중심으로」, 『문화역사지리』 27(1), 2015.

박삼옥·정은진·송경언, 「한국 장수도 변화의 공간적 특성」, 『한국지역지리학회지』 11(2), 2005.

박성대, 「풍수의 현대적 해석을 통한 한국형 녹색도시 조성 방안」, 『한국지역지리학회지』 20(1), 2014.

박성대, 「힐링장소와 풍수의 관계에 대한 시론」, 『문화역사지리』 29(3), 2017.

박수진, 「동아시아 지형의 특수성과 풍수의 의미」, 『대한지리학회 학술대회논문집』, 2014.

박수진·이도원·최원석, 「풍수 사신사의 지형발달사적 해석」, 『문화역사지리』 26(3), 2014.

박영호, 「한강 정구의 학문정신과 문학관」, 『동방한문학』 10(1), 1994.

박윤준, 「여헌 장현광의 입암정사 연구」, 『한국 디지털 건축·인테리어 논문집』

6(2), 2006.

서윤길, 「도선과 그의 비보사상」, 『한국불교학』 1, 1975.

＿＿＿, 「道詵 비보思想의 淵源」, 『한국불교학보』 13, 1976.

성동환, 「풍수 개념 속의 생태논리와 생태기술」, 『대동문화연구』 50, 2005.

성범중, 「16-17세기 호남 한시(漢詩)의 풍정(風情) 16, 17세기 호남지방 원림 문학의 지향과 그 변이-소쇄원과 부용동원림의 구성물 명명의식(命名意識)을 중심으로-」, 『한국한시연구』 14, 2006.

성종상, 「고산 윤선도 원림의 생태적 수경연출기법」, 『환경논총』 43, 2005.

＿＿＿, 조경설계에 있어서 '생태-문화' 통합적 접근에 관한 연구: 고산 윤선도 원림을 중심으로, 서울대학교 대학원 협동과정 조경학전공 박사학위논문, 2003.

성춘경, 「도선국사와 관련한 문화유적」, 『도선연구』, 민족사, 1999.

손진태, 蘇塗考, 朝鮮民族文化의 研究, 을유문화사, 1948.

송성대, 「風水地理 研究 패러다임 전환에 대한 一考」, 『탐라문화』 22, 2003.

송화섭, 「朝鮮後期 마을미륵의 形成背景과 그 性格」, 『韓國思想史學』 6, 1994.

신병주, 「왕릉을 통해 본 행복한 왕, 불행한 왕」, 『선비문화』 12, 2007.

신은경, 「윤선도에게 있어서의 '이상향'의 의미 작용 연구」, 『한국언어문학』 57, 2006.

신재훈, 「조선전기 천릉의 과정과 정치적 성격」, 『조선시대사학보』 58, 2011.

안동준, 「지리산의 민간도교 사상」, 『경남문화연구』 28, 2007.

안영배, 「고려·조선전기 이기파풍수 연구: 『地理新書』·『洞林照膽』·『地理新法』의 유행을 중심으로」, 원광대학교 대학원 불교학과 박사학위논문, 2013.

양보경, 「상징경관으로서의 고지도 연구」, 『문화역사지리』 21(1), 2009.

＿＿＿, 「최한기의 지리사상」, 『진단학보』 81, 1996.

양은용, 「도선국사 비보사탑설의 연구」, 『도선연구』, 민족사, 1999.

＿＿＿, 「정감록 신앙의 재조명」, 『전통사상의 현대적 의미』, 정신문화연구원, 1990.

오상학, 「알레고리의 지형학-조선시대 풍수 갈형론 탐색-」, 『문화역사지리』 27(2), 2015.

오영교, 「조선후기 동족마을의 구조와 운영」, 『담론 201』 6(2), 2004.

오종근, 「남원지방의 풍수설화연구」, 『국어국문학연구』 19, 원광대학교 인문과학대학 국어국문학과, 1997.

옥한석, 「경관 풍수의 본질과 명당의 선정 기준: 북한강 유역을 중심으로 하여」,

『문화역사지리』17(3), 2005.

_____, 「서울의 기후·지형 요소와 경관풍수에 의한 왕궁터의 평가」, 『문화역사지리』19(1), 2007.

_____, 「안동의 풍수경관 연구-음택 명당을 중심으로」, 『대한지리학회지』38(1), 2003.

옥한석·박우평, 「북한강 유역에 있어서 경관풍수에 의한 전원주택 후보지의 선정」, 『한국사진지리학회지』13, 2003.

옥한석·서태열, "Planning the New City Based on the Geomancy: A Case of the Design of the New Multi-functional Administrative City NMAC," 『대한지리학회지』40(5), 2005.

옥한석·정택동, 「풍수지리의 현대적 재해석」, 『대한지리학회지』48(6), 2014.

윤정, 「太祖代 貞陵 건설의 정치사적 의미」, 『서울학연구』37, 2009.

윤홍기, 「경복궁과 구 조선총독부 건물 경관을 둘러싼 상징물 전쟁」, 『공간과 사회』15, 2001.

_____, 「論中國古代風水的基源和發展」, 『自然科學史研究』8(1), 1989.

_____, 「왜 풍수는 중요한 연구주제인가?」, 『대한지리학회지』36(4), 2001.

_____, 「風水地理說의 本質과 起源 및 그 自然觀」, 『한국사시민강좌』14, 1994.

_____, 「풍수지리의 환경사상」, 『한국의 전통생태학』, 사이언스북스, 2001.

_____, 「한국 풍수지리설과 불교신앙과의 관계」, 『역사민속학』13(1), 2001.

_____, 「한국 풍수지리 연구의 회고와 전망」, 『한국사상사학』17, 2001.

이능화, 「풍수사상의 연구」, 『이능화전집(속집)』, 한국학연구소, 1978.

_____, 「선조대 유릉 택지에서 드러나는 왕릉 조영의 변화와 원인: 裕陵 擇地 풍수담론을 중심으로」, 『지방사와 지방문화』13(2), 2010.

_____, 「조선왕릉 택지와 산론」, 한성대학교 대학원 사학과 박사학위논문, 2013.

이병곤·이몽일, 「韓國風水地理思想의 研究動向과 課題」, 『환태평양연구』2, 1989.

이상태, 「조선초기의 풍수지리사상」, 『사학연구』39, 1987.

이상필, 「寒岡의 학문성향과 문학」, 『남명학연구』창간호, 1991.

이상해, 「풍수-중국 전통건축에 있어서의 환경관에 대한 토론」, 『동아시아의 풍수-국제학술 심포지엄 자료집』, 국립민속박물관, 2006.

이수건·이수환·정진영·김용만, 「조선후기 경주지역 재지사족의 향촌지배」, 『민족문화논총』15, 1994.

이용범, 「도선의 지리설과 당 일행선사」, 『선각국사 도선의 신연구』, 영암군, 1988.

이원순, 「최한기의 세계지리인식의 역사성」, 『문화역사지리』 4, 1992.

이정국·박광규·이해성, 「조선시기 향교건축의 배치와 공간구성에 관한 연구」, 『대한건축학회논문집』 6(5), 1990.

이준곤, 「도선 전설 현지채록 자료」, 『선각국사 도선의 신연구』, 영암군, 1988.

이창환, 「조선시대 능역의 입지와 공간구성에 관한 연구」, 성균관대학교 대학원 조경학과 박사학위논문, 1998.

이필영, 「한국 솟대 신앙의 연구」, 연세대학교 대학원 사학과 박사학위논문, 1989.

이해준, 「조선후기 촌락구조변화의 배경」, 『한국문화』 14, 1993.

이형윤, 「풍수산도의 표현방식과 현대적 의미」, 『대한지리학회 학술대회논문집』 6, 2014.

_____, 「조선시대 山圖를 통해서 본 지리인식」, 대구가톨릭대학교 대학원 지리학과 박사학위논문, 2010.

임재해, 「풍수지리설의 생태학적 인식과 한국인의 자연관」, 『민속문화의 생태학적 인식』, 당대, 2001.

장승구, 「여헌 장현광의 여행의 철학과 守分의 윤리학」, 『선주논총』 8, 2005.

장은미·박경, 「조선시대 왕릉의 공간적 분포특성-위성영상 분석과 지질·지형 분석의 방법으로-」, The Journal of GIS Association of Korea 14(3), 2006.

장일규, 「어머니의 산, 지리산의 토착신앙과 불교사상」, 『지리산』, 국립진주박물관, 2009.

장정환, 「해안침식에 대한 풍수론의 사신사적 관점」, 『문화역사지리』 21(2), 2009.

장회익, 「조선 성리학의 자연관-장현광의 우주설을 중심으로」, 『여헌 장현광의 학문과 사상』, 금오공과대학교 선주문화연구소, 1994.

전경목, 「山訟을 통해서 본 조선후기 사법제도 운용실태와 그 특징」, 『法史學硏究』 18(1), 1997.

전용훈, 「조선중기 유학자의 천체와 우주에 대한 이해-여헌 장현광의 역학도설과 우주설」, 『한국과학사학회지』 18(2), 1996.

정동오, 「윤선도의 부용동 원림에 관한 연구」, 『고산연구』 1, 1987.

정부매·최기엽, 「서울 근교 전통 농촌의 변화」, 『대한지리학회지』 29(3), 1994.

정성본, 「선각국사 도선 연구」, 『도선연구』, 민족사, 1999.

정승모, 「동족촌락의 형성 배경」, 『정신문화연구』 16(4), 1993.

_____, 「향촌사회 지배세력의 형성과 조직화 과정」, 『동양학』 20, 1990.

정진영, 「조선후기 동성촌락의 형성과 발달」, 『역사비평』 30, 1995.

_____, 「조선전기 안동부 재지사족의 향촌지배」, 『대구사학』 27(1), 1985.

정치영, 「선산김씨의 공간적 확대와 족세의 성장」, 『久庵 金就文과 善山金氏의 宗族활동 학술발표대회 자료집』, 2009.

조성호·성동환, 「신라말 구산선문 사찰의 입지 연구」, 『한국지역지리학회지』 6, 2000.

조인수, 「조선시대 왕릉의 현상과 특징-명청대 황릉과의 비교를 중심으로」, 『미술사학연구』 262, 2009.

조인철, 「조선후기에 제작된 윤도에 관한 연구」, 『한국문화』 55, 2011.

_____, 「풍수향법의 논리체계와 의미에 관한 연구」, 성균관대학교 대학원 건축학과 박사학위논문, 2005.

진상철, 「한국전통원림의 세계문화유산 등재방안에 관한 연구-전남 담양의 원림을 사례로-」, *Journal of Korean Institute of Traditional Landscape Architecture* 9(1), 2011.

최광용, 「생리기후, 인간 그리고 풍수」, 『대한지리학회 학술대회논문집』, 2014.

최기엽, 「남양홍씨 동족사회집단의 지역화 과정」, 『지리학연구』 10, 1985.

_____, 「조선시대 촌락의 지역적 성격」, 『지리학논총』 14, 1987.

최덕원, 「우실村垣의 信仰考」, 『한국 민속학』 22, 1989.

최병헌, 「道詵의 生涯와 羅末麗初의 風水地理說」, 『한국사연구』 11, 1975.

최석기, 「전통 명승의 인문학적 의미」, 『경남문화연구』 제29호, 2008.

최영성, 「한강 정구의 학문방법과 유학사적 위치」, 『한국철학논집』 5, 1996.

최영준, 「조선후기 지리학 발달의 배경과 연구전통」, 『문화역사지리』 4, 1992.

최원석, 「『택리지』에 관한 풍수적 해석」, 『한문화연구』 3, 2010.

_____, 「경기북부의 풍수신앙」, 『경기민속지』 2, 경기도박물관, 1999.

_____, 「경상도 邑治 경관의 역사지리학적 복원에 관한 연구」, 『문화역사지리』 16(3), 2004.

_____, 「도선 관련 사찰과 저술이 역사지리적 비평」, 『문화역사지리』 28(1), 2016.

_____, 「도선풍수의 본질에 관한 몇 가지 논구」, 『응용지리』 17, 1994.

_____, 「마을풍수의 문화생태」, 『한국지역지리학회지』 17(3), 2011.

_____, 「보길도 윤선도 원림의 풍수경관과 세계유산적 가치」, 『남도문화연구』 22, 2012.

_____, 「비보에 관한 문화지리학적 고찰」, 『문화역사지리』 15(1), 2003.

_____, 「사찰입지선정의 역사적 경향과 비보사찰」, 『불교문화연구』 4, 2004.

_____, 「서양 풍수연구사 검토와 전망」, 『문화역사지리』 23(1), 2011.

_____, 서평; Yoon Hongkey, 2006, *The Culture of Fengshui in Korea: An Exploration of East Asian Geomancy*, Lexington Books, 『대한지리학회지』 42(1), 2007.

_____, 「세계유산의 문화경관유형에 관한 고찰」, 『문화역사지리』 24(1), 2012.

_____, 「양평의 취락풍수에 관한 고찰」, 『응용지리』 23, 2002.

_____, 「여헌 장현광의 지리인식과 문인들의 지지편찬 의의」, 『동양고전연구』 49 2012.

_____, 「용인 지역의 음택풍수에 관한 고찰」, 『단호문화연구』 6, 2001.

_____, 「장소 정체성의 사회적 재구성: 지리산 청학동에 대한 역사지리적 고찰」, 『문화역사지리』 22(1), 2010.

_____, 「조선시대 지방도시의 풍수적 입지분석과 경관유형」, 『대한지리학회지』 42(4), 2007.

_____, 「조선왕릉의 역사지리적 경관특징과 풍수담론」, 『한국지역지리학회지』 22(1), 2016.

_____, 「조선후기 영남지방 사족촌의 풍수담론」, 『한국지역지리학회지』 16(3), 2010.

_____, 「조선후기 지식인의 풍수에 대한 인식과 실천에 관한 일 고찰」, 『민속학연구』 18, 2006.

_____, 「조선후기의 주거관과 이상적 거주환경 논의」, 『국토연구』 73, 2012.

_____, 「지리산권역의 취락에 미친 도선 풍수의 양상」, 『남도문화연구』 20, 2011.

_____, 「지리산권의 도선과 풍수담론: 풍수지리설의 사회적 재구성」, 『남도문화연구』 18, 2010.

_____, 「지적원도를 활용한 읍성공간의 역사지리적 복원」, 『문화역사지리』 17(2), 2005.

_____, 「최한기의 기학적 지리관과 지리연구 방법론」, 『한국지역지리학회지』 15(1), 2009.

_____, 「한국 이상향의 성격과 공간적 특징」, 『대한지리학회지』 44(6), 2009.

_____, 「한국에서 전개된 풍수와 불교의 교섭」, 『대한지리학회지』 44(1), 2009.

_____, 「한국의 비보풍수론」, 『대한지리학회지』 37(2), 2002.

_____, 「한국의 水景觀에 대한 전통적 상징 및 지식체계」, 『역사민속학』 32, 2010.

_____, 「한국풍수론 전개의 양상과 특징」, 『대한지리학회지』 50(6), 2015.

_____, 「한국풍수지리 연구의 검토와 과제」, 『문화역사지리』 28(3), 2016.

최인선, 「광양 옥룡사 선각국사 도선의 부도전지와 석관」, 『문화사학』 6·7, 1997.

최인실, 「「택리지」 초기 필사본 추정을 위한 서지적 고찰」, 『서지학보』 40, 2012.

최창조, 「도선국사의 풍수지리사상 해석」, 『선각국사 도선의 신연구』, 영암군,

1988.

_____, 「음택풍수에 대한 지리학적 해석」, 『지리학논총』 5, 1978.

_____, 「풍수비판에 대하여」, 『녹색평론』, 5~6월호, 1994.

_____, 「풍수사상에서 본 통일한반도의 수도입지선정」, 『국토연구』 11, 1989.

_____, 「풍수설 좌향론상의 길흉판단에 관한 위학적 해석」, 『지리학』 26, 1982.

_____, 「한국 풍수사상의 역사와 지리학」, 『정신문화연구』 14(1), 1991.

최창조·박영한, 「풍수에 대한 지리학적 해석-양기풍수를 중심으로」, 『대한지리학회지』 13(1), 1978.

한기문, 「고려시대 비보사사의 성립과 운용」, 『한국중세사연구』 21, 2006.

_____, 「고려시대 사원의 운영기반과 원당의 존재양상」, 경북대학교 대학원 사학과 박사학위논문, 1994.

한명호, 「도시공간의 쾌적 음환경 창조를 위한 사운드스케이프 디자인 연구」, 『대한건축학회논문집: 계획계』 19(12), 2003.

허권, 「세계유산보호와 개발, 지속가능발전의 국제적 동향」, 『역사와 실학』 32, 2007.

허흥식, 「고려과거제도사 연구」, 서울대학교 대학원 국사학과 박사학위논문, 1980.

홍순완·이몽일, 「한국 풍수지리사상에 대한 이해의 쟁점」, 『논문집』 47, 1989.

皇甫倬, 「서양문헌에 나타난 풍수의 개념」, 『대한건축학회논문집 計劃系』 17(11), 2001.

시부야 시즈아키, 「오키나와의 풍수견분기에 나타난 비보·식수의 사상」, 『민속학연구』 17, 2005.

鈴木一馨, 「禅宗寺院と風水との関係について」, 『日本仏教綜合研究』 4, 2006.

_____, 「村獅子と村抱護」, 『建設情報誌 しまたてい』 75, 2016.

堀込憲二, 「風水思想と清代台湾の城市-官撰地方志を中心史料とした檢討」, 『儒佛道三教思想論攷』, 山喜房佛書林, 1991.

渡邊欣雄, 「일본풍수사: 과학과 점술의 역사」, 『동아시아의 풍수(국립민속박물관 국제학술심포지엄 자료집 별쇄본)』, 2006.

目崎茂和, 「風水思想は環境を求えるか」, 『地理』 38~11, 1993.

西村惠信, 「일본 간화선의 전통과 변용」, 『보조사상』 25, 2006.

휜낫비, 「한국과 베트남 왕릉의 성격 비교 연구: 조선과 원조시대 왕릉 중심으로」, 한국외국어대학교 국제지역대학원 한국학과 석사논문, 2013.

Phan Thanh Hai, 「フエ・阮朝基の皇族の陵墓について, 陵墓からみた東アジア諸国の位相」, 篠原啓方 編, 2011, 關西大學文化交涉學敎育硏究據點, 2011.

Bixia, C. & Chris, C. & Jesse, M. & Yaoqi, Z., "Fengshui forests and village landscapes in China: geographic extent, socioecological significance, and conservation prospects," *Urban Forestry & Urban Greening*, 2017.

Bixia, C. & Yuei, N., "A Feng Shui landscape and Tree Planting with explanation based on Feng Shui Diaries: A case study of Mainland Okinawa, Japan," *Worldviews: Global Religions, Culture & Ecology* 15(2), pp.168~184, 2011.

_____, "On the Establishment of Feng Shui Villages from the Perspective of Old Fukugi Trees in Okinawa, Japan," *Arboriculture & Urban Forestry* 37(1), pp.19~26, 2011.

Bixia, C. & Yuei, N. & Gengi, K., "The Ryukyu Islands Feng Shui Village Landscape," *Worldviews: Global Religions, Culture & Ecology* 12(1), pp.25~50, 2008.

Bruun, O., "The Fengshui Resurgence in China: Conflicting Cosmologies Between State and Peasantry," *CHINA JOURNAL* 36, pp.47~65, 1996.

Bruneton, Y., "Les moines géomanciens de Koryò – une étude critique des sources," *Doctorat d'Études de l'Extrême-Orient*, université Paris 7, 2002.

Charles, R. & Glover, S. & Bauchmüller, K. & Wood, D. & Bauchmüller, K., "Feng shui And Emotional Response in the Critical care Environment (FARCE) study," *Anaesthesia* 72(12), pp.1528~1531, 2017.

Chang, P.T. & Lee, J.H. & Hung, K.C. & Tsai, J.T. & Chyung, P., "Applying fuzzy weighted average approach to evaluate office layouts with Feng – Shui consideration," *Mathematical & Computer Modelling* 50(9/10), pp.1514~1537, 2009.

Chen, B.X. & Nakama, Y., "A summary of research history on Chinese Feng-shui and application of Feng-shui principles to environmental issues," 九州森林研究 57, 2004.

Dukes, E.J., *1885, Everyday Life*, London, 159. Andrew L. March, "An Application of Chinese Geomancy," *Journal of Asian Studies* 27(2), 1968.

Emmons, C., "Hong Kong's Feng Shui: Popular Magic in a Modern Urban Setting," *Journal of Popular Culture* 26(1), pp.39~49, 1992.

Freedman, M., "Geomancy," Proceedings of the Royal Anthropological Institute of

Great Britain and Ireland (London), 1968.

Ge, Y.J. & Liu, Y.J. & Shen, A.H. & Lin, X.C., "Fengshui forests conserve genetic diversity: a case study of Phoebe bournei (Hemsl.) Yang in southern China," *Genetics and molecular research: GMR* 14(1), pp.1986~2079, 2012.

Guo, S.L. & Monthly, J., Historical Study 3: 43~51. Bi Xia Chen & Yuei Nakama, "A summary of research history on Chinese Feng-shui and application of Feng-shui principles to environmental issues," 九州森林研究 57, 2004. 3.

Han, K.T., "An Empirical Approach to Feng Shui in Terms of Psychological Well-being," *Journal of Therapeutic Horticulture* 17, pp.8~19, 2006.

_____, "Traditional Chinese Site Selection-Fengshui: An Evolutionary/ Ecological Perspective," *Journal of Cultural Geography* 19(1), 2001.

Harms, E., "Neo-Geomancy and Real Estate Fever in Postreform Vietnam," *Positions* 20(2), pp.403~434, 2012.

He, X. & Luo, J., "FENGSHUI AND THE ENVIRONMENT OF SOUTHEAST CHINA," *Worldviews: Global Religions, Culture & Ecology* 4(3), pp.213~234, 2000.

Ho, S.H. & Chuang, S.T., "The influence of lay theories of Feng Shui on consumers' peace of mind: The role of regulatory fit," *ASIAN JOURNAL OF SOCIAL PSYCHOLOGY* 15(4), pp.304~313, 2012.

Hong, S.K. & Song, I.J. & Wu, J.U. "Fengshui theory in urban landscape planning," *Urban ecosystems* 10(3), pp.221~237, 2006.

Juanwen, Y. & Jinlong, L., "Fengshui forest management by the Buyi ethnic minority in China," *Forest Ecology and Management* 257(10), pp.2002~2009, 2009.

Juwen, Z., *A Translation of the Ancient Chinese the Book of Burial(Znag Shu) by Guo Pu(276~324)*, Chinese Studies, vol.34, The Edwin Mellen Press, 2004.

Lee, C.W. & Jo, W.Y., "The Circumstances and Cultural Characteristics of Royal Tomb Sites in the Joseon Dynasty," *Journal of the Korean Institute of Traditional Landscape Architecture* 5, 2007.

Lee, S.H. & Shui, F., It's Context and Meaning, Unpublished PhD Thesis, Cornell University, 1986.

Li, S. & Ye, Y. & Wang, F. & Zeng, F. & Xu, Z., "Analyses on species composition and areal-type of "Fengshui woods"' in Guangzhou City," *EDITORIAL OFFICE OF JOURNAL OF PLANT RESOURCES AND ENVIRONMENT* 22(1), pp.102~109, 2013.

Liang, H. & Zhen, L. & W.B., L. & Qiang, Fan., "Values of village fengshui forest patches in biodiversity conservation in the Pearl River Delta," *Biological Conservation. 2011*, 144(5), pp.1553~1559, 2011.

Manuela, M. & Xiaoqing, Z., "Harmonious spaces: the influence of Feng Shui on urban form and design," *Journal of Urban Design* 22(6), pp.709~725, 2017.

Mak, M.Y., *Application of Feng Shui principles to major cities in the world*, G. Baird & W. Osterhaus, Editors, Science and Design, Victoria University of Wellington, 1998.

Mak, M.Y. & Ng, S.T., "Feng shui: an alternative framework for complexity in design," *Architectural Engineering & Design Management* 4(2), pp.58~72, 2008.

_____, "The art and science of Feng Shui-a study on architects' perception," *Building and Environment* 40(3), March, 2005.

Marafa, L.M., "Integrating Natural and Cultural Heritage: the advantage of fung shui landscape resources," *International Journal of Heritage Studies* 9(4), 2003.

March, A., "An Application of Chinese Geomancy," *Journal of Asian Studies* 27(2), 1968.

Maurice, F., "Geomancy," *Proceedings of the Royal Anthropological Institute of Great Britain and Ireland*, London, 1968.

Murphy, R., "Inauspicious Flames: A Feng-Shui Reading of The Spoils of Poynton," *Mosaic: A Journal for the Interdisciplinary Study of Literature* 50(4), pp.157~174, 2017.

Ock, H.S., "A Study on Korean Pungsu as an Adaptive Strategy," *Journal of the Korean Geographical Society* 42(5), 2007.

Park, S.Y., "Speaking with the Colonial Ghosts and Pungsu Rumour in Contemporary South Korea (1990 – 2006): The Pungsu (Feng Shui) Invasion Story Surrounding the Demolition of the Former Japanese Colonial-General Building and Iron Spikes," *Journal for Cultural Research* 16(1), pp.21~42, 2012.

Porkert, M., "Wissenschaftliches denken im Alten China-Das System der energischen Beziehungen," Antaios, vol.2, 1961.

So, A.T.P. & Lu, J.W.Z., "Natural ventilation design by computational fluid dynamics-a Feng Shui approach," *Architectural Science* 44, 61~69. Michael Y. Mak & S. Tomas Ng., 2005.

Tam, C.M. & Tso, T. & Lam, K.C., "A study of Feng Shui and its impacts on land and property developments: Case study of a village housing development in Tai Po East area," *Journal of Urban Planning & Development* 3(4), pp.185~193, 1998.

Tang, C.Q. & Yang, Y.C. & Ohsawa, M. & Momohara, A. & Mu, J. & Robertson, K., "Survival of a tertiary relict species, Liriodendron chinense (Magnoliaceae), in southern China, with special reference to village fengshui forests," *American Journal of Botany* 100(10), pp.2012~2221, 2013.

Teather, E.K., "Themes from Complex Landscapes: Chinese Cemeteries and Columbaria in Urban Hong Kong," *Australian Geographical Studies* 36(1), 1998.

Teather, E.K., & Chow, C.S., "The Geographer and the Fengshui Practitioner: so close and yet so far apart?," *Australian Geographer*, 31(3), 2000.

Torre, L. & Ann, M., "Creating a Healing Environment," *Perspectives in Psychiatric Care* 42(4), pp.262~264, 2006.

Tsu, T., "Geomancy and the Environment in Premodern Taiwan," *Asian Folklore Studies* 56, 1997.

Wang, C. & Abdul-Rahman, H. & Hong, W.T., "The application of Form School Feng Shui model in a sleep environment: human preferences and subjective sleep quality evaluation," *Architectural Engineering & Design Management* 12(6), pp. 442~459, 2016.

Wang, J. & Joy, A. & Sherry, J.F., "Creating and sustaining a culture of hope: Feng Shui discourses and practices in Hong Kong," *Journal of Consumer Culture* 13(3), pp.241~263, 2013.

Wang, Z. & Lai, S., "Architectural Culture of Hakka Walled Villages in Gannan: A Case Study of Yanyi Wei," *Journal of Landscape Research* 9(6), pp.94~102, 2017.

Wen, Y., "Natural Philosophy and Fengshui: A Phenomenological and Ontological Thinking for Sustainable Building," *Journal of Applied Sciences* 13(21), pp.4420~4427, 2013.

Xu, P., Feng-shui: A Model for Landscape Analysis, Unpublished PhD Thesis. Harvard University Graduate School of design, 1990.

Yoon, H.K., "HUMAN MODIFICATION OF KOREAN LANDFORMS FOR GEOMANTIC PURPOSES," *Geographical Review* 101(2), pp.243~260, 2011.

Yu, K. & Wang, S. & Li, D., "The negative approach to urban growth planning of Beijing, China," *Journal of Environmental Planning & Management* 54(9), pp.1209~1236, 2011.

Zhong, Z. & Ceranic, B., "Modern interpretation of FengShui in contemporary sustainable residential design," *WIT Transactions on Ecology and the Environment* 113, pp.47~56, 2008.

단행본

고익진,『한국고대불교사상사』, 동국대출판부, 1985.

김낙필,『고려의 도교사상, 한국사상사입문』, 서문문화사, 2006.

김두규,『풍수학사전』, 비봉출판사, 2005.

김두하,『벅수와 장승』, 집문당, 1995.

김우창,『풍경과 마음』, 생각의 나무, 2003

김준형,『조선후기 단성 사족층 연구』, 아세아문화사, 2000.

김택규,『씨족부락의 구조연구』, 일조각, 1979.

류제헌,『한국의 근대화와 역사지리학-호남평야』, 한국정신문화연구원, 1994.

서윤길,『한국밀교사상사 연구』, 불광출판사, 1994.

성종상,『고산 윤선도 원림을 읽다』, 나무도시, 2010.

성춘경,『백계산 운암사지』, 우리 얼 우리 문화, 우리문화연구원, 1989.

손항룡,『한국도교철학사』, 성균관대학교 대동문화연구원, 1987.

유동식,『한국무교의 역사와 구조』, 연세대출판부, 1989.

윤홍기,『땅의 마음』, 사이언스북스, 2011.

_____, 이종은 역주,『조선도교사』, 보성문화사, 1986.

이기봉,『조선의 도시, 권위와 상징의 공간』, 새문사, 2008.

이도원·박수진·윤홍기·최원석,『전통생태와 풍수지리』, 지오북, 2012.

이몽일,『한국풍수사상사연구』, 日馳社, 1991.

이문종,『이중환과 택리지』, 아라, 2014.

이병도,『高麗時代의 硏究』, 亞細亞文化史, 1980.

이부영,『한국의 샤머니즘과 분석심리학』, 한길사, 2012.

이상필,『남명학파의 형성과 전개』, 와우출판사, 2005.

이수건,『영남학파의 형성과 전개』, 일조각, 1995.

이중환, 이익성 옮김,『택리지』, 을유문화사, 2006.

이창희 역주,『내 사는 곳이 마치 그림 같은데』, 다운샘, 2003.

이태진,『의술과 인구 그리고 농업기술』, 태학사, 2002.

이화,『조선조 풍수신앙 연구』, 한국학술정보, 2005.

장성규·김혜정,『완역 풍수경전』, 문예원, 2010.

장영훈,『왕릉풍수와 조선의 역사』, 대원사, 2000.

장지연,『고려·조선 국도풍수론과 정치이념』, 신구문화사, 2015.

진교면지편찬위원회, 『진교면지』, 2002, 358쪽.

최영준, 『국토와 민족생활사』, 한길사, 1997.

최완수, 『명찰순례 3』, 대원사, 1994.

최원석, 『사람의 산 우리 산의 인문학』, 한길사, 2014.

_____, 『산천독법』, 한길사, 2015.

_____, 『지리산권 민속풍수자료집』, 선인, 2016.

_____, 『한국의 풍수와 비보』, 민속원, 2004.

최창조, 『좋은 땅이란 어디를 말함인가』, 서해문집, 1990.

_____, 『청오경·금낭경』, 민음사, 1993.

_____, 『한국의 자생풍수』, 민음사, 1997.

_____, 『한국의 풍수사상』, 민음사, 1984.

_____, 『한국풍수인물사』, 민음사, 2013.

하동문화원, 『하동군 지명지』, 1999.

吉野裕子, 『陰陽五行と日本の民俗』, 人文書院, 1983.

善生永助, 『朝鮮の聚落』後篇, 朝鮮總督府, 1935.

村山智順, 『朝鮮の風水』, 朝鮮總督府, 1931.

村山智順, 최길성 옮김, 『조선의 풍수』, 민음사, 1990.

村山智順, 『朝鮮の占卜と豫言』, 朝鮮總督府, 1933.

朝鮮總督府林業試驗場, 『朝鮮の林藪』, 1938.

渡邊欣雄, 『風水氣の景觀地理學』, 人文書院, 1994.

何曉昕, 宮崎順子 譯, 『風水探源』, 人文書院, 1995.

何曉昕·羅雋, 『風水史』, 上海文藝出版社, 1995.

劉沛林, 『風水-中國人的 環境觀』, 上海三聯書店, 1995.

陳朝云, 『南北宋陵』, 中國靑年出版社, 2004.

高友謙, 『中國風水』, 中國華僑出版公司, 1992.

尖傳友, 『风水景观-风水林的文化解读』, 东南大学出版社, 2012.

Anderson, E.N., *Mountains and Water*, Oriental Cultural Service, 1973.

Bruun, O., *Fengshui in China: Geomantic Divination Between State Orthodoxy and Popular Religion*, NIAS Press, Preface, 2003.

Degroot, J.J.M., *The Religious System of China III*, Ch'eng-Wen, 1972.

Eitel, E.J., *Fengshui or The Rudiments of Natural Science in China*, Crawford & Co., 1873.

Feuchtwang, S., *An Anthropological Analysis of Chinese Geomancy*, White Lotus, 2002.

Frazer, J.G., *The Golden Bough-A Study in Magic and Religion*, Macmillan, 1971.

Jordan-Bychkov, T.G. & Domosh, M. & Neumann, R.P. & Price, P.L., *The Human Mosaic*, W.H. Freeman and Company, 2006.

Needham, J., *Science and Civilization in China*, Cambridge University Press (especially, vol.4, part 1), 1959.

Oliver, P., *Dwelling: The House Across the World*, University of Texas Press, 1989.

Proudfoot, P.R., *The secret plan of Canberra*, University of NSW Press, 1994.

Wei, F., *Village Fengshui Principles, Chinese Landscape*, University of Hawaii Press, 1990.

Yi, L.D. & Hong, Y., *Geomancy and the selection of architecture placement in ancient China*, Hebei Science and Technology Press, 1996.

Yoon, H.K., *Geomantic Relationships Between Culture and Nature in Korea*, Asian Folklore and Social Life Monographs, no.88, The Orient Cultural Service, Taipei, 1, 1976.

_____, *The Culture of Fengshui in Korea: An Exploration of East Asian Geomancy*, Lexington Books, 181, 2006.

Yoon, H.K.(edited by), *Pungsu: A STUDY OF GEOMANCY IN KOREA*, SUNY PRESS, 2017.

Zhang, J., *A Translation of the Ancient Chinese the Book of Burial(Znag Shu) by Guo Pu(276~324, 276~324)*, Chinese Studies vol.34, The Edwin Mellen Press, 2004.

향토문헌류와 기타

고려대 민족문화연구원 외, 『용인의 역사지리』, 2000.

『규원사화·청학집』, 아세아문화사 영인본.

양평군지편찬위원회, 『양평군지』, 1991.

양평문화원, 『향맥』 제1집, 1988.

_____, 『향맥』 제3집, 1993.

용인시, 『용인시 문화재 총람』, 1997.

용인시 외, 『용인의 분묘문화』 11, 2001.

진교면지편찬위원회, 『진교면지』, 2002.

하동문화원, 『하동군지명지』, 1999.

한국정신문화연구원, 『한국구비문학대계』 1~3, 1980.

보고서

ICOMOS-KOREA, 2011, 한국 세계유산 잠정목록의 신규발굴 연구보고서.

UNESCO, World Heritage Centre, Operational Guidelines for the Implementation of the World Heritage Convention. WHC.08/01, January 2008.

웹페이지

광양 도선국사 마을. http://dosun.go2vil.org

구글 어스. http://www.google.com/earth

남원의 문화재자료실. http://www.namwonculture.org

남원전통문화체험관. http://chunhyang.org

디지털남원문화대전. http://namwon.grandculture.net

문화재청조선왕릉. http://royaltombs.cha.go.kr

왕실도서관 장서각 디지털아카이브. http://yoksa.aks.ac.kr

유네스코 세계유산센터. http://whc.unesco.org

유네스코 한국위원회. http://www.unesco.or.kr/heritage/index.asp

전남대학교 도서관. http://lib.jnu.ac.kr

한국가사문학관. http://www.gasa.go.kr

한국향토문화전자대전. http://www.grandculture.net/main/main.asp

UNESCO World Heritage Centre. http://whc.unesco.org/en/list/1319

찾아보기

사람의 지리
우리 풍수의 인문학

지은이 최원석
펴낸이 김언호

펴낸곳 (주)도서출판 한길사
등록 1976년 12월 24일 제74호
주소 10881 경기도 파주시 광인사길 37
홈페이지 www.hangilsa.co.kr
전자우편 hangilsa@hangilsa.co.kr
전화 031-955-2000~3 **팩스** 031-955-2005

부사장 박관순 **총괄이사** 김서영 **관리이사** 곽명호
영업이사 이경호 **경영이사** 김관영 **편집주간** 백은숙
편집 박희진 노유연 이한민 박홍민 배소현 임진영
관리 이주환 문주상 이희문 원선아 이진아 **마케팅** 정아린
디자인 창포 031-955-2097
인쇄 예림인쇄 **제책** 예림바인딩

제1판 제1쇄 2018년 4월 20일
제1판 제2쇄 2024년 4월 11일

값 30,000원
ISBN 978-89-356-7049-9 93180

• 잘못 만들어진 책은 구입하신 서점에서 바꿔드립니다.
• 이 도서의 국립중앙도서관 출판시도서목록(CIP)은 서지정보유통지원시스템 홈페이지(seoji.nl.go.kr)와
국가자료공동목록시스템(www.nl.go.kr/kolisnet)에서 이용하실 수 있습니다.
(CIP제어번호: CIP2018000582)